最高人民检察院公益诉讼检察典型案例汇编

2023年度

最高人民检察院公益诉讼检察厅/编

ZUIGAORENMINJIANCHAYUAN
GONGYI SUSONG JIANCHA
DIANXING ANLI HUIBIAN

中国检察出版社

图书在版编目（CIP）数据

最高人民检察院公益诉讼检察典型案例汇编．2023年度 / 最高人民检察院公益诉讼检察厅编．-- 北京：中国检察出版社，2025. -- ISBN 978-7-5102-3282-4

Ⅰ．D925.04

中国国家版本馆 CIP 数据核字第 202549BB12 号

最高人民检察院公益诉讼检察典型案例汇编（2023年度）

最高人民检察院公益诉讼检察厅　编

责任编辑：王　欢

技术编辑：王英英

美术编辑：徐嘉武

出版发行：中国检察出版社

社　　址：北京市石景山区香山南路109号（100144）

网　　址：中国检察出版社（www.zgjccbs.com）

编辑电话：（010）86423780

发行电话：（010）86423726　86423727　86423728

（010）86423730　86423732

经　　销：新华书店

印　　刷：河北宝昌佳彩印刷有限公司

开　　本：710 mm × 960 mm　16开

印　　张：47.75

字　　数：779千字

版　　次：2025年6月第一版　　2025年6月第一次印刷

书　　号：ISBN 978-7-5102-3282-4

定　　价：139.00元

编写说明

2023年是全面贯彻党的二十大精神的开局之年，也是公益诉讼检察工作全面推开六周年，逐步迈向高质量发展的一年。这一年，我们积极践行“高质效办好每一个案件”的新时代新征程检察履职办案基本价值追求，全国检察机关共办理公益诉讼案件18.9万余件，检察建议整改率达到99.1%；这一年，我们坚持以“诉”的确认体现司法价值引领，有效推动了一批“硬骨头”“老大难”公益损害问题整改，共提起公益诉讼案件1.2万余件，其中行政公益诉讼同比上升76.7%；这一年，检察公益诉讼法专门立法工作驶入快车道；这一年，我们深入贯彻落实习近平法治思想、习近平生态文明思想，在生态环境和资源保护领域持续加大办案力度，积极服务保障黄河国家战略实施，联合水利部启动黄河流域水资源保护专项行动，因地制宜开展流域生态环境多层次保护；这一年，我们围绕民生领域重点，持续加大食品药品安全、安全生产、个人信息保护、反电信网络诈骗、特定群体权益保护等领域公益诉讼案件办理力度；这一年，我们深入落实习近平总书记关于石窟寺保护利用重要指示精神，协同文物执法部门全面推进石窟寺保护利用；这一年，我们以公益诉讼检察军地协作五周年为契机，围绕影响军用机场净空安全、危害军事用海安全、干扰军队演训、阻断指挥通信光缆等加大办案力度，助力服务强军目标、服务依法治军；这一年，我们持续深化法检协作，与最高人民法院首次联合发布一批行政公益诉讼典型案例，共筑公益司法保护新格局；这一年，我们注重向大数据要生产力，落实以数字检察“关键变量”实现高质量发展“最大增量”，探索建设公益诉讼大数据应用平台，深化运用大数据法律监督模型；这一年，我们以“益心为公”志愿者检察云平台为重要抓手，深化协同协作，不断扩大检察公益诉讼影响力；这一年，我们加强与高等院校、科研机构、鉴定机构等的沟通合作，联合中国政法大学编写发布《个人信息保护检察公益诉讼蓝皮书》；这一年，我们注重讲好公益诉讼检察故事，持续提升广大群众对公益诉讼检察工作的知晓度和支持度，全国四级检察机关以“生态环境公益诉讼检察助力美丽中国建设”为主题，同步举办检察开放日活动1900余场。

为及时总结检察公益诉讼司法实践经验、规范办案标准，加强普法宣传，推动检察公益诉讼高质效办案、高质量发展，2023年最高检单独或联合相关单位发布涉公益诉讼典型案例229件。总体上看，具有以下特点：一是深耕细作传统法定领域，用心守护人民群众美好生活。如上海市静安区检察院针对光污染影响居民正常生活休息和行车安全等问题，督促相关行政机关依法履职，推动光污染问题的系统治理。二是坚持积极稳妥原则，做深做实新增法定领域。如贵州省贵阳市检察院针对黔灵山公园无障碍设施不符合工程建设标准，影响老年人、残疾人等特定群体出行等问题，通过提出检察建议督促行政机关依法履职，以类案监督推动综合治理。三是坚持以人民为中心，聚力解决人民群众急难愁盼。如河北省石家庄市检察院针对以普通食品冒充保健食品，采用虚假宣传、欺诈销售的方式骗取老年人高价购买的违法行为，通过行政公益诉讼督促行政机关依法履职查处，切实维护老年人合法权益，规范保健品市场经营秩序。四是践行双赢多赢共赢理念，积极争取相关部门理解支持。如浙江省检察院针对消毒产品厂家生产、销售违规添加禁用物质的抗（抑）菌制剂主观恶性大、产品涉及面广、违法行为持续时间长等情形，通过召开专家论证会等形式，协同行政机关解决法律适用难题，依法适用行政处罚规定，让违法企业得到应有惩戒。五是坚持一体化办案机制，多级检察机关一体履职。如甘肃省检察院针对长城本体点多面广、涉及保护管理主体众多等特点，系统指挥三级检察机关针对多处长城保护问题一体化办案，加强与各级人民政府及其职能部门的协同协作，促进依法全面履职，推动文物安全长效机制建设。六是强化监督刚性，注重以"诉"的确认体现司法价值引领。如江西省萍乡市检察机关督促整治非法采矿行政公益诉讼案中，针对行政机关未完全落实检察建议，导致国家利益和社会公共利益未得到有效维护的情形，依法向法院提起行政公益诉讼，最终推动问题圆满解决。七是强化数字赋能，不断拓宽案件线索和证据来源。如江苏省无锡市新吴区检察院针对服务场所侵害消费者敏感个人信息，造成信息泄露安全隐患的行为，通过公益损害风险防控平台进行数据交叉比对、智能分析，绘制风险防控"数字地图"，并向行政机关发出检察建议，督促其依法履行监管职责，维护消费者个人信息安全。八是践行全过程人民民主，邀请各方主体参与案件办理。如河南省西峡县检察院针对"益心为公"志愿者检察云平台反映黑壳楠种群受到严重破坏的案件线索，邀请"益心为公"专家志愿者全流程参与办案并提供专业意见，精准监督行政机关依法履职，科学有效保护野生植物资源。

2024 年是党的十八届四中全会提出"探索建立检察机关提起公益诉讼制度"十周年。十年来，在以习近平同志为核心的党中央坚强领导下，检察公益诉讼制度从顶层设计到试点探索，从全面推开到高质效发展，充分展现了独特的制度优势，是习近平法治思想在公益保护领域的生动实践和原创性成果。下一步，我们将以推动检察公益诉讼专门立法为契机，进一步做强做实公益诉讼检察工作，高质效办好每一个公益诉讼案件，认真培育精品案例和标志性案例，不断提升公益诉讼检察队伍规范化、专业化、职业化能力水平，自觉为大局服务、为人民司法、为法治担当，为服务保障中国式现代化贡献更多公益诉讼检察力量。

目　录

一、2022年度“公益诉讼守护美好生活”典型案例

（2023年2月27日）

二、“3·15”检察机关食品药品安全公益诉讼典型案例

（2023年3月13日）

三、最高人民检察院、国家文物局联合发布长城保护检察公益诉讼典型案例

（2023 年 3 月 27 日）

四、个人信息保护检察公益诉讼典型案例
（2023年3月30日）

五、最高人民检察院、水利部联合发布检察监督与水行政执法协同保护黄河水安全典型案例

（2023 年 4 月 12 日）

六、检察公益诉讼协同推进中央生态环境保护督察整改典型案例

（2023年5月29日）

七、检察机关服务保障碳达峰碳中和典型案例

（2023 年 6 月 5 日）

八、督促整治非法采矿检察公益诉讼典型案例（第二批）

（2023年6月28日）

九、湿地保护公益诉讼典型案例

（2023年6月30日）

十、生态环境保护检察公益诉讼典型案例

（2023年7月6日）

十一、抗（抑）菌制剂非法添加专项监督典型案例

（2023年8月10日）

十二、最高人民法院、最高人民检察院联合发布生态环境保护检察公益诉讼典型案例（2023年8月15日）

十三、“公益诉讼守护美好生活”专项监督活动典型案例

（2023 年 8 月 17 日）

十四、荒漠化防治检察公益诉讼典型案例

（2023 年 9 月 1 日）

十五、检察公益诉讼助力流域生态环境保护治理典型案例（2023 年 9 月 4 日）

十六、耕地保护检察公益诉讼典型案例
（2023 年 9 月 11 日）

十七、安全生产检察公益诉讼典型案例

（2023 年 9 月 28 日）

十八、无障碍环境建设检察公益诉讼典型案例

（2023年11月13日）

十九、最高人民法院、最高人民检察院联合发布行政公益诉讼典型案例
（2023年11月24日）

二十、文物和文化遗产保护检察公益诉讼典型案例
（2023年12月21日）

二十一、生物多样性保护检察公益诉讼典型案例

（2023 年 12 月 28 日）

二十二、最高人民法院、最高人民检察院联合发布海洋自然资源与生态环境检察公益诉讼典型案例

（2023年12月29日）

二十三、其他涉公益诉讼典型案例

一、2022 年度“公益诉讼守护美好生活”典型案例

（2023 年 2 月 27 日）

2022 年度“公益诉讼守护美好生活”典型案例发布说明

探索建立检察机关提起公益诉讼制度，是党的十八届四中全会作出的一项重大改革部署，是以法治思维和法治方式推进国家治理体系和治理能力现代化的一项重要制度安排。2018 年 7 月，习近平总书记主持召开中央全面深化改革委员会第三次会议，批准设立最高人民检察院公益诉讼检察厅。最高检和地方检察机关认真落实中央决策部署，积极推进公益诉讼检察机构建设，公益诉讼检察工作由此进入专业化专门化的崭新发展阶段。

2023 年 2 月 27 日，最高人民检察院举行“做好新时代公益诉讼检察”新闻发布会。通报五年来全国检察机关公益诉讼工作情况，发布 2022 年度“公益诉讼守护美好生活”典型案例，通报全国检察机关开展公益诉讼常态化“回头看”跟进监督工作情况，并回答记者提问。

为深入贯彻习近平生态文明思想和习近平总书记关于食品药品安全“四个最严”要求，落实以人民为中心的发展思想，最高检于 2020 年 7 月启动为期三年的“公益诉讼守护美好生活”专项监督活动，至今已两年多时间。各级检察机关紧紧围绕生态环境保护和食品安全两大重点领域，办理了一大批涉及人民群众日常生活的公益诉讼案件，践行了公益诉讼守护美好生活的公益使命。守护美好生活作为公益诉讼一个基本公益定位和基本价值追求，已经成为具有一定影响力的品牌。本次最高检共发布典型案例 16 件。这批典型案例所涵盖的范围事项更加拓展丰富，推动问题解决、促进标本兼治、推进系统治理更具广度、深度。其主要特点是：

一、坚持以人民为中心，积极回应人民群众美好生活新需求，“守护美好生活”更加全面

随着专项监督活动的深入推进，检察公益诉讼守护人民群众美好生活的内容也在不断丰富。各地聚焦民生热点，积极回应新时代人民群众的新需求，着力解决好本地区公益损害新问题。本批案例就包括了与食品安全紧密关联的食用农产品知识产权保护、老年人权益保护等新事项。上海市静安区人民检察院针对城市光污染影响居民正常生活休息、身体健康、交通安全等公益损害，将其作为环境污染的新类型，立案办理了督促整治光污染行政公益诉讼案，探索联合技术调查官调查取证，破解光污染违法事实认定难题，并推动《上海市环境保护条例》新增防治“光污染”内容，促进了光污染问题系统治理。

二、以公益诉讼高质量发展为目标，聚焦服务大局，“守护美好生活”更具质效

2022年，各地认真贯彻落实最高检党组“质量建设年”部署，持续强化质效优先导向，并主动融入大局，将服务保障经济社会发展大局与着力解决人民群众操心事揪心事烦心事结合起来，通过扎扎实实的办案成效，不断增强人民群众的获得感，助力高质量发展成果更多更好惠及人民美好生活。聚焦服务乡村振兴战略，办理农业面源污染、乡镇污水排放、农产品知识产权侵权等“硬骨头”案件，助力解决影响生态宜居、产业兴旺的难题。河南省固始县人民检察院督促规范农药经营以及农药包装废弃物回收行政公益诉讼案、江西省九江市人民检察院督促保护庐山西海生态环境行政公益诉讼案、新疆维吾尔自治区昌吉回族自治州吉木萨尔县人民检察院督促保护地理标志农产品行政公益诉讼案等多个案件，分别从农村人居环境、乡村旅游、农产品地理标志等多个角度推动了绿色发展，引领乡村振兴。

三、以源头治理为抓手，助力法治政府建设，“守护美好生活”更加立体

在专项活动的开展中，各地检察机关注意加强对《人民检察院公益诉讼办案规则》的理解和适用，用足用好各项规定。结合案件具体特点，依法履职，注重协调统筹，内外协同，上下联动，综合运用各项检察职能，充分发挥上下级检察院一体化办案机制的作用。同时，不满足于就案办案，针对个案办理中发现的具有一定普遍性的问题，不断强化类案意识，深化对地方治理中的难点、重点及其趋势性的分析、研判，督促协同行政机关等相关责任主体积极履职，促进公益受损问题源头治理、系统解决，构建起多维、立体的公益保护体系。

江西检察机关在全省推广了“检察建议+调研报告”办案模式，针对办案中发现的治理漏洞、短板，深入进行调查研究，向党委政府报送调研报告，实现“办理一案，治理一片，惠及一方”的监督效果。浙江省金华市金东区人民检察院针对刑事案件中发现的酸洗行业危险废物不规范处置线索，同步启动民事和行政公益诉讼程序，依托数字平台构建类案监督模型，精准锁定区域内违规酸洗企业及其出现的危险废物排释问题，并在监督过程中强化与行政执法衔接联动，与生态环境部门联合制定加强协作配合的意见，践行“个案办理—类案监督—系统治理”模式，凝聚公益保护合力，提升环境执法和公益监督质效。

四、以探索创新为动力，不断丰富公益诉讼理论实践，“守护美好生活”更加有力

两年来，各地检察机关坚持创新引领，持续探索惩罚性赔偿制度、预防性公益诉讼等，加大对损害公益行为的威慑力度，在实践中不断探索完善公益诉讼制度机制，最大限度维护国家利益和社会公共利益。针对环境污染、食品药品安全领域公益损害难根治、易反复的特点，建立跟进监督、“回头看”等长效治理机制，妥善解决公益保护与经济发展的矛盾，以及刑事调解不适用且行政惩戒力度不足等问题。

安徽省宿州市人民检察院诉萧县某某材料有限责任公司大气污染民事公益诉讼案中，在违法主体自愿承担全部民事责任前提下，检察机关遵循公共利益及时保护原则，在法院的主持下积极促成调解结案，实现修复污染环境、助力企业发展的共赢。青岛市检察机关办理的万某等人生产、销售有毒、有害保健食品公益诉讼案中，针对刑事公诉和民事公益诉讼证明标准不同问题，根据民事诉讼中当事人自认规则，依托“检察官主持+技术人员辅助”协作机制，独立开展司法会计审查工作，让民事公益诉讼中的销售有毒、有害食品金额得以足额认定，促使侵权主体承担起相对应的民事赔偿责任。同时，针对民事公益诉讼中发现的行政执法漏洞，通过磋商和检察建议，推动构建食品安全领域“刑事司法+公益诉讼+行政执法”常态化协同治理机制，确保食品领域从业禁止制度得以落实，切实维护市场从业秩序和消费者合法权益。

重庆市武隆区人民检察院
督促治理矿山地质环境行政公益诉讼案

【关键词】

行政公益诉讼　生态环境保护　矿山闭坑治理　公开听证

【要　旨】

针对同一违法事实造成不同领域生态环境的破坏，检察机关可以通过公益诉讼检察审前程序督促负有监管职责的不同行政机关依法履职，经督促仍未依法履职的，检察机关可依法向人民法院提起行政公益诉讼。行政公益诉讼撤诉应当以受损公益得到有效保护为前提。

【基本案情】

重庆市武隆区某某石材公司矿区位于重庆市武隆区和顺镇乌江支流大溪河旁，矿区距大溪河汇入乌江入河口仅1公里。2012年12月以来，该石材公司在从事石灰岩露天开采过程中因防护措施不当，致大量弃土石渣滚落入大溪河中，造成边坡植被毁损、河道堵塞。2017年11月13日，某某石材公司经原武隆区国土资源和房屋管理局（以下简称原区国土房管局）同意，开展闭坑环境恢复治理和土地复垦工作。因未严格按照实施方案执行，恢复工作虽通过验收，但矿区及大溪河生态环境仍持续处于受损状态。

【调查和督促履职】

2018年5月，重庆市武隆区人民检察院（以下简称武隆区检察院）在履职中发现某某石材公司矿区生态环境破坏严重，遂立案调查。

武隆区检察院经现场勘查矿区，从行政机关调取书证，走访周边村民，查明：某某石材公司自2012年开采以来，因违规开采致弃土石渣冲入大溪河河道。2017年10月21日，原区国土房管局因该矿区位于大溪河保护区范围内，对大溪河环境保护带来一定的影响，未予办理采矿权延续登记相关手续。某某石材公司后于同年 11 月 13 日提交《某某石材公司石灰岩矿矿山闭坑地质环境恢复治理和土地复垦实施方案》（以下简称实施方案）及申请，报原区国土房管局同意后开展相关工作。但截至武隆区检察院立案时，矿区地质环境修复工作仍未严格按照实施方案执行。

据此，武隆区检察院于同年 6 月 20 日、21 日分别向原区国土房管局、原武隆区水务局（以下简称原区水务局）发出检察建议，建议相关单位依法履行监管职责，督促某某石材公司开展矿山闭坑环境治理和河道岸线整治工作。

2018 年 8 月 10 日，原区水务局回函称，矿坑弃渣于 2018 年 8 月 31 日前全部清除，该局将持续跟踪恢复治理工作。8 月 17 日，原区国土房管局回函称，某某石材公司已严格按照实施方案完成治理。

2019 年 1 月因行政机构改革，原区国土房管局更名为重庆市武隆区规划和自然资源局（以下简称区规资局），原区水务局更名为重庆市武隆区水利局（以下简称区水利局）。1 月 8 日，某某石材公司闭坑地质环境治理恢复和土地复垦通过区规资局、水利局验收，并据此提取矿山地质环境恢复治理保证金（基金）共 112.7 万元。

2020 年 4 月，武隆区检察院在“回头看”过程中对本案闭坑矿山地质恢复和复垦情况进行航拍，发现闭坑矿山北侧、大溪河靠矿区一侧等人员不易接近区域，仍有大量弃渣堆积，且侵占河道，生态环境受损严重。武隆区检察院进一步调查收集相关证据材料，固定河道生态环境受损的事实，复核行政机关履职情况，征询参与验收专家意见，委托重庆某建筑规划设计有限公司、武隆区林业局进行鉴定，查明某某石材公司矿区靠大溪河一侧植被损毁面积 15 余公顷，矿区边坡弃渣垒积 2.6 万立方米，弃渣侵占大溪河河道 1.44 余公顷。区规资局、区水利局未依法全面履行监管职责，致使国家利益和社会公共利益仍处于持续受侵害状态。

【诉讼过程】

2020 年 9 月 14 日，武隆区检察院对区规资局提起行政公益诉讼，经重庆市涪陵区人民法院（集中管辖法院，以下简称涪陵区法院）审理，11 月 9 日，判令武隆区规资局依法履行对某某石材公司在矿山地质环境保护和土地复垦的监管职责。

区水利局负有保护大溪河河道及岸线生态环境的职责，武隆区检察院在引进无人机等技术设备和进一步调查取证后，于2021年1月5日对区水利局提起行政公益诉讼。法院认为，已判决区规资局履行矿山地质环境与保护的监管职责，本诉讼请求包含在前述诉讼中，且某某石材公司现已开展治理，生态修复目的即将实现，建议武隆区检察院撤回起诉。

武隆区检察院经层报重庆市人民检察院，明确以生态环境得到恢复作为撤诉条件。2021年7月28日，区水利局会同涪陵区法院、区规资局及相关专家查看本案大溪河小三峡河段坠石区域，专家出具了“大溪河小三峡河段基本满足行洪要求，其坠石区不需再清理”的意见，区水利局据此商议武隆区检察院撤回起诉。同年8月26日，武隆区检察院对本案进行公开听证，听证员认为本案无专项治理方案，欠缺评判依据，建议区水利局重新制定整改方案实施后，再组织专家进行验收。同年9月，区水利局聘请重庆交通大学工程设计研究院有限公司编制《武隆区某某石材公司大溪河小三峡坠石区河道清理专项方案》，邀请相关专家作出“某某石材公司通过大溪河河道清理验收”的结论，再次商议武隆区检察院撤诉。

2021年12月，经重庆市三级检察院集中研究认为，现有证据不能达到证明公共利益得到有效保护，重庆市人民检察院对武隆区检察院层报案件作出不予撤回起诉的决定。涪陵区法院于2022年3月至4月两次对本案进行了公开审理，后于同年5月30日作出判决，判令区水利局依法履行法定职责，督促武隆区某某石材公司恢复大溪河河道及岸线的生态环境。

判决生效后，区规资局委托专业机构编制矿山地质环境恢复治理方案，并严格按照方案对矿区进行治理，现已全面完成矿区及边坡区域治理和复绿工作。区水利局已督促某某石材公司重新制定河道清理方案，恢复岸线植被，并将根据水位高度等适时推进整治工作。

【典型意义】

长江流域关闭矿山地质环境治理事关“保护长江母亲河”重大战略。针对多个行政机关负有监管职责，但未能全面有效履职，检察机关在全面取证基础上，对负有不同监督职责的行政机关分别提起行政公益诉讼。在案件审理过程中，检察机关坚持以公共利益得到有效保护作为撤回起诉的必要条件，坚持生态环境应当得到有效保护的原则，维护法律的正确实施，最终使本案得到依法公正的判决。

贵州省毕节市人民检察院诉刘某某等四人电捕蚯蚓破坏生态民事公益诉讼案

【关键词】

民事公益诉讼　生物多样性保护　电捕蚯蚓　审前禁止令

【要　旨】

检察机关对违法行为人采用电击方式“绝户式”捕捉野生蚯蚓，破坏野生动物资源及生物多样性的行为，在监督行政机关依法履职的同时，对违法行为人提起民事公益诉讼，要求其承担野生动物资源损失和生态服务功能损失赔偿责任。

【基本案情】

2022年3月以来，刘某某等四人向贵州省毕节市威宁县二塘镇村民提供电捕蚯蚓设备“地龙仪”，并唆使村民以电击方式捕捉野生蚯蚓，其再以每斤3.5元至4元不等的价格收购，加工后以高价外销，形成一条捕杀、收购、加工、销售野生蚯蚓的“黑色产业链”。

【调查和诉讼】

2022年4月20日，贵州省毕节市威宁县人民检察院（以下简称威宁县检察院）接到群众举报，对该线索依法立案调查。威宁县检察院通过实地走访核实、现场勘验核查等方式查清了案件事实，在公告期满后于同年6月16日，依法移送毕节市人民检察院（以下简称毕节市检察院）审查起诉。

在办理民事公益诉讼案件过程中，威宁县检察院发现毕节市生态环境局威宁分局和威宁县林业局负有野生动物保护监管职责，但未全面履职，导致社会公共利益受到侵害。根据《中华人民共和国环境保护法》第十条、《中华人民共和国野生动物保护法》第七条等相关法律规定，分别于2022年5月10日、6月20日对上述两家行政机关依法立案，并随后分别制发检察建议，督促对辖区内电捕蚯蚓行为履行监管职责，推动地方政府成立整治电击蚯蚓工作专班并出台《关于禁止非法捕捉收购加工野生蚯蚓的通告》，有效遏制了电捕野生蚯蚓的违法行为。

贵州省人民检察院高度重视该案办理，将相关情况及时报告最高检，在最高检指导下委托具有司法鉴定资质的第三方机构依法开展鉴定，认定刘某某等人造成的野生动物资源损失为177390元、生态服务功能损失为38655.1元。

2022年6月23日，毕节市检察院邀请人大代表、人民监督员、“益心为公”志愿者、行政执法人员代表、村民代表等参加，对该案进行公开听证，一致认为捕捉野生蚯蚓破坏野生动物资源和生物多样性，应依法提起民事公益诉讼。

2022年6月24日，毕节市检察院向毕节市中级人民法院（以下简称毕节市中院）提起民事公益诉讼，诉请判令刘某某等人立即停止唆使村民电击蚯蚓及违法收购、加工、销售的行为，赔偿造成的野生动物资源损失费177390元、生态服务功能损失费38655.1元，承担鉴定费1万元，并在国家级媒体公开赔礼道歉。同日依法提出审前禁止令和财产保全的建议，建议法院责令刘某某等人立即停止提供电击蚯蚓设备；停止组织电击蚯蚓；停止收购、加工、邮寄、销售蚯蚓等破坏生态环境的行为，并对刘某某等人的银行账户进行冻结。毕节市中院于6月27日作出《民事裁定书》，责令刘某某等人立即停止收购、加工、销售蚯蚓等行为，并对刘某某等人的银行账户进行冻结。

2022年8月26日，毕节市中院公开开庭审理本案，庭审邀请了人大代表、政协委员、“益心为公”志愿者、行政执法人员、村民代表等旁听。刘某某等四人经依法传唤，无正当理由拒不到庭参加诉讼，毕节市中院依法决定缺席审理，经审理当庭宣判支持检察机关全部诉讼请求。目前，该案已移送执行。

随后毕节市检察院组织开展了“小蚯蚓大保护”公益诉讼专项监督，依法发出检察建议6件，立案办理民事公益诉讼8件，推动区域内同类问题的解决。

【典型意义】

检察机关对非法捕捉野生蚯蚓的行为，综合运用行政、民事公益诉讼监督手段，在监督行政机关依法履职的同时，要求违法行为人赔偿野生动物资源损失和生态服务功能损失，同时在诉讼中通过审前禁止令和财产保全等方式确保公益及时得到保护。检察机关从个案推动开展类案监督，从源头上保护野生动物资源和生物多样性安全。

湖北省武汉市东湖新技术开发区人民检察院督促保护矿产、林地和耕地资源行政公益诉讼案

【关键词】

行政公益诉讼　资源保护　非法采矿　违法行为事数形态　规范竞合

【要　旨】

围绕长江流域生态环境保护，检察机关可以通过提出检察建议督促行政机关全方位保护矿产、林地、耕地等各类自然资源，对行政机关仍不依法履行职责的，可以通过提起行政公益诉讼推动行政机关依法全面履职。

【基本案情】

2016年，张某某在未取得采矿许可证的情形下，在武汉市东湖新技术开发区花山街某村一废弃采石场基础上成立石料厂，从事石料加工及销售，非法开挖石料厂东北角山体，造成山体破坏、林地毁损，其中部分林地属于省级公益林。2019年，其在石料厂南侧占用耕地开挖3处池塘，用于沉淀碎石清洗后产生的废水，对耕地的种植条件造成破坏。该石料厂距长江仅5公里。

【调查和督促履职】

湖北省武汉市东湖新技术开发区人民检察院（以下简称东湖高新区检察院）在办案中发现张某某的石料厂存在非法采矿、破坏林地和耕地的问题，遂于2021年4月7日对武汉市东湖新技术开发区自然资源和规划局（以下简称区自然资源局）立案调查。

经调查核实，张某某的石料厂破坏林地部分区域属于省级公益林，耕地部分属于基本农田。根据《中华人民共和国矿产资源法》《中华人民共和国森林法》《基本农田保护条例》的规定，结合《武汉东湖新技术开发

区自然资源和规划局主要职责和员额职数规定》，区自然资源局依法负有辖区矿产、林地和耕地资源的监督保护职责。2021年4月22日，东湖高新区检察院向区自然资源局发出检察建议，督促其依法对张某某的石料厂非法采石破坏山体、林地和耕地的问题履行法定职责。

经持续跟进监督，区自然资源局于2021年8月5日书面回复称，在耕地方面，该局于2021年5月6日下达《责令停止违法行为通知书》和《责令改正违法行为通知书》，占用耕地开挖的沉淀池已停止运行并全部回填；在林地方面，该局已于2019年9月27日下达行政处罚决定书，要求限期恢复毁林场地原状并罚款49530元整，罚款已缴纳。

东湖高新区检察院跟进调查发现，该局对张某某的石料厂破坏矿产资源问题未开展监督执法工作，对破坏林地问题未督促当事人恢复林地原状，对破坏耕地问题未依法进行处罚。

【诉讼过程】

2021年8月25日，东湖高新区检察院向武汉市东湖新技术开发区人民法院（以下简称东湖高新区法院）提起行政公益诉讼，请求判令区自然资源局对张某某的石料厂破坏自然资源的行为依法全面履行职责。2021年11月16日，东湖高新区法院对本案公开开庭审理。

庭审中，区自然资源局辩称其对张某某的石料厂破坏自然资源的行为已全面履职。关于林地问题，已作出行政处罚并责令改正，当事人已经补种树木；关于耕地问题，已责令当事人停止并改正违法行为，恢复耕地原状，且根据《湖北省国土资源行政处罚自由裁量权适用规范（试行）》的规定，毁耕的处罚属于“可以”并处罚款；关于非法采矿问题，因与毁林行为存在竞合，根据“一事不再罚”原则不应给予两次以上处罚，且其已经在进行非法采矿调查取证工作。

东湖高新区检察院认为，区自然资源局虽履行了部分职责，但仍存在怠于履职情形：一是对非法采矿行为未履职。本案中，非法采矿和毁林行为虽然存在行为结果上的牵连关系，但同时违反了《中华人民共和国矿产资源法》和《中华人民共和国森林法》的规定，侵犯了两个不同的法益，且行政处罚的种类也并不相同，因此不适用“一事不再罚”，应当继续追究非法采矿的法律责任。二是对毁林和毁耕的行为未完全履职。该局虽然对毁林行为作出了行政处罚，但未对“限期恢复毁林场地原状”的处罚事项监督履行到位；对毁耕行为未根据《基本农田保护条例》第三十三条规定并处罚款，属于法律适用错误，《湖北省国土资源行政处罚自由裁量权适用规范（试行）》系地方政府部门的规范性文件，不能排除《基本农田保护条例》的适用。

2022年4月30日，武汉市东湖高新区法院作出一审判决，支持东湖高新区检察院的全部诉讼请求，区自然资源局未提出上诉。截至目前，区自然资源局对本案非法采矿问题已完成非法开采建筑用砂岩矿的调查，下一步根据矿产资源价值认定追究当事人法律责任；对林地恢复的问题已督促当事人完成林木补植，并邀请专业技术单位现场验收；对耕地破坏问题已作出罚款12万元的行政处罚，罚款已执行完毕。

【典型意义】

长江流域森林、土地、矿产等自然资源，对于长江经济带可持续发展起着重要的支撑和保障作用。对于长江流域范围内同时侵害多种自然资源的行为，行政机关经检察建议督促后，仍以“一事不再罚”等理由怠于履职的，检察机关应当依法提起诉讼，促进行政机关厘清行政违法行为的事数形态，推动行政机关规范执法，助力全方位维护长江流域生态环境，守护人民群众美好生活环境。

江苏省盱眙县人民检察院诉刘某某非法猎捕黑水鸡民事公益诉讼案

【关键词】

民事公益诉讼　生物多样性保护　野生动物资源保护　刑事撤案　当事人自认

【要　旨】

非法猎捕、杀害野生动物行为未达到刑事立案标准，检察机关可以按照民事诉讼证据有关规则要求，依法认定有关案件事实，通过提起民事公益诉讼追究违法主体民事责任。对于民事公益诉讼案件的管辖，经上级人民检察院、人民法院指定，可以由基层人民检察院提起、由基层人民法院审理。

【基本案情】

2018 年六七月间，刘某某在洪泽湖东岸盱眙县马坝镇某村农田埂上，采用声波诱捕方式，先后四次猎获黑水鸡 61 只，被公安机关现场抓获时，缴获黑水鸡活体 27 只。经国家林业和草原局森林公安司法鉴定中心鉴定，黑水鸡系国家保护目录中有重要生态、科学、社会价值的陆生野生动物，基准价值为 300 元 / 只。

【调查和诉讼】

2019 年 10 月，公安机关以刘某某涉嫌非法狩猎罪对刑事案件移送审查起诉，江苏省淮安市盱眙县人民检察院（以下简称盱眙县检察院）审查后认为，由于刘某某仅承认现场抓获时猎捕 27 只黑水鸡，否认另外三次猎捕 34 只的事实，未达到立案标准，故不构成非法狩猎罪，退回公安机关作撤销案件处理。由于该案具有公益诉讼价值，2020 年 6 月 4 日，盱眙县检察院以民事公益诉讼立案并于同日发布民事公益诉讼公告。

调查核实中，多人证实曾在刘某某家中食用过黑水鸡，承办检察官依据民事证据规则作出预判：庭审中如果刘某某继续否认猎捕其他34只黑水鸡的事实，需提出证据证明他人在其家中食用的黑水鸡来源合法，如果不能提供，则承担举证不能责任；如果刘某某自认，则无需由检察机关提供证明。遂决定以猎捕61只黑水鸡的事实提起民事公益诉讼。经法院、检察院分别报请上级院指定管辖，盱眙县检察院于2020年10月19日向盱眙县人民法院（以下简称盱眙县法院）提起民事公益诉讼，诉请判令被告刘某某赔偿野生动物资源损失费用人民币18300元（61只 ×300元），并在县级媒体上向社会公众公开赔礼道歉。

2021年3月15日，盱眙县法院对本案开庭审理。庭审中，刘某某对猎捕61只黑水鸡的事实全部自认。盱眙县法院于3月31日作出一审判决，支持了检察机关的全部诉讼请求。刘某某于庭审结束后全额缴纳赔偿款，并在《盱眙日报》刊登了道歉信，公开赔礼道歉。

【典型意义】

检察机关审查起诉的刑事案件由于证据出现变化，无法进行刑事追诉的，并不影响追究行为人的民事责任。检察机关认为符合民事公益诉讼起诉标准的，可以根据刑事与民事证据不同的评价体系和标准，准确把握民事证据适用规则，提起民事公益诉讼。在庭审中，可以充分运用当事人自认等规则，取得法院对诉讼请求的支持。

广东省广州市白云区人民检察院
督促整治“神医”“神药”行政公益诉讼案

【关键词】

行政公益诉讼磋商　药店违规诊疗　老年人权益保护

【要　旨】

以“神医”“神药”作虚假宣传，针对老年人到中草药店治疗、用药，危害人民群众身体健康，检察机关督促行政机关专项整治中医药养生乱象，规范中医药诊疗行业经营管理，保障老年人合法权益。

【基本案情】

广东省广州市白云区一些无《医疗机构执业许可证》《中医诊所备案证》的中草药店，店内从业人员无证上岗，销售来源不明的草药，并进行虚假治疗功效宣传，诱骗众多老年人消费者到店购买、接受治疗。

【调查和督促履职】

广东省广州市白云区人民检察院（以下简称白云区检察院）接群众举报，经立案调查查明，一些无证中草药店存在虚假宣传中草药疗效、违规诊疗等违法行为，违反了《中华人民共和国药品管理法》《医疗广告管理办法》《医疗机构管理条例》等相关规定，对众多消费者特别是老年消费者进行虚假宣传中草药疗效和违规诊疗，延误消费者前往正规医院就医，危害了消费者身体健康权，已侵害社会公共利益。

2021 年 12 月 30 日，白云区检察院督促白云区市场监督管理局、白云区卫生健康局，对辖区内同类店铺虚假宣传及非法行医等违法行为进行了全面排查整治，关停了涉案中草药店，拆除了夸大宣传的广告标语，要求店内诊疗人员依法悬挂、佩戴证照营业。集中在全区开展打击非法行医、非法“中医养生保健”违法经营专项整治。共排查违法中药店145家、责令整改5家、立案查处1家，依法行政处理涉嫌非法行医3件。白云区市场监督管理局、白云区卫生健康局安排156块电子显示屏滚动播放宣传视频、派发宣传资料3850余张，提示广大消费者提高用药就医安全意识。

2022年5月，白云区检察院与白云区市场监督管理局联合签订了《关于在检察公益诉讼中加强协同推进食品药品领域虚假宣传整治工作的实施意见》，完善了长效工作机制。以此案为蓝本制作《他不是药神》宣传视频，在“学习强国”等平台发布，提示广大消费者特别是老年人科学用药就医。

【典型意义】

中医药诊疗保健领域一些中草药店利用“神医”“神药”等虚假宣传，开展非法诊疗活动，销售假劣中草药，侵害广大消费者身体健康，侵害社会公共利益，对非物质文化遗产中医药诊疗造成负面影响。检察机关依法履行行政公益诉讼职责，督促行政机关开展中医药诊疗专项整治行动，整治养生保健领域虚假宣传、销售假劣药乱象，规范中医药诊疗行业管理，保护中医药非物质文化遗产，依法保障人民群众就医用药安全。

山东省青岛市检察机关办理万某等人生产、销售有毒有害保健食品公益诉讼案

【关键词】

民事公益诉讼　行政公益诉讼　保健食品　从业禁止

【要　旨】

检察机关构建食品安全领域“刑事司法 + 公益诉讼 + 行政执法”常态化协同治理机制，依法追究违法者刑事责任，并承担民事惩罚性赔偿责任，落实食品领域从业禁止制度。

【基本案情】

万某在未取得食品经营许可证、食品生产许可证、保健食品批准证书情况下，生产大量违法添加西布曲明成分的减肥胶囊。违法产品销售至安徽、广东和山东等多省，违法行为持续近两年之久，侵害了众多不特定消费者的人身权、健康权、财产权等合法权益，扰乱减肥产品市场正常经营秩序，侵害社会公共利益。2020 年 12 月 21 日，青岛市市南区人民法院以生产、销售有毒、有害食品罪判处万某等人有期徒刑及从业禁止五年等刑事处罚。

【调查和诉讼】

2021 年 4 月，山东省青岛市人民检察院（以下简称青岛市检察院）以民事公益诉讼立案。经收集固定证据，与侦查机关、刑事检察部门沟通协作。委托青岛市公安局市南分局调取 2017 年至 2019 年期间万某等人销售案涉保健品支付宝账户交易联单，并委托会计司法审查后，认定万某等人销售有毒、有害保健食品金额共计 198859 元。2022 年 2 月，检察机关依法对万某等人提起民事公益诉讼销售金额 10 倍的惩罚性赔偿金，即

1988590 元诉求。2022 年 8 月，青岛市中级人民法院公开宣判，支持检察机关全部诉讼请求。

青岛市检察院根据《中华人民共和国食品安全法》对涉案人员“从业禁止”限制相关规定，指导青岛市市南区人民检察院（以下简称市南区检察院）对该案行政公益诉讼立案调查，对发现的同类违反从业禁止案，于 2022 年 4 月 22 日依法向区市场监管局发出检察建议，一并督促该区行政审批局禁止包含万某等人在内的违法行为人取得与从事食品有关的生产、经营证照等资格。并对辖区内食品生产、经营资质发放情况开展摸排调查，消除食品安全隐患。2022 年 4 月 28 日，区市场监管局依法对查明的违法行为人进行从业禁止。2022 年 5 月 9 日，区行政审批局书面申请市局在山东省市场监督管理局对万某等违法行为人进行了警示性锁定，并开展资质调查专项行动。截至 2022 年 12 月，区市场监管局及区行政审批局已将 117 人纳入“黑名单”管理。加强行政执法与刑事司法衔接，市南区检察院与区市场监管局、区行政审批局会签《关于建立“食品药品领域犯罪人员从业禁止”协作机制的意见》，建立了从业禁止人员长效监管机制。

【典型意义】

检察机关构建“检察官主持 + 技术人员辅助”协作机制，实现技术部门运用技术手段协助公益诉讼部门开展固定、分析、判断证据等相关办案活动，体现了检察技术与公益诉讼办案深度融合的趋势。办案中坚持源头治理，向行政机关制发检察建议，督促履行食品安全监管职责，通过建立协作机制，加强刑事司法与行政执法衔接，有效整治违法从业问题，检察机关依法履职，共同保障人民群众“舌尖上的安全”。

湖南省岳阳市岳阳楼区人民检察院督促整治住宅小区饮用水锌含量超标问题行政公益诉讼案

【关键词】

行政公益诉讼　住宅小区饮用水安全　磋商　为民办实事　化解争议

【要　旨】

建筑工程公司使用国家明令禁止使用的镀锌管安装自来水供水管道，导致住宅小区自来水含锌量超标，相关职能部门未依法履行饮用水安全监管职责，检察机关可以充分发挥公益诉讼检察职能作用，督促行政机关依法履职，守护好饮用水安全“最后一公里”，让百姓喝上放心水。

【基本案情】

2021 年 11 月，湖南省岳阳市岳阳楼区人民检察院（以下简称岳阳楼区检察院）接到群众举报称岳阳市某小区一期住宅自来水水质存在严重的锌超标的问题，多次反映、投诉长期不能得到解决。岳阳市湖滨某小区由某建筑公司承建，有住户 1016 户 4000 余人。自发现小区自来水含锌量超标后，小区居民不敢喝自来水，一直从外面购买瓶装矿泉水，给群众的生活造成极度不便。

【调查和督促履职】

发现该案线索后，岳阳楼区检察院组成检察官办案组进行初步调查，查明岳阳市湖滨某小区由某建筑公司承建，该公司施工过程中部分自来水供水管道使用国家明令禁止的镀锌管。2020 年 10 月，陆续入住的小区居民发现自来水呈乳白色、水面出现油面。发现水质异常后，小区业主先后向水务集团进行投诉，向地产公司、岳阳楼区和南湖新区的住建、街道等相关部门提交诉求函，向法院起诉开发商侵权等多轮谈判与维权。相关职能部门介入后，地产公司进行了两次整改，问题仍然没有得到解决。小区入户自来水锌元素含量仍高于小区总表前锌元素含量，且远高于周边小区水质中锌元素含量。

2021年11月23日，岳阳楼区检察院对岳阳市南湖新区住房建设局（以下简称南湖新区住建局）以行政公益诉讼立案。为推动案件妥善办理，办案人员先后走访了住建局、街道办、水务集团、承建商、该小区居民委员会等单位，商谈相关整改事宜。

检察官办案组通过查询法律法规资料、随机调取水质检测报告、主要设备材料表、小区水质投诉情况报告等书证材料以及实地走访、询问小区业主、走访相关职能部门开展调查查明，建筑公司因工程款结算与开发商发生纠纷，对部分自来水供水管道安装时使用的镀锌管，系《建设部、国家经贸委、质量技监局、建材局关于在住宅建设中淘汰落后产品的通知》（建住房〔1999〕295号）明确规定自2000年6月1日起在城镇新建住宅中被禁止使用于室内给水管道的冷镀锌钢管。

经水务部门组织检测，该小区自来水总表前的锌元素含量低于《生活饮用水卫生标准》（GB 5749—2006）中饮用水中锌含量（不得高于1.0mg/L）的标准，但小区内多处监测点入户自来水的锌元素含量超过生活饮用水卫生标准，且明显高于自来水总表前的锌元素含量。住建、街道等相关部门介入后，房产公司进行了两次整改，但检测报告显示仍有2个水质监测点锌含量超过国家标准，分别为1.19mg/L、8.52mg/L，另有多个水质监测点锌含量超过该小区所在的湖滨片区水质锌含量平均值（0.003mg/L）。

根据《中华人民共和国建筑法》《建设工程质量管理条例》的相关规定，县级以上地方人民政府建设行政主管部门对本行政区域内的建设工程质量、建筑材料使用以及供水管网建设实施监督管理。为解决市、区住建部门管理职能交叉、矛盾久拖不决的问题，办案人员与市、区住建部门及南湖新区区工委、区委政法委等单位沟通协调，厘清相关职责，各方共同确定对于涉案小区开发建设过程中供水管网建设、使用建材不合格导致的供水安全问题，由经湖南省人民政府批准设立的南湖新区所在住建部门负责。

2021年12月6日，为推动问题及时有效整改，岳阳楼区检察院联合岳阳市“洞庭清波”领导小组组织南湖新区住房建设局、水务集团及住宅小区工程建筑商代表和业主代表召开磋商会。会上，检察机关提出整改建议，建议相关行政机关依法履行监管职责，督促全面检测和更换问题水管，并在整改完成后进行检测，确保该小区自来水水质符合国家标准，且水中锌元素含量不明显高于总表前锌元素含量及该片区均值。磋商会召开后，行政机关针对工程水管质量问题，向该小区承建商、开发商、监理单位下发不良记录告知书，并在建筑监管与诚信信息系统中向社会公示；对施工单位作出行政处罚；委托水务集团制定了该小区水质整改方案，同时向承建商送达了整改通知书。

为确保整改方案落到实处，岳阳楼区检察院持续跟踪监督整改情况，多次到施工现场了解整改进度。整改工程竣工后，该院建议相关部门将原计划的水质检测点由30余个增加到60个，最大化地扩大检测覆盖面。2022年2月24日，该院邀请湖南省岳阳市人民检察院、小区业主代表共同到现场监督第三方检测机构取样送检。最终检测结果显示锌含量低于国家限定标准，达到该片区水质平均值。2022年3月1日，检察机关召集岳阳市"洞庭清波"领导小组、行政机关、地方政府代表、水务集团、小区工程建筑商代表及业主代表召开整改评议会。会上，业主代表对整改结果进行了评议，认可了整改效果，认为检察机关真正为民办了实事。

【典型意义】

饮用水安全事关人民群众健康和生命安全的基本保障，是最重要的民生问题。开发商、承建商在住宅小区管道建设中使用国家明令禁止的镀锌管，造成小区饮用水水质锌含量超标数倍，直接危害住宅小区饮用水安全，对人民群众的身体健康造成侵害，损害社会公共利益。针对群众反映强烈的"老大难"问题，检察机关以行政公益诉讼为切入口督促相关职能部门依法全面履职，凝聚各方共识，以"我管"促"都管"，推动公益侵害问题在最短时间内有效解决，有效化解小区业主与承建商、开发商的争议，让小区居民喝上放心水，有力保障了住宅小区居民饮用水"最后一公里"的安全，解决了人民群众急难愁盼的难事。

新疆维吾尔自治区昌吉回族自治州吉木萨尔县人民检察院督促保护地理标志农产品行政公益诉讼案

【关键词】

行政公益诉讼检察建议　地理标志农产品　知识产权保护　乡村产业振兴

【要 旨】

针对不法商贩长期销售假冒地理标志农产品，侵害地理标志农产品生产者的知识产权，侵害消费者的知情权，损害社会公共利益的行为，检察机关通过行政公益诉讼审前程序督促行政机关依法履行监督管理职责，助推名优特农产品的原产地保护，助力巩固脱贫攻坚战成果，推进乡村产业振兴。

【基本案情】

吉木萨尔白皮大蒜作为新疆维吾尔自治区昌吉回族自治州吉木萨尔县名优特产品，因其“绿嘴白皮”形象美观、辛辣多汁、大蒜素含量高、耐储存等优势，符合农产品地理标志登记保护条件和相关技术要求，已于2016年3月31日经农业部审定，正式登记为农产品地理标志产品，与上海嘉定蒜、江苏太仓蒜、山东蒜并称“中国四大名蒜”。每年8月是吉木萨尔白皮大蒜的收获季节，但是从5月开始，在吉木萨尔县和相邻县市的农贸市场，以及多家网络电商平台上，出现很多商贩谎称其出售的大蒜是当年的“吉木萨尔白皮大蒜”，与该品种大蒜收获时令不符。

【调查和督促履职】

2022 年 5 月 7 日，新疆维吾尔自治区昌吉回族自治州吉木萨尔县人民检察院（以下简称吉木萨尔县检察院）在履行公益诉讼职责中发现本案线索，5 月 16 日决定立案办理。办案人员对辖区内物流园、工业园区等县城交通枢纽地段进行走访调查，发现几处商户组织工人在公路两旁现场编大蒜辫子批发售卖，这些大蒜的原产地均为河南、山东等地，部分商贩还专门在河南、山东等地承包土地种植大蒜，待收获后不惜千里迢迢转运至吉木萨尔县，到货就转手批发给相邻县市的零售商户。办案人员随后深入相邻县市的农贸市场进行调查，发现有很多商家均借“吉木萨尔白皮大蒜”的名义销售非吉木萨尔县原产地种植的大蒜，引导消费者基于认知混淆而增强购买意愿，利用吉木萨尔白皮大蒜独特的地理信誉，打开并拓展产品销路，提升产品销量。

吉木萨尔县检察院通过走访相关行政机关、查阅案卷资料和相关法律规范后认为，根据《中华人民共和国农产品质量安全法》《地理标志产品保护规定》等法律法规规定和行政机关“三定”方案，县农业农村部门作为地理标志农产品主管单位既未对产品包装、流通、质量检测等事项制定明确的标准，也未定期对登记的地理标志农产品的地域范围、标志使用等进行监督检查，导致销售假冒地理标志农产品的行为长期监管缺位，侵害了地理标志农产品生产者的知识产权及消费者的知情权，损害国家利益和社会公共利益。2022 年 5 月 19 日，吉木萨尔县检察院向县农业农村部门公开送达检察建议书，建议对销售假冒地理标志农产品的行为加强监督检查，采取有效措施遏制侵权行为；完善相关管理规则、质检标准等规范，切实做好农产品地理标志保护工作。县农业农村部门收到检察建议后，于同年 7 月 16 日书面回复称，该部门已与县住房和城乡建设局、市场监督管理局等相关行政机关及时对接，就规范地理标志农产品的包装标识、流通场地等问题召开专门会议，并开展联合执法检查，要求商贩在指定的大蒜市场交易，禁止对大蒜产地作引人误解的虚假宣传。

吉木萨尔县检察院在对该案跟进监督中发现，虽然市场上批发销售假冒吉木萨尔白皮大蒜的行为已得到有效制止，但质量管理规范的制定、品牌外包装设计等工作仍进展缓慢，消费者对真假地理标志农产品的区分等仍缺乏科学、直观的标准。为有效遏制违法行为，助力推进地方名优特农产品保护工作，2022 年 7 月 18 日，吉木萨尔县检察院组织县农业农村局、市场监督管理局召开圆桌会议，推进地理标志农产品管理规范的制定、外包装设计等工作，争取在吉木萨尔白皮大蒜收获之前全面完成品牌设计、宣传工作。会后，行政机关聘请专业技术公司，从外包装设计、品牌宣传、品牌参展等方面进行全面规划，推进加强品牌建设，制定了《吉木萨尔白皮大蒜地理标志产品标志使用规范》，规定了质量要求、检验方法、检验规则等标准。同时通过电视台、网络、机场广告屏同步播放吉木萨尔白皮大蒜广告等各种形式，加强品牌宣传。

2022 年 8 月初，吉木萨尔白皮大蒜上市以后，吉木萨尔县检察院邀请县农业农村部门、市场监督管理部门共同对办案效果进行实地踏勘，市场上吉木萨尔白皮大蒜的销售违法行为已得到全面规范。

【典型意义】

地理标志是重要的知识产权类型，是促进区域特色经济发展的有效载体，是推进乡村振兴的有力支撑，是保护和传承优秀传统文化的鲜活载体。地理标志农产品所具有的独特品质、独特历史文化特征，蕴含着潜在的资源优势和文化内涵，有助于提高产品的市场竞争力，提升品牌的知名度和辐射力，引领农业品牌化发展，促进农业增效和农民增收。本案中，检察机关立足公益诉讼职能，督促行政机关依法履职，建立完善地理标志农产品监管机制，维护地理标志农产品生产经营者的合法权益，助推当地农民增收和农村发展，为传承农耕文化、推进乡村振兴、推动农业高质量发展贡献检察力量。

浙江省金华市金东区人民检察院督促整治酸洗行业危险废物规范处置公益诉讼案

【关键词】

行政公益诉讼检察建议　危险废物　酸洗行业治理　数字赋能

【要　旨】

针对在居民区存续近三十年的酸洗企业非法处置危险废物的突出问题，检察机关同步启动民事和行政公益诉讼程序，在妥善处置污染物和追究生态损害赔偿责任的同时，促使企业酸洗生产线从居民生活区搬离。依托数字平台构建类案监督模型，精准锁定区域内违规酸洗企业及出现的危险废物排释问题，有效推动酸洗行业专项整治，形成长效监管机制。

【基本案情】

1995 年 7 月至 2021 年 5 月，开设于金华市金东区某镇居民区的某钢带厂，在未取得危险废物经营许可及环境影响评价审批手续、未设置配套环保设施的情况下，擅自回收各种沾染了涂料、矿物油、有机溶剂的废旧包装桶进行冷轧板生产。上述废旧包装桶经过酸洗或碱洗工艺处理产生的 150 余吨废水、废渣被长期储存在未做任何防渗漏处理的隐蔽废物收集池中，废水废渣中的有害物质、挥发产生的有害气体持续排释，进入周边大气、土壤和地下水，造成严重环境污染。附近居民长期向有关部门反映“该钢带厂常年飘出刺鼻气味，雨天排水沟还常有黄绿色泛油液体流出，影响居住环境和居民身体健康”，但相关问题却一直未得到有效解决。

【调查和督促履职】

2021 年 11 月 18 日，浙江省金华市金东区人民检察院（以下简称金东区检察院）根据该院出台的互涉案件双向协办机制，将公安移送的潘某某、王某某涉嫌污染环境案转至公益诉讼部门。金东区检察院公益诉讼部门迅速组建专案组，通过实地考察、现场勘验和提取物证等方式全面调查取证，同步启动行政公益诉讼和民事公益诉讼程序，于 2021 年 11 月 19 日向金华市生态环境局金东分局（以下简称区生态环境分局）发出第一份检察建议，督促其对金华市某钢带厂非法处置的危险废物进行合理处置，防止污染扩大。

收到检察建议后，区生态环境分局立即组建专班，对该钢带厂开展执法检查，并根据检察建议内容和行政执法检查情况制定危险废物处理方案，责令该厂与有资质的危险废物处置单位签订《危废处置协议》，将 150 吨危险废物进行标准化处理。检察机关还依托专家咨询意见，促成该厂对危险废物的全过程规范化管理及污染流水线的搬迁，目前该厂金属表面处理生产线已升级搬离开展规范化生产，原厂区仅用于铁板压制处理。在督促行政机关落实第一份检察建议的过程中，金东区检察院通过梳理排摸，发现类似情形不是酸洗行业个例。为践行“个案办理—类案监督—系统治理”模式，金东区检察院借助浙江省人民检察院“检察大数据法律监督平台”，构建“酸洗行业违法处置危废物”类案监督模型，开展数据碰撞，锁定违规处置酸洗废物企业 9 家。金东区检察院就此情况向区生态环境分局发出第二份检察建议，督促其对上述企业进行查处，并切实加强日常巡查监管，对酸洗行业开展行业治理。区生态环境分局立即对全区用酸企业开展执法检查，共排查企业 32 家，其中 7 家被立案查处，4 家因涉嫌刑事犯罪被移送公安机关侦查，为酸洗行业全面整肃打开局面。

为进一步加强公益保护法律监督与行政执法衔接联动，检察机关联合生态环境部门制定《关于生态环境和资源保护工作中加强协作配合的若干意见》，持续凝聚公益保护司法执法合力。

【典型意义】

针对酸洗企业非法排释危险废物污染环境、影响人民群众美好生活的痛点、难点问题，检察机关在依法履职中贯通运用刑事、公益诉讼检察职能，综合施策发挥法律监督的整体效能，实现公共利益保护最大化。检察机关一方面构建“梳理类案、探究路径、果断建模、数字赋能、覆盖监督”模型，为精准、科学、依法治污提供了智力保障和路径支撑，有效推动酸洗行业完善行业自律；另一方面，对生态环境部门执法行为进行“亲历监督、伴随协同、综合施策、闭环整治”，凝聚司法执法公益保护合力，有效提升环境执法和公益监督质效。

河南省固始县人民检察院督促规范农药经营以及农药包装废弃物回收行政公益诉讼案

【关键词】

行政公益诉讼检察建议　农业面源污染　问卷调查　农药包装废弃物回收

【要　旨】

针对调查样本量大，行政机关履职存在争议的农村农药包装废弃物回收处置问题，检察机关依法履职，在办案力量有限的情况下，制作“选项式”问卷调查单，邀请被监督机关派员参与，提升核查的效率和对调查结果的认可。检察机关通过向县委政府报告及组织座谈等方式，共同解决分歧、化解矛盾、保护公益，实现双赢多赢共赢的效果。

【基本案情】

固始县城乡农药包装废弃物回收管理不规范问题长期存在，大量农药包装袋等被随意弃置。2018 年，固始县农业农村局（以下简称县农业农村局）曾联合信阳市生态环境局固始分局（以下简称县生态环境分局）就农药包装废弃物治理联合开展过专项活动，出台了农药包装废弃物回收鼓励方案。但因两部门职责权限不清、沟通配合不畅、经费保障不足等原因，该项工作未能深入开展，致使农药包装废弃物长期处于无人监管状态，群众对此反映强烈。

【调查和督促履职】

2021 年 5 月 7 日，河南省信阳市固始县人民检察院（以下简称固始县检察院）在开展涉农公益诉讼检察工作中发现该线索，在办案力量有限的情况下，遂以“选项式”问卷调查的方式，对县域内 30 个乡镇 67 家农药经营店进行核查，询问农药经营者及部分群众，深入田间沟渠，核实了农药包装废弃物污染环境现状，固定农药包装废弃物回收监管混乱以及农药经营者疏于监管的相关证据。经查：2017年，固始县被列入河南省农药包装废弃物回收处理试点县，但因种种原因，该项工作未能持续开展，固始县农药经营管理及包装废弃物回收处置长期存在履行职责不充分、信息登记不规范、普法宣传不到位、清运处理不及时等问题，社会公共利益长期受到侵害。

2021年7月9日，固始县检察院依据《农药包装废弃物回收处理管理办法》的相关规定，向县农业农村局制发检察建议，建议其积极履职，开展行业专项整治活动。针对回收机制运行不畅及经费保障不到位等问题，固始县检察院向县政府提交了《固始县农药经营及农药包装废弃物回收情况调查报告》，并多次组织县农业农村局及县生态环境分局等相关职能部门召开座谈会，分析原因，协商对策，完善整改方案，推动问题解决。

检察建议发出后，县农业农村局积极回应，并邀请固始县检察院全程跟进监督。2021年7月16日，该局制定并实施了为期两个月的专项行动，先后两次召开专题工作会议，出动执法人员397人次，对全县196家农药经营店进行了全面排查，发放宣传单5000余份、告知书428份，配发《农药产品经营档案》620本，现场纠正违法行为11起，发出《责令整改通知书》266份。为强化日常监管，该局建立了全县农药经营单位名录库与执法人员名录库，实行日常监管双随机，并积极申请农药废弃物处理经费，深入治理农业面源污染。

2021年9月1日，县农业农村局邀请固始县检察院全程监督“双随机”执法检查，固始县电视台予以跟踪报道，提升群众的知晓度和参与度。2021年9月6日，县农业农村局将整改情况和整改效果书面回复固始县检察院。2021年9月中旬，固始县检察院对该案整改情况进行了实地跟踪调查，发现县农业农村局已全面完善了农药经营单位的溯源管理制度，并利用县政府划拨的专项经费，清收并完成农药包装废弃物无害化处理60余吨。

【典型意义】

有效管控农药包装废弃物污染，是推动农业绿色发展的重要环节。本案中，检察机关多方借力、全程监督，通过向县委政府报告、媒体跟进报道整改结果等方式，妥善解决群众反映强烈的农药包装废弃物回收“老大难”问题。办案过程中，检察机关顾全大局，注重矛盾化解，充分发挥协同治理效能，推动具体问题和社会治理问题的综合解决，服务乡村振兴。

河北省蔚县人民检察院督促整治乡村生活垃圾行政公益诉讼案

【关键词】

行政公益诉讼　人居环境治理　公开听证　公开送达　企业纾困

【要　旨】

针对部分乡村非法倾倒、随意填埋生活垃圾治理难题，检察机关以“公开听证＋公开送达”的形式发出检察建议督促整治并持续跟进监督，对整改落实不到位的行政机关依法提起行政公益诉讼，改善了人居环境和生态环境，同时助力企业发展和乡村振兴。

【基本案情】

张家口市蔚县系国家历史文化名城，是冰雪运动与休闲旅游胜地。检察机关在履行公益诉讼职能过程中发现辖区不少乡村存在生活垃圾非法倾倒、随意填埋的普遍问题，未经无害化处理的垃圾危及土壤、水源和空气质量，影响农村人居环境及首都水源功能涵养区和生态环境支撑区建设。

【调查和督促履职】

2022年初，河北省蔚县人民检察院（以下简称蔚县检察院）在推进“公益诉讼守护美好生活”专项监督活动中发现上述线索，于2022年1月25日立案调查，依法查明：全县19个乡镇存在生活垃圾非法倾倒，大量垃圾堆积、填埋在田间地头、村边、河边沟渠的问题，且其中5个垃圾填埋点紧邻水源地，而相关行政机关和乡镇政府怠于履职，严重破坏了人居环境和生态环境，影响文化古城形象。同时查明，当地新投产试运营的环保能源热电厂却因垃圾供应量不足、企业成本过高等问题，制约该企业创新绿色高质量发展。

为明晰监管职责，凝聚多方治理共识，促使多家行政机关同向发力，2022 年 1 月 28 日，蔚县检察院组织召开听证会，邀请县委、县人大、县政府领导，乡镇负责人，人大代表、政协委员、人民监督员等参加，经讨论后现场向蔚县城市管理综合行政执法局和 8 个乡镇政府公开送达检察建议。城管局和乡镇政府收到检察建议后高度重视，积极整改，清理各类垃圾计 5000 余吨，恢复土地 100 余亩，疏通清理河道 10 公里，新建垃圾转运站 22 个，落实每日清运制度。有效解决农村生活垃圾收集转运困难后，该环保能源热电厂原本面临的发电原材料供应不足、企业成本过高等困境也迎刃而解。根据该热电厂统计，垃圾处置量由整改前的日均 180 余吨提高到整改后的 350 余吨，大量生活垃圾得到无害化处理，企业运营成本也每月降低 100 余万元，实现产业振兴，带动乡村就业。

【诉讼过程】

2022 年 4 月 2 日，蔚县检察院跟进监督发现，暖泉镇北关堡村的一处垃圾填埋点清理不彻底，存在大量生活垃圾和建筑垃圾，且未恢复土地原貌，社会公共利益持续处于受侵害状态。2022 年 4 月 14 日，蔚县检察院依法向蔚县人民法院提起行政公益诉讼。在案件审理期间，暖泉镇人民政府组织对垃圾填埋点彻底清理和绿化，共清理生活垃圾 300 余方，建筑垃圾 500 余方，回填土方 600 余方，栽种苗木 8600 余株。鉴于暖泉镇人民政府在案件审理过程中已经依法履行职责，诉讼请求全部实现，蔚县检察院于 2022 年 6 月 23 日撤回起诉。

为进一步深化源头治理、综合治理，蔚县检察院认真梳理办案中发现的问题，向县政府进行专题汇报，推动县政府出台《蔚县村庄整治提升工作实施方案》，建立乡村生活垃圾分类管理工作的长效机制。张家口市检察院认真总结蔚县检察院办案经验，组织全市检察机关开展专项行动，市检察院与市城管局共同签署《关于加强公益诉讼工作协作的意见》，集中开展全域人居环境治理，共计办理案件 230 件，督促清理转运垃圾 5.67 万吨，与 4 个垃圾焚烧发电企业建立联动机制，人居环境进一步改善。

【典型意义】

改善乡村人居环境，建设美丽新农村，实现乡村振兴战略，既是全面贯彻习近平生态文明思想的生动实践，也是张家口“首都两区”建设的应有之责。本案中，检察机关围绕乡村人居环境治理难题，综合运用公开听证、公开送达、检察建议、跟进监督、提起诉讼、“回头看”等办案方式，督促相关单位依法履职，助推当地政府开展农村生活垃圾综合治理，为企业发展纾困解难，带动地方产业振兴，为建设宜居宜业和美乡村贡献了检察智慧和力量。

甘肃省武山县人民检察院
督促整治东顺渠生态环境行政公益诉讼案

【关键词】

行政公益诉讼检察建议　水生态环境污染　农田水利工程保护

【要　旨】

因多个行政机关履行监督管理职责不到位，导致水生态环境污染未得到有效整治的，检察机关可以启动行政公益诉讼，督促相关行政机关依法协同履行法定职责，推动修复受损生态环境。

【基本案情】

甘肃省天水市武山县境内东顺渠始建于清乾隆二十六年（1761年），主干渠全长14.85千米，支渠25千米，承担该县城关、洛门两镇11个村1.22万亩农田的灌溉任务，为武山县重要的水利灌溉工程，同时兼顾防汛功能。近年来，沿渠部分村镇将生产生活污水、垃圾、粪便等直接排入渠中，导致渠道内水质恶化，其中3.9公里渠道被严重堵塞，常年断流，4000余亩农田无法正常灌溉，严重减损东顺渠灌溉、防汛功能，对农业生产造成不利影响。因生态环境、河道岸线管理、污水管网建设等涉及多个行政机关职责，整治工作未能有效开展，公益受损问题长期存在。

【调查和督促履职】

甘肃省天水市武山县人民检察院（以下简称武山县检察院）在履职中发现武山县东顺渠垃圾淤积问题，遂于2022年3月24日立案调查。通过实地走访、向周围群众调查询问、与相关职能部门沟通衔接等方式查明：原东顺渠渠首至红沟段大部分灌面已扩容为居住区，沿渠群众将生活垃圾和污水排入渠中，导致渠道内水质严重污染，并且长期的垃圾淤积致使渠道桥洞堵塞，无法通水运行。

根据相关法律法规规定，武山县住房和城乡建设局、武山县水务局、武山县城关镇人民政府分别对城镇污水管网建设及垃圾排放、水利工程建设和卫生环境管理具有相关监督管理职责。为厘清相关主管部门权责，有效整合资源，形成整改合力，2022 年 5 月 10 日，武山县检察院组织召开公开听证会，相关行政职能部门重点围绕各自职能分工，共同商议最佳整治方案。听证会后，武山县检察院结合听证情况，分别向武山县水务局、武山县住房和城乡建设局及武山县城关镇人民政府发出检察建议，督促其全面整治向东顺渠渠道内排放污水、倾倒垃圾以及其他废弃物的行为，拆除搭建在渠道上的违章建筑，确保东顺渠正常运行，保证合理灌溉，充分发挥水利效益。

收到检察建议后，武山县水务局、武山县住房和城乡建设局、武山县城关镇人民政府召开了武山县东顺渠清淤维修部署会议，成立由 31 个工程队组成的 22 个班组对该渠段进行全面清理疏通。每天累计投入机械 198 台（套），累计投入人工约 1900 余个，清理淤泥约 1.2 万 m^3。经过 20 多日的整治工作，解决了渠道清淤疏浚顽疾。2022 年 7 月 1 日，东顺渠正式开闸通水，长期困扰沿渠农业生产用水的问题得到有效缓解。

同时，武山县住房和城乡建设局对沿渠周边居民区污水管网进行改造，全面竣工后将彻底改善污水乱排问题。城关镇人民政府开展环境卫生综合整治，设置生活垃圾统一分类处置点，发放宣传手册和致农户的一封信，增强村民对人居环境整治的认识，发动村民妥善处理生活生产垃圾，保障东顺渠畅通无阻。

【典型意义】

灌溉古渠对当地农业发展和生态环境调节具有重要的经济和生态意义。由于无序的人为活动，导致渠道堵塞、水质恶化，既影响农业灌溉，又严重影响周边人居环境。检察机关充分发挥公益诉讼检察职能，以座谈磋商、公开听证等方式凝聚各方共识，通过检察建议督促相关部门履行管理、保护职责，形成多部门环境治理合力，打通农田水利“最后一公里”，使水利设施重新恢复灌溉功能。在满足人民群众耕作灌溉需求的同时，改善农村人居环境，切实提升群众幸福感和获得感，为服务保障乡村振兴贡献检察力量。

江西省九江市人民检察院
督促保护庐山西海生态环境行政公益诉讼案

【关键词】

行政公益诉讼检察建议　非法排污　河湖岸线保护

【要　旨】

因多个行政机关履行监督管理职责不到位致使生态环境受到破坏的，检察机关可以向其共同上级行政机关发送检察建议，督促上级行政机关协调其依法及时全面履职，推动公益损害问题得到及时有效解决。

【基本案情】

江西省庐山西海位于修河中上游，通过鄱阳湖汇入长江，属于国家5A级景区。2020年6月起，庐山西海某民宿开始营业，该民宿建有15间客房，生活污水日排放量约1吨，经化粪池简单处理后通过原房主埋设的暗管直排庐山西海水域，污水化学需氧量、氨氮分别超出排放标准1.42倍、1.85倍。景区内还存在多家民宿生活污水未接入污水管网，大量网箱等渔业固体废物被随意丢弃在水域周边，侵占河湖岸线等问题，对景区环境和周边群众生产生活造成严重影响，相关行政机关未依法及时采取措施，致使社会公共利益受损。

【调查和督促履职】

2021年4月，第二轮中央生态环境保护督察披露庐山西海风景名胜区存在"污水未处理直接排放入湖"问题线索。江西省九江市人民检察院（以下简称九江市检察院）积极跟进开展调查。2021年6月22日，九江市检察院依法予以行政公益诉讼立案。办案人员通过调取行政监管材料、实地走访、无人机航拍、取样检测等方式，查明某民宿违法排污和多家民宿生活污水未接入污水管网、渔业固体废物侵占河湖岸线等问题。农林、水务、综合行政执法等多个部门履行职责不到位，致使生态环境遭受损害。

2021 年 8 月 2 日，九江市检察院向庐山西海风景名胜区管理委员会发出检察建议，督促其履行水污染监管职责，及时处理民宿非法排污问题，及时清理渔业固体废物，采取定期巡查等措施，预防、控制、减少水环境污染。

收到检察建议后，景区管理部门高度重视，邀请检察机关、相关职能部门对整改方案进行座谈研讨，并就开展民宿生活污水直排专项治理以及建立健全长效机制等达成共识。相关单位加强协作配合，迅速开展整治行动，督促某民宿拆除了排污暗管，完成一体化污水处理设施安装运行，生活污水经处理后用于园林绿化，不再排入水体。同时，以点带面进行民宿排污专项整治，将 36 家民宿生活污水接入污水管网集中处置。景区管理部门组织当地乡政府、农林水务、综合执法等部门共同开展渔业固体废物专项整治，回收处置涉渔"三无"船舶 256 艘，处理被遗弃木筏 24 条、废弃网箱及渔网 78 副，在湖岸周边设置生态保护宣传牌 25 块。为了进一步巩固整治效果，景区管理部门深化"河湖长 + 检察长"机制，确定每年开展一次联合巡湖，将线索移送、信息通报、联合巡湖等工作纳入年终考核。因案涉公益损害问题得到整改，2021 年 11 月 1 日，九江市检察院作出终结案件决定。

2021 年 12 月，九江市检察院开展公益诉讼常态化"回头看"活动，邀请人民监督员、公益诉讼观察员作为第三方参与检察建议整改效果评估。经实地走访，某民宿生活污水处理设施运转正常、监测数据达标，其他民宿生活污水均接入市政污水管网，实现"污水不入湖"，周边固体废物也得到有效处置，环境明显改善。在"回头看"座谈会上，人民监督员、公益诉讼观察员对检察建议整改成效表示高度认可。

【典型意义】

检察机关充分发挥公益诉讼检察职能守护景区生态环境，针对景区民宿非法排污问题，通过制发检察建议、参与整改座谈等方式，督促行政机关依法履职，推动公益损害问题得到系统治理，积极回应人民群众美好生活需求。同时，检察机关通过引入第三方对行政机关履职整改成效进行科学评估，形成生态保护与服务小微经济绿色发展的合力，有效提升了司法公信力。

陕西省周至县人民检察院、西安铁路运输检察院督促整治蚰蜒河黑臭水体行政公益诉讼案

【关键词】

行政公益诉讼　农村黑臭水体　跟进监督　源头治理

【要　旨】

检察机关提起行政公益诉讼后，行政机关有整改意愿的，可以在法院主持下召开协调会督促行政机关依法及时全面履职修复受损公益。检察机关通过召开听证会、走访调查、委托检测等方式，查明行政机关已经依法及时全面履职，受损公益得到有效修复，符合撤诉条件的，可以依法撤回起诉。

【基本案情】

蚰蜒河位于陕西省周至县终南镇，流经多个行政村后最终汇入黄河。终南镇东关村是历史著名的古恒州之地，蚰蜒河东关村段是当地有名的八景之一。多年来，附近村民将生活污水直接排入蚰蜒河，并在河道及两岸随意倾倒生活垃圾，形成了长约720米、宽约1.5米、面积约780平方米的黑绿色水体，水面漂浮大量塑料废弃物等生活垃圾，并伴有强烈刺鼻气味，严重影响群众生产生活。

【调查和督促履职】

陕西省周至县人民检察院（以下简称周至县检察院）在履行公益监督职责中发现蚰蜒河黑臭水体线索，并于2021年7月9日立案调查。周至县检察院委托第三方进行检测，所有检测点位pH值、氨氮、总氮、总磷、化学需氧量五项指标均超出五类水标准5—20倍。周至县检察院通过实地勘查、走访村民、询问行政机关相关人员等方式，发现两岸无污水集

中处置设施，生活垃圾收集、转运不规范，需从源头进行整治。相关行政机关之间协作配合不畅、治理进展缓慢。

2021年7月19日，周至县检察院向周至县生态环境局、周至县终南镇人民政府（以下简称终南镇政府）发出检察建议，建议两部门依法及时全面履职，整治涉案黑臭水体。9月9日，终南镇政府书面回复称，蚰蜒河内的生活垃圾已全部清理。9月18日，周至县生态环境局书面回复称，已将涉案黑臭水体纳入该县农村黑臭水体二期治理工程项目，编制了可行性研究报告。后经周至县检察院调查核实发现，涉案河面仍漂浮有大量生活垃圾，水体仍为黑绿色，强烈的刺鼻气味亦存在，黑臭水体问题未得到根本解决，社会公共利益侵害持续存在。

【诉讼过程】

2021年10月15日，按照行政公益诉讼案件集中管辖的要求，周至县检察院将案件移送至西安铁路运输检察院（以下简称西安铁检院）审查起诉，该院于11月17日向西安铁路运输法院提起诉讼，请求判令周至县生态环境局、终南镇政府依法全面履行职责。

诉讼中，周至县检察院、西安铁检院会同西安铁路运输法院组织西安市生态环境局、周至县生态环境局、终南镇政府等六个行政机关召开座谈会，就责任分工、协同履职、治理模式、治理标准等问题深入沟通，形成了一致意见。会后，周至县生态环境局通过招投标方式，按照“控源截污、清淤疏浚、水体净化、生态绿化”的原则，委托第三方开展整治。对污水采用“管道收集＋泵站提升”模式收集处理，新建污水管道722.4米、污水提升泵1座，将沿河37个排污口全部接入污水处理厂集中处理。在两岸约2400平方米岸带栽种绿草，绿化修复后与周边环境相协调。终南镇政府对河底淤泥、河道生活垃圾进行清理，并向村民进行环保宣传，引导村民将垃圾倾倒至收集站内。

为检验整治成效以及是否符合撤诉条件，西安铁检院组织召开了现场听证会，邀请人大代表、政协委员担任听证员，并邀请环保专家、检测机构工作人员、村民代表、环保方面的特邀检察官助理参与。与会人员一致肯定了整治成效，并提出了进一步完善建议。会后，西安铁检院督促行政机关按照听证意见进行了再整改。西安铁检院还入户走访了村民，村民对整治成效表示满意。经第三方检测，涉案水体治理达标，已不属黑臭水体。西安铁检院向西安铁路运输法院撤回起诉。

【典型意义】

农村黑臭水体是群众身边的突出生态环境问题，事关民生福祉。针对农村黑臭水体治理顽疾，检察机关就源头治理和水体治理一并监督，秉持源头治理和持续监督理念，在提起诉讼后，积极组织召开协调会，明确责任分工，促进协同履职，推动行政机关采取配套污水集中处理设施、建设两岸绿地、清理河道淤泥、完善垃圾收运等措施，有效整治了黑臭水体，助力乡村生态振兴。同时，检察机关还采取听证、走访群众等方式，听取多方意见，拓宽公众参与渠道，在各方一致认可整改效果后依法撤诉，提升环境公益诉讼司法公信力。

上海市静安区人民检察院
督促整治光污染行政公益诉讼案

【关键词】

行政公益诉讼检察建议　光污染治理　技术人员辅助办案

【要　旨】

城市光污染属于新型环境污染，检察机关可以通过行政公益诉讼，督促行政机关依法履职，维护社会公共利益。

【基本案情】

上海市静安区内大型商场楼宇林立，夜晚璀璨的灯光在点亮城市的同时，过亮的光源却对居民正常生活休息和行车安全造成影响，光污染已经成为困扰公众的新型环境污染问题。南京西路部分商户的户外电子显示牌（LED显示屏）、灯箱、灯带等照明设施夜间亮度过高，影响周边居民的正常生活休息。灵石路一厂区照明设施距离地面约5.2米，属于非道路照明设施，但正对路面，产生的灯光对夜间驾驶车辆的司机造成干扰，影响行车安全。相关职能部门在收到市民多次投诉后，未依法及时有效履行监管职责，导致社会公共利益长期受到侵害。

【调查和督促履职】

2021年10月，上海市静安区人民检察院（以下简称静安区检察院）在审查上海市公益诉讼全息办案智能辅助系统推送线索时发现，辖区内居民多次投诉部分地点的照明设施夜间亮度过高，损害社会公共利益。

2021年11月15日，静安区检察院研判线索后决定对上述问题予以立案办理。公益诉讼部门随即成立办案组，制定调查计划，研究相关法律法规及标准，确定了18个需要重点排查的点位，并聘任了来自司法鉴定科学研究院的工程师为技术调查官，辅助案件办理。为查明相关照明设施是否符合技术规范，静安区检察院联合技术调查官多次在夜间至次日凌晨共同对排查点位进行了现场调查。运用光度计、照度计、全站仪等科学工具进行数据采集，并拍摄现场照片和视频。后通过司法鉴定，查明了6个点位的光源亮度或照度超过了规定限值。根据《上海市环境保护条例》、《上海市户外招牌设置管理办法》及《室外照明干扰光限制规范》（GB/T 35626—2017）、《上海市户外招牌设置技术规范（2021版）》等，室外灯光广告、照明设施在光照强度等方面应当符合本市环境照明技术规范要求，绿化市容部门对此负有监管职责。

由于光污染属于新的环境污染类型，现有法律法规中对行政机关的职责规定较为笼统，目前相关领域行政执法仍处于起步阶段。2021年11月23日，为进一步凝聚共识，静安区检察院召开"城市光污染治理研讨会"，邀请上海市人民检察院、市环境科学研究院、市照明学会、司法鉴定科学研究院以及相关行政机关参加。通过研讨会商，各方一致认为要加大对光污染问题治理力度，增强公益保护合力，实现双赢多赢共赢。当天，静安区检察院向职能部门代表公开宣告送达了检察建议书，建议其依法履行光污染监管职责，督促涉案商户、工厂对问题点位光源进行整改。

检察建议发出后，职能部门高度重视，立即调查处置，督促整改，形成了严把前端审批、加强日常巡查、注重投诉回复的长效监管机制。经督促整改，涉案6个问题点位的照明设施有3个被拆除、3个调低亮度至限定值以下。2021年12月13日，静安区检察院再次联合技术调查官至现场跟进调查光污染问题治理的成效，确认涉案光源已符合技术规范，不再影响周边居民生活休息。2022年2月18日，因行政机关已经采取整改措施依法履行职责，静安区检察院决定终结案件。

2021年12月17日，案件承办检察官受邀参加上海市生态环境局主办的修订《上海市环境保护条例》专家座谈会，为加强光污染防治立法建言献策。2022年8月1日起，新修正的《上海市环境保护条例》正式实施，条例新增了防治"光污染"的内容，成为我国首部纳入光污染治理的地方性环境保护法规。

【典型意义】

进入新时代，人民群众对生态环境提出了新的更高要求。城市光污染作为生态环境领域的新污染类型，正随着经济社会的快速发展呈现高发态势，影响居民正常生活休息、身体健康、交通安全等。检察机关秉持“智慧借助”理念，联合技术调查官调查取证，破解光污染违法事实如何认定的难题。同时，在找准具有法定监管职责行政机关的基础上，综合运用研讨会、检察建议等方式，与行政机关就新情况新问题凝聚共识，有力地推动了光污染问题的治理，积极回应了人民群众的急难愁盼，为光污染防治贡献检察力量。

安徽省宿州市人民检察院诉萧县某某材料公司大气污染民事公益诉讼案

【关键词】

民事公益诉讼　大气污染　专家评估　调解结案

【要　旨】

行政机关通过工作协作机制向检察机关移送企业违法超标排放大气污染物线索，检察机关认为符合条件的，可以依法提起民事公益诉讼。违法主体在诉讼过程中自愿承担全部民事责任，且不损害社会公共利益的，在法院的主持下，检察机关可以选择调解方式结案。

【基本案情】

2020年11月2日至2020年11月11日，萧县某某材料公司通过擅自篡改在线监测设备参数的方式，排放粉尘3.183t、SO_2 15.842t、NO_x 31.489t，三种污染物超标倍数达9—71倍，经专家评估其行为造成环境污染，侵害社会公益。2020年12月31日，宿州市生态环境局（以下简称市环境局）对材料公司逃避监管、排放大气污染物的行为作出行政处罚。

【调查和诉讼】

2021年1月12日，市环境局根据其与安徽省宿州市人民检察院（以下简称宿州市检察院）会签的《关于建立生态环境和资源保护领域公益诉讼工作协作推进机制的意见》，将该案行政处罚决定书抄送宿州市检察院。2021年2月24日，安徽省人民检察院、宿州市检察院与安徽省生态环境厅、市环境局对某某材料公司进行整改“回头看”，实地了解企业生产情况、污染产生原因等事项。

2021年4月9日，宿州市检察院对该案立案调查。期间，针对大气污染行为隐蔽性强、证据容易灭失等特点，依托公安、生态环境等行政机关专业技术优势，对违法排放物的种类、数量及超标倍数进行电子数据固定，有效弥补公益诉讼调查核实能力的不足；针对生态损害、修复治理难以科学量化等问题，委托技术专家进行评估，评估意见认为此次违法行为造成下风向西北边 10km 及其他方向 1—5km 范围内的建筑物、市政设施、生态系统和人群聚集环境污染，并根据虚拟成本治理计算方式确定大气污染造成的期间生态环境损害价值为 290767.05 元。经公告，宿州市检察院于 8 月 30 日向宿州市中级法院提起民事公益诉讼，请求判令某某材料公司承担生态环境损害赔偿费用 290767.05 元、专家评估费 20000 元。为方便案件审理，安徽省高级人民法院于 10 月 28 日将该案指定萧县人民法院（以下简称萧县法院）审理。

2022 年 1 月 26 日，萧县法院召开庭前会议，某某材料公司对检察机关认定的违法事实全部认可，愿意承担全部费用，并向社会公开赔礼道歉；同时表示企业受疫情影响效益不佳，请求分期支付赔偿费用。检察机关认为，分期支付有利于民营企业健康发展，调解结案符合高效维护社会公共利益目的，遂同意调解。宿州市检察院与某某材料公司签署分四期支付 290767.05 元赔偿费、首期先行支付 20000 元专家评估费的调解协议。2022 年 1 月 26 日，萧县法院对该调解协议进行为期 30 日的公告，公告期内未收到异议反馈。2022 年 2 月 28 日，萧县法院作出民事调解书，对调解协议内容依法予以确认。2022 年 5 月 20 日，某某材料公司已按期将相关费用支付完毕，并在当地政府宣传栏书面公开赔礼道歉。

检察机关在办理该案中发现环境保护税欠缴问题，遂向税务机关提出检察建议，督促其依法追缴 85 家企业环境保护税款及滞纳金 250 万余元。

【典型意义】

在开展“公益诉讼守护美好生活”专项监督活动中，检察机关与行政机关密切配合，通过建立协作机制打通公益受损线索移送渠道，形成同向发力良好局面。行政机关因人员力量不足等原因未提起生态环境损害赔偿诉讼情况下，检察机关认为符合条件的，依法提起民事公益诉讼，确保受损公益得到有效保护。在案件办理中，检察机关充分借助“外脑”力量，有效解决大气污染类案件证据固定难、损害评估难、修复治理难等问题，在违法主体自愿承担全部民事责任前提下，遵循公共利益及时保护原则，积极促成调解，实现修复污染环境、助力企业发展的共赢。

二、“3·15”检察机关食品药品安全公益诉讼典型案例

（2023 年 3 月 13 日）

“3·15”检察机关食品药品安全公益诉讼典型案例发布说明

为深入学习贯彻党的二十大、全国两会精神，在第41个“3·15”国际消费者权益日来临之际，最高人民检察院发布一批食品药品安全公益诉讼典型案例，以进一步推动办好食品药品安全领域公益诉讼案件，为各级检察机关办理此类案件提供示范和指引，切实保障人民群众“舌尖上的安全”。

本次发布的典型案例包括浙江省海宁市检察院督促整治社区团购食品安全隐患行政公益诉讼案等10件案例。其中，涉及食品安全领域案件7件，药品安全领域案件3件。

本次发布的10件典型案例中，有5件案例针对新业态或新问题。如浙江省海宁市检察院督促整治社区团购食品安全隐患行政公益诉讼案中，检察机关针对社区团购涉及的食品安全问题，通过检察建议督促行政机关依法履职，并以点带面推动行业治理，规范市场秩序，维护消费者合法权益。此外，贯彻落实农产品质量安全法、以系统思维推进源头治理、强化协同共治集聚公益保护合力等内容在案例中均有体现。

据了解，2022年，检察机关立案办理食品药品安全公益诉讼案件20341件，督促查处销售假冒伪劣食品741.1吨，同比上升62%；督促收回流通中的假冒伪劣食品196.4吨，同比上升7.7倍；督促查处销售假药和走私药品539种共1.4吨；督促收回流通中的假药和走私药品200种共0.7吨。

2020年、2021年两年时间里，全国检察机关在食品药品安全领域提起民事公益诉讼3200余件。其中，提出惩罚性赔偿诉求的占起诉案件总数的80%以上，法院支持检察机关诉讼请求的案件占已作出生效裁判案件的99.1%。此次发布的案例中，5件民事公益诉讼案件均根据案件的实际情况提出惩罚性赔偿诉讼请求并得到法院支持。

最高检公益诉讼检察厅负责人表示，将持之以恒落实“四个最严”要求，依法履职，推动源头治理，切实提升食品药品安全领域公益诉讼检察工作质效，进一步增强人民群众的获得感、幸福感、安全感。

浙江省海宁市人民检察院督促整治社区团购食品安全隐患行政公益诉讼案

【关键词】

行政公益诉讼检察建议　食品安全　社区团购　“益心为公”志愿者

【要　旨】

检察机关针对社区团购网络零售新业态涉及的食品安全问题，通过检察建议督促行政机关依法履职，并以点带面推动行业治理，规范市场秩序，维护消费者合法权益。

【基本案情】

浙江省海宁市某商家系嘉兴市排名第一的社区团购商家，以微信“群接龙”的方式开展线上预售和线下供货，截至2022年8月，该团购商家微信成员数多达7.7万余人，接龙次数高达217万余次，有消费者反映其存在销售“三无”、添加剂超限等不符合食品安全标准的食品、超范围经营以及违规发布广告等违法行为，侵犯了广大消费者的合法权益，破坏了公平有序的市场环境。

【调查和督促履职】

2022年7月，浙江省海宁市人民检察院（以下简称海宁市院）收到“益心为公”检察云平台公益诉讼志愿观察员（以下简称志愿者）提供的该案线索后，经分析研判，于2022年8月15日立案。经调查发现，该团购商家存在销售没有食品标签的食品、添加剂超限的食品；超许可范围从事食品经营；使用“最好等级”“最经典”“全网最低”等用语对销售的食品做虚假广告宣传；在广告语中作引人误解的商业宣传，欺骗、误导消费者等违法行为。

为进一步发现社区团购存在的各类问题，海宁市院充分发动志愿者面向广大消费者开展问卷调查，共收回问卷两千余份，并针对消费者集中关注的无证经营、缺斤短两、掺杂掺假、售后无保障等情形形成问卷调查报告。海宁市院经审查后认为，社区团购作为电子商务新业态，经营者在经营活动中应当遵守《中华人民共和国电子商务法》等相关规定，食品安全隐患、违规经营、不正当竞争等行为，侵犯广大消费者的合法权益，损害社会公共利益。

2022年10月8日，海宁市院向市市场监管局制发了检察建议书，督促其依法对上述违法行为进行查处，对社区团购食品安全问题进行治理。2022年12月5日，市市场监管局反馈，对某团购商家违法销售食品、虚假宣传等行为作出罚款12.5万元的行政处罚；在全市开展为期一个月的团购类经营活动排摸整治专项行动，重点约谈辖区内6户头部团购商家，强化经营者主体责任。

此外，检察机关针对调查中发现的某团购商家未依法申报缴纳税款的违法行为，督促税务部门追缴27万余元。

【典型意义】

社区团购作为当前的消费热点发展迅猛，但其不规范经营带来的食品安全隐患等问题，不仅侵犯消费者的合法权益，还影响公平有序的市场环境。检察机关立足公益诉讼检察职能，充分发挥“益心为公”志愿者提供线索、协助调查等方面的作用，开展社会调查获取消费者真实体验，为监督办案提供参考；以检察建议等方式督促行政机关依法履职，开展食品安全专项整治，制定科学合理的行业监管政策，构建起新业态行业自律机制，在激发保护市场活力的同时全面规范市场秩序，切实维护消费者合法权益。

江苏省镇江市经济开发区人民检察院督促整治小微养老机构食品安全行政公益诉讼案

【关键词】

行政公益诉讼检察建议　食品安全　小微养老机构　代表建议转化

【要　旨】

对于代表建议、政协提案涉及的公益侵害问题，检察机关可以将其作为重点公益诉讼案件线索予以办理，通过代表建议、政协提案与检察建议的衔接转化，实现同向发力保护公益。针对小微养老机构存在的食品安全问题，检察机关可以立足公益诉讼检察职能，督促行政机关依法履职，规范养老服务行业健康发展。

【基本案情】

江苏省镇江市经济开发区多家小微养老机构在未办理食品经营许可证的情况下设置食堂，违规向入住老人提供餐饮服务，且此类养老机构普遍存在提供餐饮服务的员工未办理健康证，餐厨操作间卫生脏乱、未配置消毒设备及未建立食品安全管理制度等不符合食品经营安全标准的情况，有的甚至使用过期食品、调味品，危害老年人的身体健康，损害社会公共利益。

【调查和督促履职】

2022年5月，江苏省镇江市经济开发区人民检察院（以下简称开发区院）在办理镇江市八届人大六次会议代表建议期间发现该案线索，并进行初步调查。经走访人大代表、社区工作人员，并向民政部门调取全区养老机构信息，检察机关发现该区18处养老机构中多处小微养老机构存在内设食堂未取得食品经营许可证，提供餐饮服务的员工未办理健康证，使用过期食品、调味品，餐厨操作间卫生脏乱、未配置消毒设备及未建立食品安全管理制度等问题，且其中6处养老机构未办理机构营业执照。

7月13日，该院对此予以立案调查，经分析研判认为：小微养老机构食品安全问题易成为监管盲区，损害社会公共利益，检察机关应督促行政机关依法履职。该院遂向区市场监督管理局发出检察建议，建议该局对本地区养老机构未取得食品经营许可证而下设置食堂，从事食品生产经营活动，向老年人提供不符合食品安全标准食品的违法行为依法予以处理。同时，该院就调查中发现的问题及检察建议制发情况专题报告区党工委。

收到检察建议后，镇江新区（即经济开发区）专门成立集中整治领导小组，并下发《未备案养老服务场所安全隐患集中整治方案》。区市场监管局对本地区各养老机构进行食品安全专项检查，共检查养老机构18家，依法处理食品安全问题32个；召开养老机构经营者约谈会，现场讲解食品安全相关法律法规，督促食品经营者落实责任、依法规范经营。2022年10月底，镇江新区通过分类施策整治，完成了养老机构整改，对不符合养老服务场所标准的机构予以关停，符合条件的另行选址建设、转型为合法养老经营机构，95名原入住老人也得到妥善安置。

11月15日，开发区院邀请提出建议的人大代表、"益心为公"志愿者对行政机关的履职情况进行评估。检察长带队走访分流老人入住的镇江新区中心敬老院及正在建设的新办养老机构，并对区市场监管局是否采取全面措施依法履职举行公开听证，整改情况获听证员一致认可。

【典型意义】

随着社会人口老龄化进程，小微养老服务机构不断增多，因经营、管理不规范滋生的食品安全隐患问题凸显。检察机关积极发挥公益诉讼检察职能，运用人大代表建议、政协提案与公益诉讼检察建议衔接转化机制发现案件线索，通过制发检察建议、向党委报送专题报告、公开听证等方式，推动行政机关依法履行职责，形成监管合力，消除食品安全风险隐患，助力养老服务行业健康发展。

江西省龙南市人民检察院督促整治非法添加金银箔粉食品行政公益诉讼案

【关键词】

行政公益诉讼检察建议　含金银箔粉食品　非法添加　虚假宣传

【要　旨】

针对生产、销售含金银箔粉食品、虚假宣传金银箔粉可食用等违法行为，检察机关通过检察建议督促协同有关部门依法履行监管职责，落实生产经营者、网络交易第三方平台的主体责任，推动行业治理，营造良好食品经营环境。

【基本案情】

江西省龙南市部分烘焙商家为牟取高额利润，迎合不良消费心理，在蛋糕等食品加工制作过程中非法添加金银箔粉，并冠以“大富大贵”“暴富款”等名称制造噱头提高售价。在营销过程中，有的商家向消费者宣称金银箔粉可以食用。但金银箔粉并不会被身体吸收，部分消费者食用后出现恶心、肠胃不适等情况。

【调查和督促履职】

2022年3月，江西省龙南市人民检察院（以下简称龙南市院）组织开展“3·15国际消费者权益保护日”系列主题宣传活动，市消费者权益保护委员会向龙南市院移送12315举报平台反映的当地蛋糕店销售含有金银箔粉蛋糕的线索。同年3月18日，龙南市院依法立案，先后调查走访市场监督管理局、网络餐饮第三方平台公司、辖区内蛋糕店、部分消费者等，调取销售记录等相关材料，并询问涉案蛋糕店相关工作人员。经调查查明，根据2022年1月29日市场监管总局、国家卫生健康委、海关总署联合印发《关于依法查处生产经营含金银箔粉食品违法行为的通知》的规定，金银箔粉不是食品添加剂，不能用于食品生产经营。而某网络餐饮服务平台上，“柒某烘焙”蛋糕店在线销售添加“金银箔粉”蛋糕，并在销售过程中宣传金银箔粉可以食用；“卡某奇”蛋糕店在制作蛋糕中使用“金银箔粉”，经营者明确宣称可以食用。实地调查过程中，在“左某”蛋糕店发现使用中的“金银箔粉”。涉案几家蛋糕店使用的金银箔粉原料既有国内厂商生产，又有德国和日本等国家进口的产品，部分产品说明书标明成份99.96%铜、0.04%铁，且明确用于装饰，不得食用，成本仅每克十几元至几十元，并非对消费者宣称的纯金纯银箔粉。

根据《中华人民共和国食品安全法》《中华人民共和国广告法》等法律法规规定，龙南市市场监督管理局作为食品安全和广告监管的职能部门，应当对食品中非法添加金银箔粉、虚假宣传等违法行为加强监管。3月23日，龙南市院向该局宣告送达检察建议书，督促其履行食品安全、广告监管职责，切实维护市场秩序，保护消费者合法权益，遏制“食金之风”。

龙南市市场监督管理局收到检察建议书后立即对“柒某烘焙”“卡某奇”“左某”等蛋糕店立案调查，下达行政处罚决定书，没收“柒某烘焙”蛋糕店非法所得，并罚款三千余元；责令“卡某奇”“左某”等蛋糕店停止非法添加非食品原料行为，没收“金银箔粉”原料。市场监督管理局还约谈某网络餐饮服务平台在本地的分支机构，督促其加强服务平台相关违法行为的监测管理，责令该平台对“柒某烘焙”等蛋糕店涉及违法添加非食品原料和虚假宣传的产品采取下架等措施。

为进一步推动行业治理，龙南市市场监督管理局印发《关于开展打击生产经营含金银箔粉食品专项整治活动方案》，集中查处食品中非法添加金银箔粉行为，加强网络食品交易、食品广告宣传监管，依法从严查处食品虚假宣传等违法广告，督促食品生产经营者履行主体责任。组织烘焙行业、餐饮酒店、大型商超、“网红小吃店”等经营者集中开展法律知识培训，开展食品安全和营养教育宣传，积极引导社会舆论，倡导科学理性消费。

【典型意义】

近年来，部分商家为了牟取暴利，制作、售卖或通过网络食品交易第三方平台宣传、销售含金银箔粉类物质食品，不仅存在重大食品安全风险，影响不特定多数消费者身体健康，也助长了宣传奢靡享乐、拜金主义的不良风气。本案中，检察机关针对使用金银箔粉等非食品原料生产食品、虚假宣传等与人民群众利益密切相关的公益损害问题，督促相关行政机关依法履职，推动全面整治食品交易、广告宣传中的违法行为，进一步加强食品安全监督管理和健康教育，有效遏制“食金之风”，净化市场消费环境，引导消费者树立科学健康理性的消费观念。

北京市延庆区人民检察院督促整治外卖餐饮包装不规范封签行政公益诉讼案

【关键词】

行政公益诉讼检察建议　食品安全　外卖餐饮封签　地方标准

【要　旨】

针对外卖餐饮包装未有效密封可能带来的食品安全隐患，在地方标准已经明确对外卖包装密封方式提出规范要求的背景下，检察机关通过制发检察建议督促行政机关加大对地方标准实施的监督检查力度，推动网络餐饮服务安全管理规范落地适用，切实保护消费者用餐安全。

【基本案情】

2022年4月13日，北京市市场监督管理局发布实施《网络餐饮服务餐饮安全管理规范》（DB11/T 1924—2021，以下简称《管理规范》），明确要求外卖打包"应使用外卖包装封签或一次性封口的外包装袋等密封方式，封签、外包装袋口在开启后应无法复原"。北京市延庆区部分入网餐饮服务提供者存在未按照《管理规范》的规定使用外卖封签的问题，存在较大的食品安全隐患。

【调查和督促履职】

2022年6月，北京市延庆区人民检察院（以下简称延庆区院）在履行职责中发现该案线索后，为进一步查证核实，公益诉讼检察部门检察官通过外卖App点餐，点餐的5家外卖中有4家未使用外卖包装封签或使用一次性封口的外包装袋，各类餐食可以随意打开。6月27日，延庆区院立案调查，并与行政机关进行了沟通。经审查认为，根据《中华人民共和国食品安全法》第四条第二款规定，食品生产经营者应当依照法律、法规和食品安全标准从事生产经营活动，保证食品安全，诚信自律，对社会和公众负责，接受社会监督，承担社会责任。有关行政主管部门应当依法履行对辖区内外卖餐饮安全的监管职责和对地方标准的实施进行监督检查的职责。2022年7月11日，延庆区院向该区市场监督管理部门发送检察建议，要求其切实履行法定监管职责，加大执法和宣传力度，督促餐饮服务提供者对外卖餐食进行规范包装，保障人民群众"舌尖上的安全"。

为进一步凝聚履职合力，加大保护食品安全的公益宣传力度，整改期间，延庆区院会同区市场监督管理部门召开了外卖食品安全专题座谈会，共同到部分外卖餐饮经营店铺进行实地普法宣传，对已包装的外卖食品进行现场查看，引导经营者对外卖食品进行规范封装。

2022年8月19日，行政机关书面回复了问题整改情况。一是开展全区餐饮业食品安全大检查工作。重点对原材料进货情况、从业人员健康体检情况、操作间环境卫生状况、食品加工操作过程、食品贮存情况、食品安全封签落实情况等进行全方位监督检查；二是对各大外卖平台延庆网点负责人进行了约谈，要求其进一步加强对外卖配送人员的培训工作，并发放了食品安全封签。整改期间，行政机关共办理涉外卖餐饮封签案件4件，对涉案店铺给予了警告处理并采取宣传、引导措施，督促相关经营者对外卖食品进行规范包装，保障外卖食品安全。

延庆区院于2022年9月2日对整改情况进行"回头看"，涉案的4家入网餐饮服务提供者及商圈内其他入网餐饮服务提供者，均按规定使用了外卖包装封签或一次性封口的外包装，外卖食品包装得到有效密封。

【典型意义】

随着外卖成为满足百姓日常生活需求的便捷方式，外卖食品安全也日益成为人民群众最为关心的食品安全问题。堵住外卖食品安全漏洞，既要靠平台与餐饮服务者行业自律，更要靠制度规范引领。检察机关及时关注到地方标准的出台，通过公益诉讼检察办案督促行政机关监督检查地方标准在本地的实施，促使外卖封签这类具有实用性和可操作性的规范落地执行，有利于进一步完善网络餐饮服务食品安全机制，切实保障消费者"舌尖上的安全"。

陕西省咸阳市秦都区人民检察院督促整治医疗美容机构违法经营行政公益诉讼案

【关键词】

行政公益诉讼检察建议　药品安全　卫生安全　医疗美容

【要　旨】

针对医美机构重复使用注射器、使用过期药品等违法行为，检察机关可以通过提出检察建议，督促负有监管职责的相关行政机关依法履职，查处违法经营行为。

【基本案情】

陕西省咸阳市秦都区某医美门诊部在对消费者进行医美整形过程中，未严格执行无菌操作、重复使用一次性注射器；使用过期的“硫酸庆大霉素注射液”“盐酸肾上腺素注射液”“地塞米松磷酸钠注射液”等药品，使用过期的医疗器械“注射用交联透明质酸钠凝胶”用于面部五官塑形，使用过期的医用免洗消毒凝胶、甲紫液等消毒用品，存在医疗安全隐患，威胁消费者生命健康安全。

【调查和督促履职】

2022 年 3 月，陕西省咸阳市秦都区人民检察院（以下简称秦都区院）在开展小诊所医疗安全整治专项监督活动中发现本案线索，并于 3 月 21 日立案。立案后，采取现场勘验、调取营业执照等书证材料、询问违法行为人、咨询专业人员、走访行政机关等方式，查明：某医美门诊部重复使用一次性注射器、使用过期药品和消毒产品，侵害消费者合法权益，相关行政机关未依法履行职责。

2022 年 3 月 25 日，秦都区院针对某医美门诊部的违法行为，向咸阳市秦都区市场监督管理局提出检察建议，建议其依法履行药品、医疗器械监管职责；向咸阳市秦都区卫生健康局提出检察建议，建议其依法履行医疗机构消毒工作监管职责。

收到检察建议后，区市场监督管理局对某医美门诊部作出行政处罚，没收“硫酸庆大霉素注射液”等过期药品19支、“注射用交联透明质酸钠凝胶”等过期医疗器械5支，并处罚款。区卫生健康局对某医美门诊部作出责令限期改正，并处罚款的行政处罚。某医美门诊部缴纳了罚款，改正了重复使用一次性注射器、过期药品及消毒产品的行为。

秦都区院以本案办理为契机，推动市场监督管理、卫生健康等部门成立医美行业专项治理工作专班，印发《医美行业突出问题专项治理工作方案》，明确重点任务和职责分工，联合开展专项整治。共摸排辖区43家医美机构，发现无证无照经营、使用过期消毒产品、化妆品等问题线索20余条，责令关停6家无营业执照、医疗机构执业许可证的医美机构，责令10家无医疗机构执业许可证的医美机构依法办证，作出罚款、没收过期药品、消毒产品、化妆品等行政处罚。

【典型意义】

近年来，随着社会公众对“美”消费需求的增加，医美行业迅速发展，随之产生的用药、行医不规范问题多发高发。检察机关积极回应人民关切，发挥公益诉讼检察职能作用，督促行政机关加强监管，查处违法经营行为。同时，深化“检察+”协作格局，从个案办理扩展到类案监督，督促行政机关进行专项整治，引导从业者依法规范经营，系统治理医美服务痛点、难点，实现人民群众对安全医美、放心医美、健康医美的美好愿望。

广东省佛山市人民检察院诉段某某等人生产、销售添加管制精神药品饮料民事公益诉讼案

【关键词】

民事公益诉讼　精神药品　国家管制化学品　惩罚性赔偿　全链条追责

【要　旨】

对于在饮料中非法添加国家管制的精神药品，严重侵害不特定众多消费者人身安全的违法行为，检察机关可以通过提起民事公益诉讼，让生产者和销售者共同承担惩罚性赔偿的连带责任。

【基本案情】

2017 年 2 月起，段某某明知国家管制的精神药品 γ－羟基丁酸可以由当时尚未被国家列管的化学品 γ－丁内酯（2021 年被列管为易制毒化学品）通过特定方法生成，为牟取非法利益，多次购进 γ－丁内酯并制成添加剂后，以四川某公司名义委托佛山某饮品公司生产名为“咔哇潮饮”的饮料。该饮品公司在明知添加剂来源不明的情况下仍生产饮料，最终导致饮料流入市场。2022 年 4 月，段某某因犯贩卖、制造毒品罪，被佛山市中级人民法院判处无期徒刑。

【调查和诉讼】

广东省佛山市人民检察院（以下简称佛山市院）在刑事案件审查起诉的同时，将本案作为民事公益诉讼立案办理。经调查，γ－羟基丁酸属于国家管制的一类精神药物，会造成人暂时性记忆丧失，严重的会导致死亡。涉案饮料的 γ－羟基丁酸添加量足以对人体构成伤害。段某某、四川某公司、佛山某饮品公司生产、销售涉案饮料的行为构成共同侵权，侵害

了众多消费者的生命健康权，严重损害社会公共利益。检察官办案组通过调取网络平台的销售情况固定电子证据，并主动联系公安机关等部门，查明涉案饮料流入市场的销售数量、价格及范围。

2019年9月，经履行审前程序，佛山市院向佛山市中级人民法院提起民事公益诉讼，诉请段某某、四川某公司、佛山某饮品公司共同支付销售价款的十倍惩罚性赔偿金，即1.7亿元，并在国家级媒体上公开赔礼道歉。2023年1月，经佛山市中级人民法院一审、广东省高级人民法院二审，检察机关惩罚性赔偿等诉讼请求全部获法院判决支持。

【典型意义】

检察机关通过提起民事公益诉讼，对在食品中非法添加国家管制精神药物的生产和销售商进行全链条打击，让其在承担刑事责任的同时承担惩罚性赔偿责任，加大其违法成本，对潜在的违法者起到警示震慑的作用。

新疆维吾尔自治区克拉玛依市人民检察院诉某畜牧开发有限责任公司生产不符合安全标准食品民事公益诉讼案

【关键词】

民事公益诉讼　食品安全　惩罚性赔偿

【要　旨】

针对生产、销售不符合国家食品安全标准食品侵害社会公共利益的行为，检察机关可以提起民事公益诉讼追究违法行为人损害赔偿责任。在提出惩罚性赔偿诉讼请求时，对于违法企业及时赔偿的，可以综合考虑企业违法行为的主观恶性、损害结果、整改效果，以及优化生产作业流程、完善企业管理制度等因素，统筹确定惩罚性赔偿数额，起到惩罚、震慑和预防作用。

【基本案情】

2021年6月8日，新疆维吾尔自治区市场监督管理局在对克拉玛依市某畜牧开发有限责任公司（以下简称某畜牧公司）生产、销售的鸡蛋进行抽检时，检出鸡蛋中含有氟苯尼考成分，不符合国家食品安全标准，且同批次鸡蛋已全部销售给消费者，侵害了不特定消费者的合法权益，损害了社会公共利益。

【调查和诉讼】

2022年2月，克拉玛依市公安局食品药品环境侦查分局按照与检察机关签订的线索移送机制，向新疆维吾尔自治区克拉玛依市人民检察院（以下简称克拉玛依市院）移送了某畜牧公司生产不符合食品安全标准食品一案线索。克拉玛依市院于2022年2月11日进行民事公益诉讼立案。检察人员实地走访某畜牧公司，现场查看鸡蛋生产作业车间，了解生产过程及产品销售情况。该公司养殖项目包含产蛋鸡与生猪养殖，被抽检出不合格鸡蛋后，通过生产流程自查发现鸡蛋中含有氟苯尼考成分是工作人员将鸡饲料与猪饲料在同一混拌装置中加工造成，而在生猪养殖中允许饲料添加氟苯尼考防止生猪生病，在鸡产蛋期间却不允许喂养含有氟苯尼考饲料。为查实不合格鸡蛋的销售数量及金额，检察人员调取了某畜牧公司案发前后的出库单据，向企业负责人、生产一线工作人员了解核实企业生产情况及产蛋鸡饲养管理等情况，核实了2021年6月7日该公司以11969.28元的价格将含有氟苯尼考的鸡蛋销售给某粮油副食品店，最终销售给不特定消费者。

克拉玛依市院于2022年2月18日在正义网发布公告，公告期满后没有适格主体提起诉讼。同年4月20日，针对某畜牧公司在生产中存在的不合规情形，检察机关组织召开了座谈会，邀请了市场监管局、农业农村局、公安局、食品药品检验中心及人大代表等从事食品安全监管、检测方面的专家、业务骨干参加。与会人员提出建立农产品追溯制度、召回制度、自检自查制度，加强生产人员安全培训、完善农产品初检及第三方检测等建议。某畜牧公司承诺将完善企业管理制度，保证合法合规经营。

2022年5月6日，克拉玛依市院根据案件集中管辖规定向乌鲁木齐市铁路运输中级法院提起民事公益诉讼。检察机关综合考虑某畜牧公司案发后及时采购了新的鸡饲料加工装置，弥补了饲料加工管理漏洞，且承诺通过完善企业管理制度防止类似问题再次发生等因素，基于服务“六稳”“六保”考虑，决定提出要求某畜牧公司承担销售价款3倍的惩罚性赔偿金即35907.84元的诉讼请求。2022年7月22日，经乌鲁木齐铁路运输中级法院调解，检察机关与某畜牧公司达成了调解协议，实现了全部诉讼请求。调解协议生效后，某畜牧公司已将全部赔偿金交由克拉玛依市院上缴国库。

克拉玛依市院于2022年8月9日向某畜牧公司制发检察建议，督促企业落实制度建设。某畜牧公司书面采纳检察机关提出的全部建议，已制定《猪肉和鸡蛋生产环节过程质量安全自检自查制度》《饲料原料及投入品检测制度》《农产品质量安全培训制度》等一系列企业管理制度，并在企业内部组织了食品安全法律法规学习，并承诺为克拉玛依市场提供安全合格的农产品。整改期间，克拉玛依市院开展产品质量“回头看”，向克拉玛依市农业农村局调取了案发后对某畜牧公司产品的抽检报告，并自行委托检测机构对该公司生产的鸡蛋随机抽检，结果均为合格。

【典型意义】

检察机关充分发挥民事公益诉讼的追责功能，通过对违法行为人提起民事公益诉讼惩罚性赔偿，加大其违法成本，对潜在违法者产生震慑与警示作用。对整改力度大、效果好、配合度高的企业在惩罚性赔偿制度适用上予以综合考虑，推进司法助力整改措施落地见效。

宁夏回族自治区中卫市沙坡头区人民检察院诉刘某等29人生产、销售不符合安全标准的食品刑事附带民事公益诉讼案

【关键词】

刑事附带民事公益诉讼　食品安全　生产、销售不符合安全标准的食品　惩罚性赔偿

【要　旨】

针对生产、销售不符合安全标准的食品危及众多不特定消费者生命健康的行为，检察机关在办理刑事案件的基础上，可以同时提起附带民事公益诉讼，对违法行为持续时间长、违法销售金额大、受害人覆盖面广的违法行为人提出惩罚性赔偿诉讼请求，有效震慑食品安全领域违法犯罪行为，切实维护社会公共利益。

【基本案情】

2016年12月至2020年11月，刘某夫妇为牟取非法利益，多次从李某等人经营的养殖厂购买未经检疫的病、死牛进行屠宰，并将未经检验检疫的牛肉等食材以明显低于市场的价格销售给张某某等人经营的餐厅、肉店用以加工销售。经宁夏回族自治区动物疾病预防控制中心认定，公安机关查获的牛肉、牛内脏等物品所涉及的死亡牛犊尸体系不明原因死亡；经中卫市市场监督管理局认定，刘某夫妇等人屠宰、销售病死、死因不明的畜肉，足以造成严重食物中毒事故或其他食源性疾病。经宁夏五岳联合会计师事务所审计，刘某等29人生产、销售不符合安全标准的食品金额为1177元至603444.8元不等，共计1331908.8元。

【调查和诉讼】

刘某等29人生产、销售不符合安全标准的食品刑事附带民事公益诉讼案由宁夏回族自治区中卫市沙坡头区人民检察院（以下简称沙坡头区院）在履行审查起诉职责中发现。2021年5月、6月，沙坡头区院对刘某等20人以生产、销售不符合安全标准的食品罪先后向宁夏回族自治区中卫市沙坡头区人民法院（以下简称沙坡头区法院）提起公诉。沙坡头区院公益诉讼检察部门经审查认为，张某某等9人虽不承担刑事责任，但应承担民事侵权责任，遂于同年9月17日对刘某等29人向沙坡头区法院提起刑事附带民事公益诉讼，请求人民法院判令各被告支付其所生产、销售不符合安全标准的食品价款十倍的惩罚性赔偿金，共计13319088元。案件审理过程中，因李某等20名被告主动足额缴纳了惩罚性赔偿金5796650元，检察机关诉讼请求已实现，沙坡头区院遂撤回对该20人的附带民事公益诉讼起诉。

2022年3月11日，沙坡头区法院组成七人合议庭公开开庭审理此案，沙坡头区院派员出席法庭履行职责。同年4月8日，沙坡头区法院认定被告刘某等人生产、销售不符合安全标准的食品，足以造成严重食物中毒事故或其他严重食源性疾病，危及众多不特定消费者的生命健康权，损害了社会公共利益，构成生产、销售不符合安全标准的食品罪，同时应承担相应的民事赔偿责任，支持沙坡头区院全部民事公益诉讼请求，判决刘某等9人承担生产、销售不符合安全标准的食品价款十倍的惩罚性赔偿金7522438元。一审宣判后，各被告均未上诉，判决生效并进入执行程序。目前，惩罚性赔偿金已执行到位1241589.77元。

【典型意义】

民以食为天，食以安为先。本案中刘某等29人生产、销售不符合安全标准的牛肉等食材持续时间长，数量大，销售金额高，涉及人员多，安全隐患大，危害后果严重。检察机关积极履行公益诉讼检察职责，在各被告承担刑事责任的基础上，依法提起附带民事公益诉讼，主张销售数额十倍的惩罚性赔偿，让违法者付出沉重代价，不敢再犯，不能再犯。

湖北省鄂州市鄂城区人民检察院诉李某强等人销售假药刑事附带民事公益诉讼案

【关键词】

刑事附带民事公益诉讼　生产、销售假药　惩罚性赔偿　多部门联动　行刑民衔接

【要　旨】

针对生产、销售假药的违法行为，检察机关综合发挥多种检察职能，依法履职。一方面，通过行政公益诉讼督促行政机关依法履职，针对行政机关在履职整改过程中发现的生产、销售假药的犯罪线索，检察机关与行政机关、公安机关多部门联动，发挥“法治共同体”的最大效能。另一方面，针对公安机关移送起诉的生产、销售假药的刑事犯罪案件，检察机关可以提起刑事附带民事公益诉讼，提出惩罚性赔偿诉讼请求，充分发挥民事公益诉讼的独特价值。

【基本案情】

2017年2月至2020年8月，李某强在未取得药品生产、经营许可审批手续的情况下，雇佣张某朋在河南省宜阳县香鹿山镇生产名为“蚁力神”“植物伟哥”等20种药品，通过互联网在全国范围内进行销售，使用银行卡转账等方式收取销售款共计人民币429.45万元。沈某珍通过网络平台，从李某强等人处购买“蚁力神”“植物伟哥”等41种药品，在互联网平台上对外销售，通过网络转账等方式收取销售款共计7.15万元。经鉴定，上述药品含有“西地那非”成分，应按假药论处。

【调查和诉讼】

2019年5月，湖北省鄂州市鄂城区人民检察院（以下简称鄂城区院）

在履行职责过程中发现药品监管相关公益受损线索后，经上级检察院指定，于同月9日对鄂州市、鄂城区两级市场监督管理局未依法履行药品监管职责进行行政公益诉讼案立案，并于同月15日，向市、区两级市场监管部门发出检察建议，督促其依法履职。收到检察建议后，市场监管部门高度重视，对全市成人用品销售店全面排查，并在此过程中向鄂州市公安机关移送生产、销售假药刑事案件线索。公安机关根据该移送线索按照犯罪行为发生地地域管辖原则立案侦查，并通过追溯上游犯罪，成功侦办了受害消费者遍及全国多个省份的李某强等3人生产、销售假药案。

2020年12月，鄂州公安机关将该案移送检察机关审查起诉后，鄂城区院依法启动刑事附带民事公益诉讼立案程序。经公告，无适格主体就该案提起民事公益诉讼。2021年6月1日，鄂城区院向鄂城区人民法院提起刑事附带民事公益诉讼，请求判令李某强、张某朋、沈某珍等生产商、零售商分别按销售价3倍承担损害赔偿责任，惩罚性赔偿金共1309.81万元，并在国家级媒体上赔礼道歉。

2022年3月1日，鄂城区人民法院开庭审理本案。庭审主要围绕以下焦点展开：一是本案中违法行为是否造成了消费者的实际损害问题；二是本案惩罚性赔偿金额的计算问题。检察机关认为，是否侵害众多不特定消费者合法权益，损害社会公共利益，应当以是否存在对众多不特定消费者造成食品安全潜在风险为前提，不仅包括已经发生的损害，也包括有重大损害风险的情形。同时，李某强等3人的生产、销售假药行为跨越了2019年12月1日《中华人民共和国药品管理法》修订实施的节点，鄂城区院根据《中华人民共和国消费者权益保护法》的相关规定，适用三倍惩罚性赔偿的意见也得到了法院支持。

同年3月10日，鄂城区人民法院以生产、销售假药罪分别判处李某强等三人十一年三个月、五年、一年三个月的有期徒刑，并处罚金、追缴违法所得，同时对检察机关提出的民事公益诉讼请求全部予以支持。一审判决后，李某强等人以量刑过重、罚金和惩罚性赔偿金过高为由提起上诉。同年8月5日，鄂州市中级人民法院裁定驳回上诉，维持原判。

【典型意义】

违法行为人制造假药，并利用网络进行销售，数量多、范围广、获利大，严重损害众多消费者的合法权益。检察机关坚持系统观念，依法履职，综合运用公益诉讼检察、刑事检察等多种职能手段，探索行政公益诉讼与行政执法衔接配合、刑事检察与公益诉讼检察双向互动的办案模式，提升了食品药品安全领域执法、司法保护合力，充分发挥民事公益诉讼惩罚性赔偿威慑效果和司法指引功能，为守护人民群众美好生活贡献检察力量。

重庆市人民检察院第二分院支持重庆市消费者权益保护委员会、四川省保护消费者权益委员会起诉重庆市云阳县某副食店、胡某销售假冒白酒消费民事公益诉讼案

【关键词】

民事公益诉讼　支持起诉　消费者权益保护　跨省域协作

【要　旨】

针对跨省域销售假冒注册商标白酒的违法行为，检察机关通过统筹公益诉讼检察与知识产权检察职能，强化协作履职，支持并促成川渝两地消费者权益保护组织联合起诉，督促侵权人通过公益服务实现公益修复，推动营造良好消费环境，服务保障成渝地区双城经济圈建设。

【基本案情】

2018 年 1 月至 2020 年 12 月期间，重庆市云阳县某副食店先后多次向重庆市云阳县、四川省巴中市等地销售假冒注册商标白酒，销售金额共计 41601.1 元。2021 年 8 月 27 日，该副食店经营者胡某因犯销售假冒注册商标的商品罪被判处有期徒刑六个月，并处罚金人民币二万元。该副食店经营者销售假冒注册商标白酒的行为，侵犯了众多不特定消费者的知情权和选择权，损害社会公共利益。

【调查和诉讼】

2021 年 8 月，重庆市云阳县人民检察院（以下简称云阳县院）在办理刑事案件中发现该案线索。因该案涉及川渝两地众多消费者权益保护，受害面广，社会影响较大，重庆市人民检察院第二分院（以下简称重庆二

分院）依法履职，组织二分院、云阳县院一体化统筹办案。同时，依托川渝检察协作机制，积极与四川省巴中市人民检察院进行沟通，围绕案件信息共通共享、公益诉讼检察履职、跨省域案件管辖等事项开展办案协作。

2021年11月，重庆二分院将案件线索移送给两地消费者权益保护组织。随后，重庆市消费者权益保护委员会与四川省保护消费者权益委员会均表示将提起消费民事公益诉讼，并申请检察机关支持起诉。为节约司法资源、提升办案效率，川渝两地检察机关经充分沟通研判，就跨省域支持起诉管辖等事项达成一致意见，决定由两地检察机关共同协助调查取证、提供法律咨询，并由重庆二分院支持两地消费者权益保护组织共同提起消费民事公益诉讼。

2022年5月11日，重庆市消费者权益保护委员会向重庆市第二中级人民法院提起消费民事公益诉讼，公告期内，四川省保护消费者权益委员会向法院申请作为共同原告参与诉讼。诉讼期间，重庆二分院针对公益修复方式深入开展社会调查评估，积极协助川渝两地消费者权益保护组织探索由侵权人参加消费宣传、消费教育等公益活动并支付活动经费的侵权责任承担方式，以确保公益修复精准化、实效化。2022年10月18日，重庆市第二中级人民法院经开庭审理，采纳了检察机关的支持起诉意见，当庭判决被告某副食店、胡某公开赔礼道歉，并在2年内参加4次消费宣传、消费教育等消费领域公益活动，每次活动支付的经费不低于1万元；如被告不履行以行为赔偿损失，则应支付124803.3元赔偿金至原告专门账户用于开展消费者权益保护公益活动。

【典型意义】

销售假冒注册商标的商品，不仅扰乱社会经济秩序，更侵害众多不特定消费者的合法权益，严重损害社会公共利益。川渝两地检察机关充分运用川渝检察协作机制，在办理跨省域消费民事公益诉讼案件中强化协作配合，通过支持两地消费者权益保护组织共同提起跨省域消费民事公益诉讼，推动筑牢公益保护防线，净化消费领域环境。

三、最高人民检察院、国家文物局联合发布长城保护检察公益诉讼典型案例

（2023 年 3 月 27 日）

检察公益诉讼助力长城保护 共同守护中华民族的脊梁

——最高检公益诉讼检察厅、国家文物局督察司有关负责人就联合发布长城保护检察公益诉讼典型案例答记者问

党的十八大以来，以习近平同志为核心的党中央对文物工作的重视前所未有。党的二十大报告强调要“加大文物和文化遗产保护力度，加强城乡建设中历史文化保护传承，建好用好国家文化公园”。2019年8月20日，习近平总书记在嘉峪关考察时强调，长城凝聚了中华民族自强不息的奋斗精神和众志成城、坚韧不屈的爱国情怀，已经成为中华民族的代表性符号和中华文明的重要象征。要做好长城文化价值发掘和文物遗产传承保护工作，弘扬民族精神，为实现中华民族伟大复兴的中国梦凝聚起磅礴力量。近年来，各级检察机关和文物行政部门坚持以习近平新时代中国特色社会主义思想为指导，全面落实习近平总书记关于文物保护利用和文物安全工作重要论述和重要指示批示精神，牢记使命担当，认真履职尽责，积极探索建立文物行政执法与检察公益诉讼协作机制，共同提升文物安全保障能力，合力推动长城保护检察公益诉讼取得较好效果，办理了一批优秀案例。在4月22日“世界地球日”“世界法律日”前夕，最高人民检察院和国家文物局以长城保护为专题联合发布一批典型案例，指导各级检察机关、文物行政部门认真学习贯彻党的二十大精神，深入贯彻落实习近平总书记关于文物工作重要论述精神，以先进典型为榜样，进一步加强协作配合，促进形成文物和文化遗产保护更大合力，为建设文化强国作出新的更大贡献。最高检公益诉讼检察厅厅长胡卫列、国家文物局督察司司长陈培军就相关问题回答了记者提问。

问：此次发布长城保护检察公益诉讼典型案例的主要考虑是什么？

胡卫列：长城是人类历史上最伟大的建筑工程之一，体现了中华民族勤劳智慧、坚强勇敢、热爱和平的民族精神，是我国规模最大的全国重点文物保护单位，已经列入《世界遗产名录》。保护长城是各级政府、各有关部门和全体公民义不容辞的责任和义务。虽然法律未明确授权检察机关在文物和文化遗产保护领域开展公益诉讼，但文物和文化遗产具有天然的公益属性以及保护的迫切性，各地检察机关充分依据环境保护法关于环境包括人文遗迹、风景名胜区等规定，将长城保护纳入生态环境公益诉讼领域加强司法保护，在实践中也得到了行政机关、人民法院的支持认同。但从文物和文化遗产的性质特点、受损类型、保护方式来看，仅仅从环境角度强化司法保护远远不能满足实践需要，应当将文物和文化遗产领域作为一个专门领域加强公益诉讼监督。2021年6月，《中共中央关于加强新时代检察机关法律监督工作的意见》明确要求，积极稳妥拓展公益诉讼案件范围，探索办理安全生产、公共卫生、妇女及残疾人权益保护、个人信息保护、文物和文化遗产保护等领域公益损害案件，总结实践经验，完善相关立法。2021年9月，中共中央办公厅、国务院办公厅《关于在城乡建设中加强历史文化保护传承的意见》提出要加大城乡历史文化保护传承的公益诉讼力度。2021年11月，国务院办公厅《“十四五”文物保护和科技创新规划》提出要建立健全文物保护公益诉讼制度。在近几年的全国两会上，多位代表委员建议探索开展文物和文化遗产领域检察公益诉讼。截至目前，全国已有29个省级人大常委会出台关于加强检察公益诉讼工作的专项决定，其中有22个对文物和文化遗产领域公益诉讼探索予以明确。由此可见，强化文物和文化遗产公益诉讼司法保护是社会各界的共同关切。此次，最高检、国家文物局以长城保护为主题联合发布检察公益诉讼典型案例，一方面，是回应社会关注，提升全社会文物保护法治意识；另一方面，也是引导各级检察机关、文物部门协同协作，形成文物保护合力。

问：此次发布的长城保护检察公益诉讼典型案例主要有哪些特点？

胡卫列：此次发布的长城保护领域检察公益诉讼典型案例，主要有以下特点。一是所涉长城资源类型多样、公益损害情形多样。发布的案例涉及河北、陕西、甘肃、青海、宁夏等省份，包括燕、秦、明等多个时代的长城；受损情形既涉及长城本体如墙体、烽燧、敌台、关堡等，也有在文物保护范围和建设控制地带内违法建设，损害长城景观风貌和周边生态环境等情形；违法主体既有法人违法建设，也有行政机关在履行建设规划、资源保护等职责中未兼顾文物安全导致文物受到损害。二是充分发挥公益诉讼各类监督方式手段督促公益修复。发布的案例中，既有民事公益诉讼案件，如河北省保定市对某公司违建损害长城风貌和周边生态环境的行为提起民事公益诉讼，诉请判决被告修复生态环境或承担环境修复费用70余万元；也有行政公益诉讼案件，针对文物保护专业性强、整改难度大等特点，检察机关运用审前磋商、公开听证、检察建议、提起诉讼等多种方式，督促协同行政机关依法全面履职。三是注重通过办案促进健全文物安全长效机制。甘肃省人民检察院督促保护明长城行政公益诉讼案中，检察机关在促进整改的基础上推动武威市政府专门设立了武威市长城文化保护研究院，在每个县（区）设立长城文化保护站，专门从事长城保护工作，出台《武威市长城巡查检查办法》，强化常态监管。陕西省神木市人民检察院结合明长城遗址保护行政公益诉讼案，推动市政府办出台《神木市文物安全工作联席会议制度》《神木市长城保护管理办法（暂行）》，建立了全市21家单位文物保护安全联席会议长效工作机制，明确了长城保护管理相关行政机关的职责分工，并将长城保护工作纳入年终考核指标，长城沿线11个镇街均设立了长城保护工作站。

问：一些地方的长城遗址千百年来与农牧民生活融为一体，加上现代工业的发展、旅游影视业的介入，都可能让长城遗址受伤。应如何兼顾长城保护与民生保障、工业发展、文旅繁荣与经济社会发展的关系？

陈培军：长城保护需要社会各界共同努力。一是要强化长城保护文化宣传和法治宣传。通过新媒体等多种宣传方式手段，提升长城保护宣传教育的广度与深度，提升公众长城保护意识、保护理念、保护知识，营造“保护文物、人人有责”的社会氛围。二是要加强长城保护管理科技创新。强化卫星遥感、无人机、物联网、大数据等科技手段在长城保护和执法监管等方面的应用，坚持源头防范，实现关口前移。三是要完善文物保护执法司法协作机制，加强行政机关之间、行政机关与司法机关之间的沟通协调，信息共享，密切协作，落实好各自领域的文物保护责任，构建齐抓共管的文物保护大格局。四是要处理好长城保护和利用的关系。对长城的管理和利用都必须贯彻保护第一、加强管理、挖掘价值、有效利用、让文物活起来的方针，严禁无序、过度、破坏性地开发和利用。在长城保护范围和建设控制地带内的一切建设活动都必须依法严格履行审批手续。将长城保护和长城文化传播、旅游等合理融合发展，形成良好互促的高质量发展模式，使长城周边的人民群众不仅是长城的一线护卫者，也能成为长城保护的受益者。

问：双赢多赢共赢是行政公益诉讼的重要办案理念，在文物和文化遗产保护公益诉讼工作中，检察机关与文物部门是如何实现双赢多赢共赢的呢？

胡卫列：文物保护需要多方协同、凝聚合力，不断完善党委领导、政府负责、部门协同、司法保障、社会参与的文物保护体系。最高检张雪樵副检察长多次指示，要针对文物司法保护中涉及的一系列专业性问题主动与国家文物局完善协作机制。最高检公益诉讼检察厅与国家文物局督察司先后赴江苏、福建等地开展文物保护联合调研督导，互邀参会，在明确文物公益诉讼保护的重点范围等方面深化了共识。各地检察机关主动争取党委、人大、政府重视支持，加强与文物部门的协作联动，推动完善文物长效保护和利用机制。如山西省人民检察院与省文物局联合印发《关于在检察公益诉讼中加强协作依法做好文物保护利用工作的通知》。陕西省人民检察院与省文物局联合制定《关于协作推进检察公益诉讼促进文物保护工作的意见》。甘肃省人民检察院与省文物局联合部署“国有文物保护检察公益诉讼专项监督活动”。新疆维吾尔自治区人民检察院联合自治区文化和旅游厅举办“文物古迹保护”专项行动新闻发布会。在办案过程中，检察机关不就案办案，主动协同文物部门解决文物保护难题，助力综合治理。

问：下一步，检察机关与文物部门在协同推进文物和文化遗产保护公益诉讼、助力文物和文化遗产治理体系和治理能力现代化方面有哪些计划？

陈培军：一是进一步深化细化文物部门与检察机关的协作机制。适时联合出台文件，在线索移送、信息共享、调查取证、专业支持、联合督办、业务培训和案例发布等方面加强协作，形成双赢多赢共赢工作格局。

二是推动完善文物保护法律体系。共同推动立法机关修改文物保护法等相关法律法规时，增设检察公益诉讼条款，授权检察机关对妨害文物和文化遗产保护利用、损害国家利益和社会公共利益的行为，依法支持起诉，提起民事或行政公益诉讼。三是强化文物保护法治宣传。统筹两个条线的资源广泛宣传文物保护法律法规，通过以案释法、以案普法，使文物保护检察公益诉讼案例成为文物保护普法宣传的生动故事。四是突出问题导向，推动解决一批突出问题或历史遗留问题。文物部门联合检察机关开展调研摸排和沟通会商，聚焦文物保护重点难点问题，推动有效改善文物保护状况。五是认真落实《“十四五”文物保护和科技创新规划》。共同推进文物治理体系和治理能力现代化，推动实现我国从文物资源大国向文物保护利用强国的历史性跨越。

甘肃省人民检察院
督促保护长城行政公益诉讼案

【关键词】

行政公益诉讼检察建议　长城保护　一体化办案　检察长办案　长效机制

【要　旨】

地方各级人民政府依法负责本行政区域内的文物保护工作。针对长城本体点多面广、涉及保护管理主体众多等特点，省级人民检察院发挥办案主体、示范引领作用，统一、系统指挥三级检察机关针对多处长城保护问题一体化办案，加强与各级人民政府及其职能部门的协同协作，促进依法全面履职，推动文物安全长效机制建设。

【基本案情】

甘肃境内的历代长城总长度 3654 千米，居全国第二，其中明长城 1738 千米，为全国之首。2019 年 12 月，有关媒体反映，甘肃省武威市凉州区部分长城遗存成为当地居民的宅院墙、圈舍墙和人行道，有的长城墙体被村落和农田包围，长城周边环境未得到有效保护。

【调查和督促履职】

甘肃省人民检察院（以下简称甘肃省院）经初步调查发现，辖区内涉及长城保护的问题点多面广、违法情形复杂多样，为统筹推动长城保护系列问题高效解决，甘肃省院于 2020 年 6 月 23 日将该案作为省院自办案件立案办理，成立由一把手检察长担任主办检察官，公益诉讼检察部、检察技术处、警务处等多部门人员组成的专案组，对省内跨 11 个市、州共计 14 地 28 处长城遗存进行了现场调查。专案组细化调查方案，采取统一指挥、统一部署、统一标准，分级、分类开展全面调查，省院对重点地区、重点问题进行现场调查，指导涉长城保护的各市、县两级检察院配合专案组开展调查，走访市县乡三级人民政府及负有文物保护监管职责的行政单位 300 余家，查明各单位文物保护主体责任和监管责任履职情况。调查中充分运用无人机、高清拍摄设备、卫星遥感图像及大数据分析等设备和技术开展调查取证，提升调查质效。

经调查查明，近年来，地方各级人民政府及相关行政职能部门在加强长城保护工作方面取得一定成效，但仍然存在长城保护措施落实不到位、监督管理力度不够等问题。不少紧邻长城区域的农业、畜牧业生产活动危害长城安全。

针对调查发现的问题，专案组审查认为，督促所在地市级人民政府依法履职更有利于区域内多处长城保护相关问题的统一协调解决。各级政府对文物保护负有主体责任，长城保护中的“硬骨头”问题需要地市级政府不断完善制度机制，采取有力措施推动长城保护。据此，专案组采取分级监督的模式，将重点难点问题列入省检察院对地市级人民政府监督范围；对于具体问题，能及时整改到位的，列入基层检察院监督范围。据此，甘肃省院与武威市人民政府、定西市人民政府进行磋商沟通，充分听取意见后，于 2020 年 8 月 12 日、9 月 22 日分别向两个市级人民政府宣告送达行政公益诉讼检察建议，建议从长城保护范围内耕地有序退出、消除安全隐患、制定整改方案、加强保障措施建设等方面强化履职，采取有效措施推进相关问题整改。甘肃省院在自办案件基础上，结合摸排掌握的个案线索，同步指导地方检察机关向县级政府、乡镇政府及相关行政机关共发出检察建议 55 份，发挥检察上下一体化机制，就长城保护开展系统、全面的公益诉讼监督。

相关单位收到检察建议后，积极制定并落实整改措施。武威市人民政府专门设立了武威市长城文化保护研究院，在每个县（区）设立长城文化保护站，专门从事长城保护工作；武威市文旅局下发了《武威市长城巡查检查办法》和《武威市长城保护存在问题整改方案》，细化任务推动整改落实。定西市人民政府制定印发了《关于〈甘肃省人民检察院检察建议书〉反馈定西长城保护存在问题的整改方案》，并将问题整改作为重点工作列入第四季度市政府履职管理督促考核，案件涉及的 4 个县（区）政府分别制定了整改方案，对检察建议书列明的具体问题逐一制定整改措施。

同时，全省从推进文物保护联动机制、加大重点点段保护管理力度、开展联合执法检查、加大文物保护普法宣传、建立志愿者服务队伍等方面持续加强长城保护工作。甘肃省院经跟进调查，确认检察建议指出的问题已全部得到解决。

在甘肃省各级党委、政府、文物部门和检察机关的共同努力下，《甘肃省长城保护总体规划》已经完成，《甘肃长城资源调查报告》即将发布，长城保护、长城国家文化公园、长城专题博物馆等一批规划项目得以有序推进，长城保护管理工作得到进一步加强。

【典型意义】

甘肃省长城资源丰富，分布点多线长面广，受自然环境、经济社会发展等因素影响，保护工作具有长期性、艰巨性。省级检察院经综合研判将涉案难点问题作为自办案件立案办理，遵循“保护与发展并重，找寻最佳结合点”的原则，引领长城沿线检察机关在全省范围内办理长城保护系列监督案件，办理过程充分发挥一体化优势，运用科技调查手段，统一指挥、全面调查、精准监督。检察机关和文物部门系统联动，共商治理难点，统一执法司法标准，上下衔接、各有侧重，同向发力、一体推进。案件办理中，重点督促地市级人民政府履行文物保护主体责任，监督效果具有长效性，为省级检察院直接立案办理文物保护公益诉讼案件提供了实践样本。

河北省保定市人民检察院诉某石料加工有限公司侵害长城历史风貌及生态环境民事公益诉讼案

【关键词】

民事公益诉讼　明长城保护　违法建筑　文物专家论证　惩罚性赔偿

【要　旨】

违法建设破坏长城历史风貌和生态环境，构成对国家利益和社会公共利益的侵害。检察机关依法提起民事公益诉讼，诉请判决拆除违建、保护长城风貌，对环境损害部分提出惩罚性赔偿，既惩戒了破坏文物和环境的违法主体，也保障了受损公益的有效修复。

【基本案情】

“明长城—紫荆关段”系全国重点文物保护单位。2014 年至 2017 年间，易县某石料加工有限公司在未经文物保护和林业主管部门批准的情况下，非法占用长城保护范围、建设控制地带和林地建设石料加工厂，对长城遗迹的历史风貌、环境风貌以及林业生态环境造成严重损害。

【调查和诉讼】

2021 年 3 月 22 日，河北省人民检察院联合河北省文物局到易县开展长城实地踏查工作时发现案件线索，并将该线索交保定市人民检察院（以下简称保定市院）办理。保定市院成立两级院办案组，启动民事公益诉讼案件办理程序，于 2021 年 4 月 2 日立案审查，同年 4 月 29 日发出民事公益诉讼公告。在调阅涉案企业信息和行政执法卷宗材料、对涉案人员进行询问等基础上，办案组通过无人机航拍、卫星遥感测绘、调取涉案区域历年卫星图片，证实石料加工厂及石料加工设施均在长城保护范围和建设控制地带之内；邀请长城保护专家进行咨询论证，对石料厂以及石料加工过程可能对长城本体及其附属建筑带来的安全隐患、现实危害进行多次电脑模拟推演和评测。经委托江西求实司法鉴定中心鉴定，涉案公司非法占用紫荆关长城保护范围和建设控制地带，严重破坏长城周边环境风貌、历史风貌，同时对生态环境造成了损害，林地生态环境功能损失为528397.81元，生态环境修复费用为717876.13元。

2021年6月23日，保定市院依法向保定市中级人民法院提起民事公益诉讼，诉请判令：（1）判令被告停止侵害，限期拆除其石料加工厂；（2）将其破坏的生态环境限期修复至损害发生之前的状态和功能，若不能完成修复工作，则应赔偿生态环境修复费用717876.13元；（3）赔偿林地生态环境功能损失费用528397.81元，并支付破坏生态惩罚性赔偿金528397.81元；（4）承担鉴定费用40000元；（5）在国家级媒体上公开赔礼道歉。

2021年9月29日，保定市中级人民法院对该案公开开庭审理，庭审确定的争议焦点为：（1）被告某石料加工有限公司是否实施了损害社会公共利益的侵权行为，是否造成损害后果；（2）被告某石料加工有限公司应否承担公益诉讼起诉人诉请承担的各项侵权责任。法院经审理认为：公益诉讼起诉人提交的证据足以证实被告某石料加工有限公司非法占用“明长城—紫荆关段”保护范围和建设控制地带，修建石料加工厂和道路，开采原料、破碎、筛分，造成遗迹周围大片林地裸露空化，对长城遗迹及周边生态环境造成了损害。被告行为对长城历史风貌、环境风貌的破坏，不仅对文物遗迹本身及周边环境造成危害，更是对民族精神和民族感情的侵害，损害了社会公共利益，应依法承担相应的法律责任。法院当庭判决支持了检察机关的全部诉讼请求，被告未上诉。现被告已拆除违建厂房，判决的各项费用已全部执行到位，2021年11月19日被告在正义网上公开赔礼道歉，生态环境修复工作正在有序推进。

【典型意义】

“明长城—紫荆关段”系全国重点文物保护单位，属于具有文化景观典型特征的代表性长城段落。保护长城是全社会共同的责任。针对企业违法破坏长城资源的情形，检察机关依法提起民事公益诉讼，追究违法行为人对损害长城历史风貌、环境风貌以及周边生态环境的公益赔偿责任，并通过公开赔礼道歉，对全社会起到了良好的教育和警示作用，增强了社会公众对文物保护的法治意识。

陕西省神木市人民检察院
督促保护明长城行政公益诉讼案

【关键词】

行政公益诉讼检察建议　明长城保护　长效机制　长城保护员

【要　旨】

针对辖区内长城保护普遍存在的自然损毁和人为破坏问题，检察机关组织开展长城保护专项行动，充分发挥公益诉讼职能，通过个案办理推动政府履行文物保护主体责任，推动多元参与，形成长城文化遗产保护合力。

【基本案情】

陕西省神木市境内的长城包含战国秦、隋和明三个时期，共 550 处，涉及明长城 374 处，其中山峰则卧虎寨堡、斜马沟蔡小沟山险、水头沟烽火台、五龙口敌台等四处于 2017 年 4 月 18 日被公布为省级文物保护单位，均不同程度存在人为破坏情况。

【调查和督促履职】

2020 年 3 月，陕西省榆林市人民检察院按照省人民检察院要求，在全市部署开展长城文化遗产保护公益诉讼专项行动。神木市人民检察院（以下简称神木市院）成立了“检察官 + 检察官助理 + 法警”办案团队，通过走访神木市文化旅游局（以下简称市文旅局）、长城保护协会，全面了解辖区内长城底数，邀请部分市人大代表、政协委员、长城协会代表共同实地摸排、走访，并于 2020 年 4 月 16 日立案调查。神木市院通过无人机航拍取证、调取文物档案等方式查明了长城受损情况。主要表现为：山峰则卧虎寨堡寨门、墙体、马面出现受损情形；斜马沟蔡小沟山险、水头沟烽火台墙体存在裂缝、墙砖剥离、坍塌等情形；五龙口敌台周边存在违法架设电线、彩灯、搭建临时仓库的情形；部分长城段落未设置保护标志和界碑。同年5月8日，神木市院向迎宾路街道办事处等4家长城遗址所在地街镇人民政府公开宣告送达了检察建议，建议对长城保护管理问题依法履行主体责任和监管责任，确保长城安全。

收到检察建议后，市文旅局与长城沿线各街镇召开了长城保护工作推进会，针对检察建议提出的具体问题逐项进行整改。针对五龙口敌台周边存在的违法搭建问题，市文旅局和所在街道办事处联合进行拆除，2020年5月20日整改到位。针对斜马沟蔡小沟山险情形，市文旅局按程序组织修复，2020年10月已修复完毕。针对山峰则卧虎寨堡受损情形，市文旅局在长城周边铺设木栈道、设置保护网，并委托编制修缮保护方案上报审批。针对水头沟烽火台墙体裂缝情形，市文旅局经调查认为系国家能源集团神东榆家梁煤矿（以下简称煤矿）采空区塌陷和多年水土流失等原因造成，遂联合店塔镇人民政府与煤矿座谈协调。煤矿积极采取措施，对遗址周边约3000余平方米井田采用跳采方式，留存煤柱，不再开采。为支持长城保护工作，经国家能源集团审批，煤矿捐赠长城保护专项资金5800万元，助力历史文化保护传承。同时，针对专项活动中发现的市自来水公司院落内长城保护问题，市文旅局向市自来水公司下达《责令整改通知书》，该公司已拆除与长城保护无关的线路和设施。针对部分长城段落未设置保护标志和界碑的情形，市文旅局与长城沿线各镇街共增设保护标志碑27块，保护界桩1210根，保护公示牌251块。市文旅局向各街镇、市政府各职能部门等印发《关于建立长城及各级文物保护单位资料共享机制的通知》，强调建设工程需做好前置审批手续以及文物调查和勘探工作。

发出检察建议的同时，神木市院形成专项报告报神木市委。市委于2020年7月2日组织市政府、市纪委监委、相关行政机关及镇街、长城保护工作站、长城协会召开了“文物保护工作暨长城文化遗产公益诉讼检察建议整改落实推进会”，要求各单位齐抓共管，形成长城保护合力。同年9月10日，市政府办出台《神木市文物安全工作联席会议制度》《神木市长城保护管理办法》，建立了文物保护联席会议长效工作机制，明确了21家长城保护管理相关部门的职责分工，并将长城保护工作纳入年终考核。目前，神木市辖区内长城遗址均进行了“围网工程”，长城沿线11个街镇均设立了长城保护工作站，聘请了62名长城保护员并组织了专门培训，加强长城的巡查、保护。

【典型意义】

长城对于中国古代军事史以及沿线自然环境、民族关系、农牧业生产生活等研究具有重要历史文化价值。本案中，检察机关结合本地丰富特色的长城资源开展专项活动，推动政府履行文物保护主体责任，对发现的长城安全隐患积极向党委汇报，争取社会各界支持，推动出台制度规范，明确各行政机关在长城保护管理工作中的职责分工，促进联动配合，建立完善长效机制，有效推动长城保护工作。

宁夏回族自治区灵武市人民检察院督促保护清水营城址行政公益诉讼案

【关键词】

行政公益诉讼检察建议　明长城保护　违法建设

【要　旨】

长城相关重要城址因违法建筑受到损害，检察机关发挥公益诉讼检察职能优势，推动多部门共同履职，正确处理长城保护和利用的关系，既恢复了文物周边历史风貌，又推动了文化遗产保护与旅游融合发展。

【基本案情】

清水营城址位于宁夏回族自治区灵武市宁东镇清水营村，北临明长城，是明长城（灵武段）重要的军事战略防御屯兵城堡，其作为明长城附属设施，具有重要的考古价值和历史研究价值。2010年该城址被公布为省级文物保护单位。2018年，某影视公司在清水营城址保护范围和建设控制地带内，未经批准擅自搭建一处木质影视拍摄基地，破坏了文物周边历史风貌，增加了消防安全隐患。

【调查和督促履职】

2020年8月，宁夏回族自治区灵武市人民检察院（以下简称灵武市院）在开展文物保护检察公益诉讼专项监督活动中发现本案线索，并立案调查。灵武市院利用无人机、GIS地理信息系统进行现场取证，查阅相关资料，咨询清水营城址附近村民、看守人员、当地镇政府工作人员，查明：某影视公司未经批准擅自搭建的木质影视拍摄基地，在建设过程中，施工单位未对清水营城址周围采取围挡和防火措施，城墙脚下遗留大量木质建筑垃圾，对文物安全、历史风貌及周边环境造成影响，损害国家利益和社会公共利益。

针对以上情况，灵武市院积极协调文物保护部门组织专家对明长城及清水营城址保护与利用开展论证，分析评估长城保护、利用、研究和管理现状，科学指引长城文化遗产合理利用。2020 年 8 月 27 日，灵武市院采取公开宣告送达的方式向灵武市宁东镇人民政府（以下简称镇政府）发出检察建议，督促属地政府依法履行长城保护主体责任，确保清水营城址及周边环境免遭破坏，文物资源得到合理利用。

收到检察建议后，镇政府对文物本体采取围挡保护的措施并清理建筑垃圾。其后，市文广局与镇政府共同成立文物安全工作领导小组，召开文物保护专题会议，细化文物保护监管机制，对辖区内文物安全隐患进行排查整治，划定安全旅游观光区域，加强文物保护宣传工作。

2020 年 9 月，灵武市院对该案跟进监督，确认清水营城址保护范围内的木质违法建筑及垃圾已全部拆除、清运和整治，周边生态环境得到修复。

【典型意义】

清水营城址作为明长城（灵武段）重要的军事战略防御屯兵城堡，具有重要的考古价值和历史价值。检察机关针对文物利用中出现的破坏文物历史风貌和生态环境的情形，充分发挥公益诉讼检察职能，积极协调文物保护部门组织专家对明长城及清水营城址保护利用开展论证指引，促进合理利用，督促相关部门依法履职，恢复文物历史风貌，加强环境保护，完善旅游措施，推动地方文化和旅游高质量发展。

青海省西宁市大通县人民检察院督促保护明长城（大通段）行政公益诉讼案

【关键词】

行政公益诉讼检察建议　明长城保护　公共工程建设　线索移送

【要　旨】

检察机关与文物行政部门强化协同协作、信息共享，针对地方政府有关部门不当履职行为导致的文物受损情形，发挥行政公益诉讼审前程序作用，督促相关行政机关予以整改，恢复文物历史风貌。

【基本案情】

青海明长城（大通段）始建于明代中叶，是世界上海拔最高的明长城遗址，也是该省明长城中保存最为完整的一段，分布于大通县九个乡镇，极具历史、文化、艺术价值，2013 年被国务院公布为第七批全国重点文物保护单位。近年来，明长城（大通段）周边存在违规施工、挖掘取土等行为，危害长城安全及环境风貌。

【调查和督促履职】

2020 年 1 月，青海省西宁市大通县文物局在巡查中发现，大通县林业和草原局（以下简称县林草局）未经文物行政部门审批同意，擅自在大通县朔北乡马场村明长城（大通段）保护范围内进行建设工程。大通县文体旅游局向大通县人民检察院（以下简称大通县院）移送了关于县域内明长城（大通段）保护相关问题的案件线索。

2020 年 4 月 27 日，大通县院对该线索进行立案调查。办案干警对明长城受损情况进行实地走访、现场勘查，并询问相关人员进行调查取证。通过调查查明，县林草局实施的“三北”防护林输水管道建设项目，其铺设的防护林灌溉输水管道、修建的隔离围栏、修盖的防火观察点房屋等施工建设内容，均位于明长城（大通段）保护范围和建设控制地带内，且未履行相应文物报批手续，属违法建设。防火观察点房屋严重影响长城历史风貌。县林草局在铺设输水管道期间擅自进行挖掘作业，管道以架跨方式穿越墙体顶部，对该段明长城历史风貌造成破坏。同时，输水管道存在漏水等安全隐患，如发生漏水或者管道破裂，将对墙体造成冲刷、坍塌等毁灭性破坏，严重损害国家利益及社会公共利益。

2020年5月7日，大通县院向县林草局发出检察建议，建议其在林业和草原规划建设中既要保障山林灌溉和消防用水，也要依法保护文物安全，要求对违法建设工程及内容，会同有关文物行政部门进行整改，拆除修建完成的防火观察点房屋建筑和管道等设施，采取保护措施，恢复长城周边历史风貌。县林草局收到检察建议后，积极与县文物管理所进行对接，协商解决方案。2020年7月8日，县林草局对防火观察点房屋进行了拆除，文物原貌已恢复；经市林业和草原局、县人民政府批准，长约4千米的输水管道已于2022年12月15日全部拆除。大通县院以办理此案为契机，在明长城脚下设立“公益检察守护长城－文化遗产保护基地”纪念碑，与县文体旅游部门会签《关于在文物保护利用和文化遗产保护工作中协作配合的意见》，营造文物保护全民参与的浓厚氛围。

【典型意义】

青海明长城（大通段）修筑于明隆庆六年，是为保卫西宁而建的军事防御工事，具有独特的历史、艺术和科研价值。本案中，检察机关与文物行政部门以个案办理强化良性协同互动，针对相关行政主管部门履职中未采取必要的保护措施造成的文物损害，积极发挥行政公益诉讼检察职能，寻求公益司法保护的最大公约数，督促地方人民政府和相关行政部门严格履职，在推动城镇建设、社会发展、自然资源保护的同时，强化文物古迹整体风貌维护工作，促进城镇建设和文物保护利用协调发展。

四、个人信息保护检察公益诉讼典型案例

（2023年3月30日）

贯彻落实党的二十大有关部署要求
深化个人信息保护检察公益诉讼

——最高检公益诉讼检察厅负责人就个人信息保护检察公益诉讼典型案例答记者问

2023 年 3 月 30 日，最高人民检察院发布了一批个人信息保护检察公益诉讼典型案例，旨在以党的二十大精神为指引，要求各级检察院公益诉讼检察部门提高政治站位，把办理相关案件作为践行习近平法治思想、服务中国式现代化的一项务实举措，切实监督保障个人信息保护法统一正确实施。

2021 年 11 月 1 日，个人信息保护法正式实施，明确授权检察机关可以提起个人信息保护领域公益诉讼。据了解，全国检察机关 2022 年共立案办理个人信息保护公益诉讼案件 6000 余件。

本次发布的典型案例包括江苏省无锡市新吴区检察院督促保护服务场所消费者个人信息行政公益诉讼案等 8 件，其中有 4 件是行政公益诉讼审前监督案例。检察机关灵活运用磋商、公开听证、检察建议等方式，督促行政机关依法履职，推动相关违法主体积极整改，充分体现了发挥行政公益诉讼制度优势，激活行政执法效能，把审前维护公益目的作为最优解的特点。在湖南省长沙市望城区检察院督促保护个人生物识别信息行政公益诉讼案中，检察机关向相关行政机关发出检察建议，并邀请人大代表、政协委员、志愿者及专家学者担任听证员，就行政机关是否已依法全面履职、社会公共利益是否得到有效保护等事项召开公开听证会，消除公民个人信息泄露风险，切实维护社会公共利益。

这批典型案例还体现了加强刑事检察与公益诉讼检察协同履职，充分发挥联动优势，在依法追究行为人刑事责任的同时，追究公益损害责任，通过提出停止侵害、消除危险、赔偿损失等诉求，发挥检察公益诉讼制度的独特价值；注重源头治理，推动解决行业、领域、系统内普遍性和根源性问题等特点。

最高检公益诉讼检察厅负责人表示，下一步，检察机关将继续加大个人信息保护领域公益诉讼办案力度，突出保护重点人员、重点领域的个人信息，严格保护敏感类别信息及特定群体的个人信息。

问：发布这批个人信息保护检察公益诉讼典型案例的主要背景是什么？

答：党的十八大以来，党中央高度重视网络空间法治建设，对个人信息保护立法工作作出专门部署。习近平总书记多次强调，要坚持网络安全为人民、网络安全靠人民，保障个人信息安全，维护公民在网络空间的合法权益。最高检明确将个人信息保护作为检察公益诉讼新领域办案重点，积极回应民生关切。《中华人民共和国个人信息保护法》于2021年11月1日起正式实施，明确授权检察机关可以提起个人信息保护领域公益诉讼，为检察机关依法办理该领域公益诉讼案件提供了有力支撑。党的二十大报告专门强调"完善公益诉讼制度"，并将"加强个人信息保护"作为提高公共安全治理水平的重要内容进行部署。

最高检专题发布个人信息保护公益诉讼典型案例，主要考虑有以下几个因素：一是以党的二十大精神为指引，要求各级检察院公益诉讼检察部门提高政治站位，把办理相关案件作为践行习近平法治思想、服务中国式现代化的一项务实举措，切实监督保障个人信息保护法统一正确实施。二是发挥办案指引作用，通过评选发布一批个人信息保护法实施一周年来的典型案例，促进各级公益诉讼检察部门更加准确把握个人信息保护领域办案重点和法律政策界限，提高办案质量和效果。三是发挥以案释法作用，通过发布典型案例，增进社会各界对个人信息保护的关注度和认同度，推动形成个人信息保护多元共治新格局。

问：《中华人民共和国个人信息保护法》专门设立了个人信息保护的检察公益诉讼条款，标志着我国的个人信息保护纳入检察公益诉讼的法定领域。该法实施一周年以来，检察机关主要开展了哪些工作？

答：个人信息保护法于2021年11月1日正式实施，全国检察机关2022年共立案办理个人信息保护公益诉讼案件6000余件。具体而言，主要开展了以下工作：

第一，加大办案力度，聚焦个人信息保护领域突出问题。一是突出整治App违规收集个人信息问题。上海、江苏、江西、重庆、广东等地检察机关通过办案监督违规App企业整改，推动相关职能部门形成监管合力，强化源头治理。二是紧盯处理大规模个人信息的互联网平台。北京铁路运输检察院针对某网络招聘平台侵害公民个人信息行为以民事公益诉讼立案办理。三是整治侵害特定群体个人信息安全的行为。安徽、河南等地检察机关对利用非法收集的老年人信息精准实施保健品欺诈的团伙开展刑事附带民事公益诉讼。江苏、浙江等地检察机关办理了侵害孕产妇个人信息安全的公益诉讼案件。四是打击电信网络诈骗黑灰产。广东、甘肃检察机关重点惩治电信、快递行业“内鬼”，督促通信管理、邮政部门依法履职，推动行业治理。五是防控网络摄像技术侵犯隐私。河北、山东等地检察机关通过民事公益诉讼惩治利用非法软件破解密码控制家庭网络摄像头的偷窥黑色产业链，促进源头治理。广东、浙江检察机关对售楼处、景区滥用人脸识别技术开展公益诉讼，防止公民敏感个人信息被非法采集或买卖。

第二，规范办案流程，完善个人信息保护公益诉讼办案机制。一是下发《贯彻执行〈中华人民共和国个人信息保护法〉推进个人信息保护公益诉讼检察工作的通知》，对准确理解适用个人信息保护法公益诉讼条款、切实推动个人信息保护公益诉讼检察工作提出了要求，聚焦人民群众关注的个人信息安全热点难点问题，重点解决群众急难愁盼的问题。二是推动省级人大常委会出台加强检察公益诉讼工作的专项决定，将支持检察机关办理个人信息保护领域公益诉讼写入决定。截至目前，全国已有21个省级人大常委会在关于加强检察公益诉讼工作的专项决定中，支持检察机关积极稳妥开展个人信息保护领域公益诉讼。三是出台《关于加强刑事检察与公益诉讼检察衔接协作严厉打击电信网络犯罪加强个人信息司法保护的通知》，要求各地检察机关积极参与网络空间治理，强化刑事检察和公益诉讼检察职能衔接协作，实现全链条打击、一体化网络治理。

第三，强化个人信息保护公益诉讼理论研究。与相关研究机构就网络治理公益诉讼检察联合开展理论研究，促进网络法治理论交流。与相关行政机关联合组织举办个人信息保护实务与理论研究论坛，凝聚个人信息保护执法司法合力。引导各地检察机关围绕个人信息保护公益诉讼制度强化实证研究，提炼规则指引，不断完善个人信息保护公益诉讼业务框架体系建设。

问：这批个人信息保护检察公益诉讼典型案例有哪些主要特点？

答：此次发布的8件个人信息保护公益诉讼典型案例主要有以下特点：

一是加强刑事检察与公益诉讼检察协同履职，充分发挥联动优势。在依法追究行为人刑事责任的同时，追究公益损害责任，通过提出停止侵害、消除危险、赔偿损失等诉求，发挥检察公益诉讼制度的独特价值。宁夏回族自治区青铜峡市人民检察院诉张某某等人侵犯公民个人信息刑事附带民事公益诉讼案，检察机关提出了支付公益损害赔偿金的诉讼请求，并明确了其与刑事罚金的不同的性质定位，获人民法院二审改判支持。

二是发挥行政公益诉讼制度优势，激活行政执法效能，把审前维护公益目的作为最优解。灵活运用磋商、公开听证、检察建议等方式，督促行政机关依法履职，推动相关违法主体积极整改。此次发布的8件典型案例中，有4件是行政公益诉讼审前监督案例。湖南省长沙市望城区人民检察院督促保护个人生物识别信息行政公益诉讼案，向相关行政机关发出检察建议，并邀请人大代表、政协委员、志愿者及专家学者担任听证员，就行政机关是否已依法全面履职、社会公共利益是否得到有效保护等事项召开公开听证会。

三是注重源头治理，推动解决行业、领域、系统内普遍性和根源性问题。如广东省深圳市宝安区人民检察院诉付某等人侵犯公民个人信息刑事附带民事公益诉讼一案中，针对办案中发现的快递业数据采集工具“巴枪”管理不善导致大量公民个人信息受到侵害的情形，检察机关通过刑事附带民事公益诉讼追究违法者公益损害责任的同时，通过制发社会治理类检察建议督促企业依法规范寄递用户信息采集管理，全面维护公民个人信息安全。

问：《中华人民共和国个人信息保护法》实施一周年以来，个人信息保护检察公益诉讼还面临哪些困难？下一步有何计划？

答：目前，个人信息保护检察公益诉讼确实还存在一定的困难，主要体现为：一是法律供给尚有不足，网络安全法、数据安全法未设置检察公益诉讼条款，衔接协同保护个人信息安全、网络安全、数据安全的法律监督有待补强立法供给。二是行政执法与公益诉讼检察衔接协作有待加强。个人信息安全领域违法类型不断迭代升级，行政机关和司法机关需要强化协同协作，形成合力，避免各自为阵、单打独斗。三是个人信息保护公益诉讼调查取证难度较大。个人信息违法行为多数与互联网、大数据、人工智能等高新科技相关联，呈现出跨区划、匿名化、涉众型、全链条等特点，检察公益诉讼调查方式有限且缺乏刚性，调查取证难度较大。

下一步，检察机关将继续加大个人信息保护领域公益诉讼办案力度，突出保护重点人员、重点领域的个人信息，严格保护敏感类别信息及特定群体的个人信息。将个人信息保护作为拓展网络治理领域的基础和重中之重，协同有关部门抓好个人信息保护法、反电信网络诈骗法的贯彻落实，着力构建符合个人信息保护领域特点规律的公益诉讼业务框架，不断丰富办案实践，凝聚更多理论共识，推动完善具有中国特色的个人信息保护公益诉讼法治体系。

江苏省无锡市新吴区人民检察院督促保护服务场所消费者个人信息行政公益诉讼案

【关键词】

行政公益诉讼检察建议　服务场所　消费者敏感个人信息　数字技术

【要　旨】

针对服务场所强制采集、非加密传输、违法存储、未定期删除消费者敏感个人信息，造成信息泄露安全隐患的行为，检察机关开展专项监督，制发检察建议，督促职能部门依法履行监管职责，维护消费者个人信息安全。

【基本案情】

江苏省无锡市新吴区某健身房使用具有人脸识别、指纹识别等功能的信息管理系统，强制要求会员刷脸或录入指纹进入。由于该管理系统采用分级分层、前后端分离等技术，消费者在前端平台界面仅能看到被采集的个人身份信息，未被告知个人信息收集清单及权限。在部分会员明确拒绝人脸采集识别后，该健身房擅自将会员办卡时提供的照片录入系统作为刷脸进出凭证，且在会员要求删除照片等信息时，以无管理权限为由拒绝删除，其行为侵害众多消费者合法权益，损害社会公共利益。

【调查和督促履职】

2022年6月21日，“益心为公”检察云平台志愿者向江苏省无锡市新吴区人民检察院（以下简称新吴区院）反映，新吴区某健身房存在侵犯消费者敏感个人信息的情形。新吴区院运用公益损害风险防控平台，通过数据交叉比对、智能分析，排查易发生非法收集个人信息的服务场所，绘制风险防控“数字地图”，发现全市案件线索16件，其中涉及新吴区5

件。经初步调查，新吴区院于 2022 年 8 月 11 日正式立案。

新吴区院引入专业技术机构协助调查取证，现场勘验涉案服务场所信息管理系统，出具专家意见，认为该系统在个人信息传输、存储等方面存在安全风险。针对涉案服务场所采集、存储个人信息的必要性和合理性，邀请公安、市场监管、第三方专业机构等召开论证会。新吴区院审查认为，根据《中华人民共和国个人信息保护法》第二十六条、第二十八条、第四十七条，《最高人民法院关于审理使用人脸识别技术处理个人信息相关民事案件适用法律若干问题的规定》第一条第三款等规定，消费者的人脸、指纹等属于生物识别类敏感个人信息，涉案服务场所系公共场所，非维护公共安全必需且未取得消费者单独同意，强制采集、非加密传输、违法存储、未定期删除敏感个人信息的行为，损害了众多消费者合法权益。根据《中华人民共和国个人信息保护法》第六十条、第六十一条，《中华人民共和国消费者权益保护法》第二十九条、第三十二条第一款、第五十六条第一款第九项的规定，新吴区院于 2022 年 8 月 12 日向新吴区市场监督管理局制发行政公益诉讼检察建议，督促对涉案服务场所依法处理，切实履行保护消费者合法权益的职责；开展行业规范整治，加大监管力度，建立长效机制，防范类似违法行为发生。

新吴区市场监督管理局收到检察建议后，对涉案 5 家服务场所进行集体谈话、责令改正，组织开展专项执法行动，并建立定期检查、约谈、通报等监管机制。涉案服务场所及时整改，改变进入场所方式，采取安全措施传输、定期删除个人信息，向监管部门报送个人信息管理情况。

新吴区院联合区市场监督管理局开展“回头看”，进行现场验收，确认涉案服务场所均整改到位。同时，新吴区院将其他 11 件案件线索移送无锡市人民检察院（以下简称无锡市院）。无锡市院开展服务场所公民个人信息保护专项监督活动，组织全市检察机关排查健身房、超市等服务场所 126 处，督促整改问题场所 56 处，删除违法采集信息 9300 余条，向经营者、消费者普法宣传 3000 多人次，有效保障公民个人信息安全。

【典型意义】

健身房、超市等公共服务场所采集的信息量大、面广、敏感度高，监管不到位，将严重危害众多消费者人身、财产安全。本案中，检察机关积极发挥公益诉讼检察职能，运用数字技术，通过“专业取证 + 专门论证 +

专家意见”等方式，破解公民个人信息保护领域线索发现、调查取证、损害认定等难题，制发检察建议，开展专项监督，督促行政机关依法履职，推动服务场所规范收集、传输、存储、删除个人信息，加强数据安全管控，促进个人信息全链条保护。

湖南省长沙市望城区人民检察院督促保护个人生物识别信息行政公益诉讼案

【关键词】

行政公益诉讼检察建议　个人生物识别信息　个人信息处理原则　公开听证

【要　旨】

针对信息化建设对指纹和人脸识别等个人生物识别信息过度收集、未落实网络安全等级保护制度等问题，检察机关明确个人信息处理“合法、正当、必要和诚信原则”的内涵与外延，厘清各职能部门法定职责，督促其依法全面履职、协调联动，消除公民个人信息泄露风险，切实维护社会公共利益。

【基本案情】

湖南省长沙市望城区卫生健康局（以下简称区卫健局）为推进数字化门诊建设，自 2019 年 7 月 12 日起，要求长沙市望城区辖区内 17 家医疗卫生机构陆续使用电子签核系统推送疫苗接种知情告知书，疫苗受种者或监护人点击“同意”时系统自动采集指纹和人脸识别信息，收集电子数据的存储及主机均由各社区卫生服务中心管理。截至 2022 年 3 月 11 日，上述机构共收集 83 万余条涉及指纹、人脸识别等个人生物识别信息。

【调查和督促履职】

2022 年 2 月 11 日，湖南省长沙市望城区人民检察院（以下简称望城区院）接到群众举报，反映自己和孩子的指纹和人脸等个人生物识别信息被医疗卫生机构过度收集，存在泄露风险。望城区院经初步调查确认属实，遂于 2022 年 3 月 19 日、5 月 16 日分别对望城区卫健局、长沙市公安局望城分局（以下简称区公安分局）立案调查。

望城区院通过现场勘验、委托第三方单位对电子签核系统进行安全检测、调取相关书证与电子数据、询问相关人员、咨询专业人员等方式进行调查取证，查明：根据《中华人民共和国个人信息保护法》第五条、第六条、第二十八条至第三十条的规定，望城区17家医疗卫生机构违反个人信息处理的合法、正当、必要和诚信原则，过度收集服务对象指纹和人脸等个人生物识别信息，未按要求解决电子签核系统的弱口令、数据未加密等安全漏洞，未能防患未经授权的访问及个人信息泄露、篡改、丢失等高风险，未落实网络安全等级保护制度要求，对敏感个人信息保护的内部管理不到位。望城区卫健局和区公安分局对上述医疗卫生机构收集、处理敏感个人信息活动未尽到监管职责。

2022年5月11日、16日，望城区院分别向区卫健局、区公安分局送达行政公益诉讼检察建议，建议区卫健局改进征求知情同意的方式，避免过度收集指纹或人脸识别信息等个人生物识别信息；完善技术和管理措施，防止未经授权的访问及个人信息泄露、篡改、丢失。建议区公安分局对17家医疗卫生机构未履行网络安全等级保护责任的行为依法处理。同时将上述检察建议抄送望城区网信部门。

望城区卫健局、区公安分局收到检察建议后高度重视，部署开展了专项行动。望城区卫健局认真进行调研，研究解决方案，并向长沙市卫生健康委员会（以下简称市卫健委）专题汇报，长沙市卫健委以望城整改方案为蓝本推进全市医疗卫生机制规范、合法处理个人信息。望城区公安分局召开专门网络安全会议，对全区医疗卫生机构进行网络安全检查。望城区卫健局、区公安分局召集医疗卫生机构、系统开发单位、网络安全检测公司、区数据中心等单位多次召开座谈会，望城区院和区委网信办受邀参会。截至2022年6月10日，全区23家单位均已完成电子签核系统升级，取消生物识别信息功能；21家单位已彻底删除既往数据，并按照保密文件要求将已收集个人生物识别信息交区疾控中心代为封存保管，疫苗有效期满后进行硬盘格式化删除；升级后的电子签核系统完善了内部信息安全管理制度、加强系统物理隔离、对数据传输和存储加密保护、新增限制授权访问等安全防护措施，信息安全等级保护经专家评定为1级，系统改为局域网内部运行，于2022年8月初在全区正式启用。

2022年8月8日，望城区院跟进监督发现，升级后的电子签核系统采用电子屏签字的方式确认接种告知并在局域网运行；收集的电子签字、疫苗接种等个人信息已加密；已收集的个人生物识别信息已在医疗卫生机构彻底删除。上述整改方式在全市范围内推广已显成效。同年 8 月 11 日，该院组织召开听证会，邀请人大代表、政协委员、“益心为公”志愿者及专家学者担任听证员，与会人员一致认为行政机关已采取积极有效措施全面履职，敏感个人信息被侵害的重大风险已消除。

【典型意义】

检察机关聚焦民生关切，依法履行公益诉讼检察职能，通过现场勘验和委托安全检测等智慧检察手段，发现公益事业单位个人信息保护安全风险，督促行政机关对过度收集的个人生物识别信息数据采取“备份封存 + 本地彻底删除 + 到期彻底删除”方式消除安全风险，并进行“电子签核系统升级改造 + 网络安全等级保护”技术整改，平衡好个人信息保护与公共事务管理中个人信息合理利用的关系，充分实现“互联网 +”与公共卫生服务领域保障数据信息安全的良好结合，推动加强个人信息保护与公共卫生服务信息化建设的协同发展。通过办案将个人信息处理“合法、正当、必要和诚信原则”的内涵和外延予以具体化，落实网络安全等级保护制度，推动相关法律制度在司法办案中落地见效。

浙江省湖州市检察机关诉浙江G旅游发展有限公司侵害公民个人信息民事公益诉讼案

【关键词】

民事公益诉讼　游客个人信息　人脸识别　数据删除

【要　旨】

检察机关针对景区违法采集游客人脸信息的情形，坚持上下联动、一体化推进，督促行政机关加强监管，促使景区运营企业合法收集、使用和存储人脸信息数据，开展人脸信息数据删除现场勘验，充分保障游客的知情权和选择权等合法权益，切实保护游客个人信息安全。

【基本案情】

A景区由浙江G旅游发展有限公司（以下简称G公司，其控股股东是某国有公司）负责实际运营。2020年7月，A景区通过招标委托浙江H科技有限公司（以下简称H公司）建设完成人脸识别系统，并投入运行。系统使用期间，A景区在采集游客人脸信息时未依法履行告知义务，存在强制要求购票游客录入人脸信息、“刷脸”入园的情形，且景区未对采集到的人脸信息定期予以删除，致使游客个人信息被侵害，损害了社会公共利益。

【调查和督促整改】

2021年10月，最高人民检察院（以下简称最高检）根据志愿者反映，将A景区要求游客“刷脸”入园、涉嫌侵害游客人脸信息的线索交由浙江省人民检察院（以下简称浙江省院）办理。2021年11月初，湖州市人民检察院（以下简称湖州市院）、湖州市南浔区人民检察院（以下简称南浔区院）联合成立专案组对该线索立案调查，对A景区人脸识别系统前端完成电子取证。经调查发现，A 景区现场购票除要求游客提供身份证外，还要求游客进行“刷脸”认证，且未告知“刷脸”入园的必要性及后续如何处理刷脸信息，对游客人脸信息储存和使用缺乏具体制度规范。同年 11 月 12 日，浙江省院、湖州市院、南浔区院会同当地旅游度假区管委会、G 公司等景区运营主体，同时邀请了浙江省消费者权益保护委员会相关工作人员和法律专家，围绕涉案人脸信息被侵害问题召开磋商会，就 G 公司删除景区前期采集储存的人脸信息数据，规范人脸信息的收集和使用等事项达成共识。同时，湖州市院与湖州市委网信办开展磋商，网信部门对 G 公司提出整改要求。同年 11 月 18 日，湖州市院向 G 公司制发检察建议，督促 G 公司积极整改，确保依法运营。

2021 年 11 月 24 日，G 公司回复检察机关称，已委托 H 公司通过远程操作，将景区违规收集储存的人脸信息数据进行删除。为确保删除工作符合规范，切实维护公民信息安全，浙江省院组织技术力量会同办案人员赴现场开展技术勘验，湖州市院邀请人大代表、人民监督员进行现场见证。在相关人员的监督下，A 景区前期采集、储存游客人脸信息共计 120 万余条完全删除。同时，G 公司已建立起人脸信息采集和使用的制度规范。目前，景区门口和购票处已设置告知牌，告知游客“刷脸”入园的相关事项，征求游客意愿，游客可以自由选择人脸识别、购买纸质门票、网络购票等多种方式进入景区。对于采用人脸识别进入景区的游客，景区会根据游客入园的需要合理设置人脸数据删除的期限，并在游客游玩结束后自动删除人脸信息，确保游客人脸信息安全。

【典型意义】

人脸信息属于敏感个人信息，一旦被泄露或者非法使用，容易导致人格尊严受到侵害或者人身、财产安全受到危害。本案中，景区违法采集游客人脸信息，严重侵害了游客个人信息安全，检察机关充分发挥一体化办案优势，坚持依法办案与服务营商环境、个人信息保护与景区智能化建设有机结合，融合社会公众力量共同参与监督，督促行政机关加强监管，促使信息处理者依法整改，在提升景区管理智能化水平的同时，推动形成个人信息保护合力，实现办案效果最优化。

江西省宜春市人民检察院督促保护医疗健康个人信息行政公益诉讼案

【关键词】

行政公益诉讼检察建议　医疗健康个人信息　保险营销　行业治理

【要　旨】

针对医疗机构非法向保险代理机构提供患者医疗健康信息进行保险营销的行为，检察机关可以通过检察建议督促行政机关依法履职，消除个人信息泄露隐患，推动行业规范治理，切实保护公民个人信息安全。

【基本案情】

2021年以来，部分保险代理机构与江西省宜春市中心城区5家大型医院达成协议，由保险代理机构在合作医院推销相关保险产品。部分保险代理机构业务人员在推销保险产品过程中，为精准销售“手术意外险”等险种，通过合作医院违法获取大量患者的姓名、手术类型、联系电话等医疗健康信息，对相关患者进行保险推销，患者不堪其扰。该行为严重侵害患者的合法权益，损害了社会公共利益。

【调查和督促履职】

2022年2月，江西省宜春市人民检察院（以下简称宜春市院）收到群众举报，称其家属办完住院手续后，有保险代理机构业务人员向其推销“手术意外险”。宜春市院立案办理并进行全面摸排核实，一是查明医疗健康信息泄露源头。通过走访宜春市中心城区各大医院，了解医院与保险代理机构签订合作协议情况，并初步核实保险代理机构业务人员通过医院手术科室护士站查询病人纸质病历或登录病历管理系统违法获取大量患者医疗健康信息（包括病人姓名、身份证号、联系方式、手术类型等）的情况。二是通过大数据比对分析，发现保险代理机构业务人员手机通话记录与患者办理住院手续时间点相吻合，手机通话的先后顺序反映患者在办理住院手续后不久即会接到保险代理机构业务人员电话，进一步印证了患者个人信息泄露的事实。

宜春市院审查认为，根据《中华人民共和国个人信息保护法》《医疗机构病历管理规定》等法律法规，医疗健康等信息属于敏感个人信息，未经公民本人同意，或未具备具有法律授权等个人信息保护法规定的理由，医院向保险代理机构提供患者医疗健康信息，改变了公民公开个人信息的范围、目的和用途，不属于法律规定的合理处理；保险从业人员收集、使用获取的医疗健康信息从事保险营销违反国家规定，侵害了不特定多数患者个人信息权利。卫生健康部门对侵害医疗患者个人信息的行为负有监管职责。

2022 年 7 月 8 日，宜春市院向宜春市卫生健康委员会（以下简称宜春市卫健委）制发行政公益诉讼检察建议，要求其依法处理相关医院，采取有效整改措施，及时堵塞患者个人信息保护漏洞；加强日常监管，对本辖区范围内所有医疗机构开展全面清查；加强个人信息保护宣传教育，切实增强医护人员关于患者个人信息的保护意识。

宜春市卫健委收到检察建议后，组织召开加强患者诊疗信息安全管理工作部署会，督促 5 家涉案医院限期整改，制定出台《第三方保险业务关于患者医疗健康信息的保密规定》，明确规定保险代理机构业务人员接触患方时间、不得私自提前与患方联系等，并规范患者诊疗信息查询程序，堵塞信息泄露漏洞。同时，宜春市卫健委在全市 439 家医疗机构部署开展为期一个月的患者诊疗信息安全专项整顿活动，共发现并整改重大信息安全隐患 37 个，推动建立风险防范机制 256 项，组织 12994 名医务人员分期分批参加患者诊疗信息安全培训，进一步增强医疗健康信息保护意识，筑牢公民个人信息安全防护网。

【典型意义】

医疗健康信息属于可能影响公民人身、财产安全的敏感个人信息。本案中，医疗机构违反法律规定的合法、正当、必要和诚信的原则，未经患者同意向保险代理机构提供相关个人信息，严重侵害公民个人信息安全和合法权益，扰乱了社会公共秩序。检察机关运用大数据比对等方式全面调查取证，依法发出检察建议，督促行政机关查处医疗机构违法违规行为，并通过开展专项整顿、安全培训等方式，堵塞医疗健康信息安全漏洞，推动医疗机构、医疗从业人员增强风险防范意识，强化行业自律，健全医疗健康信息保护长效机制。

宁夏回族自治区青铜峡市人民检察院诉张某某等人侵犯公民个人信息刑事附带民事公益诉讼案

【关键词】

刑事附带民事公益诉讼　股民个人信息　电信网络诈骗　公益损害赔偿金　二审改判

【要　旨】

针对非法利用信息网络侵害众多公民个人信息违法行为，检察机关可以提起刑事附带民事公益诉讼，依法追究行为人的刑事与民事双重责任，对侵犯公民个人信息违法犯罪行为起到有效震慑作用，有力维护法律权威尊严、社会公平正义和社会公共利益。

【基本案情】

张某某非法获取股民电话号码、相关证券公司信息及创建虚假股票投资微信群码，提供给吴某“吸粉引流”话务团伙用于电信网络诈骗。2020 年 11 月至 2021 年 5 月，吴某组织“吸粉引流”话务团伙 10 余人先后在宁夏青铜峡、湖北武汉、湖北鄂州租住房屋，冒充相关证券公司客服拨打客户电话 5 万余次，为 200 多个涉电信网络诈骗群“吸粉引流”14130 人。每拉 1 人进群视为做成一单，每单获利 10 元不等。吴某自组织“吸粉引流”话务以来，收到上线张某某扣除每单获利后转账资金 703142.7 元，其在扣除每单获利后按照下线做成单数将款层层转至下线人员。公安机关以张某某等人非法利用信息网络罪移送检察机关审查起诉。

【调查和诉讼】

2021 年 9 月 10 日，宁夏回族自治区青铜峡市人民检察院（以下简称青铜峡市院）在办理张某某等人非法利用信息网络罪一案过程中，发现该案存在侵犯众多公民个人信息行为，可能损害社会公共利益。2021年10月8日，青铜峡市院依法以刑事附带民事公益诉讼立案。检察机关经审查认为：违法所得是行为人实施违法犯罪活动而获取的不法财物，依法应予追缴；公益损害赔偿是行为人因实施民事侵权行为对社会公共利益造成损害应承担的民事赔偿责任。追缴违法所得与公益损害赔偿的责任性质、侵害主体均不同，追缴违法所得和承担公益损害赔偿可以同时适用。2021年11月29日，青铜峡市院向青铜峡市人民法院提起刑事附带民事公益诉讼，请求依法判令各被告删除所有非法获取的公民个人信息，解散、删除创建的微信群，消除潜在的公民信息泄露风险，依据违法所得数额支付公益损害赔偿金，并在国家级媒体上向社会公众赔礼道歉。

开庭审理时，一审法院结合公安机关补充侦查结果，认定被告张某某等16人为实施电信诈骗等违法犯罪发布信息，违法所得数额为739581.08元，其行为构成非法利用信息网络罪，应依法判处有期徒刑，没收违法所得并处罚金。刑事没收违法所得与民事公益损害赔偿金属于双罚，同时适用加重了对被告的惩罚，仅支持在国家级媒体公开道歉、删除信息和解散微信群的诉讼请求。一审宣判后，被告人朱某、王某某对刑事判决不服提出上诉。青铜峡市院认为一审判决对公益损害赔偿金不予支持，混淆了刑事责任与民事责任的界限，属适用法律错误，经请示吴忠市人民检察院同意，于2022年2月21日依法提出上诉。

2022年6月7日，吴忠市中级人民法院经开庭审理后，对朱某、王某某当庭提出的撤诉请求，裁定准许撤诉，并作出二审判决，认为检察机关起诉要求民事赔偿，符合法律规定。原判追缴各被上诉人违法所得与附带民事公益诉讼起诉人要求承担民事赔偿责任并不矛盾，各被上诉人被追缴违法所得，再行承担民事赔偿责任，不属于重复赔偿，一审判决适用法律错误，应予纠正。同时认定张某某等16人犯非法利用信息网络罪事实清楚，证据确实、充分，定罪准确，量刑适当，维持原判。以犯非法利用信息网络罪判处张某某等16人七个月至一年六个月有期徒刑不等，没收违法所得，并处3000元至6000元罚金不等；依法支持检察机关公益诉讼损害赔偿金诉请，判决各被告按照没收的违法所得金额承担民事赔偿责任，共计赔偿损失739581.08元。目前，案件已进入执行程序。

【典型意义】

侵犯公民个人信息犯罪严重危害公民个人信息安全，易引发电信网络诈骗等衍生犯罪，社会危害性较大。本案中，检察机关充分发挥刑事、公益诉讼检察职能联动优势，依法对非法利用信息网络犯罪提起刑事附带民事公益诉讼，追究违法行为人的刑事与民事双重责任，追缴违法所得并承担民事公益损害赔偿金，对非法获取、使用公民个人信息的行为形成惩治震慑，实现了“三个效果”的有机统一。

上海市浦东新区人民检察院诉张某侵犯公民个人信息刑事附带民事公益诉讼案

【关键词】

刑事附带民事公益诉讼　客户订单个人信息　公益损害赔偿金　调解

【要　旨】

检察机关在办理涉网络的侵犯公民个人信息刑事案件时，对侵害众多个人信息权益的，可依法提起刑事附带民事公益诉讼，诉请被告承担停止侵害、消除危险、赔偿损失等民事责任。相关公益损失难以直接计算的，按照侵权人通过网络交易获得的利益确定赔偿金额。

【基本案情】

2021年7月下旬，张某通过网络技术手段非法侵入某软件公司计算机信息系统，获取该公司系统内客户订单信息6万余条。客户订单信息中包含消费者姓名、手机号、住址、交易记录等信息。之后，张某将上述个人信息出售给他人，并在暗网获利人民币38760元。因客户交易信息泄露，某软件公司被第三方交易平台索赔，部分客户接到诈骗电话，众多消费者面临诈骗风险，公共利益处于持续受损状态。

【调查和诉讼】

上海市浦东新区人民检察院（以下简称浦东新区院）通过上海市检察机关"公益诉讼全息办案智能辅助系统"发现张某侵犯公民个人信息线索。2021年12月8日，浦东新区院以张某侵犯公民个人信息刑事附带民事公益诉讼立案。检察机关统筹发挥刑事检察与公益诉讼检察职能作用，引导公安机关调取某软件公司被索赔、消费者接到诈骗电话及张某通过网络交易获利等证据，证明张某实施违法侵权行为、社会公共利益受损及二者存在因果关系。

2022 年 1 月 24 日，浦东新区院以张某犯侵犯公民个人信息罪向浦东新区人民法院提起刑事附带民事公益诉讼，诉请判令张某在国家级新闻媒体上对其侵犯公民个人信息的行为公开赔礼道歉，删除保存在阿里云等存储介质内的公民个人信息数据，并按其侵犯公民个人信息的获利，赔偿人民币 38760 元。

2022 年 3 月 2 日，浦东新区人民法院公开开庭审理本案。围绕公益损害与私益损害的区别及违法所得的庭审焦点，浦东新区院认为，张某窃取及转卖行为导致众多消费者人身财产损失风险及个人信息保护秩序的破坏，无法通过张某与技术公司赔偿等私益赔偿得以实现。通过提起公益损害赔偿可以更好地修复受损公益，起到惩罚及预防违法行为的作用。根据《中华人民共和国民法典》第一千一百八十二条规定，赔偿数额按照被侵权人因此受到的损失或者侵权人因此获得的利益予以确定。据此检察机关认定张某应赔偿数额为通过网络获利的金额人民币 38760 元。在浦东新区人民法院主持下，张某认可检察机关附带民事公益诉讼提出的诉讼请求，双方达成调解。

2022 年 6 月 1 日，浦东新区人民法院在互联网上公告调解协议，公告期满后未收到任何意见或建议。2022 年 7 月 1 日，浦东新区人民法院作出调解书。张某已按照调解书内容履行全部诉讼请求。2022 年 8 月 12 日，浦东新区人民法院判决被告人张某犯侵犯公民个人信息罪，判处有期徒刑三年、缓刑四年，并处罚金。

【典型意义】

通过非法入侵计算机系统的方式获取大量公民个人信息并通过网络出售牟利，是侵害众多公民个人信息权益的一种表现形式。本案中，检察机关在依法追究其刑事责任的同时，通过公益诉讼追究侵权人应承担的民事责任，体现保护公益、全面追责的独特价值。检察机关在提起附带民事公益诉讼时，可提出停止侵害、删除数据、赔偿损失等诉请。公益诉讼损害赔偿是建立在维护个人信息安全秩序基础上对受损公益提出的补偿。针对网络侵害的特点，相关公益损失难以直接计算的，可以按照侵权人通过网络交易获得的利益确定公益损害赔偿金额，对于办理同类案件具有一定的借鉴意义。

广东省深圳市宝安区人民检察院诉付某等人侵犯公民个人信息刑事附带民事公益诉讼案

【关键词】

刑事附带民事公益诉讼　快递面单个人信息　数据采集工具　企业数据规范

【要　旨】

对于快递行业龙头企业内部员工利用工作便利泄露信息，因快递业数据采集工具“巴枪”管理不善导致大量公民个人信息受到侵害的情形，检察机关以刑事附带民事公益诉讼追究违法者民事责任，通过制发社会治理类检察建议督促企业依法规范寄递用户信息采集管理，全面维护用户个人信息安全。

【基本案情】

2020年10月以来，某快递公司营业点主管以及仓库管理员付某等8人，利用职务便利通过营业点主管账户查询指定手机号码对应的快递单号，再通过手机拍照将快递单号发至购买方，购买方通过“巴枪”（快递业数据采集工具）获取快递单号在某快递公司的所有信息，包括寄收方姓名、联系方式、收寄货地址、物品信息等，严重侵犯公民个人信息安全，损害了社会公共利益。

【调查和诉讼】

广东省深圳市宝安区人民检察院（以下简称宝安区院）通过该院综合指挥中心案件集中评估平台，在刑事案件中发现付某等8人侵犯公民个人信息民事公益诉讼案件线索。公益诉讼检察部门发挥一体化办案优势，全程参与刑事案件调查，厘清证据链条，全面掌握付某等8人违法事实和社会公共利益受损情况，并多次走访某快递公司，了解其日常监管模式及操作流程。

2021 年 8 月，宝安区院依法提起刑事附带民事公益诉讼，诉请判令付某等 8 人支付其侵犯公民个人信息赔偿金 240183.08 元。人民法院经审理于 2022 年 5 月作出判决，支持宝安区院全部诉讼请求，以侵犯公民个人信息罪判处付某等 8 人有期徒刑十个月至三年不等，并处罚金；判决付某等 8 人支付公益诉讼赔偿金共计 240183.08 元。目前，付某等 8 人已全额支付公益诉讼赔偿金。

案件办理过程中，宝安区院发现快递行业普遍存在快递查单系统权限设置过大、查单系统账号和密码安保级别低、“巴枪”管理不到位等问题。某快递公司作为快递行业龙头企业，虽然已采取多种安全保障措施，但在硬件设置和管理流程风控上仍然存在改进空间。2022 年 10 月 9 日，宝安区院向某快递公司发出检察建议，建议其针对涉案个人信息的管理漏洞整改治理，依法规范个人信息收集、管理措施。

某快递公司收到检察建议后积极开展整改，聘请专业机构针对个人信息泄露风险点进行全流程梳理。一是优化用户个人信息保密制度，落实保密内容、细化保密环节及明确保密责任。严格设置不同级别员工的查询、访问权限，实行“账号负责制”。二是根据服务范围或服务对象分配内部人员的最小所需数据访问权限，快递员仅可查询其服务客户相关地址信息，通过一键拨号功能隐藏客户真实手机号。三是严控账号安全风险，采用 CAS 框架对应用进行统一的用户登录管理。四是另行开发 APP 逐步取代“巴枪”，同步加强对现有“巴枪”的管理，宝安区院及时跟进监督，邀请人大代表走访某快递公司营业点，现场抽查管理人员登录系统、“巴枪”查询权限等整改情况，经组织整改验收确认相关公益损害风险已消除。

【典型意义】

物流行业掌握大量公民个人生活信息，通过大数据分析后可精准画出用户购物习惯、消费水平、生活轨迹的图谱，极易滋生诈骗、不正当竞争等违法行为。本案中，检察机关通过刑事附带民事公益诉讼加大侵权成本、震慑违法犯罪，同时通过制发社会治理检察建议，着力实现“后端惩治”到“全流程风控”转化，引导快递行业龙头企业良性运行，建立快递企业个人信息安全保护通用标准，实现“由点到线，由线到面”的辐射效应。

辽宁省沈阳市大东区人民检察院督促规范政务公开个人信息保护行政公益诉讼案

【关键词】

行政公益诉讼检察建议　保障性住房个人信息　政务公开　去标识化处理

【要　旨】

检察机关针对政府行政部门在政务公开过程中出现的未能对公民个人信息进行有效保护的问题，通过履行公益诉讼监督职责，实现对公民个人信息保护的同时，为行政部门的政务公开工作提供了法律支持，并推动形成信息公开的标准化方案。

【基本案情】

“沈阳市住房保障网”公示了 2013 年至 2022 年期间多个公租房项目申请公租房保障人员的摇号结果、配租结果等信息，公开的各类名单包含有公民个人的姓名、身份证号、户籍所在地、申请住房门牌号、申请家庭人口情况、人均居住建筑面积、人均可支配月收入等信息，共计 87000 余条。上述公民个人敏感信息未进行任何去标识化、匿名化处理，存在严重安全隐患，社会公共利益持续受到侵害。

【调查和督促履职】

2022 年 5 月 12 日，辽宁省沈阳市大东区人民检察院（以下简称大东区院）接到群众举报反映上述问题线索。经沈阳市人民检察院指定管辖，大东区院于同年 5 月 18 日立案调查。经查，沈阳市保障房行政主管部门在政务公开过程中，对足以确定公民身份的个人敏感信息未依法进行去标识化、匿名化处理，致使 87000 余条个人信息存在严重安全隐患。2022

年 5 月 31 日，大东区院向沈阳市保障房行政主管部门发出行政公益诉讼检察建议，建议其加强对已发布的政府公开信息审查力度，对本案涉及的个人信息及时进行去标识化处理，防止个人信息泄露。

该部门收到检察建议后高度重视，第一时间派员与大东区院座谈会商并达成整改共识。随后，该部门就双方共商的整改方案向上级部门及审计部门请示批准后，对“沈阳市住房保障网”相关信息进行梳理排查，组织对各工作网站开展全面排查，并对涉公民个人敏感信息采取点对点的去标识及隐匿化举措。对已超过公示期限的信息，立即从互联网上撤除。对后续要进行公示的信息，通过办公软件程序设计，将信息上传网络之前先按照既定整改方案进行处理：两字姓名中的第二个字用符号替代；三字姓名中间的字用符号替代；身份证号码第 7—14 位数字用符号替代；公租房申请人公示信息中，家庭住址公示至区县街道，不再具体到楼号门牌号；电脑派位结果公示中“电脑派位房间号”公示至街路名，具体小区及楼号门牌号用符号替代；低收入住房困难家庭公示信息中，不再公示申请人身份证号码、家庭所在社区、家庭成员关系、家庭人口数、困难具体情况等。

2022 年 8 月，大东区院进行跟进监督，登录相关网站查询，发现网站公示的所有涉及公民个人的信息，均已对身份证号码和姓名实现了去标识化处理，对非必要公示项目不再进行公示，公示内容均按照整改后标准执行，公益损害风险已消除。

【典型意义】

公民个人信息保护问题在诸多政府部门的政务公开过程中普遍存在，基于保障房信息必须公开公示的要求，往往忽略了对个人敏感信息的保护。本案中，检察机关就政务公开活动和公民个人信息保护之间如何兼顾、平衡的问题进行了有益探索，并没有“就案办案”，而是与行政机关共商解决方案，通过检察建议督促其主动作为，既保证行政机关全面展示其工作程序的公平公正公开，又兼顾其中的公民个人信息安全，体现了双赢多赢共赢的办案司法理念，取得了良好的法律效果和社会效果。

[illegible]

【典型意义】

[illegible]

五、最高人民检察院、水利部联合发布检察监督与水行政执法协同保护黄河水安全典型案例

（2023 年 4 月 12 日）

检察监督与水行政执法协同保护黄河水安全典型案例发布说明

2023年4月12日上午，首届服务保障黄河国家战略检察论坛在郑州举行。会上，最高检和水利部联合发布检察监督与水行政执法协同保护黄河水安全典型案例，体现了共同抓好大保护，协同推进大治理的实践成效。

本次发布的典型案例包括青海省尖扎县检察院督促保护黄河流域生态环境行政公益诉讼系列案等11件，其中刑事检察案例2件，公益诉讼检察案例9件。

最高检有关负责人介绍，案例深入贯彻落实“重在保护，要在治理”的要求，聚焦防洪安全、水资源保护、滩区治理、水生态修复、水土保持等黄河水安全领域问题，依法严惩非法采砂等严重危害黄河流域生态及河势稳定的行为，形成法治震慑，为流域生态保护和高质量发展提供法治保障。

本次有8件行政公益诉讼典型案例，均是在审前推动问题解决。如四川省红原县检察院针对行政机关未及时对河堤毁损问题履行管护职责，致使河道堵塞影响行洪安全问题，依法提出检察建议，促其及时修复毁损河堤。检察机关坚持审前实现保护公益目的是最优解的监督理念，充分发挥磋商、检察建议等程序优势，促进行政机关自我纠错、依法行政。

河湖治理涉及的部门多、领域广、原因复杂，工作难度大。检察机关重点针对多部门职责交叉、协调处理难度大等问题，发挥行政公益诉讼督促协同作用，推动各方落实职责。本次发布的案例体现了检察机关、水利部门依托“河长 + 检察长”等机制，及时发现黄河保护治理问题，协同履职保护国家利益和社会公共利益。如河南省检察院针对跨省浮舟侵占黄河干流河道问题，纵向一体指挥、横向协同配合，推动9组浮舟全部拖运上岸、3300吨钢铁全部清理完毕，行洪安全隐患得到有效解决。

青海省尖扎县人民检察院督促保护黄河流域生态环境行政公益诉讼系列案

【关键词】

行政公益诉讼检察建议　河道保护　行洪安全

【要　旨】

针对多个行政机关未依法及时全面履行监管职责，致使位于河道旁的违法建设影响黄河生态环境和行洪安全的，检察机关可以分别向相关行政机关提出检察建议，督促其依法履职，确保河道行洪安全和生态环境得到保护。

【基本案情】

2018 年 11 月起，青海省黄南藏族自治州尖扎县某种植专业合作社在距黄河干流河道西岸 10 米处的康杨镇烂泥滩非法占地 45 亩，未办理取水许可证和环境影响评价等审批手续，先后擅自建设 23 栋 PC 板连栋温室大棚，用于蔬菜种植，其中 5 栋大棚侵占黄河干流河道。其行为违反了环境保护法、水法、防洪法等相关法律规定，对黄河干流生态环境造成重大污染风险，严重危及黄河干流行洪安全。对此，多个行政机关存在履行监督管理职责不到位的情形。

【调查和督促履职】

2022 年 6 月 10 日，青海省尖扎县人民检察院（以下简称尖扎县检察院）在履职中发现，某种植专业合作社违反水务河道管理、土地管理等法律法规，在黄河干流河道旁擅自建设连栋温室大棚的案件线索。同年 6 月 28 日，该院启动行政公益诉讼立案程序并展开调查，进行实地勘察，并运用无人机航拍等方式固定证据，核实公益受损和相关行政机关未依法履职情况。

同年 7 月 2 日，尖扎县检察院依法提出检察建议，督促水利部门依法履行对黄河干流水务河道的防汛职责，督促自然资源部门强化对擅自占地建设温室大棚等违法乱建的日常监管，督促农牧和科技部门加强对黄河滩涂用地的监督检查，督促生态环境部门做好黄河流域污染防治和生态环境保护工作，督促镇人民政府落实属地监管责任，及时清除河道内行洪障碍物。同时，督促上述行政机关厘清各自监管职责，明确任务分工，协同履职，依法清理、拆除违法建设的温室大棚，及时排除黄河干流河道的行洪安全隐患。

上述单位收到检察建议后，及时成立整改领导小组，召开部门联席会议，共同研究制定整改方案。县河湖长制办公室向县农牧和科技局等单位下发了限期拆除违法涉河温棚的催告通知书和告知书，对做好拆除涉河温棚、排除黄河干流行洪安全隐患等问题进行专题研究部署。先后 6 次约谈违法行为人，细致做好释法说理，组织开展联合执法。同年 8 月 30 日，某种植专业合作社拆除了全部 23 栋违法涉河温棚，及时排除了黄河干流河道的行洪安全隐患，公共利益得到及时有效保护。

【典型意义】

推进黄河生态保护和高质量发展，必须共同抓好大保护，协同推进大治理。检察机关根据相关法律规定，针对某种植专业合作社违法建设 23 栋涉河温棚问题，依法进行行政公益诉讼立案，及时提出检察建议，同步督促多个行政机关切实履行维护黄河干流行洪安全的主体责任。通过督促相关行政机关齐抓共管、联动协同治理、深化协调配合、凝聚协作合力，共同解决了公益损害问题。

四川省红原县人民检察院督促修复黄河堤防行政公益诉讼案

【关键词】

行政公益诉讼检察建议　堤防修复　河道安全　“河长＋检察长”协作机制

【要　旨】

针对黄河堤防损毁导致水环境污染以及影响河道行洪安全的问题，检察机关可以督促行政机关依法全面履职，修复受损堤防，确保水工程安全及周边人民群众生命财产安全。

【基本案情】

白河是黄河上游的重要支流，发源于四川省红原县巴颜喀拉山东麓查勒肯，流经四川省若尔盖县唐克镇后汇入黄河，流域面积5488平方千米。白河干流（红原县滨河路龙壤大桥段）约360余米堤防已坍塌，多处堤防护栏也存在不同程度的损毁，相关行政机关对此未及时履行管护职责，致使河水长期冲刷导致岸线逐渐后移，侵蚀黄河湿地。同时，毁损的堤防及堤防护栏残件散落在河道及岸线，不仅堵塞河道危及行洪安全，还可能造成白河干流水体污染。

【调查和督促履职】

2022年5月，四川省红原县人民检察院（以下简称红原县检察院）依托“河长＋检察长”机制发现白河堤防毁损的线索。2022年5月9日，红原县检察院对红原县水务局（以下简称县水务局）予以行政公益诉讼立案。红原县检察院通过实地勘察、水质检测、无人机测绘、查阅调取书证、走访并询问相关行政机关工作人员及周边群众等方式调查取证。查明县水务局依法具有加强水坝和堤防等水工程安全的职责，但其未对白河干流堤防及护栏毁损问题及时履行监督管理职责，对白河干流水环境及行洪安全产生不利影响。2022 年 5 月 12 日，红原县检察院向县水务局发出检察建议，建议其依法全面履行河道管理、保障水坝、堤防安全的职责，对案涉垮塌、破损堤防进行修缮，尽快清理散落在河道及岸线的堤防护栏残件，并对全流域堤防的现状开展整体排查和修缮，保护白河流域水工程安全。

收到检察建议后，县水务局立即成立工作领导小组，对全县白河流域堤防现状进行全面排查。对堤防及护栏断裂、缺失情况建立台账，分类汇总并实行整改销号管理，并建立健全堤防维护长效机制。经县水务局现场排查及复核，除检察建议中提到的滨河路龙壤大桥段 360 余米堤防需修缮护栏与面板外，还发现县工业园区附近 350 米堤防需进行基础及面板维修。县水务局将需修缮的两段堤防纳入 2022 年新建防洪治理项目，与县域内其他堤防修复及防洪治理等工程一体推进。2022 年 7 月 10 日，县水务局将上述整改情况向红原县检察院进行书面回复。红原县检察院、县河长办经多次跟进核实，确认案涉滨河路龙壤大桥段及工业园区段的损毁堤防及护栏已全面修复。红原县检察院于 2022 年 8 月 1 日对本案作出结案决定。

【典型意义】

检察机关与河长制办公室聚焦黄河重要支流白河流域存在的堤防及护栏毁损问题，在切实发挥各自职能的基础上，相互配合，有效推动问题解决。双方不断强化水行政执法与检察公益诉讼协作，坚持问题导向，以点带面，推动白河流域全域实现堤防保护系统修复、长效治理，切实保护水工程安全和河道行洪安全，守护白河河道周边人民群众生命财产安全。

甘肃省景泰县人民检察院
督促保护松山水沙河河道行政公益诉讼案

【关键词】

行政公益诉讼　侵占河道　检察听证　履职整改后撤回起诉

【要　旨】

经检察建议督促后，行政机关履职不全面、不充分的，检察机关应当依法提起行政公益诉讼。在案件审理过程中，行政机关依法全面履职的，可以通过检察听证评估整改效果，对符合条件的，检察机关可以决定撤回起诉。

【基本案情】

甘肃省景泰县位居甘肃省腹地北陲，甘宁蒙三省交界地带，地处黄土高原和腾格里沙漠过渡地带，生态环境脆弱。黄河是景泰县唯一过境水系，松山水沙河为黄河的二级支流。2018 年以来，甘肃省景泰县某选矿厂与甘肃某砂石建材有限公司在松山水沙河内合作开采经营砂石，在开采过程中，随意乱堆废料，不及时回填采砂坑。同时，二企业洗砂设备长期侵占河道，擅自将砂厂沉淀池淤泥排入松山水沙河，导致该河道被长期侵占，严重破坏河道，危及行洪安全。景泰县水务局虽多次进行整治，但二企业仍违法生产经营并占用河道，社会公共利益持续受到侵害。

【调查和督促履职】

2021 年 10 月，甘肃省景泰县人民检察院（以下简称景泰县检察院）联合景泰县河长制办公室在开展“携手清四乱，保护母亲河”专项巡查时发现本案线索并开展调查。景泰县检察院经研判，于 2021 年 11 月 29 日对景泰县水务局立案。经勘察现场，走访水务、属地乡镇政府等部门，调取行政执法资料，询问涉案公司法定代表人，发现景泰县水务局已对二公司作出行政处罚决定。但是，在二公司没有自行整改的情况下，该局未依据《中华人民共和国水法》第六十五条等相关规定，采取进一步措施依法拆除侵占河道的洗砂设施设备，致使社会公共利益持续遭受侵害。同年12月17日，景泰县检察院提出检察建议，督促该局依法责令二公司纠正其违法行为，限期拆除河道内洗砂设备，及时清除乱排乱堆的废渣、废料、淤泥，疏通河道并回填砂坑。

景泰县水务局于2021年12月30日书面回复检察机关，称大部分问题已整改。景泰县检察院先后经两次实地走访，发现松山水沙河内乱堆的砂石和废弃料并未完全清除，采砂坑没有完全回填，河道没有平整复平，洗砂设备也未搬迁。景泰县水务局虽采取了部分履职措施，但履职仍不完全、不充分，公益处于持续受侵害的状态。

【诉讼过程】

景泰县检察院按照甘肃省生态环境和资源保护类案件集中管辖规定，依法向白银市白银区人民法院提起行政公益诉讼。请求判令景泰县水务局依法履行保护松山水沙河河道的监管职责，切实保护社会公共利益。

起诉后，景泰县水务局积极全面履职，要求案涉企业按照制定的河道生态环境恢复治理方案立即开展整治工作。案涉企业拆除3条洗砂生产线，回填蓄水沉淀池2个，清运弃渣27万余立方米，全部用于回填恢复治理砂坑，松山水沙河河道已基本疏通。2022年5月25日，景泰县检察院实地查看，发现问题基本整治到位。

在案件审理过程中，因被告已依法全面履职，相关问题得到整改。为全面客观评估整改效果，景泰县检察院组织召开听证会，部分人大代表、人民监督员，水务、自然资源、乡镇政府以及涉案企业代表共同参与听证。听证会上，行政机关介绍履职情况，播放整改前后影像视频资料，涉案企业表态今后将依法规范经营，各方充分发表意见。听证员对整改效果进行评估，肯定了行政机关整改效果。经对整改效果实地查看、听证评估，景泰县检察院认为行政公益诉讼的目的已经实现，决定撤回起诉。

【典型意义】

黄河河道是黄河生态系统的重要组成部分，河道畅通事关防洪、供水、生态安全。本案中，检察机关针对采砂企业乱排、乱采、乱堆、乱建问题，依法及时向行政机关提出检察建议，督促其整改。经审前程序督促后，行政机关履职仍不完全、不充分的情形，检察机关通过依法提起行政公益诉讼，进一步加大监督力度，有效推动行政机关依法全面履职，督促企业立行整改，消除行洪安全隐患，确保了黄河河道畅通。检察机关以监督促保护，以办案促治理，加强黄河上游生态司法保护，彰显了服务保障黄河流域生态保护和高质量发展国家战略的检察担当和作为。

宁夏回族自治区银川市金凤区人民检察院督促规范建筑工程施工降水管理行政公益诉讼系列案

【关键词】

行政公益诉讼检察建议　地下水资源保护　国有财产保护　地方立法修改建议

【要　旨】

针对建设单位在施工降水过程中造成地下水资源浪费、国有财产流失等问题，检察机关可以向相关行政机关提出检察建议，督促其协同履职，及时保护受损公益。同时，检察机关可以针对办案中发现的制度缺失问题，向立法机关提出修法建议。

【基本案情】

2019 年至 2020 年期间，银川市兴庆区、金凤区、西夏区的建设项目在施工降水过程中普遍存在违法取用地下水的问题。有的建设单位在取水过程中违反水法、河道管理条例、取水许可和水资源费征收管理条例、扩大水资源税改革试点实施办法等规定，未申请办理取水许可证、未安装水计量设施、未根据实际取水量缴纳水资源税，未经审批擅自将施工降水排入河道。同时，有的建设单位在排水过程中还违反了城镇排水与污水处理条例、城镇污水排入排水管网许可管理办法等规定，在未申请办理城镇污水排入排水管网许可证的情况下，将施工降水排入市政管网，且未按实际排水量缴纳污水处理费。对此，相关行政机关未全面依法履行监管职责，造成地下水资源浪费、国有财产流失，致使国家利益和社会公共利益受到损害。

【调查和督促履职】

2020 年 12 月，宁夏回族自治区银川市金凤区人民检察院（以下简称金凤区检察院）在开展建设领域施工降水专项监督行动中发现本案线索。因涉及银川市多个辖区，2021 年 3 月，经向银川市人民检察院请示，银川市人民检察院将此案交金凤区检察院立案办理。检察机关通过查阅资料、调查走访发现，2019 年至 2020 年期间，银川市兴庆区、金凤区、西夏区共有 129 个建设项目在施工降水过程中未办理取水许可、未安装取水计量设施、未缴纳水资源税。其中有 65 个建设项目未经审批将施工降水排入附近河道，64 个建设项目未办理排水许可、未缴纳污水处理费，将施工降水排入市政管网，致使地下水资源长期无序取用和排放，造成地下水浪费，不仅增加城市内涝、地下水位下降、地面沉降等风险，也因污水处理费和水资源税缴纳不到位造成国有财产流失。

根据水法、河道管理条例、城镇排水与污水处理条例、取水许可和水资源费征收管理条例、扩大水资源税改革试点实施办法等相关规定，国家对水资源依法实行取水许可制度和有偿使用制度。建设工程施工降水的，建设单位应提出用水申请，申领取水许可证并缴纳水资源税；施工降水排入河道应征得水行政主管部门同意；水行政主管部门应当将取用水单位取水许可、实际取水量等相关信息交取水单位申报缴纳水资源税，或将取水信息送交税务部门征税；建设单位向城镇排水设施排放污水的，应申请领取污水排入排水管网许可证，并缴纳污水处理费。水行政主管部门、市政管理部门、税务部门等行政机关对此负有监管职责，未及时对上述违法违规取水排水行为进行监督检查，致使建设领域取水排水乱象未能得到有效遏制。

针对上述问题，2021 年 3 月，检察机关向市政排水主管部门提出检察建议，建议其加强城镇排水和污水处理监管职责，确保施工降水有序排放、合理利用；同年 5 月和 7 月，检察机关分别向水务部门、税务部门、综合执法等行政机关发出检察建议，建议水行政主管部门加强建设工程施工降水取水管理和河道保护，及时核定取水量，协助税务部门开展水资源税征缴工作；建议税务部门与水务部门等部门建立信息共享机制，及时征收水资源税；建议综合执法部门加大对建设单位施工降水违法取水、排水行为查处力度，积极配合行政主管部门做好相关税费征缴工作。同时建议上述行政机关厘清工作职责，破除信息壁垒，形成工作合力。

检察建议发出后，检察机关与行政机关多次召开联席会议，就行政机关之间协作配合、提升地下水综合利用水平、追回国有财产等问题与行政机关充分沟通，并达成共识。2021年5月和9月，相关行政机关分别书面回复整改落实情况。银川市水行政主管部门牵头与审批管理、住建、市政、税务、综合执法等部门明确职责分工，联合向银川市各建设单位下发加强银川市三区范围内建设项目施工降水管理工作的通知，并采取召开整改推进会、联合执法、发出整改通知书、政策宣讲等方式，要求取水排水单位限期整改。经各行政机关共同推动，22个在建项目补办取水许可和排水许可，安装取水计量设施，建设水处埋设施。对辖区内所有在建项目科学规划排水方式，通过绿化灌溉、工地降尘等方式提升地下水再利用率。相关企业缴纳水资源税1118.3万余元，滞纳金206.3万余元，污水处理费879万余元。同时，水行政主管部门等6家行政机关联合下发《银川市建设项目施工降水暂行管理办法》，进一步明确和规范行政机关之间监管职责、信息共享、联合执法、地下水综合利用等内容，明确地下水优先用于工地混凝土的养护、降尘、车辆清洗、绿化灌溉等。

2022年2月，检察机关向人大常委会提出立法建议，建议对《银川市水资源管理条例》进行修改，增加建设领域施工降水综合利用等内容。2022年11月10日，该立法修改建议被人大常委会采纳并公布，于2023年1月1日起实施。

【典型意义】

宁夏地处西北干旱半干旱地区，水资源严重匮乏，其作为唯一全境属于黄河流域的省份，加强建设工程领域地下水资源保护和综合利用，对于推动黄河流域水资源可持续利用具有至关重要的作用。本案中，检察机关充分发挥公益诉讼检察职能作用，向行政机关发出检察建议，推动市政排水、水务、税务、综合执法等行政机关强化监管职责，开展协同治理，出台行业规范。同时提出修法建议，推动建设工程领域地下水资源保护和管理写入地方立法，既实现了水资源节约利用、防止国有资产流失，又完善了水资源保护地方立法，切实维护了国家利益和社会公共利益，彰显了检察机关在黄河流域生态保护和高质量发展中的担当。

内蒙古自治区包头市人民检察院督促整治超采及违规取用黄河水行政公益诉讼案

【关键词】

行政公益诉讼检察建议　水资源保护　违规取水　地下水超采

【要　旨】

检察机关办理行政公益诉讼案件经磋商后，行政机关整改意愿不积极，进展缓慢的，检察机关应当依法提出检察建议，督促行政机关依法全面履职，及时制止破坏水资源的违法行为。

【基本案情】

黄河包头段西起包头九原区，距离位于包头稀土高新区的黄河画匠营子饮用水水源地不足 60 公里。黄河画匠营子水源地取水口紧邻黄河岸边，是包头市城市公共供水的主要水源之一，占城市公共供水的 81.6%。包头市 A 水务有限责任公司（以下简称 A 水务公司）、包头市 B 铝业有限公司（以下简称 B 铝业公司）、包头市 C 煤化工有限公司（以下简称 C 煤化工公司）分别地处包头稀土高新区和九原区。2020 年 12 月，A 水务公司经水利部黄河水利委员会批准，从黄河取水许可水量 7000 万立方米 / 年，但其在黄河画匠营子取水口超许可取水，2021 年取水量 1.78 亿立方米，超许可水量 1.08 亿立方米。B 铝业公司、C 煤化工公司未经审批分别擅自从黄河取水 2300 万立方米、1400 万立方米。内蒙古 D 矿产品经销部（以下简称 D 经营部）在生产经营过程中，未办理取水许可证的情况下，在固阳县下湿壕镇白洞渠村委白洞渠村民小组、白银合套村委新窑坡村民小组厂区范围内打了 3 眼井。

【调查和督促履职】

2022年6月，内蒙古自治区包头市人民检察院（以下简称包头市检察院）接到内蒙古自治区检察院交办的中央生态环境保护督察发现的案件线索。包头市检察院通过现场勘验、走访群众、调取材料、无人机航拍等调查方式，初步查明以上涉案单位分别存在超许可取水、未经审批擅自取用黄河水的违法问题，决定于2022年7月5日立案调查。立案后，检察机关查明该市水行政主管部门负有严格实行用水总量、用水效率控制、依法审批取水许可、指导地下水资源管理保护等监管职责，遂决定与包头市水务局进行磋商。经磋商，水务部门认可其对涉案企业超许可取水、擅自取用黄河水的行为负有监管职责。同时，其还说明由于城市公共供水区域扩大、人口大幅增加、工业项目用水增加等原因，导致城市用水严重不足，历史遗留问题多，整改难度比较大。

根据查明的违法情形及损害后果，鉴于行政机关整改缓慢，违法取水的行为仍在持续，对黄河水资源破坏比较严重，包头市检察院于2022年7月12日向包头市水务局发出检察建议，建议其依法履行监管职责，对相关违法责任人进行追责，对全市违法开采地下水、违法取用黄河水的行为进行专项监督检查。包头市水务局收到检察建议后高度重视，召开专题会议研究部署，组织有关人员调查核实、制定专项整治方案等进行积极整改。

2022年7月25日，包头市水务局向检察机关书面回复整改情况，其已经采取措施履行监督管理职责：一是依法作出行政处罚决定，要求涉案企业立即停止违法行为、分别缴纳2万元至9.5万元不等的罚款；二是责令涉案企业补缴自来水水资源税共计5217.51万元；三是编制了《包头市水资源保护利用和深度节水规划及分工方案》，至2025年12月底将A水务公司取水量压减到取水许可量以内，2023年12月底前完成B铝业公司生产用水置换使用再生水。

在跟进监督过程中，检察机关及时督促水务部门采取有效措施，在全市范围内开展取用水排查整治行动，推动源头治理。建议重点查处擅自打井、无证取水、超计划取水等违法违规行为，坚决封停关闭非法自备井。截至目前，水务部门已出动执法人员189人次，巡查对象150处，立案12起，封停封填地下水源井14眼。

【典型意义】

黄河水资源严重紧缺，推进水资源节约集约利用是保护黄河水资源的重要方针。本案中，检察机关针对严重侵害黄河水资源安全的违法行为，充分发挥公益诉讼检察职能作用，依法深入开展调查，分析案件成因，找准监管主体，明确监管职责，通过磋商、检察建议等监督方式，持续跟进监督，督促行政机关依法及时全面履职，确保黄河水资源得到有效保护。同时，检察机关还通过个案办理促进行业治理，推动形成黄河水资源保护的长效机制。

山西省忻州市人民检察院
督促保护地下水资源行政公益诉讼案

【关键词】

行政公益诉讼检察建议　地下水资源保护　建设项目降排水　“河湖长 + 检察长”机制

【要　旨】

针对建设项目降排地下水工序中存在的水资源浪费问题，检察机关可以依托“河湖长 + 检察长”协作机制查明案件事实，提出检察建议督促相关行政机关依法全面履行监管职责，使公益得到及时有效保护。

【基本案情】

忻州市地处黄土高原，是黄河入晋第一市，但受地形气候影响，全市水资源匮乏，属严重缺水地区。2020 年 8 月 31 日，山西某房地产开发公司取得忻州市忻府区公园街某地块住宅建设项目的《建设工程施工许可证》，并于次月开工建设。建设施工过程中，为避免地基沉降，该公司从 2020 年 9 月至 2022 年 4 月，采取打井抽水方式抽取地下水并通过塑料管直排入市政下水井，部分水溢流于路面，水资源浪费问题突出。对此，相关行政机关履行监管职责不到位。

【调查和督促履职】

2022 年 4 月，山西省忻州市人民检察院（以下简称忻州市检察院）收到群众反映，某房地产项目建设中存在浪费水资源问题。经初步调查查明，该公司未办理相关取水许可，长期抽取地下水后大部分直接排放，二次利用率较低，地下水资源浪费明显。2022 年 4 月 19 日，忻州市检察院通过行政公益诉讼立案，依法对负有监管职责的行政机关开展监督工作。

立案后，忻州市检察院通过调取该公司取水许可等相关证照、询问施工项目负责人等方式进一步查明：该项目启动前后恰处于山西省行政审批服务职能改革期间，部分行政许可职权划转尚未明晰，故该公司未能办理取水许可。自项目开工以来，该公司既未落实取水总量控制和定额管理要求、未安装计量设施，亦未全面采取循环用水、综合利用等措施，设置最多达 38 眼水井用于地下水抽排，除少量用于施工和冲洗车辆外，大部分地下水均通过 4 根 1.5—2.5 厘米口径塑料管持续排入城镇下水井，水资源浪费严重。忻州市检察院通过数据比对还发现，该房地产公司还欠缴水资源税。

同年 4 月 22 日，忻州市检察院依法向负有监管职责的忻州市水利局（以下简称市水利局）提出检察建议，督促其履行水资源保护职责，依法核定该公司取水量并将相关数据信息移送税务部门。忻州市检察院于 4 月 26 日组织公开听证，水利部门围绕地下水资源浪费对黄河流域生态环境的不利影响、建设项目降排水的水量核计和信息移送等监管职责作了详细说明，并就进一步落实“河湖长 + 检察长”机制、密切与相关部门的协作配合提出具体方案。听证会后，忻州市检察院同行政审批、水利、税务等部门多次沟通协调，向前述房地产开发公司释法说理，推动整改工作。

2022 年 6 月 18 日，水利部门回复称：已督促该房地产公司编制完成项目取水许可水资源论证表，加强节水管理。另经审核估算，该公司取水量约为 54480 立方米，相关信息已移送税务部门。后该公司于当年三季度自主申报并全额将 65376 元水资源税款缴至指定账户。

为进一步巩固办案成效，忻州市、县两级检察机关就类似情形共立案 12 件，督促收回水资源税款 25 万余元。市水利局在全市开展建设工程施工降排水专项整治，督促全市 25 处在建项目依法办理取水许可并全部安装计量设备。此外，市水利局还会同税务部门构建信息数据传递机制，及时准确共享取水单位、水量等信息数据，避免水资源税流失。

【典型意义】

水资源短缺是黄河流域最大的矛盾，是长期制约区域农业、工业和经济社会发展的瓶颈。检察机关深入落实“河湖长 + 检察长”协作机制，针对无证取排水造成地下水资源浪费问题，督促行政机关及时履行监管职责，有效促进水资源节约集约利用。通过多部门联动，解决了未及时办理取水许可、取水排水监管和水资源税征管不到位的问题，合力营造依法取水、节约用水、爱水护水的良好氛围。

陕西省定边县人民检察院
督促保护水资源行政公益诉讼系列案

【关键词】

行政公益诉讼检察建议　水资源保护　违规取水　源头治理

【要　旨】

检察机关可以主动对接与人大执法检查工作，及时摸排公益诉讼案件线索，并对相关主体未依法进行取水计量、非法取用地下水等问题，向行政机关提出检察建议，督促其依法整改。

【基本案情】

陕西省定边县是全国产油第一大县，地处黄土高原与毛乌素沙漠过渡地带，水资源严重匮乏，供需矛盾突出。长年来，违规取水、取用地下水底数不清等问题普遍存在，地下水位不断下降。每年取水规模在7.2万立方米至243.19万立方米的某油气公司等16家油气开采企业，存在未安装取水计量设施、安装的取水计量设施不符合国家技术标准、取水计量设施不能正常运行等问题，未依法进行取水计量。某油气公司等8家规模较大的油气开采企业取水申请未标注退水地点、退水方式、退水量和退水水质。姬塬镇、油房庄乡等6个乡镇村民采用土坝拦截、电动抽水方式，违法抽取十字河河水，向油气开采企业售水谋利。杨井镇、姬塬镇等9个乡镇村民未经许可，擅自打水井，向油气开采企业售水谋利。姬塬镇等5个乡镇自来水厂、贺圈镇等12个乡镇16个井场水源井地下水氟化物、硝酸盐、砷等多项指标不符合地下水质量标准。当地行政机关长期未依法开展水功能区水质监测，未进行地下水监测站网及信息化建设。

【调查和督促履职】

2020年4月起，陕西省定边县人大常委会开展水资源和水污染执法检查，陕西省定边县人民检察院（以下简称定边县检察院）积极配合执法检查工作，其间深入摸排公益诉讼案件线索，并于2020年7月20日以事立案。通过现场勘查，询问相关人员，走访全县19个乡镇50家油气开采企业，向行政机关调取55份书面资料，并委托某环境科学院进行油气开发地下水监测点位布设，同时委托某检测公司收集、检测采油回注水、地表水、地下水和油气企业废弃井场135份土壤样本，依法查明了案件事实。

定边县检察院针对先后发现的未依法进行取水计量、取水许可不规范、违法取水、未开展水质监测等问题，向定边县水利局制发检察建议，建议其对全县油气开采企业水源井计量设施规范安装情况加强监管，强化对取水、退水许可工作的监管，全面排查、查处非法取水行为，建设地下水水质监测站网，全面依法履行水资源保护职责。

收到检察建议后，定边县水利局在当地党委、政府的统筹安排下，开展整改工作：（1）安装取水计量设施2758块，并接入定边县水资源中心，实现油气开采企业取水口监测动态监控全覆盖，安装农业灌溉普通水表2321块、水电双控智能计量设施302套，基本实现取水实时计量。（2）将油气开采企业取水许可纸质审核改为电子审核，在线登记退水信息。（3）查处违法拦坝取水行为，并要求电力部门严格审核上户关，未办理取水许可证的，一律不予上户供电。（4）查处擅自打井行为，责令65名擅自打井的村民填埋水井、关闭城区管网覆盖区自备水源井等61口，罚款616100元，追缴水资源费75745.61元。（5）计划投资132.25万元建设地下水监测站网、建设地下水监测井10口，项目已动工。投资88.8万元建设“以电折水”系数率定典型井40口，项目已完成招投标，准备安装设备。

针对发现的水污染问题，定边县检察院同时督促生态环境部门依法履职。生态环境部门对全县5703口技术关闭井、6648口注水井排查、整改；责令油气开采企业清理油泥、设立地下水水质观测监测井；责令某油气开采企业治理废弃井场，目前已治理废弃井场46个，治理井场面积11849平方米；布设油气开发地块监测井，目前已布设地下水水质观测监测井57口。

定边县检察院就办案中发现的水资源保护和水污染治理方面 10 余项问题，提出对策、建议，报送当地党委、政府，为定边县人大常委会出台《关于进一步加强水污染防治工作的决议》提供了重要参考；推动县委制定加强地下水综合治理方案，强化水资源综合治理，节约集约用水；推动县政府制定水资源刚性约束实施意见、水资源管理办法，落实严控地下水水位控制指标和取水总量控制指标工作，细化保护措施，明确责任分工；推动县委办公室、县政府办公室制定“以水定地、以水定产”工作方案，从以电控水等 11 个方面对未来五年水资源开采工作进行部署。

【典型意义】

水资源是黄河流域的命脉，是沿黄地区经济社会高质量发展的重要依托。检察机关做好人大执法检查与检察公益诉讼衔接工作，深入摸排案件线索，并提出检察建议督促行政机关依法履行职责，查处违法行为，完善水资源监管措施，达到了“以案促治”效果。同时，检察机关当好党委、政府“法治助手”，总结办案中发现的问题，提出对策建议，推动当地完善制度建设，强化水资源刚性约束，科学规划部署水资源保护工作，统筹能源开采与水资源保护的关系，切实促进当地经济社会绿色发展。

河南省灵宝市姚某强非法盗采黄河支流河砂刑事公诉案

【关键词】

黄河支流　非法采矿　销赃数额的认定　源头治理

【要　旨】

对于黄河流域非法采砂，严重危害黄河流域生态及河势稳定案件，检察机关应当依法从严惩处，通过提前介入引导侦查取证，收集固定销赃数额等证据，准确认定非法开采的河道砂石价值；依法履职推进源头治理，运用检察建议以个案办理推动社会治理。

【基本案情】

2016年至2022年5月期间，被告人姚某强在未取得采砂许可证的情况下，雇佣刘某某、胡某某等人（均另案处理）采用水泵、采砂船抽砂等手段，在河南省灵宝市西闫乡沙河（黄河支流）河道非法采砂，严重危害黄河流域生态及河势稳定。姚某强将非法采挖的河砂对外销售，销售金额398万余元。公安机关在案发现场另查获尚未及出售的黄河河砂490.24吨，价值2.7万余元。

【检察履职情况】

在2021年9月起开展的为期一年的河南省河道非法采砂专项整治行动期间，三门峡市河长办根据前期掌握线索，充分发挥“河长+”工作机制作用，2022年5月18日晚，组织市检察院、豫西黄河河务局、灵宝市森林公安分局联合对沙河下游三门峡库区段进行蹲点暗访巡查，现场发现2人正在实施非法采砂。2022年5月24日，三门峡市河长办联合市纪委监委、市检察院对灵宝市河长办、灵宝市沙河县级河长、灵宝市西闫乡沙河乡级河长进行约谈。2022年5月27日，灵宝市公安局以5月18日晚非法采砂嫌疑人为突破口，进行立案侦查。经初步侦查发现，本案作案时间跨度长，姚某强在案发前任乡人大代表、村干部等职务，自恃身份特殊心存侥幸，仅承认现场查扣的河砂系其盗采，拒不供述既往盗采及销售行为。为准确认定犯罪时间、河砂价值，灵宝市公安局根据河南省环境资源犯罪案件集中管辖规定，邀请洛阳铁路运输检察院（以下简称洛阳铁检院）提前介入，引导侦查取证。洛阳铁检院建议公安机关，通过走访证人查明姚某强非法采砂大概时间跨度，通过查询姚某强及其家属案发时间段的全部银行交易明细筛选确认可疑交易，通过向购买人员逐一核实河砂交易情况，查清所有盗采河砂的所有销售数额。在审查批准逮捕环节，洛阳铁检院综合姚某强非法开采河砂数额高达400万元且拒不供述罪行的情况，依法对姚某强采取批捕强制措施。同时，对姚某强充分释法说理，向其阐明保护黄河生态环境的形势、盗采河砂的危害，结合案例宣讲法律知识以及认罪认罚从宽制度。最终，姚某强表示已深刻认识到自己的行为对环境资源产生的危害，在审查起诉环节认罪认罚，并主动退缴了部分违法所得。

2023年1月11日，洛阳铁检院按照河南省环境资源审判集中管辖规定，对姚某强以非法采矿罪向郑州铁路运输法院提起公诉。1月17日，郑州铁路运输法院一审对本案作出判决，采纳检察机关指控的全部事实和量刑建议，判处姚某强有期徒刑三年，并处罚金人民币三万元，对于非法采砂的船只等作案工具由扣押机关依法处理。姚某强当庭表示认罪认罚。

针对本案反映出的监管不到位、查处不及时等问题，洛阳铁检院依法向灵宝市西闫乡人民政府发出社会治理检察建议，建议加大巡查力度，加强协作配合形成监管合力，建立长效监管机制。目前，该地持续多年的采砂乱象已得到有效遏制。

【典型意义】

在河道内非法采砂给河道生态环境及行洪安全留下巨大安全隐患。本案存在取证难、证明难等问题，证据链条的不完整也给检察机关指控犯罪带来难题。案件办理中，检察机关积极发挥审前引导作用，就证据收集、事实认定、法律适用等问题，引导公安机关全面、客观收集证据，积极开展释法说理，促使被告人自愿认罪。针对犯罪分子牟取非法利益的犯罪目的，检察机关不仅注重对各类证明销售过程、矿产资源价值的证据的收集、提取，而且会同侦查机关全面追缴违法所得。有力惩戒犯罪的同时，充分发挥法律监督职能，以个案办理推动类案整治，达到“办理一案、治理一片”的效果，彰显了检察机关在黄河生态保护中的担当和作为。

河南省检察机关督促整治跨省界浮舟侵占黄河干流河道行政公益诉讼案

【关键词】

行政公益诉讼检察建议　跨省界浮舟　行洪安全　一体化工作机制

【要　旨】

对于长期存在的跨区划侵占河道岸线问题，检察机关可以运用一体化工作机制，发挥属地检察机关、铁路运输检察机关的沟通协调和集中管辖作用，加强与水利部门协同，推动属地政府及时妥善解决公益受损问题。

【基本案情】

2012 年，为解决东明黄河大桥大修期间交通通行问题，黄河水利委员会批准在河南省濮阳县与山东省东明县间的黄河河面上架设临时浮桥，要求大桥大修完成后，建设单位及时拆除浮桥及附属设施，河南省濮阳县人民政府、山东省东明县人民政府分别作出书面承诺。2018 年 7 月，山东省东明县某浮桥公司（以下简称浮桥公司）作为建设单位仅将浮桥拆解，但未将浮舟和拖轮清除出黄河河道。2021 年黄河汛期期间，浮舟和拖轮被冲离原停放地点，后被浮桥公司拖至东明黄河大桥下游黄河河道濮阳段岸边，现场停放的 9 组浮舟，每组浮舟长 33 米，宽 36 米，重约 380 吨，严重侵占河道岸线，影响行洪安全。黄河水利委员会河南黄河河务局（以下简称河南河务局）等相关部门多次督促浮桥公司纠正违法行为，并处行政罚款，但浮桥公司仅缴纳了罚款，浮舟和拖轮一直未撤离黄河河道。

【调查和督促履职】

2022 年 1 月，依托“河长 + 检察长”制协作机制，河南省河长制办公室（以下简称省河长办）、河南河务局先后将水利部督办的该问题线索移送河南省人民检察院（以下简称河南省检察院）。鉴于该问题存续时间较长且涉及两省两县，河南省检察院经研判后启动一体化办案机制，指导河南省检察院郑州铁路运输分院（以下简称郑州铁检分院）进一步调查取证，指定濮阳市县两级检察机关协助做好与当地政府、群众沟通协调工作。同时，河南省检察院及时向最高检汇报案情，请最高检协调山东省相关检察机关给予配合。随后，山东省东明县人民检察院积极协助核查浮桥公司相关信息。

2022年4月，为确保办案效率、质量和效果，河南省检察院交郑州铁检分院立案办理。经与省河长办、河南河务局联合实地现场调查，查阅行政执法资料，检察机关依法查明案件事实，固定相关证据。根据防洪法、河道管理条例、河南省黄河河道管理办法等相关规定，濮阳县人民政府作为属地政府对辖区黄河河道管理、保护、治理和防洪工作负有监管职责。郑州铁检分院向濮阳县人民政府发出检察建议，建议其依法履行防汛抗洪主体责任，尽快处理该处河段浮舟侵占黄河河道岸线影响行洪、破坏黄河生态环境问题，并排查辖区内其他类似情形。

检察建议发出后，河南省三级检察机关先后多次与濮阳县人民政府进行座谈，就依法履行监管职责、承诺责任等问题取得一致意见；与濮阳黄河河务局第一黄河河务局进行座谈，建议其全面履行黄河河道水行政执法主体责任、积极配合县人民政府做好相关工作；协同濮阳县人民政府对企业进行释法说理，赢得企业理解和配合。濮阳县人民政府高度重视，成立工作专班研究出台整治方案，将该问题纳入县委县政府督察问题台账。河南河务局、濮阳黄河河务局第一黄河河务局成立工作领导小组，进驻现场实地办公，及时跟进整改情况。

在各级检察机关、水利部门、河务部门及濮阳县人民政府的共同努力下，浮桥公司前后修订5次形成整治方案。同时，在检察机关建议下，濮阳县人民政府充分考虑浮舟清运对所占用土地的影响，积极补偿群众青苗损失。2022年4月10日，浮桥公司将9组浮舟拖运上岸。4月25日，浮桥公司组织人员设备将浮舟切割后的3300吨钢铁清运完毕，现场恢复原状，河道恢复原貌。同年6月14日，河南省检察院邀请省河长办、河南河务局联合进行现场回访，经综合研判，确认该案问题已全部整改到位，黄河水利委员会专门致函河南省检察院表示感谢。同时，濮阳县人民政府依据检察建议开展专项整治行动，梳理排查全县河湖影响行洪问题线索53条，目前已全部整改完毕。

【典型意义】

黄河安澜关系人民群众生命财产安全、社会安全、国家安全。检察机关立足公益诉讼检察职能，充分发挥一体化工作机制优势，上下联动积极履职，同步推进案情调查、协调沟通、跟进监督等工作，督促属地政府依法全面履职，妥善处理群众合理诉求，确保整改工作顺利进行。同时，依托“河长+检察长”制，与河长制成员单位密切配合，协同治理，最终推动历时多年的黄河干流行洪安全隐患问题得到快速有效解决，为维护黄河安澜作出积极贡献。

山东省郓城县王某界、王某存非法盗采黄河河砂刑事附带民事公益诉讼案

【关键词】

黄河河道　盗采河砂　恢复性司法　从业禁止令　刑事附带民事公益诉讼

【要　旨】

在办理破坏黄河生态环境犯罪案件过程中，检察机关坚持一体化和“四大检察”融合发展，在依法惩治刑事犯罪的同时，积极践行恢复性司法理念，通过提起刑事附带民事公益诉讼，及时修复被破坏的生态环境，从而实现惩罚犯罪和保护生态环境双重目的。

【基本案情】

被告人王某界、王某存共谋从黄河河道内抽砂销售牟利，并分别出资购买铲车、平整道路、租赁土地挖掘沉砂池等。2019年6月至11月，王某界、王某存在未取得开采河砂合法资质和许可证明情况下，雇佣他人使用抽砂泵等专业设备从郓城县李集镇李清浮桥西侧黄河河道内抽取河砂至沉砂池。经专业机构测量，沉淀成砂数量为55920.88立方米，评估价值人民币186.49万元。二被告人将上述河砂按照每吨10元的价格向外出售1100吨后被查获。

【检察履职情况】

2020年2月18日，公安机关将本案移送山东省郓城县人民检察院（以下简称郓城县检察院）审查起诉。审查中，王某界、王某存提出河砂不是矿产资源，其行为不构成非法采矿罪的辩解。针对辩解，承办检察官从案件事实、行为性质、法律规定以及黄河流域生态保护等方面向王某

界、王某存作了解释，告知其行为的严重危害性，最终使二名犯罪嫌疑人认识到错误，自愿签署了认罪认罚具结书，并表示主动清除沉砂池。2 月 22 日，郓城县检察院成立由刑事检察和公益诉讼检察部门组成的联合办案组，就本案对黄河行洪安全及生态环境造成的具体危害进行了调查核实。在此基础上，联合办案组邀请郓城黄河河务局专家到案发现场实地勘察、测量、分析论证，制定了修复方案，并就采砂行为造成的生态损害和环境修复等专业性问题出具了意见书和清理费用核算意见。4 月 7 日，郓城县检察院对王某界、王某存以非法采矿罪向郓城县人民法院提起公诉，同时提起刑事附带民事公益诉讼。7 月 30 日，郓城县人民法院以非法采矿罪判处被告人王某界、王某存有期徒刑三年，缓刑三年，并处罚金合计人民币八万三千元，没收所有违法所得。同时判决采纳检察机关意见，责令二名被告人于判决生效十日内，在郓城黄河河务局监督下清除所有沉砂池，恢复河道原貌，禁止王某界、王某存在缓刑考验期内从事采砂活动。二名被告人均当庭表示认罪服判。后二人在规定期限内将沉砂池清除完毕，恢复河道原貌并通过郓城黄河河务局验收。

2021 年 1 月 25 日，针对本案暴露出的黄河流域生态保护监管漏洞，郓城县检察院向郓城黄河河务局制发了加强法治教育、严查非法采砂、强化协作形成打击合力的社会治理检察建议，受到郓城黄河河务局高度重视。两家单位就进一步深化“河（湖）长 + 检察长”工作模式，形成执法司法衔接合力达成共识。随后，运城黄河河务局进一步加强了日常和突击巡查河道的监管力度，积极筑牢了保护黄河流域生态环境安全屏障。

【典型意义】

在黄河河道内非法采砂严重威胁黄河的行洪安全，应当严厉打击。针对一些犯罪分子法律意识薄弱的问题，检察机关坚持办案与普法并行，通过充分释法说理，促使行为人深刻认识非法采砂的严重危害性。坚持恢复性司法理念，积极实践“刑事打击 + 公益诉讼 + 生态修复 + 警示教育”四位一体办案模式，做到刑事追诉与公益诉讼检察办案并行，依法办案与生态环境修复同步，通过刑事附带民事公益诉讼和从业禁止令的适用，实现惩罚犯罪和预防犯罪的双重目的。坚持源头治理，以“我管”的担当促进职能机关“都管”的作为，向相关行政机关发出社会治理检察建议，促进各类生态环境问题源头治理、标本兼治。

山东省东平县人民检察院督促整治
黄河滩区养殖场行政公益诉讼案

【关键词】

行政公益诉讼检察建议　蓄洪滩区治理　违法养殖

【要　旨】

针对黄河滩区乱建乱占违法养殖等损害公益行为，检察机关可以运用多种调查手段查明事实，厘清行政机关监管职责，提出检察建议督促多部门依法协同履职，消除行洪安全隐患。同时，可以采用圆桌会议的方式，推动多部门协同促进相关行业转型升级，实现生态保护和民生保障协调发展。

【基本案情】

2007年至2012年，东平县戴庙镇人民政府、银山镇人民政府在推广畜牧养殖项目时，将养殖项目落地戴庙镇薛庄村、王常村以及银山镇战屯村、刘庄村等7村。并在未办理合法手续的情况下，在黄河滩区东平县戴庙镇段、银山镇段违法占用农用地、未利用地等建设养殖场54处，占地总面积10.18万平方米。黄河滩区是沉积黄河泥沙，滞蓄大洪水的重要区域，上述养殖场不仅破坏了国家的土地资源，而且影响河道行洪安全，给当地人民群众的生命财产安全造成威胁。十余年来，黄河河道主管机关、自然资源主管部门等均未对上述违法建设行为进行查处，致使国家利益和社会公共利益持续受到侵害。

【调查和督促履职】

山东省东平县人民检察院（以下简称东平县检察院）依托“河长＋检察长”工作机制，发现黄河滩区东平县戴庙镇段存在多处养殖场，可能存在侵害国家利益和社会公共利益的情形，遂依法开展初步调查。东平县检察院借助东平县自然资源和规划局（以下简称县自规局）国土空间卫星遥感影像，对黄河滩区内“四乱”问题进行全面排查。同时，利用无人机现场勘验、固定证据，确认东平县戴庙镇薛庄村、小徐村等7村在黄河滩区占用农用地、未利用地等违法建设养殖场54处，影响黄河河道行洪安全。经向东平湖管理局东平黄河河务局（以下简称东平河务局）和县自规局调查核实，认定上述养殖场均未办理农用地转用审批、建设用地规划许可等手续。经核实，自养殖场建成后相关部门也未要求其办理手续，其也未被查处过。东平河务局曾于2021年7月按照省河长制办公室通知要求，对河湖管理范围内畜禽养殖问题进行排查、复核，其中包括上述养殖场。由于成因复杂、涉及民生、不易整改等因素，未定性为“四乱”问题，仅要求戴庙镇政府对养殖场制定整改方案和防汛应急预案并备案，后未作进一步处理。

东平县检察院通过依法调取相关行政机关职权清单，查明黄河流域水行政监督管理存在“条块”职能交叉，形成了黄河滩区违建乱象，并于2022年4月20日、4月21日、5月6日分别对县自规局、东平县综合行政执法局（以下简称县执法局）、东平河务局怠于履行职责的行为进行立案。根据水法、防洪法、山东省黄河河道管理条例等规定，东平河务局作为黄河河道主管机关，对擅自在黄河河道管理范围内修建各类建筑物及其工程设施的应依法查处；根据土地管理法、城乡规划法等规定，参照东平县机构改革方案，县自规局作为自然资源主管部门，应对辖区内违反城乡规划、非法占用农用地等行为进行监督检查、认定违法事实并移送综合行政执法部门处理；根据东平县机构改革意见以及县执法局“三定”方案，县执法局行使自然资源和规划行政管理方面法律、法规、规章规定的行政处罚权及相关行政强制权，应对县自规局认定的违法行为实施行政处罚。涉案54处养殖场存续十余年，上述主管部门均未作出行政处理，系未依法履行法定职责，致使国家利益和社会公共利益持续受到侵害。

2022年5月11日、5月31日分别向上述三部门发出检察建议，建议县自规局对涉案54处养殖场违法占地行为予以查处认定，县执法局对县自规局认定的违法行为实施行政处罚，东平河务局依法查处涉案违建养殖场，及时消除妨碍黄河河道行洪安全的隐患。

东平河务局收到检察建议后向检察机关反映，违建养殖场整改工作涉及规划、政府补贴等，需要地方相关行政机关配合，由于该局系水利部在山东省的派出机构，与东平县没有隶属关系，工作开展存在困难，请求检察机关予以协助。东平县检察院组织东平县民政局、东平县农业农村局、东平县移民局、县自规局、镇政府等部门共同召开圆桌会议，建议通过政府补贴、改畜为农、异地重建、规模合并等方式将养殖场损失降至最低限度。检察机关建议得到行政机关大力支持，行政机关均表示将积极支持东平河务局工作。

后县执法局、县自规局、东平河务局采取措施积极整改，针对检察建议内容作出书面回复，整改期间，东平河务局牵头向东平县人民政府进行专题汇报。东平县人民政府决定以此为契机，推进区域内畜禽养殖产业结构调整，制定黄河滩区畜禽养殖综合治理方案，组织东平河务局、东平县河长制办公室、东平县畜牧发展中心以及乡镇政府等部门人员组成工作组，对包括涉案54处在内的157处黄河滩区违建养殖场全部拆除清理，恢复滩区面积25万余平方米，落实政府补贴，改建种植食用菌4万余平方米，易地搬迁形成规模化养殖7处，实现了生态保护和民生保障相协调。

2022年7月19日至7月22日，泰安市河长制办公室、东平县河长制办公室、东平湖管理局东平管理局、东平河务局、泰安市生态环境局东平分局等部门对违建养殖场整改情况进行现场验收，东平县检察院进行实地监督。经评估，黄河滩区违建养殖场问题全部整改到位，国家利益和社会公共利益得到有效维护。2022年7月28日，东平县检察院作出结案处理。

【典型意义】

黄河流域滩区乱建乱占违法养殖问题，涉及诸多行政机关监管职责，由于不同监督管理部门存在职能交叉等问题，往往导致监管不力。本案中，检察机关通过运用多种调查核实方式，厘清不同行政机关的监管职责，提出检察建议，督促相关行政机关依法协同履职。此外，检察机关依法主动履职，通过圆桌会议等方式，推动行政机关共同解决滩涂养殖历史遗留问题，使当地畜禽养殖实现绿色发展。

六、检察公益诉讼协同推进中央生态环境保护督察整改典型案例

（2023 年 5 月 29 日）

用法治力量保障中央生态环境保护督察整改落到实处

——最高检公益诉讼检察厅负责人就检察公益诉讼协同推进中央生态环境保护督察整改典型案例答记者问

近年来，检察机关深入贯彻落实习近平生态文明思想和习近平法治思想，检察公益诉讼依法参与中央生态环境保护督察，用法治力量保障环保督察整改落到实处，助推污染防治向更深问题层次、更广领域、更高要求发展。为进一步落实好党中央决策部署，不断增进全社会对生态环境和资源保护检察工作的了解、认同和支持，2023年5月29日，最高人民检察院发布检察公益诉讼协同推进中央生态环境保护督察整改10个典型案例。最高人民检察院公益诉讼检察厅相关负责人就此回答记者提问。

问：检察机关办理中央生态环境保护督察公益诉讼案件的工作定位是什么？目前总体成效如何？

答：中央生态环境保护督察是习近平总书记亲自谋划、亲自部署、亲自推动的生态文明建设重大制度创新和改革举措。2022年初，中办、国办印发《中央生态环境保护督察整改工作办法》，明确了检察机关对督察移送的生态环境损害问题，依法开展公益诉讼的职责。最高检也是中央生态环境保护督察领导小组的成员单位，中央生态环境保护督察办公室向最高检移送案件材料已成为常态化工作机制。检察公益诉讼参与环保督察整改，目的就是发挥支持补位作用，用法治力量保障环保督察整改落到实处，最大限度推动问题全面整改、彻底整改。这也是检察机关落实习近平生态文明思想和习近平法治思想，助推污染防治向更深问题层次、更广领域、更高要求发展的务实举措。

最高检高度重视，先后三次召开视频督导会，专门出台生态环境保护督察公益诉讼案件交办督办工作办法，统筹调度各地办案工作。各级检察机关坚持把中央生态环境保护督察公益诉讼案件作为“一把手”工程来抓，聚焦重点问题依法履职，截至2022年12月，共立案办理相关公益诉讼案件2982件，有力推动解决了一批生态破坏和环境污染问题。一是坚持因案施策，助推督察整改和生态环境修复。针对行政机关履职后仍难以恢复公益的情形，共提起民事公益诉讼100件，向污染企业和个人索赔环境损害赔偿金约8亿元，破解“企业污染、群众受害、政府买单”问题。针对跨区域协调难度大、多部门监管职责交叉以及有关部门对问题不够重视导致整改进度滞后或者逾期未整改的情形，共立案办理行政公益诉讼案件2715件，发出检察建议1790件，推动问题得以加速整改。针对违法主体未履行修复、赔偿责任，或者有修复、赔偿意愿的，加强与生态环境等部门的沟通，督促提醒其开展生态损害赔偿磋商或诉讼。各级检察机关共支持有关部门开展生态环境损害赔偿磋商84件，达成赔偿协议金额共计13亿余元。二是坚持系统观念，协同推进生态环境高水平保护。检察机关主动排查发现督察关联性问题，依法办理一批衍生性案件，举一反三、以点带面推动问题整改，助推山水林田湖草沙一体化治理和保护。同时，结合案件办理，深度分析治理短板漏洞，督促有关主管部门加强和改进监管工作，推动完善相关行业、领域、区域治理机制。广东省检察院办案时发现珠江出海水道内非法采砂洗泥监管责任不明、执法依据缺失等问题，建议省河长办推动相关部门出台了洗砂管理办法，堵塞管理漏洞。三是坚持在办案中服务，更好地保障经济社会高质量发展。检察机关在办案中既不折不扣落实严的主基调，依法保护生态环境，也注重推动企业坚定不移走生态优先、绿色发展之路，实现经济效益、环境效益、社会效益多赢。比如，慎重选择办案时机和方式，尽可能减少对企业正常生产经营活动的影响。注重做好案件办理的“后半篇文章”，积极听取行政机关、企业的意见，从法律政策层面提供意见建议，帮助解决实际困难。

问：请问发布这批典型案例的主要考虑是什么？

答：本次专题发布检察公益诉讼协同推进中央生态环境保护督察整改典型案例，主要考虑以下几个因素：一是深入推进中央生态环境保护督察公益诉讼案件办理工作。检察公益诉讼作为环境保护治理体系中一支新生的重要力量，在参与督察整改工作中积极发挥作用，不断探索创新办案方法及工作机制，取得了实实在在的办案成效。发布典型案例既是对办案经验做法的总结，也是对检察公益诉讼参与督察整改工作的再动员、再部署、再推进。二是发挥典型案例示范引领作用。中央生态环境保护督察具有政治性、严肃性、重要性特点，聚焦的大多是生态环境领域突出矛盾和重大问题，反映的都是“硬骨头”和“老大难”问题，督察整改受到社会广泛关注。这对检察机关的办案水平提出了极高要求，需要准确把握办案条件、办案时机、办案方式以及相关法律政策界限。本次发布的典型案例政治效果、法律效果和社会效果都比较好，充分体现了检察担当，对各级检察机关办理该类案件具有规范指引作用。三是发挥以案释法作用。一方面，发挥警示震慑、普法教育作用，使保护优先、预防为主、损害担责、系统保护等生态环境保护理念深入人心；另一方面，增进社会各界对检察公益诉讼推动生态环境治理的关注度、认同度、参与度，增强人民群众的生态环境获得感、幸福感、安全感。

问：此次发布的典型案例有什么特点？

答：本次发布的检察公益诉讼协同推进中央生态环境保护督察整改典型案例共10件，涉及危险废物、工业废水、大气、重金属等污染整治，农用地及自然保护区生态修复，非法采矿治理，城镇生活垃圾规范处置等问题，体现了检察机关助力深入打好蓝天、碧水、净土保卫战的担当作为。主要有以下特点：

一是凸显民事公益诉讼在督察整改中的独特价值。习近平总书记强调：“保护生态环境必须依靠制度、依靠法治。只有实行最严格的制度、最严密的法治，才能为生态文明建设提供可靠保障。”检察机关针对大型企业环境违法，督察问题虽然已经整改，但环境损害责任无人承担的问题，严格落实“谁污染、谁治理”“谁破坏、谁修复”要求，优先适用民事公益诉讼，依法追究违法主体生态环境损害责任。本次发布的10件典型案例中，民事公益诉讼有6件。比如，广西检察机关针对某央企多个下属企业稀土项目污染环境问题，发挥一体化办案机制优势，通过民事公益诉讼推动修复受损公益，促使企业主动赔付环境损害赔偿金共计1213万余元。山西省晋中市太谷区检察院针对某煤气化公司长期违法排污造成大气污染问题，除通过检察建议督促行政机关履行职责外，还提起民事公益诉讼，促使该公司赔付环境损害赔偿金和鉴定费共计397万余元。贵州省贵阳市检察院针对某大型央企非法占地采矿破坏生态环境问题，在企业自身采取部分修复措施的情况下，提起民事公益诉讼，请求赔偿生态服务功能损失费用、调查评估费用共计487万余元，获得法院判决支持。

二是准确把握行政公益诉讼履职时机和立案条件。总体上，地方党委政府对督察整改责任都压得很实，行政机关的职责一般已初步履行或正在履行。检察机关坚持行政机关自行整改优先原则，审慎把握行政公益诉讼启动时机和立案条件，督促负有监管职责的行政机关依法履职，推动涉案问题整改。浙江省龙港市检察院针对龙港市新城围垦区垃圾堆放点污染环境问题，在发现行政机关开始启动整改工作时，暂缓立案并跟进监督，当发现行政机关整改不及时、长时间整改不到位时依法发出检察建议，督促多部门协同开展专项整治，及时清运处置28万余吨垃圾，消除了垃圾堆放点对周边环境的影响。上海市松江区检察院针对小昆山镇生活垃圾填埋场长期污染环境问题，在了解到相关部门整改进度缓慢、整治工作尚未实质性推动后，依法启动行政公益诉讼程序，助推相关部门及时开展整治工作，实现了对黄浦江上游饮用水水源地的有效保护。

三是加强协同配合，凝聚生态环境保护合力。注重融合发挥公益诉讼检察与刑事检察作用，打好维护公益的“组合拳”。江西省宜春市检察院针对村民长期非法采砂造成部分河堤被损毁问题，发挥“公益+刑事”横向一体化优势，监督公安机关刑事立案的同时依法提起刑事附带民事公益诉讼，形成公益保护合力。北京市昌平区检察院针对某公司非法占地、非法采矿导致生态环境破坏问题，统筹运用刑事、公益诉讼检察职能，在有效打击违法犯罪的同时，通过附带民事公益诉讼请求判令该公司承担相关费用共计2500余万元。注重内外配合，对符合生态环境损害赔偿索赔条件的，督促提醒行政机关开展生态损害赔偿磋商或诉讼，并提供法律支持。海南省三亚市检察院针对某公司严重破坏自然保护区森林资源的违法行为，调查核实后及时督促行政机关履职。在行政机关未能就赔偿事宜与该公司磋商达成一致，亦未提起生态环境损害赔偿诉讼的情况下，依法提起民事公益诉讼，诉请判令该公司承担生态环境损害赔偿费用3200余万元，获得法院判决支持。

四是注重标本兼治，深度融入社会治理。针对中央生态环境保护督察发现的历史遗留问题，积极融入地方党政督察整改统一部署，推动检察办案与社会治理深度融合。湖南检察机关针对督察反映的某公司锰矿污染问题，根据湖南省委的统一部署，成立专门办案组，全面摸排起底、调查核实，监督支持州级政府开展生态环境损害赔偿磋商，促使该公司自愿签署3890 余万元赔偿协议。办案中湖南检察机关还针对矿业污染综合整治工作中存在的行业监管、源头治理等问题向州政府制发社会治理检察建议，从源头上有效推进解决矿业污染问题。内蒙古自治区检察机关针对某央企非法处置危险废物污染环境的问题依法提起民事公益诉讼，促使企业对1.32 万吨大修渣处置后废渣混合物依法处置，投入专项资金用于技改提升；同时推动生态环境部门开展电解铝行业专项整治，解决相关环境污染问题 14 个。

问：下一步，检察机关将采取哪些措施在助推督察整改方面持续发力？

答：下一步，检察机关将开展以下方面工作：一是加强统筹指导，更加深度参与督察整改。深入贯彻落实习近平总书记关于生态环境保护督察的重要讲话和指示批示精神，从讲政治、顾大局的高度，持续抓好中央生态环境保护督察公益诉讼案件办理工作。最高检将采取挂牌督办、个案指导、专项督查、定期通报等方式，加强督促指导，确保件件有着落、见实效。二是严格规范办案，更加注重中央生态环境保护督察案件办理实效。严格按照《人民检察院公益诉讼办案规则》《中央生态环境保护督察公益诉讼案件线索交办督办工作办法》等有关规定办案，提升办案质效。三是完善工作机制，更加有效发挥公益诉讼独特作用。加强与中央生态环境保护督察办公室的沟通，推动双方合作由日常线索移送向重点案件线索联合督办、督察整改问题联合“回头看”拓展，形成常态化工作机制。积极与生态环境部等沟通，推动完善生态环境损害赔偿与公益诉讼检察衔接机制。四是加强公众参与，更大范围凝聚生态环境保护合力。采取多种形式宣传检察公益诉讼参与中央生态环境保护督察整改成效，促进提升全社会生态环境保护意识。推广运用“益心为公”志愿者检察云平台，发挥志愿者在检察听证、专业咨询、跟踪观察、评估验收等方面积极作用，推动构建生态环境共建共治共享新格局。

内蒙古自治区检察机关诉包头某公司危险废物污染环境民事公益诉讼案

【关键词】

民事公益诉讼　危险废物污染　专家论证　企业自主修复　调解

【要　旨】

检察机关针对中央生态环境保护督察发现涉及央企的生态环境问题，主动跟进监督，依法提起民事公益诉讼，推动其严格履行生态环境修复责任，保障督察整改落实到位。

【基本案情】

包头某公司于2017年至2018年在未采取任何防渗措施的情况下，在厂区内填埋大修渣处置后废渣约1.11万吨，环境风险极大。2020年9月至10月，该公司挖掘清理出大修渣处置后废渣混合物1.32万吨（含被污染泥土），暂存于企业固废存储中心。

【调查和诉讼】

本案线索由中央生态环境保护督察办公室向最高人民检察院移送。2020年11月，最高人民检察院将该案逐级交由内蒙古自治区包头市人民检察院（以下简称包头市院）办理。2021年1月24日，包头市院就该线索以民事公益诉讼立案。同年2月17日，包头市院发布民事公益诉讼公告。

2021年5月，涉案公司委托鉴定机构出具鉴定意见：大修渣处置后废渣不属于危险废物，清理后土壤和地下水检测结果未超出确定的评估区基线。该意见与中央生态环境保护督察认定不一致。

鉴于该案重大复杂，内蒙古自治区人民检察院（以下简称内蒙古自治区院）于2021年6月17日决定提级办理。内蒙古自治区院先后向自治区生态环境厅、中国环境科学研究院等部门调取《包头某公司地块初步调查报告》《厂区及周边土壤和地下水环境调查评估报告》等证据材料，认定非法填埋大修渣处置后废渣是造成土壤和地下水污染的直接原因。同年11月18日，内蒙古自治区院邀请中国科学院生态环境研究中心等单位的专家召开论证会，就大修渣处置后废渣是否属于危险废物问题进行论证。与会专家认为：包头某公司的大修渣“无害化”项目是对电解铝大修渣的处置而非利用，依据《危险废物鉴别标准通则》第六项“具有毒性危险物的危险废物处置后的固体废物仍属于危险废物”的规定，大修渣处置后废渣属于危险废物。内蒙古自治区院经审查认为，《危险废物鉴别标准通则》对危险废物的“利用”和“处置”有严格的区分，包头某公司对大修渣“无害化”处理不构成“从固体废物中提取物质作为原材料或燃料”的利用要求，遂决定采纳专家论证会意见。包头某公司对专家论证意见亦予以认可。

内蒙古自治区院调查终结后，于2021年11月25日将案件交包头市院审查起诉。同年12月1日，包头市院向包头市中级人民法院提起民事公益诉讼，诉请判令包头某公司按照危险废物处置标准对1.32万吨大修渣处置后废渣混合物依法处置，并对被污染的土壤和地下水进行修复治理。

在诉讼过程中，包头某公司委托中国环境科学研究院出具《修复治理方案》，并表达调解结案意愿。2021年12月29日，包头市院就《修复治理方案》合理性、调解的可行性等问题召开听证会，与会听证员一致认可该《修复治理方案》，并认为本案可以适用调解。同年12月30日，在法院主持下，包头市院与包头某公司达成《调解协议》。《调解协议》对检察机关全部诉讼请求予以确认，并确定包头市生态环境局作为第三方对协议履行情况进行监督。2022年1月5日，法院将《调解协议》依法公告。同年2月14日，法院根据调解协议出具《调解书》。

2022年7月1日，内蒙古自治区院对企业履行《调解协议》情况跟进核实发现，1.32万吨大修渣处置后废渣（含附土）全部依法处置，三处填埋废渣基坑已完成土壤清挖和修复，其中1处已补植复绿。企业先后投入6.78亿元用于技改提升，全部治理和修复工作已于2022年9月完成并通过验收。

在办理民事公益诉讼案件的同时，2022 年 1 月 11 日，内蒙古自治区院向内蒙古自治区生态环境厅制发社会治理类检察建议，推动内蒙古自治区范围内的电解铝行业开展专项整治，发现并解决电解铝行业相关环境污染问题 14 个。

【典型意义】

企业既是市场经济的主体，也是生态环境保护的主体。本案中，检察机关上下联动，一体化办案，充分发挥公益诉讼检察职能作用，督促央企落实中央生态环境保护督察整改责任；组织召开专家论证会，对鉴定意见的科学性进行评断，有效解决各方对污染物性质认定意见不一致问题；提起民事公益诉讼后，经公开听证，在法院主持下与涉案企业达成《调解协议》，推动企业自主履行生态修复责任。同时，引入行政主管部门作为第三方主体监督环境修复治理效果，持续跟进监督《调解协议》落实，有效维护了社会公共利益。

广西壮族自治区检察机关诉某公司稀土项目污染环境公益诉讼系列案

【关键词】

民事公益诉讼　氨氮废水污染　以事立案　协同治理　撤回起诉

【要　旨】

检察机关在办理中央生态环境保护督察公益诉讼案件时，针对涉及面广、违法主体较多、违法事实较复杂的行业性生态环境问题，可以由上级人民检察院以事立案、一体化办理，推动实现系统治理。

【基本案情】

某公司下属企业环境管理混乱、违法问题突出，存在较大环境风险。其中，C公司、W公司对闭矿项目没有按照环评要求处理废水至稳定达标即将废水处理设施一拆了之；H公司某项目闭矿后虽建有废水处理设施，但废水没有得到完全收集治理；W公司、G公司、H公司部分项目存在废水收集治理不完全，污染周边水环境等问题；Y公司项目发生山体滑坡突发事件处置不到位，致使淋洗液溢出外环境。因涉案项目采用原地浸矿回收工艺开采稀土，产生的废水氨氮值高，持续外溢污染周边环境。

【调查和诉讼】

本案线索由中央生态环境保护督察办公室向最高人民检察院移送。2021年1月，最高人民检察院将案件线索交由广西壮族自治区人民检察院（以下简称广西自治区院）办理。广西自治区院经初步调查后发现，相关稀土项目污染环境的事实客观存在，行政机关通过现场核查、下发整改通知书、责令整改、要求编制环境整治优化方案等方式，督促某公司下属企业整改，但未能彻底整改到位。鉴于污染问题分散在梧州、玉林、贺州、崇左四市，涉及厂矿均属于某公司下属企业，广西自治区院于2021年6月11日以事立案，由检察长担任专案组组长，统筹四个市级院和相关基层院办案力量，一体化办理。

专案组经现场勘验取样检测、调取环评报告和项目关停退出方案、询问当事人、委托鉴定等，查明了涉案稀土项目污染范围、污染时间、污染物状况、生态环境损害等情况。经综合研判，决定优先通过民事公益诉讼推动修复受损的公益。

针对C公司某项目将全部废水处理设施予以拆除，对采区未进行有效治理，致周边地表水氨氮持续超标问题，梧州市人民检察院（以下简称梧州市院）经公告，于2021年12月17日向梧州市中级人民法院提起民事公益诉讼，诉请判令该公司赔偿生态环境损害费用等共计691.46万元。诉讼过程中，C公司全额赔偿到位，梧州市院依法撤回起诉。

针对Y公司某项目一采区发生山体滑坡，部分淋洗液向外环境泄漏，造成周边地表水氨氮超标问题，玉林市人民检察院（以下简称玉林市院）经民事公益诉讼公告，于2021年12月24日向玉林市中级人民法院提起民事公益诉讼，诉请判令Y公司赔偿生态环境损害费用等共计46.23万元。诉讼过程中，Y公司全额赔偿到位，玉林市院依法撤回起诉。

针对W公司、G公司、H公司部分项目存在的废水收集治理不完全，污染周边水环境问题，梧州、崇左、贺州三市检察院支持当地生态环境部门开展生态环境损害赔偿磋商。三市生态环境部门分别与涉案企业签署赔偿协议，由相关企业赔付生态环境损害赔偿金共计475.76万元。同时，梧州、崇左、贺州三市检察院就三市生态环境部门整改初期履职不全面问题依法启动行政公益诉讼，推动实现综合整治。

办案中，检察机关主动帮助分析查找环境污染风险隐患，助推某公司及其下属企业投入4290余万元用于问题整改及生产技术升级改造，从源头上消除氨氮废水污染风险。

【典型意义】

中央生态环境保护督察披露某央企下属企业污染环境问题后，相关行政机关积极履职整改，但未能实现公益全部修复目标。广西自治区院统筹发挥一体化办案机制作用，在全面查清公益损害事实的基础上，采取统分结合的方式立案办理，发挥民事公益诉讼独特价值，依法追究涉案企业生态环境损害责任，推动受损公益得到全面修复。检察机关在诉讼请求全部实现的前提下，依法撤回起诉，实现案件政治效果、社会效果、法律效果的统一。

海南省三亚市人民检察院诉三亚某公司非法侵占自然保护区民事公益诉讼案

【关键词】

民事公益诉讼　自然保护区破坏　代履行　生态环境损害赔偿与公益诉讼衔接

【要　旨】

针对违法主体破坏自然保护区森林资源，赔偿权利人未能与其达成生态环境损害赔偿磋商协议，亦未提起生态环境损害赔偿诉讼的问题，检察机关可以依法提起民事公益诉讼，追究违法主体生态环境损害责任。

【基本案情】

2007年底，三亚某公司高尔夫球场项目在未经土地利用规划许可，未办理农用地转建设用地、森林用地及环境影响评价等审批手续的情况下启动建设，并于2008年底建成投入运营。该高尔夫球场建设范围全部位于海南甘什岭省级自然保护区（以下简称甘什岭保护区）内，总占地面积1588.8亩，砍伐破坏林地323.1亩。

【调查和诉讼】

2020年7月16日，海南省人民检察院部署开展"公益诉讼助推生态环保整治"专项行动，将第二轮中央生态环境保护督察发现的本案线索交三亚市人民检察院（以下简称三亚市院）办理。三亚市院经调查查明，2007年至2008年高尔夫球场建设过程中，三亚某公司被三次责令停止违法行为并办理相关手续，但其拒不执行。原三亚市国土环境资源局2012年6月、2015年6月分别对该公司的违法行为作出行政处罚，累计执行罚款2670.7万元，并于2015年至2017年多次责令其停业整改进行生态修复，但该公司均未执行且持续经营。2019年6月，甘什岭保护区管理站对高尔夫球场全面封停后，三亚市林业局联合相关单位开展生态修复工作。截至2019年8月14日，共种植8个树种49500株，造林面积282.6亩。

中央生态环境保护督察反馈问题后，三亚市人民政府多次召开专题会议研究，并按照反馈要求制定整改方案、整改清单，责令三亚市林业局依法全面履职开展整改工作。但三亚市林业局未及时对该公司违法毁林占地的行为履行责令补种、追缴代履行费用等职责。三亚市院于2020年8月26日向三亚市林业局发出检察建议。三亚市林业局收到检察建议后，于2020年9月18日发布责令该公司缴纳生态修复费用的通知，同年10月委托海南省林业科学院、三亚市林业科学院对该公司破坏森林资源情况进行调查，10月22日、11月4日两次与该公司进行生态环境损害赔偿磋商。在磋商无果的情况下，三亚市林业局于2021年11月8日将该案线索移送三亚市院。

三亚市院于2021年11月16日以民事公益诉讼立案，并发布民事公益诉讼公告。经鉴定评估，该公司高尔夫球场项目造成323.1亩林地和园地遭到损毁，植被群落生物多样性及物种丰富度遭到完全破坏，原有生态服务功能基本丧失，区域生态环境受到损害，生态环境损害价值总量约3205.92万元。同年12月24日，三亚市院向三亚市中级人民法院提起民事公益诉讼，诉请判令被告三亚某公司赔偿非法侵占甘什岭保护区造成的林木资源损失、生态修复费用、林地生态环境受到损害至修复完成期间服务功能损失、鉴定评估费用等共计3246.92万元。2022年3月14日，三亚市中级人民法院作出判决，支持检察机关的全部诉讼请求。目前，判决正在执行中，案涉高尔夫球场破坏的323.1亩林地生态修复工作已全部完成。

【典型意义】

检察机关针对中央生态环境保护督察发现的长期破坏自然保护区森林资源的“顽疾”，调查核实后，发出行政公益诉讼检察建议，督促行政机关履职。当行政机关未积极履职，且检察机关与违法主体多次开展生态环境损害赔偿磋商未果时，检察机关充分发挥民事公益诉讼补位作用，诉请法院判令违法主体承担生态环境损害责任。通过专业机构的鉴定评估和充分论证，在诉请赔偿林木资源价值和支付生态修复费用的同时，提出赔偿生态环境受到损害至修复完成期间服务功能损失的诉讼请求，最大限度实现对森林生态环境的保护。

贵州省贵阳市人民检察院诉贵州某公司非法占用农用地民事公益诉讼案

【关键词】

民事公益诉讼　非法占用农用地　生态环境服务功能损失　全面担责

【要　旨】

违法行为人主动承担生态环境损害修复责任，但未弥补生态环境受到损害至修复完成期间服务功能损失的，检察机关应当提起民事公益诉讼，要求其全面承担生态环境损害责任。

【基本案情】

自2014年起，贵州某公司在贵州省清镇市卫城镇坛罐窑筹建铝土矿矿区，2015年正式开采以来，在未取得用地使用审批许可的情况下，非法占用农用地654.765亩开采铝土矿。贵州省清镇市公安局于2019年7月依法立案。案发后，该公司补办相关用地手续，取得用地许可审批，同时向土地承包经营农户赔偿损失，原地异地恢复治理土地。清镇市公安局于2020年11月决定撤案。

【调查和诉讼】

本案线索由中央生态环境保护督察办公室向最高人民检察院移送。2021年4月，最高人民检察院将该案逐级交由贵州省清镇市人民检察院（以下简称清镇市院）办理。2021年7月6日，清镇市院以民事公益诉讼立案，并通过现场实地勘查、调取书证、询问相关人员及采矿作业人员、无人机拍摄取证等方式查明该公司非法占用农用地的事实。经委托鉴定，该公司因非法占用农用地造成的直接经济损失、生态修复费用、生态环境受到损害至修复完成期间服务功能损失、调查评估费用等共计 805.57 万元。

经民事公益诉讼公告，清镇市院于 2022 年 4 月 1 日将本案移送贵阳市人民检察院（以下简称贵阳市院）审查起诉。贵阳市院通过调取坛罐窑矿区所在地村民委员会出具的情况说明、贵州某公司坛罐窑矿山项目征地补偿款兑现清单、补植复绿现场照片及验收报告等证据，查明该公司向土地承包经营农户补偿了直接经济损失 92.48 万元，完成破坏林地原地异地恢复治理面积 515.9 亩，涉及生态修复费用 207.20 万元。同时，该公司于 2018 年经国土资源部门批复同意取得了 12.1168 公顷集体土地临时用地使用权 2 年，支付期间生态价值服务功能损失费用约 18.58 万元。

贵阳市院经审查认为，该公司虽然采取完善用地许可审批、赔偿直接经济损失、完成补植复绿等补救措施，但仍需赔偿生态环境受到损害至修复完成期间服务功能损失。2022 年 4 月 26 日，贵阳市院依法向贵阳市中级人民法院提起民事公益诉讼，诉请该公司赔偿生态环境受到损害至修复完成期间服务功能损失及调查评估费用共计 487.31 万元。同年 5 月 18 日，贵阳市中级人民法院公开开庭审理本案，支持检察机关全部诉求。目前，判决已全部执行到位。

【典型意义】

检察机关聚焦中央生态环境保护督察指出的非法占用农用地破坏生态环境问题，坚持“损害担责”原则，在企业采取完善用地许可审批、赔偿直接经济损失、完成补植复绿等部分修复措施的情况下，通过提起民事公益诉讼，推动企业依法全面承担生态环境损害赔偿责任，切实修复受损生态环境。

山西省晋中市检察机关诉某煤气化公司大气污染民事公益诉讼案

【关键词】

民事公益诉讼　大气污染　依法全面整改　生态环境损害责任

【要　旨】

针对企业违法排污损害生态环境问题，检察机关可以通过检察建议督促行政机关依法全面履行监管职责。行政机关履职后仍难以达到恢复公益效果时，检察机关应当依法提起民事公益诉讼，追究违法主体生态环境损害责任。

【基本案情】

2021年5月，第二轮中央生态环境保护督察发现，山西省晋中市太谷区某煤气化公司长期将约一半的焦炉烟气通过私开焦炉旁路挡板的方式直排，焦炉烟气脱硫设施长期不正常运行，导致粉尘污染、大气污染和周围环境污染。

【调查和诉讼】

本案线索由中央生态环境保护督察办公室向最高人民检察院移送。最高人民检察院将该案逐级交由山西省晋中市太谷区人民检察院（以下简称太谷区院）办理。太谷区院经初步调查认为，某煤气化公司的行为违反《中华人民共和国大气污染防治法》的相关规定，负有监管职责的晋中市生态环境局太谷分局（以下简称太谷环境局）未依法全面履职。太谷区院于2021年5月19日以行政公益诉讼立案，并于5月24日向太谷环境局发出检察建议，督促该局依法履职。7月5日，太谷环境局书面回复已推动解决非法排污问题，并对该煤气化公司污染环境的行为处以罚款共计

162.5 万元，该公司已全部缴纳。

鉴于行政机关依法履职后，该煤气化公司违法排污造成的生态环境损害尚未修复，太谷区院于 2021 年 7 月 29 日以民事公益诉讼立案，同年 7 月 30 日发布民事公益诉讼公告。太谷区院通过走访相关行政机关、调取执法卷宗、询问企业相关人员、现场勘查等方式收集该公司违法排污损害生态环境的证据。经委托鉴定，2019 年 10 月 1 日至 2021 年 4 月 8 日，该公司非法排放二氧化硫约 142 吨、氮氧化物约 90 吨，造成环境空气损害数额约为 359.76 万元。

2021 年 9 月 18 日，太谷区院将该案移送晋中市人民检察院（以下简称晋中市院）审查起诉。同年 11 月 8 日，晋中市院向晋中市中级人民法院提起民事公益诉讼。诉讼过程中，该公司主动将生态环境损害赔偿金 359.76 万元和鉴定费 38 万元交至晋中市太谷区国库中心。因诉讼请求全部实现，同年 12 月 15 日，晋中市院撤回起诉。

【典型意义】

大气污染防治是深入打好污染防治攻坚战的重要内容。中央生态环境保护督察指出问题后，检察机关及时跟进，针对行政机关履职不到位的问题，依法发出检察建议，推动其有效解决案涉企业非法排污问题。同时，依据民法典等追究违法企业的生态环境损害赔偿责任，将最严格制度最严密法治落到实处。

北京市昌平区人民检察院诉某石材公司非法占用农用地、非法采矿刑事附带民事公益诉讼案

【关键词】

刑事附带民事公益诉讼　非法采矿　非法占用农用地　检察职能协同　恢复性司法

【要　旨】

对于中央生态环境保护督察指出的严重破坏生态环境的非法占用农用地、非法采矿行为，检察机关在追究违法主体刑事责任的同时，应当依法提起附带民事公益诉讼，要求其承担生态环境损害责任。

【基本案情】

北京某石材公司成立于2002年5月，经营范围为来料加工生产、销售石材。自2002年9月起，该公司在未办理任何用地审批手续的情况下，违法占用集体土地和国有土地进行房屋搭建、场地硬化、堆料、生产等活动。2004年至2020年9月，该公司在未取得采矿许可证的情况下，擅自在燕山山脉牛蹄岭开采白云岩矿产资源，造成山体形成陡峭边坡，岩面裸露，开采废料堆积而成的渣堆严重破坏原生植被，增加区域水土流失风险，生态破坏严重。

【调查和诉讼】

本案线索由中央生态环境保护督察办公室向最高人民检察院移送。最高人民检察院将该案逐级交由北京市昌平区人民检察院（以下简称昌平区院）办理。昌平区院经初步调查认为，该公司非法占地、非法采矿的行为违反土地管理法、矿产资源法等相关规定，构成刑事犯罪，损害了国家利益和社会公共利益，应当依法承担生态环境损害责任。2020年12月16

日，昌平区院以刑事附带民事公益诉讼案件立案。

调查期间，昌平区院成立刑事和公益诉讼联合办案组，多次前往涉案地点现场勘查，介入侦查，引导公安机关取证活动，并加强与规划自然、生态环境、园林绿化及属地政府的沟通配合，调取该公司工商登记信息、行政处罚材料，涉案地块租赁合同、规划用途、现状地类、历年遥感影像图，土地破坏鉴定意见以及相关证明材料 50 余份，全面梳理了该公司历年经营及非法占地、非法采矿行为。经委托鉴定评估，该公司非法开采白云岩矿产资源总方量为 152097 立方米，矿石量为 41.07 万吨，矿石市场价格为 397.11 万元。该公司非法占地、非法采矿破坏行为导致评估区域原有植被、土壤遭到破坏，生态系统服务功能丧失，造成生态环境损害面积 177.79 亩。

2021 年 3 月 10 日，昌平区院发布公告。同年 8 月 26 日，昌平区院向北京市昌平区人民法院提起刑事附带民事公益诉讼，依法追究该公司刑事责任的同时，诉请判令该公司承担赔偿生态环境修复费、生态环境受到损害至修复完成期间服务功能损失费等共计 2500 余万元。同年 11 月 20 日，昌平区人民法院开庭审理本案。2022 年 4 月 27 日，昌平区人民法院作出一审判决，昌平区院诉讼请求获得全部支持。后该公司不服一审判决，提出上诉。同年 8 月 19 日，北京市第一中级人民法院裁定驳回上诉，维持原判。判决生效后，昌平区院积极推动赔偿金的执行，首批赔偿金 1300 余万元已执行到位。目前，涉案地块修复工程已完成，同时建设了生态修复教育基地。

【典型意义】

检察机关高度重视中央生态环境保护督察反馈问题，在办案中坚持“恢复性司法”理念。发挥“公益 + 刑事”横向一体化办案优势，介入侦查，引导取证，并加强与相关行政机关的协作配合，打好维护公益的“组合拳”。在有效打击违法犯罪的同时，要求违法主体承担生态环境损害责任，切实维护了国家利益和社会公共利益，为深入推进生态文明建设贡献了检察力量。

江西省宜春市人民检察院
督促整治袁河沿岸非法采砂行政公益诉讼案

【关键词】

行政公益诉讼检察建议　群众投诉　非法采砂　检察职能协同　系统治理

【要　旨】

针对中央生态环境保护督察信访件反映的非法采砂问题，检察机关依法履职，加强公益诉讼检察与刑事检察协同，督促行政机关依法全面履职的同时依法开展刑事立案监督，追究违法行为主体刑事责任和生态环境损害责任。

【基本案情】

2009 年以来，潘某纠集宜春市袁州区西村镇范某等 10 余人，借开办休闲农庄的名义在浙赣铁路与袁河河堤之间长期非法采砂，其在附近经营的砂石加工厂违法排放致使河道堵塞且严重污染环境。行政机关虽然进行了调查并督促整改，但非法采砂问题仍然延续，部分河堤被毁损，造成生态环境破坏且危及铁路安全。

【调查和督促履职】

2021 年 4 月，第二轮中央生态环境保护督察信访件反映了该问题。收到交办信访件后，江西省宜春市人民检察院（以下简称宜春市院）通过 12345 政府服务平台查询到，2021 年 5 月至 2021 年 11 月，针对涉案区域非法采砂问题的投诉多达 17 条。2021 年 11 月，宜春市院实地走访发现多辆大型挖掘机正在采砂，现场已形成 50 余亩、深达 10 余米的矿坑。因问题线索复杂，当地群众反映强烈，宜春市院决定直接以行政公益诉讼立案办理。经调取砂石加工企业和销售企业进料、销售记录，查询砂石运输车辆行车轨迹，委托对非法采砂持续时间、采砂区域面积变化等进行卫星遥感监测分析等，宜春市院最终查明潘某、范某等人以开办休闲农庄的名义，在西村镇西村村长期非法采砂，开采面积达 38594 平方米，开采砂石超过 20 万吨，部分河堤被损毁，严重破坏了当地生态环境，国家矿产资源受到损失。

2021 年 11 月 30 日，宜春市院向宜春市水利局制发检察建议，督促其履行监管职责。因采砂点临近袁河沿岸且开挖面积较大，水利部门及自然资源部门负有不同监管职责，为督促两部门协同履职，2022 年 1 月 7 日，宜春市院组织召开听证会，进一步厘清了两个部门的监管职责。同年 1 月 11 日，宜春市院向宜春市自然资源局发出检察建议，督促其依法履职。因案涉非法采砂问题持续时间长、涉及金额大且生态破坏严重，宜春市院同时将检察建议抄送市河长办。宜春市水利局、宜春市自然资源局高度重视，联合对非法采砂点进行查处，责令非法采砂点全部停止开采，并督促违法行为人采取推平围堰等方式对沿岸河滩、草地进行生态修复。

为强化公益保护效果，宜春市院公益诉讼检察部门将相关人员涉嫌非法采矿犯罪线索向刑事检察部门移送。刑事检察部门收到线索后及时启动立案监督，促使公安机关立案 1 件 17 人。针对非法采砂造成的生态环境损害问题，宜春市袁州区人民检察院提起刑事附带民事公益诉讼，诉请赔偿生态修复费用 430 余万元。

在个案办理的基础上，宜春市院在全市部署开展非法采矿破坏生态环境公益诉讼专项监督活动，目前已立案行政公益诉讼案件 20 件，挽回被非法开采的矿产资源 9.36 万吨，恢复治理林地、耕地 197.4 亩。同时，创新运用“检察建议 + 调研报告”办案模式，向市委、市政府呈报专项调研报告，得到了市委、市政府主要领导批示肯定。

【典型意义】

检察机关主动从中央生态环境保护督察信访件中排查发现群众反复举报的“老大难”问题，立足检察职能，着力推动问题整改。针对行政机关职能交叉、整改落实不及时问题，通过行政公益诉讼检察建议、公开听证等督促行政机关全面协同履职。办案中，注重检察职能衔接融合，监督公安机关刑事立案，同步介入引导侦查，全面调查取证，依法提起刑事附带民事公益诉讼，形成公益保护合力。

浙江省龙港市人民检察院督促整治新城围垦区垃圾堆放点污染环境行政公益诉讼案

【关键词】

行政公益诉讼检察建议　垃圾堆放点污染　暂缓立案跟进监督　协同履职

【要　旨】

当社会公共利益受损，行政机关启动整改工作时，检察机关可暂缓立案并跟进监督。当发现行政机关整改不到位、不彻底时，应及时督促有关部门积极履职，确保整改实效。

【基本案情】

浙江省龙港市新城围垦区垃圾堆放点系配合苍南垃圾发电厂扩容技改提升而设置的临时堆放点，自2016年4月开始堆放，占地5万平方米。2018年8月，第三方公司根据处置协议启动对堆放点垃圾进行焚烧处理，后因未达技术要求，而停止裂解处置。2020年9月，第二轮中央生态环境保护督察指出，该围垦区堆放点堆存近20万吨生活垃圾，对周边生态环境造成严重破坏。

【调查和督促履职】

本案线索由中央生态环境保护督察办公室向最高人民检察院移送。2021年4月，最高人民检察院将该案逐级交由浙江省龙港市人民检察院（以下简称龙港市院）办理。龙港市院收到交办线索后，通过现场勘查、实地走访、调取书证、询问相关人员等方式调查取证，跟进了解督察问题和行政机关履职情况。经调查查明，龙港市综合行政执法局对案件涉及的垃圾处置负有统一监管职责，该局已启动清运工作。鉴于行政机关已经开始履职，龙港市院决定暂缓立案。

2021 年 7 月 5 日，龙港市院再次现场勘查发现堆放点未得到有效整治，剩余垃圾体量仍然庞大，社会公共利益持续处于受侵害状态。对此，龙港市院及时以行政公益诉讼立案办理。同年 7 月 7 日，龙港市院向龙港市综合行政执法局制发检察建议，建议该局加快垃圾堆放点存量垃圾的处理工作，减少垃圾堆放点对周边环境造成的影响。

因行政机关职责交叉，检察建议发出后，龙港市院两次组织龙港市综合行政执法局、龙港市自然资源与规划建设局、龙港市新城开发建设中心等单位召开座谈协商会议，研究处置意见。在检察机关的推动下，上述单位积极协同履职，联合开展专项整治行动。截止到 2021 年 7 月底，垃圾清运工作已全部完成，累计清理处置垃圾 28.575 万吨。

经检察机关督促推动，龙港市综合行政执法局加大对随意倾倒垃圾等污染环境案件的办案力度，并建立智慧渣土管理系统，加强对渣土运输公司及车辆管控，实现从城市治理到城市“智”理的升级。2022 年 1 月，龙港市院再次与龙港市综合行政执法局、龙港市自然资源与规划建设局、龙港市新城开发建设中心等单位座谈，共同推动龙港市人民政府在龙港新城设立多处垃圾消纳场，从源头上解决垃圾倾倒治理难题。

【典型意义】

龙港作为全国首个“镇改市”和全国新型城镇化改革的策源地，撤镇设市后生态环境基础设施较为薄弱。中央生态环境保护督察指出垃圾堆放点污染环境问题后，检察机关及时跟进了解督察整改进展，在行政机关已经开始整改的情况下，暂缓立案。当发现行政机关整改不及时、不彻底时，及时启动行政公益诉讼，督促其依法全面履职。办案的同时，检察机关积极推动建立正规垃圾消纳场，从源头上解决垃圾处理无序问题，助推新型城镇化建设。

上海市松江区人民检察院督促整治小昆山镇垃圾填埋场污染环境行政公益诉讼案

【关键词】

行政公益诉讼磋商　垃圾填埋场污染　氨氮超标　整改责任落实　饮用水水源保护

【要　旨】

针对行政机关落实中央生态环境保护督察整改要求进度缓慢，致使社会公共利益持续受损的问题，检察机关积极与行政机关沟通并跟进监督，督促行政机关及时完成修复整治工作。

【基本案情】

上海市松江区小昆山镇生活垃圾填埋场位于黄浦江上游斜塘支流边，所在区域被划入黄浦江上游饮用水水源二级保护区，占地25亩，2000年投入使用，2010年底停用，累计堆放生活垃圾8.5万吨。2011年封场时仅作简单覆土掩埋，无防渗措施，也无渗滤液导流处理设施。2019年4月，第二轮中央生态环境保护督察指出，该场周边水沟内废水氨氮浓度为143毫克/升，是地表水V类标准71.5倍。水沟与附近河道连通，垃圾渗滤液会影响周边水体，对饮用水水源地产生安全隐患。

【调查和督促履职】

本案线索由中央生态环境保护督察办公室向最高人民检察院移送。2020年3月，上海市人民检察院将该案转交松江区人民检察院（以下简称松江区院）办理。松江区院经初步调查查明，松江区小昆山镇人民政府（以下简称小昆山镇政府）负责该垃圾填埋场的整治工作，其虽组织开展了相关工作，但项目招投标以及进场施工等实质性工作未如期推进，公益侵害尚未消除。

2020 年 4 月 3 日，松江区院决定以行政公益诉讼立案。经查，2019 年 1 月和 5 月，松江区相关职能部门先后函告小昆山镇政府涉案垃圾填埋场存在环境污染隐患。2019 年 10 月，上海市生态环境保护督察整改办就上述问题发出书面通知。2019 年 10 月至 11 月，小昆山镇政府委托专业单位对堆场及周边环境现状进行监测。同年 12 月，松江区人民政府要求加快整治力度，进一步明确整治主体责任及整治进度。根据安排，小昆山镇政府应于 2020 年 1 月完成整治工程设计并通过环保评审，2020 年 2 月启动项目招投标。但至 2020 年 4 月松江区院立案前，整治方案仍未最终确定，相关整治工作亦未能按期推进。对此，松江区院先后三次与小昆山镇政府磋商沟通，详细了解整治工作未能按期推进的原因，督促其及时依法履职，并就开挖整治可能存在二次污染问题建议其完善整治方案。2020 年 6 月 24 日，松江区院与小昆山镇政府达成由小昆山镇政府按照整治方案确定的时间节点推进落实、开挖清运垃圾过程中重点防治二次污染等磋商意见。

2020 年 7 月至 9 月，小昆山镇政府组织挖掘清运固体废物 19.51 万吨，规范处置渗滤液 2.68 万吨，回填土方 11.63 万立方米。场地平整后，小昆山镇政府会同松江区生态环境局、松江区绿化和市容局等有关职能部门组织专家进行环境检测和工程验收，并邀请松江区院现场“回头看”。经检测，地下水指标数据下降明显，基本达标。目前，该处开展了复绿工程，在原地规划建造了开放式林地，成为周边居民休闲娱乐的活动场所。

【典型意义】

小昆山镇垃圾填埋场属历史遗留问题，地处黄浦江上游饮用水水源二级保护区内、紧邻河道和高速公路。针对中央生态环境保护督察披露的该问题，检察机关在了解到相关部门整改进度缓慢、整治工作尚未实质性推动后，依法启动行政公益诉讼程序，督促整改落实。检察机关数次赴现场勘查，与行政机关同向发力，并提出完善整治方案的建议，助推其及时开展整治工作，实现了对黄浦江上游饮用水水源地的有效保护。

湖南省检察机关监督支持湘西州人民政府对某锰业公司开展生态环境损害赔偿案

【关键词】

生态环境损害赔偿　“锰三角”治理　一体化办案　社会治理检察建议

【要　旨】

针对中央生态环境保护督察发现的历史遗留问题，检察机关应依法能动履行公益诉讼职责，积极融入地方党政督察整改统一部署，监督支持行政机关开展生态环境损害赔偿。

【基本案情】

湖南省湘西土家族苗族自治州花垣县某锰业公司距离长江支流西水（花垣河）不到200米，系花垣县“锰三角”一家电解锰企业，配套建有一期库用于堆放锰渣。因一期库出现环境安全风险被要求整治，该公司于2010年紧挨一期库修建了二期库，用于处理解决一期库库底出现的地下水隐患问题。2014年，因锰渣量增加、地下水丰富等原因，二期库库底引水管破裂致渗滤液总锰、氨氮超标排放至花垣河，该公司自此停产无力治理。2017年5月、2020年2月、2021年5月，第一轮、第二轮中央生态环境保护督察及长江经济带生态警示片均指出该锰渣库污染环境问题。

【调查和诉讼】

本案线索由中央生态环境保护督察办公室向最高人民检察院移送。2020年2月，最高人民检察院将该案逐级交由湖南省湘西土家族苗族自治州人民检察院（以下简称湘西州院）办理。湘西州院经初步调查，于2021年4月27日以民事公益诉讼立案。调查中，检察机关查明花垣县人民政府委托第三方施工完成二期库44.9万吨锰渣的回采、转运、填埋治理工程。

2022年5月，湖南省人民检察院（以下简称湖南省院）根据湖南省委工作部署，进驻花垣县开展“锰三角”矿业污染综合整治专项工作，并将本案列为重点案件，成立专案组集中办理。专案组通过调取执法台账与环评、设计、施工等书证资料、询问相关人员、现场勘验、委托鉴定与检测等方式全面调查收集证据，查明案件事实和生态环境损害金额。同时，将该公司涉嫌污染环境犯罪线索移送刑事检察部门（目前湘西州院已监督公安机关立案）。随后，专案组召开案情通报会、沟通协调会和公开听证会等广泛听取各方意见。该公司对检察机关调查认定的案件事实及相关证据表示认同，并表示愿意承担环境损害赔偿责任。湖南省院研判后认为，由政府启动生态环境损害赔偿，不仅能使政府担起主管责任，还能使企业负起治理主体责任。2022年6月22日，湖南省院函告湖南省生态环境损害赔偿改革领导小组办公室（以下简称湖南省环赔办）和湘西土家族苗族自治州人民政府（以下简称湘西州政府），督促湘西州政府对该公司启动生态环境损害赔偿。

收到督促函后，湖南省环赔办积极沟通衔接并致函湘西州政府启动生态环境损害赔偿。湘西州政府多次召开专题会议研究，指定湘西土家族苗族自治州生态环境局（以下简称湘西州生态环境局）负责具体磋商事宜，并复函请求检察机关给予支持。湖南省院、湘西州院全力支持，并出具《支持磋商意见书》。2022年7月26日，湘西州政府组织召开磋商会议，结合该公司过错程度、第三方治理及工程结算审核审计等情况，确定该公司应承担生态环境损害赔偿费用共计3890.97万元。在检察机关的监督支持下，湘西州生态环境局与该公司达成生态环境损害赔偿协议。同年12月9日，湘西州中级人民法院对该赔偿协议予以司法确认。

2022年12月13日，湖南省院就花垣县“锰三角”矿业污染综合整治中存在的政策执行、产业引导、行业监管、规范执法、源头治理、责任追究等问题，向湘西州政府制发社会治理检察建议，建议其科学统筹谋划综合整治工作，推动矿业经济绿色转型发展。

【典型意义】

湖南省检察机关聚焦中央生态环境保护督察、长江经济带生态警示片披露的花垣县“锰三角”矿业污染历史遗留问题，立足公益诉讼检察职能，全面摸排起底、调查核实，全方位、全过程监督支持州政府开展生态环境损害赔偿工作，促使企业主动承担生态环境损害赔偿责任，为有效推进“锰三角”矿业污染综合整治提供法治实践样本。湖南省检察院结合办案向湘西州政府制发社会治理检察建议，促进提升依法管矿、依法治矿能力。

七、检察机关服务保障碳达峰碳中和典型案例

（2023 年 6 月 5 日）

检察机关服务保障碳达峰碳中和典型案例发布说明

实现碳达峰碳中和，是以习近平同志为核心的党中央统筹国内国际两个大局作出的重大战略决策。党的二十大明确要求积极稳妥推进碳达峰碳中和。全国检察机关积极稳妥开展涉碳领域办案工作，为推进生态优先、节约集约、绿色低碳发展提供法治保障。最高检本次发布检察机关服务保障碳达峰碳中和典型案例 10 件，涉及破坏林地湿地、危害国家重点保护野生植物、非法篡改环境检测设备数据、非法排放温室气体、违规拆解报废机动车、非法倾倒污泥等领域问题。主要有以下特点：

一是贯彻最严格制度最严密法治要求，依法保护生态系统固碳功能。森林、草原、湿地、海洋等是碳汇系统的重要组成部分。检察机关融合发挥刑事、公益诉讼等检察职能作用，助力山水林田湖草沙一体化保护修复，巩固提升生态碳汇能力。山东省荣成市检察院办理张某等 14 人非法捕捞水产品掩饰、隐瞒犯罪所得刑事附带民事公益诉讼案时，积极运用“刑事打击 + 公益诉讼 + 生态环境修复”模式，探索使用海草种植作为补充替代性修复方式，有效发挥海草固碳释氧能力和资源养护优势，改善近海生态系统服务功能。

二是开展应对气候变化检察履职，推动治理非法排放温室气体问题。气候变化是人类面临的全球性问题，控制温室气体排放、推进绿色低碳技术创新，已成为社会共识。检察机关聚焦高耗能高碳排放项目建设、能源运输等行业领域问题依法履职，取得务实成效。陕西省志丹县检察院针对运输槽车擅自开阀泄压排放气化天然气（简称 BOG）影响大气环境及公共安全隐患问题，依法开展行政公益诉讼，推动公安、生态环境、应急管理、交通运输等部门联合整治，并完善相关监管机制。在各方共同努力下，偷排现象基本杜绝，2022 年 5 月至 6 月，进入志丹县 BOG 回收企业的液化天然气槽车数量同比增加9倍，回收的BOG同比增长9倍。

三是深入践行恢复性司法理念，探索适用认购碳汇方式履行生态损害赔偿责任。生态环境司法主要目标是修复生态、保护环境公共利益。检察机关在办案中引入“碳汇”修复理念，探索适用认购碳汇替代生态损害赔偿，破解原地难以补植复绿、生态服务功能期间损失无法修复、当事人修复能力不足等难题。贵州省剑河县检察院针对某水投公司水库项目非法占用林地问题，依法办理民事公益诉讼案。该公司委托第三方公司编制方案，投入资金34.3万元，补植树木4800余株，播撒草种100多千克，并自愿认购1423.7吨碳减排量，弥补生态服务功能期间损失。

四是助推减污降碳协同增效，促进提升绿色低碳发展水平。完整准确全面贯彻新发展理念，依法惩治生态环境违法犯罪的同时，引导企业绿色转型，协同推进降碳、减污、扩绿、增长。江苏省沭阳县检察院针对篡改环境监测设备数据以及违规排放污染物等违法行为，督促支持行政机关与涉案企业开展生态环境损害赔偿磋商，引导企业采取替代性修复方式，有序开展光伏发电项目、余热发电项目及提标改造项目等节能降碳技术改造与清洁化改造，促进绿色转型。

陕西省志丹县人民检察院督促整治运输槽车非法排放气化天然气行政公益诉讼案

【关键词】

行政公益诉讼磋商　非法排放温室气体　安全隐患　系统整治

【要　旨】

针对运输槽车擅自将气化天然气（以下简称 BOG）排放至大气中，增加温室气体排放，造成公共安全隐患问题，检察机关可以督促行政机关依法履行监管职责，推动运输槽车内残留的气化天然气规范回收处置，有效降低特定行业温室气体排放量，保护生态环境。

【基本案情】

BOG 的主要成分——甲烷是重要的优质气体燃料和化工原料，也是温室气体之一。2018 年，陕西省志丹县两家企业开始生产、销售液化天然气，天然气运输槽车将液化天然气运到目的地卸车后至再次充装前，槽车罐体内残留有因液化天然气相平衡或受热蒸发产生 BOG，且罐体内气压值超过槽车充装液化天然气时罐体气压 0.15—0.2MPaG 技术要求的 2 倍以上。部分天然气运输槽车司机为节省在回收站排队等待释压时间，在到达液化天然气装卸站之前擅自打开罐体泄压阀门，释放 BOG，降低罐体气压。上述行为违反大气污染防治法第四十九条关于可燃性气体应当回收利用的规定。经专家估算，仅 2021 年，在志丹县因液化天然气装车释放的 BOG 约为 3668 吨，增加了温室气体排放量；且甲烷遇明火易引发爆炸，威胁过往群众生命财产安全。

【检察履职情况】

2022 年 3 月，志丹县人大代表反映县城内液化天然气槽车非法排放 BOG，可能存在安全隐患、影响环境等问题。陕西省志丹县人民检察院（以下简称志丹县院）初步调查后，于同年3月24日决定立案。经现场勘查、询问相关人员、调取书证材料、委托专家出具专业意见等，查明了案件事实。

2022年4月13日，志丹县院组织延安市生态环境局志丹分局、志丹县公安局、志丹县应急管理局、志丹县交通运输局等部门以及液化天然气生产企业代表召开磋商会，就如何整治液化天然气槽车非法排放BOG进行磋商并达成共识。会后，上述4家行政机关联合印发《进一步加强液化天然气运输车辆乱排乱放BOG整治工作方案》，强化行政机关监管责任，明确全面落实液化天然气生产、运输、使用企业的主体责任，强调发挥BOG回收企业的作用。在行政机关履职监管下，液化天然气生产企业和运输企业签订《关于禁止液化天然气槽车司机私自排放BOG的协议》，严格执行运输车辆二次装车前必须持有BOG回收企业出具的卸压证明的规定。志丹县BOG回收企业通过增加1倍的泄压端口，对罐体残留BOG实行有偿回收等措施，引导、鼓励液化天然气槽车到站泄压。

整改后，公安机关和生态环境部门多次开展联合执法，对非法排放BOG行为开展突击检查，将在高速路口记录的液化天然气槽车压力表数值与BOG回收记录进行比对，未发现偷排现象。2022年7月12日，行政机关会同有关专家对BOG回收企业进行调研发现，2022年5月至6月进入志丹县BOG回收企业的液化天然气槽车数量以及回收的BOG气体同比均增加9倍以上。

2022年10月，陕西省延安市人民检察院结合本案反映的问题，会同有关行政机关赴辖区8个县区就BOG回收情况开展专题调研，形成报告报陕西省人民检察院和延安市委。2023年3月，陕西省人民检察院部署开展关中地区大气污染防治专项检察监督活动，将BOG回收问题作为一项监督重点，在全省范围内推动治理。

【典型意义】

液化天然气运输槽车擅自排放BOG，增加温室气体排放量的同时还造成公共安全隐患。检察机关在办案中践行绿色发展理念，通过磋商督促相关行政机关和市场主体多元共治、同题共答，推动企业主体建章立制，堵塞漏洞，引导液化天然气槽车司机到站规范泄压，实现运输槽车残留天然气回收利用，消除公共安全隐患，以检察履职推进减排降碳，助力绿色发展。

北京市密云区人民检察院
督促整治印刷企业排污行政公益诉讼案

【关键词】

行政公益诉讼检察建议　挥发性有机物　行业整治　“回头看”

【要　旨】

检察机关在办理行政公益诉讼案件时，针对某一行业领域内普遍存在的同类问题开展全面调查，督促行政机关进行整治，制止违法行为、加强日常监管，推动实现相关行业污染治理设施改造升级。

【基本案情】

挥发性有机物（以下简称 VOCs）是形成 PM2.5 和臭氧的重要前体物，具有光化学活性，管控不力易造成区域性温室气体污染。密云区十里堡镇是印刷企业集中区域，存在 VOCs 治理设施不达标问题，该镇印刷企业中有 3 家企业仅单一使用低效的光氧催化废气治理设施，有 5 家企业生产场所非甲烷总烃（指除甲烷外的可挥发碳氢化合物，属于 VOCs 的一种）浓度超标。相关印刷企业违反大气污染防治法第四十五条、北京市大气污染防治条例第二十七条关于挥发性有机物废气排放的相关规定，影响人民群众生命安全，损害了区域生态环境质量。

【检察履职情况】

北京市密云区人民检察院（以下简称密云区院）于 2021 年 2 月 9 日受理相关线索，经初步调查后于 3 月 2 日立案。调查期间，密云区院及时开展实地调查，走访企业 10 余家，并与相关人员核实情况，收集周边居民意见建议，对印刷企业存在的问题进行全面梳理，形成问题清单。积极与生态环境部门和属地政府等有关单位开展沟通座谈，了解印刷企业

VOCs治理设施简单低效及排放超标的现状、问题原因以及有关部门的监管履职情况。

2021年3月22日，密云区院向区生态环境局发出行政公益诉讼检察建议，建议其全面履行法定监管职责，对辖区内印刷企业违法排污情况进行查处，确保企业污染物达标排放。区生态环境局收到检察建议后高度重视，制定了涉挥发性有机物排放重点工业企业专项执法检查工作方案和整治方案，对辖区内的70家印刷企业进行全面排查和专项检查，委托北京市环境科学院对全区印刷企业进行调查评估，对5家企业拆除印刷生产设备进行疏解退出，对32家不具备印刷生产能力的企业责令关停，对33家企业进行技术改造升级。制定《密云区VOCs综合治理改造补助资金使用管理暂行办法》，对改造验收合格的印刷企业给予补助。通过全面检查、监测，严肃惩治违法违规企业，促使企业达标排放，同时组织企业开展行业培训，积极宣传引导，促进企业高质量发展。

2021年6月至2022年4月期间，密云区院对部分印刷企业整改工作开展情况、升级改造完成情况开展"回头看"。经现场走访了解，改造升级的33家企业全部验收合格，2家装订企业大气污染治理设施改造升级为活性炭吸附治理设施，31家包装印刷企业改造升级为活性炭吸附加催化燃烧治理设施，排放浓度全部符合国家印刷工业大气污染物排放标准。其中，1家规模较大的印刷企业在整改过程中陆续投入300余万元，进行密封性改造和局部围风改造，大幅提高前端废气收集率，并采用"多级过滤+吸附浓缩+催化燃烧"模式，大幅提升末端废气净化率。该企业经过VOCs治理设施的升级改造，非甲烷总烃排放浓度降低至北京市排放限值的一半，体现了高效治污水平。

【典型意义】

检察机关针对辖区内印刷企业普遍存在的VOCs治理设施不达标、违法排放废气等问题，推进履职方式由个案办理向类案监督、向系统治理创新发展。通过个案检察建议推动印刷企业排污问题集中整治，形成检察机关依法履职、行政机关依法行政、企业守法经营的良好局面。积极开展"回头看"工作，确保问题真整改、不反弹，助力实现减污降碳协同增效，促进生态环境质量持续改善。

湖北省人民检察院汉江分院督促整治
报废机动车回收拆解行业行政公益诉讼案

【关键词】

行政公益诉讼检察建议　废机动车回收拆解　氢氟碳化物　排放　公开听证

【要　旨】

针对报废机动车回收拆解行业无序发展问题，检察机关启动行政公益诉讼，采取检察建议、公开听证等方式督促相关部门履职。违法事项涉及多个行政机关监管职责的，主动争取党委政府支持，推动实现多部门联合治理、系统治理，引导地方报废机动车回收拆解行业绿色转型，规范发展循环经济。

【基本案情】

仙桃市长埫口镇 318 国道沿线有大量经营户无资质从事报废机动车回收拆解活动，由于工艺低级粗糙、缺乏环保设施，拆解过程中未依法处置或大量排放氯化氢、挥发性有机物、氢氟碳化物等有害物质，严重污染生态环境，不利于减污降碳，损害了国家利益和社会公共利益。

【检察履职情况】

2021 年 3 月初，湖北省仙桃市人民检察院（以下简称仙桃市院）在履职中发现本案线索，鉴于该线索牵涉面广，推动难度大，遂将线索移送湖北省人民检察院汉江分院（以下简称汉江分院）。汉江分院于 2021 年 3 月 26 日、4 月 12 日对仙桃市生态环境局、仙桃市商务局分别立案。经现场勘查、询问证人、调阅档案资料，查明仙桃市长埫口镇沿 318 国道西起石刭湾村东至黄益村，有 124 家报废机动车回收经营者无资质从事报废机动车回收拆解活动。现场电焊切割产生大量含氟化物、氯化物的废气未经处理直接排放，遇水蒸气后易形成酸雨，腐蚀植物；固体废物未堆放在专门场所、拆解的部分塑料橡胶制品直接焚烧，产生大量氯化氢等有害气体；挥发性有机物未得到专业处置，易产生细颗粒物 PM2.5 及臭氧，易引发灰霾、光化学烟雾等大气污染；报废机动车处理中产生的氢氟碳化物等温室气体未交由专业单位进行利用或无害化处置，违反了消耗臭氧层物质管理条例第二十条第二款相关规定。仙桃市生态环境局对经营主体违法处置废物、违法排污问题负有监管职责，仙桃市商务局对无证经营及擅自拆解零部件回收利用问题负有监管职责。

2021 年 3 月 30 日、4 月 20 日，汉江分院根据固体废物污染环境防治法、大气污染防治法、报废机动车回收管理办法等相关规定，分别向仙桃市生态环境局、仙桃市商务局制发检察建议。鉴于该产业涉及从业人员 2000 多人，仙桃市院主动向仙桃市委汇报。在仙桃市委市政府领导下，仙桃市生态环境局、商务局、市场监督管理局、长埫口镇人民政府等相关行政机关组成专班，制定专项整治方案。经过专项整治，124 家经营户中 46 户被取缔关停，78 户于 2021 年 6 月搬进环评达标且具备报废机动车拆解资质的某公司场地经营。各经营户原作业场地被污染的土壤得到了无害化处置，遗留的 2500 余吨固体废物被清运至仙桃市垃圾焚烧站，处置用于发电。

为妥善解决仙桃市报废机动车回收拆解行业发展中存在的资质经营、环境保护与居民就业问题，2021 年 8 月 4 日，汉江分院组织相关职能部门、人大代表、政协委员、人民监督员、经营业主和行业代表召开公开听证会，充分讨论如何规范本地报废机动车回收拆解行业。综合各方意见，2021 年 9 月 26 日，汉江分院向仙桃市人民政府制发社会治理检察建议，推进源头治理。仙桃市政府积极统筹谋划，通过综合行政执法监管、与经营业主进行多轮磋商等方式，强化了企业主体责任，优化了相关企业经营方案；吸收部分无资质经营者为其他企业员工，解决了就业问题；制定优惠政策，吸引 2 家有拆解资质的企业入驻，促使该地报废机动车回收拆解行业进入规范发展轨道。

【典型意义】

报废机动车回收拆解行业作为再生资源回收利用的循环经济，应优先采用资源回收率高、污染物排放量少的工艺和设备，严格控制氯化氢、挥发性有机物、氢氟碳化物等物质的排放，防范二次污染。检察机关在案件办理过程中，除督促相关行政主管部门依法对报废机动车回收拆解行业进行整改外，还引入公众评价机制，召开公开听证会，形成法律监督合力，有效督促行政机关进行系统治理，促进地方产业绿色转型，降低地区碳排放，服务经济社会高质量发展大局。

山东省青岛市黄岛区人民检察院督促整治污泥污染环境行政公益诉讼案

【关键词】

行政公益诉讼检察建议　污泥污染　资源化利用　减污降碳

【要　旨】

针对违法行为人非法倾倒污泥长期污染生态环境问题，检察机关通过行政公益诉讼督促行政主管部门依法履行监管职责，采取有效举措消除污染。结合办案，助推行政机关制定污泥处置减污降碳方案，实现污泥的无害化处置、资源化利用和低碳化排放。

【基本案情】

青岛市黄岛区污水处理厂产生的污泥经某生物质厂压滤后运往热电厂进行焚烧处理，进而实现无害化处置。后因污泥数量过大，热电厂无法全部消化处置，该生物质厂又无污泥存储场地，该厂经理刘某遂安排崔某某将污泥外运非法倾倒。2021年5月至6月期间，崔某某指使仲某等人将涉案污泥倾倒在黄岛区部分村落周边的矿坑、林地和荒山等地点，面积约1000余平方米，共计9000余吨。上述非法倾倒污泥的行为违反固体废物污染环境防治法的相关规定，严重污染环境，损害社会公共利益。经鉴定，非法倾倒污泥造成的生态环境损害价值总计471.97万元。

【检察履职情况】

2022年9月1日，青岛市公安局黄岛分局将仲某等5人涉嫌污染环境罪一案移送山东省青岛市黄岛区人民检察院（以下简称黄岛区院）审查起诉。经调查发现，涉案污泥主要为工业污泥，含有的重金属、有机污染物等有害物质长期暴露在环境中会逐渐释放进入土壤等环境介质中，影响环境安全和人体健康；裸露在空气中的污泥在厌氧发酵过程中释放的二氧化碳、甲烷等气体会加重温室效应，对生态环境造成损害。

2022年11月8日，生态损害赔偿权利人即黄岛区人民政府启动生态环境损害赔偿程序，黄岛区院支持参与生态损害赔偿磋商会议，督促赔偿权利人追加上述生物质厂为赔偿义务人，赔偿权利人采纳了检察机关上述意见。黄岛区院在后续跟进监督中发现，现场污泥一直未得到及时全面清理，严重影响周边生态环境。青岛市生态环境局黄岛区分局（以下简称区生态环境分局）作为赔偿权利人指定的部门具体负责生态损害赔偿工作，同时其作为辖区内环境保护主管部门，对破坏生态环境行为具有监督管理职责，其未依法履行污染物监管及处置职责，致使社会公共利益持续处于受侵害状态。

黄岛区院于2023年1月11日决定行政公益诉讼立案，于同年1月31日向区生态环境分局发出检察建议，建议其依法履职，确保污泥得到及时清理。区生态环境分局收到建议后立即开展调查工作并督促相关主体继续进行清理、修复工作，并推动于同年2月17日达成生态环境损害赔偿协议。赔偿义务人修复完成后经第三方机构评估验收，被污染的环境得到有效修复。对于不能恢复原有功能的部分，根据评估意见，赔偿义务人缴纳生态环境损害赔偿金16万元。

黄岛区院在办案中发现，非法倾倒污泥问题的出现既与行政机关监管不力有关，也与污泥处理能力不足和资源化利用率低密切相关。因污泥无法独立燃烧，该区污泥处置主要采取污泥与煤炭混合焚烧方式，每年产生二氧化碳约100万吨。为提升减污降碳效果，黄岛区院于2023年1月31日向城市管理局发出检察建议，建议其对辖区污泥去向、用途和用量进行全过程管控，采取措施实现污泥源头减量、资源利用和低碳排放。2023年2月24日，黄岛区院召开听证会，就污泥无害化处置和资源化利用等问题听取政协委员、人民监督员、听证员等各方意见。听证会后，城市管理局制定专门方案：由生物质厂与静脉产业园垃圾焚烧企业以干化后污泥与生活垃圾协同焚烧方式实现污泥无害化处置和资源化利用，产生的无机渣土用于制作“加气砖”等建筑材料和水泥辅料等，焚烧产生的热能、蒸汽用于发电、轮胎生产等，实现污泥变废为宝。

经协同焚烧实验，共焚烧含水率40%的污泥964.32吨，含水率60%的污泥573.12吨，各项环保指标均达国家标准。经专业机构测算，此种焚烧方式产生的二氧化碳年排放量与污泥煤炭混合焚烧方式相比将减少50%左右。2023年4月21日，黄岛区人民政府召开专项会议通过上述方案，并参考2019年至2021年污泥处置成本审计成果，提高污泥处置费用，提升污泥处置企业积极性。黄岛区的污泥处置特许经营企业将投入约4000万元用于污泥处置设施升级改造，项目正式运营后日均污泥处置能力将由300吨提升至600吨，年无害化处置能力将超过20万吨，实现辖区污泥“日产日清”。

【典型意义】

工业污泥含有的有害物质会影响环境安全和人体健康，裸露在空气中的污泥在厌氧发酵过程中释放的二氧化碳、甲烷等是温室气体的重要来源。对于非法倾倒污泥行为，检察机关及时督促行政机关全面落实生态修复责任。针对辖区污泥处置能力不足、资源化利用率低和传统焚烧方式不利于实现降碳目标等问题，检察机关邀请政协委员等参与办案，合力推动辖区内污泥实现无害化处理、资源化利用和低碳化排放，以高质效办案助力非法倾倒污泥问题实现源头治理。

吉林省通榆县人民检察院
督促保护向海湿地行政公益诉讼案

【关键词】

行政公益诉讼检察建议　湿地保护　固碳释氧　特邀检察官助理

【要　旨】

针对非法破坏湿地生态资源，导致湿地固碳功能和碳汇潜力下降的问题，检察机关可以通过行政公益诉讼督促行政职能部门依法履行监管职责，推动完善常态化机制，保护湿地固碳释氧生态服务功能。

【基本案情】

吉林向海湿地位于吉林省通榆县西北部，总面积 105467 公顷，其中湿地面积 11369.47 公顷，是第一批被列入国家重要湿地名录的湿地之一，在应对气候变化方面发挥重要固碳释氧服务功能。向海湿地生态系统相对脆弱，但违法开垦湿地的行为时有发生，导致湿地面积减少，部分地区出现沙化现象，严重影响湿地固碳功能和碳汇潜力。

【检察履职情况】

2023 年 3 月，吉林省白城市人民检察院（以下简称白城市院）通过建立的“湿地保护天眼”空天大数据应用平台，运用卫星遥感技术巡查发现向海湿地被违法开垦的公益诉讼案件线索。鉴于向海湿地地处通榆县辖区内，白城市院遂将案件线索交由吉林省白城市通榆县人民检察院（以下简称通榆县院）办理。

2023 年 4 月 12 日，通榆县院决定对本案线索进行立案调查。经现场勘查、询问相关人员、委托专业机构对卫星遥感数据信息进行解读分析等，查明被违法开垦破坏湿地面积为 105.667 亩；同时邀请具有专门知识的特邀检察官助理参与办案，对湿地界定规则、湿地受损程度、湿地恢复方式等问题进行辅助指导。

根据自然保护区条例第二十二条、吉林向海国家级自然保护区管理条例第五条之规定，吉林向海国家级自然保护区管理局（以下简称向海保护区管理局）对向海湿地非法开垦具有行政监管职责。该局未全面履行案涉围垦湿地保护监管职责，致使湿地生态破坏，湿地固碳功能和碳汇潜力减弱，公共利益受到侵害。2023年4月21日，通榆县院依法对向海保护区管理局制发检察建议，督促其立即依法采取有效措施，恢复被破坏的湿地。

收到检察建议后，向海保护区管理局高度重视，立即组织专家、工作人员多次赴现场实地调查。经专家评估，因案涉湿地已被耕种，湿地表层被破坏，无法自然恢复生态服务功能，但案涉违法情形出现时间较短，播撒草籽能够在较短的几个月内恢复湿地受损植被，湿地期间服务功能损失较小，建议通过播撒草籽等方式进行人工恢复。

2023年4月25日，向海保护区管理局对案涉违法行为人进行行政罚款，通榆县院将案件线索移送至吉林省向海森林公安分局立案侦查。2023年5月14日，向海保护区管理局依据专家意见督促违法行为人对案涉105.667亩湿地播撒草籽，完成了人工恢复。2023年5月19日，通榆县院与向海保护区管理局共同对恢复成效进行了验收。

为加强湿地保护，吉林省人民检察院结合本案中发现的湿地围垦问题，以立法建议形式积极推动吉林省湿地保护条例修订，完善湿地保护地方立法。

【典型意义】

湿地是碳汇系统的重要组成部分，对缓解全球气候变化，实现我国“双碳”目标具有重要意义。检察机关通过空天大数据应用平台发现公益诉讼线索；依法督促行政机关履行湿地保护职责，促进湿地固碳释氧生态系统服务功能，展现了检察公益诉讼在服务“双碳”战略方面的积极担当和作为。

江苏省沭阳县人民检察院监督支持生态环境部门对某新材料公司开展生态环境损害赔偿民事公益诉讼案

【关键词】

民事公益诉讼　支持磋商　篡改环境监测设备数据　替代性修复

【要　旨】

针对企业篡改环境监测设备参数、超标排污等违法行为，检察机关充分发挥公益诉讼检察职能，督促支持生态环境部门启动生态损害赔偿磋商程序，要求涉案企业严格遵守环境保护相关法律规范，减少大气污染物与温室气体的排放，承担环境损害赔偿责任，同时引导其开展节能降碳技术改造，实现企业绿色转型。

【基本案情】

2021年6月27日，沭阳县生态环境局执法人员对沭阳某新材料公司现场检查时发现，该公司废气自动监测设备分析仪、工控机和数采仪均存在篡改参数情况，其中二氧化硫校准曲线、氮氧化物、氧含量量程、尘度系数、烟道截面积、标准过量空气系数等参数多次被修改。上述行为违反了环境保护法关于严禁篡改、伪造监测数据的有关规定。后沭阳县生态环境局委托第三方检测机构对该公司玻璃熔窑废气排放口进行采样检测，检测结果表明玻璃熔窑排放废气中主要污染物颗粒物、二氧化硫和氮氧化物均超标。氮氧化物中的氧化亚氮系温室气体之一，其升温潜能是二氧化碳的300倍。经检测机构评估，该公司排放废气造成生态环境损害数额为583万元。

【检察履职情况】

2021年10月27日，江苏省沭阳县人民检察院（以下简称沭阳县院）决定民事公益诉讼立案。经调查，案发后该公司已从燃烧重油转为燃烧天然气，废气自动监测设备分析仪、工控机和数采仪设备参数均已恢复，处于正常运转状态。同年10月29日，生态环境部门启动生态损害赔偿程序。同年12月31日，宿迁市生态环境局组织召开生态环境损害赔偿磋商会，沭阳县院参与支持磋商，并从侵权法律适用、生态环境侵权责任承担方式等方面发表意见，促进达成生态环境损害赔偿协议：该公司向宿迁市财政局国库处分四期支付生态环境修复费用292万元；投资不少于291万元用于实施三个替代性修复项目，分别为光伏发电项目、余热发电项目及提标改造项目，实施清洁化改造；对污染进行深度治理，提高企业清洁生产水平，实现经济效益、社会效益和环境效益共赢。该协议经江苏省南京市中级人民法院司法确认有效。

目前，该公司已如期缴纳前两期生态环境修复费用共计100万元；建成投入使用屋顶分布式光伏发电和玻璃熔窑烟气余热发电项目，2022年度光伏发电节约标准煤千余吨，减少二氧化碳排放量约17030吨；完成选择性催化还原废气超低排放提标改造项目，2022年度颗粒物、二氧化硫等废气减排量为446.13吨，氮氧化物减排量为653.88吨。

【典型意义】

重点排污单位依法安装环境自动监测设备，并与生态环境部门监控设备联网是相关法律规定的一项重要环境管理制度。检察机关针对篡改环境监测设备数据造成环境污染的行为，坚持生态修复优先，充分发挥公益诉讼职能，督促支持行政机关与涉案企业开展生态环境损害赔偿磋商，引导涉案企业采取替代性修复方式，有序开展节能降碳技术改造，有效减少二氧化碳、氮氧化物等气体排放，实现减污降碳协同增效，在经济发展中促进企业绿色转型、在绿色转型中实现更大发展。

贵州省剑河县人民检察院诉黔东南州某水投公司非法占用林地民事公益诉讼案

【关键词】

民事公益诉讼　非法占用林地　认购碳汇　生态损害赔偿

【要　旨】

违法行为人非法占用林地，导致林地固碳功能受到破坏，通过补植复绿无法弥补生态环境受到侵害至修复完成期间的服务功能损失的，可以以认购碳汇的方式承担生态环境损害赔偿责任。

【基本案情】

2020 年 5 月，黔东南州某水投公司作为剑河县南甲水库和黎平县长溪水库的项目业主方，在修建剑河县南甲水库、黎平县长溪水库项目过程中，超出征收范围非法占用林地。经鉴定，剑河县南甲水库项目非法占用林地共计 72.66 亩，黎平县长溪水库项目非法占用林地 16.3215 亩，造成林木蓄积量损失共 85.2 立方米。案发后，该公司补办了林地占用手续，涉案工程占地范围均获批准。

【检察履职情况】

2022 年 5 月 7 日，贵州省黔东南州剑河县人民检察院（以下简称剑河县院）在办理黔东南州某水投公司非法占用农用地刑事案件时发现，该水投公司非法占用林地的行为破坏生态环境，损害社会公共利益。因该水投公司非法占用两县辖区内林地，贵州省黔东南州人民检察院指定剑河县院进行管辖。剑河县院于 2022 年 6 月 9 日依法立案，并于次日履行公告程序，公告期内无法律规定的机关和社会组织提起诉讼。

剑河县院通过现场勘验、调取相关卷宗、询问相关人员等方式开展调查，查明：2020年5月，黔东南州某水投公司在修建剑河县南甲水库项目、黎平县长溪水库项目过程中，超出征收范围非法占用林地，后该公司委托第三方公司编制补植复绿方案，投入补植复绿资金34.3万元，补植树木4857株，播撒草种115千克，经林业部门验收合格。但该公司非法占用林地的行为，致使生态系统固碳调节服务功能损失，虽进行了补植复绿，但补种的树木为幼树，补植复绿周期长，固碳能力较低，造成了生态服务功能期间损失。

2022年12月29日，剑河县院邀请人大代表、社区代表作为听证员，办案民警、第三方评估人员、自然资源局、林业局、涉案工程所在地政府相关人员参与，就如何最大程度修复受损生态环境及涉案企业如何承担生态环境损害赔偿责任等问题进行公开听证。经听证一致认为，固碳能力等功能损失具有独立的生态价值，涉案企业应当依法承担民事责任，以购买碳汇方式赔偿生态服务功能损失切实可行。经释法说理，该水投公司表示愿意认购林业碳汇，用于对受损的生态环境进行修复。

根据《最高人民法院关于审理森林资源民事纠纷案件适用法律若干问题的解释》第十八条、第二十条的规定，剑河县院委托县林业局对黔东南州某水投公司非法占用林地造成的固碳释氧功能损失进行评估。根据委托，县林业局按剑河县2006—2016年造林碳汇项目（AR-CM-001-V01《碳汇造林项目方法学》）设计文本中碳减排量测算，黔东南州某水投公司违法占用林地造成碳汇功能损失为1423.70吨二氧化碳当量（tCO2-e），造成固碳释氧功能损失85422.24元。后剑河县院与该水投公司达成购买协议，并经人民法院司法确认。现该水投公司已自愿认购折合人民币85422.24元的碳减排量。

剑河县院以此为契机，与县林业局联合建立剑河县司法碳汇助推乡村振兴实践基地，推动剑河县委出台《关于支持检察机关开展碳汇检察工作的实施意见》，为检察办案适用认购碳汇替代生态损害赔偿提供政策支持；推动县人民政府出台《剑河县林业碳汇案件资金管理暂行办法》，规定涉林碳汇案件资金可以用于造林护林，助力乡村振兴。2023年3月，剑河县人民政府首次将包含本案在内的碳汇案件认购款13.7万元发放给林农用于造林护林，涉碳汇林144亩。

【典型意义】

非法占用林地行为严重影响林木的固碳释氧功能。为最大程度修复受损生态环境，弥补生态环境受到侵害至修复完成期间的服务功能损失，检察机关通过公开听证的方式广泛听取意见，本着当事人自愿原则，以认购碳汇的方式让涉案企业承担生态环境损害赔偿责任。检察机关在办案过程中与行政机关开展深入沟通协作，推动完善工作机制，规范碳汇基金管理和使用，释放“碳汇红利”，助力乡村振兴和生态文明建设。

四川省雅安市某索道公司危害国家重点保护植物刑事附带民事公益诉讼案

【关键词】

危害国家重点保护植物罪　国家公园　珙桐　认购碳汇

【要　旨】

办理危害国家重点保护植物犯罪案件，检察机关要积极探索生态系统损害修复方式，在提出补种树木等修复方案的同时，还应综合考虑森林资源在固碳增汇方面的生态环境服务功能，以实现对受损林木资源和生态系统的双重保护。

【基本案情】

2018年11月27日，被告单位四川雅安某索道经营有限公司（以下简称索道公司）取得林业部门颁发的采伐许可证（可采伐杂木）后，在大熊猫国家公园四川片区范围内开展索道相关开发建设及运营工作。2019年7月至11月间，该索道公司在建设客运、货运索道的过程中，雇用当地村民对索道线路范围进行清表砍伐，公司负责人林某辉明知客运索道支架旁及货运索道线路清表范围内的植物包括国家一级重点保护野生植物珙桐，仍然指使当地村民砍伐所有树木，并就地掩埋或丢弃。经鉴定，本案共造成索道项目范围内40株珙桐被砍伐，当地森林生态系统环境损害量化价值达94万余元。

【检察履职情况】

2021年5月19日，荥经县公安局接群众实名举报对龙苍沟镇危害国家重点保护植物案立案侦查。根据《大熊猫国家公园四川片区环境资源刑事案件集中管辖事宜联席会议纪要》，荥经县公安局侦查终结后，于

2021 年 11 月 18 日移送西昌铁路运输检察院（以下简称西昌铁检院）审查起诉。

案件办理中，因索道公司对荥经县林业调查规划设计队出具的涉案珙桐株数的鉴定意见提出异议，西昌铁检院经审查并咨询四川农业大学植物保护学院专家，认为珙桐系丛生植物，索道公司提出异议有一定道理，遂于 2022 年 4 月 14 日重新委托四川楠山林业司法鉴定中心对被伐珙桐株数进行鉴定，并与鉴定人员赴案发现场综合评估，最终确认索道公司共造成 40 株珙桐被砍伐。同时发现，林某辉等人系受索道公司安排砍伐珙桐，本案为单位犯罪，遂追加索道公司为被告单位。

西昌铁检院审查后认为国家和公共利益受到严重损害，应当提起公益诉讼，经公告后，于 2022 年 7 月 18 日向成都铁路运输第二法院提起刑事附带民事公益诉讼，指控索道公司，负责人林某辉，民工胡某林、郑某祥、王某全、李某康构成危害国家重点保护植物罪，同时以公益诉讼起诉人身份请求法院判令索道公司承担生态环境修复责任。根据当地林业行政主管部门出具的意见，本案已不具备原址补种修复的条件，需进行异地、异种修复。故要求索道公司在林业行政主管部门指定地点——荥经县兰家山生态破坏警示林教育基地，补种胸径 12 厘米的小叶桢楠 51 株，并按照要求管护 3 年，确保存活率达到 80% 以上，如不履行，需承担生态环境修复费用 6 万余元；并诉求该公司承担违法行为导致的森林生态系统损害量化价值共计 94 万余元。

2022 年 10 月 21 日，成都铁路运输第二法院判决支持了西昌铁检院的全部诉讼请求，以危害国家重点保护植物罪，判处被告单位索道公司罚金十万元；林某辉有期徒刑三年六个月，并处罚金一万元；胡某林等 4 人有期徒刑一年六个月至一年不等，缓刑两年至一年不等，并处罚金二千元至一千元不等。被告单位索道公司和被告人林某辉等 5 人当庭认罪服判，森林生态系统损害赔偿款 94 万余元已全部缴纳，根据《最高人民法院关于审理森林资源民事纠纷案件适用法律若干问题的解释》第二十条的规定，该款专项用于购买经核证的林业碳汇 15000 吨。

【典型意义】

森林作为陆地生态系统的主体，是生态系统中最大的碳库。森林的固碳增汇功能是缓解大气二氧化碳浓度上升和全球气候变暖的有效途径。大熊猫国家公园横跨川陕甘三省，对加强大熊猫及其伞护的生物多样性和典型生态脆弱区整体保护、打造国家重要生态屏障意义重大。案发地位于大熊猫国家公园四川片区，是国内面积最大的野生珙桐连片分布地，具有重要的资源稀缺性和生物多样性价值。清表砍伐破坏了野生珙桐原生生态系统，直接导致森林固碳功能下降。本案中，检察机关综合运用刑事检察、公益诉讼检察等职能，既依法严惩破坏生态环境犯罪，又以补种树木方式替代性修复森林资源，还探索以认购核证林业碳汇方式赔偿森林生态系统服务功能损失，以司法碳汇的“刚需”，有效推动森林固碳功能修复和大熊猫国家公园生态补偿机制、生态产品价值实现机制落地落实。

江苏省苏州市江某子、盛某宾滥伐林木刑事附带民事公益诉讼案

【关键词】

刑事附带民事公益诉讼　滥伐林木罪　惩罚性赔偿　认购碳汇　替代性修复

【要　旨】

森林资源犯罪损害森林生态系统服务功能，检察机关应强化综合履职，在追究刑事责任的同时，提起刑事附带民事公益诉讼维护社会公共利益。检察机关可以综合森林生态受损程度、侵权人主观过错程度、修复方式等因素，依法适用惩罚性赔偿，合理确定赔偿系数。积极践行恢复性司法理念，规范运用认购林业碳汇、异地补植复绿等修复方式，维护太湖流域生态环境。

【基本案情】

江苏省苏州市虎丘区姚江山生态林带位于太湖流域。2021 年 12 月 1 日至 17 日，被告人江某子、盛某宾未取得林木采伐许可证，合伙从姚江山附近多名村民处购入香樟、玉兰等树木 396 棵，二人使用油锯进行砍伐后销售给长期从事木材经营的孟某。经鉴定，涉案林木的立木蓄积为 68.6287 立方米，生态环境损害金额为 148740 元，其中固碳生态服务功能损害金额为 7090 元。

【检察履职情况】

2021 年 12 月 24 日，苏州市林业局虎丘分局将江某子、盛某宾滥伐林木线索移送苏州市公安局虎丘分局。江苏省苏州市虎丘区人民检察院（以下简称虎丘区院）根据行刑衔接机制要求，提前介入并引导侦查，要

求对被砍伐林木的树种、数量、根径尺寸等重要证据勘查固定。同时，滥伐林木的行为严重损害森林资源，侵害国家和社会公共利益，应当承担对森林生态环境修复责任，检察机关于 2022 年 6 月 24 日进行民事公益诉讼立案，并委托上海环境科学研究院对生态环境损害金额进行评估。鉴定机构综合评估该案造成的生态环境损害金额为 148740 元，其中固碳生态服务功能损害金额为 7090 元。

2022 年 11 月 2 日，公安机关以江某子、盛某宾涉嫌滥伐林木罪、孟某涉嫌非法收购滥伐的林木罪移送审查起诉。针对被告人盛某宾提出有一周时间未参与砍伐不应承担相应责任的辩解，检察机关经审查认为盛某宾与江某子合伙砍伐林木，其在离开期间未阻止江某子继续滥伐林木，且返回后仍继续参与滥伐，应当对全部犯罪事实承担刑事责任。经释法说理，江某子、盛某宾、孟某三人均认罪认罚。鉴于孟某系收购林木，犯罪情节相对轻微，案发后主动认购碳汇 108 吨，并赔偿人民币 3 万元用于苏州市生态公益修复基地碳汇林植物养护，检察机关依法对其相对不起诉。被告人江某子、盛某宾滥伐林木行为严重损害太湖流域生态环境，虎丘区院于 2022 年 12 月 30 日向苏州市姑苏区人民法院提起刑事附带民事公益诉讼，指控二人构成滥伐林木罪，同时请求法院判令二被告承担生态环境修复责任。

检察机关认为，二被告未取得林木采伐许可证而多次持续砍伐太湖周边林木近 400 棵，具有破坏森林生态的故意且造成严重后果，结合其自愿认罪认罚、愿意修复环境，经济赔偿能力有限等情形，检察机关提出一定系数的惩罚性赔偿。

同时，检察机关经实地勘查评估，原址已被属地街道用于拆迁项目中树木移植，而异地补植复绿要达到砍伐前的树木径级和生态服务功能需 10 年左右，在此期间生态固碳损失可以通过认购碳汇形式实现。2023 年 3 月 10 日，经法院组织民事公益诉讼部分调解，检察机关与二被告达成调解协议，综合考虑原址无法完全修复、当事人从事林木收购相关职业具有补植复绿的便利条件等因素，由二被告通过认购碳汇、补植复绿、劳务代偿等方式替代履行生态环境损害费用及惩罚性赔偿费用共计 18 万余元。为保证认购碳汇程序规范，检察机关委托全国碳排放权交易市场上海环境能源交易所协助当事人认购经核证的林业碳汇并完成注销。目前，二被告已在苏州市生态资源公益修复基地（虎丘太湖片区）种植香樟等树木，并开展劳务代偿 52 个工时。

2023 年 3 月 31 日，姑苏区人民法院以滥伐林木罪分别判处江某子、盛某宾有期徒刑一年六个月、一年四个月，并处罚金人民币五千元、三千元，均适用缓刑。

【典型意义】

太湖流域沿湖生态林带属于山水林田湖草系统，对构建流域生态安全屏障意义重大。检察机关一体化发挥刑事检察和公益诉讼检察职能，综合考虑滥伐林木持续时间、森林生态受损程度、侵权人主观过错程度、修复方式等因素，严格适用惩罚性赔偿。检察机关自觉融入“双碳”国家战略，将生态服务功能损失量化，由当事人通过认购碳汇、补植复绿、劳务代偿的方式修复受损生态，有效解决了补种树木幼龄期固碳增汇能力缺失的问题。同时，依托长三角生态绿色一体化发展的区位优势，委托全国碳排放权交易市场协助认购经核证的林业碳汇项目，确保碳汇认购过程的合法、合规、高效、透明，为实现“双碳”国家战略和建设人与自然和谐共生的中国式现代化提供检察助力。

山东省荣成市张某等 14 人非法捕捞水产品掩饰、隐瞒犯罪所得刑事附带民事公益诉讼案

【关键词】

刑事附带民事公益诉讼　非法捕捞水产品罪　掩饰、隐瞒犯罪所得罪　海草种植　海洋渔业资源恢复

【要　旨】

检察机关在办理非法捕捞水产品案件时，应充分发挥“刑事打击 + 公益诉讼 + 生态环境修复”检察职能，在打击犯罪的同时，深入推进海洋生态环境修复，在增殖放流不足以修复海洋生态和保护海洋生物多样化的基础上，经科学论证可探索使用海草种植作为补充替代性修复方式，发挥海草“固碳释氧”的天然优势，改善近海生态系统服务功能。

【基本案情】

2022 年 5 月 20 日至 30 日期间，被告人张某、毕某卫等 10 人违反山东省 2022 年海洋伏季休渔制度，在禁渔期内驾驶两艘“三无”渔船到我国黄海海域 81 海区 4 次捕捞良鱼、刀鱼等重约 20700 斤，后销售获利共计 293800 元。其中，5 月 30 日 17 时许，张某临时联系刘某、许某松等 4 人帮忙转运非法捕捞渔获物途中被公安机关当场抓获，并在毕某卫箱式货车上查获 6120 斤新鲜良鱼，后进行了拍卖，经价格认定价值 110160 元。

【检察履职情况】

荣成市公安局于 2022 年 6 月 1 日立案侦查，8 月 17 日以张某、王某日涉嫌非法捕捞水产品罪提请山东省荣成市人民检察院（以下简称荣成市院）批准逮捕，8 月 24 日荣成市院以无社会危险性对张某、王某日作出不批准逮捕决定。9 月 29 日，荣成市公安局以张某等 5 人涉嫌非法捕捞

水产品罪，毕某卫、刘某等 9 人涉嫌掩饰、隐瞒犯罪所得罪移送荣成市院审查起诉。因非法捕捞水产品破坏海洋渔业资源，损害国家利益和社会公共利益，11 月 24 日，荣成市院刑检部门将线索移送公益诉讼检察部门立案调查，同时经审查认为，公安机关认定涉嫌掩饰、隐瞒犯罪所得罪的毕某卫等 5 人与张某等人在休渔前商定渔获物的转卸和出售事宜，构成非法捕捞水产品罪共犯，而刘某等 4 人系张某非法捕捞后临时联系转卸、收购，属于掩饰、隐瞒犯罪所得。2023 年 1 月 19 日，荣成市院以张某等 10 人涉嫌非法捕捞水产品罪，以刘某等 4 人涉嫌掩饰、隐瞒犯罪所得罪，依法向荣成市法院提起公诉。张某等人均自愿认罪认罚。

2023 年 2 月 1 日，对于本案造成的海洋渔业资源损害情况，荣成市院委托山东大学教授出具专家意见。根据农业农村部关于非法捕捞案件损害评估及修复办法等规定，专家提出采用增殖放流或者海草种植方式进行海洋渔业资源恢复或者赔偿修复费用 1060979.2 元。针对专家意见，荣成市院走访了海洋渔业部门，了解到增殖放流方式存在鱼苗种类单一、易损伤等问题，通过查询山东省农业农村厅、财政厅相关规定，确定可以通过栖息地修复等方式对水生生物资源进行修复，遂组织专家咨询会对海草床生态修复项目的可行性和必要性作研究论证。专家论证认为，种植海草有利于提升近海生态系统健康水平和服务功能，具有养护鱼类生长环境、促进海洋生物多样性发展的优势，同时具有较高的固碳能力，是重要的“蓝碳”生态系统。鳗草是温带优势海草种类和最主要的海草床生态修复物种，适宜威海近海海域种植。

2023 年 2 月 15 日，荣成市院依法对张某等 10 人提起刑事附带民事公益诉讼，请求判令：张某等人采用增殖放流或者海草种植的方法进行海洋渔业资源修复，如不能修复，赔偿修复费用 1060979.2 元，并向社会公开赔礼道歉。

2023 年 4 月 18 日，法院采纳检察机关指控意见和刑事附带民事公益诉讼请求，以非法捕捞水产品罪分别判处被告人张某等 10 人有期徒刑七个月至拘役三个月不等，适用缓刑并承担修复责任；以掩饰、隐瞒犯罪所得罪判处被告人刘某等 3 人罚金二万元；因许某松死亡终止审理。

判决后，检察机关跟进监督，现张某等 10 人已与鳗草种植试点单位荣成某集团签订了委托鳗草种植协议，并着手种植鳗草。

【典型意义】

非法捕捞水产品不仅破坏国家对水产资源的管理保护制度，造成渔业资源的流失，还会严重影响海洋生态环境良性、可持续发展。为有效打击犯罪，检察机关全面审查证据，根据事前是否存在通谋，准确认定行为人的犯罪性质，确保罚当其罪。在办案中强化内部监督线索移送，通过提起刑事附带民事公益诉讼，既发挥了刑事检察打击犯罪职能，又促使行为人承担生态损害赔偿责任，维护了国家和社会公共利益。在办理非法捕捞水产品案件时，在传统增殖放流修复方式基础上根据实际调研，探索创新海草种植修复方式，以达到养护鱼类生长环境，更好修复海洋生态的目的。检察机关结合本地海域特色，通过充分论证引导行为人采取增殖放流或海草种植方式修复近海生态环境，有效发挥海草固碳释氧能力和资源养护优势，遏制海草床退化，保护生物多样性，融入碳达峰碳中和国家战略。

八、督促整治非法采矿检察公益诉讼典型案例（第二批）

（2023 年 6 月 28 日）

聚焦民生关切　提升督促整治非法采矿公益诉讼案件办理质效

——最高检公益诉讼检察厅负责人就督促整治非法采矿检察公益诉讼典型案例答记者问

2023 年 6 月 28 日，最高人民检察院发布第二批督促整治非法采矿检察公益诉讼典型案例，引导各级检察机关继续加大办案力度，提升办案质效。最高检公益诉讼检察厅负责人就相关问题回答了记者提问。

问：最高检在 2022 年发布过一批督促整治非法采矿公益诉讼典型案例，此次又发布该领域的典型案例，出于何种考虑？

答：非法开采矿产资源不仅会造成国家资源损失，还会对生态环境造成破坏，甚至引发地质灾害风险和安全生产隐患，危害群众生命健康安全。习近平总书记多次对加强矿产资源合理开发利用、加强对非法采矿的整治作出批示，全国检察机关深入贯彻落实习近平法治思想和习近平生态文明思想，依法履职，办理了一批党委政府高度关注、代表委员关心关切、人民群众反映强烈的“硬骨头”案件，得到社会各界的肯定。

2022 年我们发布了一批督促整治非法采矿的典型案例，对全国检察机关办理该领域案件起到了引导作用。2023 年我们决定再发布一批典型案例，主要考虑以下几个方面的因素：

一是该领域中央高度关注，与人民群众利益密切相关，检察机关要持续发力，把该领域的案件办理作为一个重点，再发布一批典型案例就是清晰地释放这个信号。

二是 2022 年该批案例发布后，我们又办理了一大批该领域的案件，办案方式、办案效果都有新的变化，通过再发布一批典型案例，可以把这些新的变化和办案经验及时传导到各地。

三是该领域违法行为持续时间长，社会危害大，案件办理难度大，通过发布典型案例，不仅加大公益诉讼案件办理力度，还与刑事检察以及相关行政职能部门加强协作配合，通过共同履职形成对该领域违法犯罪行为的震慑态势。

问：从这批典型案例看，督促整治非法采矿检察公益诉讼办案工作有什么特点？

答：一是非法采矿行为类型多，表现形式多，违法行为较为隐蔽，案件线索不易被发现。非法开采矿产资源主要表现为无证开采、越界开采、以探代采、超期开采等，违法形式多样、交叉，不仅破坏矿产等自然资源、严重破坏生态环境，也造成国家矿产资源税收等国有财产流失，对社会危害极大。此次发布的典型案例也涉及对多种非法采矿行为的督促整治。如江西省萍乡市检察机关督促整治非法采矿行政公益诉讼案，就是针对行政机关对违法行为人超出批准范围开采矿产资源的行为怠于履职，检察机关通过提起行政公益诉讼，督促行政机关依法履职。

二是系列案效果较好。非法采矿领域案件常常牵涉较广，时间跨度大，违法行为人数多且构成刑事犯罪，不少案件还涉及黑恶势力，案件线索大部分来源于刑事案件，一个案件往往涉及很多被告。检察机关在办理案件过程中，需要对系列案件合并办理。通过系列案的办理，采用多种监督方式，充分发挥行政公益诉讼和民事公益诉讼不同的职能优势，并且与刑事检察部门、公安机关、自然资源主管部门等形成打击非法采矿的合力，充分体现检察融合履职作用。如广西壮族自治区防城港市防城区检察机关办理的胡某某等人非法采砂系列案，不仅以刑事附带民事公益诉讼的方式让违法行为人承担了非法采矿造成的生态环境功能损失费用，而且针对违法行为人的违法行为对自然资源局以行政公益诉讼立案，助推全区开展非法采矿专项整治，并推动防城港市人大将《禁止开采海砂的决定》纳入立法计划。

三是办理的非法采砂案件较多。就目前我们掌握的情况看，近年来检察机关办理的非法采矿领域案件中非法采砂案例占比较大，约占46%，说明这一类违法行为存在相当的普遍性，这批案例中也有体现。如安徽省芜湖市芜湖经济技术开发区检察院办理的彭某某等人非法采砂刑事附带民事公益诉讼案。

四是刑事附带民事公益诉讼案件占比较大。从数据看，该领域刑事附带民事公益诉讼案件的比例超过三分之一。这与非法采矿领域案件的特点有关，该领域案件多涉及刑事犯罪，案件线索多为公安机关或刑事检察部门移送，刑事附带民事公益诉讼案件占比较大也符合实际情况，我们这次发布的典型案例中刑事附带民事公益诉讼案件占比为 30%。

问：检察机关在办理案件的过程中是如何履职的？有哪些好的经验做法？

答：检察机关通过办案，督促行政机关依法履行职责，追究违法采矿行为主体民事侵权责任，关注受损生态的修复，把保护国家利益和公共利益作为我们办案的首要目标。

一是坚持依法履职，推进源头治理。非法采矿违法行为的侵害对象往往跨流域、跨地域，不仅限于一地。检察机关在办案中，一方面注重机制建设。如充分运用跨区域检察协作机制，通过建立线索移送、异地调查取证、案件联合会商等协作机制，实现资源共享、优势互补。另一方面突出检察一体化的优势，最大限度发挥各级检察机关的职能作用。纵向上下联动，通过督办、参办、提办、领办、交办等多种方式有效破解重大复杂案件办理中的难题的同时，横向融合履职，通过与刑事检察部门等内设机构的密切配合，确保了案件办理的效果。

二是凝聚公益保护各方合力，堵塞监管漏洞。由于非法采矿领域涉及的监管部门较多，涉及自然资源、水利、农业农村、生态环境等多个行政部门，就目前的法律、行政规章相关规定来看，各行政主管部门职责存在模糊交叉的地带，因此行政监管出现盲区的情况较为常见。检察机关通过办案促使行政机关厘清职责，各自依法履职的同时加强协作，形成保护矿产资源和生态环境的合力。如重庆市人民检察院第一分院督促治理洪水沉积砂及灾毁地复耕行政公益诉讼案，通过公益诉讼履职，促进有关职能部门从“缺位不管”到“补位都管”，探索建立了具有示范效应的全民所有自然资源缺乏监管主体时的所有者补位管理机制，并积极推动将灾毁地保护纳入地方立法规划。

三是借助科技“外脑”，拓宽线索来源和证据搜集渠道。非法采矿行为具有作案隐蔽、破坏范围大、损害结果严重等特点，线索发现和证据搜集是办案的关键。检察机关主动借力借智，加大科技办案能力，利用大数据、人工智能等高科技，助力实现高效、精准、深入监督。如浙江省嵊州市检察院坚持大数据赋能法律监督，研发非法采矿监督模型，把数字应用贯穿于线索搜集、分析研判、调查取证等全过程，破解了非法采矿违法行为隐蔽性强、打击难度大的难题。

四是坚持修复性司法理念，将保护公益放在首位。非法开采矿产资源往往对生态环境造成很大破坏，同时修复难度也很大。检察机关积极修复受损生态，高度关注受损公益的恢复，督促责任主体采取多种方式及时履行修复义务。如北京市门头沟区检察院办理的高某某等人非法采矿刑事附带民事公益诉讼案，为确保赔偿金额用于生态修复，会同法院、生态环境部门、财政部门对生态损害赔偿资金进行管理，确保生态环境资金专款专用，使修复工作顺利进行。

问：非法采矿领域问题多、办案任务重，下一步，检察机关将采取哪些措施继续推动该领域的办案工作？

答：2022年是检察机关的质量建设年，我们也一直高度关注案件办理质量。为了规范非法采矿领域办案流程，进一步提高办案质效，我们起草了督促整治非法采矿检察公益诉讼案件办案指引，经多方征求意见，数易其稿，将于近期发布，把我们前期办案取得的经验用规范的方式固定下来，为今后办理该领域的案件提供引领。

同时，我们还要强化督促指导。由于该领域案件办理的难度较大，要进一步充分发挥检察机关上下一体的优势，在沟通协调、人员调配等方面继续加强。同时发挥上级院的资源优势，在调查取证、线索发现等方面更多地指导地方借助科技的力量和“外脑”，整合“益心为公”检察云平台志愿者等社会力量参与到公益诉讼工作中去。

最后，我们还要结合办案指引的发布，加强培训和研究。引导各地根据实际情况组织开展实务培训，结合办案实践的重点、难点，邀请自然资源、农业农村等行政机关专业人士及办案经验丰富的检察人员开展线上、线下授课，切实提升办案人员的理论素质和专业能力。

江苏省南京市人民检察院
诉王某某非法采矿生态破坏民事公益诉讼案

【关键词】

民事公益诉讼　非法采矿　生物多样性　同步修复　鉴定与专家意见

【要　旨】

检察机关开展民事公益诉讼与关联刑事案件协同推进，将民事公益诉讼案件的赔偿情况作为刑事案件量刑参考。对生态环境损害鉴定意见借助专家力量进行论证，在明确具有损害事实但无法量化评估的情况下，检察机关可以结合案件情况，根据专家意见对损害结果提出酌定意见向法院起诉。

【基本案情】

南京老山林场位于江苏省南京市浦口区，南临长江，北枕滁河，生物资源丰富，具有重要生态价值。2015 年至 2016 年期间，王某某在未取得采矿许可证的情况下，使用炮头机、挖掘机等机械在老山林场原老宕口内非法开采泥灰岩、泥页岩等矿产资源 78147 吨。2017 年至 2018 年期间，王某某利用在南京市浦口区北沿山大道施工的机会，在施工红线外非法开采灰岩、泥灰岩、泥页岩等矿产资源 89368.7 吨。

【调查和诉讼】

2019 年 9 月，江苏省南京市浦口区人民检察院（以下简称浦口区院）在办理王某某涉嫌非法采矿罪刑事案件中发现本案线索，立即立案审查。后因考虑该案社会影响较大，遂将线索移送江苏省南京市人民检察院（以下简称南京市院）办理。南京市院于 2019 年 10 月 24 日立案后，委托鉴定机构就非法采矿对生态环境造成的损害进行评估，2020 年 3 月鉴定机构出具评估报告，认为生态环境损害包含生态资源经济损失、生态系统功能影响的经济损失、修复期间生物多样性价值损失三部分。南京市院邀请生物多样性领域专家对鉴定意见进行论证，与会专家一致认为报告较为科学，但未对野生动物栖息地等影响进行评价。南京市院遂委托鉴定机构进行补充评估。同年5月，鉴定机构出具补充意见，增加了对鸟类生态价值损失的评估，认为非法采矿行为对哺乳动物栖息地造成损害的事实存在，但因无相关研究依据，无法量化。南京市院认为损害客观存在，即综合考虑该区域植被覆盖率、所在位置以及人类活动对区域影响等因素，酌情按照其他生态环境损失总和的1%量化损害。

2020年9月10日，南京市院向南京市中级人民法院提起民事公益诉讼，依据《中华人民共和国环境保护法》《中华人民共和国侵权责任法》《中华人民共和国民事诉讼法》等相关规定，请求法院判令：王某某赔偿矿山及植被生态损害修复费用共计1893112元，支付损害评估事务性费用400000元。检察机关在实地勘查时了解到，属地政府已根据自然资源部长江经济带废弃露天矿山生态修复工作要求对涉案两地开展修复工作，考虑到本案生态环境损害修复可与已开展的修复工作相融合，南京市院在庭审中提出了具体修复方案，建议法院在判决时直接明确生态环境赔偿金用于两个修复工程。

2020年12月4日，中国庭审公开网直播案件审理，法院公开审理并当庭宣判，支持检察机关的全部诉讼请求，判决王某某对非法采矿造成的生态资源损失1893112元（已缴纳）承担赔偿责任，并明确赔偿款项的具体用途：1498436元用于两个修复工程使用，394676元用于两地生物多样性的恢复及保护。同年12月20日，南京市玄武区人民法院对关联刑事案件作出判决，对王某某积极修复生态的态度以及赔付情况予以认定，并作为量刑从轻的情节。

截至2022年6月，案涉两处非法开采点均已完成生态修复工作；经过专家论证，生物多样性恢复工作也在进行中。

【典型意义】

环境民事公益诉讼的目的不仅是要求生态破坏者承担侵权责任，使其认识到自身行为的危害，并引导其主动修复受损的生态环境更为重要。民事案件先于刑事案件判决，将违法行为人积极修复受损生态作为刑事判决的量刑情节，体现了恢复性司法理念。

检察机关办理环境民事公益诉讼案件，应当坚持山水林田湖草沙一体化保护和系统治理，对非法采矿行为造成的生态环境损害除矿产资源、水土流失等外，还需考虑开采区域的林草、生物资源及其栖息地等全方位生态要素及生物多样性的恢复。在某些方面损失明确但尚无法计算时，检察机关可参考专家意见，根据破坏程度等酌情提出诉讼请求。

江西省萍乡市检察机关
督促整治非法采矿行政公益诉讼案

【关键词】

行政公益诉讼　矿产资源保护　超范围开采　提级办理　指定提起诉讼

【要　旨】

行政机关对超出批准范围采矿破坏生态的违法行为不全面履行监管职责的，检察机关可以通过行政公益诉讼督促行政机关整改，弥补矿产资源保护的行政监管漏洞。

【基本案情】

2016 年至 2020 年间，江西省上栗县自然资源管理部门查处了 11 起超出批准范围非法采矿案件，所有案件均存在未依法责令企业赔偿矿产资源损失、未依法核算企业违法所得、未督促企业依法恢复和治理地质生态环境的问题，且绝大部分案件存在降低罚款幅度情形，导致国家罚没款损失 3000 余万元，700 余亩矿山地质环境未予修复。

【调查和督促履职】

2020 年 6 月，根据江西省环保督察和江西省扫黑除恶督查反馈的问题，江西省萍乡市人民检察院（以下简称萍乡市院）通过线索摸排，发现上栗县自然资源和规划局（以下简称上栗县资规局）在查处上栗县某采石场等 11 家企业超出批准矿区范围采矿案件中，存在履职不到位的问题。考虑到案涉矿山企业多、金额大，可能涉及黑恶势力、“保护伞”问题，且辖区群众对非法采矿问题反映强烈，萍乡市院决定提级办理，于 2020 年 9 月 15 日对上栗县资规局立案调查。

立案后，萍乡市院分别向上栗县资规局、税务机关调取了行政执法案卷、涉案企业非法采矿期间增值税发票开具情况等证据。调查查明，在对 11 起案件处理过程中，上栗县资规局存在如下履职不当情形：未根据《中华人民共和国矿产资源法》和《江西省矿产资源管理条例》的相关规定，依法责令涉案企业赔偿矿产资源损失；未根据最高人民法院、最高人民检察院《关于办理非法采矿、破坏性采矿刑事案件适用法律若干问题的解释》和原国土资源部《国土资源违法行为查处工作规程》的规定，查证非法开采矿产品的实际销售价格，而直接采用价格认证或根据企业主自述价格核算违法所得；根据《江西省矿产资源管理条例》和《江西省国土资源行政处罚自由裁量权执行标准》的规定，部分案件在法定罚款幅度之下进行罚款；未根据《矿山地质环境保护规定》的规定，监督涉案企业对矿山地质环境进行恢复治理。

2020 年 11 月 19 日，萍乡市院向上栗县资规局发出检察建议，要求其依法履行法定职责对涉案企业依法作出行政处罚、责令涉案企业赔偿矿产资源损失，并对矿山进行修复治理。收到检察建议后，上栗县资规局仅对部分案件未在法定罚款幅度下进行罚款予以认可，依法下达了补缴罚款通知书，并督促涉案企业计提矿山地质环境治理恢复基金、对采矿区域限期复垦复绿。但对于是否应当责令涉案企业赔偿矿产资源损失和依据何标准赔偿，以及以何依据核算违法所得，上栗县资规局存有异议。对此，萍乡市院通过主动走访、召开专题会商会、公开听证会等方式多次沟通督促，但上栗县资规局仍不采纳检察建议相关要求。

【诉讼过程】

为减少办案干扰，保障案件诉讼工作顺利进行，萍乡市院指定芦溪县人民检察院（以下简称芦溪县院）对该案提起诉讼。2021 年 9 月 30 日，芦溪县院按照审判机关行政诉讼案件集中管辖的规定向萍乡市安源区人民法院提起行政公益诉讼，请求确认上栗县资规局对 11 个非法采矿案件未完全履行监管职责违法；判令其依法作出责令赔偿决定、依法重新核算并作出罚没决定以及监督涉案矿山完成地质环境修复。

法院审理期间，上栗县资规局按照检察建议开展整改，要求企业新增赔偿损失 147.15 万元，对企业新增罚款 2397.61 万元并责令修复矿山 600 余亩。2022 年 5 月 27 日，芦溪县院召开公开听证会，邀请听证员对整改落实情况进行现场查勘和评估。听证人员一致认为，上栗县资规局在诉讼期间进行了部分整改，对 11 个非法采矿案件重新作出行政处罚，其中 8 座矿山已完成生态修复，另外 3 座关闭矿山因需要闭坑处理尚未完成修复。2022 年 6 月 28 日，芦溪县院综合参考听证意见，依法变更诉讼请求，诉请上栗县资规局对尚未完成生态修复的 3 座矿山继续履行监管职责。6 月 29 日，法院判决支持了检察机关的诉讼请求。

判决生效后，上栗县资规局按照判决严格督促矿山企业认真开展矿山地质环境修复工作。目前，案涉 3 座矿山已复垦复绿。

【典型意义】

对本辖区内重大、复杂的案件，设区的市级以上人民检察院可以提级管辖。行政机关对违法情形始终存在分歧，无法达成一致认识的，可诉请确认行政行为违法。行政机关在法院审理期间作出部分整改的，检察机关可通过公开听证的形式对整改情况进行评估，符合条件的可以依法撤回起诉或变更诉讼请求。对行政机关尚未整改到位的，应继续以诉讼方式督促行政机关依法履职。

河北省涉县人民检察院
督促整治非法采矿行政公益诉讼案

【关键词】

行政公益诉讼　非法采矿　违法占地建厂　督促全面履职　综合行政执法改革

【要　旨】

检察机关在督促行政机关履职时，针对综合行政执法改革后职权下放、权责空档等情况，通过召开磋商会、提起行政公益诉讼等方式，督促行政机关正确理解综合行政执法改革及相关法律法规，多项行政执法权下放至乡镇或街道办，行政机关仍负有行业监管权，厘清法定职责，防止出现执法权下放后无人监管的“真空”地带。

【基本案情】

2017 年，河北省涉县 A 贸易有限公司（以下简称 A 公司）在未取得土地使用权审批手续的情况下，违法占地约 2000 平方米建设砂石破碎厂，在周边山体盗采石英石进行生产加工，获利 6 万余元。涉县自然资源和规划局（以下简称县自规局）和辽城乡人民政府未依法履职，致使国家利益和社会公共利益受损。

【调查和督促履职】

2022 年 3 月，河北省涉县人民检察院（以下简称涉县院）接到举报线索后，初步调查发现，A 公司自 2017 年开始，在未取得用地手续的情况下，违法占地建厂，非法开采矿石。3 月 17 日，涉县院分别对县自规局和辽城乡人民政府立案调查。

为了厘清行政执法权下放后，行政机关和乡政府的监管职责，2022

年3月18日，涉县院邀请县自规局、涉县辽城乡人民政府召开磋商会，参会人员围绕针对行业监管权、乡镇监管权和行政执法权等争议焦点，展开了讨论。涉县院根据《中华人民共和国矿产资源法》《中华人民共和国矿产资源法实施细则》《河北省土地管理条例》《市（地）县（市）级国土资源主管部门矿产资源监督管理暂行办法》的有关规定，参照涉县人民政府办公室《关于下放自然资源领域行政处罚事项的通知》的规定，通过释法说理，进一步厘清了相关部门的法定职责，使县自规局认识到作为土地、矿产资源监管部门，其对违法占地和非法采矿行为负有监管职责；使乡政府认识到其对违法占地和非法采矿行为有行政处罚权。涉县院在现场向县自规局和辽城乡人民政府制发检察建议，建议县自规局履行行业监管职责，建议辽城乡人民政府依法履行行政处罚权，责令违法行为人停止违法行为，恢复土地原状，并对受损林地进行生态修复。

县自规局及辽城乡人民政府收到检察建议后，立即整改，依法拆除违法占地的厂房，没收违法行为人非法采矿违法所得61296元，并处罚款12259.2元；并于2022年5月16日书面回复检察机关，相关责任人已处罚，采矿坑已填埋。

涉县院跟进监督发现，涉案砂石破碎厂房虽已拆除，但仍有部分弃料随意堆放，采矿坑回填较浅，土地未完全恢复原状，受损林地生态未全面修复。

【诉讼过程】

2022年6月15日，涉县院依法对县自规局和辽城乡人民政府向涉县人民法院提起行政公益诉讼，诉请判令两被告依法全面履行职责。起诉后，辽城乡人民政府在县自规局的全面配合和指导下，制定了生态修复方案，督促A公司对采矿坑进行回填并对被毁林地进行补植复绿，共种植树木5700株，复植补绿17.68亩。鉴于两行政机关已全面履职，诉讼请求全部实现，8月19日涉县院向法院申请撤回起诉，8月30日法院裁定准许撤诉。

县自规局以此案为契机在全县开展非法采矿专项整治活动，对县域内废旧矿山进行补植复绿和生态修复，采矿区生态环境得到了明显改善。

【典型意义】

行政机构改革后，行政执法权向基层扩展，多项行政执法权下放至乡镇或街道办，虽有效解决了基层“看得见，管不着”的执法监管难题，但部分行政机关也产生了执法权下放后就可“不闻不问”的错误思想。检察机关通过磋商、制发检察建议和提起行政公益诉讼的方式促使行政机关正确理解和适用法律法规，督促其依法全面履职，有效化解行业监管权、乡镇监管权和行政执法权交叉等治理难题，为提升社会治理能力贡献检察智慧。

重庆市人民检察院第一分院督促治理洪水沉积砂及灾毁地复耕行政公益诉讼案

【关键词】

行政公益诉讼检察建议　洪水沉积砂监管　灾毁地复耕　基层社会治理

【要　旨】

检察机关对洪水沉积砂监管及灾毁地治理等资源保护新课题进行积极探索，通过办案并结合基层治理实际，厘清洪水沉积砂监管主体并督促其依法履职，有效保护了国有自然资源。

【基本案情】

2020年8月17日至20日，受强降雨和上游来水影响，嘉陵江一级支流涪江沿岸的重庆市合川区太和镇段岸线和近千亩土地被淹没。洪水消退后，部分沿江河岸、土地表面沉积了大量河砂，富金村蔬菜基地等区域土地及河岸上沉积河砂约130万吨。当地村民、土地承租人及其他社会主体等私挖滥采洪水沉积砂并进行销售，导致洪水沉积砂资源被非法侵占，耕地灾毁后又因人为采砂被进一步破坏。

【调查和督促履职】

接上级检察院通报长江非法采砂破坏国家资源和生态环境问题线索后，重庆市人民检察院第一分院（以下简称重庆市一分院）、重庆市合川区人民检察院经初查发现，重庆市合川区太和镇存在非法采挖洪水沉积砂情形，重庆市一分院于2021年7月20日以行政公益诉讼立案办理。

经调查，重庆市合川区太和镇富金村涪江沿岸被洪水沉积砂覆盖土地均为耕地，因2020年“8·17”洪灾导致灾毁土地面积达474.69亩。土地上覆盖的沉积砂绝大部分已被当地村民及其他社会主体等以自发清理、恢复耕作条件等为由私自采挖、销售，采挖沉积砂导致地表出现六七米深的坑凼和沟壑。经生态环境资源专家现场踏勘并出具勘察意见认为：地块可见明显的人为扰动痕迹，清运砂石行为导致地块地形地貌发生较大改变，增大了后续复垦难度、可能造成周边耕地坍塌损毁、影响后续复垦后土壤结构与质地。

在行政监管履职上，属地水利部门认为，因洪水沉积砂不在河道管理范围内，故不属水利部门的监管范围；规划和自然资源部门认为，洪水沉积砂未列入矿产资源目录，是否系矿产资源或其他自然资源存在疑问，介入监管依据不足；公安机关则认为，因资源性质和行为性质难以界定，打击处理难度较大。故属地行政机关均未开展有效行政监管。

重庆市一分院结合自然资源属性和相关法律法规，经审查认定，洪水沉积砂系洪水裹挟积淀而成，具有跟河砂相似的性状和经济利用价值，属国有自然资源；灾毁土地原系耕地，正在遭受进一步的人为破坏。规划和自然资源局对自然资源和耕地均有保护职责。2021 年 8 月 27 日，重庆市一分院向合川区规划和自然资源局发出检察建议，要求其依法全面履职，对洪灾损毁土地及时采取保护措施，及时组织实施损毁土地的整治复垦工作。

由于整治工程庞大复杂，治理难度大、周期长，加上汛期等原因需分期实施整改。2021 年 10 月 26 日、2022 年 5 月 23 日、2023 年 1 月 13 日，重庆市合川区规划和自然资源局按照整改方案和步骤，三次书面回复整改情况。

重庆市一分院多次开展“回头看”，发现洪水沉积砂得到有效监管，私挖滥采情形已消除，资源利用由国有平台公司统一管理。在本案的推动下，相关职能部门建立了合川区自然资源资产管理补位机制、重庆市洪水沉积砂管理制度，国家利益和社会公共利益得到有效保护。

【典型意义】

本案成功探索了洪水沉积砂监管及灾毁地治理等涉农、涉资源问题的基层治理新课题，以厘清洪水沉积砂的国有自然资源属性，通过公益诉讼履职，促进相关行政职能部门从“缺位不管”到“补位都管”，探索建立了具有示范效应的全民所有自然资源缺乏监管主体时的所有者补位管理机制，并积极推动将灾毁地保护纳入了地方立法程序。

浙江省嵊州市人民检察院
督促保护矿产资源行政公益诉讼案

【关键词】

行政公益诉讼检察建议　非法采矿　大数据法律监督模型

【要　旨】

检察机关利用数字赋能监督，通过分析研判，创建大数据法律监督模型，着力破解非法采矿数量固定难、销赃地点隐匿等行政执法难题，融合“公益诉讼＋刑事”检察职能，联合多部门建立长效机制，推动形成数字“智治”强大合力。

【基本案情】

2021年7月，吴某等人在浙江省嵊州市浦口街道三塘村胡公庙自然村原砖场地块开设砂石洗筛场。9月30日至12月30日期间，吴某等人未经批准，非法开采嵊州市棠头溪村桃花渡地块砂石资源，经洗筛后对外销售。

【调查和督促履职】

2022年初，嵊州市人民检察院（以下简称嵊州市院）组织开展砂石资源领域专项监督活动，并对嵊州市浦口街道工作人员反映的非法采矿案件线索进行摸排。经调查发现，由于涉案桃花渡地块为沿江洼地，非法开采人员采取先挖优质毛砂后填入渣土的方式，盗掘矿产资源，违法行为隐蔽性极强，打击难度极大。

为此，嵊州市院成立专案组，根据《道路运输车辆动态监督管理办法》的有关规定，利用运输矿产资源的重载货车总质量普遍超过12吨，应当安装并正常运行卫星定位装置的规律特征，研发了非法采矿监督模型

（以下简称监督模型），通过可视化拟合涉案车辆运行轨迹，还原矿产资源真实非法外运路径，精准计算非法外运矿产资源的总车次数，预估非法开采总量。经监督模型分析，在吴某非法采矿案件中，非法外运毛砂至同街道三塘村一处砂石洗筛场共计 491 车次，造成国家矿产资源严重流失。

模型研发期间，嵊州市自然资源和规划局（以下简称自规局）于 2022 年 2 月 11 日，对吴某非法采矿违法行为立案调查，并于同年 3 月 7 日作出行政处罚，认定吴某从浦口街道棠头溪村桃花渡地块非法开采毛砂 140 车次，责令停止非法采矿行为，没收违法所得人民币 58800 元，并处罚款人民币 11760 元。

专案组随即向自规局调取了全部案卷材料，审查认为自规局作出的行政处罚认定的事实与客观事实不符：一是认定的非法外运毛砂车次数仅为 140 车次，比大数据模型认定的 491 车次少；二是认定从涉案桃花渡非法外运的单车重量少；三是存在以罚代刑的可能。

2022 年 4 月 1 日，嵊州市院以行政公益诉讼立案，根据调查查明的事实，5 月 7 日向自规局制发检察建议，建议其依法全面查清涉案人员违法事实，保护国家矿产资源；涉嫌刑事犯罪的，及时向公安机关移送犯罪线索。7 月 6 日，自规局书面回复，监督模型分析统计涉案地块非法外运毛砂的车次数，与现场查获运输台账记载的时间和次数基本吻合，能够证实运输台账记载内容客观真实，重新查实吴某等人非法开采矿产资源价值达 62 余万元，已依法将违法犯罪线索移送公安机关。

在办理案件过程中，嵊州市院公益诉讼部门将非法采矿的刑事案件线索及时移交本院刑事检察部门，并将在调查中发现的国家工作人员涉嫌违法违纪的线索移送市纪委监委。

嵊州市院以此案为契机，联合市公安局、市交通运输局、自规局联合出台《关于非法采矿数字“智治”的意见》，明晰部门职责，实现数据协同、模型共享，破解非法采矿领域监管难题，形成长效监管机制。已应用监督模型办理了多起非法采矿案件，挽回国有矿产资源价值 350 余万元。

【典型意义】

针对非法采矿违法行为隐蔽性强、打击难度大的行政执法、刑事司法难题，检察机关通过大数据赋能法律监督，运用车辆轨迹数据等信息，研发大数据监督模型，把数字技术应用于线索搜集、分析研判、调查取证等环节，并联合行政机关，打破数据壁垒，实现数据协同、模型共享，推动多部门建立长效机制，加速实现非法采矿领域数字“智治”。

湖南省新化县人民检察院
督促保护矿产资源行政公益诉讼案

【关键词】

行政公益诉讼检察建议　刑事附带民事公益诉讼　非法开采页岩　新媒体线索　检察建议转化政协提案

【要　旨】

检察机关通过短视频平台等新媒体发现案件线索，运用公益诉讼检察建议与社会治理检察建议，督促行政机关全面履职，依法追究相关责任人刑事与民事责任。将检察建议转化为政协提案，推动开展行业专项整治。

【基本案情】

杨某某于2016年10月12日注册成立新化县某某养牛专业合作社。从2020年7月开始，杨某某在湖南省新化县桑梓镇石皂岭山场以建养猪场的名义先后在桑梓镇人民政府、县发改局、县林业局、县生环局办理了相关手续，但未取得采矿许可。杨某某于2020年10月份开始施工，刘某某、扶某某于2021年4月份投资入股。2021年6月24日左右，杨某某等人在施工处采挖出页岩（俗称“黑土”），因杨某某曾因盗采页岩被行政处罚过，便与刘某某、扶某某商议决定先向政府报告集中处置挖出的页岩。杨某某向新化县自然资源局报告请求同意现场找空地摆放页岩以待处理，后新化县自然资源局、桑梓镇人民政府等工作人员在报告上批示同意后，杨某某等人继续借平整土地的名义采挖页岩，直至2021年7月22日被责令停工。

2021年7月16日，新化县自然资源局对杨某某等人采挖的8064.42吨页岩先行登记保存。经新化县价格认证中心认定后，新化县非税收入管理局（县财政局原所属事业单位）与县集中整治非法采矿破坏生态环境专项工作领导小组办公室（以下简称新化县整治办）组织拍卖该批页岩。曹某某在刘某某的授意下以 25.5 万元的价格中标，实际出资人为刘某某。此后，杨某某等人将拍得的 8000 余吨页岩进行了销售，销赃数额达百余万元。

【调查和督促履职】

2022 年 6 月 14 日，环保志愿者“湖南小武哥”（现已成为湖南省人民检察院“益心为公”平台志愿者，提供了公益诉讼案件线索数十条）发现石皂岭山场非法采矿的违法行为，通过新媒体平台发布案件线索并直接 @ 省、市、县三级检察机关官方账号。省、市两级检察院收到线索后将案件交办至湖南省新化县人民检察院（以下简称新化县院）并挂牌督办。

新化县院接到案件线索后立即开展了调查，通过无人机现场航拍，调取书证、询问证人证言等方式，查明矿产资源被盗采和林地毁损的事实，同时查明了新化县财政局组织的拍卖会不规范，且拍卖的物资未经行政机关依法没收或追缴；新化县桑梓镇人民政府未履行属地管理职责，对非法采矿和破坏林地行为监管不到位；新化县林业局对杨某某等人非法损毁林地行为未及时查处并督促其恢复植被。由于上述行政机关未依法履职，损害了国家利益和社会公共利益，新化县院于 2022 年 6 月 21 日分别对新化县自然资源、林业、财政部门及属地镇政府立案。

经前期全面调查，新化县院于 6 月 23 日向新化县自然资源局发出检察建议，建议严格规范行政执法程序，依法查处杨某某等人的非法采矿行为；于 6 月 24 日分别向新化县桑梓镇人民政府和县财政局发出检察建议，建议桑梓镇人民政府协同各职能部门对违法行为进行查处；建议县财政局对行政机关处置罚没财物程序、方法进行严格审查，并依法处置；于 7 月 1 日向新化县林业局发出检察建议，建议督促新化县某某养牛专业合作社及时有效恢复植被和林业生产条件。

上述行政机关分别于 2022 年 8 月 15 日至 8 月 31 日按期回复，整改效果显著。自然资源局依法查处了杨某某等非法采矿的违法行为，林业局依法查处了破坏林地等违法行为，财政局纠正了矿产资源拍卖程序瑕疵。对违法者无力赔偿或者违法主体不明的，自然资源局和林业局及时代为治理、修复生态环境，石皂岭山场种植、修复松柏树 1 万余株、草皮及山林 18000 余平方米。

新化县自然资源局将杨某某等涉嫌犯罪的线索移送公安机关，公安机关移送审查起诉 2 件 3 人。截至目前，新化县院已对杨某某等 3 人非法采矿案依法提起刑事附带民事公益诉讼。

新化县院将案件办理情况向党委政府汇报，经县政府常务会议研究决定，新化县整治办于 2022 年 6 月 28 日制发《新化县打击非法采矿采砂专项整治行动工作方案》。新化县院以此为契机同步开展了非法采矿公益诉讼专项监督行动，立案办理 27 件公益诉讼案件，移送涉嫌刑事犯罪案件线索 7 件、纠正行政违法线索 1 件，向纪检监察机关移送违纪违法线索 2 件。

新化县院于 2022 年 10 月 17 日向新化县自然资源局制发社会治理检察建议，同时抄送县人大常委会，依托双向衔接转化机制，县政协委员将检察建议内容转化为政协提案。2023 年 2 月 1 日，娄底市自然资源和规划局、市应急管理局联合发布《关于打击非法违法采矿行为有奖举报的通告》等，推动全市深化整治非法采矿。

【典型意义】

检察机关借力短视频软件等新型网络媒体，将环保志愿者吸纳为“益心为公”志愿者，畅通线索发现渠道。综合发挥刑事、民事、行政检察职能，并将检察建议转化为政协提案，将办案效果转化为治理效能，推动系统治理、综合治理。

山东省济南市市中区人民检察院诉左某某等人非法采矿刑事附带民事公益诉讼案

【关键词】

刑事附带民事公益诉讼　非法开采灰岩　侵权责任区分　生态环境整体修复　“林长＋检察长”机制

【要　旨】

针对不同侵权人在不同时间段累积造成的生态环境损害，依法区分确定被告侵权责任，促进被告积极履行赔偿责任。在受损山体多数责任人无法确定的情况下，督促相关部门及时、有效、整体修复，推动与相关部门建立“林长＋检察长”工作机制，以机制建设促责任落实。

【基本案情】

2019年，左某某等未经许可在山东省济南市市中区东渴马村北侧鲍家峪山体开采建筑石料用灰岩售卖牟利，造成该处山体大面积不可逆性损坏。该地长期存在非法采矿现象，行为人夜间作业，隐藏机械，和执法人员打“游击战”，大量违法犯罪行为未被查处，而且引发“破窗效应”，该地山体破坏、扬尘污染、水土流失、植被破坏等环境问题愈演愈烈。

【调查和诉讼】

山东省济南市市中区人民检察院（以下简称市中区院）在办理左某某等非法采矿刑事案件中，发现本案线索，依法启动刑事附带民事公益诉讼程序，于2020年4月10日立案，4月13日发出公告。

因受损山体系不同侵权人在不同时间段累积造成，为确保过责相当，明确左某某等的侵权责任，市中区院聘请专业人员现场勘验，对受损山体进行区块划分，并经左某某等现场确认具体破坏面积后，依法委托专门机构鉴定评估，确定因本案违法行为造成的环境治理工程费用为 522781.5 元。

2020 年 9 月 1 日，市中区院向济南市市中区人民法院（以下简称市中区法院）提起刑事附带民事公益诉讼，诉请左某某等对其破坏的山体进行生态环境修复，如不能修复，连带承担环境治理工程费用 522781.5 元。2021 年 1 月 13 日至 15 日，市中区法院对本案公开开庭审理，左某某等表示认罪认罚。8 月 4 日，市中区法院作出一审判决，判决左某某等连带赔偿生态环境修复费用 522781.5 元。左某某等未上诉。判决生效后，左某某等积极履行了赔偿责任，将生态环境修复费用上缴至指定账户。

受损山体处于所在山脉的主要排水通道，坡面裸露，存在稳定性差、水土流失等地质问题，不及时治理极易发生次生灾害。为此，诉讼期间，市中区院多次与自然资源和规划部门、地质专家到现场实地勘察、座谈交流，共同商议制定修复方案。由于其他山体破坏责任人已无法确定，市中区院依据《矿山地质环境保护规定》第十六条第二款“矿山地质环境治理恢复责任人灭失的，由矿山所在地的市、县自然资源主管部门，使用经市、县人民政府批准设立的政府专项资金进行治理恢复”之规定，以及依据《济南市山体保护办法》第二十二条“山体修复治理应当按照‘谁管理谁负责，谁开发谁修复、谁破坏谁治理’的原则确定责任人。无法确定的，由所在地县、区人民政府负责组织修复治理”之规定，主动与自然资源和规划部门进行磋商，督促其对案涉受损矿山在内的山体进行整体修复治理，以渣石内倒、毛石挡土墙砌筑方式稳定边坡，消除地质灾害，并种植乔木、灌木、地被等，受损山体的地质环境现状得到极大改善。

山体修复完成后，市中区院与林业部门召开座谈会，督促林业部门加强受损山体的植被种植，增加植被覆盖率，并会签《市中区关于建立“林长+检察长”工作机制的意见》，建立协作机制，增强共护绿水青山的工作合力。

【典型意义】

环境破坏现状系不同侵权人在不同时间段累积造成的，检察机关区分并明确被告侵权责任，保证过错与责任相当，在打击犯罪、震慑不法行为的同时，依法维护被告合法权益，有助于被告认罪认罚并积极履行赔偿责任。生态环境损害责任人无法确定的部分，检察机关积极督促政府履行先行修复职责，对受损生态环境进行及时、有效、整体修复。

北京市门头沟区人民检察院诉高某某、王某甲等人非法采矿刑事附带民事公益诉讼案

【关键词】

刑事附带民事公益诉讼　非法采矿　引导侦查　遥感检测　生态环境损害赔偿金管理

【要　旨】

针对非法采矿案件，公益诉讼检察职能端口前移，以公益调查引导刑事侦查。以案件办理为契机，推动出台地方性生态环境损害赔偿资金管理办法，促进生态环境损害赔偿资金管理的规范化、制度化。

【基本案情】

2020年5月至8月，王某甲伙同王某乙、赵某某（在逃），在张某某的帮助下，借实施王平镇110千伏变电站盗采点修复项目之机，在未取得采矿许可证的情况下，擅自盗采叶蜡石。2021年4月，王某甲纠集高某某、王某乙、黄某某等人通过上述方式在北京市门头沟区王平镇吕家坡村私挖盗采叶蜡石，同期还伙同王某乙等盗采叶蜡石。上述非法采矿行为造成矿产资源损失、生态环境破坏。

【调查和诉讼】

北京市门头沟区人民检察院（以下简称门头沟区院）刑事检察部门在履行审查逮捕职责时，发现公益诉讼线索并移送公益诉讼检察部门。2021年9月6日门头沟区院以刑事附带民事公益诉讼立案，并于次日发出公告。

案件中违法行为人借修复工程的合法外衣掩盖非法采矿的目的，同时买通保安队长为盗采行为作掩护，犯罪手段非常隐蔽。为确定损害结果，

门头沟区院公益诉讼部门委托中国科学院空天信息创新研究院，以2021年4月发现的非法盗采点为圆心、方圆1公里为半径、时间跨度为1年，进行遥感检测。遥感影像不仅显示了2021年4月发现的矿坑面积变化和矿坑形成时间，还显示出了2020年5月至8月间变电站附近矿坑的变化，且变动面积较大。公益诉讼检察部门将《检察公益诉讼遥感综合应用监测分析报告》分享给刑事检察部门，共同以遥感影像为依托引导侦查机关调取2020年盗采点项目修复施工合同，固定证人证言，最终攻克了犯罪嫌疑人和具体组织实施人员，形成完整的证据链条，追加认定了2020年非法盗采叶蜡石484.49吨的犯罪事实，促使犯罪嫌疑人在审查起诉阶段认罪认罚。

2021年9月10日，门头沟区院委托生态环境部环境规划院生态环境风险损害鉴定评估研究中心（以下简称环规院）对非法采矿造成的生态环境破坏进行司法鉴定。经鉴定，案涉矿坑所需生态环境修复费用742924.7元，生态环境受到损害至修复完成期间服务功能丧失导致的损失费用47354.62万元。

公告期满后，2021年11月23日，门头沟区院向北京市门头沟区人民法院提起刑事附带民事公益诉讼，请求判令王某甲、王某乙连带承担修复生态环境费用742924.7元，连带承担期间服务功能损失费47354.62元；高某某、黄某某对其中的171753元生态环境修复费用、6529.44元期间服务功能损失费承担连带责任；张某某对其中的544060.33元生态环境修复费用、37630.13元期间服务功能损失费承担连带责任；判令五被告连带承担门头沟区院为诉讼支出的委托鉴定费用60000元。

案件审理过程中，门头沟区院与王某甲就附带民事公益诉讼部分达成调解协议，王某甲自愿承担修复生态及鉴定的全部费用共计85.03万元。2022年7月7日，门头沟区法院对刑事附带民事调解书予以司法确认。上述费用王某甲已全部缴纳。

为确保赔偿金额充分用于生态修复，门头沟区院就该案生态环境损害赔偿资金的收取、管理和生态环境修复问题主动寻求区委政法委支持。经区委政法委和区政府批示，门头沟区院会同区财政、区规自部门就生态损害赔偿资金的收支和管理工作办法召开协调会并形成意见，赔偿义务人缴纳的生态损害赔偿资金进入法院执行账户后再通过区规自部门以政府非税收入的形式全额上缴国库，并由规自部门申请组织实施修复受损的生态环境。现赔偿义务人缴纳费用全部收缴到位，大部分生态环境已得到修复，后续生态修复工作有序推进。

以该案办理为契机，门头沟区院联合生态环境部门、财政部门推动出台《北京市门头沟区生态环境损害赔偿资金管理办法》，为规范生态环境损害赔偿金的收取、管理、使用进行了积极探索。

【典型意义】

针对非法采矿、破坏生态环境案件，检察机关充分利用遥感影像等科技手段调查收集证据，并引导刑事案件侦查，形成了完整的证据锁链，实践融合履职。同时，践行恢复性司法理念，在不减损诉讼请求，不损害社会公共利益的前提下，以司法鉴定意见为基础，同被告就附带民事公益诉讼部分达成调解协议，并经法院司法确认，在保护生态环境的同时节约了司法资源。

安徽省芜湖经济技术开发区人民检察院诉彭某某等五十五人非法采矿刑事附带民事公益诉讼案

【关键词】

刑事附带民事公益诉讼　非法采砂　共同侵权　惩罚性赔偿　分批起诉

【要　旨】

对于多人参与的非法采矿破坏生态行为，检察机关深入调查、分批起诉，准确认定共同侵权被告在各自侵权损害范围内按比例应承担的连带赔偿责任。同时以生态资源损失为基数，提起破坏生态环境的惩罚性赔偿诉讼请求，加大恶意损害生态环境行为的违法成本。

【基本案情】

2019年11月至2020年4月，彭某某等人出资购买四艘船并改造成吸砂泵船，形成了以彭某某为首、陆某某等人为固定成员、刘某某等人为一般参与者共五十五人的非法采砂犯罪集团。该犯罪集团长期盘踞在安徽省芜湖市东梁山一带长江水域，大肆盗采江砂，形成集盗采、运输、销售为一体的非法产业链。案涉采砂水域有江豚等珍稀水生动物活动且毗连安徽省铜陵淡水豚国家级自然保护区，非法盗采威胁江豚生存环境。

【调查和诉讼】

安徽省芜湖经济技术开发区人民检察院（以下简称芜湖经开区院）在履行审查批捕职责时获取该线索，刑事检察和公益诉讼检察部门同步介入侦查，于2021年7月6日、2022年6月13日决定对彭某某等二十九人及周某等二十六人非法采矿违法行为分别以刑事附带民事公益诉讼立案，依法履行公告程序。

芜湖经开区院通过调取涉案刑事案件材料、走访调查、委托鉴定等方式，查明，彭某某等人非法采砂170048吨，价值4602996元。芜湖经开区院委托专业机构对涉案非法采砂行为导致的江砂资源和河床结构等损失进行评估，经评估，非法采矿行为造成河床原始结构受损94550.07立方米，水源涵养减少50913.32立方米，建议采用工程手段恢复河床原始结构及水源涵养量，共需5149997元；造成渔业资源直接经济损失，恢复费用90680元。

芜湖经开区院认为，彭某某犯罪集团非法采矿行为对国家自然资源造成巨大损害，严重破坏长江生态环境，符合民法典关于适用惩罚性赔偿的规定。其中三名当事人因同起犯罪事实已在芜湖市镜湖区人民法院被判令承担相应的民事赔偿责任，依法应当排除在此次诉讼被告之外。另考虑刑事责任的免除并不能阻却民事责任的承担，依法将因犯罪数额未达刑事立案标准不予公诉的八名当事人列为附带民事公益诉讼被告，并厘清各被告侵权责任关系，为精准提出诉讼请求奠定了证据基础。

2021年11月18日，芜湖经开区院向芜湖经济技术开发区人民法院提起刑事附带民事公益诉讼，请求判令被告彭某某、陆某民等二十九人连带赔偿非法采砂造成的生态环境损害赔偿金5240677元、损害赔偿金数额10%惩罚性赔偿金524068元、评估费10000元；在安徽省省级新闻媒体上向社会公开赔礼道歉。2022年3月25日，经开区人民法院判决支持检察机关全部诉讼请求。彭某某等五名被告不服一审判决提出上诉，芜湖市中级人民法院二审维持原判。

2022年8月15日，芜湖经开区院向经开区人民法院提起刑事附带民事公益诉讼，请求判令周某等二十六人分别对各自参与的违法犯罪行为与已判决的彭某某等二十九人对案涉生态环境损害赔偿费用及惩罚性赔偿金承担连带责任。经开区法院判决支持了检察机关的全部诉讼请求。

【典型意义】

针对非法采砂犯罪集团人数众多的特点，检察机关分批次提起刑事公诉和附带民事公益诉讼，在保持案件完整性前提下依法及时惩罚罪犯，合理确定附带民事公益诉讼被告。将未达到刑事立案标准不予公诉、但依法应当承担民事责任的行为人列为附带民事公益诉讼被告，精准追究违法行为人的生态环境修复责任，充分发挥民事公益诉讼职责。根据《中华人民共和国民法典》及有关司法解释，以生态资源损失为基数提出破坏生态环境惩罚性赔偿诉讼请求，增加了非法采砂犯罪集团的违法犯罪成本。

广西壮族自治区防城港市防城区人民检察院诉胡某某等人非法采砂刑事附带民事公益诉讼系列案

【关键词】

刑事附带民事公益诉讼　行政公益诉讼　非法采砂　引导侦查　共同侵权

【要　旨】

检察机关强化刑事检察和公益诉讼检察协同履职，认定非法采砂与购砂者构成共同侵权，一体诉请其承担公益损害责任，全链条打击整治非法采砂产业链。综合运用“民事 + 行政”公益诉讼方式，在追偿生态损害赔偿的同时，推动受损生态系统治理，助推地方立法，构建长效治理制度机制。

【基本案情】

2021 年 4 月，第二轮中央生态环境保护督察组指出“茅岭江流域、茅尾海海域存在十分突出的非法采砂问题”，并向广西发出“1 号督办单”。在随后开展的专项整治打击行动中，公安机关查获胡某某、梁某某、陈某某及何某某等 4 人在未取得采矿许可证和海域使用权证，且没有采取任何生态保护措施的情况下，故意规避海洋执法检查，分别在广西壮族自治区防城港市防城区茅尾海、茅岭江流域长期利用抽砂船非法开采海砂，并销售给经营砂厂的管某某、丁某某。管某某、丁某某明知胡某某等人出售的海砂为非法盗采，仍予收购并加价出售，且在入海河流茅岭江沿岸租用村民的水田、林地等非法占用土地用于堆放盗采的海砂。

【调查和诉讼】

广西壮族自治区防城港市防城区人民检察院（以下简称防城区院）成立“刑事+公益诉讼”办案组，分别于2021年5月12日、7月15日、8月10日以刑事附带民事公益诉讼立案，提前介入引导侦查，从非法采海砂及购砂行为人的定性、涉案人员违法犯罪金额认定、海砂价格确定、卖砂购砂共责等方面，引导侦查机关收集证据，并委托江西求实司法鉴定中心鉴定，鉴定结论为：胡某某等4人非法开采海砂共计17721.73立方米，造成的矿产资源损失、水污染补偿、海洋生物资源损害等共计2959535.7元。防城区院分别于2021年6月23日、8月2日、8月18日发出公告，期满后没有适格主体提起诉讼。

防城区院审查认为，购砂人对于收购的海砂来源具有明确的认知和判断，采砂、卖砂、购砂行为人均为非法获利，处于非法采砂行为的一体链条，具有高度协同性，采砂与购砂行为人构成共同侵权。该院分别于2021年9月17日、10月18日、11月5日依法向防城区人民法院提起刑事附带民事公益诉讼3件，请求判令胡某某、梁某某、陈某某、何某某4人赔偿矿产资源损失、水污染补偿费、海洋生物资源损害等共计2959535.7元，鉴定费70000元。管某某、丁某某分别在其共同侵权范围内承担连带责任。

2021年12月22日，防城区人民法院作出一审判决，支持检察机关全部诉讼请求。部分被告不服，提出上诉，防城港市中级人民法院二审裁定驳回上诉，维持原判。

防城区院针对案件办理过程中发现的砂场违法占用水田、林地等线索，于2022年9月6日对防城区自然资源局以行政公益诉讼立案。通过磋商，促请防城区自然资源局依法关停整治非法堆砂砂场58个，对被非法占用的海岸、水田等进行水泥硬化破除，并补植复绿。茅岭江流域生态修复工程被列入2022年防城港市十大为民办实事项目，项目总投资3257.9万元，目前项目进入配套设施建设结尾阶段，即将建成生态环境整治公园。

防城港市检察院结合办案形成专题调研报告，并促推市人大将出台《防城港市人民代表大会常务委员会关于禁止开采海砂的决定》纳入立法计划。目前该决定已经防城港市人大常委会审议通过，正报请自治区人大常委会批准。

【典型意义】

检察机关综合发挥刑事检察、公益诉讼检察职能，既打击非法盗采海砂行为，又追偿生态环境和资源损失，推动全链条整治非法采、卖、购砂产业。同时，针对办案中发现的非法占地堆砂问题，通过行政公益诉讼督促责任部门依法履职，实现海洋、海岸、河岸等生态环境全方位、立体化保护，并结合办案促推地方立法。

九、湿地保护公益诉讼典型案例

（2023年6月30日）

湿地保护公益诉讼典型案例发布说明

2023 年 6 月 30 日，湿地保护公益诉讼专题研讨会在四川省阿坝藏族羌族自治州召开。会上，最高人民检察院发布了一批湿地保护公益诉讼典型案例。本次典型案例的发布，旨在以党的二十大精神为指引，全面贯彻习近平生态文明思想和习近平法治思想，充分发挥典型案例作用，进一步引导各级检察机关继续加大湿地保护办案力度，提升办案质效，切实监督保障湿地保护法统一正确实施。

这批典型案例包括四川省检察机关督促保护若尔盖高寒泥炭沼泽湿地公益诉讼系列案等 10 件，其中有 9 件行政公益诉讼审前监督案例，1 件行政公益诉讼起诉案例。检察机关灵活运用磋商、检察建议等方式，督促行政机关依法履职，推动相关违法主体积极整改，体现了检察公益诉讼既是监督之诉，又是督促之诉、协同之诉的特点，再次说明检察机关通过磋商、制发检察建议等方式实现公益保护的效率高、效果好，是最佳的司法状态。

最高检公益诉讼检察厅负责人介绍，湿地保护公益诉讼案件多数涉案面积广、涉及行政机关数量和层级多，甚至横跨不同行政区划，这批典型案例也从侧面反映出湿地保护中行政监管职责交叉分散、边界不清等问题。检察机关通过个案办理推动相关部门进一步厘清各自职责，形成湿地保护合力，并通过办案促进建立健全湿地保护长效协作机制，推动湿地自然保护区规划的编制修订，探索生态环境功能损害鉴定办法，提升湿地保护能力和水平，促进源头治理和系统治理。

公益诉讼检察厅负责人表示，检察机关要进一步贯彻落实湿地保护法，加强与相关责任单位之间的协作，强化湿地保护中行政执法与刑事司法、检察公益诉讼的衔接，共同推进湿地保护与管理，切实发挥检察公益诉讼在湿地保护中的积极作用。

四川省检察机关督促保护若尔盖高寒泥炭沼泽湿地公益诉讼系列案

【关键词】

行政公益诉讼检察建议　刑事附带民事公益诉讼　一体化办案　泥炭沼泽湿地　青藏高原生态保护

【要　旨】

检察机关对重大复杂跨区域案件统筹发挥一体化办案机制作用，针对不同的损害公益情形，分层级进行案件办理，分别立案，协同监督，发挥行政、民事公益诉讼及刑事检察职能作用，实现对泥炭沼泽湿地的多重保护。探索构建泥炭资源生态服务功能的类型化证明标准，精准评估生态服务功能损失，多角度、全方位提升泥炭沼泽湿地保护效果。

【基本案情】

若尔盖湿地作为世界上最大的高寒泥炭沼泽湿地，对筑牢青藏高原生态屏障、维护黄河流域生态安全具有重要意义。近年来，若尔盖湿地盗挖泥炭现象频发，严重破坏了湿地生态。

【调查和督促履职】

2021 年两会期间，四川省若尔盖县巴西乡政协委员提交关于严厉打击破坏草原生态系统行为的提案，若尔盖县人民检察院（以下简称若尔盖县院）获悉后，组织开展若尔盖湿地泥炭资源保护专项行动。2021 年 4 月 11 日，若尔盖县院对该线索依法立案，该院“鹤翔兰萨”湿地保护公益诉讼办案团队多次深入若尔盖县巴西乡、包座乡远牧点等现场收集固定证据，使用无人机进行现场测绘，走访相关行政机关及周边群众。经调查发现，若尔盖县巴西乡、包座乡多地存在盗采泥炭资源破坏湿地的情况。

4月22日，若尔盖县院向若尔盖县林业和草原局（以下简称县林草局）发出检察建议，建议其与县自然资源局加强协作配合，细化泥炭资源保护措施，加强巡查执法力度，合理设置警示标志，督促生态修复。收到检察建议后，县林草局逐项整改，对案涉盗采地点进行填埋、覆土、覆草，最大限度修复受损生态，并与县自然资源局等部门开展联合执法。两部门在联合执法中发现，任某、罗某于2020年10月至2021年5月在松潘、红原两县多次盗挖泥炭共计2567余立方米，非法获利50余万元。因盗挖泥炭行为涉及多个县乡，若尔盖县院将有关案情层报至四川省人民检察院（以下简称四川省院）。

四川省院收到案情报告后，经实地调研、多方座谈研判，认为破坏泥炭资源行为具有分布广、跨辖区、鉴定难等特点，决定成立专案组，统筹线索管理，加强对系列案件的指挥协调。在四川省院指导下，松潘县人民检察院（以下简称松潘县院）对任某、罗某提起刑事附带民事公益诉讼，诉请被告赔偿生态系统服务功能损失费、生态修复费共计17万余元，法院判决予以支持。

2022年3月，为有效解决如何界定泥炭资源生态服务功能损失的实务难题，四川省院对另一起盗挖泥炭案（杨某某、扎某某盗挖泥炭案）提级管辖，以民事公益诉讼立案。四川省院联合公安机关共同开展委托鉴定，有效避免多头鉴定和重复鉴定，提高办案效率。同时，四川省院第八检察部与本院检察技术部门、四川大学法学院、中科院成都生物研究所开展协作，探索泥炭沼泽湿地生态服务功能的分类鉴定标准，量化泥炭沼泽湿地固碳、蓄水、释氧、栖息地保护、景观多样性等方面的生态功能损失。四川省院调查终结后，将该案移交阿坝藏族羌族自治州人民检察院（以下简称阿坝州院）办理。

2023年3月，阿坝州院对该案提起民事公益诉讼，要求被告承担生态修复责任，并赔偿生态系统功能永久性损害赔偿金、修复期间的功能性损失赔偿金、惩罚性赔偿金、鉴定费。5月25日阿坝藏族羌族自治州中级人民法院对该案开庭审理。

【典型意义】

省级院对本辖区重大复杂的系列案件统筹指挥办理，启动一体化办案模式。对重大复杂案件由上级院立案办理、统筹力量攻坚，对普通个案由基层院立案办理、提升质效。对存在监管不足的，通过行政公益诉讼的方式推进源头治理，对破坏资源的违法行为人，通过民事公益诉讼、刑事附带民事公益诉讼的方式追究侵权责任，实现生态修复。通过检察各业务部门协同融合履职，强化泥炭沼泽湿地保护的整体效应。

安徽省蚌埠市检察机关督促保护天井湖湿地系列行政公益诉讼案

【关键词】

行政公益诉讼　湿地保护　跨区划协作　流域治理　分层监督

【要　旨】

针对非法侵占跨区划湖泊湿地非法养殖等妨碍行洪和破坏生态问题，检察机关创新履职，强化跨区划协作，采取省际联动、分别立案、科技赋能、分层监督的一体化办案模式，推动行政机关协同履职、联动监管。建立跨区划协作机制，强化“上下游、左右岸、水陆面”综合保护，推进流域治理。

【基本案情】

天井湖（又称天岗湖）位于安徽省五河县和江苏省泗洪县交界处，面积 6 万余亩，其中湿地 2.8 万亩，系国家 3A 级风景区，有金眼圈银鱼等水产品 71 种，白鹤、大鸨、黑鹤等野生动物 99 种。该湖为石梁河下游洼地，汇入淮河分洪河道怀洪新河，兼有滞蓄洪水功能。近年来，侵占湿地围网围堰养殖等问题较为突出，严重破坏了湿地生态环境，妨碍河道行洪安全。

【调查和督促履职】

2022 年 8 月，安徽省蚌埠市人民检察院（以下简称蚌埠市院）开展整治妨碍行洪安全专项公益诉讼监督行动，走访水利部淮河水利委员会发现本案线索，遂联合市水利局等单位，运用卫星遥感、无人机巡查等技术手段开展调查，查明天井湖水域存在布设约 19km 围网、滩地建设板房围堰养殖等问题，影响湿地生态和妨碍行洪安全。

鉴于跨省界湖边界不清、管理真空、监管缺位等问题，蚌埠市院依据与江苏省宿迁市检察机关建立的跨行政区划公益保护协作机制，启动省际联动办案，采取分别立案、协同办理、分层监督的办案模式，于2022年9月15日立案。在前期调查基础上，根据《中华人民共和国水法》第六十五条第一款、《中华人民共和国防洪法》第八条和第五十五条、《安徽省湖泊管理保护条例》第五条和第三十七条等规定，蚌埠市院于9月20日向五河县人民政府制发检察建议，要求协调明确天井湖入怀洪新河河口处鱼塘圩埂的行政区划管辖问题，加强对湖泊管理工作的领导，规范湖泊开发、利用活动，防止影响防汛和湖泊功能的问题发生。五河县政府于2022年11月17日回复称已成立工作专班，投入600余万元整治19千米围网，责令双忠庙镇政府拆除板房等违法建筑。

针对围堰养殖违法建筑等问题，五河县人民检察院（以下简称五河县院）于2022年9月19日立案，根据《中华人民共和国城乡规划法》第六十五条、《安徽省湖泊管理保护条例》第三十九条等规定，于同月20日向双忠庙镇人民政府送达检察建议，要求其履行湖泊湿地监管职责，做好围堰养殖违法建筑整治工作。双忠庙镇政府逾期未回复检察建议。

【诉讼过程】

五河县院跟进监督发现围堰养殖违法建筑未整治到位，遂报请蚌埠市院商蚌埠市中级人民法院集中管辖，于2022年12月27日依法向蚌埠市蚌山区人民法院提起行政公益诉讼，请求判令双忠庙镇政府依法履行管理职责，限期整治围堰养殖违法建筑。案件审理期间，双忠庙镇政府整治非法围堰、围埂13处、拆除板房等违法建筑12间。鉴于被告全面履职整改合格，法院于2023年4月28日裁定终结诉讼。

为进一步破解跨界河湖和流域治理难题，五河县院组织安徽省明光市、江苏省泗洪县人民检察院及其河长制办公室建立跨区划“河（湖）长+检察长”工作机制，蚌埠市院与水利部淮河水利委员会等，建立水行政执法、水生态监管和检察公益诉讼协作配合机制，强化“上下游、左右岸、水陆面”综合保护，推动流域治理。

【典型意义】

跨界河湖存在水域界限不明、管理真空、职责交叉等流域治理难题，检察机关创新履职，实行省际联动、分别立案、分层监督的一体化办案模式，采取卫星遥感、无人机巡查等技术手段，查明案件事实，综合运用磋商、联合督办、检察建议、提起诉讼等监督手段，推动行政机关协同履职、联动监管；探索建立跨区划协作机制，强化“上下游、左右岸、水陆面”流域综合治理，形成多层次、全方位生态保护格局。

江苏省兴化市人民检察院督促保护大纵湖湿地生态环境行政公益诉讼案

【关键词】

行政公益诉讼检察建议　湿地保护　圈围养殖清退　联动保护

【要　旨】

检察机关持续跟踪中央环保督察反馈问题整改进度，对整改缓慢的，发挥行政公益诉讼检察职能，多方协调联动，推动问题整改与解决利益诉求相结合，督促修复湿地。通过开展跨部门、跨区域联动，构建界湖湿地监督保护共同体，提升监督合力。

【基本案情】

大纵湖是里下河地区最大的重要湖泊湿地，生物多样性丰富，具有里下河湿地的独特性、代表性和重要生态价值。总面积 36.78 平方公里，南侧 17.01 平方公里属泰州兴化市，北侧 19.77 平方公里属盐城盐都区。2009 年，兴化大纵湖被列入江苏里下河省级湿地生态保护示范区，2019 年，被确定为江苏省省级重要湿地。湿地内珍稀动植物 200 多种，含国家一级重点保护野生动物东方白鹳、黑脸琵鹭等濒危物种。20 世纪 90 年代以来，因经济利益驱动，大纵湖逐渐被圈围养殖，湖面布满拦网、圩堤。2022 年，第二轮中央环保督察反馈，大纵湖禁养区内存在 3000 亩圈围养殖未清退问题。

【调查和督促履职】

2022 年 7 月，江苏省兴化市人民检察院（以下简称兴化市院）接到第二轮中央环保督察反馈的大纵湖湿地受破坏线索后，迅速开展初查。经走访了解，兴化市人民政府、湿地所在镇政府已成立清退工作组，开展清退工作。2023年2月，兴化市院在大纵湖区开展实地巡查发现，大纵湖圈围养殖拦网仍未拆除。经进一步了解，大纵湖水域渔民以渔为生，水产养殖是家庭收入的主要来源，大纵湖水域承租期限未满，多数渔民不愿清退，且完全清退需要支付的补偿费用高达千万元，属地政府财力有限，致使清退工作进展缓慢。

3月6日，兴化市院以行政公益诉讼案件立案，运用“无人机航拍+渔船巡湖+沿岸走访”等方式，对圈围养殖点位、面积、湖区水质等进行调查核实。经查明，47户渔民以四周扦插沉网等方式圈围水面，形成53个塘口养殖螃蟹，总面积达3020亩。大面积水产养殖削弱了湖泊调控能力，加之每年上万公斤水产饲料投放，造成水体总氮、总磷浓度值升高，湖体水质富营养化严重。经检测，大纵湖部分养殖区水质低于Ⅲ类标准。

3月8日，兴化市院依据《中华人民共和国湿地保护法》《江苏省湿地保护条例》等规定，向属地政府制发检察建议，督促依法履行湿地保护职责。检察建议制发后，兴化市院主动与属地政府、农业农村、水利等职能部门进行磋商，帮助解决清退面临的重点、难点问题，针对湿地保护与渔民利益诉求双重问题，建议属地政府积极争取资金支持，通过“补偿+引导”相结合的方式推动完成清退。属地政府高度重视检察建议，与相关职能部门通力协作，通过足额发放补偿金、提供养殖塘口信息、引导务工路径等措施，成功动员47户渔民清退离场，并分小组开展拆违、除桩、拆网、捞船、清淤、退圩等修复工程，处置住家船100余只，清理地笼400余条。2023年5月，属地政府书面回复检察机关，养殖围网设施已全部拆除，养殖占用的3020亩湿地水面全部恢复。

兴化市院与盐城市盐都区人民检察院等16家单位会签《大纵湖湿地联动保护机制运行办法（试行）》，两地检察机关协同联动，会同自然资源、农业农村等职能部门开展联合巡湖行动，召开联席会议，邀请“益心为公”志愿者跟踪办案，督促职能部门及时整治非法捕捞、废水偷排偷放、外来水生植物入侵等问题。经过持续治理，大纵湖生态系统和动植物栖息环境得到明显改善，湖区水质基本达Ⅲ类标准，部分区域水质已达Ⅱ类。

【典型意义】

检察机关积极跟踪中央生态环境保护督察反馈问题整改落实情况，对整改不力的，制发检察建议，督促行政机关依法全面履职，及时修复受损的湿地生态环境。整改推进中，加强与行政机关的沟通协作，兼顾群众合理利益诉求，化解矛盾赢得支持，推动整改到位。

内蒙古自治区人民检察院督促整治黄河岸线王大汉浮桥利用项目破坏生态环境行政公益诉讼案

【关键词】

行政公益诉讼检察建议　湿地资源保护　“河（湖）长 + 检察长”协作　一体化办案

【要　旨】

检察机关与河长制办公室建立“河（湖）长 + 检察长”协作联动机制，对于河长办移送的侵害湿地生态安全的重大公益损害案件线索，通过联合开展调查，及时研判违法行为及公益损害事实，联合督促整改，开展专业化整改评估验收。省级检察院带头立案办理重大公益诉讼案件，统筹三级院办案力量，逐级分工开展调查取证，逐级督促相应行政机关依法履行职责。

【基本案情】

内蒙古南海子湿地自然保护区属于典型的黄河湿地生态系统，具有丰富的野生动植物资源，而且也是 200 余种候鸟南北迁徙的重要停歇地，承担着包头市及周边地区的环境保护、气候调节、生物多样性保护等重要生态功能。2006 年 9 月，王大汉浮桥经内蒙古自治区水利厅、内蒙古自治区包头市交通运输局等部门批准建成。2007 年 10 月，在南海子湿地自然保护区范围和功能区调整后，王大汉浮桥及通往浮桥的引路均被划入自然保护区核心区。王大汉浮桥十四年来持续处于运营状态，通行车辆大约在 500 至 800 辆次 / 日，往来车辆产生的煤灰粉尘严重污染湿地生态环境，噪声污染严重侵扰了湿地野生动物的栖息繁衍。

【调查和督促履职】

2021 年 9 月，内蒙古自治区河长制办公室（以下简称自治区河长办）向内蒙古自治区人民检察院（以下简称自治区院）移送了王大汉浮桥利用项目破坏南海子湿地生态环境案件线索。自治区院于 2021 年 10 月 20 日立案，10 月 22 日联合自治区河长办对该线索进行现场调查，并启动一体化办案机制，统筹包头市检察院、包头市东河区检察院的办案力量成立办案组，依职权分级分解调查任务，通过实地调查、走访地方政府及有关职能部门调取涉案材料等，查实王大汉浮桥运营情况及侵害南海子湿地自然保护区核心区情况。自 2014 年以来，尽管包头市人民政府多次制定整改方案，但是一直未取得实质性进展，王大汉浮桥仍在运营，是全区黄河岸线利用项目专项整改任务中唯一未完成整改的。

办案组研判认为，包头市人民政府、包头市东河区政府及林草、生态环境、交通运输等行政机关负有监管职责。随后，自治区院联合自治区河长办与包头市人民政府、有关行政机关召开磋商会，与会地方政府及职能部门认可王大汉浮桥的运营对湿地生态环境造成损害，但浮桥建设在先，湿地规划调整在后，拆除的难度很大。

该案涉及不同层级多个行政机关，违法和公益损害的情形严重，社会影响大。2021 年 11 月 10 日，自治区院向包头市人民政府发出检察建议，督促其统筹相关职能部门，及时关闭王大汉浮桥路并依法拆除，及时修复浮桥及浮桥路侵占的湿地生态环境，及时治理湿地区域的煤灰粉尘污染并恢复湿地的生态功能。

包头市人民政府收到检察建议后，高度重视，部署由东河区政府，市交通运输、市林草等职能部门组建专门工作组，研究制定浮桥拆迁安置及专项整改方案。11 月 25 日，包头市人民政府回函称，已编制完成拆迁补偿工作方案及湿地恢复工作方案，并于 2021 年底前拆除王大汉浮桥，于 2022 年 5 月底之前基本恢复湿地生态功能。

2022 年 6 月 6 日，自治区院向包头市人民政府发出《关于提供黄河岸线王大汉浮桥利用项目整改进展情况的函》，对整改进展情况跟进监督。6 月 15 日，包头市人民政府回函称已按时完成整改任务，依法注销了王大汉浮桥渡口审批许可、收费许可资质、水路运输经营许可资质，依法拆除了王大汉浮桥；委托专业机构制定湿地恢复项目实施方案，以自然恢复的方式逐步恢复湿地生态环境。

2022 年 8 月，自治区院、自治区河长办、包头市检察院、包头市东河区检察院跟进监督发现，王大汉浮桥及附属设施已拆除；浮桥路段完全封闭，恢复了湿地野生动物栖息地安宁和湿地生态环境。

【典型意义】

检察机关依托“河（湖）长 + 检察长”协作机制，与河长办联合研判案件线索、联合开展调查取证、联合召开磋商调查会，发挥保护湿地合力。自治区院带头立案办理辖区内重大公益损害案件，依法统一调用辖区检察人员组成办案组，明确办案思路和办案任务，协调处理涉及不同层级、不同部门之间的利益关系，推动问题解决。

河北省安新县人民检察院督促整治白洋淀周边污泥处置行政公益诉讼案

【关键词】

行政公益诉讼检察建议　白洋淀湿地保护　大数据赋能　源头治理

【要　旨】

针对农村生活污水处理政府委托项目运营公司运行不规范，损害白洋淀湿地环境的行为，检察机关通过大数据分析、碰撞固定证据，向行政机关发出检察建议。注重案件源头治理，以个案办理促进行业领域整治，督促行政机关开展行业治理工作，推动辖区内污水处理企业依法规范经营，促进白洋淀湿地修复治理。

【基本案情】

白洋淀素有“华北之肾”的美誉，白洋淀湿地自然保护区是国家重点生态湿地。雄安新区成立后，淀中村、淀边村实施了污水、垃圾、厕所一体化综合治理，但部分污水处理企业运营不规范，污水处理所产生的污泥处置不到位，相关部门监管缺失，对白洋淀湿地环境造成损害。

【调查和督促履职】

2022 年 6 月，河北省安新县人民检察院（以下简称安新县院）在办理中央环保督察交办线索时，发现安新县端村镇某环境科技有限公司（以下简称某环境公司）垃圾中转站污泥集中存放点可能存在污染环境问题。7 月 29 日，安新县院对该线索立案调查。经调查核实，该存放点的污泥来自某环境公司所属的 46 个白洋淀淀中村及淀边村污水处理站，污泥集中存放点未做防渗处理，10 余吨塑料袋装污泥存放所使用防雨防晒措施简陋，污泥转运不及时，部分污泥散落对湿地土壤、水体造成持续性渗入污染，破坏白洋淀湿地生态平衡。

为精准固定涉案证据，安新县院调取了2021年至2022年范围内垃圾中转站的污泥转运记录、污水处理设备报修记录以及某环境公司46个污水处理站的用电数据、污泥转运记录、设备报修记录等数据。依托河北省人民检察院雄安新区分院检察大数据综合指挥中心，以自然月为单位，将垃圾中转站转运记录与污水处理站污水处理记录、用电数据关联碰撞，结合环评报告，提取出设备运行、用电量异常时间段，将上述时间段同报修记录、污泥转运记录进行比对，进一步查明5个垃圾中转站、污水处理站存在污泥处置程序不规范、污泥转运不及时、集中存放点设施不规范问题。

根据《城镇排水与污水处理条例》规定，安新县住房和城乡建设局（以下简称安新县住建局）对上述行为具有行政监督管理职责。2022年8月22日，安新县院向安新县住建局发出检察建议，建议其督促某环境公司立即对现存污泥妥善清运，对污泥集中存放点进行规范化建设；对县域内其他环境科技公司的污泥存放点、污水处理站运营情况进行全面检查。

2022年10月18日安新县住建局回复称，收到检察建议后已立即督促某环境公司整改：将原有的10余吨污泥交由具备污泥处置资质的某肥业公司集中处置；对原有储存地点进行无害化处理，另行选址新建了具备防渗防晒防雨功能的专门污泥存放点。此外，安新县住建局对照检察建议，在县域范围内开展了“污垃厕一体化”项目系统性综合治理执法活动，共督促3个委托运行公司规范处置污泥170余吨。建立完善了白洋淀农村污水垃圾等环境管理办法，细化了监管运营责任。

整改过程中，安新县院了解到某环境公司系成立初期，在人员和资金上存在一定困难，主动对接行政机关，促成设立“检察+行政+企业”三方参与的整改督促小组，在规范化整改的同时兼顾企业生产经营需求，提升了企业配合整改工作的积极性。安新县院在行政机关整改后开展了跟进监督工作，确认相关管理、监督机制运行良好，整改效果明显。

【典型意义】

检察机关在案件办理过程中运用大数据赋能法律监督，通过数据信息对比碰撞，精准掌握湿地损害行为种类和数量，准确固定证据。在案件办理过程中，注重协调环境保护与企业经营之间的平衡，督促行政机关开展行业整治执法活动，为雄安新区建设贡献检察智慧。

浙江省丽水市人民检察院督促保护九龙国家湿地公园行政公益诉讼案

【关键词】

行政公益诉讼磋商　湿地保护　生物多样性　预防性公益诉讼　生态平衡

【要　旨】

针对因面临工程改造可能导致对湿地生物生存和生态平衡造成不利影响的问题，检察机关通过预防性公益诉讼，督促行政机关依法履职，预防危害结果发生，实现对湿地生态环境和生物多样性的有效司法保护。

【基本案情】

浙江丽水九龙国家湿地公园（以下简称九龙湿地）位于丽水市莲都区，湿地规划总面积约1815.99公顷，其中湿地面积956.31公顷，是瓯江流域生态系统多样性高、原生状态保持最完整的天然湿地之一。2022年8月，丽水市人大常委会向丽水市人民检察院（以下简称丽水市院）转交市五届人大一次会议《关于推进瓯江大溪沿岸生态修复和生物多样性保护的建议》，提出要加强对相关湿地范围内生物多样性保护。后丽水市院在“益心为公”检察云平台上又收到志愿者反映的线索，称即将开工建设的某治理提升改造工程，因建设需要，部分进入湿地红线保护范围，可能破坏湿地鸟类栖息地。

【调查和督促履职】

丽水市院在收到相关案件线索后，通过咨询专家、走访行政机关、实地调研等方式开展调查查明：为提升防洪、生态和旅游综合效益，丽水市拟实施某治理提升改造工程项目，该工程涉及九龙湿地范围长23.3公里，其中 2.5 公里左右范围内有一级保护濒危动物中华秋沙鸭，二级保护动物绿头鸭、鸳鸯等几百余只水鸟的栖息地，该段设计有滩地生态修复、堤顶提升、滨水步道贯通改造及三级驿站建设等多个工程项目，工程计划于 2022 年 9 月 30 日开工建设。短期来看，原方案施工期与部分候鸟越冬期重合，工程带来噪音、污水及频繁的人类活动，可能暂时驱离越冬候鸟。长远来看，滩地生态修复工程拟引种北美菖蒲等外来物种，破坏滩地原生态并带来生物危险，堤顶提升、滨水步道和三级驿站工程迫近河岸，建成后随着游人增多，不可避免会惊扰中华秋沙鸭等候鸟栖息，甚至迫使其放弃该栖息地。另在该水域有 44 户渔民作业，对候鸟栖息和湿地水生动植物带来一定人为干扰。工作中还发现九龙湿地总体规划过期后，未再编制新规划，且存在多头管理，使得对湿地的整体管理不到位。

因所涉部门较多且情况急迫，2022 年 8 月 25 日，丽水市院以事立案，并于同年 9 月 19 日、10 月 14 日，分别召开两次磋商会，会同市人大、市政府、林业、农业农村、水利、工程设计、施工单位等部门，与莲都区政府就防洪需要、旅游发展和生态保护间如何取得最佳平衡点进行磋商。浙江省自然博物院相关专家就相关鸟类对生态环境的要求进行说明，对工程建设、引种不当物种将影响珍稀候鸟栖息地和湿地原生态进行了论证，并就工程建设应如何科学合理避让相关湿地地段提出专业意见。

最终，磋商会达成以下意见并形成纪要：省水利水电规划设计院优化治理提升改造工程设计方案；市水利局作为项目监管部门，督促建设单位在施工期间有效保护湿地野生动植物；市农业农村局会同莲都区政府，明确湿地河流流段的禁渔措施；各部门联合共同加强湿地外来物种防控。会后，莲都区政府就渔民分批上岸问题拟订方案，并成立专门的区域禁渔工作领导小组。工程建设单位以专家意见为基础就建设项目裁减、避让、滩地修复等重新规划，并向专家、各部门提交了变更方案，获得一致同意。市水利局聘请参会人大代表和志愿者作为监督员，对工程建设进行全程监督。

为破解湿地多头管理的难题，检察机关推动相关行政机关和湿地沿岸乡镇统一思想，达成对湿地共同保护的共识。同时，推动莲都区政府启动了湿地公园总体规划修编工作，湿地保护力度进一步得到加强。

【典型意义】

检察机关对可能导致湿地受损的情况，及时开展以事前防范为核心的预防性公益诉讼，集合专家力量从专业角度预判人类工程可能对湿地带来的破坏和影响，通过磋商集中力量，在短期内推动工程设计调整，真正做到未雨绸缪，从“治已病”到“治未病”，切实有效保护湿地生态。

江西省南昌市新建区人民检察院督促整治鄱阳湖地笼破坏湿地环境行政公益诉讼案

【关键词】

行政公益诉讼磋商　湿地保护　地笼　“公益保护 + 刑事打击”

【要　旨】

针对时效性较强的湿地保护类案件，检察机关通过召集多个行政机关进行磋商，厘清监管职责，督促行政机关联合制定整改方案，推动问题解决，防止公益损害扩大，并推动建立跨区域、跨部门联动长效保护机制，促进长效治理。

【基本案情】

地笼的主要材质是铁丝网和尼龙绳，极难降解，既危及水生生物的生命，还会导致水质恶化，对水环境造成污染。2022 年 11 月，因长期干旱，鄱阳湖水位暴跌，沉积在湖底的地笼裸露出水面，经自媒体宣传发酵，“鄱阳湖地笼阵”成为社会关注热点。江西省人民检察院高度重视，组织环鄱阳湖地区检察机关摸排相关案件线索，并派专人到现场查看情况，进行督办。

【调查和督促履职】

江西省南昌市新建区人民检察院（以下简称新建区院）根据省院要求，对辖区沿江、沿湖水域是否存在地笼，采取无人机巡查、人工深入湖区等方式开展调查。经调查发现，辖区鄱阳湖水域存在大量地笼，沿堤岸走向呈线型分布，最长单条地笼超过 150 米，部分地笼内有虾、蟹、蚌类等被困生物活体。同时湖区周边存在放牧、架设捕鱼网、捕鸟网等人为破坏湿地环境情况。经向有关专家咨询，专家出具的咨询意见认为：此次发现的地笼大部分沉积时间较久，属于残留的废弃地笼。鄱阳湖属于长江流域禁渔禁捕重点水域，不得从事生产性渔业捕捞活动，且地笼已被国家列为明令禁止使用的渔具，其使用侵害社会公共利益。

2022年11月11日，新建区院分别对区农业农村局、区生态环境局、昌邑乡人民政府立案，11月25日对铁河乡人民政府立案。因“鄱阳湖地笼”对湿地环境和渔业资源造成严重破坏，且水位上涨后，清理和恢复的难度将大幅上升，推动整改刻不容缓，新建区院决定以磋商的方式力求用最快的速度解决问题。11月15日，新建区院第一次召集区农业农村局、区水利局、区生态环境局及昌邑乡人民政府磋商，就如何进行整治沉积地笼达成一致意见，并形成会议纪要，确定了行动方案。相关行政机关随即开展了为期两个月的鄱阳湖“四清四无”联合专项行动，出动执法人员260余人次、工作人员上千人次，清理湖区废弃网具4000多部，清理多年来沉积地笼逾万米，查获销毁违法捕捞船24艘，新建区院进行了全程跟进监督。为恢复湖区生态环境，南昌市检察机关联合南昌市法院、生态环境局等有关单位，利用生态环境损害赔偿金联合开展增殖放流活动，共向受损湖区投放鱼苗25万尾。

2023年1月6日，新建区院再次召集相关单位进行磋商，督促相关行政机关加大对投放地笼等违法捕捞行为的查处力度，同时，邀请多家媒体对检察机关整治地笼的系列行动进行报道，加大宣传力度，不断提高群众知法守法水平。联合区公安分局、区市场监督管理局开展专项行动，从销售渠道上彻底根绝买卖野生鱼类及地笼等非法捕捞用具。结合鄱阳湖地区可能普遍存在投放地笼等破坏湿地的行为，新建区院召集湖区的九江市修水县人民检察院、上饶市余干县人民检察院进行座谈交流，签署三地公益诉讼合作备忘录，建立协作机制，形成保护合力。

案件办理过程中，新建区院通过南昌市检察院分别向市公安局、市纪委监察委移送犯罪线索。截至2023年3月，共刑事立案6件，新建区院已对其中3件非法捕捞案件启动刑事附带民事公益诉讼程序。通过司法打击，对严重破坏湿地生态资源环境的行为形成严厉震慑。

【典型意义】

检察机关紧盯群众关切的热点问题，针对时效性较强的案件，充分发挥磋商的效率价值，督促行政机关及时联动履职，推动问题高质高效整改。同时注重点面结合、标本兼治，推动建立跨区域、跨部门联动长效保护机制，促进问题源头治理、流域治理。对办案过程中涉嫌犯罪的线索及相关情况，及时移送或向有关部门反映，形成整治合力。

湖南省检察机关督促整治花垣县古苗河国家湿地公园及周边生态环境行政公益诉讼系列案

【关键词】

行政公益诉讼磋商与检察建议　湿地保护　一体化办案　综合治理

【要　旨】

湿地生态环境保护，涉及林业、生态、自然、水利、文旅和属地政府等多个行政机关的职能职责。检察机关通过一体化办理行政公益诉讼案件，综合运用磋商、检察建议等方式，督促各行政机关依法全面履行职责，推动县级人民政府统筹协调形成治理合力，促进湿地生态环境保护的系统施策和综合治理，建立国家湿地公园保护协作机制，提升综合保护水平。

【基本案情】

湖南省花垣县古苗河国家湿地公园于 2020 年入选国家湿地公园名单，湿地面积 600.7 公顷，湿地率为 61.61%，动植物资源多样，有数十种国家Ⅱ级重点保护动植物、省重点保护动物。近年来，古苗河国家湿地公园生态环境和整体景观受到了不同程度的破坏，核心保护区内存在遗留攀岩钉破坏山体、人行栈道旁有明火焚烧垃圾等问题；入口河道旁尾矿库闭库工程滞后、污水处理厂污水排入周边河流；河道不远处企业废弃厂房非法占用林地未及时拆除，林地上堆放大量的工业固体废物，尤其是原花垣县铁合金总厂厂区露天无序堆放了数十吨锰矿石及电子垃圾、回收废品等固体废物。

【调查和督促履职】

花垣县古苗河国家湿地公园及周边生态环境行政公益诉讼系列案线

索系湖南省人民检察院（以下简称湖南省院）于 2022 年 6 月期间在开展“锰三角”专项工作中发现。在湖南省院的统筹安排和具体指导下，花垣县人民检察院（以下简称花垣县院）制定专案工作方案，由省、州、县三级院办案人员组成专案组，分为 6 个小组分别对案涉尾矿库、废弃厂房、垃圾堆放地、废品收购站、污水入河口、核心保护区等多处现场勘验。专案组通过实地走访、无人机航拍、委托检测、询问证人等多种取证方式，初步查明存在向水体及土壤超标排放、固体废物违法堆放、违法占用林地建房、废弃厂房危害安全、核心保护区山体遭人为破坏等问题。

2022 年 6 月 20 日，湖南省院针对古苗河国家湿地公园及周边生态环境整治问题以事立案；次日，花垣县院对湘西州生态环境局及花垣县自然资源、林业、公安、应急管理、住建、城市管理和综合执法、花垣镇人民政府等 8 家行政机关以行政公益诉讼立案。考虑到案涉问题复杂多样、监管主体较多且存在职能交叉、公益保护轻重缓急程度和监督质效等综合因素，决定采取集中磋商方式督促县政府协调各行政机关统筹推进治理工作。磋商会上，花垣县人民政府县长、分管副县长、各行政机关负责人等领导参会，检察机关通过案情通报、现场播放调查视频资料等方式，列明古苗河国家湿地公园及周边生态环境遭到破坏的违法事实和系列问题，并送达立案决定书。湘西州生态环境局和花垣县人民政府主要负责人及各行政机关负责人对违法事实和相关问题均予以确认，由县政府统筹成立工作专班，及时启动古苗河湿地公园及周边生态环境整治工作。

会后，花垣县人民政府制定综合整治方案，成立以县长为负责人、各行政机关为具体执行人的工作专班，对古苗河国家湿地公园及周边生态环境开展全面综合整治工作。截至 2022 年 8 月，古苗河湿地公园周边存在的随意堆放的尾矿库闭库工程、污水污染、固体废弃物、生活垃圾和建筑垃圾污染、非法储存成品油等问题完成整改，湘西州生态环境局及花垣县林业局等 6 家行政机关已经全面履职。

2022 年 9 月，花垣县院跟进调查发现，古苗河国家湿地公园入口道路旁多处废弃厂房违法占地等问题仍未依法全面整改，遂于 2022 年 9 月 26 日、9 月 28 日，分别向花垣县自然资源局、花垣镇人民政府制发检察建议，建议花垣县自然资源局依法处理古苗河国家湿地公园周边违法占地行为并及时修复被破坏的生态环境；建议花垣镇人民政府履行辖区政府职责，协助花垣县自然资源局开展执法工作和加强环境监管，并形成常态化保护。

2022 年 10 月 12 日，为推动形成保护合力，提升综合保护水平，检察机关积极与花垣县人民政府沟通，促成其制定《花垣县古苗河国家湿地公园及周边环境综合保护联动机制》。

2022 年 11 月 25 日、2022 年 11 月 28 日，花垣县自然资源局、花垣镇人民政府回复，已完成对案涉违法占地行为部分违建拆除和土地恢复工作。2022 年 12 月期间，花垣县院对整改情况进行核实，考虑到案涉违法占地问题涉及花垣县矿业历史遗留问题和周边村民集体土地问题，推动两单位制定长期整改保护方案，持续长效推动整改和保护工作。

【典型意义】

检察机关整合办案力量，通过一体化办案，采取现场勘验、委托检测、询问等多种调查方式，全面查明湿地公园生态环境保护问题，采取集体磋商座谈、检察建议的方式，督促行政机关依法全面履行职责，综合施策，并积极争取党委政府支持，由县政府统筹推进，建立长效保护协作机制，提升综合保护水平。

云南省普洱市人民检察院督促保护野鸭湖湿地生态环境行政公益诉讼案

【关键词】

行政公益诉讼检察建议　湿地保护　调整规划　预防性公益诉讼　跟进监督

【要　旨】

检察机关充分发挥公益诉讼检察职能，通过个案的办理，推动相关行政机关形成协同共治的保护合力，解决湿地保护与项目开发利用的冲突，有效保护湿地的安全和项目合理开发利用。

【基本案情】

野鸭湖位于思茅区主城区南部，为自然湖泊，面积 38.28 公顷，为湖泊、沼泽等组成的自然湿地，是 2011 年普洱市水务局申报并获批准的普洱五湖国家湿地公园的重要组成部分。2021 年，普洱市正在规划建设的普洱茶小镇、普洱茶博物馆以及部分商业性用地等项目与 2011 年划定的野鸭湖湿地红线存在重叠，致使野鸭湖湿地面积缩小。

【调查和督促履职】

2021 年 8 月，云南省普洱市人民检察院（以下简称普洱市院）在开展饮用水水源地保护公益诉讼专项工作中发现上述案件线索，经初查认为，湿地面积缩小可能影响湿地中动植物栖息和繁殖，对生态环境及生物多样性造成损害，于同年 10 月 15 日立案。普洱市院通过调取普洱五湖国家湿地公园管理局关于普洱茶特色小镇项目规划用地意见，普洱市政府对野鸭湖 2018 年、2019 年的优化调整方案，对比建设用地与湿地重叠的情况；召开相关部门参加的座谈会，询问相关知情人员，了解建设用地与湿地重叠的原因；查阅法律法规、“三定”方案，厘清行政机关的职能职责。根据《云南普洱五湖国家湿地公园总体规划（2011—2016）》，把野鸭湖片区规划为普洱五湖国家湿地公园的恢复重建区，旨在通过相应的恢复技术与工程，逐步恢复该区域湿地生态系统结构与功能。但在普洱茶小镇项目规划中，各行政单位没有进行充分的沟通，普洱市自然资源和规划局在对普洱茶小镇建设用地规划时，将野鸭湖湿地 3.3508 公顷规划为建设用地，造成项目规划用地与湿地范围重叠。检察机关认为，造成上述情形的主要原因是普洱市自然资源和规划局怠于履行职责。为保护湿地安全，同时避免企业项目建设触碰湿地保护红线造成损失，2021 年 11 月 11 日，普洱市院向普洱市自然资源和规划局发出检察建议，建议对野鸭湖周边存在的规划项目与野鸭湖湿地范围重叠的问题及时进行整改，并加强与水务、林业、生态环境等部门沟通，强化项目选址、规划的科学论证。

普洱市自然资源和规划局收到检察建议后，及时召集水务、林业等部门共同论证研判，确定普洱茶小镇建设用地与野鸭湖湿地规划范围有重叠，在项目规划中进行了相应调整。2023 年 3 月普洱市院实地“回头看”，负有湿地监管职责的普洱市思茅区林业和草原局协同普洱市生态环境局思茅分局于 2022 年 6 月在重叠的 3.3508 公顷湿地内播撒草籽，移栽水生植物，并进行浅位灌水，湿地生态已恢复。

【典型意义】

检察机关充分发挥在生态环境保护中预防性公益诉讼的作用，通过审前程序，在公益损害发生前督促行政机关以调整规划的方式，助推湿地保护源头治理，形成湿地保护合力的同时，也避免了企业在项目开发中利益可能受损的问题。

福建省惠安县人民检察院督促保护泉州湾河口湿地生态环境公益诉讼案

【关键词】

刑事附带民事公益诉讼　行政公益诉讼检察建议　湿地保护　一体化办案

【要　旨】

针对在湿地自然保护区内大面积倾倒生活垃圾和建筑垃圾的违法行为，检察机关综合运用“生态刑事检察 + 公益诉讼”办案模式，全链条追究违法行为人的刑事、民事法律责任。民事公益诉讼判决生效后，被告无力处置污染物，检察机关可以督促行政机关依法履行代处置义务，实现湿地生态修复治理。

【基本案情】

泉州湾河口湿地自然保护区因其特殊的地理气候和丰富的生物多样性资源，被列入“亚洲重要湿地”名录。2019 年至 2021 年 3 月间，郑某元等人擅自在湿地自然保护区范围内，为他人倾倒生活垃圾和建筑垃圾提供场所并从中牟利，不仅造成倾倒区域土壤和水体污染，而且也直接威胁到泉州湾河口湿地自然保护区内洛阳江原生红树林、桃花山海滨水禽两大生态核心区的生物多样性保护，破坏保护区自然生态景观。公安部将该案列为“昆仑 2021”专项行动挂牌督办案件。

【调查和诉讼】

福建省惠安县人民检察院（以下简称惠安县院）在办理郑某元等人污染环境刑事案件时发现本案线索，于 2021 年 5 月 10 日立案并发出公告。通过走访当地村委会，向交管部门调取路面监控视频，深入多家房地产公司获取垃圾处置合同，厘清各违法行为人的民事责任，锁定福建省某建设工程有限公司、黄某萍等 7 人系处置案涉建筑垃圾违法行为主体，应承担民事侵权责任。泉州台商投资区生态环境与国土资源局委托福建拓普司法鉴定所开展生态损害鉴定，案涉倾倒垃圾区域地块面积达 56003.5 平方米，垃圾总填方达 152234.2 立方米，致使当地土壤和地表水环境遭到破坏，生态环境恢复费用及清理措施费用共计 1000 余万元。

2021 年 11 月 29 日，惠安县院提起刑事公诉的同时，一并提起刑事附带民事公益诉讼。2022 年 7 月 28 日，惠安县人民法院作出判决，支持惠安县院的全部诉讼请求，判令郑某元等人、福建省某建设工程有限公司在各自责任承担生态环境恢复费用及清理措施费用共计 999 万余元（部分被告在法院审理期间主动缴纳生态恢复费用 7 万余元）、鉴定费 27 万元并公开赔礼道歉。被告人不服一审判决，向泉州市中级人民法院提起上诉。2022 年 10 月 26 日，泉州市中级人民法院裁定驳回上诉，维持原判。

2023 年 3 月，泉州市人民检察院（以下简称泉州市院）开展湿地保护“回头看”专项行动中发现，惠安县人民法院执行到位的生态环境恢复费用仅 15 万余元，部分被告无力承担湿地生态修复费用，案涉垃圾未依法处置，湿地生态环境持续处于受侵害状态。泉州市院、惠安县院成立联合办案组，于 3 月 30 日以行政公益诉讼立案。根据《中华人民共和国行政强制法》第五十二条的规定，需要立即清理道路、河道、航道或者公共场所的遗洒物、障碍物或者污染物，当事人不能清除的，行政机关可以决定立即实施代履行。为此，惠安县院分别于 3 月 30 日、4 月 4 日向泉州市台商投资区农林水与生态环境部门、综合执法与应急管理部门发出检察建议，督促其依法对案涉地块垃圾履行清理整治职责。

泉州市、县两级院组织属地政府、相关行政部门召开圆桌会议，推动属地政府召开专题会议部署案涉垃圾清理整治专项行动。2023 年 5 月，属地政府将案涉地块的生态修复工作纳入预算方案编制，选定施工业主单位，并由属地政府先行垫付生态修复费用。目前，案涉地块垃圾已基本清理完毕，泉州湾河口湿地自然保护区湿地生态环境得到有效修复。

【典型意义】

检察机关注重加强刑事检察与公益诉讼检察职能的衔接和协同，在办理湿地生态环境污染刑事案件的同时，一体推进公益诉讼案件办理，追究侵权行为人的生态环境损害赔偿责任。在侵权行为人无力执行法院民事公益诉讼判决的情况下，检察机关坚持保护优先、恢复为要的生态修复理念，发挥行政公益诉讼职能，督促行政机关依法履行污染物清理整治职责，及时修复受损的湿地生态环境，有效筑牢湿地生态司法保护屏障。

十、生态环境保护检察公益诉讼典型案例

（2023 年 7 月 6 日）

司法助力推动生态文明建设

——最高检公益诉讼检察厅负责人就生态环境保护检察公益诉讼典型案例答记者问

2023 年生态文明贵阳国际论坛于 7 月 8 日至 9 日举行。此次论坛期间，最高人民检察院是“法治保障生态文明先行区建设”分论坛的主办单位之一。论坛召开前，最高检发布了一批生态环境保护检察公益诉讼典型案例。这批典型案例有什么特点？作为司法机关，检察机关又如何在法治轨道推动生态文明建设？最高检公益诉讼检察厅厅长胡卫列回答了记者提问。

问：发布本批典型案例的背景和主要考虑是什么？

答：习近平总书记指出：“保护生态环境就是保护生产力，改善生态环境就是发展生产力”。生态环境是关系党的使命宗旨的重大政治问题，也是关系民生的重大社会问题。检察机关作为党领导下的司法机关，履行法律监督职责，更应在生态环境和资源保护大格局中肩负重要责任。检察公益诉讼制度是党中央特别是习近平总书记亲自部署、亲自谋划、亲自推动的重大司法改革任务，是习近平法治思想的原创性成果和重要组成部分，是以法治思维和法治方式推动国家治理现代化的重要制度设计。生态环境和资源保护领域是检察公益诉讼传统的法定办案领域，是“4+N”案件范围重要法定领域，也是检察公益诉讼最大的办案领域。2018 年以来，检察机关办理生态环境和资源保护领域公益诉讼案件 39.5 万件，占全部公益诉讼办案数量的 52.5%，案件规模呈逐年递增趋势。近年来，检察机关办理生态环境和资源保护领域案件的监督类型，除传统的大气、水、土壤等环境要素，还涉及森林病虫害、珍稀鸟类、濒危植物、湿地、自然保护区、文物、自然遗迹等，呈现出多样化的特点。

今年是全面贯彻党的二十大精神的开局之年，也是检察公益诉讼走过全面推开五周年重要时间节点，进入转型升级、迈向高质量发展的重要一年。2023年生态文明贵阳国际论坛召开，此次论坛期间，最高人民法院、最高人民检察院、司法部、武汉大学联合主办“法治保障生态文明先行区建设”分论坛。在分论坛即将召开之际，最高检发布一批生态环境保护检察公益诉讼典型案例，旨在以习近平新时代中国特色社会主义思想为引领，践行习近平生态文明思想和习近平法治思想，指导各级检察机关高质效办好每一个生态环境公益诉讼案件，持续提升办案质效和影响力，提高办案规范化水平，推进公益诉讼检察高质量发展。

问：本批案例的主要特点是什么？

答：本批典型案例有以下几个特点：

一是案件类型丰富，涉及领域广泛。本批案例包括贵州省人民检察院督促保护乌江流域生态环境行政公益诉讼案等10件，涵盖了流域生态环境治理、生物多样性保护、固体废弃物污染、大气污染、土壤污染、水污染防治等生态环境保护的多方面。

二是行政公益诉讼案件办理监督方式多元化。本批典型案例中有7件行政公益诉讼审前程序案件，检察机关运用磋商，检察建议，召开圆桌会议、联席会等多种方式，在审前解决问题。从检察机关行政公益诉讼办案实践整体来看，检察机关以磋商、检察建议、提起诉讼等方式督促行政机关依法全面履行生态环境监管职责，93.9%的案件在审前环节得以解决，绝大多数案件审前实现保护公益目的。这充分体现了检察公益诉讼的督促之诉、协同之诉特点，再次说明检察机关通过审前磋商、制发检察建议等方式实现公益保护的效率高、效果好，是最佳的司法状态。

三是充分发挥“诉”的刚性监督作用。本批典型案例中有3件起诉案件。虽然起诉案件数量占比较低，但其作为检察公益诉讼监督的“后手”，增强了检察建议的监督刚性。检察机关在办案中兼顾“公益”和“诉讼”，针对整改不到位的，敢于、善于运用提起诉讼的法律手段强化监督效果，切实有效促进受损生态环境的修复。

问：检察公益诉讼如何通过司法方式助力推动生态文明建设？

答：检察机关坚持立足宪法定位，通过法律赋予的检察公益诉讼职能，以司法方式助推生态文明建设。从公益诉讼制度本源来看，行政公益诉讼是检察公益诉讼的核心，检察机关也是提起行政公益诉讼的唯一主体。检察机关坚持把加强行政公益诉讼作为主责主业，对生态环境领域负有法定监管职责的行政机关违法行使职权或者怠于履行职责的，通过检察建议或者提起行政公益诉讼的方式，督促其依法履职，有力促进依法行政、严格执法。同时，对于破坏生态环境的责任主体，通过民事公益诉讼的方式，使其承担破坏生态的修复、赔偿责任。如贵州省检察院针对乌江流域污染治理难题，依法履职，以事立案，依托一体化办案协同推进，综合发挥行政公益诉讼、民事公益诉讼的职能作用，利用多元化监督方式，实现乌江流域水生态环境长效治理。

在行政公益诉讼中准确把握好行政机关与检察机关在维护公益中的关系，既要发挥监督作用，督促行政机关依法履职，又不能越位代行职权。行政机关是保护公共利益的第一顺位代表，不仅负有维护公共利益的法定职责，在专业能力和统筹资源方面也有其优势。检察机关在充分发挥职能作用的同时，也要秉持公益诉讼督促之诉、协同之诉的功能定位，坚持双赢多赢共赢监督理念，加强与行政机关的沟通协作，发挥行政与司法的合力，共同推动山水林田湖草沙系统治理，形成生态环境保护治理新格局。

检察机关坚持持续跟进监督理念，强化监督力度、提高监督刚性，坚持以诉的形式履行法律监督本职，推动对受损公益有效修复。对检察建议到期后，行政机关仍不依法充分履职、受损公益未能有效恢复的，依法提起诉讼，以诉的刚性作为公益保护的刚性后盾。如内蒙古自治区鄂尔多斯市东胜区检察院针对行政机关未依法履行对企业擅自倾倒、堆放固体废物污染环境的法定监管职责的行为，在依法提出检察建议督促其履责后，行政机关仍未依法整改致使国家利益和社会公共利益处于受侵害状态，检察机关依法提起行政公益诉讼。

针对同一公益损害事实，坚持行政公益诉讼优先，用好磋商、检察建议、提起诉讼的阶梯式办案方式，优先督促行政机关严格监管责任，进而督促行政相对人落实主体责任，有效实现公益保护共同目标。针对行政机关穷尽监管手段仍然无法实现公益保护目的，及时开展民事公益诉讼追究违法行为人的民事赔偿责任。如山东省潍坊市临朐县检察院向行政机关发出检察建议后，行政机关启动生态环境损害赔偿程序，但经数次磋商仍未达成赔偿协议。检察机关衔接生态环境损害赔偿与检察公益诉讼，及时启动民事公益诉讼程序，追究违法行为人违法排放危险废物污染环境的责任。

问：对于生态环境保护领域公益诉讼，最高检下一步有哪些工作部署？

答：党的二十大对全面依法治国和生态文明建设作出重要部署，为今后公益诉讼检察工作发展指明了方向。各级检察机关要进一步提高政治站位，牢牢把握中国式现代化的本质要求，正确认识检察工作现代化的深刻内涵，更充分地认识把握、更自觉地发挥好生态环境保护公益诉讼在践行习近平生态文明思想、促进生态文明建设中的独特治理价值作用。紧密围绕服务大局、服务人民，找准履职切入点、着力点，深化办案实践，以质效优先导向推进生态环境保护事业高质量发展。持续加强最高检、省级院自办案件工作，注重从省级院直接立案办理案件中培育典型案例和指导性案例。以最高检向全国人大常委会作生态环境保护检察专项报告为契机，深入开展调查研究，强化协作配合，注重与刑事、民事、行政等其他检察职能和行政机关、人民法院等各相关部门和制度机制的协同联动。

贵州省人民检察院督促保护乌江流域生态环境行政公益诉讼案

【关键词】

行政公益诉讼检察建议　民事公益诉讼　流域生态环境污染　以事立案一体化办案

【要　旨】

针对跨地域河流严重污染流域环境，威胁通航安全、行洪安全等问题，省级检察机关可以以事立案，组成三级院一体化办案组，通过多元化监督，推动流域生态环境综合治理。

【基本案情】

乌江全长 1050 公里，是贵州省第一大河，被称为贵州的“母亲河”。近年来，由于乌江干流上游贵阳、黔南、遵义三地八县辖区内部分乡镇垃圾乱倒乱堆、沿岸部分景点管理不规范以及乌江部分支流生活垃圾、建筑垃圾倾倒于河道、河堤，导致汛期来临时，大量垃圾被冲入乌江干流形成漂浮物，严重损害乌江流域生态环境，也对乌江干支流通航安全、行洪安全等造成严重威胁。

【调查和督促履职】

2021 年 8 月，贵州省遵义市余庆县检察院在走访构皮滩水电站时发现该案线索，逐级层报至贵州省人民检察院（以下简称贵州省院），贵州省院通过初步核实，发现乌江干流构皮滩水电站河段内存在着大量漂浮物，严重污染水生态环境。鉴于该案影响较大，涉及贵阳、遵义、黔南三地十余个区县，贵州省院于 10 月 18 日向省委报送了拟对乌江干流构皮滩水电站河段公益受损立案调查的报告。

2021年12月1日，贵州省院以事立案，由省院分管副检察长担任主办检察官，抽调省、市、县三级院13个办案单位60余名干警组成办案组，制定了办案工作方案，通过召开案件办理推进会，研究线索审查、证据收集、专案听证等方式，统一案件办理方向、落实工作部署。在贵州省院的统一指挥下，办案组通过现场查看、走访、无人机拍摄、查阅水文资料等方式开展调查核实，同时充分运用摄像机、测距仪、无人机、经纬度地图、元道经纬相机等设备辅助调取固定证据。贵州省乌江航道管理局及案涉地相关行政机关对乌江水生态环境安全、航道安全、公共安全负有监督管理职责，但怠于履职导致国家利益和社会公共利益受到严重损害。

2022年1月10日，贵州省院第一地区检察院向贵州省乌江航道管理局发出检察建议，建议其依法履行乌江干流航道管理、养护职责，及时清理危及乌江干流航道安全的隐患，并加强对乌江干流航道安全的监督管理和监测。同日，贵州省院与贵州省乌江航道管理局召开圆桌会议，详细了解乌江干流航道季节性漂浮物堆积的原因及打捞清理工作的难点，消除分歧，达成共识。会后，乌江航道管理局立即着手进行整改，清除流域河段内漂浮物、悬浮物，并对乌江全段建立定期巡查机制，便于及时发现清理航道的漂浮物。2022年4月，贵州省院以实地查看方式对整改落实情况跟进监督，乌江干流航道内已无成片漂浮物。

同时，贵州省院依托一体化办案，将线索交办案涉地检察机关办理，贵州省院通过召开调度会、现场核查等形式督导案件办理。专案组通过交办或者指定地方检察机关共立案103件，其中行政公益诉讼83件、民事公益诉讼5件、刑事附带民事公益诉讼14件、支持起诉1件。

2022年6月，专案组通过实地查看、委托检测、座谈磋商等方式跟进监督，乌江航道管理局已督促打捞漂浮物14000平方米，治理污染水域面积27.9亩，清理河段100余公里。乌江流域漂浮物与水体污染治理取得明显成效。

2022年8月5日，贵州省院就整改情况召开听证会，邀请省人大代表、律师、生态环境专家学者、高校法学教授担任听证员，“益心为公”志愿者、群众代表、村民代表参与听证，与会人员对整改效果给予充分认可。

【典型意义】

针对跨区域河流流域污染治理难题，检察机关立足公益诉讼检察职能，依法履职，以事立案，通过一体化办案协同推进，综合发挥行政公益诉讼、民事公益诉讼的职能作用，利用多元化监督方式，实现江河流域水生态环境长效治理。

内蒙古自治区鄂尔多斯市东胜区人民检察院督促整治煤矸石污染环境行政公益诉讼案

【关键词】

行政公益诉讼　固体废物处置　煤矸石污染　水体、土壤污染

【要　旨】

针对行政机关未依法履行对企业擅自倾倒、堆放固体废物污染环境的法定监管职责的行为，检察机关依法提出检察建议督促其履责，行政机关未依法整改致使国家利益和社会公共利益仍处于受侵害状态的，依法提起行政公益诉讼，推动有效解决环境污染问题。

【基本案情】

2019年，内蒙古某能源开发公司泊江海子矿（以下简称泊江海子矿），违法将固体废物煤矸石分6处堆放至东胜区泊江海子镇紫蛇沟左二支沟河道管理范围内。经专家意见评估，煤矸石属于固体废物，长期淋溶、浸泡的煤矸石会有重金属离子浸出，造成水体、土壤污染，同时煤矸石露天堆放易风化形成细颗粒物进入大气，污染空气。

【调查和督促履职】

内蒙古自治区鄂尔多斯市东胜区人民检察院（以下简称东胜区院）在履行职责过程中发现该案件线索，于2022年8月3日立案审查。经调查，涉案煤矸石堆放点总占地面积为9445.4平方米，总重约2.7万吨。根据《中华人民共和国固体废物污染环境防治法》和《中华人民共和国大气污染防治法》的相关规定，生态环境主管部门负有法定的监管职责。为查明鄂尔多斯市生态环境局东胜分局（以下简称东胜分局）能否以自己的名义开展行政执法工作，是否是适格的行政监管主体，东胜区院商请鄂尔多斯

市人民检察院向鄂尔多斯市生态环境局调取了《鄂尔多斯市生态环境综合行政执法工作管理办法》，该办法第四条第二款规定："各旗区生态环境分局在本旗区内履行生态环境综合执法职能"；第五条第二款规定："各旗区生态环境综合行政执法大队以旗区生态环境分局名义开展生态环境综合行政执法工作"。结合《鄂尔多斯市环境保护条例》第五十五条"未规范处置煤矸石的，由旗区以上人民政府生态环境主管部门责令停止违法行为，限期改正，处 1 万以上 10 万以下罚款"的规定，东胜分局对未规范处置煤矸石的违法行为，作为本辖区的生态环境主管部门能以自己的名义开展行政执法工作，是适格的行政监管主体。

2022 年 8 月 15 日，东胜区院向东胜分局制发检察建议，督促其对违法堆放煤矸石的行为依法查处，采取切实有效的措施处置煤矸石。9 月 23 日，东胜分局作出书面回复，称已约谈泊江海子矿负责人，推动矿企委托第三方公司清运、治理煤矸石污染问题，督促企业与东胜区泊江海子镇、周边村民签订补偿协议。

整改到期后，检察机关通过跟进监督发现，违法堆放煤矸石未依法按期清运，仍有 4 处超过 2 万吨的煤矸石未清理，社会公共利益仍处于受侵害状态。

【诉讼过程】

2022 年 10 月 27 日，东胜区院向东胜区人民法院提起行政公益诉讼，请求判令东胜分局依法继续履行监督管理职责，对堆放煤矸石的违法情况进行查处，并采取有效措施妥善处置。

2022 年 11 月 14 日，为防止堆放的煤矸石冻结无法清理，避免生态环境遭受进一步的损害，东胜区院与东胜分局、泊江海子镇政府召开联席会，加速推进煤矸石清理工作。截至 12 月 12 日，东胜分局督促涉案企业处置了堆放的全部煤矸石，并开展补植复绿工作。2022 年 12 月 15 日，因社会公共利益得到有效保护，东胜区院依法撤回起诉。

东胜分局以此案为契机对区内工矿企业、固废堆场、矿山排土场开展全面排查，防范固体废物污染风险。

【典型意义】

生态环境分局作为本辖区的生态环境主管部门，如果能以自己的名义开展行政执法工作、作出行政处罚决定，是适格的行政监管主体，则可以作为行政公益诉讼的被告。检察机关履行法律监督职责，有权对未依法履职的行政机关提起行政公益诉讼，督促其依法全面履职，按照“谁污染、谁治理”“谁破坏、谁修复”的原则，推动涉案企业修复受损的生态环境。

天津市人民检察院第三分院、河北省沧州市人民检察院联合督促治理外来入侵物种互花米草行政公益诉讼案

【关键词】

行政公益诉讼检察建议　生物多样性保护　外来物种入侵　跨区域协作　生态修复标准化

【要　旨】

针对外来物种入侵破坏海洋生态环境的问题，检察机关通过跨区域协作机制，互通案件线索，听取专家意见，制发检察建议，合力督促行政主管部门及时采取有效整治措施。通过推动治理工作标准化，有效破解外来物种入侵整治难题。

【基本案情】

近年来，天津市滨海新区、河北省沧州市沿海滩涂有成片生长的互花米草。根据原环保总局和中国科学院联合发布的《关于发布中国第一批外来入侵物种名单的通知》，互花米草被列为我国第一批外来入侵物种，该物种扩散能力快、生命力旺盛、繁殖系数高，其繁衍扩散严重挤占本地盐沼植物的生态空间，破坏生物多样性及生态系统平衡，严重影响渤海水域生态环境。相关行政机关对互花米草进行了治理，但因其跨区划传播，治理效果不佳。

【调查和督促履职】

2021 年 4 月初，天津市人民检察院第三分院（以下简称天津三分院）在履职中发现天津市滨海新区、河北省沧州市沿海滩涂有成片生长的疑似

互花米草的植物。初步调查发现其在天津沿海滩涂大量分布，多处点位已经形成单一植物群落，本地盐沼植物几近消亡。针对互花米草自身生命力顽强、易于跨区划传播的特点，为达到推进治理的目的，天津三分院依据与河北省沧州市人民检察院（以下简称沧州市院）建立的合作机制，将案件线索同步移送沧州市院。两院于2021年12月3日，分别对负有监管职责的天津市滨海新区农业农村委员会、河北省沧州市农业农村局等7家行政机关以行政公益诉讼立案。

立案后，津冀两地检察机关同步开展调查核实工作，通过实地采样、现场踏查、无人机航拍等方式固定证据，提取入侵植物样本，委托天津海关动植物与食品检测中心、国家海洋局天津海洋环境检测中心站进行鉴定和危害性评估。经鉴定，外来入侵植物为外来入侵物种互花米草，在津冀两地共分布生长700余公顷。互花米草无序扩散会破坏近海生物栖息环境，威胁本土海岸生态系统，致使大片盐沼植物消失；对国家一级重点保护鸟类遗鸥的越冬栖息产生严重危害；也容易堵塞航道，影响航道通畅和妨碍泄洪功能。

为统一认识，推动案件顺利办理，2022年5月6日，津冀两地检察院联合举行线上听证会，邀请属地人大代表、政协委员、律师代表等担任听证员，特邀相关领域专家参与听证释理，相关行政机关派员参加了听证会。参会人员一致认为，互花米草威胁海洋生态安全，应当立即开展治理工作。

根据《中华人民共和国生物安全法》第二条、第十三条第二款以及农业农村部、自然资源部、生态环境部、海关总署、国家林草局联合印发的《关于印发进一步加强外来物种入侵防控工作方案的通知》规定，林草、自然资源、生态环境、住房和城乡建设等行政机关及地方政府，按职责分工负责加强森林草原湿地等区域外来入侵物种治理及生态保护修复工程建设。依据上述法律法规及有关机关“三定”方案的规定，2022年8月10日，津冀两地检察机关对负有外来物种监管、生物多样性治理和海洋、海岸线保护修复职责的天津市滨海新区农业农村委员会、天津市滨海新区海洋局、中新天津生态城管理委员会、河北省沧州渤海新区黄骅市政府、河北省沧州市农业农村局、河北省沧州市自然资源和规划局制发检察建议。建议各单位协调联动，加强跨区域协作，建立一体化联防联控机制，推进互花米草科学综合治理。

收到检察建议后，两地行政机关高度重视，积极履行法定职责，有序推进治理工作。天津将互花米草治理工作纳入“天津市海洋生态保护修复项目”，成立了海洋生态保护修复项目建设指挥部，统筹治理工作。目前，天津市北部海域合计100余公顷互花米草，已通过物理方式进行了彻底治理。天津南部海域约357公顷互花米草，已拟定修复治理计划，相关工作正在积极稳步推动中。沧州市对全市互花米草分布面积坐标、危害程度等进行了详查，承担主要治理工作的沧州市黄骅市政府将互花米草治理工作纳入到2023年海岸带保护修复治理工程，预计治理工作于2024年全部完成。

此外，为推动互花米草科学有效治理，天津三分院与国家海洋标准计量中心进行沟通，推动制定“互花米草生态损害评估、生态治理及治理效果评价等系列标准”。目前，《互花米草风险与损失调查评估技术指南》团体标准已经立项并进入评审阶段，该团体标准是首个根据检察机关需求专门制定的标准，对科学评估互花米草入侵风险与生态损害程度具有指导意义。

【典型意义】

《中华人民共和国生物安全法》明确将防范外来物种入侵与保护生物多样性纳入保护生物安全的范围。检察机关针对外来入侵物种跨区划治理难题，积极探索跨区域工作模式，推动多地多部门共商共治，形成了跨区划公益保护合力。同时，检察机关从个案入手，主动与相关机构沟通，推动制定相关评估、治理标准，依法履职，服务推动国家治理体系和治理能力现代化。

江苏省无锡市新吴区人民检察院督促规范汽修行业挥发性有机物排放行政公益诉讼案

【关键词】

行政公益诉讼检察建议　大气污染　挥发性有机物　汽修行业　节能减污降碳

【要　旨】

针对汽修行业不规范排放挥发性有机物的情况，检察机关由点及面，制发检察建议，开展专项监督，督促相关职能部门依法履行监管职责，拓展生态赔偿金使用，推广“共享式”治污设施节约能耗，推动行业源头治理，实现减污降碳与企业发展双赢。

【基本案情】

挥发性有机物 VOCs 是形成 PM2.5 和臭氧的重要前体物，管控不力易造成区域性大气臭氧等温室气体污染，严重影响气候。汽修行业涉及面广、配套企业数量多、分布散，且多为中小微企业，是区域温室气体管控和大气环境整治的难点。2020 年 8 月，无锡市某威进口汽车维修有限公司（以下简称某汽车维修公司）在开放式车间内进行调漆作业，无组织排放含挥发性有机物 VOCs 的废气，车间内外异味明显。该公司未按照规定安装、未使用挥发性有机物污染防治设施，也未采取其他措施减少挥发性有机物排放。

【调查和督促履职】

2020 年 8 月初，江苏省无锡市新吴区人民检察院（以下简称新吴区院）接到公益诉讼志愿者反映的本案线索，经初步调查后予以立案。通过现场走访、调取相关书证、询问证人，查明某汽车维修公司违法排放挥发性有机物污染生态环境、损害社会公共利益的事实。新吴区院调取的无锡市新吴生态环境局（以下简称新吴生态环境局）2018 年以来办理的涉大气污染生态环境行政处罚案件 95 件来看，其中多涉及挥发性有机物违法排放，且汽修行业占较大比重。经咨询大气保护领域专家，挥发性有机物是 PM2.5 和臭氧的前体物，通过控制挥发性有机物，可加强 PM2.5 与臭氧协同控制，对实现减污降碳协同增效、促进生态环境质量改善具有重要意义。

2020 年 8 月 10 日，新吴区院向新吴生态环境局制发检察建议，建议对某汽车维修公司不规范调漆作业、违法排放挥发性有机物的行为及时查处。同时向该局送达《生态环境执法重点关注点提示书》，提示应对汽修行业挥发性有机物排放予以重点关注。

9 月 29 日，新吴生态环境局函复新吴区院，该局已责令某汽车维修公司停止违法调漆作业，督促落实密闭措施，设置废气收集处理设施，切实履行污染防治主体责任，并针对汽修行业挥发性有机物非法排放开展专项整治。

新吴区院还联合新吴生态环境局对辖区汽修行业挥发性有机物收集、排放情况进行调研，发现行业具有分布散、规模小、经营粗放、污染点源多等特点，多数企业缺乏专业环保技术人员，难以负担高昂治污费用，导致废气收集处理不到位，是监管的重点和难点。结合调研情况，新吴区院和新吴生态环境局多次邀请专家会商论证，认为通过共建治污设施、共摊治理成本、集中收集处置，可降低企业经营成本、减少挥发性有机物排放。

2020 年 9 月至 2022 年 8 月，新吴区院开展挥发性有机物污染治理专项活动，联合新吴生态环境局开展“检企政”协作，邀请专家为企业制订“一企一策”清洁原料替代及工艺改进方案。同时，推动新吴区人民政府出台《新吴区重点行业挥发性有机物清洁原料替代工作方案》，建设可供多个企业共享使用的喷涂中心“绿岛项目”，对 75 家汽修企业挥发性有机物排放实现集群化源头治理，减少重复建设，节约能耗。“绿岛项目”在无锡江阴市、宜兴市、锡山区、滨湖区等地推广，全市 730 余家重点汽修企业已完成挥发性有机物治理，可减少挥发性有机物排放 30% 以上，每年可减排 1000 余吨，有效减污降碳，促进温室气体治理。

【典型意义】

检察机关落实“减排不是减生产力”要求，从个案办理到行业治理，通过“风险提示＋联合调研＋专项监督＋检企政协作”模式，协同生态环境部门开展挥发性有机物减排治理专项监督，破解中小微企业治污降碳与生存发展难题，推动地方政府对汽修行业“集约建设、共享治污”，减少重复建设，提高使用效率，最大限度减污、降碳。

重庆市南岸区人民检察院督促整治含铬危险废物污染环境行政公益诉讼案

【关键词】

行政公益诉讼检察建议　含铬危险废物治理　国有建设用地污染　长江生态保护

【要　旨】

针对待出让国有建设用地受到危险废物污染、污染责任人无法认定的情形，检察机关可以向负有监管职责的行政机关发出检察建议，推动督促土地使用权人开展土壤污染风险管控和修复工作，确保受污染土地得到治理。

【基本案情】

重庆市南岸区 B 地块位于重庆两江四岸核心区，为全市重点规划建设的高档住宅小区地段。2021 年 3 月，土地使用权人在对该地块开展土壤污染风险状况调查时发现，该地块内存在大量违法填埋、堆放含六价铬固体危险废物的情形，且该地块距长江主干道不足 300 米，严重破坏沿江土壤生态环境。

【调查和督促履职】

重庆市南岸区人民检察院（以下简称南岸区院）在开展“公益诉讼守护美好生活”专项行动中发现该案线索后，于 2022 年 1 月 24 日以行政公益诉讼立案办理，通过现场勘查、走访重庆市南岸区生态环境局（以下简称南岸区生态环境局）、重庆市公安局南岸区分局（以下简称南岸区公安分局）调取材料等查明：B 地块内的危险固体废物主要成分为六价铬，其填埋范围 0.37 公顷，平均填埋深度 1.3 米，占地约 4875 立方米，总量达 5362.5 吨（含被部分污染泥土）。南岸区生态环境局、南岸区公安分局经初查暂时无法确定案涉土壤污染责任人，但 B 地块土壤受损程度有进一步加重的现实风险，亟需对其开展治理修复工作。

根据土壤污染防治法第四十五条之规定，土壤污染责任人负有实施土壤污染风险管控和修复的义务。土壤污染责任人无法认定的，土地使用权人应当实施土壤污染风险管控和修复。南岸区生态环境局自 2021 年 3 月接到关于 B 地块存在土壤污染的报告以来，督促土地使用权人采取表层覆盖、设置防护围栏、安装监控设备等临时性风险管控措施，未依法组织开展危险废物清运处置和受污染土壤修复工作，社会公共利益仍持续处于受侵害状态。2022 年 3 月 11 日，南岸区院向南岸区生态环境局制发检察建议，督促其及时全面履行土壤污染防治监管职责，监督指导土地使用权人按照“受益者负担”原则对受污染地块生态环境开展治理修复。

检察建议发出后，应南岸区生态环境局商请，南岸区院多次组织召开案涉地块危险废物处置工作协调推进会，邀请南岸区生态环境局、南岸区公安分局、土地使用权人等单位，对案涉地块危险废物的处置、土壤修复以及后续可能追责等事项进行磋商，达成土地使用权人对受污染地块开展全面治理修复与土壤污染责任人查明同步推进的工作共识。

在南岸区院的督促协同下，南岸区生态环境局指导土地使用权人制定案涉地块危险废物清运处置方案，聘请专业公司对危险废物开展清运、处置，截至 2022 年 5 月，土地使用权人已依法全部完成案涉地块所有危险废物的清运处置工作；南岸区生态环境局组织土地使用权人持续对受污染地块土壤开展定性定量分析，并有效开展受污染土壤修复治理工作。

南岸区院对案涉地块危险废物处置、修复工作多次开展实地跟进监督，并邀请具备生态环境治理专业知识的“益心为公”志愿者、人大代表、人民监督员对南岸区生态环境局履职效果进行公开听证评议。鉴于南岸区生态环境局已依法全面履职，案涉地块受损公益已得到有效修复，2023 年 5 月 26 日，南岸区院对该案作出终结审查决定。

【典型意义】

拟出让国有建设用地受到危险废物污染但污染责任人无法认定的情况

下，土地使用权人应当实施污染修复责任。检察机关以检察建议的方式督促行政机关全面履行监管职责，督促责任主体依法开展案涉地块危险废物处置和污染土壤修复工作，确保案涉地块土地永续利用，助力长江经济带绿色发展。

辽宁省大连市人民检察院
督促保护斑海豹行政公益诉讼案

【关键词】

行政公益诉讼磋商　生物多样性保护　一体化办案　诉救协同　跨区域协作　源头治理

【要　旨】

检察机关以优先保护野生动物为原则，发挥公益诉讼职能作用，通过跨地区一体化协同办案，督促有关部门联动履职，推动司法涉案活体野生动物的移交救护，建立涉案活体野生动物放归救护的长效机制。

【基本案情】

斑海豹是国家一级保护动物，作为唯一在我国海域内繁殖的鳍足类海洋哺乳动物，现存数量不足2000头，被誉为“海上大熊猫”“辽东湾精灵”。2016年至2019年间，翟某某等人非法捕猎、收购、运输、出售斑海豹206头，使斑海豹种群遭受重创，珍贵濒危野生动物资源面临严重威胁。该刑事案件中异地扣押的72头活体斑海豹未被及时放归或救护，导致新发死亡或丧失放归条件，亟需进行有效救护。

【调查和督促履职】

2022年12月，最高人民检察院公益诉讼检察厅向辽宁省人民检察院（以下简称辽宁省院）交办该案线索，辽宁省院将线索移送大连市人民检察院（以下简称大连市院）。

2023年3月15日，大连市院对该线索立案。经调查查明：涉案斑海豹存活46头，被扣押寄养在全国10省14市。因活体野生动物的物证管理尚未规范化、制度化，涉案野生动物的证据标准和形式不明确、移交衔接机制不健全等原因导致查获的斑海豹仍在多地扣押寄养，现亟需进行移交救护。

3 月 24 日，大连市院向大连市公安局长兴岛分局发函，督促其加快涉案扣押活体斑海豹的移交工作。因涉案活体斑海豹救护专业性强、救护难度大，大连市院组织召开专家论证会，经充分论证形成专家意见：组成评估组判断是否具备放归条件；对具备放归条件的斑海豹进行野化训练，对不具备条件的斑海豹移交至所在地渔业部门进行救护；救护方案应由省级以上渔业行政主管部门审批；请农业农村部渔业渔政局加强协调；由司法机关与行政主管部门联合研究对涉案野生动物进行救护和放归的“诉放分离”机制。

2023 年 4 月，大连市院召开推进移交工作推进会，成立由公检法三机关组成的联合处置小组，决定分五个片区、分批次进行解押和实物移交。因涉案活体斑海豹处于跨省分散寄养状态，最高检收到层报请示后向农业农村部发出《关于商请关注和救助涉案斑海豹的函》。农业农村部收函后积极指导地方渔业部门做好斑海豹交接和收容救护工作。

大连市院持续跟进监督，进行跨区域协调，向涉案 11 个地区移送相关公益诉讼案件线索。在各地区多部门协同推进下，涉案活体斑海豹的移交工作全部完成，救护工作正在有序开展。

为长效解决活体野生动物的收容与救护问题，辽宁省院、大连市院积极推进建立协作机制，推动源头治理。2023 年 4 月 26 日，大连市院与市公安局、市中法、市农业农村局、市海洋发展局联合会签《关于加强司法活动中活体野生动物诉救协同联动意见》；4 月 28 日，辽宁省院与省法院、省公安厅、省农业农村厅、省林草局联合出台《关于建立司法涉案活体野生动物放归救护联动协作机制的意见（试行）》，在全国省级层面率先建立了野生动物保护的“诉救协同”机制，加强司法涉案活体野生动物放归救护的司法和行政协同。

【典型意义】

检察机关拓展思路、创新方法，探索野生动物保护的源头治理之路。以事立案，四级联动，跨区协作，推动跨省市移交救护，联合涉案野生动物生存繁衍地区检察机关，形成保护合力。建立诉放分离机制，在省级层面填补司法活动中野生动物放归救护协作机制的空白，为打破野生动物保护的部门、层级、区域壁垒，全面做好涉司法案件活体野生动物的移交放归救护工作，提供了司法经验和实践样本。

云南省德宏州人民检察院督促保护铜壁关自然保护区生物多样性行政公益诉讼案

【关键词】

行政公益诉讼检察建议　生物多样性保护　自然保护区综合治理　搬迁安置

【要　旨】

针对自然保护区核心区长期存在村民违法移居点，生产生活严重影响甚至破坏保护区生态环境的历史遗留难题，检察机关在督促行政机关依法履职的同时，充分尊重历史和考虑村民的切身利益，推动政府采取集中安置、就业帮扶等手段解决村民搬迁的后顾之忧，兼顾了生态环境保护和民生。

【基本案情】

云南铜壁关省级自然保护区是我国生物多样性最丰富的地区之一。中国迄今有记录的五种犀鸟（双角犀鸟、冠斑犀鸟、花冠皱盔犀鸟、棕颈犀鸟和白喉犀鸟）均生活在此，又被称为“中国犀鸟谷”。该保护区的核心区大谷地区域长期有居民生产生活，导致原始生态环境遭到破坏。

【调查和督促履职】

云南省德宏州人民检察院（以下简称德宏州院）在开展生物多样性保护专项行动中，发现该线索。经查，云南铜壁关省级自然保护区核心区大谷地区域有居民生产生活属于历史遗留问题。该保护区于 1986 年经云南省人民政府批复成立，成立后保护区的范围和管理单位多次变更，大谷地区域居民户数也从 5 户增加到 40 户。铜壁关自然保护区管护局、县林草局、森林公安、太平镇党委政府虽然组成工作组多次深入大谷地居民点，开展了大量资源保护宣传和持续引导迁出工作，但居民仍未迁出，非法侵占铜壁关自然保护区核心区的情形并未得到根本解决。

针对上述情况，德宏州院于2020年9月16日和2021年2月24日分别对德宏州林业和草原局、盈江县人民政府以行政公益诉讼立案。经查，该地区居民人为砍伐自然林种植经济林木侵占林地1978.1亩，人类长期的生产生活导致该区域原始生态环境受损，破坏了野生动物生存环境，影响生物多样性。鉴于该案属于历史遗留问题，时间跨度长，涉及人数众多，且均为景颇族和傈僳族群，德宏州院成立了以检察长为组长的办案组，多次到大谷地现场调查核实，积极与属地盈江县人民政府和具有监管职责的德宏州林业和草原局进行沟通协调，并联合相关单位召开现场办公会研究解决方案。

根据《中华人民共和国自然保护区条例》第十八条、第二十一条、第二十六条、第二十七条、第三十二条，《云南省自然保护区管理条例》第十四条、第十八条以及《德宏州林业和草原局职能配置内设机构和人员编制规定》第三条第六款之规定，德宏州院分别于2021年3月12日、3月23日向负有监管职责的德宏州林业和草原局、盈江县人民政府送达检察建议书，建议德宏州林业和草原局依法对大谷地居民非法侵占铜壁关省级自然保护区核心区的行为进行监督管理，对该区域进行有效生态修复，同时配合属地政府做好善后工作；建议盈江县人民政府按照相关规定做好铜壁关省级自然保护区核心区大谷地区域居民迁出及妥善安置的工作，履行好相关职责。

收到检察建议后，盈江县人民政府和德宏州林业草原局高度重视，依法积极履职。盈江县人民政府成立整改专班，要求县扶贫办、县林业草原局、太平镇党委政府等相关部门配合完成大谷地生态恢复工作，积极做好搬迁后的住房安置、就业帮扶等工作。截至2021年5月6日，40户居民全部迁出大谷地区域，政府通过整体搬迁的形式，为40户居民在盈江县城附近建盖独立房屋，并妥善解决了教育、资金帮扶、产业扶持和人员就业等问题，彻底解决了村民的后顾之忧。德宏州林业草原局经研判将生态受损的区域区分为可以自然恢复和不能自然恢复的区域，对不能自然恢复的区域制定方案、采取措施进行恢复，如移栽珍贵树种等。

【典型意义】

针对如何在保护环境的同时平衡好群众的切身利益、巩固脱贫攻坚成果的难题，检察机关充分发挥公益诉讼职能，督促协助行政机关依法履职，采取有效措施，在迁出自然保护区核心区居民的同时，做好了安置和保障工作，体现了检察公益诉讼服务中心大局，以人民为中心的价值导向。

西藏自治区日喀则市仲巴县人民检察院
督促保护湿地行政公益诉讼案

【关键词】

行政公益诉讼检察建议　湿地保护　生态环境　公开听证

【要　旨】

检察机关通过公开听证、检察建议等方式，督促和协同有关部门启动湿地修复工作，恢复湿地水源，保护野生动物栖息地，维护湿地生物多样性。

【基本案情】

湿地被誉为“地球之肾”，是迁徙鸟类休息和补充营养的中转站、栖息地，有涵养水源、调蓄洪水、调节气候等多种功能，对维持生态系统平衡有重要作用。南木拉湿地位于西藏自治区日喀则市仲巴县，属于马泉河湿地自然保护区的一部分，地处雅鲁藏布江源头，区域内动植物资源丰富，有国家重点保护鸟类黑颈鹤、斑头雁、棕头鸥以及各种野鸭、鹬类等高原珍稀鸟类繁衍生息。近年来，受人为活动影响，该湿地出现严重地貌改变，湿地沙化、植被干枯、生态功能萎缩。

【调查和督促履职】

2022 年 5 月 18 日，西藏自治区日喀则市仲巴县人民检察院（以下简称仲巴县院）在履职中发现该案线索，经初查后立案调查。仲巴县院成立专案组，通过现场勘查、走访相关部门等方式收集证据，并委托中国科学院空天信息创新研究院出具监测分析报告，测定湿地受损面积，对南木拉湿地水源截流前后的生态数据进行分析比对。经调查查明：因汛期涨水危及附近群众的住房及牲畜安全，2020 年 12 月仲巴县水利局在南木拉湿地的下游修建一条长约7.9千米的水渠，将上游来水引流至马泉河，导致南木拉湿地失去水源，逐渐干涸沙化，水体面积急剧缩小。湿地环境发生变化后，珍稀鸟类正在逐步向外迁徙。经对比2020年10月及2022年4月两期遥感数据提取的水体覆盖信息，南木拉湿地水体面积由7.4平方公里减少为3.5平方公里。

2022年5月30日，仲巴县院召开公开听证会，邀请人大代表、政协委员、村委代表、村民代表、行政机关代表参加会议。听证会上，通过大量的南木拉湿地被破坏前后图片、视频及检测报告对比，展示湿地原有地貌和植被的变化、湿地功能萎缩等问题。听证员一致认为，仲巴县属于高原地区，生态资源极为脆弱，南木拉湿地是各类珍稀鸟类的主要繁衍地，因失去水源，已严重影响了湿地的生态环境。当天，仲巴县院向仲巴县自然资源局发出检察建议，建议该局依法全面履职，针对南木拉湿地现状制定修复方案，加强对湿地的保护管理，修建保护性围栏及警示牌，严禁随意进出和踩踏破坏湿地植被。

收到检察建议后，当地政府制定修复实施方案，全面启动湿地恢复工作。仲巴县自然资源局、水利局等相关部门合力推进工作，整治水渠，恢复水源。同时，为解决汛期涨水影响群众生产生活的问题，经科学论证，决定另选址修建防洪堤。

2022年10月17日，仲巴县院商有关部门对南木拉湿地进行遥感监测，南木拉湿地水域面积已恢复到2020年10月19日前的水平，达到7.14平方公里，生态功能正在逐步恢复。

【典型意义】

检察机关通过履行公益诉讼职能，督促行政机关依法履职，恢复湿地水源，修复湿地生态。检察机关在办案中运用科技赋能支持办案，通过遥感数据分析，测量湿地受损面积，通过照片、视频、监测报告对比，论证湿地环境变化、功能萎缩情况和生态恢复程度，确保湿地生态环境受损问题得到解决。

吉林省吉林市人民检察院诉王某彦夫妇盗采泥炭土破坏生态环境民事公益诉讼案

【关键词】

民事公益诉讼　泥炭土保护　生态损害赔偿金　源头治理

【要　旨】

检察机关通过民事公益诉讼打击非法盗采、贩卖泥炭土的违法行为，明确以“科学回填”方式修复黑土地，建立泥炭土常态化保护机制。

【基本案情】

“泥炭土”是9000年来湿地沼泽发育形成的分布在黑土表层以下富含有机质的不可再生矿产资源，具有重要的农业和生态价值。近年来，在蛟河、桦甸境内发生多起盗采泥炭土犯罪案件，其中蛟河市王某彦夫妇盗采泥炭土案情节严重，2016年至2018年，王某彦在新站镇珍珠村珍珠巷分别两次非法盗采泥炭合计3万立方米，共价值117余万元，两次被蛟河市法院以非法采矿罪判处刑罚。案涉泥炭土通过拍卖程序处理，王某彦妻子王某冰委托第三人通过竞拍重新购得该案泥炭土后对外出售牟利。2021年，二人以拍卖所得的泥炭土堆放地为掩护，第三次在新站镇盗采泥炭土面积达90.5亩，非法开采泥炭土48370立方米，价值290余万元。

【调查和诉讼】

吉林省吉林市人民检察院（以下简称吉林市院）在履职中发现本案线索，经初查后于2022年6月1日对王某彦夫妇以民事公益诉讼立案。6月8日，进行了民事公益诉讼公告。7月1日，吉林市院委托辽宁通正司法鉴定机构进行鉴定，确定了泥炭土科学回填的处置办法，明确了损害后果、修复方案，修复费用为456790元，生态环境期间服务功能损失费

72626 元，生态损害赔偿金 72626 元。为确保诉讼请求能够执行到位，吉林市院于 7 月 18 日向法院提出财产保全申请，查封被告人价值 100 余万元的三处房屋和一台车辆。

公告期满后，无法律规定的机关和有关组织提起诉讼。8 月 19 日，吉林市院将王某彦夫妇以民事公益诉讼起诉到吉林市中级人民法院，请求判令两被告共同按照修复方案回填修复受损的土壤；如不履行，共同承担土壤修复费用 456790 元；共同承担生态环境期间服务功能损失费用 72626 元；共同承担生态损害赔偿金 72626 元。

9 月 23 日，吉林市中级人民法院开庭审理本案，吉林市院检察长出席法庭，法院院长担任审判长。经审理，法院当庭支持了检察机关的全部诉讼请求，被告人当庭服判。目前被告人已全部履行完毕，涉案的泥炭土全部回填，生态环境得到了有效保护。

判决后，吉林市院推动案涉地的蛟河市人民检察院、蛟河市人民法院、蛟河市公安局、蛟河市自然资源主管部门等七部门，就泥炭土“原地回填”修复方案达成共识，联合印发《加强对黑土地保护及非法开采泥炭矿涉案泥炭土回填工作联席会议纪要》，明确杜绝拍卖泥炭土，并采取“就地回填”方式予以处理的规范意见。

【典型意义】

泥炭土属于弥足珍贵的非金属矿产，也是珍贵黑土地资源，对维护生态系统平衡具有重要作用。检察机关针对盗采泥炭土违法行为屡禁不绝的问题，通过提起民事公益诉讼的方式让违法行为人依法修复受损土壤并承担生态损害赔偿责任，保护黑土地资源。以个案为契机，检察机关联合相关部门提出“科学就地回填”的修复方式，健全黑土地保护相关工作机制。

山东省潍坊市临朐县人民检察院诉甄某某等 6 人污染环境刑事附带民事公益诉讼案

【关键词】

刑事附带民事公益诉讼　危险废物污染　生态环境损害赔偿与公益诉讼衔接

【要　旨】

针对违法行为人污染环境，检察机关优先启动行政公益诉讼程序，督促行政机关依法履职。行政机关已依法履职，并启动生态环境损害赔偿程序后，经磋商未达成赔偿协议，检察机关可以提起民事公益诉讼，通过生态环境损害赔偿与检察公益诉讼衔接，实现保护公益目的。

【基本案情】

2020 年 6 月至 10 月，德州市 D 新能源石油有限公司法定代表人甄某某将酸性废液（pH<2）交由无危险废物经营许可证的王某某、吴某某（另案处理），运输至临沂市沂水县杨庄镇孟母村一库房存放，后经苑某某、薛某某、秦某某、吕某某将其中一部分废液运至临朐县东城街道东贾家庄村草庙子岭一沙地处放置、填埋，经检验鉴定，涉案废物均为具有腐蚀性的危险废物，对土壤、周边水质及空气造成严重污染。

【调查和诉讼】

2020 年 11 月，山东省临朐县人民检察院（以下简称临朐县院）立案调查发现，苑某某等将 286 桶共计 50 余吨废液运至临朐县放置、填埋，现场存放桶装废液净重 35.81 吨，渗入土壤废液约 15 吨，污染土壤约 270 吨，致使周边 1.06 亩范围内土壤受污染。案发地废液泄漏严重污染环境，影响群众日常生活和农业生产。

2020 年 11 月 28 日，临朐县院向潍坊市生态环境局临朐分局（以下简称县生态环境分局）发出检察建议，督促其立即履行生态应急修复职责，防止损害进一步扩大。12 月 17 日，县生态环境分局作出回复称，已委托有危险废物处置资质的公司清理收集，并制定整改方案，将委托第三方检测机构对案涉废物成分及土壤损害进行鉴定。经临朐县院核实，县生态环境分局已联合属地政府委托第三方机构处置清理，清理出污染的土壤 270 吨，相关处置费用由 6 名违法行为人仅支付 24.7 万元，其余 38.09 万元由镇政府垫付。

2021 年 6 月 12 日，县生态环境分局启动生态环境损害赔偿程序，与赔偿义务人进行磋商，经磋商未能达成赔偿协议。11 月 25 日，临朐县公安局将甄某某等人污染环境案移送临朐县院审查起诉。在磋商无果的情况下，县生态环境分局建议由检察机关提起民事公益诉讼。

2022 年 5 月 10 日，临朐县院委托第三方机构进行了鉴定评估，认定被污染场地土壤中仍残留高含量苯酚等有害有机污染物，需进行二次修复。5 月 31 日，临朐县院经公告程序后，提起刑事附带民事公益诉讼，诉请判令甄某某等 6 人依法承担连带责任，赔偿生态损失 38.09 万元及鉴定费 3 万元，并由违法行为人自行修复生态至达到验收条件；在新闻媒体上向社会公众赔礼道歉。

案件审理期间，临朐县院协同法院组织现场勘验、座谈，促使当事人就承担民事责任达成调解协议，甄某某等 6 人赔偿了全部费用，并委托第三方机构对污染土壤进行二次修复。

2022 年 10 月 26 日，临朐县院委托第三方机构对修复后土地进行验收，污染土壤已经满足《土壤环境质量 建设用地土壤污染风险管控标准（试行）》（GB 36600—2018）第二类用地筛选值，修复后地块可用于绿地使用。

【典型意义】

对违法行为人违法排放危险废物污染环境的，检察机关可以向具有监督管理职责的行政机关发出检察建议，督促行政机关依法履职。行政机关启动生态环境损害赔偿程序后，检察机关应当对生态环境损害赔偿磋商、环境修复情况等持续跟进监督。对行政机关经过磋商未达成赔偿协议的，检察机关可以启动民事公益诉讼程序，做好生态环境损害赔偿与检察公益诉讼衔接。

十一、抗（抑）菌制剂非法添加专项监督典型案例

（2023年8月10日）

联合“作战”，加强抗（抑）菌制剂监管

——最高检公益诉讼检察厅、国家疾控局有关负责人就抗（抑）菌制剂非法添加专项监督典型案例答记者问

2023年8月10日，最高人民检察院和国家疾控局联合发布了 批抗（抑）菌制剂非法添加专项监督典型案例，抗（抑）菌制剂非法添加有什么后果？这批典型案例有什么特点？国家层面采取了哪些措施？对于社会关注的相关问题，最高检公益诉讼检察厅和国家疾控局有关负责人回答了记者提问。

问：据了解，从2022年2月以来，最高检在全国检察机关开展了抗（抑）菌制剂非法添加公益诉讼专项监督活动，现在进展如何，取得了哪些成效？

答：近年来，全国检察机关深入贯彻落实习近平总书记食品药品安全“四个最严”要求和加强药品监管工作指示批示精神，始终把解决药品安全领域突出问题作为工作重点。2022年最高检启动抗（抑）菌制剂非法添加公益诉讼专项监督活动，2月份向江西等9个省级院下发关于对抗（抑）菌制剂非法添加案件线索挂牌督办的通知，6月份专门召开全国检察机关办理抗（抑）菌制剂公益诉讼案件工作推进会，决定专项监督活动由最初的9省拓展到全国。截至目前，全国检察机关共立案抗（抑）菌制剂公益诉讼案件近2500件，制发检察建议1500多件，行政机关已作出整改的案件1400多件。

专项活动进展顺利、成效显著。一是有力打击了抗（抑）菌制剂非法添加、违规销售等违法行为。共督促行政机关查处涉案产品60万余件（以最小销售单位计算），价值1700余万元；督促行政机关查处涉案企业5500多家，处以罚款1100余万元，对违法生产经营主体进行了严厉处

罚，对潜在违法主体形成了有力震慑。二是发现解决了当前行政监管中的突出问题。对于办案过程中发现的监管职责划分不清晰、检测能力不足、备案审查把关不严、现有法规处罚力度不够等问题，督促行政机关依法厘清并严格履行监管职责，加强检测能力和标准建设。同时，推动相关法律法规修订，加大对生产经营消毒产品单位和个人违法行为的打击力度。三是切实维护了消费者健康权益。抗（抑）菌制剂属于消毒产品，没有治疗作用，也不允许添加药物成分。在产品中非法添加激素、抗生素、抗真菌药物等禁用物质，使用后可能引发过敏反应、产生耐药菌株、影响水盐代谢等副作用，危害身体健康。很多消费者对非法添加问题缺乏防范意识，也没有鉴别能力，开展专项监督活动，督促行政机关加强对生产、销售环节的监管，从前端有效保障了人民群众健康权益。

问：本次发布的抗（抑）菌制剂非法添加专项监督典型案例有什么突出特点？

答：最高检和国家疾控局此次联合发布的8件典型案例，主要有以下几个特点：

一是着力强化全过程、全链条法律监督。在专项活动中，各级公益诉讼检察部门坚持系统思维，紧盯关键主体、关键环节，对生产厂家、销售企业、医务人员等主体，对生产、备案、销售、宣传各环节进行全覆盖、全过程监督。此次发布的典型案例中，福建省人民检察院督促整治抗（抑）菌制剂违规添加禁用物质行政公益诉讼案等5个案例主要是督促整治生产环节非法添加问题；陕西省汉中市人民检察院、山东省青岛市城阳区人民检察院案例是督促整治抗（抑）菌制剂命名、说明书及销售中明示或暗示具有治疗效果等问题；江西省吉安市人民检察院、重庆市两江地区人民检察院案例主要是通过办案促请行政机关监督涉案企业完成问题产品的有效召回。

二是科学开展专业化、精细化调查工作。抗（抑）菌制剂准入门槛低、产品种类多、涉及范围广，非法添加物质涉及激素、抗生素、抗病毒药物、抗真菌药物等多种类型，检测难度大，对专业能力要求高。针对上述情况，最高检技术信息研究中心集中对地方院送检的抗（抑）菌制剂进行检测，并通报检测结果，为各地办案提供了基础参考。各地检察机关在办案中运用大数据技术精准排查线索，邀请“益心为公”志愿者开展专业化调查取证，依托权威机构进行检测鉴定，确保了办案质效。

三是综合运用多形式、精准化监督手段。检察机关综合运用行政公益诉讼、民事公益诉讼等多种监督方式，以磋商、专家论证等形式，指导督促行政机关解决法律适用难题。如，浙江省人民检察院牵头召开专家论证会，厘清相关专业技术及法律适用问题，杭州市卫健委综合考虑涉案主体主观恶性大、产品销售面广、多次被行政处罚等情节，依法适用《国务院关于加强食品等产品安全监督管理的特别规定》，对涉案企业处以货值7.5倍罚款。贵州省毕节市人民检察院针对涉案企业违法次数多、持续时间长、两次行政处罚后仍继续生产的情形，提出3倍惩罚性赔偿的诉讼请求，得到法院支持。

四是依法促进针对性、系统性行业治理。各级公益诉讼检察部门注重从个案办理中发现行业监管中的普遍性、一般性问题，推动行政机关堵塞监管漏洞，完善工作机制，开展综合治理，规范行业发展。如，江西省吉安市检察机关针对当地部分抗（抑）菌制剂生产企业非法添加等问题，积极争取当地党委政府支持，推动多部门协同履职，引导企业转型升级，推动行业规范健康发展。甘肃省嘉峪关市人民检察院发现进货环节"索证索票"制度落实不到位等问题普遍存在后，向行政机关发出检察建议，督促行政机关开展专项监督，解决共性问题。

问：在抗（抑）菌制剂相关违法行为中，非法添加禁用物质的产品占比较大。国家层面对此采取了哪些措施整治乱象？又取得了哪些成效？

答：国家卫生健康委、国家疾控局历来高度重视抗（抑）菌制剂非法添加问题，坚决从维护人民群众切身利益出发，不断强化抗（抑）菌制剂监管工作，2022年以来积极采取多种措施，严厉打击抗（抑）菌制剂非法添加问题，取得一定成效。

一是严格规范管理，推进抗（抑）菌制剂监管工作有效落实。2022年印发《关于进一步加强抗（抑）菌制剂监督管理工作的通知》，对各地抗（抑）菌制剂乱象治理工作提出明确要求，并督促各地强化组织领导，主动担当作为，依法依规从严从重打击抗（抑）菌制剂非法添加问题。印发《2022年国家随机监督抽查计划的通知》，将抗（抑）菌制剂乱象治理工作与"双随机、一公开"工作有机结合，并纳入全国打击侵犯知识产权和制售假冒伪劣商品考评。同时，强化督导检查，督促各地及时解决工作中遇到的各类问题，确保抗（抑）菌制剂监督管理工作扎实有效推进。

二是多部门齐抓共管，形成监督合力。督促各地充分发挥打击侵犯知识产权和制售假冒伪劣商品联席会议机制作用，发现辖区电商平台网上商铺违法违规宣传抗（抑）菌制剂的，及时通报网络监管部门并积极配合其约谈。指导电商平台规范证照公示，设置警示语，提示消费者“抗（抑）菌制剂不是药物，不具有治疗、护理、保健作用”。督促各地建立部门联合协作机制。发现打着抗（抑）菌制剂的幌子，行冒充药品、在临床用于治疗疾病之实的，及时移交药品监管部门。发现抗（抑）菌制剂存在网络违法违规宣传疗效等行为的，及时移交网络监管部门。督促各地建立省际案件协查机制。发现非本辖区生产企业的不合格抗（抑）菌制剂，及时向生产企业所在地卫生健康行政部门或监督执法机构通报情况。

三是广泛宣传动员，形成高压态势。督促各地充分利用新闻媒体广泛宣传动员、营造治理抗（抑）菌制剂乱象的社会氛围。充分发挥社会监督作用，设立投诉举报电话、网络信箱等，多渠道广泛征集线索。对抗（抑）菌制剂违法违规添加禁用物质和夸大宣传等行为坚决予以严厉打击，依法依规从严从重处罚。曝光典型案例，形成高压态势，发挥震慑作用，确保治理工作取得实效。2022 年，全国检查抗（抑）菌制剂生产企业 2476 家，发现存在违法行为企业 82 家。检查抗（抑）菌制剂经营、使用单位 89962 家，抽查产品 116475 件，发现不合格产品 3352 件。抽检抗（抑）菌制剂膏、霜剂型 2506 个，发现非法添加禁用物质产品 216 个，检测出非法添加禁用物质 27 种，检出较高的禁用物质是氯倍他索丙酸酯、咪康唑、特比萘芬等。各地卫生健康行政部门和监督执法机构严厉打击违法违规行为，处罚抗（抑）菌制剂生产企业 122 家，处罚抗（抑）菌制剂经营、使用单位 1164 家。对涉嫌构成犯罪的，依法向公安机关移送，有效防范不合格产品流入市场，切实保护了人民群众身体健康。

问：下一步，抗（抑）菌制剂监管的工作重点是什么？

答：下一步，国家疾控局将在抗（抑）菌制剂监管工作走深走实方面下功夫。首先，强化多部门联合“作战”，开展抗（抑）菌制剂专项整治，“重拳”打击抗（抑）菌制剂非法添加禁用物质和虚假宣传等乱象。其次，针对抗（抑）菌制剂企业聚集地区和案件频发地区，坚决压实地方政府责任，督促政府发挥主导作用，建立打建并举的长效工作机制。同时，曝光典型案例，总结推广各地抗（抑）菌制剂突出问题专项整治典型经验。一是重拳出击，首次联合多部门开展专项整治工作。6月，国家疾控局联合中央网信办、最高人民检察院、工业和信息化部、公安部、国家市场监督管理总局、国家药品监督管理局印发了《关于开展抗（抑）菌制剂突出问题专项整治工作的通知》，下半年在全国范围内开展抗（抑）菌制剂非法添加禁用物质、暗示疗效等突出问题专项整治工作，各地专项治理行动由疾控部门牵头，市场监管、药监、网信、电信、公安、检察院等部门参加，各部门依职责对违法行为屡禁不止的、造成严重危害的抗（抑）菌制剂生产企业和经营及使用单位依法从严从重处罚。二是标本兼治，健全长效机制。对于企业聚集地区和案件频发地区，国家疾控局将联合多部门通过调研、督导、通报、约谈、“回头看”等多种手段，督促地方政府发挥主导作用，指导当地健全部门联合、区域协作、社会共治、打建并举的长效工作机制。同时，建立企业自治、行业自律、政府监管、社会监督的多元化综合监管模式，全面促进抗（抑）菌制剂行业规范健康发展。三是曝光典型案例，发挥警示作用。总结推广各地抗（抑）菌制剂突出问题专项整治典型经验，收集和曝光典型案例，加大对抗（抑）菌制剂生产、经营单位的警示作用和对违法企业的震慑作用。揭示违法违规行为的危害和后果，提升公众对抗（抑）菌制剂非法添加和虚假宣传危害的知晓度和辨识能力，引导消费者选择正规产品和提升自我保护意识。

浙江省人民检察院督促整治消毒产品厂家违规添加禁用物质行政公益诉讼案

【关键词】

行政公益诉讼磋商　违规添加　专家论证　适用特别规定

【要　旨】

针对消毒产品厂家生产、销售违规添加禁用物质的抗（抑）菌制剂过程中，主观恶性大、产品涉及面广、违法行为持续时间长等情节，检察机关通过召开专家论证会等形式，指导行政机关厘清法律适用难题，依法适用更严处罚规定，让违法企业得到应有惩戒。

【基本案情】

杭州某公司于2019年开始生产、销售表麻抑菌液，产品销往全国十余个省份的医疗美容机构，其生产的多个品牌的表麻抑菌液中违规添加麻醉药物利多卡因。利多卡因作为酰胺类局部麻醉药，如在缺乏麻醉药物使用资质且不知情的情况下使用，可能导致皮肤过敏、支气管痉挛、呼吸窘迫综合征等不良反应，危害消费者身体健康，损害社会公共利益。

【调查和督促履职】

2022年2月，浙江省人民检察院（以下简称浙江省检察院）接到最高人民检察院挂牌督办案件线索后，经认真研判，决定由省院直接立案办理，并联合省卫生健康委成立专案组，积极调查取证。专案组会同属地检察院、卫生健康部门对涉案企业生产车间及仓库等场所进行勘验检查，依法提取涉案企业的表麻抑菌液共计7种10个批次的样品，经送最高检检察技术信息研究中心和浙江省食品药品检验研究院分别检测，均检出利多卡因；同时，浙江省检察院就调查中发现的关联企业所涉违法事实，及时商请企业所在地检察院进行协助调查。

2022年3月，浙江省检察院在前期调查的基础上，与省卫健委开展磋商，并达成磋商意见，由省卫健委指导杭州市卫健委对涉案生产企业依法调查处理。在办案过程中，专案组持续跟进，围绕行政机关在执法过程中遇到的添加物质的定性问题、行为违法性以及行政处罚依据等法律适用问题，牵头召开专家论证会，邀请法学专家、理化检验专家进行研究论证。基于涉案厂家生产的产品连续检出禁用物质利多卡因，且含量高，而该厂家并无其他需要使用利多卡因原料的产品等情形，可认定涉案厂家存在非法添加行为。结合本案的货值金额及违法情形，明确本案可适用《国务院关于加强食品等产品安全监督管理的特别规定》第四条的规定，在没收违法所得的同时，并处货值金额5倍以上10倍以下的罚款。2022年6月，杭州市卫健委综合考虑本案主观恶性大、产品销售市场涉及面广、危害性大、违法行为持续时间长、违法主体曾多次被行政处罚等情节，依据《杭州市规范行政处罚自由裁量权的规定》和《浙江省卫生行政处罚自由裁量基准办法》的规定，对涉案消毒产品生产企业作出没收违法所得14余万元、处货值7.5倍罚款340余万元的行政处罚，依法注销该企业的《消毒产品生产企业卫生许可证》，责令该企业召回、销毁已上市销售的违规产品，目前已召回违规产品9489盒。

在此基础上，浙江省检察院部署全省对抗（抑）菌制剂非法添加案件开展专项办案活动。省卫健委对浙江省内的抗（抑）菌制剂生产企业进行清理整顿，对2021年专项行动期间发现问题的经营单位开展“回头看”。目前，全省共抽查抗（抑）菌制剂消毒产品经营使用单位4744家，抽查产品9862件，不合格产品数88件，标签说明书不规范产品数39件，违法违规宣传疗效产品数12件，卫生安全评价报告不规范产品数37件，通过“回头看”发现问题单位数2家，浙江省内经营的抗（抑）菌制剂不合格违规产品均已下架并停止销售。

【典型意义】

抗（抑）菌制剂因为入市门槛低、检验机构能力不足等，违法行为较难发现和查处，特别是一些违法企业钻监管的漏洞，故意违法添加禁用物质，牟取非法利益，给不知情的消费者的身体健康带来极大隐患。检察机关督促相关行政机关依法履职，并通过牵头召开专家论证会协同行政机关解决法律适用难题，有效整治了抗（抑）菌制剂生产、销售乱象，从生产源头上切实维护消费者合法权益。

福建省人民检察院督促整治抗（抑）菌制剂违规添加禁用物质行政公益诉讼案

【关键词】

行政公益诉讼磋商　违规添加　一体化办案

【要　旨】

针对抗（抑）菌制剂类消毒产品违规添加抗生素、抗真菌药物等禁用物质损害消费者身体健康的违法行为，检察机关可以发挥一体化办案优势，促请相关行政机关依法全面履职，以点带面开展专项整治行动，以个案办理、类案监督推动源头治理，规范抗（抑）菌制剂类消毒产品生产经营行为。

【基本案情】

最高检检察技术信息研究中心从福建某药业有限公司（以下简称某药业公司）生产的“某某抑菌乳膏”中检测出“达克罗宁（麻醉药物）、特比萘芬（抗真菌药物）”。政和县卫生健康局对某药业公司现场检查，当场查扣抗（抑）菌制剂产品 7 万余支。经委托福建省疾控中心抽样检测，从某药业公司生产的五种抗（抑）菌制剂产品中检测出“达克罗宁、特比萘芬、新霉素、硫酸新霉素”等抗生素和抗真菌药物。

【调查和督促履职】

福建省人民检察院（以下简称福建省检察院）收到最高人民检察院挂牌督办的案件线索后，会同南平市检察院、政和县检察院立即派员前往某药业公司现场检查，发现该公司包装车间现场存放“某某抑菌乳膏”等五种抗（抑）菌制剂成品共计 7 万余支。福建省检察院对某药业公司非法添加抗生素、抗真菌药物案件线索予以挂牌督办，并将案件线索向南平市检察院交办。南平市检察院与政和县检察院组成联合办案组开展调查核实工作。政和县检察院于2022年5月16日启动行政公益诉讼立案程序，5月20日向政和县卫健局提出检察建议。政和县卫健局及时落实检察建议，对某药业公司罚款51.9万余元，没收违法所得4.7万余元，并没收不符合国家标准的消毒产品，上述行政处罚均已执行到位。

根据《消毒产品生产企业卫生规范》（卫监督发〔2009〕53号）第三十条规定，消毒产品禁止使用抗生素、抗真菌药物、激素等物料。《国家卫生和计划生育委员会关于印发消毒产品卫生监督工作规范的通知》第六条规定，省级卫生计生行政部门负有组织辖区内消毒产品卫生监督抽检，组织协调、督办、查办辖区内消毒产品重大违法案件的职责。福建省检察院于2022年5月在全省部署开展抗（抑）菌制剂产品公益诉讼专项监督活动，同年5月30日与省卫健委开展磋商，送达《磋商意见书》。福建省卫健委收到《磋商意见书》后，制定下发《福建省卫生健康委员会关于开展2022年抗（抑）菌制剂类消毒产品专项监督检查工作的通知》，共立案查处生产经营单位83家，罚款125万余元，没收违法所得20万余元。2023年1月底，福建省卫健委对醋酸咪康唑、酮康唑、灰黄霉素等3项抗真菌剂类有国家标准的检测项目，已完成实验室检测能力建设，并获得实验室资质认定（CMA）；对激素类等5类13项目前暂无国家标准的检测项目，建立了实验室检测方法。专项活动期间，全省检察机关共收集到抗（抑）菌制剂公益诉讼案件线索80余条，立案26件，办理审前案件23件，审前整改到位率达100%。

【典型意义】

抗（抑）菌制剂中非法添加禁用成分，严重危及人民群众身体健康。检察机关胸怀“国之大者”，坚持人民至上，由省级检察院启动公益诉讼自办案件程序，促请省级行政监管部门依法全面履职，重拳整治消毒产品非法添加行为。三级检察院发挥一体化办案优势，从个案办理到类案监督，以“我管”促“都管”，推动消毒产品非法添加源头治理，构建抗（抑）菌制剂监管长效机制。

江西省吉安市检察机关督促抗（抑）菌制剂行业专项治理行政公益诉讼案

【关键词】

行政公益诉讼检察建议　市县联动　系统治理　规范发展

【要　旨】

针对本地区抗（抑）菌制剂产品行业普遍存在的违法违规问题，检察机关可以通过制发检察建议、开展专项监督等方式，督促行政机关加大监管力度，并争取当地党委政府支持，推动多部门联合开展综合治理，完善行业监管机制，引导企业转型升级，规范行业有序发展。

【基本案情】

江西省吉安市抗（抑）菌制剂产品生产企业众多，永丰县更是全国抗（抑）菌制剂产业聚集地，当地生产的抗（抑）菌制剂产品在全国各大药店以及电商平台都有销售。但部分企业在产品中非法添加激素、抗生素、抗真菌药物等禁用物质，在产品标签说明书标注疾病治疗效果的宣传内容，误导消费者。消费者在不知情的情况下使用，可能引发人体的过敏反应，导致耐药菌株产生，影响水、盐代谢等一系列副作用，危及身体健康，损害社会公共利益。

【调查和督促履职】

最高人民检察院对抗（抑）菌制剂非法添加线索挂牌督办后，江西省吉安市人民检察院（以下简称吉安市检察院）于 2022 年 3 月 30 日立案。经调查，吉安市现有消毒产品生产企业 148 家，其中抗（抑）菌制剂类生产企业 136 家，主要分布在永丰县、青原区、峡江县等地，且永丰县企业有 97 家，产品市场占有率一度达到全国的 70%。吉安市检察院以办理挂牌督办线索为切入点，组织市县两级检察机关同步开展专项监督。

2022年5月13日，吉安市检察院向吉安市卫生健康委员会（以下简称市卫健委）制发检察建议，督促市卫健委对相关违法企业进行查处，组织开展专项整治活动，加强产品审批备案、检查，严格落实信用分级监管，促进企业依法生产经营。按照行政管辖范围，吉安市辖区内基层检察院针对抗（抑）菌制剂违法添加、虚假宣传等问题，同步向同级卫健、市监部门制发检察建议14份，督促查处具体违法违规问题。吉安市检察院还对经多次行政处罚仍实施非法添加行为的企业，依法提起民事公益诉讼，提出惩罚性赔偿、赔礼道歉的诉讼请求，获人民法院判决支持。

相关部门收到检察建议后，积极履行监管职责，依法查处违法违规问题。同时也向检察机关反映抗（抑）菌制剂行业整治关乎当地经济发展，且产品监管涉及多个部门协同问题，整治难度较大。因此，吉安市两级检察院主动向党委、政府报告，争取支持。永丰县委召开县委常委会专题研究部署行业专项整治工作并制定工作方案；吉安市成立以常务副市长为组长的专项整治工作督导组，召开督导永丰县消毒产品行业整治工作会议、全市抗（抑）菌制剂专项整治工作会，加强市县联动、部门联动，开展抗（抑）菌制剂行业专项治理工作。专项治理期间，有关部门加大监督检查力度，增加抽检频次，扩大检测范围，依法查处非法添加等行为，督促企业召回违规产品，开展集中销毁活动3次，罚款210余万元，没收违法所得30余万元。加强网络销售产品监管，组织在各大电商平台开展巡查，推动1300余家违规网络店铺下架整改。严格新办、延续抗（抑）菌制剂生产企业卫生许可准入，并对多次违法的生产企业依法注销《消毒产品生产企业卫生许可证》。依托《江西省消毒产品生产企业卫生信用管理办法》，对信用登记为C、D级的生产企业进行信用提醒和约谈，对7家信用等级为E级的企业到期不予延续卫生许可证。

为进一步治理抗（抑）菌制剂违法违规问题，全面规范当地抗（抑）菌制剂企业生产秩序，吉安市检察院、卫健委、市监局、公安局等单位建立消毒产品行业监管联席会议机制。吉安市检察院与市卫健委会签《关于加强消毒产品行政执法与检察公益诉讼协作的办法》，强化“行政处罚＋民事公益损害赔偿”的追责协作；永丰县制定《永丰县消毒产品行业健康有序发展管理办法（试行）》《永丰县外用健康品高质量发展行动方案（2022—2025）》，与江西中医药大学合作搭建消毒产品创新平台，引导有条件的企业向医疗器械、医美医养领域进行转型升级和产品更新换代，推动消毒产品行业高质量发展。

【典型意义】

抗（抑）菌制剂产业聚集地存在非法添加等违法违规问题，影响消费者身体健康和公共卫生安全，影响当地产业经济健康持续发展。检察机关统筹发挥一体化办案机制，从核查挂牌督办案件线索入手，通过市、县两级检察院同步监督，推动行政机关加大违法违规查处力度，开展专项整治。对于相关管理制度不完善、涉及多个行政机关职能交叉等问题，积极争取当地党委、政府支持，推动构建多部门协同履职的格局，推动源头治理，引导企业转型升级，推动行业规范健康发展。

陕西省汉中市人民检察院督促整治抗（抑）菌制剂违规添加禁用物质及产品名称、说明书不规范行政公益诉讼案

【关键词】

行政公益诉讼检察建议　产品名称　说明书　暗示治疗作用

【要　旨】

针对抗（抑）菌制剂的产品名称、说明书中暗含治疗作用以及在产品中非法添加化学药物的行为，检察机关可以通过提出检察建议，督促行政机关加强对抗（抑）菌制剂企业生产环节监管，规范消毒产品生产、销售秩序，维护消费者合法权益。

【基本案情】

陕西汉中某制药有限公司（以下简称某制药公司）生产的濞医生®濞舒适抑菌护理液，产品说明书中标注有"用于黏膜不适"等字样，且该公司生产的两批濞医生®濞舒适抑菌护理液非法添加化学药物"萘甲唑啉"。该产品在线上、线下同步销售，对消费者产生误导，消费者在使用后可能引发过敏反应、导致耐药菌株产生、影响水盐代谢等，危害消费者身体健康。

【调查和督促履职】

陕西省汉中市人民检察院（以下简称汉中市检察院）收到最高人民检察院挂牌督办案件线索后，于2022年2月14日立案。通过现场走访、网络取证、询问企业负责人、查询生产、销售清单、向行政机关调取企业登记信息等方式，查明汉中某制药有限公司生产的抑菌护理液命名为濞医生®濞舒适，产品说明书中标注有"用于黏膜不适"等字样，且该公司

生产的两批（批号为2021091301、2021101301，规格30mL/瓶）该款抑菌护理液非法添加化学药物“萘甲唑啉”。

《消毒管理办法》第三十一条第二款规定：“消毒产品的标签（含说明书）和宣传内容必须真实，不得出现或暗示对疾病的治疗效果。”《消毒产品标签说明书管理规定》第十八条规定：“抗（抑）菌产品禁止标注适用于破损皮肤、黏膜、伤口等内容。”涉案制药公司将产品命名为濞医生®濞舒适，“濞”字与“鼻”字读音、字形相似，且“医生”“舒适”等暗含“治疗”之义，并在产品说明书中标注有“用于黏膜不适”，容易导致消费者认为其对特殊部位疾患有治疗效果，命名及说明书内容均违反上述规定。

2022年2月17日，汉中市检察院向汉中市卫生健康委员会（以下简称汉中市卫健委）提出检察建议，建议其对某制药公司上述违法行为依法履行监管职责，加强对辖区消毒产品生产、经营企业的监管。

收到检察建议后，汉中市卫健委立即对某制药公司原料车间、生产车间、库房、留样产品、出入库记录等进行检查，于2月18日作出《卫生监督意见书》，要求该公司立即停止生产、召回问题产品。汉中市卫健委委托有资质的第三方检测机构对濞医生®濞舒适抑菌护理液进行抽检，根据抽检结果，认定了该产品违法添加“萘甲唑啉”的违法行为，对该企业作出行政处罚，没收违法所得并处罚款2万元。针对产品命名及标签说明书有关问题，汉中市卫健委约谈该制药公司负责人，撤销了该产品的卫生安全评价报告备案，后该公司停止生产该产品。为全面落实检察建议要求，汉中市卫健委于2022年2月22日印发《关于开展消毒产品专项整治工作的通知》，要求对全市消毒产品进行为期5个月的监督检查，全面查处辖区生产企业、销售单位消毒产品违法违规问题。

汉中市检察院以本案办理为契机，在全市部署开展消毒产品专项检察监督行动，对消毒产品标签说明书是否规范，消毒产品是否非法添加抗生素、抗真菌药物、激素类药物等10类问题进行重点监督。活动期间，发现案件线索24条，立案23件，发出检察建议22件。

【典型意义】

消毒产品命名不规范、说明书违法标注等问题容易误导消费者，影响消费者病情的及时治疗和康复，损害消费者合法权益。检察机关积极回应人民群众关切，督促行政机关全面履行职责，并通过“个案办理—行政专项整治—检察专项监督”，将监督范围从抗（抑）菌制剂扩展到辖区其他消毒产品的生产、销售环节，推动全市此类违法行为系统治理，充分体现公益诉讼检察“既治已病又防未病”的重要价值。

贵州省毕节市人民检察院诉贵州某药业有限公司生产、销售不合格抗（抑）菌产品民事公益诉讼案

【关键词】

民事公益诉讼　违法添加　惩罚性赔偿　合规经营

【要　旨】

针对企业在生产抗（抑）菌产品过程中，违规添加禁用成分，侵害众多消费者合法权益的行为，检察机关可以根据违法主体主观过错程度、违法次数、持续时间、侵害后果等因素，依法提起民事公益诉讼，诉请违法企业承担惩罚性赔偿金等民事责任。

【基本案情】

贵州某药业有限公司成立于2013年12月，主要从事抗（抑）菌产品等医疗产品的生产和销售。2020年以来，该公司在生产抗（抑）菌产品某某牌苗药百毒膏过程中，违法添加“丙酸氯倍他索”“特比萘芬”等禁用物质，侵害消费者合法权益，损害社会公共利益。

【调查和诉讼】

2022年2月18日，贵州省人民检察院根据最高人民检察院线索督办通知要求，将该案线索逐级交办至贵州省毕节市七星关区人民检察院（以下简称七星关区检察院）。2月24日，七星关区检察院依法对负有监督管理职责的七星关区卫生健康局发出检察建议，建议其依法履行监管职责，加强对辖区内消毒产品生产企业及消毒类产品的监督检查。七星关区卫生健康局此前已于2021年7月和10月对该药业公司的违法添加行为给予两

次行政处罚，并对辖区内消毒产品生产企业开展专项检查。收到检察建议书后，七星关区卫生健康局第三次依法对该药业公司立案查处，作出吊销《消毒产品生产企业卫生许可证》的行政处罚，同时再次对辖区内消毒产品生产企业开展专项检查。

2022年2月25日，七星关区检察院针对某药业公司违规生产不合格抗（抑）菌产品，侵害社会公共利益的行为，依法立为民事公益诉讼案件办理。通过现场走访、调取相关书证、委托司法鉴定等方式开展调查，查明：该公司在其生产的四批次，共计2000支某某牌苗药百毒膏中，违法添加"丙酸氯倍他索""特比萘芬"等激素类药物，销售金额3600元。其中"丙酸氯倍他索"长期使用具有较强的副作用，可能引起接触性皮炎、发生继发感染，使皮肤出现萎缩纹等，儿童长期使用还可能抑制生长发育；"特比萘芬"是抗真菌药物，长期使用可能引起胃肠道、骨骼肌、皮肤等不良反应。该公司违规生产不合格抗（抑）菌产品的行为，侵害众多消费者的合法权益，损害了社会公共利益。经依法履行民事公益诉讼公告程序，公告期满无适格主体提起诉讼。

2022年5月6日，七星关区检察院将案件移送贵州省毕节市人民检察院（以下简称毕节市检察院）审查起诉。毕节市检察院经审查认为，自2020年以来，某药业公司在长达两年的时间内，四次违规生产不合格抗（抑）菌产品，并通过经销商以网络销售的方式向全国1000余名不特定消费者进行销售，受害人覆盖面广，违法行为次数多、持续时间长，已两次被卫生健康部门行政处罚后仍然继续生产，主观过错严重，对消费者造成严重侵害后果和恶劣社会影响，应当承担惩罚性赔偿责任。

2022年5月23日，毕节市检察院向毕节市中级人民法院提起民事公益诉讼，诉请判令某药业公司缴纳生产、销售不合格产品金额3600元的三倍赔偿金10800元，承担鉴定费3000元，依法对其销售的不合格产品进行召回销毁，并在省级以上媒体公开赔礼道歉。11月11日，市、区两级检察院和某药业公司负责人参加人民法院主持的调解，经检察机关释法说理，某药业公司对检察机关认定的事实和提交的证据无异议，同意检察机关提出的全部诉讼请求，双方达成调解协议。调解书生效后，某药业公司已缴纳惩罚性赔偿金和鉴定费用13800元，在全国性媒体公开赔礼道歉，召回不合格的585支某某牌苗药百毒膏并销毁。

【典型意义】

抗（抑）菌产品中违规添加抗生素、抗真菌药物、激素等禁用物质容易引发过敏反应，严重危害人身健康。检察机关综合运用行政公益诉讼、民事公益诉讼的方式，督促行政机关依法履职，追究违法企业民事责任，保护消费者合法权益。

重庆市两江地区人民检察院督促整治消毒凝胶违规添加禁用物质行政公益诉讼案

【关键词】

行政公益诉讼磋商　消毒凝胶　跨区域流通　产品召回

【要　旨】

针对抗（抑）菌制剂违规添加抗生素、激素、抗真菌药物等禁用物质并进行跨区域销售的问题，检察机关可通过督促行政机关依法履职，促使涉案企业全面开展产品召回工作，实现跨区域流通问题产品的源头治理。

【基本案情】

重庆市荣昌区某生物技术有限公司（以下简称荣昌某生物技术公司）生产的多批次“某某消毒凝胶”违规添加抗真菌药物特比萘芬，该产品通过经销商在重庆、四川、云南等全国多省市进行线上线下销售。抗（抑）菌制剂不是药物，在其中违规添加特比萘芬成分，容易造成人体过敏反应、影响水盐代谢、导致耐药菌株产生等一系列副作用，危害消费者身体健康，损害社会公共利益。

【调查和督促履职】

2022年4月13日，重庆市人民检察院将“某某消毒凝胶”违规添加抗真菌药物的案件线索交由重庆市两江地区人民检察院（以下简称两江地区检察院）办理。两江地区检察院随即走访重庆部分区县线下药店、检索线上主要售药平台，发现涉案消毒凝胶在重庆各大药店均有销售。通过进一步走访行政主管部门、涉案企业，查明荣昌某生物技术公司为增强产品所谓消毒杀菌功效，在其生产的“某某消毒凝胶”中擅自违规添加抗真菌药物特比萘芬，并且通过经销商在重庆、四川、云南、广东等全国多地销售，销售数量大、影响范围广。

2022年4月21日，两江地区检察院重点围绕加强源头治理、推动产品召回等工作，与荣昌区卫健委召开磋商会。因涉案消毒凝胶数量较多、案件影响较大，重庆市卫生健康综合行政执法总队（以下简称市卫生健康执法总队）参与磋商。各方就加强抗（抑）菌制剂生产、销售行政监管、助推企业合法经营发展、阻断问题产品流通渠道等整改措施达成一致意见并形成磋商意见书，明确由市卫生健康执法总队牵头对涉案企业生产、销售违法行为开展调查处置，荣昌区卫健委进行协助。荣昌区卫健委负责对涉案企业停止生产、召回产品等执行情况进行监督，同时对辖区消毒产品生产经营主体开展专项检查。

磋商后，荣昌区卫健委组建"消毒凝胶调查处理工作专项小组"，联合市卫生健康执法总队共同开展整治，积极落实磋商意见。针对生产环节，市卫生健康执法总队向涉案企业下达卫生监督意见书，责令在调查期间停止生产涉案消毒凝胶。针对销售环节，市卫生健康执法总队撤销涉案产品安全评价备案，撤销后该产品不得上市销售。同时市卫生健康执法总队、荣昌区卫健委共同约谈企业负责人，责令召回问题产品。

为全面准确评估整改工作成效，两江地区检察院提出"经销商书面承诺+行政机关全域排查+检察机关跟进调查"的整改评估验收方式，得到各方认可采纳。涉案企业在2个多月内从重庆、四川、云南、上海、湖北、河北、天津、广东等地13家经销代理商处召回问题消毒凝胶6.3万余支，全面完成违法产品召回工作。荣昌区卫健委排查辖区经营主体108家，督促清理涉案消毒凝胶，确保辖区线上线下问题产品全部下架。

两江地区检察院就该案整改落实情况进行跟进调查，确认召回的违法产品已逐一编号封存并由行政机关依法处置，通过走访全市各大药店以及检索全国性线上销售平台，发现涉案产品均无在售。经磋商，荣昌区卫健委充分履行消毒产品监督管理职责，社会公共利益得到有效保护，两江地区检察院于2022年8月11日下达《终结案件决定书》，终结案件。

【典型意义】

抗（抑）菌制剂销售范围广、市场需求大，在其中违规添加禁用物质，严重危害人民群众身体健康。检察机关充分发挥公益诉讼检察职能作用，确立源头治理的办案思路，督促行政机关加强对涉案企业在生产、销售等环节的全过程监管，促使企业全面召回问题产品，有效保障了人民群众用药安全。

山东省青岛市城阳区人民检察院督促整治抗（抑）菌制剂违规销售行政公益诉讼案

【关键词】

行政公益诉讼检察建议　销售环节　违规宣传　产地标注不真实

【要　旨】

针对抗（抑）菌制剂生产环节产地标注不真实、销售环节违规宣传治疗作用等问题，检察机关可以通过检察建议等形式督促行政机关依法履行监管职责，加强对生产经营单位的监督检查，规范生产经营行为。

【基本案情】

山东省青岛市城阳区部分药店销售的抗（抑）菌制剂产品的标签、说明书不符合规范，销售过程中宣传产品具有治疗效果。辖区内企业生产的抗（抑）菌制剂产品上存在标注生产地址与实际生产地址不一致的情形，可能存在生产假冒伪劣产品的情形，具有严重的产品质量安全隐患，侵害了社会公共利益。

【调查和督促履职】

2022年5月，山东省青岛市城阳区人民检察院（以下简称城阳区检察院）开展抗（抑）菌制剂产品安全专项监督活动，采取“线上+线下”结合的方式，利用外卖电商平台对本区抗（抑）菌制剂产品销售情况进行梳理，在特邀检察官助理协助下进行了现场调查取证。调查发现2家某药业连锁店在摆放抗（抑）菌制剂“某某抑菌乳膏”的货架上粘贴“用于皮炎、湿疹、抑菌、手足癣”的标签，宣传产品具有治疗作用，严重误导消费者。办案人员进一步对不同街道的12家药店进行随机检查，发现7家药店存在销售标签、说明书不符合规范，暗示产品具有治疗效果等问题。

同时，了解到辖区内抗（抑）菌制剂产品生产企业较多，城阳区检察院对部分企业进行了实地调查，发现1家企业生产的抗（抑）菌制剂产品上标注的生产地址与实际生产地址不符，违反《消毒管理办法》相关规定，存在生产假冒伪劣产品的可能，产品质量无法得到保障。

2022年6月21日，城阳区检察院向城阳区卫生健康局发出检察建议，建议依法查处涉案单位的违法行为，并进一步开展专项治理，对辖区取得卫生许可证的消毒产品生产企业以及经营使用单位进行全面监督检查，重点检查消毒产品的卫生许可资质，是否存在违规添加禁用物质、标签说明书不规范、虚假宣传等问题，同时加大对违法生产企业和经营单位的打击力度，全面整治抗（抑）菌制剂产品生产、销售乱象。

收到检察建议后，城阳区卫生健康局立即对涉案单位进行了检查，责令下架问题产品，下达监督意见书2份，对涉案生产企业进行立案处罚。为扩大工作成效，城阳区卫生健康局部署开展了专项活动，区分类别、突出重点对全区抗（抑）菌制剂产品生产经营使用单位进行了全覆盖检查，共检查处于经营状态的生产企业42家，立案处罚2家；共检查零售药店602家、母婴店18家、商场超市6家，责令整改62家。查处问题产品13种，督促下架400余件，并向生产企业所在地行政主管部门发函，通报涉嫌违规产品线索，推动源头治理。

通过专项治理，全区抗（抑）菌制剂产品的规范生产、经营水平得到显著提高。8月24日，城阳区检察院邀请公益监督员对整改情况进行了“回头看”，随机抽查药店、母婴店7家，均未发现违规产品及违规经营行为。为进一步提高治理成效，城阳区检察院联合城阳区卫生健康局，召集辖区内20家药店连锁经营单位的片区经理进行了专题培训宣传，由特邀检察官助理就应当知晓和执行的有关法律法规和规范要求进行了重点讲解，强化了经营主体的依法经营意识。

【典型意义】

抗（抑）菌制剂产品在生活中随处可见，直接关系到群众的身体健康。针对发现的违法生产经营问题，检察机关以推动规范市场秩序为目标，督促行政机关开展专项检查，全面整治各类抗（抑）菌制剂产品安全问题，有力震慑违法行为，确保依法规范生产经营。检察机关进一步联合行政机关开展专题培训、法治宣传，促进企业树牢产品安全意识，使企业合法经营，维护人民群众的健康安全。

甘肃省嘉峪关市人民检察院督促整治抗（抑）菌制剂违法经营行政公益诉讼案

【关键词】

行政公益诉讼检察建议　进货检查验收制度　机制建设

【要　旨】

进货检查验收制度是确保抗（抑）菌制剂产品来源渠道合法、质量安全的重要保障。针对辖区内药店、母婴店、未严格执行进货检查验收制度，销售不合格抗（抑）菌制剂侵害消费者合法权益的违法情形，检察机关可以督促行政机关依法履行监管职责，重点关注进货环节，监督销售主体严格落实进货检查验收制度，规范销售行为。

【基本案情】

2022年7月，根据最高检部署开展的抗（抑）菌制剂公益诉讼专项监督工作要求，甘肃省嘉峪关市人民检察院（以下简称嘉峪关市检察院）在开展抗（抑）菌制剂公益诉讼专项监督中发现，本市21家药店、母婴店“索证”意识不强，未建立并执行进货检查验收制度，对销售的近90种抗（抑）菌制剂，不能提供加盖原件持有者印章的卫生安全评价报告、生产企业卫生许可证复印件等材料，抗（抑）菌制剂产品质量难以保证，对人民群众生命健康存在一定的安全隐患。

【调查和督促履职】

2022年8月4日，嘉峪关市检察院发现本案线索后决定立案调查。办案组经走访现场、询问相关人员，发现经营单位不严格执行消毒产品进货检查验收制度的问题突出，行政机关对执行进货检查验收制度的监管相对薄弱；部分抗（抑）菌制剂标签、说明书不符合国家标准规定，导致市场上的抗（抑）菌制剂安全性有效性无法得到保障。

2022年8月19日，就抗（抑）菌制剂经营索证不全等问题，嘉峪关市检察院向市卫生健康委员会提出督促加强履职的检察建议。建议依法履行职责，采取有效措施，对违法行为进行查处；加大对抗（抑）菌制剂的监管力度，提升经营单位守法经营意识，切实保障人民群众生命健康安全。

行政机关收到检察建议后高度重视，在前期开展抗（抑）菌制剂专项治理工作的基础上，继续在全市开展抗（抑）菌制剂问题专项整治。对经营单位执行消毒产品进货检查验收制度问题进行重点检查，对全市320户消毒产品经营使用单位进行摸底调查，涉及母婴用品店25户、药店169户、大型商超12户，累计检查抗（抑）菌制剂等消毒产品3351种，对检查出的不合格抗（抑）菌制剂下架处理，对存在问题的7家经营单位作出行政处罚，共计罚款11700元。举办消毒产品卫生知识培训班，146家经营单位212人参加了培训，进一步提高了经营单位辨别能力和依法经营意识。

为形成综合治理效能，嘉峪关市检察院联合市卫生健康委员会、市场监督管理局建立信息互通机制，由市场监督管理局每月将新增消毒产品生产、经营企业信息及时推送至卫生健康委员会，并邀请检察机关依法监督，形成监管合力、堵塞监管漏洞，提升监管质效。同年11月至12月，嘉峪关市检察院对整改情况进行了“回头看”，发现抗（抑）菌制剂经营单位已全面下架不合格产品，“索证”资料完整，整改效果显著。

【典型意义】

近年来，抗（抑）菌制剂在市场上的品种数量日渐增多，随之而来的经营者进货检查验收制度执行不严、行政机关监管薄弱等问题突出。检察机关立足守护人民群众美好生活职能，督促行政机关依法全面履职，督促行业严格执行进货检查验收制度，明确经营单位保证产品质量的责任和义务，把住假冒伪劣产品进入市场交易的重点关口，切实保障了抗（抑）菌制剂市场消费安全。

十二、最高人民法院、最高人民检察院联合发布生态环境保护检察公益诉讼典型案例

（2023 年 8 月 15 日）

精准规范办好检察公益诉讼案件以法治力量推进美丽中国建设

——最高法环境资源审判庭、最高检公益诉讼检察厅负责人就“两高”联合发布生态环境保护检察公益诉讼典型案例答记者问

2023 年 8 月 15 日是首个全国生态日。最高人民法院、最高人民检察院联合发布了一批生态环境保护检察公益诉讼典型案例。最高法环境资源审判庭、最高检公益诉讼检察厅负责人回答了记者提问。

问：发布本批典型案例的背景和主要考虑是什么？

答：十四届全国人大常委会第三次会议将 8 月 15 日设立为全国生态日。全国生态日的设立是深入贯彻落实习近平生态文明思想的重要举措，有利于我们深化对“绿水青山就是金山银山”的认识。党的十八大以来，我们把生态文明建设作为关系中华民族永续发展的根本大计，开展了一系列开创性工作。检察公益诉讼制度作为习近平法治思想的生动实践和原创性成果，在生态环境保护和生态文明建设方面发挥了重要作用。自检察公益诉讼制度正式入法以来，全国检察机关每年提起的公益诉讼案件约占人民法院当年审结的各类公益诉讼案件的九成。2018 年以来，行政公益诉讼检察建议 98.9% 在审前即得到有效整改；提起诉讼的，99.7% 得到人民法院支持。法检协同联动，为我国的生态环境保护作出了卓越贡献。

在首个全国生态日，最高人民法院、最高人民检察院联合发布检察公益诉讼典型案例，旨在以习近平新时代中国特色社会主义思想为引领，深入践行习近平生态文明思想，坚持以“诉”的确认体现司法价值引领，精准规范办好生态环境保护公益诉讼案件，推进生态环境司法保护高质效发展。

问：本批典型案例有何特点？

答：一是案件类型丰富，涉及领域广泛。生态环境是一个系统性工程，做好生态环境保护工作就要坚持山水林田湖草沙一体化保护和治理。本批发布了安徽省芜湖市弋江区人民检察院诉芜湖市农业农村局行政公益诉讼案等10件案例，这些案例覆盖多个领域，涵盖了流域保护、草原资源保护、林地资源保护、固体废弃物污染、水污染防治等生态环境保护的多方面，凸显出生态环境保护工作的全覆盖和多样性。

二是检察机关充分发挥"诉"的刚性监督作用，坚持以"诉"的确认体现司法价值引领。实践中，存在着公益诉讼案件持续增长与起诉案件占比偏低的矛盾问题，制约了工作发展。本次发布的案例均为起诉案例，旨在引领检察机关在办案中兼顾"公益"和"诉讼"，针对整改不到位的，破除阻力，克服困难，敢于、善于运用提起诉讼的法律手段强化监督效果，高效制止违法行为，修复受损公益，以"诉"的方式和形态解决问题，推动类案治理、源头治理，促进社会进步。本批案例中，有5件行政公益诉讼，4件民事公益诉讼，1件刑事附带民事公益诉讼。

三是人民法院充分发挥环境资源审判职能作用，维护国家生态安全和社会公共利益。依法审理各类检察公益诉讼案件，以司法裁判为牵引，综合运用诉讼指引、非诉执行、司法建议等方式监督行政执法，实现加强司法审判与促进依法行政并重，促进刑事追究、行政处罚、民事赔偿有效衔接，织密织牢环境资源司法保护网。坚持协同治理理念，积极参与生态环境综合治理，增强协同联动和服务保障能力，推动建立覆盖大气、水、土壤、海洋、草原等各类生态环境要素的全方位公益诉讼保护体系，促进全面担责、严格执法。

问：本批案例在生态环境保护方面有什么主要做法？

答：审判机关、检察机关坚持立足宪法定位，通过法律赋予的司法和检察职能以行政公益诉讼、民事公益诉讼的方式助推生态文明建设。本批案例主要有以下几项工作做法：

一是坚持政治站位，紧密围绕中心、服务大局切实强化司法保护。聚焦中央环保督察以及群众关心关切的热点问题，依法履职，积极解决人民群众急难愁盼、拖而不决的堵点难点问题，守护人民群众美好生活。如安徽省芜湖市弋江区人民检察院诉芜湖市农业农村局行政公益诉讼案，针对中央反馈的环保督察线索未得到有效整治，检察机关通过提起行政公益诉讼督促行政单位依法履职，彻底消除污染隐患；再如在广东省广州市人民检察院诉广州某环保公司、广州某检测公司、徐某某环境污染民事公益诉讼案中，违法行为人非法倾倒生活污泥 40 余万吨，对人居环境和生态系统造成巨大影响。检察机关通过民事公益诉讼，追偿违法主体承担污泥无害化处置费用及清运费用 6000 余万元修复受损生态。

二是检察机关依法履职，精准规范办理好公益诉讼案件。检察机关在履行职责中发现国家利益或者社会公共利益受到侵害，负有监督管理职责的行政机关可能违法行使职权或者不作为的，应当以行政公益诉讼立案，并积极稳妥开展调查取证，经调查认为行政机关不依法履行职责的，应当向行政机关提出检察建议，督促其依法履职。行政机关在收到检察建议书后仍不依法履职，检察机关可依法向人民法院提起诉讼，督促行政机关解决问题，体现检察公益诉讼的司法价值。如吉林省白城市洮北区人民检察院诉洮北区林业和草原局行政公益诉讼案中，针对行政机关履职不充分问题，检察机关持续跟进案涉现场修复情况，针对被告称其已完全履职的辩护意见积极质证，推动 1700 余亩草原得以恢复。检察机关在履行职责中发现破坏生态环境和资源保护领域损害社会公共利益的行为，可通过民事公益诉讼方式，依法追究违法行为人的民事责任，保护受损的生态环境。如在北京市人民检察院第四分院诉刘某某环境污染民事公益诉讼案中，违法行为人进行非法电镀生产，并将电镀洗件过程中产生的废水直接通过暗管排至车间外的渗坑内，造成环境污染。在违法行为人被追究刑事责任后，基于环境污染未得到修复和治理的现状，检察机关通过提起民事公益诉讼，请求判令违法行为人对其造成的生态环境损害予以修复或承担修复费用 1100 余万元，得到法院的全部支持，对污染环境违法行为形成强有力震慑。

三是人民法院贯彻落实严密法治观，依法全面、准确认定检察公益诉讼被告的法律责任。针对生态环境案件具有高度复合性、系统性和专业技术性特征，探索借力“外脑”助审，丰富技术性事实查明方法。如河北省保定市莲池区人民检察院诉保定市生态环境局莲池区分局行政公益诉讼案中，依据《固定污染源排污许可分类管理名录》制定部门出具的咨询意见，明确医疗机构排污许可分类管理的床位张数是医疗机构执业许可证登记的床位数。依法适用惩罚性赔偿责任方式，提高环境违法成本，让恶意侵权人付出应有代价。如山东省潍坊市昌邑市人民检察院诉李某某环境污染刑事附带民事公益诉讼案中，综合考量生态环境违法主体的主观过错、损害后果严重程度等因素，确定惩罚性赔偿金数额，有效发挥了惩罚性赔偿的惩罚和震慑作用。

四是法检协同，共同推进生态环境源头治理，长治长效。审判机关、检察机关在办理生态环境保护领域公益诉讼案件中立足宪法定位，既相互协作配合，又互相制约，充分发挥司法审判、法律监督职能作用，维护宪法法律权威，维护社会公平正义，维护国家利益和社会公共利益，实现政治效果、法律效果和社会效果的有机统一。如贵州省遵义市人民检察院诉贵州某公司生态破坏民事公益诉讼案中，该公司在开发休闲养生度假项目中非法占用林地，破坏森林生态。检察机关查明该公司虽缴纳了行政处罚罚款，但未对期间造成的生态功能损失进行赔偿，遂提起民事公益诉讼，追究该公司民事责任，法院支持检察机关诉请。基于生态受损事实和修复的紧迫性，法院通过强制执行措施，追偿森林生态服务期间功能损失及鉴定费用290余万元，确保生态修复效果。

问：关于在法治轨道上推进生态环境保护工作，最高法、最高检下一步有哪些工作部署？

答：党的二十大对全面依法治国和生态文明建设作出重要部署，在日前召开的全国生态环境保护大会上，习近平总书记强调，要全面推进美丽中国建设，加快推进人与自然和谐共生的现代化。全国审判机关、检察机关要认真落实习近平总书记关于美丽中国建设的重要指示精神，学深悟透习近平生态文明思想，以司法现代化保障生态文明建设现代化，高质效办理好每一件生态环境保护公益诉讼案件，在生态文明建设中贡献法治力量；要进一步加大司法办案力度，努力找到生态保护修复的最佳解决方案。深化办案实践，进一步完善检察机关调查取证措施，准确把握“可诉性”的司法要求，让提起诉讼成为促进办案精准化、规范化的有效手段，通过司法裁判体现价值引领。同时积极稳妥推动检察公益诉讼立法；要加强源头治理，坚持山水林田湖草沙一体化保护系统治理。健全审判机关、检察机关与行政机关工作协调长效机制，形成生态环境保护治理合力，以更高站位、更宽视野、更大力度在法治轨道上推进新征程生态环境保护工作高质量发展。

安徽省芜湖市弋江区人民检察院
诉芜湖市农业农村局行政公益诉讼案

【关键词】

行政公益诉讼　长江保护　家禽屠宰　源头治理

【基本案情】

青弋江发源于黄山主峰北麓，流经池州、宣城，由芜湖市区汇入长江，是长江下游最大的支流。2018年以来，位于青弋江畔的芜湖市某禽业有限公司（以下简称某禽业公司）违法从事家禽屠宰经营活动，年均屠宰量达980余万只，屠宰废水未经处置直排青弋江，年污水排放量80余万吨，严重污染长江流域生态环境。

【审前程序】

2021年4月10日，中央生态环境保护督察组向安徽省芜湖市人民政府反馈某禽业公司污染环境问题。芜湖市生态环境局依据“府检联动”机制，将该线索转交芜湖市人民检察院，该院交芜湖市弋江区人民检察院（以下简称弋江区检察院）办理。2021年4月21日，弋江区检察院立案；经现场勘查、无人机巡查、实地走访等方式调查查明：某禽业公司租用待拆迁厂房设立家禽屠宰加工点，在无动物防疫条件合格证、未配备无害化处置设施的情况下，长期违法从事家禽屠宰生产经营活动（日均屠宰近3万只），存在动物防疫安全隐患；该屠宰加工点废水直排青弋江，日均2000余吨，造成周边水体黑臭，总氮、总磷、氨氮等指标超出地表水V类标准的31—97倍，污染青弋江及长江流域生态环境。

根据《中华人民共和国环境保护法》第十条第二款、《中华人民共和国动物防疫法》第九条第二款的规定，农业农村主管部门和生态环境主管部门负有相应监管职责。考虑到芜湖市生态环境局和弋江区生态环境分局已对企业采取行政罚款、停业整顿等措施，且芜湖市农业行政处罚以及与行政处罚相关的行政检查、行政强制等职能由芜湖市农业农村局（以下简称市农业农村局）统一行使，弋江区检察院于2021年5月25日向市农业农村局制发检察建议，要求依法查处某禽业公司未经许可从事家禽屠宰生产经营行为，消除该违法行为带来的动物防疫安全隐患。市农业农村局随后责令该禽业公司改正并处罚款。11月9日，弋江区检察院“回头看”发现，该公司无证屠宰、违法排污等违法行为仍未停止。11月19日，弋江区检察院向市农业农村局所在地的芜湖市鸠江区人民法院提起行政公益诉讼，请求判令被告依法查处某禽业公司未取得动物防疫条件合格证从事禽类屠宰的违法行为，采取有效措施消除该违法行为带来的动物防疫安全等方面隐患。

【裁判结果】

2022年6月28日，鸠江区法院经审理认为，市农业农村局在收到检察建议后虽对某禽业公司责令改正并处以罚款，但未能有效制止无证屠宰等违法行为，生态环境污染问题未得到根本解决，属于履职不全面、不充分，社会公共利益仍处于受侵害状态。判决支持检察机关全部诉请。该判决已生效。

案件审理过程中，芜湖市政府召开专题会议部署开展全市家禽屠宰行业集中整治，并在鸠江区沈巷镇建成投资3.2亿元、年屠宰量3000万只、华东地区规模最大的畜禽加工基地，从根源上解决家禽屠宰行业因分散式经营导致的无法集中检疫和环境污染问题，促进家禽产业转型升级健康发展。

判决执行过程中，市农业农村局反映涉案家禽非法屠宰加工点取缔困难。鸠江区法院通过“府院联动”机制，协调弋江区人民政府组织区市场监督管理局、区城市管理局、马塘街道办事处等单位配合市农业农村局开展执法行动。2023年1月，某禽业公司非法屠宰加工点被关闭，所属经营户搬迁至沈巷镇畜禽加工基地，生态环境污染和动物防疫安全隐患彻底消除。

【典型意义】

针对中央生态环境保护督察组反馈的环境污染问题，检察机关依法履行公益诉讼职责，通过检察建议、提起行政公益诉讼等方式督促行政机关依法全面履职，助推生态环境突出问题得到全面彻底整改。检察机关、审判机关与行政机关协同联动，形成公益保护合力，促进源头治理。以取缔非法屠宰加工点为切入口，推动家禽屠宰行业集中整治和规范化生产经营，从源头上彻底解决生态环境污染问题。

吉林省白城市洮北区人民检察院诉洮北区林业和草原局行政公益诉讼案

【关键词】

行政公益诉讼　草原保护　科技赋能　跟进监督

【基本案情】

白城市地处吉林省西部，科尔沁草原东部，草原资源丰富。但近年来，非法开垦草原行为屡禁不止，由于农药、化肥等侵蚀，加速了草原退化。其中洮北区青山镇的一处国有天然牧草地被非法开垦种植水田，破坏面积达 1700 余亩，草原资源和生态环境遭到严重破坏，国家利益和社会公共利益受到损害。

【审前程序】

2020 年 6 月，吉林省白城市人民检察院在开展草原生态检察监督专项行动中发现该线索，并指定由镇赉县人民检察院（以下简称镇赉县检察院）办理。镇赉县检察院于 2020 年 10 月 22 日对该线索进行行政公益诉讼立案，经调查，白城市某兽药公司（以下简称兽药公司）因非法开垦破坏天然牧草地 1713 亩。

2020 年 11 月 4 日，镇赉县检察院向白城市洮北区林业和草原局（以下简称洮北区林草局）制发检察建议，建议该局立即采取有效措施，责令兽药公司违法责任人恢复被其破坏的草原植被。2020 年 12 月 8 日，洮北区林草局书面回复称，已于 2020 年 12 月 1 日对违法责任人下达了《责令恢复草原原状通知书》，责令违法责任人于 2020 年 12 月 30 日前停止耕种，恢复草原原状。

收到回复后，检察机关经跟进监督发现该地块与周围草原影像对比仍存在较大差异。洮北区林草局称该地块已停止耕种，正采取自然恢复的方式进行恢复。检察机关随即邀请草原专家对现场研判，确认该地块土壤条件已遭到严重破坏，通过自然恢复方式无法恢复草原植被及生态功能。根据诉讼管辖规定，2021年6月30日，该案由洮北区人民检察院提起行政公益诉讼。

【裁判结果】

白城市洮北区人民法院于8月11日开庭审理此案。双方围绕被告洮北区林草局采取的行政手段是否能有效恢复案涉草原资源，进行举证质证并发表意见。检察机关通过出具的现场勘查图、与周边草原对比图、专家意见等证据证明，案涉草原因被非法开垦多年，被告所采取自然恢复措施无法达到修复草原的目的，故应认定被告未采取有效措施恢复案涉草原，存在履职不到位的情形。

洮北区法院经审理认为，被告洮北区林草局对本辖区内非法使用草原的行为负有监督管理职责，在收到检察建议书后，仍未采取有效措施，案涉草原仍未恢复原状，致使生态环境处于持续被破坏的状态，认定被告不履行法定职责的行为违法，应当依法履行职责。2021年8月31日，洮北区法院作出判决：判令洮北区林草局依法履行监督管理职责，恢复被兽药公司破坏的草原植被。收到判决后，洮北区林草局立即督促兽药公司通过平整土地、清除设施、播种草籽等措施恢复案涉草原。

检察机关于2022年5月、7月分别对案涉草原恢复情况跟进监督，发现案涉草原正逐步修复。经过一年的生长周期，2023年5月29日，经专家评定案涉草原长势良好，已经恢复了原有的生态功能。

【典型意义】

检察机关针对非法开垦等破坏草原资源的违法行为，依法履职，持续跟进监督。针对行政机关是否履职到位的争议焦点，人民法院综合判断检察机关提交的勘查图、专家评估意见等证据，认定行政机关未采取有效措施履行职责，从而督促行政机关全面依法履职，为加快改善草原生态环境，保持草原可持续发展贡献司法力量。

海南省儋州市人民检察院诉儋州市自然资源和规划局、儋州市农业农村局行政公益诉讼案

【关键词】

行政公益诉讼　占用海域养殖　海洋生态红线区保护

【基本案情】

2007年5月，陈某诰、陈某道在海域使用权及水域滩涂养殖证到期后，未经批准继续占用儋州市峨蔓镇黄沙港湾海域养殖，占用面积分别为114.2亩、43.8亩，属Ⅰ类近岸海域生态红线区，后陈某诰成立浩某合作社继续经营。2019年1月，原儋州市海洋与渔业局对两人作出行政处罚决定，责令其自行拆除养殖设施，恢复海域原状。陈某诰提起行政复议和行政诉讼，法院判决维持行政处罚决定。其间，原儋州市海洋与渔业局被撤销，海域使用管理职责划归儋州市自然资源和规划局（以下简称儋州市资规局），海洋渔业管理职责划归儋州市农业农村局。两人非法占用海域养殖长达14年，海域生态环境和资源遭受严重破坏。

【审前程序】

2019年7月，海南省儋州市人民检察院（以下简称儋州市检察院）在中央生态环境保护督察问题中发现该线索，依法立案。儋州市检察院后经调阅行政执法卷宗、询问违法行为人、现场勘验，发现案涉养殖场系通过围海造池的方式修建养虾池，不符合环评审批文件的选址要求。2019年9月，儋州市检察院分别向儋州市资规局、儋州市农业农村局发出检察建议，建议对浩某合作社、陈某诰、陈某道的违法行为依法作出行政处理。儋州市资规局回复称：拟委托峨蔓镇政府（代履行）对案涉养殖场进行拆除，该镇政府拒签文书，已上报市政府商请清退。儋州市农业农村局回复称：已制定整治方案，力争推进拆除工作。2020年3月，海南省综

合行政执法体制改革，由各市县综合行政执法部门集中行使行政处罚权，但该案件未移送综合行政执法部门查处。2020 年 11 月，儋州市检察院多次回访，发现案涉养殖场仍持续生产。

2020 年 12 月，儋州市检察院向海口海事法院提起行政公益诉讼，请求判令确认被告儋州市资规局、儋州市农业农村局未履行监督管理职责行为违法；判令被告立即制止占用海域养殖行为，依法履行监督管理职责。

【裁判结果】

诉讼过程中，儋州市农业农村局向相关职能部门发函要求查处案涉违法养殖场，并责令陈某诰等人自行拆除养殖设施；儋州市政府专题会议明确由峨蔓镇政府牵头制定拆除方案，各单位配合拆除工作，峨蔓镇政府签收代履行委托书但未实质性落实。

2021 年 9 月 2 日，海口海事法院开庭审理儋州市检察院诉儋州市资规局、儋州市农业农村局行政公益诉讼案。海口海事法院经审理认为，在原儋州市海洋与渔业局被撤销后，儋州市资规局、儋州市农业农村局分别承继海域使用管理和渔业管理等法定职责，均系适格被告。两被告未依法采取有效监管手段对陈某诰等人继续发生的违法行为进行制止和监管，亦未及时将案件移送综合行政执法部门查处。在代履行遇阻后，被告儋州市资规局未依法自行组织代履行，未尽到监管职责。行政机关不履行职责的违法性构成了判决其继续履行职责的逻辑前提，判决行政机关继续履行职责本身已包含对其不履行职责行为的否定性评价，故不必同时判决确认行政机关不履行职责行为违法和要求行政机关继续履行职责。据此，该法院于 2021 年 9 月 26 日作出一审判决，判令两被告在判决生效之日起两个月内依法履行监督管理职责。两被告不服，提起上诉。

海南省高级人民法院二审认为，儋州市资规局在承继海域使用监管职责后，未采取有力的监管措施依法全面履行职责，未采取有效措施与执法机构沟通配合对案涉违法行为进行制止和查处。违法占用海域、违法养殖是具有牵连关系的两个独立违法行为，并非想象竞合的违法行为，被告儋州市农业农村局对陈某诰等人继续养殖行为，特别是停养后又反复恢复养殖的新的违法行为，应当依法进行监管，但被告未采取有效的监管手段进行制止和监管，未尽到监管职责。2022 年 3 月 31 日，二审法院作出判决，驳回两被告的上诉，维持原判。

判决生效后，检察机关与法院协同纪检监察部门督促行政机关全面履行生效判决，并主动向儋州市委、市政府报告，推动党委政府组织相关职能单位联合开展拆除整改工作，现案涉违法养殖场已全部拆除完毕。

【典型意义】

非法占用海域、违规建设用海设施、违法养殖排污等行为持续时间长、处置难度大，严重破坏海洋生态环境和资源。检察机关围绕行政机关的法定职责，厘清履职各环节的作为义务和标准，查明行政机关未全面履行代履行等法定职责，未穷尽法律手段制止违法行为、消除公益侵害等事实，依法提起行政公益诉讼。判决生效后，检察机关、人民法院发挥协同联动工作机制优势，协调地方政府落实解决方案，协同纪检监察部门共同监督，确保生效裁判的执行，推动解决公益侵害顽疾，强化海洋生态环境和资源保护。

河北省保定市莲池区人民检察院诉保定市生态环境局莲池区分局行政公益诉讼案

【关键词】

行政公益诉讼　医疗污水　排污许可证　确认违法

【基本案情】

保定某医院为辖区内二级综合医院，该医院医疗机构执业许可证登记床位数100张，根据《排污许可管理办法》和《固定污染源排污许可分类管理名录》的相关规定，床位数100张及以上、500张以下的综合医院的排污管理类别为简化管理类，应当办理排污许可证，但该医院自2004年成立以来未办理排污许可证，属于无排污许可证，违法向外界排放医疗污水，破坏生态环境，造成社会公共利益受损。

【审前程序】

2020年8月，河北省保定市莲池区人民检察院（以下简称莲池区检察院）通过开展莲池区医疗机构废水废物公益诉讼专项检察监督活动，发现本案线索，于2020年8月25日对保定市生态环境局莲池区分局（以下简称生态环境局莲池区分局）立案。

立案后，莲池区检察院向保定市卫生监督局调取了《莲池区二级以上医疗机构医疗污水台账》，并进行了实地调查走访，查明保定某医院存在无排污许可证向外界非法排放医疗污水的情形。根据《中华人民共和国环境保护法》的相关规定，保定市生态环境局莲池区分局对辖区内生态资源保护和污染防治环境保护工作负有监督管理职责。

2020年9月24日，莲池区检察院向生态环境局莲池区分局发出检察建议，建议该局履行环境监管职责，对保定某医院无排污许可证排放医疗污水的情形依法处置。

2020年11月5日，生态环境局莲池区分局书面回复莲池区检察院，保定某医院为医疗机构执业许可证登记床位数100张的综合医院，经现场勘察，实际使用床位数为79张，未达到100张床位，在固定污染源排污许可清理整顿和2000年排污许可发证登记工作中，将该医疗机构的排污许可管理类别确定为"登记管理"类，已于2020年7月14日在全国排污许可管理信息平台完成排污登记工作。

法律规定的期限届满后，保定某医院仍旧未依法办理排污许可证，违法排放医疗污水，破坏生态环境，社会公共利益持续受到损害。2020年12月25日，莲池区检察院根据法院集中管辖的规定，向保定市竞秀区人民法院依法提起行政公益诉讼，请求确认被告未依法履行环境监管职责行为违法，责令其依法履行环境监管职责，督促某医院依法办理排污许可证。

【裁判结果】

案件起诉后，为了明确医疗机构排污许可分类管理的床位张数是医疗机构执业许可证登记的床位数，检察机关向名录的制定部门即生态环境部环境影响评价与排放管理司发出《〈固定污染源排污许可分类管理名录〉适用问题咨询函》，2021年1月7日生态环境部环境影响评价与排放管理司作出关于《〈固定污染源排污许可分类管理名录〉适用问题咨询函的复函》，名录中医疗机构分类管理的床位张数指医疗机构执业许可证登记的床位数，生态环境部门的排污许可证分类管理，依据医疗机构执业许可证登记的床位数进行分类，确定其重点管理、简化管理、登记管理。

2021年4月22日，竞秀区法院依法开庭审理了此案，庭审中诉讼双方围绕被告是否履行法定职责的焦点进行了辩论。公益诉讼起诉人指出，被告未严格按照规定确认管理类别，将"发证"类违规确认为"登记"类，存在未依法履行环境监管职责的违法行为。被告生态环境局莲池区分局经质证后当庭表示自己对政策理解有误，把政策理解为现有床位数，造成了行政履职过程中的分类错误。

法院经审理认为，被告对规定理解错误，造成其在检察建议要求的法定期限内未按规定履行职责，未对某医院无排污许可证排放污水的情形依法处置，其行为违法。某医院于案件审理期间变更注册登记，降低床位数低于100张，排污类别变更为不需办理排污许可证的"登记管理"类，完成申报，被告无须继续履行该职责。2021 年 5 月 27 日，竞秀区法院依法判决确认被告生态环境局莲池区分局行政行为违法。该判决已生效。

【典型意义】

行政机关在履行监管职责的过程中，对政策法规理解错误，违法履行职责，不但造成社会公益受损，还会形成监管漏洞。检察机关作为国家的法律监督机关，充分发挥检察公益诉讼的监督职责，高质效办好每一个案件，依法对行政机关的违法行为提起行政公益诉讼。人民法院判决确认行政机关因错误理解政策法规而实施的行政行为违法，以“诉”的形式体现司法价值引领。

重庆市人民检察院第一分院诉长寿区水利局、长寿区农业农村委员会行政公益诉讼案

【关键词】

行政公益诉讼　长江支流生态保护　违法围堰养鱼　确认违法

【基本案情】

龙溪河系长江一级支流，重庆市长寿区但渡镇河段河道于20世纪80年代修建了多处围堰用作鱼塘养殖，并取得相关证照。但养殖证件过期后仍有7处围堰未及时拆除，其中2处至案发时仍在违法围堰养鱼。前述鱼塘共侵占龙溪河河道总面积约2.4余公顷，距该区饮用水水源取水点距离约554米，侵占龙溪河河道及水域、岸线资源，影响河道行洪，并存在污染饮用水水源的风险。

【审前程序】

2022年2月25日，重庆市长寿区人民检察院经群众举报发现该案线索，因涉及历史遗留问题，遂将线索上报重庆市人民检察院第一分院（以下简称重庆市检一分院）。重庆市检一分院于2022年5月5日对长寿区水利局、长寿区农业农村委员会（以下简称长寿区农委）立案调查。经走访长寿区河长办、水利等部门，询问违法行为人，调取相关书证等，查明前述围堰养鱼塘已违法存续十余年，其中2处仍持续违法养鱼。

2022年5月10日，重庆市检一分院、长寿区检察院邀请人大代表、政协委员等召开听证会，听取长寿区水利局、长寿区农委及当事人代表意见建议，形成初步整治共识。5月16日，重庆市检一分院分别向长寿区农委、长寿区水利局发出检察建议，建议对龙溪河流域围堰养鱼侵占河道、无证非法养殖进行综合治理。

2022 年 7 月 7 日和 12 日，长寿区农委、长寿区水利局分别书面回复称已向违法行为人送达责令停止违法行为通知书，计划于 2022 年 11 月底完成 7 处围堰拆除工作。

2022 年 10 月，重庆市检一分院跟进调查发现，整改工作未取得实质性成效，于 10 月 14 日向长寿区水利局、长寿区农委送达工作函提示督促加快推进整改工作。但至 12 月 8 日，该院“回头看”发现，相关围堰仍未得到实质性整改。

鉴于侵占河道、违法养殖是具有牵连关系的两个独立违法行为，长寿区水利局、长寿区农委作为负有不同监督管理职责的行政机关在合理期限内未对上述两个违法行为进行有效整改，均存在未依法履职的情形，2022 年 12 月 26 日，重庆市检一分院分别对长寿区水利局、长寿区农委向重庆市第一中级人民法院提起行政公益诉讼，请求判令长寿区水利局对案涉围堰养鱼塘侵占河道水域及岸线资源的情形进行监管治理、长寿区农委对案涉违法围堰渔业养殖进行监管治理。

【裁判结果】

诉讼过程中，长寿区水利局、长寿区农委于 2023 年 2 至 3 月完成 7 处围堰养鱼塘拆除工作，商请检察机关撤回起诉。4 月 17 日，重庆市检一分院经现场勘查等方式确认 7 处围堰已完成拆除整改工作。

2023 年 5 月 19 日，重庆市第一中级人民法院分别对两起案件公开开庭审理。重庆市检一分院变更诉讼请求为确认长寿区水利局、长寿区农委未依法履职行为违法。

重庆市第一中级人民法院经审理认为，长寿区水利局、长寿区农委对案涉违法行为在较长时间内未依法督促整改，但考虑有历史原因、政策变化等因素影响，事出有因、情有可原。检察机关变更诉讼请求于法有据，且可进一步督促行政机关依法履职，实现最大限度维护国家利益和社会公共利益的目的，于 2023 年 6 月 27 日判决支持检察机关诉讼请求。

【典型意义】

检察机关针对历史遗留的围堰养鱼侵害长江生态环境问题，经检察建议、发函督促仍未有效整改，致使公共利益持续受损的，依法提起行政公益诉讼。人民法院结合诉讼过程中行政机关完成整改情况，准许公益诉讼起诉人变更诉讼请求，并最终确认行政机关未及时履行监督管理职责的行为违法，以“诉”的确认体现司法价值引领，强化对国家利益和社会公共利益的司法保护。

北京市人民检察院第四分院诉刘某某环境污染民事公益诉讼案

【关键词】

民事公益诉讼　土壤污染　地下水污染　电镀废水

【基本案情】

刘某某于2016年11月至2018年7月间在北京市通州区某地租用的一院内进行非法电镀生产，并将电镀洗件过程中产生的废水直接通过暗管排至车间外的渗坑内。经检测，暗管内污水中六价铬浓度、镀锌清洗液废水中总锌浓度、镀铬清洗液废水中六价铬浓度均超过《水污染物综合排放标准》的排放限值，其行为违反了《环境保护法》《水污染防治法》《土壤污染防治法》的相关规定。2019年7月4日，北京市通州区人民法院作出刑事判决，以污染环境罪判处刘某某有期徒刑一年，并处罚金20万元。该判决已生效。

【审前程序】

因环境污染尚未得到修复治理，北京市通州区检察院将本案线索移送北京市人民检察院第四分院（以下简称北京市检四分院）审查起诉。北京市检四分院于2020年5月8日立案，6月18日履行民事公益诉讼公告程序。

经通州区检察院申请，北京市人民检察院委托生态环境部环境规划院环境风险与损害鉴定评估研究中心（现名“生态环境部环境规划院生态环境风险损害鉴定评估研究中心”，以下简称环规院鉴定中心）就刘某某污染环境行为对区域生态环境造成的损害程度、修复周边生态环境所需的费用进行鉴定评估。2020年4月20日，环规院鉴定中心出具了《通州某电镀作坊环境污染损害调查与鉴定评估报告》（以下简称《评估报告》）。

2021年3月24日，北京市检四分院经现场查看，涉案地块并未得到修复和治理，环境受污染的状态仍在持续，遂于2021年7月15日向北京市第四中级人民法院提起民事公益诉讼，请求判令刘某某对其造成的生态环境损害在合理期限内予以修复，如到期未修复则承担修复土壤生态环境、地下水生态环境所需费用共计1125.4万元；承担生态环境损害鉴定评估费用61.5194万元；在全国性媒体上就其破坏生态环境的行为公开赔礼道歉。

【裁判结果】

北京市第四中级人民法院经审理认为，依据相关法律规定，刘某某关于其租用该院落之前有他人亦从事过电镀，污染环境民事责任不应由其单独承担的抗辩意见不能成立。环规院鉴定中心具备鉴定资质，《评估报告》委托单位与其是否具备证明效力无关，对刘某某以环规院鉴定中心不是司法鉴定机构，委托鉴定评估的单位是北京市检察院而非北京市检四分院为由主张的《评估报告》存在严重瑕疵的抗辩意见不予采信。环境民事公益诉讼的目的在于通过及时改善与修复的方式保护生态环境。本案中，刘某某非法经营电镀作坊并排放污染物的行为对当地土壤及地下水造成损害为不争的事实。生态环境受损危及社会公共利益，北京市检四分院代表公共利益提出诉讼，相应诉讼请求均具有法律依据。2022年1月12日，北京市第四中级人民法院作出判决，支持检察机关提出的全部诉讼请求。该判决已生效。

【典型意义】

对于违法行为人已被追究刑事责任但受损生态环境未得到修复的，检察机关可以单独提起民事公益诉讼。在环境民事公益诉讼案件中，对于被告提出存在其他共同侵权人应减轻自身责任的主张，公益诉讼起诉人可以进行相应的调查核实，但举证责任仍应由被告承担。国务院环境保护部门指定的机构出具的检验报告，经当事人质证并符合证据标准的，可以作为认定案件事实的根据。委托鉴定的检察机关与提起民事公益诉讼的检察机关不同，不影响委托鉴定的法律效力。

贵州省遵义市人民检察院
诉贵州某公司生态破坏民事公益诉讼案

【关键词】

民事公益诉讼　赤水河流域生态保护　生态功能损失

【基本案情】

2014 年以来，贵州某公司在遵义市赤水河流域一级生态调节区、二级水源涵养和生物多样性保护区开发休闲养生度假项目中，未办理林地使用手续，违规占用林地共计 176.94 亩，建设项目附属配套基础设施，经委托四川楠山林业司法鉴定中心鉴定，该公司非法占用林地造成的森林生态服务功能损失为 2916670.90 元。

【审前程序】

2021 年 4 月，最高人民检察院将中央生态环境保护督察反馈的该案线索，逐级交由贵州省遵义市人民检察院（以下简称遵义市检察院）办理。2021 年 7 月 8 日，遵义市检察院以民事公益诉讼立案办理，并于同月 13 日在正义网进行公告。立案后，遵义市检察院在调阅刑事证据材料的基础上，通过邀请具备林业知识的特邀检察官助理参与现场勘查、无人机拍摄、询问证人、咨询专家意见、与相关行政部门召开圆桌会议等方式开展调查，查明该公司非法占用林地 176.94 亩建设附属配套基础设施，虽开展了补植复绿并通过验收，缴纳了行政处罚罚款，但未对期间造成的生态功能损失进行赔偿，社会公共利益持续受到侵害。

经公告，没有法律规定的组织和机关提起诉讼。2021 年 11 月 9 日，遵义市检察院向遵义市中级人民法院提起民事公益诉讼，请求判令该公司继续履行生态修复义务、赔偿森林生态服务期间功能损失 2916670.90 元、承担鉴定费用 6 万元。

【裁判结果】

2022年4月28日，遵义市中级人民法院在案发现场公开开庭审理此案。庭审中，双方围绕该公司是否应当继续履行生态修复义务、是否仍需承担生态环境服务功能损失以及森林植被恢复费能否抵扣生态环境服务功能损失等进行辩论。遵义市中级人民法院经审理认为：生态环境期间功能损失与生态修复同属侵权人实施生态破坏行为所应承担的、可同时并用的民事责任类型，生态修复责任是对生态环境交换价值的保护，而生态环境期间服务功能损失责任是对生态环境的使用价值进行弥补，完成补植复绿并不等于恢复功能，履行生态修复义务并不能减免生态环境期间服务功能损失责任；森林植被恢复费与生态环境期间服务功能损失赔偿款分属不同的法律性质，不能进行抵扣。遵义市中级人民法院当庭宣判，支持检察机关全部诉讼请求。

该案办理过程中，遵义市两级检法机关共同在案发地设立贵州省首个环境司法森林碳汇观测基地，对该公司先期开展的补植复绿情况持续跟踪、动态观测。判决生效后，该公司在补植复绿地的16处点位安放警示标志牌22块，设立专门岗位工作人员定期巡查，并按期进行病虫害防治，确保修复效果。经遵义市中级人民法院启动强制执行，该公司已赔偿森林生态服务期间功能损失2916670.90元、支付鉴定费用6万元。

【典型意义】

森林是水库、钱库、粮库、碳库，对保障国家生态安全和促进经济社会可持续发展具有基础性、战略性的地位和作用。本案中，对非法占用林地破坏生态环境的违法行为，检察机关提起民事公益诉讼，法院依法判令违法行为人承担森林生态服务功能损失费，并全部执行到位。检察机关、人民法院共同设立贵州省首个森林碳汇观测基地，推动生态环境保护与经济发展相适应，以生态环境“含绿量”提升经济发展“含金量”。

广东省广州市人民检察院诉广州某环保公司、广州某检测公司、徐某某环境污染民事公益诉讼案

【关键词】

民事公益诉讼　污染环境　专家意见　检政联动　连带责任

【基本案情】

2016年1月至2018年3月期间，广州某环保公司（以下简称环保公司）接收50家污水处理厂产生的生活污泥共计483411吨，对污泥进行压滤脱水后，由徐某某联系人员全部非法倾倒，除6972吨倾倒于广州、东莞等地（另案处理）外，绝大部分倾倒地不明。广州某检测公司（以下简称检测公司）按环保公司要求篡改污泥检测数据并出具符合有机肥标准的检测报告。经鉴定，上述污泥为含有重金属的污染物、环境有害物质，存在环境污染和人体健康风险。

【审前程序】

2018年4月22日，生态环境部通报，对环保公司污泥非法倾倒问题开展专项督察。广东省广州市人民检察院（以下简称广州市检察院）在履行公益诉讼检察职责中发现线索，并于2018年4月29日、2019年1月30日分别对环保公司、徐某某以及检测公司以民事公益诉讼立案。

立案后，广州市检察院就污泥环境损害问题咨询了有关专业机构及学者，均确认污泥倾倒至外环境对环境有损害，但因倾倒地不确定，无法开展环境损害鉴定。为解决生态环境损害认定难题，经沟通，广州市生态环境局协助检察机关组织专家对环保公司倾倒污泥造成的环境损失开展论证并形成专家意见，确认了涉案污泥压滤脱水后重量约为214849吨至

241706吨，扣除6972吨，去向不明约为207877吨至234734吨，并建议合理确定污泥运输距离、咨询相关单位单价后计算污泥清运费用和无害化处理费用。广州市检察院就污泥处置方式及价格、污泥运输单价等向广州市净水有限公司发函并查询地图，确认环保公司住所地至最近的污泥处置点距离14公里，污泥处置及运输的最低单价为299元/吨、1.338元/（吨·公里），进而得出污泥无害化处置费用62155223元，污泥清运费用3893951.9元。

2020年11月19日，广州市检察院对环保公司、检测公司、徐某某提起民事公益诉讼，请求：（1）判令三被告承担污泥无害化处置费用62155223元；（2）判令三被告承担污泥清运费用3893951.9元；（3）判令三被告在省级以上电视台或全国发行的报纸公开赔礼道歉。

【裁判结果】

2021年7月30日，广州市中级人民法院公开开庭审理本案，广州市生态环境局组织两级执法人员旁听本案庭审。

广州市中级人民法院经审理认为，检察机关针对环保公司、徐某某倾倒的案涉污泥存在去向不明的情形，主张三被告共同承担案涉污泥无害化处理费用及清运费用用于修复被损害的生态环境于法有据、诉请合法。据此，该法院于2021年9月15日作出一审判决，支持检察机关全部诉讼请求。

环保公司不服，上诉至广东省高级人民法院。二审法院于2022年5月9日作出判决，驳回上诉，维持原判。

另，2020年8月25日，广州市中级人民法院对环保公司倾倒污泥等行为作出另案一审刑事判决。2022年10月21日，广东省高级人民法院二审对污染环境罪予以维持。

【典型意义】

环保公司与检测机构串通进行倾废的污染行为，专业性、权威性丧失，隐蔽性强、影响恶劣、后果严重。在因污染物难以查明倾倒地，导致无鉴定机构对生态环境损害作出鉴定的情况下，检察机关函请相关行政机关委托专家出具专家意见，进行科学定性定量。人民法院经当庭组织质证，采纳专家意见作为认定事实的根据，依法一并追究检测机构造假应承担的环境侵权责任。司法机关加强与生态环境部门联动，既发挥好生态环境部门的专业优势，又使公益诉讼庭审起到“法治课堂”的示范作用，促进提升行政执法人员开展生态环境监管和损害赔偿等工作的能力和意识，形成生态环境保护工作合力。

新疆维吾尔自治区伊犁哈萨克自治州人民检察院诉乌鲁木齐市某运输公司、伊犁某材料公司、山东省某化工厂环境污染民事公益诉讼案

【关键词】

民事公益诉讼　生态环境污染　危险化学品泄漏　应急处置费

【基本案情】

2020年11月，乌鲁木齐市某运输公司在运输危险化学品“邻甲酚”时，在国道218线伊犁州那拉提至和静段因罐体破裂导致约90%以上的“邻甲酚”泄漏在沿途约31公里的高速公路路面，车辆停靠后剩余少量泄漏到地面洼地并通过泥沙渗入地下，造成突发环境污染事故。

【审前程序】

新疆维吾尔自治区伊犁哈萨克自治州人民政府（以下简称伊犁州政府）处置该突发环境污染事故会议纪要中，明确将案件线索移交伊犁州人民检察院（以下简称伊犁州检察院）办理。

伊犁州检察院调查查明：“邻甲酚”是一种有毒有机化合物，毒性级别为高毒，为第6类危险化学品，具有腐蚀性和强刺激性，泄漏后会通过多种方式污染土壤、水生态系统，导致农作物减产、危害人体健康。山东某化工厂为涉案“邻甲酚”所有权人，委托生产者伊犁某材料公司联系不具备6类危险化学品运输资质的乌鲁木齐市某运输公司承运，乌鲁木齐市某运输公司用只能装载3类甲醇的车辆罐体进行运输，运输途中罐体发生破裂，该危险化学品泄漏长达31公里并流入巩乃斯河。经检测，泄漏事故点下游约58公里处鱼塘土壤及水体“邻甲酚”依然超标，其中下游16公里处水体挥发酚浓度最高超标703倍。

伊犁州政府紧急采取源头清污、多级拦截引流、活性炭坝吸附等多种应急措施控制、消除污染影响。经生态环境部华南环境科学研究所评估，本次应急处置和生态恢复费用为 1124.82 万元，农业和其他财产直接损失为 98.19 万元，评估费用为 115 万元。伊犁州党委组织相关行政机关研判分析本案应急处置及赔偿责任问题，鉴于本案法律关系复杂，生态损害情形严重，由检察院提起公益诉讼更能发挥专业优势和资源优势。伊犁州检察院遂于 2021 年 3 月 2 日以民事公益诉讼立案。

经公告程序，2021 年 4 月 14 日伊犁州检察院向新疆维吾尔自治区高级人民法院伊犁州分院提起民事公益诉讼，请求判令运输公司、材料公司、化工厂共同赔偿应急处置费用等各项损失合计 1338.02 万元，并在伊犁州级以上媒体向社会公众赔礼道歉。

【裁判结果】

新疆维吾尔自治区高级人民法院伊犁州分院经审理认为，环境侵权适用无过错责任归责原则，三被告均是对本次事故具有控制能力的经营者，负有防止危险化学品对环境造成污染的法律责任，因此均是本案共同侵权人，应承担连带责任。法院于 2021 年 9 月 18 日作出一审判决，支持伊犁州检察院的全部诉讼请求。三被告不服，向新疆维吾尔自治区高级人民法院提起上诉。二审法院认为，本案构成环境污染责任和高度危险作业责任的竞合，伊犁州检察院有权作为环境民事公益诉讼起诉人选择提起环境民事公益诉讼。案涉买卖双方企业及运输企业虽无共同意思联络，但其行为结合在一起相互造成同一损害后果，构成共同侵权。其内部责任份额应依据各自过错和原因大小划分。二审法院于 2022 年 6 月 9 日作出判决，驳回上诉，维持原判。

【典型意义】

危化品泄漏造成突发环境事故，威胁人民群众生命安全，造成巨大的经济损失。司法机关注重公益诉讼与生态损害赔偿制度衔接，依法及时介入调查，督促政府及行政机关及时处置，形成保护合力。同时，通过民事公益诉讼追偿应急处置和生态恢复费用，实现政治效果、法律效果和社会效果的统一。

山东省潍坊市昌邑市人民检察院诉李某某环境污染刑事附带民事公益诉讼案

【关键词】

刑事附带民事公益诉讼　危险废物污染　生态环境服务功能损失　惩罚性赔偿

【基本案情】

昌邑市地处渤海湾，城区北侧的王氏义沟作为引水渠，向北连通堤河汇入渤海。李某某在承包经营昌邑市某污水处理有限公司期间，违规为他人处理外运的化工废水，并于2021年3月将部分化工废水和溶液倾倒至某纺织厂北墙南侧的水池内，通过雨污管道暗管排入王氏义沟。经检测认定，所倾倒工业废水和溶液均属于危险废物，王氏义沟水体受到严重污染。案发后，李某某仅对排污口附近河床底部污泥进行清理，未对受损生态环境进行修复。

【审前程序】

2022年2月24日，山东省昌邑市人民检察院（以下简称昌邑市检察院）在审查李某某涉嫌污染环境罪一案期间，发现公益诉讼线索，于同年2月28日立案。

昌邑市检察院委托山东大学生态环境损害研究院对受污染水体生态环境功能损害问题进行评估并出具专家意见，认定李某某非法倾倒危险废物对王氏义沟的水体造成严重损害，因受污染的河流水质修复具有不可逆转性，参照虚拟治理成本法计算得出涉案排污行为造成的生态环境服务功能损失为471024元。

昌邑市检察院综合考量李某某主观过错、损害后果、履行能力、生态修复成本和刑事处罚等因素，主张其以生态环境服务功能损失的1.5倍承担惩罚性赔偿金。

经公告，2022年9月6日，昌邑市检察院向昌邑市人民法院提起刑事附带民事公益诉讼，请求判令李某某赔偿非法倾倒危险废物造成的生态环境服务功能损失471024元，并承担1.5倍的惩罚性赔偿金即706536元，在省级以上媒体公开赔礼道歉。

【裁判结果】

昌邑市法院经审理认为，本案的焦点在于惩罚性赔偿金的认定。在对李某某污染环境的恶意程度、因污染环境行为所获利益、采取紧急处置措施效果等进行全面审查后认为，李某某污染环境、破坏生态的行为违反了法律规定，在主观上具有故意，且侵权行为造成严重后果，符合生态环境侵权惩罚性赔偿责任的适用要件，检察机关以生态环境服务功能损失471024元作为计算基数，要求李某某承担1.5倍惩罚性赔偿金的请求，既发挥惩罚性赔偿制度的惩罚、威慑等功能，又不过于加重违法行为人的责任承担，于法有据，应予支持。审理期间，经释法说理，李某某主动上缴生态环境服务功能损失费及惩罚性赔偿金，共计1177560元。

2023年2月16日，昌邑市法院作出刑事附带民事判决，认定李某某构成污染环境罪，鉴于其具有认罪认罚、赔偿损失、承担惩罚性赔偿金等情节，依法对其从轻处罚，判处有期徒刑三年，缓刑五年，并处罚金18万元，并支持了附带民事公益诉讼全部诉讼请求。该判决已生效。

【典型意义】

针对故意污染环境、破坏生态造成严重后果的违法行为，检察机关、审判机关依法适用相关规定，以生态环境服务功能损失数额作为基数，综合考虑生态环境违法主体的主观过错程度、损害后果严重程度、违法主体的经济能力、赔偿态度等因素确定倍数，以“基数 × 倍数”的计算方式确认惩罚性赔偿金数额，有效发挥惩罚性赔偿的惩罚和震慑作用，实现公益的有效保护。

十三、“公益诉讼守护美好生活”专项监督活动典型案例

（2023 年 8 月 17 日）

“公益诉讼守护美好生活”专项监督活动典型案例发布说明

为深入贯彻习近平生态文明思想和习近平总书记关于食品药品安全“四个最严”要求，更好守护人民群众日益增长的美好生活需要，更好服务保障美丽中国建设，最高检于2020年7月在全国范围内启动为期三年的“公益诉讼守护美好生活”专项监督活动。三年来，全国检察机关持续深耕生态环境和食品药品安全等重点领域，办理了一批有影响、高质效的公益诉讼检察案件。本次最高检共发布典型案例12件，其中涉及生态环境保护领域8件，涉及食品药品安全领域4件。这批典型案例都是紧紧围绕着守护人民群众美好生活的新需要，发挥公益诉讼职能作用，增强人民群众可感知、能体验、得实惠的获得感，主要有以下几个特点：

一、聚焦重点有拓展，更加全面守护美好生活

各地检察机关围绕生态环境和食品药品安全领域突出问题办理了大量案件，本批案例涵盖了专项监督活动确定的各重点领域，既有聚焦水体污染、固体废物污染等生态环境传统领域的案例，又在具体的领域和事项上有新的拓展，比如，在食品和药品安全领域，注重加强对一些特殊群体的权益保护，更加全面地维护社会公共利益，让各类不同群体更好更充分地享受经济社会发展成果。

如河北省石家庄市人民检察院针对以普通食品冒充保健食品、采用虚假宣传方式诱导和欺骗老年人过度消费问题，督促主管行政机关对涉案违法门店进行查处，规范保健食品市场秩序，全力守护好老年人健康和“养老钱”。浙江省新昌县人民检察院针对一些工程建设项目建筑工地食堂服务人员未依法取得健康证明、未配备食品安全管理员、对采购的食品及原料未查验合格证明、食品处理区卫生脏乱等食品安全隐患，督促多个主管行政机关开展联合整治，有力保障农民工兄弟“舌尖上的安全”。

二、持续回应社会关切，积极守护美好生活新需要

面对随着经济社会发展产生的影响人民群众获得感、幸福感、安全感的公益损害新问题、新业态中的公益损害问题等，各地检察机关结合当地实际积极探索办理新类型案件。如江苏省如东县人民检察院督促整治风力发电噪声污染行政公益诉讼案中，检察机关全面扎实调查取证，确保噪声强度监测结果准确可靠，通过召开圆桌会议研究整改措施，督促行政机关依法履职，并持续跟进监督整改情况，切实守护人民群众“耳边的宁静”。四川自由贸易试验区人民检察院针对食品盲盒销售中未公示与食品安全相关的重要信息、存在食品安全隐患且侵害消费者知情权等问题，依法督促主管行政机关全面排查下架违规食品盲盒，规范盲盒食品生产经营秩序，助推食品经营新业态规范发展。

三、敢于啃“硬骨头”，更加有力守护美好生活

对于长期得不到解决的生态环境保护顽疾，检察机关通过依法履职、持续监督，坚决啃下“硬骨头”，推动解决困扰人民群众的“老大难”问题。如湖北省咸宁市人民检察院对2018年长江经济带生态环境警示片所涉问题线索整改情况开展跟踪监督时发现，滨湖港中下游部分河段和与之相通的汇水沟内的水体返黑返臭，漂浮大量垃圾、散发刺鼻气味，该院督促多家主管行政机关协同发力、实施生态补水工程和生态滤池工程、进行雨污分流改造等，合力推进黑臭水体清淤整改，促进老城区雨污截留整治和水环境综合治理。

对于审前程序无法推动解决的公益损害难题，检察机关坚决以“诉”的确认体现司法价值引领。如安徽省蚌埠市淮上区人民检察院针对乡村黑臭水体等污染问题，通过检察建议以及“回头看”等方式予以监督，经督促行政机关仍未依法全面履职，遂依法提起行政公益诉讼，推动乡村人居环境整治，守护“留得住乡愁”的美丽乡村。山东省日照市岚山区人民检察院针对农用地种植条件遭受严重破坏问题，在通过检察建议督促行政机关履职未能修复受损公益后，依法提起行政公益诉讼，推动实现农用地全面复垦，遏制耕地“非农化”、防止耕地“非粮化”。

四、强化系统治理，更加切实提升守护质效

在生态环境保护领域，公益受损问题往往涉及多个区域或多个主管行

政机关，检察机关通过跨区域协作、协调各部门联动，促进公益受损问题得到系统解决。如广东省珠海市斗门区人民检察院督促整治虎跳门水道非法倾倒固体废物行政公益诉讼案中，针对跨市域非法转运倾倒固体废物、破坏生态环境的行为，该院依法督促多家主管行政机关从外源固废控制、内源固废清理、农用地修复、岛域生态环境提升等方面进行综合整治，共同推进跨区域非法倾倒固体废物问题的系统治理、源头治理和综合治理。

在野生动物保护领域，检察机关注重针对破坏野生动物资源违法行为涉及的不同环节开展全链条打击，推动系统根治。如内蒙古自治区人民检察院锡林郭勒盟检察分院对吴某某、王某花等14人非法狩猎、收购、出售、运输百灵鸟的行为依法提起民事公益诉讼，促使违法行为人分别在其非法狩猎、收购、出售、运输百灵鸟的范围内就造成的生态服务功能损失和国家野生动物资源价值承担侵权责任，实现对野生动物资源和生态系统的一体保护。

五、注重源头治理，更加长效守护美好生活

对于成因复杂、易反复反弹的公益损害问题，检察机关在督促行政机关依法履职推动修复受损公益的同时，更加关注做好"后半篇文章"，实现对人民群众的长效保护。如江西省樟树市经楼镇大路村地理位置偏远，村民日常饮用水主要是井水，而该村附近的大型生猪养殖场长期直排污水、水库使用废水养鱼导致地下水遭到污染，严重影响村民饮用水安全。江西省樟树市人民检察院依法向多家主管行政机关制发检察建议，督促其依法履行各自法定职责完成对污染源的治理后，又助推当地政府在该村铺设自来水管道、进行供水一体化改造，彻底解决村民饮用水安全问题。江苏省无锡市梁溪区人民检察院就医疗机构未经批准配制中药制剂、药方与制剂不一致等情形，与区市场监督管理局、区卫生健康委员会开展磋商，厘清监管职责，助推相关行政机关后续更好规范中医诊疗及中药制剂配置行为，维护人民群众用药安全。

安徽省蚌埠市淮上区人民检察院诉吴小街镇政府不依法履行水污染治理职责行政公益诉讼案

【关键词】

行政公益诉讼　乡村人居环境　综合治理　终结诉讼

【要　旨】

针对影响群众美好生活的乡村黑臭水体等污染顽疾，经检察建议督促履职，行政机关仍未依法全面履行监管职责，社会公共利益持续处于受损状态的，人民检察院应当依法提起行政公益诉讼。在案件审理过程中，人民检察院诉讼请求全部实现的，可以由人民法院裁定终结诉讼。

【基本案情】

2021 年 9 月，安徽省蚌埠市淮上区吴小街镇渡桥村、八大集村等多条沟渠内被随意倾倒大量养殖粪便、生活垃圾和农作物秸秆等，破坏水生态环境，水体恶臭刺鼻，严重影响当地人居环境和群众生活质量，损害社会公共利益。

【调查和诉讼】

安徽省蚌埠市淮上区人民检察院（以下简称淮上区院）在履行职责中发现，辖区吴小街镇铁路桥沟、八大集沟等长达 5000 米的沟渠存在水污染问题，于 2021 年 9 月 7 日立案。通过现场调查、无人机巡查、快速检测等方式查明，占地约 8 亩的某养殖场粪便未经处理直排铁路桥沟，其他多条沟塘存在农作物秸秆、生活垃圾等面源污染问题，水体氨氮 26.1mg/L，化学需氧量 122.6mg/L，溶解氧 0.6mg/L，氧化还原电位 –202mV，属于黑臭水体，损害社会公共利益。

2021 年 9 月 15 日，淮上区院根据《中华人民共和国环境保护法》第六条、《中华人民共和国水污染防治法》第四条和第五条以及《安徽省环境保护条例》第六条等相关规定，依法向淮上区吴小街镇人民政府（以下简称吴小街镇政府）制发检察建议，要求其依法履行属地环境保护职责，采取有效措施治理相关沟渠水污染，加强人居环境整治。2021年11月10日，吴小街镇政府书面回复称，已对涉案沟渠进行全面清淤和垃圾清运，加强养殖户政策法规宣讲，禁止粪便垃圾随意乱倒；建立常态化的巡查制度，加大对污染人居环境问题的排查整治力度。

淮上区院针对整改情况开展跟进调查发现，涉案养殖场的畜禽粪便土坑满溢后仍直排铁路桥沟渠，臭味刺鼻；八大集村沟仅部分整治，其余水体仍垃圾遍布，气味难闻。吴小街镇政府未能全面履行监督管理职责，社会公共利益持续处于受损状态。经指定管辖，2022年3月22日，淮上区院依法向蚌埠市蚌山区人民法院提起行政公益诉讼，诉求判令吴小街镇政府继续履行对案涉水体水污染治理职责。案件审理过程中，吴小街镇政府积极履职，筹集资金1000余万元对辖区铁路桥沟等水体进行清淤、消杀、沟岸改造等综合整治，依法关闭案涉养殖场，明确村庄沟塘的村级河长，压实河长巡查管护责任。淮上区院跟进调查，确认案涉多条沟渠水质均已符合地表水标准。

鉴于吴小街镇政府已依法履行职责，受损公益得到有效修复，诉讼目的全部实现，蚌埠市蚌山区人民法院于2022年5月18日依法裁定本案终结诉讼。

【典型意义】

良好的生态环境是最普惠的民生福祉。检察机关立足公益诉讼检察职能，通过无人机巡查、快速检测等手段查明水体污染案件事实，综合运用检察建议、提起诉讼等方式督促行政机关依法履行生态环境治理职责，使当地人居环境得到有效整治，人民群众的生活环境得到明显改善。本案亦丰富了行政公益诉讼案件的裁判方式，对于行政机关已依法履行职责，检察机关诉讼请求全部实现的，除人民检察院撤回起诉外，可以由人民法院裁定终结案件。

湖北省咸宁市人民检察院督促整治滨湖港黑臭水体行政公益诉讼案

【关键词】

行政公益诉讼检察建议　长江大保护　黑臭水体治理　结案标准

【要　旨】

检察机关在办案中，精准把握行政机关依法全面履职标准，对整改措施和效果跟进监督，经过调查，对生态环境污染问题确已解决的，可作出终结案件决定。

【基本案情】

滨湖港位于湖北省咸宁市咸安区官埠桥镇，也称滨湖港渠道，为斧头湖流域中淦河三级支流。多年来，滨湖港中下游水体呈黑色，散发刺鼻气味，蚊蝇滋生，常有大量垃圾漂浮于水面。与滨湖港相通的汇水沟内水体亦呈灰黑色，沟渠内生活垃圾和绿色藻类漂浮，严重影响群众生产生活。据测算，经由滨湖港向斧头湖排放的总磷，约占斧头湖磷外源输入的1/5，是斧头湖总磷超标的重要原因之一。

【调查和督促履职】

2021年4月，湖北省咸宁市人民检察院（以下简称咸宁市院）在对2018年长江经济带生态环境警示片所涉问题线索整改情况开展跟踪监督时发现该案线索。经初步调查，2017年，滨湖港黑臭水体治理纳入“咸宁市淦河流域环境综合治理工程EPC总承包”项目，滨湖港治理工程于2018年3月开工，2019年4月竣工验收，基本消除了黑臭。但由于滨湖港上游雨污合流问题未得到彻底解决，检察机关在实地调查中发现水体再次返黑返臭。2021年8月16日，咸宁市院对负有监督管理职责的咸宁市住房和城乡建设局（以下简称咸宁市住建局）和咸宁市生态环境局分别立案。咸宁市院通过实地勘查、走访村民、询问行政机关相关人员等方式，发现造成滨湖港水污染的主要原因为城镇雨污管网不完善，大量城镇生活污水、农村生活污水和农业面源污水直排滨湖港。

根据《中华人民共和国水污染防治法》《湖北省水污染防治条例》《城镇排污与污水处理条例》等法律法规规定和行政机关“三定”方案，咸宁市院分别于2021年8月20日、8月27日向咸宁市住建局和咸宁市生态环境局制发检察建议，督促咸宁市住建局依法履职，完善滨湖港片区污水管网系统建设，提高污水收集率；督促咸宁市生态环境局强化监管，推动滨湖港各项整治方案按时按质落实到位，消除滨湖港水污染。

咸宁市住建局于2021年10月19日书面回复称，该部门加快推进雨污分流改造、内源治理、生态补水等黑臭水体治理工程建设，努力改善滨湖港水质。咸宁市生态环境局于2021年10月26日书面回复称，该部门已加密滨湖港水质监测频次，每周对水质进行分段监测，加大对非法排污行为的打击力度。至2021年底，咸宁市住建局实施生态补水工程；对涉水范围内的部分企事业单位内部进行雨污分流改造；启动生态滤池工程，并于2023年3月正式验收。截至目前，治理工程均已投入使用。根据2021年10月至2023年6月多次水质监测数据分析，滨湖港水质化学需氧量、氨氮、总磷均值达到地表水Ⅲ类水质标准，总体水质持续好转。咸宁市院对整改情况进行跟进监督，认为行政机关已依法全面履行职责，案涉公益损害问题全部得到整改，遂于2022年3月10日作出终结案件决定。

【典型意义】

检察机关主动从环保督察线索“回头看”中排查出黑臭水体治理反复的“老大难”问题，立足检察职能，通过持续跟进监督，推动问题彻底整改。本案中，检察机关准确把握终结案件条件，对于行政机关是否依法全面履行职责、环境污染“顽疾”是否得到有效治理，持续跟进调查，确保整改落到实处。本案的整改方案也为老城区雨污截留整治和水环境综合治理提供了有益样板。

江西省樟树市人民检察院督促整治饮用水菌群超标行政公益诉讼案

【关键词】

行政公益诉讼检察建议　农村饮用水安全　协同履职　源头治理

【要　旨】

针对农村饮用水菌群超过国家生活饮用水卫生标准的问题，检察机关在查明导致水质不达标原因后，综合运用圆桌会议、制发检察建议等方式，督促相关行政机关对违法行为进行查处的同时，推动多个行政机关各司其职、协作配合，共同开展整治工作，助推农村饮用水工程设施建设，实现源头治理。

【基本案情】

江西省樟树市经楼镇大路村地理位置较为偏远，当地村民日常饮用水主要来源于各家各户井水。该村附近的大型生猪养殖场长期直排污水，相邻的七里水库存在粪水养鱼现象，致使地下水被污染，农村饮用水安全存在较大隐患。村民连续多年向有关部门反映饮用水被污染问题，但相关问题未得到有效解决，社会公共利益持续受到侵害。

【调查和督促履职】

2021 年 7 月，江西省樟树市人民检察院（以下简称樟树市院）收到中央环保督察组转办线索后，依法立案调查。经樟树市卫健委取样检测，发现经楼镇大路村水井水质细菌总数和总大肠菌群超标，不符合 GB 5749—2006 国家生活饮用水卫生标准。相关菌群超标，有可能存在肠道致病菌、寄生虫等病原体危险。检察机关通过无人机航拍、实地走访、依法调阅行政机关执法卷宗等方式对污染源以及行政执法情况开展调查，查明位于大路村的某牧业有限公司经楼生猪养殖场（以下简称经楼生猪养殖场）于2013年成立，产生的废水未经处理直排七里水库，且在水库长期用粪水养鱼，检测水库及直排废水水样COD、氨氮、总磷均超标。因大路村水源属于浅层地下水，被污染的水库水体流经村庄渗透至土壤及地下水，影响农村水源环境。2018年，相关行政机关已经检测发现大路村地下水细菌总数和总大肠菌群超标情形，但仅采取向水井不定期投放漂粉精片药剂方式进行消毒杀菌。2021年5月以来，宜春市樟树生态环境局对经楼生猪养殖场进行生产污水厌氧处理，但收效甚微。

2021年9月6日，樟树市院邀请樟树市生猪养殖和水库污染整治办公室（简称生猪整治办）、樟树市水利局、宜春市樟树生态环境局、经楼镇人民政府等相关行政机关以及人大代表召开圆桌会议，对大路村出现饮用水卫生隐患进行分析，厘清各方职责以及监管难点。同年10月19日，樟树市院依法分别向宜春市樟树生态环境局、樟树市水利局、经楼镇人民政府发送检察建议书，建议宜春市樟树生态环境局调查评估大路村地下水补给区环境状况，筛查可能存在的污染风险，并责令经楼生猪养殖场停止排放污水；建议樟树市水利局、经楼镇人民政府依法全面履职，强化联动执法，保障农村饮用水水源安全。

收到检察建议后，相关行政机关高度重视，樟树市政府明确由生猪整治办牵头，各行政机关配合形成整改方案。宜春市樟树生态环境局、经楼镇人民政府开展联合执法检查，责令经楼生猪养殖场停止排放超标废水，并升级环保设施。经楼生猪养殖场随即投入190余万元对固液分离设备进行检修、升级生化系统、增设防涝设备、增加氧化塘工艺，确保养殖区所有污水进入废水处理系统，并全部实现达标排放。经楼镇政府对七里水库加密检测，禁止粪水养鱼，积极宣传指导村民对地下饮用水进行消毒杀菌处理。樟树市水利局针对大路村分散式供水，水源属于浅层地下水、易受污染问题，决定采取新建集中式供水工程的方式彻底解决村民饮水问题。在樟树市政府的支持下，水利部门筹集50多万元建设资金进行供水管网延伸，并于2021年底实现自来水通水进村。

2021年12月，樟树市卫健委对该村地下水质进行检测，各项指标符合生活饮用水卫生标准。2022年1月，樟树市院邀请人大代表、人民监督员、各行政机关和村民代表对整改效果进行查验评估，发现大路村已经全部铺设了自来水管道，村民已经开始饮用干净的自来水，镇政府还组织对该镇 15 个村和 1 个居委会进行供水一体化改造，保障村民饮水安全。因案涉问题全部整改，受侵害公益得到有效保护，樟树市院于 2022 年 1 月 13 日作出终结案件决定。

【典型意义】

农村饮用水安全事关农村群众身体健康，是巩固脱贫成果、推动乡村振兴的重要标志。检察机关对群众反映强烈、久拖不决的农村饮用水安全问题，充分运用多种调查手段，深入查实问题症结，找准监督主体，通过圆桌会议厘清行政机关各自职责，督促行政机关履职尽责，倒逼企业转型升级，规范排污行为和养殖行为，并推动水利部门新建集中式供水工程，助推区域范围内农村供水水质实现稳定达标，有效根治了农村居民饮用水安全隐患。

广东省珠海市斗门区人民检察院督促整治虎跳门水道非法倾倒固体废物行政公益诉讼案

【关键词】

行政公益诉讼检察建议　跨市倾倒固体废物　数字技术赋能　人民监督员监督

【要　旨】

检察机关针对跨市域非法转运倾倒固体废物导致受损农用地难以及时修复，社会公共利益持续受到侵害问题，通过持续跟进监督，确保土地复垦整治效果。

【基本案情】

珠海市斗门区“永业围岛”非法占用农用地倾倒固体废物案系中央第四生态环境保护督查组交办的线索。该岛位于粤港澳大湾区珠江入海口虎跳门水道珠海、江门两市交界处、斗门区南门泵站二级水源保护区域内。自 2021 年 3 月起，陈某坚等人为牟取不法利益，从外市转运废土、砂石等固体废物倾倒到“永业围岛”，严重破坏岛上土地资源、生态环境，并污染水源。

【调查和督促履职】

2021 年 9 月，广东省人民检察院将上述线索交由广东省珠海市人民检察院（以下简称珠海市院）办理，珠海市院经研判，采取“市院统筹指导，属地基层院立案办理”的一体化办案模式，将线索交由珠海市斗门区人民检察院（以下简称斗门区院）办理。

2021 年 10 月 27 日，斗门区院立案后，与相关职能部门联动配合，通过巡河调研、登岛查看、无人机航拍、数字卫星遥感监测等方式，查明陈某坚等人存在非法占用农用地、搭建临时码头、洗砂、倾倒固体废物等多个违法行为。因该岛地理位置特殊且交通不便，成为职能部门的监管盲区。经第三方鉴定，"永业围岛"被非法占用农用地107.387万平方米、非法倾倒固体废物10万余吨。涉案农用地因被外来固体废物等砂石物体覆盖且部分已被压实，原有土地排灌系统遭到破坏，种植功能完全丧失，严重损害国家利益和社会公共利益。

2021年11月初，鉴于该案尚未进行生态环境损害司法鉴定，且提起刑事附带民事公益诉讼周期长，受损的农用地难以及时修复，社会公共利益持续受到侵害，斗门区院积极督促推动相关职能部门与陈某坚等人开展生态环境损害赔偿修复协商工作。经过协商，陈某坚等人承诺支付相关费用，并按照第三方复垦方案对涉案地块进行整治复垦。

至2021年12月初，陈某坚等人仍未履行承诺支付相关费用，涉案地块生态修复及整治复垦工作尚未开展。为防止社会公共利益持续受到侵害，2021年12月6日，斗门区院分别向负有监管职责的自然资源部门、属地政府、水务部门制发检察建议，要求相关部门严格依法履职，及时查处陈某坚等人的违法行为，加快开展生态修复及耕地复垦工作。相关行政机关采纳检察建议，依法履行职责，促使陈某坚等人除承担125万元应急处理等费用外，还按照第三方复垦方案中规定的修复成本，自筹资金250多万元进行整治复垦。目前，375万元资金已全部到位，均用于"永业围岛"生态修复与农用地整治复垦，岛上的非法构筑物、机器设备、违建码头等全部清理清拆完毕，107.387万平方米农用地已恢复功能、10万多吨固体废物已完成清理。

2022年4月29日，斗门区院邀请区人大代表、政协委员、人民监督员、特邀检察官助理等担任听证员，围绕"永业围岛"整治复垦工程验收后续监管等问题进行听证。听证员一致认为：各行政机关仍需持续监管，确保整治成效。2022年6月2日，在听证人员的见证下，复垦工程验收专家组上岛实地勘察，经实地考察和查阅验收资料，认定岛上农用地符合种植基本标准，验收报告通过，但涉案土地仍比较贫瘠，需施肥改良土壤；复绿种植林木生长情况需进一步跟进观测等意见，建议加以持续跟进监督。斗门区院根据专家意见，进一步督促相关行政机关责令陈某坚等人持续进行土壤改良等修复工作。

2023年6月，经自然资源部门和相关专家验收确认，补种林木生长良好，存活率达到 90% 以上，土壤肥力与排水能力显著提升，复垦整治工作取得明显成效。因涉案问题全部整改，受损公益得到保护，斗门区院于 2023 年 6 月 28 日作出终结案件决定。

【典型意义】

检察机关针对跨市域非法转运倾倒固体废物等严重破坏生态环境的行为，利用数字卫星遥感技术取证固证，精准制发检察建议督促相关职能部门依法履职，以“检察公开听证 + 全流程‘回头看’”持续跟进整改复绿工作，使昔日的“固废岛”蝶变为有效治理的“示范岛”。

山东省齐河县人民检察院诉高某宝、王某城等人污染环境刑事附带民事公益诉讼案

【关键词】

刑事附带民事公益诉讼　黄河流域生态环境保护　危险废物处置　民事责任主体　连带责任

【要　旨】

针对非法处置危险废物污染环境案件，检察机关启动刑事附带民事公益诉讼办案程序，因证明标准和责任承担要求不同，刑事被告人与附带民事公益诉讼的被告范围并非完全一致，未被追究刑事责任的其他侵权人可作为附带民事公益诉讼的被告，就公益损害承担相应的民事责任。

【基本案情】

2019年2月至2022年6月，高某宝、张某连、高某甲等3人明知王某城等12人不具备危险废物经营许可资格，仍委托其非法收购51家机动车维修个体工商户经营过程中产生的废机油。王某城等人将收购的废机油分别运输至济南、德州辖区内6个县（区），贮存在自制油罐中，其在收集、运输、贮存、处置废机油的过程中未采取任何污染防治措施，对周边环境造成严重污染。

【调查和诉讼】

2022年10月，山东省德州市齐河县人民检察院（以下简称齐河县院）在办理王某城等人污染环境刑事案件中发现，王某城等人非法处置危险废物，对周边环境造成严重污染，损害社会公共利益，遂于2022年10月26日以刑事附带民事公益诉讼立案并开展调查。因该案污染地点涉及济南市和德州市多个县（区），德州市人民检察院（以下简称德州市

院）根据黄河流域（山东）生态环境保护跨区域检察协作机制，与济南市检察机关召开座谈会，通报案件办理情况、移送公益诉讼案件线索。检察机关引导侦查机关固定关键证据；督促生态环境部门采取应急处置措施，防止污染进一步扩大；委托第三方评估机构对贮存油罐污染范围、污染程度以及生态环境修复所需费用、服务功能损失费用等进行鉴定、评估。经鉴定，废机油属于具有毒性、易燃性危险特性的危险废物，生态环境修复费、环境功能性损失费以及鉴定费共计 170 万余元。

本案中非法销售废机油的 51 名个体工商户刑事部分犯罪情节轻微，到案后能够如实供述犯罪事实，自愿认罪认罚，齐河县院依法作出相对不起诉决定。齐河县院经审查认为，虽然 51 名个体工商户未被起诉，但其明知王某城等 12 人不具备危险废物经营许可资格仍予以销售，应就造成的公益损害承担相应民事责任。2023 年 2 月 23 日，齐河县院对非法委托收购废机油的高某宝等 3 人、非法收购废机油的王某城等 12 人和 51 名个体工商户提起刑事附带民事公益诉讼，要求上述人员就收购、销售、运输、贮存、处置废机油造成环境污染所产生的生态环境修复费、环境功能性损失费、鉴定费共计 170 万余元，承担连带责任。同年 4 月 12 日，齐河县人民法院召开庭前会议，各被告均表示自愿承担相应赔偿费用并达成调解协议，其中高某宝等 3 人每人支付 203030 元，王某城等 12 人在 13000 元至 47500 元范围内、51 名个体工商户经营者在 13000 元至 18000 元范围内分别支付相应的赔偿数额。当日各被告与生态环境修复公司签订修复协议，委托其处置危废，开展生态环境修复工作，并将 170 万余元全部缴纳至专设的生态环境损害赔偿金提存账户，待修复完成并验收合格后，作为生态环境修复费用予以支付。

为进一步推动污染现场修复治理工作有序进行，2023 年 4 月 19 日，德州市院联合齐河县院就修复方案内容组织召开听证会。同年 4 月 28 日，德州市院组织召开生态环境修复方案专家咨询会，邀请济南市人民检察院、济南市生态环境局代表共同参加。经征求专家意见，最终明确除济南一污染地块因拆迁无法原位修复采取异地修复外，其余污染现场均采用原位修复方式恢复生态原貌，另对无法直接修复的环境功能性损失，通过补植复绿方式在修复示范基地开展替代性修复，恢复受损环境。

修复过程中，德州市院会同济南市检察机关邀请人大代表、政协委员以及公益诉讼志愿者对修复过程进行全程监督。截至目前，检察机关跟进监督，查明修复工作已全部完成，经检测均符合国家标准。

【典型意义】

跨区域非法处置危险废物污染环境案件，存在环境污染严重、共同侵权人多、环境修复地点多等特征，检察机关发挥跨区域协作优势，横向联动，一体推进，通过办理刑事附带民事公益诉讼案件，在刑事被告人承担刑事责任的同时，依法追究刑事被告人以及未被追究刑事责任的其他侵权人的民事责任，有效落实了“损害担责、全面赔偿”环境侵权追责原则。办案过程中，对受损环境难以直接修复的，通过补植复绿方式在修复示范基地开展替代性修复，使受损环境公共利益得到全面修复。

山东省日照市岚山区人民检察院诉区自然资源局不依法履行农用地复垦监管职责行政公益诉讼案

【关键词】

行政公益诉讼　土地资源保护　恢复原状　农用地复垦

【要　旨】

针对农用地种植条件遭受严重破坏的违法行为，行政机关经检察建议督促仍不依法履行职责，国家利益和社会公共利益持续处于受侵害状态的，检察机关应当依法提起行政公益诉讼，督促行政机关依法查处非法占地行为，实现农用地全面复垦。

【基本案情】

青连铁路项目建设过程中，山东省日照市岚山区碑廓镇付家官庄村村旁农用地作为项目取土场进行取土作业，项目建设结束后，土地复垦义务人一直未履行复垦义务；村委将涉案土地租赁给日照市某物流有限公司建设厂房用于储存木材等货物，造成 130 余亩农用地种植条件被严重破坏。岚山区国土局（2019 年 1 月机构改革后为岚山区自然资源局）未依法履行监管职责，国家利益和社会公共利益持续受到侵害。

【调查和诉讼】

山东省日照市岚山区人民检察院（以下简称岚山区院）在履行职责中发现该案件线索，并于 2021 年 4 月 19 日立案调查。岚山区院通过走访村委会、青连铁路项目部、日照市自然资源局等职能部门，了解铁路工程建设取土及工程完工后复垦方案等情况；通过无人机勘察及实地查看，了解涉案土地现状。经查明，2016 年 3 月，经用地人申请，日照市国土部门作出《临时使用土地批准书》，批准同意将日照市岚山区碑廓镇付家官庄村村侧土地用于青连铁路项目的取土场，使用期限为2年，使用期限届满后恢复土地原状，及时申请复垦验收，并归还原单位。期满后，复垦义务人一直未进行复垦。2020年1月，村委就涉案土地与日照市某物流有限公司签订土地租赁合同，租赁期限10年，该物流公司在涉案土地上建设了厂房用于储存木材等货物。涉案土地性质为农用地，岚山区自然资源局（以下简称区自然资源局）作为负有监督管理职责的行政机关，对于违反土地利用总体规划非法占用农用地以及未进行土地复垦的违法行为未依法进行查处，侵害了国家利益和社会公共利益。

2021年5月14日，岚山区院向区自然资源局发出检察建议，建议该局及时对非法占用农用地的行为进行查处，并督促土地复垦义务人恢复土地原状；如土地复垦义务人不复垦，或者复垦验收中经整改仍不合格的，由该局依法代为组织复垦。区自然资源局一直未书面回复岚山区院。

2021年7月19日，岚山区院跟进调查发现，涉案现场的违法占用土地情形仍然存在，被占用损毁的农用地仍未复垦，国家利益和社会公共利益持续处于受侵害状态。

2021年10月19日，岚山区院依法向日照市岚山区人民法院（以下简称岚山区法院）提起行政公益诉讼，请求判令区自然资源局履行监管职责，责令复垦义务人按照国家有关规定进行复垦；依法对碑廓镇付家官庄村农用地被非法占用行为进行查处。

案件审理期间，区自然资源局积极督促复垦义务人开展土地复垦工作，并于2021年10月27日对日照市某物流有限公司作出《责令改正违法行为通知书》，责令其限期拆除建筑物，恢复土地原状。同时，区自然资源局加强对临时用地监管，在签订协议和足额收取复垦保证金等方面加大监管力度，建立健全临时用地批准后监管长效机制，确保临时用地到期后及时复垦，恢复土地原状。2021年12月，复垦义务人通过追加覆土厚度、土地翻耕、维修田间道路、田块内清理石块等方式，按照耕地标准对涉案土地进行复垦。

2022年4月13日，岚山区法院对该案公开开庭审理，区自然资源局完全认可检察机关提出的诉讼请求，并提供其依法履职的相关证据材料。2022年5月11日，岚山区院对本案土地复垦效果进行公开听证，涉案违法违规占用土地行为已整改，被损毁的涉案农用地已全部复垦完毕。因检察机关的诉讼请求全部得到实现，2022年5月16日，岚山区法院根据检察机关的建议，作出准予撤诉裁定。

【典型意义】

针对复垦义务人未依法复垦和物流公司非法占用农用地等违法行为，行政机关均未依法履行职责，致使国家利益和社会公共利益持续处于受侵害状态。检察机关对发出检察建议后问题仍未得到解决的，依法提起诉讼，通过"诉"的确认促进行政机关依法行政、严格执法，体现司法价值引领，切实加强农用地资源保护。

内蒙古自治区人民检察院锡林郭勒盟检察分院诉吴某某等十四人破坏草原生态环境民事公益诉讼案

【关键词】

民事公益诉讼　野生动物资源价值损失　生态服务功能损失　连带责任

【要　旨】

对非法狩猎、收购、出售、运输野生动物资源的行为，违法行为人在承担刑事责任后，检察机关依法可提起民事公益诉讼，追究参与非法狩猎、收购等环节的违法行为人的共同侵权责任，实现对侵害野生动物资源违法犯罪行为的全链条打击和受损公共利益的一体保护。

【基本案情】

2019 年 5 月，吴某某、王某花为获取非法利益，明知其收购的百灵鸟雏鸟系他人非法狩猎所得，仍向河南、山东等地的王某国、孟某某、李某某贩卖百灵鸟雏鸟 3364 只，造成 2208 只百灵鸟雏鸟死亡或脱离草原。其中，购买祁某等 8 人非法狩猎的百灵鸟雏鸟 181 只，李某波驾驶车辆帮助运输 1357 只。

【调查和诉讼】

内蒙古自治区人民检察院锡林郭勒盟检察分院（以下简称锡林郭勒盟检察分院）在办理吴某某、王某花等人涉嫌非法狩猎罪，掩饰、隐瞒犯罪所得罪案件中发现该案线索。锡林郭勒盟检察分院审查认为，百灵鸟与草原有着紧密的生态链关系，吴某某、王某花等 14 人非法狩猎、收购、出售、运输百灵鸟的行为，导致百灵鸟脱离草原生态环境，造成该处草原百灵鸟种群数量减少，破坏了草原生物多样性和生态平衡，损害了社会公共利益，于2020年3月3日以民事公益诉讼立案审查。

2020年5月9日，锡林浩特市人民法院以掩饰、隐瞒犯罪所得罪分别对吴某某、王某花等人判处刑罚。2020年5月28日，锡林郭勒盟检察分院在正义网发布公告，公告期满没有法律规定的机关和组织提起民事公益诉讼。

2021年2月，经张家口鼎盛林业司法鉴定中心鉴定，涉案百灵鸟雏鸟为蒙古百灵，每只价值1000元，2208只死亡或脱离草原百灵鸟雏鸟使国家野生动物资源价值损失共计220.8万元。经评估，每只蒙古百灵鸟雏鸟生态服务功能价值107.025元，吴某某等人非法狩猎贩卖的3364只百灵鸟雏鸟造成生态服务功能价值损失计36.01万元。

2021年4月19日，锡林郭勒盟检察分院向锡林郭勒盟中级人民法院提起民事公益诉讼，请求判令吴某某、王某花共同赔偿国家野生动物资源损失和生态服务功能价值损失256.81万元，祁某等12人在各自非法狩猎、收购、运输百灵鸟的范围内与吴某某、王某花承担连带赔偿责任。吴某某、王某花、祁某等14人在锡林郭勒盟盟级以上媒体公开向社会赔礼道歉。

2022年6月28日，锡林郭勒盟中级人民法院作出判决。法院审查认为，百灵鸟是内蒙古自治区重点保护野生动物，锡林郭勒盟境内全年禁猎。每年5月至6月是百灵鸟雏鸟繁殖期，也是百灵鸟种群繁衍的重要季节。吴某某、王某花等十四人非法狩猎、收购、出售、运输百灵鸟的行为，人为造成草原上百灵鸟种群较少，造成草原生态环境损害。二人以上共同实施侵权行为，造成他人损害的，应当承担连带责任。吴某某、王某花共同赔偿国家野生动物资源损失和生态服务功能价值损失256.81万元，祁某等12人非法狩猎、收购、运输百灵鸟的数量范围内与吴某某、王某花承担连带赔偿责任，14名被告在锡林郭勒盟盟级以上媒体上公开向社会赔礼道歉。

【典型意义】

野生动物既是国家资源，也是生态环境的重要组成部分。破坏野生动物资源违法犯罪涉及非法狩猎、收购、运输、出售等多个环节，检察机关全面落实最严生态环境保护要求，在一体追究违法行为人破坏野生动物资源和生态环境责任的同时，明确各环节责任主体在各自范围内的连带赔偿责任，有力打击非法破坏野生动物资源的产业链条，实现野生动物资源司法保护效果最大化。

河北省石家庄市人民检察院督促整治保健食品虚假宣传行政公益诉讼案

【关键词】

行政公益诉讼检察建议　保健食品　虚假宣传　老年人权益

【要　旨】

针对以普通食品冒充保健食品，采用虚假宣传、欺诈销售的方式骗取老年人高价购买，侵害老年人合法权益、扰乱市场秩序的违法行为，检察机关通过行政公益诉讼，督促行政机关依法查处，切实维护老年人合法权益，规范保健品市场经营秩序。

【基本案情】

2021年下半年，石家庄市部分门店经营者将普通食品冒充保健食品，通过会议、讲座、健康咨询、免费领取鸡蛋等形式，进行虚假宣传；违规使用疾病治疗用语，夸大产品功能，诱导、欺骗老年人，侵害老年人合法权益，损害社会公共利益。

【调查和督促履职】

2021年7月，河北省石家庄市人民检察院（以下简称石家庄市院）发现石家庄市桥西区时光街、长安区丰收路、新华区泰华街部分门店存在组织老年人收看养生讲座、免费领取鸡蛋等方式销售"保健食品"，并存在违规使用疾病治疗用语，夸大产品功能等问题，涉嫌虚假宣传、误导和欺骗消费者。

2021年8月13日，石家庄市院启动立案调查，依法对门店违规销售行为进行取证，复查涉案产品信息，通过国家企业信用信息公示系统核查经营者营业执照信息，核对食品生产许可证信息、特殊食品信息是否与备案相符，商品包装信息是否符合国家规范，对虚假宣传、违规使用医疗用语等情况进行论证。查明相关经营主体存在违规销售保健食品、虚假宣传等违法行为，违反了《中华人民共和国食品安全法实施条例》《中华人民共和国反不正当竞争法》《中华人民共和国广告法》等法律法规，侵害了社会公共利益。查明石家庄市市场监督管理局对保健食品虚假宣传问题负有监督管理职责。

2021 年 8 月 17 日，石家庄市院向石家庄市市场监督管理局发出检察建议：依法履行监管职责，对涉案经营者涉嫌虚假宣传等违规经营行为依法查处；对通过会员、会所等隐蔽方式，以会议、讲座、专家义诊等形式，对食品、保健食品夸大宣传，欺诈、误导消费的行为依法整治；对全市保健食品经营进行全面排查，重点打击以普通食品冒充特殊食品销售，以保健食品虚假宣传欺诈和误导消费者的行为。

收到检察建议后，石家庄市市场监督管理局积极开展整改：一是针对检察建议书中提及的 14 家经营门店进行检查，关停 4 家，并责令经营不规范的门店立即整改。二是在全市开展为期 40 天的“打击食品、保健食品夸大疗效、虚假宣传等违法行为专项执法行动”，要求各县（市、区）相关部门集中执法，重点查处保健食品经营者无照营业、超范围经营，以及虚假宣传、欺骗消费者等行为。2021 年 10 月，石家庄市院开展“回头看”，发现全市保健食品虚假宣传坑害老年人的问题得到有效治理，案涉问题得到整改。2021 年 10 月 30 日，石家庄市院作出终结案件决定。

【典型意义】

随着我国老年人数量不断攀升，“保健品坑老”现象时有发生，通过“赠送礼品”“打亲情牌”等方式误导老年人消费，利用会议、讲座等形式进行虚假宣传。检察机关在实地调查、确认违法、厘清责任的基础上，以检察建议的方式督促行政机关依法履职，推动职能部门开展专项综合治理活动，规范了保健食品市场秩序，共同守护好老年群众的养老钱。

浙江省新昌县人民检察院督促整治建筑工地食堂食品安全行政公益诉讼案

【关键词】

行政公益诉讼检察建议　工地食堂　食品安全　公开听证　优化审批

【要　旨】

因多个行政机关履行监督管理职责不到位，致使建筑工地食堂长期存在食品安全隐患、侵害众多建筑工人合法权益的，检察机关可以督促相关行政机关依法协同履职，促使建筑施工企业落实食品安全主体责任，保障广大建筑工人“舌尖上的安全”。

【基本案情】

2021年8月，浙江省新昌县多个铁路、公路、房地产开发等工程建设项目的建筑工地食堂为建筑工人提供有偿就餐服务，普遍存在从事直接接触入口食品人员未取得健康证明或健康证明已过期、未配备食品安全管理员、对采购的食品及原料未查验合格证明、食品处理区卫生脏乱等情形，其中部分食堂未取得食品经营许可，未被纳入行政监管，存在存放、使用过期食品、调料，未按规定进行食品留样情况，危及广大建筑工人身体健康，损害社会公共利益。

【调查和督促履职】

2021年8月，浙江省新昌县人民检察院（以下简称新昌县院）在开展“公益诉讼守护美好生活”专项监督中发现本案线索，并进行初步调查查明，新昌县12个在建工程建设项目共开设建筑工地食堂18家，施工企业通过自聘工作人员为近3000名建筑工人提供就餐服务，均不同程度存在服务人员未办理有效健康证、未落实食品来源索证索票要求、供餐人数超过100人的食堂未进行食品留样，未取得食品经营许可以及存放使用过期食品、调料等不符合食品经营安全标准的情况，其中5家食堂未取得食品经营许可，3家食堂存放使用过期食品、调料，违反了《中华人民共和国食品安全法》第三十四条、第三十五条、第四十五条及《食品经营许可管理办法》第九条等规定，存在食品安全隐患。

新昌县院于2021年9月1日分别对新昌县市场监督管理局、新昌县住房和城乡建设局、新昌县交通运输局以行政公益诉讼立案。经新昌县院调查发现，因建筑行业主管部门与食品安全监管部门信息不畅，致使多家建筑工地食堂未纳入行政监管。由于部分建筑工地食堂开设在较偏远山区，无法确定具体经营地址，施工企业工地食堂难以取得食品经营许可，致长期无证经营。为有效解决上述问题，新昌县院主动加强与相关行政机关沟通协调，于2021年9月3日邀请人民监督员、政协委员、人大代表作为听证员，组织相关行政机关及多家建筑企业、建筑工人代表进行公开听证，围绕如何优化建筑工地食堂经营审批许可程序、提升建筑企业及食堂从业人员食品安全意识、强化行政监管职责等问题展开讨论并形成一致意见。新昌县院结合听证会意见，根据《中华人民共和国食品安全法》第六条、第五十七条规定，认为新昌县市场监督管理局对建筑工地食堂食品安全具有监督管理职责，新昌县住房和城乡建设局、新昌县交通运输局作为建筑工地食堂集中用餐单位的行业主管部门，具有开展食品安全教育和日常管理的职责，并向上述三个行政机关公开宣告送达检察建议书，建议新昌县市场监督管理局对18家建筑工地食堂加强监管，督促施工企业落实食品安全管理措施，依法查处不符合食品安全标准的违法经营行为；建议新昌县住房和城乡建设局、新昌县交通运输局在各自职责范围内依法履行建筑工地食堂食品安全的日常监管职责，强化对施工企业及食品管理服务人员的宣传教育，提高施工企业对建筑工地食堂的食品安全管理水平，并加强与市场监管部门协作配合，增强行政监管合力，消除食品安全隐患。

收到检察建议后，被监督行政机关对全县建筑工地食堂食品安全问题进行联合整治。新昌县市场监督管理局立案查处行政违法案件3件，责令不符合经营条件的4家建筑工地食堂停止经营，由具有资质的集体用餐配送单位订送餐。对地处偏远且具体地址不明确的建筑工地食堂，依法简化地址证明材料，以工程项目施工许可地作为登记经营场所，并对责令整改后符合开办条件的5家工地食堂，按照"一地一证"原则为施工企业核发了食品经营许可证或"三小一摊"登记证，对其余工地食堂存在的违法经营行为责令整改到位。新昌县住房和城乡建设局、新昌县交通运输局将建筑工地食堂食品安全措施落实情况纳入施工企业文明施工日常巡查内容，指导督促开设建筑工地食堂的施工企业取得食品经营许可，与市场监管部门共同组织建筑工地食堂食品安全管理员进行食品安全培训，督促施工企业落实食品安全主体责任。同时，被监督行政机关联合建立信息共享、联合检查、共同监管、应急处置等长效机制，堵塞行政监管漏洞，为建筑工地食堂食品安全提供制度保障。

2021年11月，新昌县院对整改情况跟进监督，走访了案涉建筑工地食堂及部分新开设的建筑工地食堂，确认食品安全管理措施已落实到位，建筑工人就餐环境得到明显改善，相关问题已按要求整改完毕。新昌县院于2021年11月25日作出终结案件决定。

【典型意义】

建筑工人是城镇化建设和国民经济快速发展的重要力量，作为建筑工人主要用餐场所的建筑工地食堂，具有经营时间短、分布区域广、流动性强等特点，极易成为行政监管盲区，产生食品安全隐患。检察机关通过公开听证、宣告送达检察建议书等方式，督促食品安全监管部门、建筑行业主管部门形成监管合力，助推简化优化建筑施工企业办证审批程序，促进建筑工地食堂食品安全源头治理，有力保障广大建筑工人合法权益。

四川自由贸易试验区人民检察院督促整治盲盒食品安全隐患行政公益诉讼案

【关键词】

行政公益诉讼检察建议　盲盒食品安全　食品经营新业态　消费者知情权

【要　旨】

检察机关针对食品盲盒销售中未公示食品安全相关重要信息侵害消费者知情权，以及存在食品安全隐患等问题，督促相关部门依法履职、加强监管，规范盲盒食品生产经营秩序，督促盲盒经营者承担其主体责任和社会责任。

【基本案情】

位于四川天府新区华阳街道富民路的某食品商铺在某外卖网络平台入网经营售卖“幸运盲盒”，内装带小包装麻花、蛋白素肉、小玩具等，但盲盒外包装和电商平台销售界面详情一栏中均未对盲盒内食品成分、生产日期、保质期、存储条件等重要信息作任何说明、提示，存在食品安全隐患。

【调查和督促履职】

2022年3月1日，四川自由贸易试验区人民检察院（以下简称四川自贸区检察院）接到群众举报后，经初查，以行政公益诉讼立案，对案涉实体店铺和网络外卖平台销售的食品盲盒、外包装、产品详情描述、销售量、消费者评论等开展调查取证。查明该店铺的行为违反了《中华人民共和国食品安全法》《中华人民共和国消费者权益保护法》《中华人民共和国电子商务法》相关规定，销售的食品盲盒未在标签、标志中标注食品成分、保质期等信息，可能导致消费者在未充分了解与食品安全有关信息的情况下误食变质食品、接触过敏原等，侵害了消费者知情权，存在食品安全隐患。

2022年3月1日，四川自贸区检察院召开专家咨询座谈会，组织四川省消费者权益保护协会及成都市政协委员、专家学者就食品盲盒规范经营的法律法规依据及进一步规范管理举措进行论证。与会人员一致认为，食品盲盒经营有待规范，销售中未公示与食品安全相关的重要信息，存在食品安全隐患，侵害消费者知情权。

2022年3月7日，四川自贸区检察院向四川天府新区市场监管局发出检察建议，督促其履行法定监管职责，要求相关食品盲盒经营主体及时消除食品安全隐患，对侵害消费者有关食品安全信息知情权的行为进行整改。四川天府新区市场监管局收到检察建议后，立即进行整改，约谈案涉店铺负责人，将违规销售的食品盲盒下架；并于2022年3月10日开展食品盲盒专项检查，另外发现3家企业存在食品盲盒销售包装标识不合规、销售临期产品等问题，当即责令商家整改，并向其宣传食品安全、消费者知情权相关法律规定。

2022年4月27日，四川天府新区市场监管局向四川自贸区检察院作出书面回复称已按检察建议全面整改，并向辖区内食品销售商家发出《天府新区关于食品“盲盒”规范经营及食品安全风险防范的重点提示》1000余份，明晰食品盲盒合规经营要点。截至2022年5月，四川自贸区检察院多次跟进监督，确认案涉店铺已全部将违规食品盲盒下架，案涉问题得到整改，遂于5月20日作出终结案件决定。

【典型意义】

食品盲盒作为食品经营新业态模式，受到消费者的追捧，也易成为市场监管的薄弱环节。检察机关针对食品盲盒销售违反披露商品信息法定义务、存在食品安全隐患等问题发挥行政公益诉讼检察建议督促作用，推动行政机关依法履行监管职责，同时注重规范引导和社会自治，促使盲盒经营者遵守法律、自我约束、诚信经营，保障人民群众身体健康和消费者合法权益。

江苏省无锡市梁溪区人民检察院督促整治医疗机构违法配制中药制剂行政公益诉讼案

【关键词】

行政公益诉讼检察建议　用药安全　违法配制中药制剂　专业人员协助调查

【要　旨】

检察公益诉讼办案中需要对相关证据进行查封、扣押的，可以商请行政机关协助。对于涉及中药配方、制剂等专业性强的案件，检察机关可以综合运用行政机关工作人员兼任检察官助理参与办案、咨询专家学者、聘请专业人士参加公开听证等方式提升调查能力。

【基本案情】

江苏省无锡市某专科医院（以下简称某专科医院）在未取得医疗机构制剂许可证的情况下，提前按照固定处方煎制中药液。在该医院医师向患者开具“一人一方”的中药处方后，药师未按照医师开具的处方调剂药品，而是将前述中药液交付患者服用，致使药方与制剂中所含中药不一致，存在用药安全隐患，危及不特定患者的身体健康，侵害消费者合法权益。

【调查和督促履职】

2022年3月，江苏省无锡市梁溪区人民检察院（以下简称梁溪区院）在履职过程中发现上述线索，认为某专科医院的行为可能侵害社会公共利益，遂于3月22日以行政公益诉讼立案。

梁溪区院全面启动调查程序，邀请行政机关工作人员兼任检察官助理开展询问、勘验、调查等工作。兼任检察官助理会同检察官调取医院医疗机构执业许可证、营业执照、执业医师名单及资格证书、中药供货商的相关资质等证据；询问行政相对人、证人等，咨询专业人员、相关部门对有关行政法规及中药方面专门问题的意见。梁溪区院针对“中药液”“固定处方单”“中药饮片处方签”等案件关键证据易被销毁的特点，与区市场监督管理局进行协商，由其对相关证据进行查封、扣押。

针对某专科医院的行为是医疗机构无证配制中药制剂还是代煎中药、是否损害社会公共利益问题，召开公开听证会，邀请省经方专业委员会、市中医药管理局、省药监局无锡检查分局等单位专业人员作为听证员参与听证。听证员在检察机关示证的基础上，对医院有无制剂许可证、涉案中药液的生产流程及保存情况、煎制的中药液的固定处方来源、中药处方的开具及药房取药的过程等问题发表意见。通过集中评议，一致认为某专科医院的行为属于医疗机构无证配制中药制剂行为，存在药品安全隐患，损害了社会公共利益。

随后，梁溪区院对医院未取得医疗机构制剂许可证配制并销售中药制剂、未按照规定调剂处方药品等违法事实应由哪个机关进行监管的问题，与区市场监督管理局、区卫生健康委员会开展磋商，结合法律法规、“三定”方案和职权清单、专家咨询意见等，明确区市场监督管理局对药品负有监管职责，区卫生健康委员会对处方开具、调剂、保管负有监管职责。

2022年5月5日，梁溪区院向区市场监督管理局、区卫生健康委员会分别制发检察建议，建议对某专科医院违法配制中药制剂、药师违规调剂处方药品的行为依法进行调查和处理，强化对医疗机构配制中药制剂的监管。

2022年7月5日，区市场监督管理局、区卫生健康委员会函复检察机关，全部采纳检察建议内容。同年8月9日，区卫生健康委员会对药师未按规定调剂处方药品的行为作出警告的行政处罚。8月10日，区市场监督管理局对某专科医院无证配制中药制剂的行为作出没收违法所得490966.02元、罚款300000元的行政处罚。

2022年8月31日，梁溪区院跟进调查，确认某专科医院已停止违规配制中药制剂，中药制剂均已改为对外采购。同时，梁溪区市场监督管理局、区卫生健康委员会以整治该案存在的问题为契机，对梁溪区所涉62家机构常态化开展联合专项监督执法，查处相关违法行为12起，规范中医诊疗及中药制剂配制行为，切实维护消费者合法权益。因案涉问题得到整改，社会公共利益得到维护，梁溪区院于2022年9月14日作出终结案件决定。

【典型意义】

药品安全关系人民群众生命财产安全。医疗机构应严格遵守法律规定和相关操作规程，所开具的处方和调剂的药品应当匹配，以确保治疗效果和用药安全。在办理药品安全等专业性强的公益诉讼案件中，检察机关综合运用邀请行政机关工作人员兼任检察官助理、商请行政机关协助、提供专家意见等方式开展调查核实，有利于提高调查取证能力，确保精准监督。

江苏省如东县人民检察院督促整治噪声污染行政公益诉讼案

【关键词】

行政公益诉讼检察建议　风力发电噪声　新能源产业

【要　旨】

新能源发电企业产生噪声污染，影响人民群众生活环境的，检察机关可以行政公益诉讼督促行政机关依法履行职责，并持续跟进监督整改落实情况，确保社会公共利益得到维护。

【基本案情】

2017 年苏州某风能技术有限公司筹建南通如东农业开发区风电场项目，项目位于 S221 省道沿线，共有风力发电机组 12 台，分布于如东县下辖两个镇区。其中，位于某镇环渔村的 5 台风电机组，建设位置临近村民生活区。2022 年 9 月，风电机组竣工并投产运行。5 台风电机组 24 小时不间断运行，产生噪声长期影响村民正常生活，尤其在夜间严重影响周边村民睡眠质量，致使村民身心健康受损。如东县 12345 政务服务便民热线、12369 环境保护举报热线等平台均多次收到关于该地风电机组噪声污染投诉。区、镇人民政府及相关部门多次组织村民与苏州某风能技术有限公司协商，始终未能达成一致意见。

【调查和督促履职】

江苏省如东县人民检察院（以下简称如东县院）借助如东县域治理大数据中心，汇总了各平台近年来噪声举报数据发现该线索，通过现场走访，发现某镇环渔村风电运行噪声污染持续时间长、群众反映强烈。2023 年 4 月 13 日，如东县院根据《中华人民共和国噪声污染防治法》第二条

第二款、第六条第一款规定立案。

案件受理后，如东县院协同南通市如东县生态环境局共同开展现场调查。为确保噪声强度监测结果准确性、可参考性，先后多次、多时段、多点位对不同风速情况下室内外噪声进行监测、记录，监测风电机组运行噪声日间、夜间等效声级均超出国家排放标准。夜间风机产生的噪声尤为明显，导致村民难以入眠。风机机组 24 小时不间断产生噪声，严重影响周边群众生活。在现场调查基础上，如东县院会同南通市如东县生态环境局、属地镇政府、环渔村村委召开圆桌会议，深入了解风机噪声产生原因、影响因素。

综合现场调查情况、噪声监测报告等证据，证实苏州某风能技术有限公司未采取有效降噪措施，风电机组产生的噪声超过国家排放标准，已严重干扰周边村民正常生活，侵害社会公共利益。2023 年 5 月 4 日，根据《中华人民共和国噪声污染防治法》规定，如东县院向属地镇政府制发检察建议，建议其加强对噪声污染的监管，督促相关企业采取有效防控措施，防止、减轻噪声污染，提高本行政区域声环境质量。

属地镇政府收到检察建议后积极履职整改，督促苏州某风能技术有限公司为风电机组周边 27 户村民安装双层隔音玻璃，减少噪声输入；对风机及叶片进行全面检查及技术改进，通过定期清洁、润滑等举措最大限度减轻噪声等措施；在晚 9 点至次日早上 6 点时间段，将风电机组运行功率降低至 800 千瓦时以下，控制风机噪声输出。

如东县院联合南通市如东县生态环境局对整改效果进行跟进调查，按照不同监测条件，在风机周边布置多个噪声监测点，监测结果符合国家排放标准。村民住房隔音玻璃安装完成后，如东县院于 2023 年 8 月 11 日召开噪声污染防治行政公益诉讼听证会，邀请人大代表、政协委员、“益心为公”志愿者、环渔村村民代表对整治推进情况进行了评议，各方对属地镇政府督促风电企业噪声污染整治情况予以认可。案涉问题得到整改，社会公共利益得到维护，如东县院于同日作出终结案件决定。

【典型意义】

以风电为代表的清洁能源建设有助于地方能源转型、经济发展，但其伴随的噪声污染影响人民群众良好生活环境建设。检察机关通过全面调查取证、召开圆桌会议研究整改措施、督促负有监管职责的部门依法履职，并持续跟进监督整改情况，切实解决影响人民群众生活的难题。

十四、荒漠化防治检察公益诉讼典型案例

（2023 年 9 月 1 日）

荒漠化防治检察公益诉讼典型案例发布说明

2023 年 9 月 1 日，荒漠化防治检察公益诉讼专题研讨会在内蒙古自治区鄂尔多斯市召开。会上，最高人民检察院发布了一批荒漠化防治检察公益诉讼典型案例。此次典型案例的发布旨在以党的二十大精神为指引，全面贯彻习近平生态文明思想和习近平法治思想，充分发挥典型案例作用，进一步引导各级检察机关继续加大荒漠化防治办案力度，提升办案质效。

据悉，这是最高检发布的首批荒漠化防治检察公益诉讼典型案例。这批典型案例包括内蒙古自治区乌审旗检察院诉宁夏某油气技术服务有限公司、李某某等四人污染环境刑事附带民事公益诉讼案等 7 件。违法类型主要包括污染环境、非法侵占、过度利用、违规开发、防护林未进行有效管护等类型。在程序和案由上类型丰富，既包括审前程序，也包括诉讼程序；既包括行政公益诉讼案件，也包括刑事附带民事公益诉讼案件。

最高检公益诉讼检察厅负责人介绍，这些案例是检察机关在公益诉讼案件办理过程中办案理念、机制以及制度价值等方面探索形成的成功经验的缩影——检察机关持续加大涉荒漠化防治案件办案力度，提升办案质效；立足督促之诉、协同之诉功能定位，推动治理完善；与相关行政机关加强协作配合，推动长效治理；更新司法理念，推动系统化治理和一体化保护。

公益诉讼检察厅负责人表示，检察机关将继续以司法办案为中心，提升办案质效，积极稳妥多办、办好有重大影响、示范作用的荒漠化防治检察公益诉讼典型案件，服务荒漠化防治重大战略部署，为打好黄河“几字弯”攻坚战，科尔沁、浑善达克两大沙地歼灭战，河西走廊—塔克拉玛干沙漠边缘阻击战提供法治保障，进一步强化荒漠化防治中的行政执法与刑事司法、检察公益诉讼的衔接，推动提升荒漠化防治能力和水平。

内蒙古自治区乌审旗人民检察院
诉宁夏某油气技术服务有限公司、李某某等四人
污染环境刑事附带民事公益诉讼案

【关键词】

刑事附带民事公益诉讼　荒漠化防治　沙漠环境污染　生态修复

【要　旨】

针对沙漠环境污染防治问题，检察机关依法追究违法行为人的民事侵权责任，加重污染环境违法成本，使违法行为人不敢再犯。坚持恢复性司法理念，明确修复赔偿标准，促成违法行为人主动履行生态修复义务。

【基本案情】

毛乌素沙地是我国四大沙地之一，其中68%的面积分布在内蒙古鄂尔多斯市境内，沙地生态系统脆弱，荒漠化土地治理难度大。2020年3月至6月，李某某等四人将宁夏某油气技术服务有限公司（以下简称宁夏某油气公司）长庆油田产生的压裂返排液倾倒至鄂尔多斯境内毛乌素沙地腹部半流动沙丘低地，共排放污水240余车，每车约50立方米。经鉴定，案涉土地由于倾倒废液，植被枯死情况为沙柳482丛，芦苇4487.72平方米，樟子松22836株（幼树），沙蒿5475.02平方米，沙棘344丛，柳树13棵，草地12852.1平方米，且地下水中总固体（全盐量）超标。经评估，环境修复费用共计562.5万元。上述行为严重侵害毛乌素沙地生态系统，造成土壤荒漠化面积持续扩大。

【调查和诉讼】

2021年1月，内蒙古自治区鄂尔多斯市乌审旗人民检察院（以下简

称乌审旗院）在审查宁夏某油气公司、李某某等四人污染环境刑事案中，发现沙漠环境污染公益诉讼案件线索。1 月 20 日，乌审旗院以刑事附带民事公益诉讼立案调查。公告期届满后，乌审旗院依托与鄂尔多斯市生态环境局乌审旗分局（以下简称乌审旗生态环境分局）签订的协作机制，联合开展调查，由乌审旗生态环境分局委托有资质的单位对案涉地块的损害程度进行鉴定、编制生态修复方案，并垫付相关费用。

3 月 18 日，乌审旗院向乌审旗人民法院提起刑事附带民事公益诉讼，请求法院判令被告宁夏某油气公司、李某某等四人修复生态环境或承担生态修复费用 562.5 万元及鉴定费用 89.35 万元。法院审理期间，被告提出自主修复受损生态环境意愿，因不具有专业能力与技术，无法进行修复工作。经乌审旗院与乌审旗生态环境分局多方联系，最终由乌审旗生态环境分局确定内蒙古某环保科技工程有限责任公司配合宁夏某油气公司履行生态修复义务。鉴于沙漠环境治理的特殊性，施工单位采取轻型井点降水提取稀释法对土壤进行治理，降低溶解性总固体，并对死亡植被进行清理，重新种植植被。

同年 6 月，经内蒙古同创环境检测有限公司鉴定，案涉土地 10 块小班中 8 块小班采取了生态修复措施，共计种植沙柳 716 丛、旱柳 35 棵、樟子松 13950 株、大白柠条 6170 丛、播撒草籽 110kg。对超标点位对应的超标因子进行检测，各项水质满足《地下水质量标准》（GB/T 14848—2017）Ⅲ类标准限值要求。11 月 19 日，乌审旗人民法院判决支持检察机关全部诉讼请求，同时判令被告确保林木成活率、缴纳未修复的 2 块小班相应的生态修复费用 134.8 万元，并支付鉴定费 89.35 万元。

为解决生态修复资金收取及监管难题，由乌审旗院牵头，与乌审旗人民法院、乌审旗生态环境分局、乌审旗林业和草原局联合推动乌审旗人民政府设立生态环境损害赔偿金账户。2022 年 6 月至 9 月，乌审旗院持续跟进监督案涉地块恢复治理情况，乌审旗生态环境分局依据鄂尔多斯市某司法鉴定中心出具的《土壤处置恢复方案》，将案涉生态损害赔偿金用于恢复治理。由于沙柳、旱柳、樟子松等植被具有多年期生长特性，2023 年 7 月，乌审旗院与乌审旗生态环境分局联合委托第三方机构对案涉地块修复治理情况进行验收，受损沙漠生态环境已得到修复。

【典型意义】

违法行为人向沙漠违法排放污水，造成防风固沙植被大面积毁损，极易造成土壤荒漠化。检察机关通过督促行政机关编制生态修复方案、委托专业机构对案涉地块的损害程度进行鉴定、提起刑事附带民事公益诉讼等方式，依法追究违法行为人的生态修复责任，有效防治沙漠生态环境荒漠化。

贵州省威宁县人民检察院督促整治喀斯特草原石漠化行政公益诉讼案

【关键词】

行政公益诉讼　荒漠化防治　草原生态保护　喀斯特草原石漠化　确认违法

【要　旨】

针对违法占用喀斯特草原修建永久性建筑、违法圈地放牧、违法碾压草原、随意丢弃垃圾等严重破坏草原生态环境，加剧草原石漠化等问题，检察机关依法提起行政公益诉讼，推动问题全面整改，促进草原生态系统可持续发展。

【基本案情】

贵州省毕节市威宁县境东部的“百草坪”草原，有“南方草原”之称，是乌江源头的重要生态屏障。由于其高海拔、大温差、薄土壤和喀斯特地貌特征，生态极其脆弱。近年来，村民占用“百草坪”草原修建永久性建筑、私自圈定草原放牧；游客随意开车碾压草原、随意丢弃垃圾等违法现象日益增多，使草原生态环境遭受严重破坏，导致草原石漠化加剧，国家利益和社会公共利益受到侵害。

【调查和督促履职】

贵州省毕节市威宁县人民检察院（以下简称威宁县院）在开展草原生态环境保护工作中发现该案线索。威宁县院通过现场勘查、无人机取证、走访群众、调取草原权属证明、比对草原执法卫片等方式，查明“百草坪”草原存在8户村民违法占用面积2000余平方米“百草坪”草地修建永久性建筑、擅自用铁丝网将70余亩草原圈地放牧；游客开车随意碾压草原、随意丢弃垃圾等问题，致使草原石漠化加剧，中轻度石漠化面积已占“百草坪”草原面积的20%。根据《中华人民共和国草原法》等规定，威宁县林业局对案涉草原负有监督管理职责。2021年8月4日，威宁县院依法立案调查。

8月9日，威宁县院向威宁县林业局发出检察建议，建议该局对“百草坪”草原存在的违法修建永久性建筑、圈地放牧、车辆碾压草原、随意丢弃垃圾等破坏草原生态环境的违法行为依法履行监管职责。10月8日，威宁县林业局书面回复称，已组织相关单位对“百草坪”草原违法建筑、圈地放牧设施予以拆除，对丢弃的垃圾进行了清理，并在草原主要入口处设置路障，防止车辆随意驶入草原碾压。

11月8日，鉴于威宁县林业局已制定整改方案，但确因客观原因不能及时全部整改到位，根据《人民检察院公益诉讼办案规则》的规定，威宁县院对案件中止审查。中止审查期间，威宁县院多次实地走访调查，发现违法占用草地修建的房屋、圈舍等仍未拆除，且威宁县林业局未作出相关行政决定，国家利益和社会公共利益持续受到侵害。2022年6月29日，威宁县院对本案恢复审查。

【诉讼过程】

2022年10月26日，威宁县院根据环境资源类案件集中管辖规定，向毕节市七星关区人民法院（以下简称七星关区法院）提起行政公益诉讼，请求判令威宁县林业局采取有效措施，对村民在“百草坪”草原违法占用草地修建永久性建筑、违法圈地放牧等行为依法履行监管职责。

诉讼过程中，威宁县林业局依照整改工作方案，联合盐仓镇人民政府依法拆除8户村民违法建筑和圈地放牧设施，并编制实施“百草坪”岩溶地区石漠化综合治理项目，人工种草5790亩，改良草地9923亩。

12月2日，威宁县院邀请人大代表、村民代表和具有石漠化防治专业知识的“益心为公”志愿者，实地查看整改情况，案涉违法建筑和圈地放牧设施已全部拆除，原地覆土种草、改良草地等项目按照计划有序实施。12月15日，鉴于威宁县林业局已依法对破坏“百草坪”草地问题履行职责，威宁县院依法向七星关区法院变更诉讼请求，请求确认威宁县林业局对威宁县“百草坪”草地资源被违法占用、破坏问题怠于履行监管职责行为违法。12月18日，七星关区法院公开审理本案，当庭宣判支持威宁县院全部诉讼请求。

2023年2月，威宁县院联合威宁县林业局通过在“百草坪”草原周边6个村设立草原生态环境保护检察联络站、公布破坏草原生态环境举报渠道、邀请12名护林员注册为“益心为公”志愿者等方式，持续深化草原荒漠化防治力度。

【典型意义】

检察机关秉持跟进监督、源头治理的理念，对发出检察建议后，法定期限内行政机关未依法全面履行监管责任的，及时提起行政公益诉讼督促行政机关依法履职，以“诉”的确认体现司法价值引领。同时，通过多渠道形成司法保护和行政监管合力，助推草原荒漠化保护工作高质效发展。

宁夏回族自治区盐池县人民检察院督促整治非法占用草原行政公益诉讼案

【关键词】

行政公益诉讼检察建议　荒漠化防治　草原生态修复　公开听证

【要　旨】

针对非法占用草原损害生态环境的违法行为，检察机关充分发挥一体化办案机制优势，综合运用检察听证等多种监督方式，实现“全链条”追责和草原生态环境修复。

【基本案情】

宁夏回族自治区盐池县地处宁夏中部干旱带，坐落在毛乌素沙漠南缘，是“三北”防护林体系重点县，连年干旱少雨，天然草原生态环境脆弱，防沙治沙任务严峻。2008年至2014年期间，高某红等三人擅自占用盐池县高沙窝镇王吾岔自然村草原用于扩建经营砖厂，造成159.5亩草原被严重破坏。行政机关对其三人违法行为行政处罚后，案涉草原生态长期未修复，构筑物也未拆除，土质沙化风险较大，公共利益持续受到侵害。

【调查和督促履职】

2021年9月6日，宁夏回族自治区银川铁路运输检察院在办理刑事案件中发现本案线索，根据属地管辖规定，依法将案件线索移送宁夏回族自治区盐池县人民检察院（以下简称盐池县院）办理。根据《中华人民共和国土地管理法》《中华人民共和国草原法》的规定，盐池县自然资源局对草原生态负有修复监管职责。9月9日，盐池县院对县自然资源局以行政公益诉讼立案。

立案后，盐池县院通过查阅刑事卷宗、调查走访、现场勘查等方式查明，2008 年至 2014 年期间，高某红、张某某、高某叶等三人违反草原法的相关规定，在未经过草原行政主管部门审核同意的情况下，擅自占用盐池县高沙窝镇王吾岔自然村草原用于扩建经营砖厂，造成 159.5 亩草原被严重破坏。2014 年 5 月 12 日，盐池县自然资源局曾对违法行为人作出责令退还非法占用的土地、没收在非法占用的土地上新建的建筑物和其他设施及罚款 37.3 万元的行政处罚，但涉案区域的草原生态长期未修复，构筑物也未拆除，导致案涉土地表土裸露，周边环境遭受风沙威胁，土地荒漠化问题没有得到治理，社会公共利益持续受到侵害。

9 月 18 日，盐池县院组织乡镇人民政府、自然资源局、生态环境局召开公开听证，邀请人大代表、政协委员、行业专家参加，检察机关从线索来源、调查情况、法律依据等对案件办理情况、行政机关的法定职责及行政机关履职情况等方面作了详细阐述，明确行政机关监管职责和履职情况。

9 月 20 日，盐池县院向盐池县自然资源局制发检察建议，建议其依法履行职责，责令砖厂限期拆除违建厂房和设施，并对受损草原进行修复。同年 11 月，盐池县自然资源局书面回复，已拆除违建厂房和地上其他设施，并聘请第三方公司对涉及的区域进行实地调查，在广泛征求专家意见的基础上，编制草地植被恢复项目实施方案，督促对案涉草原进行修复。

2022 年 5 月，盐池县院对该案开展“回头看”，邀请人民监督员、群众代表共同前往现场核查整改情况，经实地查看，案涉 159.5 亩草原已全部完成了场地平整、人工播撒草种等工作，草势生长良好，草原盖度达到 85%，行政机关安排专人抚育管护该区域，未发现问题反弹，土质沙化风险得到明显控制。

【典型意义】

检察机关依法履职，针对违法行为人非法占用草原，造成草地枯死、土地趋于沙化，但行政机关只作出行政处罚、未修复草原的情况，通过公开听证、制发检察建议、邀请人民监督员和群众代表实地核查整改情况等方式，督促行政机关依法全面履行监管职责，有效促进当地草原保护和荒漠化防治，织密生态环境修复监督网。

辽宁省康平县人民检察院督促整治公益林破坏行政公益诉讼案

【关键词】

行政公益诉讼检察建议　荒漠化防治　“三北”防护林　更新补植

【要　旨】

针对“三北”防护林被砍伐未及时更新补植问题，检察机关一方面督促行政机关依法履行防护林地更新造林的监督管理职责，同时与行政机关、防护林重点保护区域内的企业形成合力，实现对“三北”防护林的协同有效保护。

【基本案情】

辽宁省沈阳市康平县地处素有“八百里瀚海”之称的科尔沁沙地南缘，在“三北”防护林体系建设中具有重要地位，这里的防护林发挥着阻隔风沙、防止土地沙漠化的屏障作用。位于康平县小城子镇苇塘马场的 75 号小班林地，森林类别为地方公益林，工程类别为“三北”防护林，面积为 412.5 亩。2012 年，林地承包人经林业主管部门批准进行采伐，但采伐后承包人一直未按规定更新造林，大面积公益林地未及时更新补植，严重威胁当地脆弱的生态平衡，侵害国家利益和社会公共利益。

【调查和督促履职】

2021 年初，辽宁省沈阳市康平县人民检察院（以下简称康平县院）在开展康平县内森林资源公益保护专项工作中发现本案线索。康平县院依法调取证据和实地勘察后，了解到涉案的 75 号小班林地总面积约为 412.5 亩，系小城子镇苇塘马场所有，后承包给个人。承包人于 2012 年取得采伐许可。根据《中华人民共和国森林法》的规定，承包人采伐林木后应当完成更新造林，并且更新造林的面积不得少于采伐的面积。历经近十年，承包人一直未按照法律规定更新造林，导致公益持续受到损害，土地沙漠化加剧。

依据《中华人民共和国森林法》的规定，康平县自然资源局负有相应监管职责。2021 年 4 月 14 日，康平县院依法对该局以行政公益诉讼立案。检察机关从自然资源局调取了涉案地块相关信息，确定了地块上原有林木为地方公益林的性质，同时利用 GPS 定位设备，无人机航拍技术固定证据。

5 月 7 日，康平县院依法向县自然资源局制发检察建议，督促其全面履行辖区内林地的监督管理职责，对 75 号小班林地更新采伐后未按规定栽植树木问题进行治理。收到检察建议后，县自然资源局督促小城子镇苇塘马场将 75 号小班林地使用权从承包的个人处收回，并将破坏的 412.5 亩林地及时补植复绿。2021 年 5 月底前，案涉地块已全部补种完毕。

根据《中华人民共和国森林采伐更新管理办法》的规定，林地人工更新后，当年成活率应当不低于 85%。由于涉案地块临近科尔沁沙地，补种树木成活难度大，2021 年 6 月和 2021 年 9 月，康平县院联合康平县自然资源局林业专家开展两次公益诉讼“回头看”，经专家现场勘查，涉案林地内补种的杨树长势良好，补种树木的成活率已达 85% 以上，公益损害得到修复。

康平县院随后开展专项监督活动，重点对采伐林木后不及时补植、改变林地用途等侵害林地现象开展全面排查，共督促恢复林地 1800 余亩。同时，康平县院与县自然资源局、涉案企业先后多次召开康平县域“三北”防护林公益保护座谈会，推动检察机关与行政机关、当地企业形成保护“三北”防护林的合力，促进长效治理。

【典型意义】

检察机关结合地区特点，针对“三北”防护林被砍伐后长期未及时更新造林的普遍问题依法履职，推动行政机关全面履行监管职责，督促责任主体对砍伐的林木依法补植复绿。开展专项监督活动，以个案推动类案办理，实现良好的修复效果，防止问题反弹，促进形成荒漠化防治全社会参与的良好格局。

新疆维吾尔自治区泽普县人民检察院
督促修复防风固沙公益林行政公益诉讼案

【关键词】

行政公益诉讼检察建议　荒漠化防治　防风固沙公益林　人民监督员公开听证

【要　旨】

针对防风固沙公益林缺乏有效管护等问题，检察机关充分发挥"林长+检察长"机制效能，通过制发检察建议，督促相关职能部门履行职责，共同推进荒漠化防治工作。

【基本案情】

新疆维吾尔自治区泽普县防风固沙公益林位于塔克拉玛干沙漠西缘，横穿泽普县11个乡镇，于1996年立项栽种，历时20余年形成规模为26680平方米的防护林带，对防风固沙、降低风速、涵养水源、保持水土有十分重要的作用，是南疆绿洲生态屏障的重要组成部分。现防护林因缺乏有效管护、长期缺水、遭受病虫害侵蚀，一半以上面积的树木枯萎，林木资源受到损害，防风固沙作用弱化，绿洲生态安全受到严重威胁。

【调查和督促履职】

2021年9月，新疆维吾尔自治区泽普县人民检察院（以下简称泽普县院）在开展"林长+检察长"制工作中发现该线索。根据《中华人民共和国森林法》《中华人民共和国森林法实施条例》的规定，自然资源、水利、乡镇政府等部门分别对防风固沙防护林负有监管职责、协同保障职责及属地管理职责。经初步调查，泽普县院于9月11日对相关单位以行政公益诉讼立案。因案涉监管部门较多、受损公益修复存在一定难度，泽普县院将该重大案件线索向新疆维吾尔自治区人民检察院喀什分院（以下简称喀什检察分院）备案。喀什检察分院为解决跨部门协作难、基层力量薄弱等问题，决定对该案全程督办。

9 月 12 日，泽普县院邀请人民监督员前往防护林带各乡镇实地走访调查，对林木存活状态、监管责任是否落实到位等情况进行深入调研，发现防护林存在缺水、病虫害、枯萎等问题。相关部门专业技术人员缺乏、职责交叉，导致防护林监管乏力。喀什检察分院通过公益诉讼一体化办案指挥中心，使用远程视频会商等方式对调查取证、制发检察建议、召开听证、跟进监督等办案环节全程指导跟踪。

9 月 14 日，泽普县院向泽普县自然资源局、泽普县水利局、有关乡镇政府公开宣告送达检察建议，建议泽普县自然资源局、乡镇政府依法充分履职，补种枯萎的杨树，对现存杨树加强管护；建议泽普县水利局配合自然资源部门做好防护林浇灌工作。同日，泽普县院召开听证会，邀请林业等专业的人民监督员作为听证员参加，在听证会中设置专业领域识别环节，人民监督员针对各乡镇土壤、水源的不同情况，从专业角度提出合理化建议，推动相关行政机关因地制宜，整体联动，协同作战。11 月 12 日，相关行政机关书面回复泽普县院，已加大巡查力度，对未及时浇水、未及时更新补种的问题督促整改；各乡镇政府加强管护，对防护林每年至少浇灌 2 次。

11 月 16 日，泽普县院邀请人民监督员对防护林修复情况“回头看”，相关职能部门已按照修复方案落实整改，按统一规格平整土地，安排合适时间增加冬灌浇水频次，补种胡杨、白杨、沙枣等适宜不同地块的树种共 2280 棵，对病虫害进行定期防治，及时修剪枯萎树枝，并组建 50 人的防护林服务队，分片包干进行常态化巡护，防护林得到有效管护。

【典型意义】

针对多部门职能交叉、监管不足造成防风固沙公益林管护不力的情况，检察机关通过实地调查找准症结，组织公开听证，充分发挥人民监督员专业知识效用，提出内容详实、具有可操作性的检察建议，督促职能部门各司其职、协调联动，优化治理方案，推动荒漠化防治取得长效。

青海省乌兰县人民检察院
督促治理高原鼠兔害行政公益诉讼案

【关键词】

行政公益诉讼检察建议　荒漠化防治　高原鼠兔害治理　“检察长 + 林草长”机制

【要　旨】

针对因高原鼠兔泛滥造成的荒漠化问题，检察机关发挥“检察长 + 林草长”协作配合机制作用，向行政主管部门和乡镇政府发出检察建议，督促履行高原鼠兔害治理预防职责，推动草原荒漠化治理。

【基本案情】

草原生态系统承担着荒漠化防治、畜产品生产、生物多样性保育、水源涵养等多种生态功能，对筑牢青藏高原生态安全屏障、防治荒漠化有重要意义。青海省乌兰县铜普镇、茶卡镇等乡镇存在较为严重的鼠兔害，全县合计高原鼠兔发生面积为 145 万亩。高原鼠兔害的发生严重影响牧民生产生活，致使草原生态环境遭到破坏，部分地区出现荒漠化问题。

【调查和督促履职】

2021 年 6 月，青海省乌兰县人民检察院（以下简称乌兰县院）在履行职责中发现该线索。根据《中华人民共和国草原法》《草原治虫灭鼠实施规定》的规定，乌兰县自然资源和林业草原局（以下简称县自然资源局）、有关乡镇政府负有高原鼠兔害治理职责。9 月 10 日，乌兰县院经初步调查，对县自然资源局、有关乡镇政府以行政公益诉讼立案。

为全面掌握鼠兔害基本情况，乌兰县院借助行政主管部门技术支持开展调查，运用卫星遥感技术对草原状况及变化趋势进行监测，并基于遥感影像数据对鼠兔毁损草原造成荒漠化问题进行监测分析，对重点区域通过走访、实地勘察等方式进行调查。经调查查明，铜普镇高原鼠兔破坏发生面积25万亩，柯柯镇发生面积30万亩，茶卡镇发生面积30万亩，全县合计高原鼠兔发生面积为145万亩，危害草原面积75万亩。高原鼠兔的过量存在不仅减少生物量、危害植物根系，而且对草原的挖掘会改变土壤表层结构，加剧草原沙漠化进程，同时也严重影响牧民生产生活，存在鼠疫传播风险。

9月24日，乌兰县院向县自然资源局、有关乡镇政府发出检察建议，建议其依法履行职责，开展高原鼠兔害治理工作。10月25日，有关行政机关向检察机关书面回复整改情况。乌兰县自然资源局制定了《鼠兔害防控行动方案》，向省林草部门争取经费下达60万亩高原鼠兔害治理项目，通过招投标引进第三方鼠兔害防治单位，通过生物灭杀方式分批“投药”消灭鼠兔。相关乡镇政府积极履行职责，组织引导广大牧民群众积极参与、投入鼠兔害防治工作。截至目前，完成的60万亩鼠兔害治理项目已通过国家有关单位验收，其余鼠兔害治理项目正在分期分批实施中，土地荒漠化及鼠兔泛滥问题得到有效控制。

【典型意义】

针对草原存在的鼠兔害问题，检察机关依托“检察长＋林草长”协作机制，利用卫星遥感图斑技术，鉴别出鼠兔害泛滥、造成荒漠化的草原位置，助力精准确定鼠兔害治理范围；督促行政机关履行职责，形成整治合力，提升治理效果，推动草原荒漠化防治。

河南省尉氏县人民检察院
督促治理沙化土地行政公益诉讼案

【关键词】

行政公益诉讼检察建议　荒漠化防治　沙化土地治理　补种林木　大数据赋能

【要　旨】

针对违法行为人毁坏林木后，行政机关未及时督促违法行为人补种树木，导致周边土地沙化的情况，检察机关通过制发检察建议，开展类案监督，督促行政机关依法全面履职。

【基本案情】

尉氏县地处河南省中部，由于历史上黄河多次改道、决口泛滥，该县30% 以上土地为沙化土地，主要沿黄河故道带状分布，在秋冬季节，带状沙带整体向前滚动，压路埋田，给当地群众造成严重危害。经过几十年的人工造林，尉氏县西北部风沙区已经形成大面积防风固沙林带和农田林网，昔日的风沙区变成“绿色长廊”，沙岗地变成高效农田。近年来，该县盗伐、滥伐林木案件频发，防护林遭到严重破坏，因未及时补种，土地严重退化，林区边缘耕地已沙化，丧失耕种条件。

【调查和督促履职】

根据《中华人民共和国森林法》的规定，尉氏县自然资源局作为林业主管部门负有相应法定监管职责。2022 年 6 月 22 日，河南省尉氏县人民检察院（以下简称尉氏县院）在履行公益诉讼职责时发现本案线索后立案，通过调查查明：2021 年以来，尉氏县自然资源局查处毁林违法行为时，仅对违法行为人作出行政处罚，或将案件线索移送公安机关，却未依法及时监督违法行为人补种树木。

针对此情况，尉氏县院自行研发林业违法犯罪大数据监督模型，通过调取 2021 年以来县自然资源局、县人民法院涉林行政处罚案件、裁判案件信息，以及检察机关依法受理的盗伐、滥伐林木刑事案件信息，设置关键词搜索比对后，发现该县 29 件涉 38 人毁林行政处罚、刑事犯罪案件，违法行为人均未补种林木。实地核查发现，案涉地区防护林缺失，造成周边近千亩固沙草地枯死，土质趋于沙化，部分地域甚至出现流动沙丘吞噬农田的情况。

7 月 12 日，尉氏县院向县自然资源局制发检察建议，建议该局依法全面履职，督促违法行为人限期补种树木或代为补种，建立长效监管机制，加强对林木补种的监管。收到检察建议后，县自然资源局成立核查小组，对 2021 年以来办理的全部涉林行政案件进行梳理排查，对其中未自行补种树木的，责令违法者出具书面保证书，承诺按照河南省林木补种标准在次年植树季节补种树木，并应确保造林成活率不低于 85%；对已被群众自发补种、地类变更等原因不宜在原地补种的，在尉氏县国有林场划定公益执法林地，限期在公益执法林地进行补种并保证成活率。同时要求所有涉林行政案件均由尉氏县自然资源局下属部门林业发展中心负责跟进监督落实，定期对补种林木进行验收。7 月 29 日，尉氏县自然资源局书面回复尉氏县院，已督促 28 件毁林案违法行为人出具保证书，1 案 2 人移送法院非诉执行。

2023 年 3 月，尉氏县院联合县林长办对该案检察建议落实情况开展“回头看”，29 件涉林案件全部完成补种并验收合格，修复防风固沙林约 23 亩，新栽植林木 15000 余株，栽植面积 270 余亩，使风沙区的水土流失得到有效治理。

【典型意义】

植树造林和农田林网建设是我国内陆地区预防治理土地荒漠化，改善生态环境的一项重要工程。针对行政机关怠于履职，致使毁坏林木无法及时补种，造成土地沙化的情况，检察机关充分运用大数据模型，全面调查取证，精准制发检察建议，督促行政机关填补执法监管漏洞，完善长效监管机制，切实履行森林保护职责。

十五、检察公益诉讼助力流域生态环境保护治理典型案例

（2023 年 9 月 4 日）

发挥公益诉讼检察职能
破解流域生态环境治理难题

——最高检公益诉讼检察厅负责人就检察公益诉讼助力流域生态环境保护治理典型案例答记者问

2023年8月29日，最高人民检察院发布一批检察公益诉讼助力流域生态环境保护治理典型案例，进一步深化流域生态环境保护治理公益诉讼案件办理工作。流域生态环境保护治理难在哪里？这批典型案例有什么特点？最高检公益诉讼检察厅负责人就此回答了记者提问。

问：流域生态环境保护治理具有哪些特殊性？检察公益诉讼是如何发挥作用的？

答：江河湖库是生态系统和国土空间的重要组成部分，也是经济社会发展的基础支撑。流域生态环境保护治理具有独特性：一是整体性。流域是从源头到河口的完整、独立、整体性极强的一个自然区域，包含山水林田湖草沙等各生态要素，流域自然生态具有整体性、系统性及其内在规律。二是协同性。流域往往涉及不同行政辖区，但其界限又不同于传统行政区域的划分，涉及河流上下游、左右岸及附近区域，故容易形成上下游不同行、左右岸不同步以及“九龙治水”局面。三是复合性。流域是由自然地理和经济社会发展组成的复合性区域，流域生态系统是人类生存发展与区域经济持续发展的物质基础。各地不同的资源环境承载能力与不同的发展阶段，导致平衡生态功能和经济社会的方式与力度不一。上述特征决定了流域生态环境治理必定是一项长期、复杂、艰巨的系统工程，必须要统筹考虑自然资源要素和生态系统的关系、人与自然和谐共生的关系、区域协调和流域系统治理的关系、生态环境保护与经济社会持续发展的关系，推动局部和全局相协调、治标和治本相贯通、当前和长远相结合。

党和国家历来高度重视大江大河大湖流域保护治理。习近平总书记多次巡察河湖，亲自谋划推动江河流域生态环境保护和高质量发展。检察机关坚持以习近平生态文明思想和习近平法治思想为指引，秉持系统思维，坚持协同治理，充分发挥公益诉讼督促协同和法治保障作用，推动流域生态环境保护综合治理、系统治理、源头治理。一是以大江大河流域治理为抓手整体推进。最高检设立并连续举办四届服务保障长江经济带发展检察论坛，出台服务长江经济带发展10项检察举措，务实深化长江流域检察协作；制定服务黄河流域生态保护和高质量发展18条意见，会同水利部先后开展“携手清四乱、保护母亲河”“黄河流域水资源保护”等专项行动，举办首届服务保障黄河国家战略检察论坛，共护黄河安澜。二是以大案要案办理为切口深入推进。万峰湖、南四湖水域连接多省，上下游、左右岸治理不一，污染多年，最高检直接立案，四级检察院合力，助推地方政府联手共治。针对长江沿线反映多年的船舶污染问题，最高检直接以公益诉讼立案，共立案550余件，助推多部门协同、全流域联动治理。三是以系统治理为目标协同推进。统筹发挥一体化办案、跨区域检察协作、专项监督活动等作用，破解江河湖库流域“九龙治水”问题，促进山水林田湖草沙一体化保护。坚持协同治理，通过制发社会治理检察建议以及“检察建议+调研报告”等方式，推动流域生态环境保护普遍性问题解决，助推行业治理。强化“检察+行政”履职合力，深入推行“河（湖）长+检察长”机制，打造解决河湖管护领域突出问题新模式。

问：发布这批检察公益诉讼助力流域生态环境保护治理典型案例的主要考虑是什么？

答：此次专题发布检察公益诉讼助力流域生态环境保护治理典型案例，主要考虑以下几个因素：一是深化流域生态环境保护治理公益诉讼案件办理工作。流域生态环境保护治理的特征和问题具有独特性，检察机关在助力流域生态环境保护治理工作中，不断探索创新工作方法和机制，取得了积极成效，也积累了丰富的实践经验。通过评选发布一批典型案例，既是对实践中各地办案经验做法的总结，也是对深入开展流域生态环境保护治理公益诉讼检察工作的再部署、再推进。二是发挥典型案例的指引作用。流域生态环境保护治理涉及部门多、领域广、原因复杂，多为“老大难”“硬骨头”问题，办理难度大。这批典型案例所监督问题的违法性、流域性体现较为明显，履职过程与办案成效体现了检察公益诉讼制度的独特价值，对检察机关办理流域生态环境保护治理领域案件具有规范指引作用，有助于提升办案精准性和规范性，促进落实“高质效办好每一个公益诉讼案件”要求。三是发挥以案释法作用。江河湖库流域生态环境保护治理需要凝聚各方力量，多方协同共治。通过发布这批典型案例，增进社会各界对流域生态环境保护治理检察公益诉讼工作的关注与认同，激发全社会积极参与江河湖库保护治理的内生动力。

问：发布的这批典型案例有什么特点？

答：最高检这次发布检察公益诉讼助力流域生态环境保护治理典型案例7件，涉及违规超采地下水、红树林湿地破坏、水生态流量违规泄放、船舶污染、养殖污染、黑臭水体污染等问题。这批典型案例的特点是：

一是深化检察一体履职，破解流域“九龙治水”难题。江河湖库流域治理存在上下游不同行、左右岸不同步等难题，容易形成“公地悲剧”。检察机关通过一体化办案，打破固有框架和区域监管壁垒，有效发挥公益诉讼检察督促协同作用，助推不同地区、不同部门协同治理。云南省曲靖市检察机关针对南盘江流域水体污染源复杂、监管主体多、层级不一等问题，采取市检察院统筹、流域各基层检察院同步跟进的“一体化办案、跨区域协作”模式，有效推动重点区域综合治理，促进水环境明显改善。四川省遂宁市检察院针对同心河跨界小流域治理难题，统筹辖区大英县、射洪市检察院办案力量，一体化推进办案工作，督促清理各类污染物12.5吨，并增设岸线监测点、拆除违规排污口、维修改造污水管网。

二是注重保护自然环境要素，促进改善流域水生态环境质量。水、土壤、矿产、生物等环境要素紧密关联，构成了江河湖库流域生态系统。检察机关针对不同流域自然环境要素的特殊性，因地制宜开展公益诉讼，助力提升流域保护治理水平。黄河流域最大的矛盾是水资源短缺。山西省沁源县检察院针对某煤矿企业违规采集地下水破坏黄河一级支流地下水资源问题，在向水利部门发出检察建议未落实的情况下，依法提起诉讼，促使水利部门督促涉案企业补缴水资源税44万余元，投资300余万元安装节水设备实现节水增效。该院还组织研发水资源保护类案监督模型，通过异常数据筛查和案件办理，有效治理了同类问题。广东省廉江市检察院针对九洲江流域内的小花老鼠簕红树林特殊物种生存环境遭到严重破坏问题，督促负有监管职责的多个行政机关依法全面履职，整治河道水体污染，抵御外来物种入侵，修复红树林湿地，促进全流域水生态保护。

三是协同治理行业性污染问题，提升流域水污染防治水平。各地检察机关针对流域重点区域、重点行业环境污染问题，量身定制检察监督方案，助推企业规范经营，绿色发展。湖北省宜昌市检察机关针对辖区部分船企非法修造、拆解船舶，严重威胁长江生态和水质安全问题，依法督促多家行政机关履职整改，推动船舶企业依法取得修造船许可、补办环评手续，加大污染防治设施投入等。同时推动出台《关于规范船舶拆解工作的若干意见》，严格行业准入，规范行业治理。

四是坚持从生态系统整体性出发，助推流域源头治理、综合治理。江河湖库的水环境和生态系统是不可分割的整体。检察机关坚持系统观念，立足公益诉讼检察职能，追根溯源、标本兼治，推动流域山水林田湖草沙一体化保护治理。江西省安远县检察院针对江河源头养殖污染危及下游河段水质问题，通过发出检察建议推动违法养殖清理转运，辖区内97家“小散污”养殖场被关停，248家养殖场完善配套环保设施，实现出境断面水质达到一级保护区标准。贵州省江口县检察院针对水资源管理公司在长江上游支流河段拦坝引水发电，未按规定修建保护设施、未按要求下泄生态流量，致使下游生态流量不足损害流域生态安全的问题，依法提起民事公益诉讼，促使该公司修建渔业洄游通道，维持最低生态流量泄放值，开展增殖放流，有效恢复下游流域水生态。

问：下一步，检察机关将采取哪些措施，更好地推动流域生态环境保护治理？

答：党的二十大报告强调“统筹水资源、水环境、水生态治理，推动重要江河湖库生态保护治理”。下一步，检察机关将深入贯彻落实党的二十大精神和全国生态环境保护大会精神，重点抓好以下几项工作：一是聚焦工作重点，持续加大力度。深入贯彻美丽中国建设战略任务和重大举措，助力长江、黄河等大江大河和重要湖泊保护治理。持续加大最高检、省级检察院自办案件力度，重点助力解决需上下游联动、岸上岸下有效衔接的流域综合治理突出问题，形成推动重大案件办理的强大动能，精准示范引领，全链条、全方位提升流域治理工作实效。持续做深做实水环境、水生态、水资源、水安全等重点领域案件办理，实现山水林田湖草沙一体保护和系统治理。树牢生态优先、绿色发展的战略导向，注重办案方式方法，统筹流域生态环境保护和经济发展。二是深化一体履职，提升监督质效。加强最高检、省级检察院对重大流域治理案件的统筹协调，对重大案件适时交办、督办、提办，破除办案障碍。用好上级检察院负责、检察长领衔的办案模式，跨部门、跨层级组建办案团队，有效整合办案力量。强化公益诉讼检察与刑事检察工作衔接，融合履职加大惩处力度。总结推广全流域、跨区划生态环境治理公益诉讼检察模式，加强跨区划协作机制建设。深化现代科技应用，创新建用法律监督数据模型，释放大数据赋能效用。三是坚持协同履职，形成治江管水合力。深化与行政、司法机关等部门在流域生态环境保护治理方面的协作配合，完善检察公益诉讼与行政执法衔接制度，加强公益诉讼与生态损害赔偿制度衔接，推动构建流域统筹、区域协同、部门联动的管理格局。强化公益诉讼的公众参与和社会监督，凝聚专业志愿者智慧优势，利用“益心为公”检察云平台持续健全社会支持体系。四是注重标本兼治，推动系统治理。持续强化类案发现与研究意识，主动发现流域生态环境保护治理短板漏洞，以社会治理检察建议、“检察建议 + 调研报告”等多种形式，推动完善相关行业、领域、区域治理制度机制，助推解决流域生态环境保护治理“病灶顽疾”和堵点难点，促进提升河湖保护治理水平。

云南省曲靖市检察机关督促整治南盘江流域生态环境行政公益诉讼案

【关键词】

以事立案　水污染　一体化办案　综合治理

【要　旨】

针对流域生态环境保护治理中存在的监管部门多、层级不一问题，检察机关可以采取一体化办案模式，分层监督、整体推进，促进部门联动、区域协同，实现流域综合治理。

【基本案情】

南盘江系珠江上游，流经云南省曲靖市境内7个县市区，全长246公里，在罗平县汇入万峰湖。近年来，曲靖市中心城区每日产生污水约30万立方米。由于城区截污治污体系不完善，加之流域水资源严重短缺，河道内源污染严重等原因，导致局部河段季节性黑臭、污水直排问题突出，淤堵、渗漏、溢流严重。2021年，该流域中心城区段水质为劣V类，直接影响下游水质。

【调查和督促履职】

2022年1月，云南省曲靖市人民检察院（以下简称曲靖市检察院）经勘察现场、查阅资料、走访调查后发现南盘江流域生态环境受损的案件线索。由于南盘江在曲靖流域面积广、干支流众多，涉及行政监管部门多、层级不一，曲靖市检察院决定“以事立案”，采取市检察院牵头、各基层检察院同步跟进的“上下一体、跨区域协作”专案模式，抽调市、县（区）检察院20余名干警组成8个办案组，整体推进涉案问题治理。2022年3月起，相关县（区）检察院针对初步查明的问题陆续依法立案。

专案办理过程中，各办案组利用无人机核查发现水质污染点位12处，制作图片、视频证据材料200余份；委托专业机构监测水质45个点位、土壤30份样品，出具检测报告28份；同时组织勘验现场。经以上工作，查明南盘江流域水环境污染和生态破坏的主要问题：一是污水直排。如三宝温泉片区多家企业生产生活废水违规直排南盘江；陆良县大莫古镇太平工业园区管道破损污水直排南盘江等。二是河道养护不到位。如陆良县小百户镇河段存在私挖滥采；经开区上西山水库行洪道、白石江南河交汇上游行洪道等存在种植农作物情形；沾益区海河盘江段、农场河等河道淤塞；多处河道存有大量漂浮物、弃置大量建筑垃圾，且存在畜禽养殖污水直排情况。三是污水处理设施不足或未完全投入使用。如曲靖市经开区唯一的污水处理厂设计污水处理能力小于日污水排放量且未满负荷运行；沾益区花山镇松林社区污水处理厂未投入使用等。根据《中华人民共和国环境保护法》《中华人民共和国水污染防治法》等规定，辖区内住房和城乡建设、生态环境、水务、农业农村等部门和属地人民政府负有对水环境污染和生态破坏的监督管理职责，但是未依法全面履职，致使社会公共利益受损。

由于南盘江流域流经区域广、案涉违法行为不一、监管部门职责交织，曲靖市检察机关综合运用圆桌会议、磋商、制发检察建议、提起诉讼等方式进行监督。截至2023年6月，分别向属地人民政府、主管行政机关发出检察建议118件，磋商7件，提起行政公益诉讼1件，推动市县乡三级政府和20个职能部门联动执法、系统整治。针对污水直排问题，促成行政机关依法排查整治排污口384处，改造铺设排污管网，防止污水直排南盘江干径流；针对河道养护问题，促成行政机关常态化开展河道养护巡查，清淤11万立方米，打捞漂浮物及各类垃圾3050吨；针对污水处理能力不足问题，促成3处污水处理设施投入使用及扩容建设，增加日处理能力近10万立方米。曲靖市检察机关还对云南某公司污染环境等问题向法院提起民事公益诉讼7件，追偿生态环境损害修复费40余万元。

在专案推动下，全市积极开展南盘江流域综合治理工作。目前南盘江流域水质优良率达92%，万峰湖入口三江口水质由原来的Ⅱ类变为Ⅰ类。2023年4月，曲靖市检察院举行公开听证会，各方代表充分肯定了南盘江专案的整改效果。

【典型意义】

跨区域河流水污染治理涉水域面积广、干支流多。检察机关坚持系统观念，充分发挥一体化办案优势，从流域系统性出发，采取一体化办案模式，综合运用磋商、制发检察建议、提起诉讼等监督方式，推动流域跨区域部门协同、全流域联动履职，有效加强流域水污染防治和系统治理。

四川省遂宁市检察机关督促治理跨界小流域水环境行政公益诉讼案

【关键词】

行政公益诉讼检察建议　水污染　小流域治理　一体化办案

【要　旨】

针对跨界小流域水体严重污染问题，检察机关可以发挥一体化办案机制作用，统筹属地检察机关分别向负有监管职责的上下游行政机关提出检察建议，督促推动流域污染协同共治。

【基本案情】

小流域是指二、三级支流以下以分水岭和下游河道出口断面为界、集水面积在50平方千米以下的相对独立和封闭的自然汇水区域，其水环境质量对大流域生态系统具有重要影响。同心河是嘉陵江三级支流的小流域，发源于四川省射洪市，流经四川省大英县后注入嘉陵江二级支流郪江，2021年11月下旬，同心河流域出现大面积水体污染，总磷等多项水检测指标严重超标，其中同心河射洪、大英交界断面为V类水质。

【调查和督促履职】

四川省大英县人民检察院（以下简称大英县检察院）接到县人大代表反映同心河水质污染线索后，经研判认为受污染流域涉及射洪、大英两地，遂上报遂宁市人民检察院（以下简称遂宁市检察院）。遂宁市检察院启动跨区划一体化办案机制，抽调市县两级院办案骨干成立办案组，射洪市检察院、大英县检察院分别于2022年2月17日、3月2日以行政公益诉讼立案。

办案组通过现场勘验、收集书证、走访附近居民等方式查明：同心河上下游存在生活污水直排入河、水葫芦和浮萍泛滥未及时清理、3家养殖户违法网箱养鱼、多处农业农药化肥残留冲刷入河、岸线违法堆放固废等违法情形。上述情形导致同心河水体化学需氧量、总磷、高锰酸盐等指数严重超标，未达到《地表水环境质量标准》（GB 3838—2002）规定的地表水Ⅲ类标准，污染区域面积达9.52余万平方米，损害社会公共利益。根据《中华人民共和国水污染防治法》等规定，遂宁市射洪生态环境局、射洪市太乙镇人民政府、大英县隆盛镇人民政府负有对水环境质量及岸线污染防治进行监管的职责，但未全面履职。2022年4月19日，射洪市检察院向遂宁市射洪生态环境局、太乙镇人民政府送达检察建议，建议对同心河上游水环境开展治理，对岸线固废污染、水产家禽养殖污染等违法行为加强监管。2022年4月29日，大英县检察院向隆盛镇人民政府送达检察建议，建议其解决污水直排问题。

收到检察建议后，遂宁市射洪生态环境局、射洪市太乙镇人民政府组织清理同心河流域各类污染物12.5吨，增设岸线监测点12个，拆除违规排污口7处，维修改造污水管网18处，联合开展养殖技术改良升级。大英县隆盛镇人民政府新建污水管网及配套设施并纳入农村污水治理“千村示范工程”，现已投入使用。市县两级检察院、河长办等开展跟进监督，确认案涉违法情形得到有效整改，同心河水质经检测已符合地表水Ⅲ类标准。

为解决全市小流域交织带来的污染源发现难、处置不及时等难题，遂宁市检察机关与同级河长办推动建立了“塘长＋库长＋巡护员”网格化治理小流域模式。截至2023年8月，56名村组干部及群众加入“塘长＋库长＋巡护员”队伍，对全市小流域堰塘库渠水环境开展巡护，发现并移送处置小流域污染源143处。

【典型意义】

小河清方能大河净。小流域是大流域生态系统的重要组成部分，小流域水环境问题会影响大流域的生态功能。检察机关针对跨界小流域治理难题，通过一体化办案督促小流域上下游行政机关同步治理，并建立“塘长＋库长＋巡护员”小流域网格化治理新模式，将污染源有效控制在初始状态并及时处置，全市小流域水系更加通畅洁净，农村人居环境得到显著改善。

江西省安远县人民检察院督促保护东江源头水生态环境行政公益诉讼案

【关键词】

行政公益诉讼检察建议　养殖污染　水生态　“检察建议 + 调研报告”

【要　旨】

针对江河源头养殖污染影响下游河段水质及流域水生态系统的问题，检察机关提出检察建议，督促行政机关开展整治，运用“河长 + 检察长”“检察建议 + 调研报告”等方式，促进流域水生态环境系统保护。

【基本案情】

东江是珠江流域三大水系之一，是香港和广东部分城市的主要供水水源。东江源头的贝岭水在安远县境内称为镇江河。近年来，由于生猪养殖，不规范的农业生产活动导致镇江流域水质富营养化，造成水葫芦大面积爆发，严重破坏水生态环境及水生生物栖息环境。经抽样检测，该县出境断面水体中总磷含量 0.11mg/L，超出《地表水环境质量标准》（GB 3838—2002）总磷含量评价标准。

【调查和督促履职】

江西省安远县人民检察院（以下简称安远县检察院）依托“河长 + 检察长”协作机制发现，镇江河黎屋组、社山村等河段水葫芦大面积滋生，绵延安远境内水面超 7 公里并顺河而下，镇江河下游地区普遍存在水葫芦滋生问题。2023 年 3 月 27 日，安远县检察院决定行政公益诉讼立案。经实地走访、调取资料、无人机航拍等方式调查发现，沿河乡镇养殖污水直排是导致水体富营养化的主要原因，其中位于东江源国家湿地公园的三百山镇禁养区存在养殖生猪、污水直排等问题。

安远县检察院经审查认为，针对三百山镇多家养殖场在禁养区违规养殖造成镇江河水污染问题，县生态环境局未依法履行环境保护监管职责；县农业农村局未严格履行畜禽养殖区域划定及监管职责；三百山镇人民政府未依法履行属地管理职责。2023年4月3日，安远县检察院依法分别向上述行政机关发出检察建议，建议对三百山镇辖区生猪养殖污染问题进行全面整改，加强联动协作，整治河段水体富营养化问题。

行政机关收到检察建议后，召开专题调度会并联合开展全县生猪养殖整治专项行动。经整治，三百山镇禁养区的生猪已全部被清理转运；东江源头各乡镇关停97家“小散污”养殖场，推动248家养殖场完善配套环保设施，并严格施行环保设施匹配标准，禁止超过环保设施承载力超规模养殖，严禁向河流排入不达标的养殖污水；制定水葫芦长效管控工作方案，拨款420万元用于专项清理整治，集中打捞水葫芦1.8万吨。2023年6月，安远县人大常委会开展生态环境公益诉讼调研，专题视察镇江河水生态环境。实时监测报告显示，镇江河出境断面水质达到集中式生活饮用水、地表水源地一级保护区标准，水体中总磷含量明显下降，水体富营养化问题得到改善。

为巩固整改成效，安远县检察院开展养殖污染“回头看”，实地走访全县各乡镇养殖场，发现普遍存在环保设施建设不完善、运行不规范问题，经调研后形成《关于全县生猪养殖环保设施运行情况的调研报告》送县政府，推动全县生猪养殖污染整治持续、规范开展。

【典型意义】

流域源头养殖排污造成水体富营养化，易导致流域水质破坏、水生生物的稳定性和多样性降低，进而影响饮用水安全、水生态环境保护以及水体生态系统平衡。检察机关聚焦东江源头下游河段水体富营养化致使水葫芦滋生蔓延，危及饮用水安全问题，追根溯源查明上游造成水质污染的原因。通过提出检察建议督促有关部门开展养殖污染整治和水葫芦专项清理，推动对东江水系生态环境和生态系统保护，保障粤港澳大湾区饮用水安全。

湖北省宜昌市检察机关督促整治船舶修造、拆解行业污染环境行政公益诉讼系列案

【关键词】

行政公益诉讼检察建议　船舶修造、拆解污染　长江流域　行业治理

【要　旨】

针对船舶违规修造、拆解作业破坏流域生态环境问题，检察机关可以发挥一体化办案机制作用，督促相关行政机关分类处置，有效推进船舶污染治理，助力行业规范发展。

【基本案情】

湖北省宜昌市地处长江中上游，得益于长江咽喉枢纽的区位优势，当地船舶工业发达，新型标准化船舶和新能源船舶制造规模居全国全省行业前列。近年来，部分企业违规开展船舶修造、拆解业务，产生的废钢铁、压舱水、废油、橡胶、石棉等大量工业废物和危险废物得不到规范收集和有效处置，威胁长江生态和水质安全。

【调查和督促履职】

2021年12月，湖北省人民检察院将上述线索交办至宜昌市人民检察院（以下简称宜昌市检察院）。宜昌市检察院迅速组织对流域内的船舶修造企业和航运公司进行实地调查，查明有11家在修造过程中未采取污染防治措施，5家未取得修造资质，有25家未取得拆船环评审批手续。上述船舶修造企业进行违规修造、拆解活动，威胁长江生态和水质安全，损害社会公共利益。根据《中华人民共和国环境保护法》《中华人民共和国环境影响评价法》《防止拆船污染环境管理条例》的相关规定，生态环境

部门负有修造、拆解船舶污染防治的监管职责，经济和信息化部门对未取得船舶修造许可仍经营修造业务行为负有监管职责。

因涉案问题范围广、情况复杂，宜昌市检察院决定分类监督，统筹推进办案工作。2022年1月至5月，宜昌市检察院针对市级单位某新区管理委员会未依法会同相关部门加大违规拆解打击力度的问题立案；葛洲坝人民检察院（以下简称葛洲坝检察院）受指定，针对4个县区生态环境部门未全面履行船舶违规拆解监管职责问题立案；宜都市、枝江市、秭归县检察院针对16家船舶修造公司未取得修造资质、防污染措施不足等问题，分别对辖区内经济和信息化部门和生态环境部门立案。2022年1月至8月，宜昌市检察机关先后向11家行政机关提出检察建议，督促其依法履行监管职责，消除环境污染隐患；加大对长江沿线船舶修造企业执法检查力度，规范拆解行为。

检察建议发出后，相关行政机关高度重视，经信部门督促企业全面自查自改，依法合规经营；生态环境部门查处环境违法行为，督促企业规范处置危险废物，补办环评手续，组织全市船舶企业自查整改，有效促进行业整治。在船舶修造方面，5家企业依法取得修造船许可、补办环评手续，11家具有修造船资质的企业加大污染防治设施投入；在船舶拆解方面，对于依法不能办理拆船环评的11家船舶修造企业，及时引导转型，其余14家船舶修造企业承诺暂停船舶拆解业务，并积极推动办理拆解环评手续；对违法转移废机油等危险废物的某船舶企业，予以罚款10万元，并责令改正违法行为；依法将接收处置废机油的经营户移送公安机关，已于2022年9月刑事立案。

为做好“后半篇文章”，宜昌市检察院、葛洲坝检察院联合相关职能部门开展调研，向宜昌市政府提交《长江宜昌段船舶拆解中存在的问题及建议》调研报告。宜昌市政府高度重视，推动出台《关于规范船舶拆解工作的若干意见》，从源头上加强报废船舶监管，完善相关企业资质审核，提高船舶拆解安全环保能力。

【典型意义】

船舶修造、拆解行业环境治理是长江流域生态环境保护的行业缩影。宜昌市作为船舶工业产业集群地，区域内船舶流动性大，加之修造、拆解行业机械化程度高、工期快，导致行业监管缺位。检察机关充分发挥“指定管辖 + 属地管辖”的一体化办案模式，打破流域治理中多头治理、属地管理的治理模式，推动多个部门协同对船舶企业开展分类处置，促进规范船舶修造、拆解行业治理。

山西省沁源县人民检察院
督促保护水资源行政公益诉讼案

【关键词】

行政公益诉讼　黄河支流　地下水超采　大数据监督模型

【要　旨】

针对违法取用地下水问题，检察机关提出检察建议督促后，行政机关仍未依法全面履职的，应当依法提起行政公益诉讼。对于办案中发现的共性问题，检察机关可以构建大数据法律监督模型，推动水资源保护共性问题的系统治理。

【基本案情】

沁河是黄河的一级支流，其发源地沁源县的水资源保护状况对整个流域的水资源保护具有直接影响。沁源县是全国重点产煤县和全省主焦煤基地县，有大小煤矿 85 座，均分布在沁河沿岸。煤矿生产及矿区生活用水量巨大，部分矿企存在未办理取水许可证、无用水计量装置、取水许可证过期、超批复取水等违法行为。其中 A 煤矿于 2019 年和 2020 年共超许可取水 60.2 万立方米，沁源县水利局虽然对其违法行为作出罚款 8 万元的行政处罚决定，但未完全履行责令停止违法行为的监督管理职责，致使该企业超许可取用地下水的违法行为持续存在。截至 2021 年 8 月，超本年度取水量 12.67 万立方米。上述违法行为易引发地下水下降、河流干涸、生态退化等问题，严重破坏沁河流域生态安全，不利于黄河中游地区山水林田湖草沙一体化保护和系统治理，侵害了公益。

【调查和督促履职】

2021 年 6 月，山西省人民检察院将霍泉泉域违规开采地下水案件线索逐级交由沁源县人民检察院（以下简称沁源县检察院）办理。沁源县检察院开展初步调查后，于同年 8 月 17 日决定立案。经现场勘察，走访税务、水利等部门，调取行政执法资料，询问行政机关、涉案公司负责人，查明 A 煤矿超许可取用地下水损害公益和县水利局履职不到位的事实。

2021 年 8 月 18 日，沁源县检察院向县水利局发出检察建议，建议其对案涉煤矿超批复许可取用地下水的行为依法处理，并加强全县取水许可证管理和水资源执法检查力度。水利局收到检察建议后，对 A 煤矿超许可取水进行立案调查，要求企业制定整改方案进行节水改造。整改期满后，沁源县检察院在跟进监督中发现，A 煤矿并未按要求进行节水改造。县水利局在对 A 煤矿 2021 年度超许可取水罚款 10 万元后，未进一步采取有效监管措施，存在以罚代管的情况，致使公共利益持续处于受损状态。

【诉讼过程】

2021 年 12 月 28 日，沁源县检察院向沁源县人民法院提起行政公益诉讼，请求判令县水利局依法全面履行法定职责。

案件起诉后，县水利局立即要求 A 煤矿停产整顿，并督促其投资 300 余万元安装节水设备实现节水增效，每日向县水利局汇报用水情况，同时督促 A 煤矿补缴 44.1 万元水资源税。2022 年 1 月，A 煤矿日均取水量、月均取水量均在许可范围内。同年 2 月 9 日，沁源县检察院跟进调查发现，超采地下水问题确已整改到位。经综合研判，沁源县检察院认为行政机关已经依法履行职责，行政公益诉讼的目的已经实现，经法院裁定准许后，于 2022 年 2 月 23 日撤回起诉。

沁源县检察院以该案办理为突破口，深入挖掘水资源保护案件背后的共性问题，自主研发水资源保护公益诉讼监督模型，筛查出异常数据 433 条，办理案件 5 件，推动关停自备井 10 余口，30 余家企业安装计量设施，10 余家煤矿投资上千万元安装节水设施，洗车、洗浴等特种行业用水量同比下降 18%，督促收回水资源税费 300 余万元。

【典型意义】

水资源短缺是黄河流域最大的矛盾。为有效规范流域水资源节约、保护、开发、利用，检察机关在提出检察建议督促后，对未依法全面履行职责的行政机关，依法提起行政公益诉讼，推动有效解决企业违规取水问题，并更新节水设备。同时，结合案件研发大数据法律监督模型，推动类案监督，助力黄河流域水资源集约节约利用。

广东省廉江市人民检察院
督促保护红树林湿地行政公益诉讼案

【关键词】

行政公益诉讼检察建议　流域生态系统　红树林群落保护　综合治理

【要　旨】

针对流域内水体污染以及外来物种入侵，损害特有近危级别红树林群落的情形，检察机关可以提出检察建议，督促负有监管职责的多个行政机关依法全面履职，协同开展全流域综合治理，加强流域特有珍稀植物保护，促进流域生态系统修复。

【基本案情】

九洲江跨越广西、广东，从广东省廉江市安铺镇流入南海北部湾，全国集中分布面积最大的湛江红树林国家级自然保护区位于该区域。作为近危（NT）级的珍稀红树林树种的小花老鼠簕分布于此，特别是九洲江营仔河、安铺河段的群落面积接近 1 万平方米，植株密度为每平方米大约 14 株，平均高度 1.1 米，其规模和数量在全国都属罕见，具有极高的生态平衡、生物多样性和科研价值。近年来，该处小花老鼠簕群落受上游其他物种入侵和人为污染等各种因素影响，存在被逐渐侵蚀、退化的迹象，作为“海岸卫士”的海洋生态屏障作用也受到影响。

【调查和督促履职】

2022 年 4 月，广东省廉江市人民检察院（以下简称廉江市检察院）邀请从事红树林研究工作的专家实地考察时发现该案线索。经初步调查，廉江市检察院于 2022 年 12 月 28 日决定立案。该院依托红树林公益诉讼检察工作站，联合高桥红树林管理站对小花老鼠簕群落周边的九洲江流域进行实地勘察；使用无人机航拍取证，对外来入侵植物采样，排查入侵水浮莲的来源河段，并向相关专业人员咨询。经调查查明，仅小花老鼠簕湿地群落周边3公里范围内就有1个违规养殖排水口和3处固体废弃物堆放点，流域水质恶化，小花老鼠簕群落的根部和水面覆盖着大量生活垃圾，影响其自然生长；水浮莲、互花米草、无瓣海桑等外来物种散布在小花老鼠簕湿地周边，侵蚀小花老鼠簕群落生存空间，严重影响九洲江流域生态系统以及生物安全。当地民众也时有采摘的情况。根据相关规定，湛江市生态环境局廉江分局及营仔、安铺属地政府负有红树林湿地内固体废弃物污染防治的职责，廉江市水务局负有清除水上漂浮物的职责，廉江市自然资源局负有制止和处理采伐采摘等职责。

2023年1月28日，廉江市检察院依法向上述行政机关提出检察建议，建议各部门依法履行职责，及时采取有效措施整治污染破坏行为，加强日常监管和法治宣传教育，提升公众对红树林湿地的保护意识。

各行政机关收到检察建议后，积极推进农村生活污水配套管网建设，提高污水的收集率和处理率；提高"广东省森林资源监测系统"上线率，加大护林员巡查力度；积极筹集资金、组织人员清除外来入侵植物和固体废弃物，清理九洲江营仔河、安铺河流域的垃圾及水上漂浮物约2.6万平方米，恢复小花老鼠簕群落原貌，保持流域水面干净整洁。同时，行政机关强化源头治理，主动开展流域湿地保护的常态化监测和执法，构建"党建+网格"工作模式，形成"一名党员负责一段，一个支部负责一片"的党员守护水生态网格，推动沿岸村委制定保护流域湿地的村规民约，开展红树林湿地专项宣传活动。

2023年5月，廉江市检察院邀请专家一同对整治情况进行核查。经专家确认，小花老鼠簕群落内的固体废弃物已被清理完毕，水浮莲、互花米草、鱼藤等外来物种已被打捞和铲除，上游设置了水浮莲拦截装置防止其再次入侵，周边设置有明显的禁止采伐采摘等警示保护标志，小花老鼠簕群落整体生长态势良好，流域生态环境得到恢复改善。

【典型意义】

流域内特有植物群落是保持流域生态系统良性运行的关键类群，对流域生物多样性及水生态系统具有重要影响。针对滨海湿地生态群落红树林特殊物种受到上游污染威胁，检察机关充分发挥公益诉讼检察职能作用，依托红树林公益诉讼检察工作站搭建沟通协作平台，借助专家力量赋能办案，依法提出检察建议，督促多部门联合解决入海口珍稀红树林破坏的问题，维护濒危植物生长环境的稳定性，助推流域生态系统循环可持续发展。

贵州省江口县人民检察院诉某水资源管理有限公司破坏流域水生态环境民事公益诉讼案

【关键词】

民事公益诉讼　水生态流量　水产种质资源保护　生态安全

【要　旨】

针对河流上游水电站未按规定修建保护设施、未按要求下泄生态流量，致使下游生态流量不足损害流域生态安全的问题，检察机关可以提起民事公益诉讼，要求违法主体承担生态修复责任，恢复流域整体水生态环境。

【基本案情】

贵州省铜仁市江口县某水电站，位于长江流域上游支流沅江—锦江水系的闵孝河中上游，由某水资源管理有限公司于 2011 年 12 月建成。该水电站通过拦坝引水发电投入运行，其中拦水坝横跨保护区河道，却未依法修建过鱼设施。因闵孝河属于鱼类国家级水产种质资源保护区，有小口白甲、黄颡鱼等十余种保护物种，阻断了保护鱼类洄游和繁殖，破坏流域生物多样性。该水电站为在枯水期增加引水，提高发电量，未按规定下泄流量，导致下游部分河道断流、干涸、河床裸露，河道水流流速、流量、水位明显减少。经检测，该水电站的下泄生态流量为 $0.8m^3/s$，低于《水资源论证报告》规定的河流生态系统最低生态流量 $1.2m^3/s$。2018 年以来，因拦坝截留引水发电致使下游河道断流、干涸、河床裸露，河流生态平衡系统遭到破坏。

【调查和诉讼】

2021 年 2 月 1 日，贵州省铜仁市人民检察院（以下简称铜仁市检察院）在开展“河长 + 检察长”巡河活动中发现该案件线索，经过初步调查后，决定以民事公益诉讼立案调查。铜仁市检察院通过现场勘验、无人机取证、调阅项目材料、函请主管部门协助调查、询问水电站负责人、走访当地村民等方式，查明了某水资源管理有限公司的违法行为造成公益受损的事实。因本案违法行为地、结果地均为江口县，且江口县法院是环境资源案件集中管辖法院，由其管辖更为适宜，铜仁市检察院拟指定江口县人民检察院（以下简称江口县检察院）管辖。由铜仁市中级人民法院请示贵州省高级人民法院批准后，将该案交由江口县人民法院管辖。2022 年 1 月 21 日，铜仁市检察院将该案交办江口县检察院。

江口县检察院经审查认为，该水电站违反《中华人民共和国长江保护法》《中华人民共和国水法》等规定，未依法调节生态流量、修建过鱼设施、未执行最低生态流量要求，致使整个下游生态流量锐减，河流生态平衡受到严重破坏，损害社会公共利益。经委托专业机构的专家出具意见，建议该水电站采取措施维持最低生态流量、修建过鱼设施保障鱼类洄游通道、采取生态补偿措施增殖放流价值 30 万元的鱼苗。

2022 年 2 月 15 日，江口县检察院向江口县法院提起民事公益诉讼，诉请判令：被告某水资源管理公司依法对某水电站拦水坝修建过鱼设施，采取措施维持最低生态流量 $1.2m^3/s$，采取生态补偿措施增殖放流价值 30 万元的鱼苗，承担专家咨询费 1 万元。

诉讼过程中，被告对检察机关起诉的事实和证据没有异议，希望法院主持调解。2022 年 8 月 18 日，江口县检察院围绕该案是否可以调解，邀请人大代表、相关行政部门人员、当地村民代表及专家参与，召开公开听证会。经听证，听证员一致认为，在确保公益保护目的全部实现的前提下可以调解。同年 11 月 9 日，江口县法院主持江口县检察院与被告进行调解，最终达成调解协议，被告同意履行检察机关在诉讼请求中载明的民事责任，法院依法出具《民事调解书》予以确认。

调解协议生效后，被告已按照协议约定将下泄生态流量提升至 $1.2m^3/s$，并加装了流量检测设备实现在线实时监测；缴纳了专家咨询费 1 万元。2023 年 3 月，被告与贵州某水利工程有限公司签订江口县某水电站鱼道工程委托代建承包合同，委托编制《渔业洄游通道设计方案》并经贵州省农业农村厅审批通过，项目在当地农业农村局的监督下有序开展。同年 5 月 18 日至 7 月 20 日，被告分三次全部完成价值 30 万元鱼苗的增殖放流。

截至目前，该水电站拦水坝暂未进行蓄水，待渔业洄游通道竣工验收通过后再重新蓄水，通过增殖放流和生态流量提升，减水河段已经消失，下游水生态环境得到修复改善。

【典型意义】

生态流量是维系河湖生态系统结构和功能的基础，保障河湖生态流量对河湖生态环境健康和流域高质量发展具有重大意义。检察机关坚持系统观念，从生态系统整体性和流域系统性出发，针对在长江支流拦坝引水发电，未按规定下泄水量、建立过鱼设施，导致下游河流生态流量不足、生态系统受损的行为，依法提起民事公益诉讼，促成违法行为人全面履行生态修复义务，有效保障流域生态安全。

十六、耕地保护检察公益诉讼典型案例

（2023 年 9 月 11 日）

严守耕地保护红线　夯实粮食安全根基

——最高检公益诉讼检察厅负责人就耕地保护检察公益诉讼典型案例答记者问

2023 年 9 月 11 日，最高人民检察院发布耕地保护检察公益诉讼典型案例，引导各级检察机关加大办案力度，提升办案质效，助力守护十八亿亩耕地红线。最高检公益诉讼检察厅负责人就此回答了记者提问。

问：此次发布耕地保护检察公益诉讼典型案例的主要考虑是什么？

答：一是心怀“国之大者”，主动服务党和国家中心大局。习近平总书记在党的二十大报告中指出“全方位夯实粮食安全根基”“牢牢守住十八亿亩耕地红线”，在 2023 年 7 月主持召开的中央财经委员会第二次会议上更是强调“耕地是粮食生产的命根子”“切实加强耕地保护，全力提升耕地质量”。目前，我国人多地少、人均耕地更少的国情没有改变，耕地“非粮化”“非农化”问题依然突出，耕地保护事关粮食安全这一“国之大者”。全国检察机关始终深入贯彻落实习近平总书记关于耕地保护的重要论述和指示批示精神，坚持把耕地资源保护作为公益诉讼重点办案领域，以公益诉讼检察职能扛稳守牢耕地红线政治责任，依法办理了一批耕地保护领域公益诉讼案件，不折不扣落实最严格的耕地保护制度，切实保障粮食安全。

二是聚焦民生热点，积极回应百姓关切。耕地保护是基础的民生工程，事关百姓“钱袋子”和“米袋子”。针对违法占用耕地损害耕地资源、造成生态环境破坏的，各级检察机关牢固树立以人民为中心的发展思想，积极回应百姓关切的“急难愁盼”问题。如湖南省郴州市苏仙区检察院督促“退草还耕”的同时推动属地镇政府推行农业规模经济，解决村民后续致富问题。上海市奉贤区检察院针对周边群众持续多年举报的违法占用耕地及其引发的扬尘、噪声污染问题，精准督促行政机关依法做好整改工作。

问：此次发布的耕地保护检察公益诉讼典型案例主要有哪些特点？

答：一是耕地违法类型多样。本批案例包括河南省汤阴县人民检察院督促保护基本农田行政公益诉讼案等10件，检察监督的对象涵盖了施工单位未实施优良耕作层剥离、外来物种入侵破坏黑土地资源、在耕地上种植草皮的耕地“非粮化”“非农化”行为、非法取土破坏耕地资源、非法占用耕地用于工程建设项目、从事生产经营等多种违法破坏耕地情形，体现了各地检察机关结合本地实际找准耕地保护切入点，实现对违法破坏耕地的精准监督。

二是与行政机关协同配合，发挥耕地保护合力成效明显。司法实践中，检察机关办理耕地保护领域的案件类型多为行政公益诉讼案件，在办理行政公益诉讼案件时，检察机关在充分发挥法律监督职能、促进行政机关依法行政的同时，注重加强与行政主管部门的协作配合，发挥耕地保护合力。在向行政主管部门和属地政府等制发检察建议后，多数行政机关在审前即实现了整改，实现双赢多赢共赢的办案效果，这也彰显了检察公益诉讼督促之诉、协同之诉的制度优势。

三是敢啃“硬骨头”，敢于以“诉”的确认体现司法价值引领。对于违法行为持续时间长或制发检察建议后行政机关仍不纠正的，检察机关迎难而上，及时提起行政公益诉讼或民事公益诉讼，以“诉”的确认体现司法价值引领，增强检察监督的刚性，促进依法行政、促使违法行为人修复受损耕地，强化公益保护。如河南省汤阴县检察院针对发出检察建议后镇政府既不回复也未整改的情况，以提起诉讼的方式推动镇政府依法履职、全面整改，取得了良好的监督效果。

四是探索科技赋能。检察机关在线索发现、调查取证等阶段充分利用大数据筛查、卫星遥感、无人机航拍等多种技术手段开展耕地保护检察监督工作。如吉林省检察机关办理豚草入侵破坏黑土地资源系列案时，充分利用大数据筛查、卫星遥感、无人机航拍等多种技术手段开展工作。针对豚草蔓延分布广、治理效果比对难等问题，搭建了豚草治理模型的公益诉讼监督大数据平台，整合、转化豚草治理相关图像和数字等信息，通过对关联数据的筛查碰撞，实现对案件线索和治理成效的分析研判。

五是案件延伸效果好。各地检察机关在办理耕地保护领域案件时依法履职，在个案办理的基础上，主动延伸办案触角，构建多层次、全方位的耕地保护格局。如云南省嵩明县检察院通过耕地保护案件发现涉案地块未缴纳耕地占用税后，督促税务部门征缴税款及滞纳金 1310 余万元。吉林省检察院针对外来物种入侵对黑土地造成侵害的问题向省人大常委会提出立法建议并推动立法完善。

问：检察机关在开展耕地保护领域公益诉讼工作中有哪些好的经验做法？

答：一是以专项活动为抓手，强化耕地司法保护。各地检察机关加强土地资源保护公益诉讼工作，结合本地区实际情况，开展了富有地方特点的耕地保护专项活动。黑龙江、辽宁、吉林、内蒙古呼伦贝尔四省市检察机关相继部署开展"黑土地保护"专项监督活动，通过监督办案、整治违法乱建、乱占耕地、破坏利用耕地等破坏黑土地的违法行为，服务保障国家粮食安全战略实施。宁夏回族自治区检察院联合多部门开展"联手治乱象 全力护资源"公益诉讼专项行动，有效遏制侵占破坏耕地、林地等违法行为的发生。新疆生产建设兵团检察院针对农业残膜污染问题开展专项活动，加强农田土壤保护。

二是坚持协作配合，形成耕地保护合力。2020 年 12 月 31 日，自然资源部和最高检联合印发《自然资源主管部门与检察机关在土地执法查处领域加强协作配合的试点方案》，在四个省开展为期一年的土地执法查处领域加强协作配合试点工作。在总结试点经验基础上，2023 年 2 月 1 日，最高检和自然资源部印发《关于建立公益诉讼检察与土地执法查处协作配合机制的通知》，将协作机制推广到全国。各地检察机关与当地自然资源等部门加强协作，通过建立土地资源行政执法与公益诉讼检察衔接机制、"田长 + 检察长"工作协作机制等，在日常联络、联席会议、案件信息共享、重大情况通报、联合开展专项行动等方面强化协作，共同助力耕地资源行政执法规范化、检察监督常态化。

三是破解修复难题，探索提起"生态修复式"民事公益诉讼。在办理违法占用耕地等案件中，检察机关在监督行政机关依法履职的同时，坚持恢复性司法办案理念，探索提起"生态修复式"民事公益诉讼，要求侵权人进行土地复垦，或由侵权人承担修复费用由第三方专业修复，确保受损土地得到有效修复。

问：下一步，检察机关将采取哪些措施推动耕地保护领域公益诉讼工作走深走实？

答：下一步，检察机关将继续深入贯彻落实习近平生态文明思想和习近平法治思想，将耕地保护检察监督置于经济社会发展大局中谋划和推进，推动最严格的耕地保护制度落实落细，切实保障粮食安全。针对高标准农田建设被非法占用、工程质量不达标、建后管护不到位、违规截留挪用挤占建设资金、“非农化”“非粮化”等问题，最高检主动与农业农村部沟通协调，于2023年8月19日印发通知，联合部署开展“检察公益诉讼助力高标准农田建设”专项工作，深入排查整治高标准农田建设领域存在的突出问题，服务改善农业生产条件和生态环境，提升粮食生产能力。最高检将密切关注各地检察机关有关耕地保护的工作和专项活动，加强指导，解决基层办案实践中的困难，总结推广成功的经验，不断完善工作机制。各地检察机关要继续加大涉耕地案件的办案力度，立足公益诉讼检察重在突出“精准性”“规范性”的工作要求，准确把握耕地保护领域检察建议的适用范围、对象、条件和程序，高度重视检察建议的论证与说理，切实加强检察建议规范化建设，确保检察建议指出问题准、释法质量高、整改建议实，以检察建议自身质量过硬实现检察建议刚性。对于一些检察建议解决不了问题、具有示范引领意义的案件，要敢于以“诉”的确认体现司法价值引领，为守护十八亿亩耕地红线贡献检察力量。

河南省汤阴县人民检察院
督促保护基本农田行政公益诉讼案

【关键词】

行政公益诉讼　耕地资源保护　跟进监督　裁执分离

【要　旨】

检察机关发现涉及耕地资源保护的监督线索，可以综合评估占用耕地面积、整改难度、行政机关履职情况等因素，以保护耕地资源为出发点，运用合理有效的监督方式开展监督，督促行政机关依法履职，提升监督效果，破解耕地“非粮化”整改难的问题。

【基本案情】

2019 年 10 月，汤阴县甲农村专业合作社（以下简称甲合作社）未经批准在汤阴县宜沟镇段庄村南非法占用基本农田建设养殖场，占地面积 2196 平方米，养殖场对部分地面进行硬化，使基本农田丧失耕种条件，破坏耕地资源，损害社会公共利益。

【调查和督促履职】

2022 年 12 月，河南省汤阴县人民检察院（以下简称汤阴县院）在开展监督活动中发现线索，汤阴县人民法院作出裁定后，汤阴县宜沟镇政府未依法履职，损害社会公共利益。依据《中华人民共和国基本农田保护条例》第六条、河南省自然资源厅等九部门联合印发的《关于完善自然资源行政执法体制机制促进执法监管长效常治的实施意见（试行）》，宜沟镇政府负有辖区基本农田保护管理、组织实施执行拆除职责。2022 年 12 月 28 日，汤阴县院依法对宜沟镇政府以行政公益诉讼立案。通过现场勘查，查阅行政机关处罚卷宗、询问证人等方式，依法查明：2021 年 3 月 10 日，汤阴县自然资源局针对甲合作社作出行政处罚。因未履行处罚决定，汤阴县自然资源局于 2021 年 6 月 3 日向汤阴县人民法院申请强制执行。汤阴县人民法院裁定由属地宜沟镇政府组织实施拆除违建养殖场。截至 2022 年 12 月，该镇政府仍未执行，社会公共利益持续受到侵害。

汤阴县院与宜沟镇政府召开磋商座谈会，听取意见。宜沟镇政府对应由谁来组织实施、镇政府是否有强制拆除的权力存在较大争议。为厘清行政机关职能，汤阴县院邀请人大代表、政协委员召开公开听证会，并邀请自然资源局的特邀检察官助理参加。听证会上，特邀检察官助理就该案的行政处罚、申请强制执行的经过进行了介绍，对听证员提出的关于土地执法领域的问题进行了专业解答。听证员一致认为，宜沟镇政府负有辖区内基本农田保护管理职责。2022 年 12 月 30 日，汤阴县院依法向该镇政府发出检察建议，督促其执行法院裁定，依法履职，组织实施拆除违建养殖场。

检察建议发出后，汤阴县院持续跟进监督，但在法定期限内，该镇政府未回复检察建议且未采取有效措施对违建养殖场进行拆除，社会公共利益持续处于受侵害状态。

【诉讼过程】

2023 年 3 月 17 日，汤阴县院向汤阴县人民法院提起行政公益诉讼，请求判令宜沟镇人民政府依法全面履行基本农田保护管理职责。4 月 11 日，汤阴县人民法院院长担任审判长开庭审理本案，汤阴县院检察长出庭履职。庭审中，汤阴县院、宜沟镇政府对属地政府是否具有基本农田保护管理职责、宜沟镇政府是否已全面履职等问题进行辩论。4 月 24 日，汤阴县人民法院支持了检察机关的诉讼请求，判决宜沟镇政府在判决生效后二十日内履行职责。判决生效后，汤阴县院持续跟进，该镇政府对违建养殖场进行了拆除并完成复耕。

结合本案，汤阴县院对本县非法占用耕地的情况进行调研，撰写调研报告呈报县委、县政府主要领导后引起高度重视，成立了耕地“非粮化”专项治理督导工作组，督促复耕基本农田 300 余亩。

【典型意义】

检察机关立足耕地资源保护，充分发挥“四大检察”职能一体化的优势，有效衔接行政检察和公益诉讼检察职能，以“诉”的形式推进检察建议“刚性落地”，破解“裁执分离”难题，督促行政机关依法履职。坚持源头治理，通过专题调研形成报告，及时向当地党委、政府汇报，凝聚多方合力治乱复耕，以检察依法履职保障耕地红线和粮食安全。

四川省南江县人民检察院
督促整治违法占用耕地行政公益诉讼案

【关键词】

行政公益诉讼　耕地保护　监管职责争议　共同被告

【要　旨】

针对占用耕地从事生产经营存在行政处罚主体争议影响耕地保护问题，检察机关通过制发检察建议、提起行政公益诉讼等方式督促具有综合监管职责的基层人民政府、土地行政主管部门依法共同履职，有效解决耕地资源监管难题。

【基本案情】

四川省南江县地处秦巴山区腹地，素有“八山一水一分田”之称，人均耕地资源不足1.5亩。2019年至2022年，南江县长赤镇唐某某在未办理用地审批手续情况下，长期占用家庭承包的3.39亩耕地露天堆放砂石并对外销售，同村袁某某租用他人4.8亩承包耕地用于水泥制品的生产、堆放等，同时期该地共有类似占地行为13起，涉及耕地67.2亩。

【调查和督促履职】

2022年9月，四川省南江县人民检察院（以下简称南江县院）在开展耕地保护公益诉讼专项活动中发现唐某某、袁某某等人占地线索，并于2022年9月16日依法启动公益诉讼立案调查程序，经过实地走访、收集书证、现场勘验、委托第三方公司测绘等，查明唐某某、袁某某等人所占土地均为耕地以及该地共有类似占地行为13起，涉及耕地67.2亩。2022年9月26日，南江县院根据《中华人民共和国土地管理法》第三条、第七十七条以及《四川省〈中华人民共和国土地管理法〉实施办法》（2012

年）第四条第三款、第五十四条第二款等规定，分别向长赤镇人民政府和南江县自然资源和规划局（以下简称南江县自规局）制发检察建议，建议长赤镇人民政府履行属地政府监管职责，采取严格措施保护土地资源，制止非法占地行为；建议南江县自规局履行监督检查职责，依法查处违反土地管理法律、法规的占地行为。因新冠疫情、行政权力改革等客观原因，长赤镇人民政府、南江县自规局在制定整改方案后两次申请延期整改。

2022 年底，《南江县赋予乡镇（街道）县级行政权力事项指导目录》等文件对违反规定占用耕地建窑、建坟等行政处罚权力下放至乡镇（街道），但对“堆放砂石、水泥制品压占耕地”的情形由基层政府还是自规局行政处罚未明确规定，故长赤镇人民政府、南江县自规局收到检察建议后，就谁应履行行政处罚职责未达成共识，导致耕地被占问题在两个月以及后续延长整改期限内一直未解决。

【诉讼过程】

南江县院对整改情况评估后认为，南江县政府文件虽未明确占用耕地堆放砂石等违法情形的行政处罚主体，但根据《中华人民共和国土地管理法》第三条、第七十七条以及《四川省〈中华人民共和国土地管理法〉实施办法》（2012 年）第四条第三款、第五十四条第二款等规定，长赤镇人民政府、南江县自规局依然应当履行各自综合监管职责，采取必要措施制止非法占地行为。2023 年 2 月 28 日，由于在整改期限内未依法全面履职，根据《中华人民共和国行政诉讼法》第二十五条第四款规定，南江县院将长赤镇人民政府、南江县自规局作为共同被告，依法向巴中市恩阳区人民法院（行政案件集中管辖法院）提起行政公益诉讼，请求判令长赤镇人民政府、南江县自规局共同履行对违法占地行为的监督管理职责。

案件起诉后，法院召集公益诉讼起诉人与被告单位交换意见，经检察机关释法说理，长赤镇人民政府、南江县自规局认可了关于共同履职的起诉意见，成立联合工作组，制定《长赤镇依法拆除唐某某、袁某某等人违规占地经营工作方案》，并于 2023 年 3 月 7 日联合发出《责令限期拆除通知书》，要求当事人 7 日内拆除已硬化地面及器械，对被占耕地覆土复耕。2023 年 5 月 29 日，经县农业农村局、自然资源和规划局、长赤镇人民政府联合验收，各当事人已拆除硬化地面及器械，案涉土地达到复垦标准。鉴于长赤镇人民政府、南江县自规局已依法全面履行职责，检察公益诉讼目的全部实现，经南江县院建议，法院于 2023 年 6 月 6 日作出终结诉讼裁定。

【典型意义】

耕地保护是一项系统性工作，需要多部门协同履职。实践中，部分地区因行政权力事项调整出现了行政处罚主体争议问题，从而导致违法占地经营等耕地“非农化”问题长期难以解决。检察机关依法履行公益诉讼办案职能，严格按照土地管理法等法律规定，将具有综合监管职责的基层人民政府、土地资源行政主管部门均认定为违法占地行为的监管主体，并通过制发检察建议、提起行政公益诉讼的方式持续督促相关行政机关依法全面履职，查处违法占地经营行为，切实形成整改合力，避免因行政处罚主体争议影响耕地资源保护。

贵州省兴仁市人民检察院
督促整治违法占用耕地行政公益诉讼案

【关键词】

行政公益诉讼　耕地资源保护　持续跟进监督　复垦复耕专项整治

【要　旨】

针对企业违法占用耕地实施建设项目，行政机关对其行政处罚并移送追究刑事责任后，未督促违法企业按要求修复受损耕地的，检察机关通过持续跟进监督，依法提起行政公益诉讼，推动行政机关督促违法企业对违占耕地修复复垦。

【基本案情】

2018 年以来，贵州省甲矿业有限公司兴顺煤矿（以下简称兴顺煤矿）在建设污水处理系统过程中，违法占用耕地 68.89 亩（含基本农田 40.82 亩），严重破坏耕地资源。

【调查和督促履职】

2021 年 4 月 30 日，贵州省兴仁市人民检察院（以下简称兴仁市院）在办理凌某某涉嫌非法占用农用地罪一案中发现该线索。依据《中华人民共和国土地管理法》第六十七条、第七十五条、第七十六条以及《中华人民共和国基本农田保护条例》第三十三条的规定，贵州省兴仁市自然资源局（以下简称市自然资源局）对辖区内耕地保护负有监督管理职责。同日，兴仁市院经初步调查，对市自然资源局以行政公益诉讼立案。兴仁市院通过现场勘查、无人机航拍取证、调取行政执法卷宗、询问相关证人等方式开展调查，查明兴顺煤矿未对破坏的耕地进行修复，市自然资源局未对其履行监管职责。

2021 年 5 月 11 日，兴仁市院向市自然资源局制发检察建议，建议该局依法责令兴顺煤矿对被其破坏的耕地进行修复治理，恢复种植条件，并对兴顺煤矿违法占地的行为进行查处。市自然资源局回复称，已责令兴顺煤矿立即停止违法行为，处以 220.3384 万元的罚款（已缴清），责成兴顺煤矿委托编制《兴顺煤矿拟建污水处理系统地质环境恢复治理实施方案》（以下简称《方案》），按方案要求开展恢复治理工作。

兴仁市院分别于 2021 年 7 月 10 日、10 月 15 日、11 月 25 日跟进监督整改情况，通过实地走访座谈、查阅整改材料，发现兴顺煤矿委托编制的《方案》，主要是矿山地质环境恢复治理，未按照《土地复垦技术标准（试行）》要求编制耕地复垦方案，兴顺煤矿在无监理机构的情况下自行组织施工且未通过验收，被破坏的耕地仍未得到有效修复，国家利益和社会公共利益仍持续受损。

【诉讼过程】

2021 年 12 月 30 日，兴仁市院按照集中管辖相关规定，依法向兴义市人民法院提起行政公益诉讼，诉请判令：一、确认市自然资源局怠于履行监管职责的行为违法；二、责令市自然资源局依法继续履行监管职责，督促兴顺煤矿对其破坏的耕地进行修复治理。

案件审理过程中，市自然资源局督促兴顺煤矿于 2022 年 1 月委托编制《兴顺煤矿临时用地复垦方案报告书》，并按方案要求投入 180 余万元对被破坏的耕地进行了修复，复垦方量达 73000 立方米。同年 3 月 24 日，贵州省地矿局、贵州省地质环境监测院的专家对兴顺煤矿土地复垦进行验收，出具了《兴顺煤矿复垦验收意见书》，确认被破坏的耕地已修复完毕，符合耕种条件。

2022 年 5 月 18 日，兴仁市院向兴义市人民法院撤回继续履行监管职责的诉讼请求。6 月 24 日，法院判决确认市自然资源局怠于履行对土地复垦的监督管理职责的行为违法，市自然资源局服判未上诉。

同年 7 月 27 日，兴仁市院针对市自然资源局在履行耕地保护管理职责方面存在的底数不清、情况不明、执法不规范、监管不到位，受损耕地复垦复耕工作未依法开展等监督管理漏洞，向市自然资源局发出社会治理检察建议，建议其依法开展耕地保护专项整治，建立健全耕地保护管理制度，完善执法检查监督制度。收到检察建议后，兴仁市自然资源局部署开展耕地保护专项整治工作，共排查出 7063 个耕地流出问题图斑，涉及耕地 1.88 万亩，并已依法督促违法行为人开展复垦复耕 1.1 万亩。

【典型意义】

检察机关紧盯被破坏耕地的修复治理，持续跟进监督，通过依法提起行政公益诉讼，推动行政机关督促违法企业对违占耕地复垦复耕。通过制发社会治理检察建议，推动专项整治，完善制度建设，实现耕地保护源头治理。

山东省菏泽市人民检察院诉王某等四人破坏耕地民事公益诉讼案

【关键词】

民事公益诉讼　耕地资源保护　特邀检察官助理　源头治理

【要　旨】

针对耕地上私挖乱采严重破坏土地资源的行为，检察机关借助一体化办案机制提起民事公益诉讼，以"检察官＋司法警察＋技术人员"融合履职的立体化办案模式提高调查取证的精准度，并要求行为人履行复垦义务，及时恢复受损公益。

【基本案情】

2020年10月，河南商丘的王某与相邻山东单县高韦庄镇的王某某等三人达成土地买卖协议，约定由王某出资10万元购买王某某等所在村位于黄河故道村集体耕地里的土方用于填坑。自2020年10月底至12月，王某在未办理任何批准手续的情况下，组织车辆、人员在夜间从该土地上进行非法取土。后经单县自然资源和规划局委托鉴定，涉案土地全部为基本农田，采挖面积5740平方米，因非法取土造成土地的破坏程度为严重毁坏，生态修复费用为21万余元。

【调查和诉讼】

山东省菏泽市单县公安局以王某等人涉嫌非法占用农用地罪移送单县人民检察院（以下简称单县院）审查起诉，2021年12月30日，单县院因王某等人系初犯、偶犯，且有自首情节作出不起诉决定，并将案件线索移交菏泽市人民检察院（以下简称菏泽市院）。2022年1月21日，菏泽市院对王某等人破坏耕地违法行为以民事公益诉讼案立案，发挥一体化办案优势，成立市县两级院联合办案组，围绕王某等人非法挖掘采土、耕作层受损等方面开展联合调查取证，查阅案件卷宗，调取土地现状证明，并采取“检察官 + 司法警察 + 技术人员”模式前往现场实地勘查，查明王某等人在未办理占用手续的情况下，造成基本农田严重破坏，相关刑事程序虽已处理终结，但涉案土地并未复垦，国家利益和社会公共利益仍持续处于受损状态。

2022 年 2 月 8 日，菏泽市院在正义网发布公告，公告期满后没有适格主体提起诉讼。5 月 6 日，菏泽市院依据山东省高级人民法院关于集中管辖的规定向济南铁路运输中级法院提起民事公益诉讼，诉请判令王某等四人对其破坏的耕地进行土地复垦，如不能履行，则承担土地复垦费用人民币 21 万余元。案件起诉后，王某等四人主动表示愿意尽最大努力尽快修复被破坏的耕地。7 月 21 日，在法院的主持下，菏泽市院与王某等四人达成调解协议，由四人限期对被破坏的 5740 平方米耕地进行修复治理和土地复垦，恢复种植条件，并经主管部门验收，土地复垦及验收费用由四人自行承担；如未修复土地或未达到验收条件，四人连带承担生态修复费用 21 万余元，由有资质的机构代为修复。后经过司法公告，济南铁路运输中级法院于 2022 年 9 月 13 日作出民事调解书，对检察机关与王某等四人达成的调解协议予以司法确认。

为保障公益保护的及时、有效性，菏泽市院持续跟进监督，自然资源部门的特邀检察官助理参与案件办理，就土地修复的可能性、修复方案、完成时限及验收等事项进行充分讨论，并结合案件事实，从挖填平整、覆土配肥、作物种植等专业角度对四被告进行有针对性的指导。2023 年 3 月 28 日，单县自然资源和规划局及高韦庄镇政府联合作出验收结论，被破坏耕地已回填复垦完毕，达到耕种条件。

针对办案中发现的其他土地被破坏问题及耕地保护监管漏洞，单县院于 2022 年 5 月 10 日向单县自然资源和规划局制发社会治理检察建议，建议其依法履职严查违法违规用地、强化协作配合、建立耕地保护机制。单县自然资源和规划局于 2022 年 6 月 28 日回复称已在全县范围内开展违法违规用地专项整治工作，整治违法违规占用耕地面积 260 余亩。

【典型意义】

检察机关在办理耕地保护案件中，践行“恢复性司法”理念，依托一体化办案机制优势，将司法警察、技术人员专业特长与检察官办案技能相结合，查明事实并固定证据，以提起民事公益诉讼的方式，要求行为人承担侵权责任，确保受损土地得到有效修复。同时注重做好司法办案“后半篇文章”，以点及面促进耕地保护系统治理。

河北省魏县人民检察院督促履行耕地耕作层剥离监管职责行政公益诉讼案

【关键词】

行政公益诉讼检察建议　土壤资源保护　耕作层剥离　专项整治

【要　旨】

针对工程建设项目征占耕地未剥离优良耕作层，导致适合农作物生长的优质表土流失浪费问题，检察机关通过检察建议，督促行政机关依法履职，落实优质耕作层土壤资源保护及再利用监管职责。

【基本案情】

魏县省道S349束馆至左权公路魏县绕城段改建工程自2022年9月开工，工程项目征收占用农用地，其中耕地在建设过程中未按照耕作层剥离相关规定和技术规范对所占用耕地耕作层进行剥离，造成土壤资源浪费，损害社会公共利益。

【调查和督促履职】

河北省魏县人民检察院（以下简称魏县院）在履行职责中发现本案线索。根据《中华人民共和国土地管理法》《河北省土地管理条例》的规定，魏县自然资源和规划局（以下简称县自规局）负有对优良耕作层剥离工作的管理和指导职责，魏县院遂于2023年4月19日对县自规局以行政公益诉讼立案。通过实地踏查，调取建设项目划拨决定书、土地出让合同，查看土地市场监测、监管系统，最终查明该项目占用农用地104.2公顷（其中耕地97.9公顷，含永久基本农田87.5公顷），施工单位未实施优良耕作层剥离，在耕地上直接堆覆砂石。

2023年4月28日，魏县院向县自规局制发检察建议，建议其做好对省道 S349 改建工程占用耕地的耕作层剥离和再利用的监管工作；加强对建设项目管理人员的监督指导，规范剥离操作方法；建立长效监管机制，及时监督施工单位规范开展剥离工作。

县自规局收到检察建议后，聘请专业公司对该项目耕地耕作层采取“抢救性”剥离措施，共剥离耕作层 10 余公顷，获得优质表土 30 余万立方米，用于水田、梨园等高标准农田改造建设。其余 80 余公顷耕作层被覆盖硬化无法剥离，施工企业按剥离费用赔偿 130 万元，用于公共事业建设项目中的耕地耕作层剥离。同时，该局召集住建、环保、交通部门以及施工单位管理人员学习耕地耕作层保护相关法律法规和技术要求；在全县范围排查建设项目，通知未建项目负责人开工建设前须进行耕地耕作层剥离，要求 8 个未剥离耕作层的在建项目在规定时间内采取补救措施。

5 月 12 日，县自规局回复魏县院称，涉案工程耕作层剥离工作已整改完毕。5 月 15 日，魏县院组织相关部门召开座谈会，听取县自规局整改情况进展，聘请业务专家和第三方评估机构对该项目整改效果进行评估，并通过验收。会后，魏县院将案件办理情况以专题报告形式向当地党委、政府汇报，推动《魏县耕作层剥离再利用实施办法》出台，该实施办法目前已进入审批阶段。

【典型意义】

检察机关积极履行监督职能，将耕地保护延伸至土壤资源保护，聚焦占用耕地建设项目未落实耕作层剥离问题，开展公益诉讼检察监督。推动职能部门将剥离的优良耕作层土壤用于新开垦耕地以及劣质地或者其他耕地的土壤改良，优化土地资源配置。

湖南省郴州市苏仙区人民检察院督促退草还耕行政公益诉讼案

【关键词】

行政公益诉讼检察建议　耕地资源保护　源头治理　助力乡村振兴

【要　旨】

检察机关通过检察建议督促属地政府和行政主管部门协同发力，聚焦违法违规侵占耕地问题，依法履职，推动退草还耕，形成耕地保护合力，共同守牢耕地保护红线和国家粮食安全底线。

【基本案情】

郴州市苏仙区飞天山镇（以下简称飞天山镇）历来为农业重镇。由于种植商业草皮成本低、效益高、利润大，自 20 世纪 90 年代开始，该镇开始发展草皮种植产业，种植面积达 2.7 万亩，成为远近闻名的“草皮镇”。2020 年 5 月，郴州市人民政府要求苏仙区 2020 年底全面完成退草还耕工作，但飞天山镇和平村、高椅岭村等地仍存在占用耕地种植商业草皮的情况，造成几百亩耕地“非农化”、基本农田“非粮化”。

【调查和督促履职】

2022 年 4 月，湖南省郴州市苏仙区人民检察院（以下简称苏仙区院）实地走访飞天山镇查看耕地复耕情况时，发现部分村占用耕地种植商业草皮的问题线索。经初步调查，根据《中华人民共和国土地管理法》的规定，飞天山镇人民政府对辖区内土地负有保护、管理职责，苏仙区自然资源局对土地违法行为负有监督检查职责。5 月 22 日，苏仙区院以行政公益诉讼对上述单位立案调查。经实地勘查、询问证人、咨询专业机构意见等，查明和平村、高椅岭村等地仍有 800 余亩耕地被占用于种植草皮，全年进行多轮种植，致使土地耕作层被破坏，土壤肥力下降，严重损害了国家土地资源，侵害国家利益和社会公共利益。

2022 年 6 月 9 日，苏仙区院向飞天山镇人民政府、苏仙区自然资源局制发检察建议，建议飞天山镇政府积极履行退草还耕的保护管理工作职责，会同自然资源等部门对和平村、高椅岭村等地种植草皮问题限期整改，恢复粮食作物种植，并对全镇违规占用耕地情况进行摸底排查，坚决遏制耕地“非农化”；建议区自然资源局积极采取有效措施清退耕地上的草皮，恢复耕地种植条件并加强辖区内村组耕地使用的监督检查。同日，苏仙区院联合飞天山镇政府、苏仙区自然资源局召开退草还耕整改工作推进会，商议制定耕地恢复方案并有计划推进耕地整改工作。

7 月 21 日，飞天山镇政府、苏仙区自然资源局书面回复称，已依法组织工作人员进村沟通、宣传政策，雇请旋耕机对上述草皮田进行整治清退，并对清退后的地块采取增施肥料、复垦等措施使耕地恢复耕种条件。整改过程中，针对村民不配合、拒绝退草还耕的情况，办案检察官联合村镇干部多次上门走访、释法说理，成功说服两个村组共计 131 户村民退草还耕。经苏仙区院、苏仙区自然资源局实地踏查，案涉 800 余亩耕地全部实现复垦复耕。

2022 年 8 月，苏仙区院对该案进行“回头看”时发现，村民不种草皮如何致富成为一大难题。为深化源头治理，苏仙区院、飞天山镇政府就清退后续工作进行座谈。因清退后的大部分耕地已恢复耕种条件，飞天山镇政府鼓励村民种植水稻、高粱等经济作物或将符合耕种的田地整体流转给种粮大户，推行农业规模经济。截至 2022 年 9 月，飞天山镇实现退草还耕 2 万余亩。

【典型意义】

对于耕地资源受到破坏的情况，检察机关充分发挥公益诉讼检察职能，积极推进耕地保护行政执法和公益诉讼相衔接，将持续强化耕地司法治理与落实好耕地用途管制结合起来，推动辖区耕地保护工作落到实处。同步推进农业产业高质量、规模化发展，利用红岩绿水的丹霞地貌优势，开展多种农业模式，调动村民退草还耕积极性，为乡村振兴注入新活力，实现耕地资源可持续发展。

云南省嵩明县人民检察院
督促保护耕地资源行政公益诉讼案

【关键词】

行政公益诉讼检察建议　耕地资源保护　“耕地复垦 + 追缴税款”

【要　旨】

检察机关积极履行公益诉讼检察职能，在督促行政职能部门履行耕地保护责任的同时，延伸办案触角，同步推动追缴涉案地块产生的耕地占用税。同时，积极开展“回头看”，确保耕地保护落到实处。

【基本案情】

2021 年 12 月以来，嵩明县杨桥街道办上禾社区居民委员会某公司等 22 家单位及个人，未经批准占用耕地堆土、建厂房、建设种植看守房，导致 160 余亩耕地“非农化”“非粮化”。嵩明县自然资源局向责任单位及责任人下发了《责令改正违法行为通知书》，但被占耕地未及时复耕、恢复种植，导致耕地资源破坏，社会公共利益持续处于受侵害状态。

【调查和督促履职】

2022 年，云南省嵩明县人民检察院（以下简称嵩明县院）以检察履职与自然资源主管部门的土地卫片执法检查、耕地非农化整治、耕地非粮化整治等专项工作相结合等方式，系统化筛查辖区内违法占用耕地问题线索，根据《中华人民共和国土地管理法》第五条、第六十七条、第七十五条和《中华人民共和国土地管理法实施条例》等相关法律法规，嵩明县自然资源局负责土地的管理和监督工作。同年 4 月 4 日，嵩明县院对嵩明县自然资源局以行政公益诉讼立案调查，经现场勘查、走访询问、调取行政执法卷宗等方式，发现嵩明县自然资源局对违法行为人存在的未经批准占地进行场地平整、占地建设养鸡、养鸭棚、堆填土等情况下发了《责令改正违法行为通知书》，但耕地被非法占用的状态未能及时消除，被破坏的耕地未能及时复垦，公共利益持续处于受侵害状态，嵩明县自然资源局未全面履行法定责任。

2022年4月5日至4月18日，嵩明县院依据查明的事实，针对占用耕地建设养鸡、养鸭棚、堆填土等不同违法行为，向嵩明县自然资源局发出多份检察建议，督促自然资源主管部门依法全面履职，责令违法行为人退还被非法占用的土地，恢复耕地种植条件，并对辖区内同类问题进行排查整治。

针对检察机关发出的检察建议，嵩明县自然资源局高度重视，及时与检察机关沟通，因涉案耕地拆除难度大等客观原因难以在规定期限内整改完毕，嵩明县自然资源局制定了具体可行的整改方案，及时向检察机关说明情况。2022年12月19日，嵩明县自然资源局向嵩明县院书面回复称，违法占用耕地已全部退还，涉案160余亩耕地得到复耕。

嵩明县院以办理耕地保护案件作为切口，通过数据比对发现涉案地块未缴纳耕地占用税，根据《中华人民共和国耕地占用税法》《中华人民共和国耕地占用税法实施办法》及《云南省贯彻落实耕地占用税法实施办法》等相关法律规定，嵩明县税务局、嵩明县自然资源局未全面履行依法收缴耕地占用税的法定职责，税收管理存在漏洞，耕地占用税未能及时、足额收缴入库。2022年6月7日，嵩明县院对欠缴耕地占用税问题立案调查。同年6月24日，依法向嵩明县税务局、嵩明县自然资源局发出检察建议，督促其依法追缴欠缴税款。

收到检察建议后，被建议单位共享了涉税信息，并开展对应征户欠缴耕地占用税的追缴工作。因涉案的单位、企业分布范围广、企业资金困难等客观原因难以在规定期限内整改完毕，嵩明县税务局积极与嵩明县院沟通协调，由局领导班子带队推进持续整改，在不同时间节点及时向检察机关反馈税收征缴情况。2023年5月9日，嵩明县税务局书面回复嵩明县院称，共督促追缴税款及滞纳金1318.40万元。

2023年6月28日，为确保监督质效，嵩明县院邀请政协委员、人民监督员、听证员，以“现场勘查＋公开听证”的方式，对行政机关整改落实情况进行“回头看”，发现违法占用耕地问题得到有效治理，涉案耕地全部得到复垦。

【典型意义】

检察机关充分发挥公益诉讼检察在耕地保护中的职能作用，依法制发检察建议督促土地复垦，并采用检察监督与行政执法专项相结合的方式系统化筛查违法占用耕地类案监督线索，实现区域内耕地违法问题系统化、长效化治理，不断提升耕地公益司法保护效能。同时，延伸办案触角，以耕地保护个案为“小切口”，推动涉案地块产生的耕地占用税追缴，同步守牢耕地保护红线、粮食安全底线、国有财产安全防线。

上海市奉贤区人民检察院督促整治某砖瓦厂非法占用耕地资源行政公益诉讼案

【关键词】

行政公益诉讼检察建议　耕地资源保护　源头治理

【要　旨】

针对非法利用耕地，长期开展“非农化”经营活动问题，检察机关可通过引入“外脑”等方式，厘清多部门职权交叉问题，精准督促行政机关依法查处违法侵占耕地行为。在跟进监督后续土地复垦工作时，可依托大数据监督模型，确保耕地资源得到长效保护。

【基本案情】

上海市奉贤区四团镇四团村内一块约3000平方米的耕地，被违法占用从事水泥砖瓦生产加工活动十余年，长期的“非农化”经营导致该地块土地硬化、丧失种植条件。该地块紧邻河道，周边耕地众多、村居密集，相关水泥砖瓦厂未依法采取有效的环保措施，产生扬尘、噪音污染，严重影响周边群众生产生活，群众信访举报不断，相关问题未得到有效解决。

【调查和督促履职】

2021年12月以来，上海市奉贤区人民检察院（以下简称奉贤区院）通过上海检察机关公益诉讼全息办案智能辅助系统陆续发现数十条关于奉贤区四团镇某砖瓦厂占用耕地、噪音扰民、扬尘污染的12345市民举报线索。

奉贤区院经数次勘验现场、走访询问相关人员并调取土地性质和行政执法材料，查明实际经营人杨某自2021年4月起，占用3416.91平方米耕地经营砖瓦厂，未办理相关耕地转用手续、未办理营业执照和环评手续，生产、加工、运输中未采取任何环保措施。在杨某经营前，某建筑材料公司已在案涉地块经营十年砖瓦厂，因2020年5月奉贤区生态环境局仅处理环境污染问题，并未解决非法占用耕地问题，导致违法占用耕地和环境污染问题多次返潮。根据《中华人民共和国土地管理法》的规定，奉贤区规划和自然资源局（以下简称奉贤区规资局）对土地违法行为负有监督检查职责；奉贤区四团镇人民政府（以下简称四团镇政府）对辖区内土地负有保护、管理职责。2022年3月15日，奉贤区院以行政公益诉讼对上述单位立案调查。

2022年6月22日，奉贤区院邀请奉贤区政协委员、奉贤区人民监督员、"益心为公"志愿者担任听证员参加本案公开听证会。听证员评议一致认为，案涉地块公益受损根源是相关行政机关未能依法履行土地监管和耕地保护职责，检察机关应依法跟进监督。

2022年6月24日，奉贤区院分别向奉贤区规资局和四团镇政府制发检察建议，建议奉贤区规资局依法履行土地监管职责，及时查处违法占耕行为；建议四团镇政府落实耕地保护主体责任，采取有效措施恢复土地种植条件。8月20日，四团镇政府书面回函表示，已联合相关部门要求违法行为人限期整改，并按计划逐步推进该地块清场、拆违、复耕工作。8月24日，奉贤区规资局书面回函表示，已依法责令案涉砖瓦厂停止违法行为、恢复土地原状，并督促四团镇政府根据整治计划做好违法占用耕地整改工作。

2022年11月29日，奉贤区院跟进监督了解到，案涉砖瓦厂完成清场搬离，地块上违法建筑被全部拆除，已硬化的土地被重新翻垦。2023年2月3日，奉贤区院开展"回头看"的同时召开公开听证，生态环境保护研究所专家和"益心为公"志愿者全程参与并担任听证员，整改效果得到听证员一致认可。2023年3月，四团镇政府根据听证专家意见，委托专业机构开展土壤和地下水环境监测和检测工作，经检测，案涉地块土壤、地下水各项检测值均符合国家相关标准限值。为规避面源污染等问题，经奉贤区规资局、奉贤区绿化市容局审批，该地块被纳入生态公益林项目，种植工作已完成。

上海市奉贤区是全国农村宅基地制度改革试点地区，相关占用的耕地资源案件较多。奉贤区院根据整治农村乱占耕地建房的相关要求，依托12345市民热线平台、行政执法信息、违法用地图斑等数据，构建奉贤区耕地保护大数据类案监督模型。自 2022 年 6 月起至今，依靠该模型推动耕地保护 94.15 亩。

【典型意义】

对时间跨度长、群众反映多、解决难度大等违法占用耕地问题，检察机关通过公开听证、邀请专家学者、“益心为公”志愿者、人民监督员等“外脑”参与办案，助力检察机关明晰公益受损根源，精准督促相关行政机关依法履职。办案后，依托大数据赋能开展类案监督，推动耕地资源保护工作高质效发展。

吉林省人民检察院长春林区分院督促整治豚草入侵破坏黑土地资源行政公益诉讼系列案

【关键词】

行政公益诉讼检察建议　黑土地保护　外来物种入侵　一体化办案　立法建议

【要　旨】

对外来入侵物种破坏黑土地资源、生态安全等公益损害问题，检察机关积极履行公益诉讼检察职能，充分运用大数据建模预警、卫星遥感图像比对、专家咨询、志愿者参与等手段和方式，通过指定管辖、一体化统筹、跨区域办案督促行政机关依法履职、集中整治，推动协同治理、完善地方立法，形成群防群治的公益保护格局。

【基本案情】

豚草是一种世界性恶性杂草，分别于 2003 年、2010 年被列入第一批和第二批《中国外来入侵物种名单》，豚草吸肥能力和再生能力极强，消耗土地中的大量水分和营养，造成土壤干旱贫瘠，且能与所有旱地作物混杂生长，易导致作物大面积撂荒，甚至绝收。近年来，豚草入侵在吉林省呈逐年快速蔓延趋势，且大面积入侵耕地，混杂在玉米、大豆等农作物中生长，造成粮食减产，破坏黑土地资源。

【调查和督促履职】

吉林省人民检察院长春林区分院（以下简称长春林区分院）在“检察长巡田”中发现本案线索，于 2022 年 6 月 23 日将线索移送至吉林省人民检察院（以下简称吉林省院）。考虑豚草治理的专业性特点，为保证案件效果，吉林省院于 6 月 24 日将长春市、吉林市、四平市、辽源市四地区的外来入侵物种豚草治理公益诉讼检察监督案件指定长春林区分院集中跨区域办理。6月25日，长春林区分院牵头组建了分院、涉案地检察机关办案骨干构成的一体化专案组，吉林省院以调用方式选派2名检察官全程参与案件办理。

2022年6月25日，长春林区分院对豚草入侵线索立案调查，并利用大数据筛查、卫星遥感、无人机航拍等多种技术手段展开工作。针对豚草蔓延分布广、线索发现隐蔽、治理效果比对难等问题，搭建了豚草治理展示预警模型的公益诉讼检察监督大数据平台，用于整合、比对豚草治理相关数据信息。经调查，在长春市、吉林市、四平市、辽源市四地90余万亩范围的地块内，发现300多个豚草大面积生长点位，其中一些点位的三裂叶豚草生长近三米高，矮豚草高度也接近一米，且集中连片生长，呈现蔓延态势，并已大面积入侵耕地。

依据《中华人民共和国生物安全法》第十三条第一款、《外来入侵物种管理办法》第五条的规定，县级以上人民政府、农业农村、林业草原等行政主管部门对外来物种入侵负有相应监管职责，长春林区分院陆续对案涉地农业农村局、林业和草原局等行政机关分别立案。2022年7月12日至7月20日，专案组与四地区多家行政机关就豚草治理工作进行磋商，发现豚草治理涉及多部门协作，部分区域职责界限不清，需要政府统筹协调。7月21日起，专案组分别召开了由四地政府和24家行政机关参加的5场听证会，邀请了包括全国人大代表、省人大代表、市政协委员、人民监督员、专家学者在内的25人作为听证员，进一步厘清了行政机关职责分工，推动行政机关建立涵盖监测与预警、治理与修复的长效工作机制，并确定了人工拔除、药物治理、常态化监控等治理措施。

2022年7月31日至9月1日，长春林区分院分别向四地政府发出风险提示函、向各负有行政监管职责的行政机关发出检察建议，要求其全面履职，推动开展清理工作。

收到检察建议后，四地区的市级政府及相关行政机关相继就豚草治理工作组织召开专题会议，制定工作方案，建立台账及定点检测预警机制，并利用电视、广播、微信公众号等媒介进行豚草防治宣传。长春市政府组织11家行政单位对重点区域地毯式排查整治；四平市政府实施“七步工作法”上下联动共同治理；辽源市政府、吉林市政府对豚草易发区域重点排查，逐片、逐块进行清除；检察机关同步推动建立“清除豚草志愿者团队”，发动广大群众积极参与豚草治理，并邀请吉林农业大学教授为四地行政机关负责豚草治理工作的工作人员进行培训。

截至 2022 年 10 月底，四地区已完成当年的清理工作，共计 7.9 万亩土地范围内的豚草被清理，其中清除耕地地块豚草 3.1 万余亩。

针对外来物种入侵对黑土地造成的侵害、地方立法不完善问题，吉林省院向省人大常委会提出立法建议，建议在 2023 年 4 月 1 日实施的《吉林省黑土地保护条例》修订稿中增加防治外来物种入侵的内容并得到采纳。

【典型意义】

针对外来入侵物种破坏黑土地资源的问题，检察机关运用“田长 + 检察长”工作机制，通过专家咨询、科技赋能、志愿者参与等方式调查核实、固定证据，把大数据运用充分融入检察办案全过程，提升工作质效。通过指定管辖、一体化办案机制破解了跨行政区域办案的层级、能力、管辖、技术等实践难题，督促行政机关全面履职、协同共治，实现了豚草破坏黑土地资源的集中整治、风险预防和综合治理。通过推动地方立法完善，形成长效保护机制。

湖北省麻城市人民检察院督促整治非法占用永久基本农田行政公益诉讼案

【关键词】

行政公益诉讼　耕地资源保护　永久基本农田　持续跟进监督

【要　旨】

对于非法占用永久基本农田建设工业厂房的违法行为，检察机关提出检察建议督促履职后，行政机关虽作出行政处罚决定，但未在法定期限内申请法院强制执行，土地违法行为持续存在的，检察机关依法向人民法院提起行政公益诉讼。

【基本案情】

2016年6月，湖北甲工贸有限责任公司（以下简称工贸公司）未经批准，擅自在其流转承包的位于湖北省麻城市中馆驿镇的土地上建造水泥制品生产厂房及经营用房，非法占用耕地面积7.58亩，其中永久基本农田3.82亩，一般耕地3.76亩。

【调查和督促履职】

2021年10月，湖北省麻城市人民检察院（以下简称麻城市院）在农村乱占耕地建房公益诉讼专项监督行动中发现该线索。根据《中华人民共和国土地管理法》第五条、第六十七条、第七十五条和《中华人民共和国基本农田保护条例》第六条、第三十三条的规定，麻城市自然资源和规划局（以下简称麻城市自规局）对工贸公司非法占用耕地建房的违法行为负有法定监管职责。同年10月12日，麻城市院经初步调查，对麻城市自规局以行政公益诉讼立案。麻城市院经调阅国土资源巡查台账和执法记录、现场勘查拍照、询问企业和国土资源所负责人、委托测绘、调取土地利用现状分类表和企业占用永久基本农田情况说明，查明：工贸公司非法占用永久基本农田及一般耕地建设厂房，麻城市自规局对其违法行为未依法履行监管职责。

10月15日，麻城市院向麻城市自规局制发检察建议，建议该局履行法定监督管理职责，采取有效措施恢复土地原状。12月8日，麻城市自规局书面回复称，该局于2021年11月23日向工贸公司下达行政处罚决定书，责令该公司限期拆除建设的厂房及附属设施，对占用的基本农田限期改正或治理，恢复种植条件，并处以罚款共计149363元。该局已督促工贸公司在法定期限内履行行政处罚决定，工贸公司占用的部分基本农田已清退并恢复种植条件。下一步将对该公司占用的部分土地进行调整补划，提交省自然资源厅审核后及时补办用地手续。

2022年1月15日，因麻城市自规局在整改期限内已依法作出行政决定，麻城市院决定中止审查。

2022年7月19日，麻城市院经跟进监督，发现工贸公司占用的基本农田仅部分清场，仍堆放大量建筑材料，非法建设的厂房仍未拆除，且均未恢复耕种条件，麻城市自规局在法定期限内未申请法院强制执行其作出的行政处罚决定。同年7月25日，麻城市院认为该案符合《人民检察院公益诉讼办案规则》第六十八条规定的情形，决定恢复审查。

【诉讼过程】

2022年8月25日，麻城市院依法向麻城市人民法院提起行政公益诉讼，请求判令麻城市自规局继续履行法定监督管理职责，采取有效措施恢复土地原状，保护耕地资源。

10月19日，麻城市人民法院公开开庭审理本案。麻城市自规局答辩称已履行法定职责。麻城市院发表辩论意见认为：麻城市自规局在检察机关向其发出检察建议后，虽依法作出限期拆除、限期恢复等行政处罚决定，但在工贸公司不申请复议、不提起诉讼、不履行行政决定的情况下，逾期未申请法院强制执行，属于不依法履行职责的情形。

10月25日，麻城市人民法院作出一审判决，判令麻城市自规局继续全面履行法定监督管理职责，积极采取有效措施督促工贸公司将非法占用的土地恢复原状。麻城市自规局未提出上诉。

判决生效后，麻城市自规局积极履行职责，督促工贸公司拆除被占耕地上的建筑物，恢复涉案土地耕种条件。经验收，案涉土地已恢复耕种条件。

【典型意义】

永久基本农田是国家依法划定的特殊耕地，对非法占用永久基本农田建设工业厂房的违法行为，检察机关发挥公益诉讼检察职能，守牢耕地保护红线。对于经检察建议督促后，行政机关虽依法作出行政处罚决定，但超过法定期限未申请法院强制执行，公益损害仍然持续存在的，检察机关持续跟进监督，依法提起行政公益诉讼，以“诉”的刚性督促行政机关履行监督管理职责，促进依法行政。

十七、安全生产检察公益诉讼典型案例

（2023 年 9 月 28 日）

强化源头治理，前移安全生产守护端口

——最高检公益诉讼检察厅负责人就安全生产检察公益诉讼典型案例答记者问

瓶装液化石油气非法充装；小区建设工程施工中未做加固处理导致山体滑坡；天然气管线违法下穿多条铁路线危及高铁运行安全；群租自建房存在的重大消防安全隐患……这些案例出现在 2023 年 9 月 28 日最高人民检察院发布的安全生产检察公益诉讼典型案例中，与群众生产生活密切相关。这些案例有什么典型意义？检察公益诉讼如何发挥作用遏制重特大事故的发生？最高检公益诉讼检察厅厅长徐向春就此回答了记者提问。

问：发布本批典型案例的背景和主要考虑是什么？

答：安全生产是民生大事，事关人民福祉，事关经济社会大局，一丝一毫不能放松。党的二十大报告提出“提高公共安全治理水平”“推动公共安全治理模式向事前预防转型”。安全生产是公共安全体系的重要组成部分。党的十八大以来，习近平总书记高度重视安全生产工作，提出一系列重要论述，作出一系列重要指示，要求以对人民极端负责的精神抓好安全生产工作。近年来，我国安全生产形势不断好转但依然严峻复杂，各类事故隐患和安全风险交织叠加，部分行业领域事故相对频发，造成群死群伤的重特大事故仍时有发生。

2023 年 9 月是《中华人民共和国安全生产法》正式将安全生产纳入检察公益诉讼法定领域两周年。两年来，检察机关坚持以人民为中心的发展思想，充分发挥公益诉讼检察职能作用，在安全生产领域不懈探索、持续发力，不断增强发现关键点位隐蔽性安全隐患及监管盲区的敏锐性，努力做到行业领域全覆盖、监督点位无遗漏，不断织密安全生产“防护网”，推动安全生产源头治理，守护群众生命财产安全。2021 年 9 月至 2023 年

8月，全国检察机关共立案办理安全生产领域公益诉讼案件4万余件、起诉100余件。我们发布这批典型案例旨在深入贯彻落实党的二十大精神，促进各级公益诉讼检察部门更加准确把握安全生产领域公益诉讼检察工作的新理念及新要求，通过高质效办理每一起安全生产公益诉讼案件，努力推动化解重大安全隐患，切实防范遏制重特大事故发生，推动构筑大安全大应急框架和安全生产治理模式向事前预防转型，助力更高水平的平安中国建设。

问：本批典型案例有什么特点？具有什么典型意义？

答：本批案例涉及燃气、建设工程、交通运输、消防、矿山、危化品、工贸行业等多个行业领域，监督的行业领域覆盖面广、违法类型多，集中呈现了检察机关办理各类型安全生产领域公益诉讼案件的做法和成效，为下一步工作的开展提供了可推广、可复制的经验。主要特点和典型意义如下：

一是突出预防性司法理念，重在防范化解重大风险隐患。对安全生产涉及的公益侵害，公益诉讼检察关注的重点不是已经发生的安全事故和实然侵害，而应是重大风险和隐患。山西省晋城市人民检察院以整治矿用人员定位系统设备安全隐患为切入点，以点带面推动行政机关对全市115座正常生产建设煤矿开展为期4个月的专项检查，构建全流程管控、全方面检查、全覆盖监管工作机制，建立煤矿企业矿用电器设备黑名单制度，有效防范煤炭行业安全生产隐患。北京铁路运输检察院督促行政机关依法对互联网平台上违法发布的出售、出租“改装加油车”“伪装加油车”等视频、图片、文字信息加强监管，推动对成品油各环节的行政监管向网络空间延伸，形成打击成品油违法行为的“线上+线下”完整闭环。

二是着眼重点行业领域发力，为统筹发展与安全提供有力法治保障。水利工程是关系国计民生的重要基础设施，天津市人民检察院第二分院针对水利工程存在质量隐患等突出问题，聚焦水利工程各参建单位责任，通过检察建议推动行政监管部门分类施策、压实责任、系统整改；针对天然气管线违法下穿多条铁路线危及高铁运行安全问题，安徽省长丰县人民检察院、合肥铁路运输检察院通过“路地”协作，促使企业对整改方案进行全面科学调整，并建立检察机关与沿线乡镇政府、行政机关各部门之间的重大隐患报告、线索移送、调查配合等协同履职长效机制，前移安全生产的守护端口，服务保障铁路运输安全大局。

三是立足区域特色，助力解决行业领域安全生产顽瘴痼疾。江苏省宝应县因其独特的荷藕文化和完整的产业链被国家命名为“中国荷藕之乡”，该县检察院在办理公益诉讼案件中精准督促整治荷藕行业有限空间生产作业行为不规范问题，并推动开展县域荷藕行业生产安全专项整治，服务地方特色产业行业治理和品牌打造，为地方经济社会发展创造更加良好的安全生产环境。28家藕行完成有限空间作业安全专项整改，行政机关对藕行安全管理和作业现场进行安全风险分级管控，并实行分级监管，强化行业协会自律作用，促成省莲藕协会制定行业安全生产操作规范。

四是优化办案方式，确保取得实效。针对建设工程施工中存在的安全隐患，吉林省通化市东昌区人民检察院在确保办案质量和遵循法定程序的前提下提高办案效率，从发现线索、立案办理、召开磋商会议到制发检察建议仅用36小时，督促行政机关采取应急处置措施，重新完善工程设计施工方案，防止危险进一步扩大；贵州省六盘水市盘州市人民检察院在办案中针对化工企业生产安全监管职能交叉、机制不全、监管缺失，向行政机关制发社会治理检察建议，推动开展企业安全生产专项整治工作，促进机制建设堵塞监管漏洞。

问：安全生产领域涉及面广，部分行业领域安全事故时有发生，人民群众关注密切、反映强烈，可否举例说明检察机关在相关案件办理过程中是如何通过发挥公益诉讼检察职能遏制重特大事故发生的？

答：安全生产事故往往会造成复杂的公益损害后果，安全生产公益诉讼的制度价值在于防未病、治未然。当前，安全生产风险隐患呈现多样化、复杂化，部分领域安全生产事故多发、频发，检察机关以民生领域为重点，更加关注隐患产生原因，精准排查隐患，着力拓展监督深度，通过实施数字检察战略，切入根本、管住源头，以检察工作现代化服务中国式现代化。

如，2023年宁夏银川富洋烧烤店“6·21”特别重大燃气爆炸事故发生后，习近平总书记作出重要指示，要求加强重点行业重点领域安全监管，切实保障人民群众生命财产安全。最高检公益诉讼检察厅迅速下发通知，要求全国检察机关公益诉讼检察部门加强安全生产领域公益诉讼工作，助推安全生产风险专项整治，督促整治了一批突出问题。其中，鉴于燃气安全事故具有突发性、社会性、复杂性和严重危害性等特点，检察机关将保护关口前移，坚决遏制燃气事故多发势头。四川省金堂县人民检察院针对餐饮、家庭日常广泛使用的瓶装液化石油气的非法充装安全隐患，运用现代化监督方式“抓前端、治未病”，将大数据和司法工作深度融合，设计应用大数据法律监督模型，精准发现了燃气监管难发现的苗头性、普遍性的在液化石油气中违法充装二甲醚的安全隐患，通过类案监督，推动经信、市场、税务等部门搭建数据共享机制，助推相关部门深入开展燃气安全隐患大排查大整治，助力及时有效减少燃气安全隐患，切实保障人民群众生命财产安全。

问：下一步，安全生产领域公益诉讼检察工作还会有哪些重点举措？

答：新一届最高检党组强调公益诉讼检察重在突出“精准性”“规范性”，敢于以“诉”的确认体现司法价值引领，让“高质效办好每一个案件”成为新时代新征程检察履职办案的基本价值追求。下一步，我们将深入学习贯彻习近平总书记关于安全生产等公共安全一系列重要指示批示精神和最高检党组部署要求，以“时时放心不下”的责任感持续推动安全生产领域公益诉讼检察工作，积极稳妥探索其他公共安全领域公益诉讼检察工作，切实把主题教育成果转化为解难题促发展的强大动力，强化法律监督，推动完善安全监管体系，防范重大安全风险，最大限度保护人民群众生命和财产安全，为建设更高水平的平安中国作出公益诉讼检察应有的贡献。

一是进一步提升办案质效，切实督促整治重大安全风险隐患。密切关注社会热点难点问题特别是与群众息息相关、社会影响较大的消防、燃气、交通运输、工程建设、危化品、易燃易爆物品等行业领域的安全隐患，坚持什么问题突出就督促整治什么问题，多办有影响、效果好的案件。密切关注全国重大事故隐患专项排查整治 2023 行动进展情况，适时跟进督促整治仍未解决的重大隐患。针对整改不到位的，敢于监督、善于监督，通过提起诉讼的方式强化监督效果，更合理精准确定诉讼请求，更充分履行出庭职责，提升办案质效和司法公信力。注重运用向党委政府报送专项调研报告等方式提炼研究成果，推动破解深层次突出问题，强化源头治理。最高检公益诉讼检察厅正在研究制定、争取年内出台安全生产领域公益诉讼检察办案指引，进一步明确和细化案件办理流程和标准，以指导各地更加精准、规范办案。

二是提升协作效能，凝聚安全生产公益保护合力。我们要求各级公益诉讼检察部门树立系统观念和“一盘棋”意识，认真落实检察机关一体履职、综合履职要求，在纵向、横向、跨区域一体履职上着力，畅通线索流转，形成监督合力。针对多发的安全生产隐患，上级院要重视和统筹相关数字检察监督模型研发运用，指导下级院高效开展类案监督。加强与应急管理、交通运输、住房和城乡建设等部门协作配合，提升保护效能。

三是进一步提升公众参与度，推动营造公共安全共防共治格局。公共安全需要公众守望。检察机关在加强学习研究、提升自身能力素质的同时，将更加注重引导发挥公众力量参与安全生产等公共安全治理。我们将充分利用人大代表、政协委员、“益心为公”志愿者、人民监督员等社会群体行业分布广、专业领域丰富的优势开展专业咨询、公开听证、协助跟进整改情况等工作，为安全生产等公共安全领域公益诉讼案件办理以及检察公益诉讼专门立法提供智力支持。结合办案督促和支持有关方面深入开展多形式安全生产宣传工作，提升公众安全意识和避险逃生能力，营造全社会关心参与安全生产的浓厚氛围。

四川省金堂县人民检察院督促整治瓶装液化石油气非法充装安全隐患行政公益诉讼案

【关键词】

行政公益诉讼检察建议　安全生产　燃气安全　大数据法律监督模型　瓶装液化石油气非法充装

【要　旨】

针对瓶装液化石油气经营非法充装监管难题，检察机关构建大数据法律监督模型精准发现案件线索，依法发挥公益诉讼检察职能作用，督促市场监管部门有效整治燃气安全隐患，推动落实企业安全生产主体责任，提升燃气安全隐患防范精准性。

【基本案情】

金堂县某燃气有限责任公司（以下简称某燃气公司）于2005年成立，系金堂县唯一一家具有液化石油气经营许可的燃气生产和供应企业，年均供应量3000余吨。检察机关在履行职责中发现，该公司充装销售的部分瓶装液化石油气检出二甲醚成分，且液化石油气中的C3+C4烃类组分、C5及C5以上烃类组分不符合技术要求。瓶装液化石油气中的二甲醚对钢瓶密封圈橡胶具有较强腐蚀作用，易导致钢瓶阀门漏气；C5及C5以上烃类组分沸点高，不容易气化，含量过高会使液化石油气在燃烧时形成的残液变多，持续燃烧时间缩短，且易对燃气灶具造成污染甚至堵塞。某燃气公司经营的瓶装液化石油气存在较大安全隐患，损害社会公共利益。

【调查和督促履职】

2023年初，四川省成都市人民检察院（以下简称成都市检察院）经对崇州、邛崃、大邑等检察院办理的多起液化石油气经营企业非法经营刑事案件进行分析发现，因部门间的数据壁垒导致瓶装液化石油气非法充装二甲醚监管难度大，遂着手构建瓶装液化气行业安全生产类案监督模型。通过获取经信、税务、市场监管等多个部门的燃气经营许可、燃气经营企业购气抵扣税款、液化石油气气瓶充装二维码等百万余条数据，碰撞分析出瓶装液化石油气充装销售量与液化石油气购买量之间存在的数量差，由此判断存在掺混风险。2023 年 6 月 10 日，四川省金堂县人民检察院（以下简称金堂县检察院）接到由成都市检察院通过该监督模型推送的线索：金堂县某燃气公司 2023 年 5 月至 6 月瓶装液化石油气充装销售量远大于液化石油气购买量，可能存在瓶装液化石油气非法掺混情形，具有安全隐患。

金堂县检察院于 2023 年 6 月 13 日立案调查，走访大数据监督模型推送线索时间段内使用该公司瓶装液化石油气的多家餐饮门店，调取液化石油气瓶作为物证，并委托该院技术部门按照危险化学品管理规范封存送检，通过询问餐饮经营者、委托技术检测、进行专家咨询等调查取证工作，证实某燃气公司于 2023 年 5 月 4 日、5 月 22 日、6 月 8 日充装销售的瓶装液化石油气检出二甲醚成分，且液化石油气中的 C3+C4 烃类组分、C5 及 C5 以上烃类组分实测值均不符合 GB 11174—2011《液化石油气》国家标准要求，相关职能部门未依照《城镇燃气管理条例》《液化石油气》国家标准等法律法规和国家标准履行监管职责。2023 年 7 月 4 日，金堂县检察院向县市场监督管理局（以下简称县市场监管局）制发检察建议，建议其对金堂县某燃气公司销售不合格液化石油气存在安全隐患的行为依法履行监管职责。县市场监管局于 2023 年 7 月 12 日对公司负责人进行约谈，责令该公司立即停止违法行为并限期整改。某燃气公司立即对下辖的 4 个配送点进行全面排查，发现非法掺混、超期未检等“问题瓶”147 个，立即封存后移交气瓶检验机构进行报废处理。为确保整改到位，县市场监管局对该公司的整改情况组织复查，对在营液化石油气进行抽检，抽检结果显示各项指标均已达标。在县市场监管局的指导下，某燃气公司进一步健全安全生产规章制度，加强配送点人员管理，建立自有产权气瓶进出使用台账管理机制，提升气瓶充装追溯体系建设和监管水平，常态化排查跟踪长期未归异常气瓶，并就异常气瓶开展精准抽查检测，切实强化燃气经营者安全生产主体责任。

此外，成都市检察院运用该法律监督模型向其他 13 个基层检察院推送涉19个燃气经营企业非法充装公益诉讼线索19条，立案办理10件。同时，在全市部署检察机关燃气安全公益诉讼专项监督，共查处瓶装液化石油气违法违规行为96起，暂扣液化石油气钢瓶3503只，刑事、行政拘留6人。

【典型意义】

检察机关针对瓶装液化石油气经营非法充装监管难问题，以“数字革命”赋能新时代法律监督提质增效，通过解析共性问题、提炼监督规则、获取多源数据，构建瓶装液化气行业安全生产类案监督模型，精准发现瓶装液化石油气非法充装类型线索，上下一体精准规范开展类案监督；推动行政机关指导燃气经营企业建立健全自有产权气瓶台账管理及异常气瓶精准抽查检测制度，进一步强化燃气经营企业安全生产主体责任；全链条梳理燃气经营、运输、销售、使用各环节安全隐患突出问题，堵塞安全监管漏洞，助力消除燃气安全隐患。

北京铁路运输检察院督促履行对互联网平台违法发布危害安全生产音视频信息监管职责行政公益诉讼案

【关键词】

行政公益诉讼检察建议　安全生产　互联网文化管理　源头治理

【要　旨】

针对专项监督活动中发现改装加油车违法从事成品油经营活动危害安全生产的问题，检察机关坚持“线下＋线上”一体监督、源头治理的理念，对互联网平台发布出售、出租“改装加油车”“伪装加油车”等违法音视频信息的行为，督促行政机关依法履职，加大对网络音视频领域违法行为的监管执法力度，营造风清气正的网络文化空间，助力消除和防范安全生产隐患。

【基本案情】

北京市人民检察院在开展成品油相关大数据法律监督模型试用专项工作中发现，部分互联网平台发布含有“改装加油车”“定做伪装加油车”等内容的音视频，宣扬可以通过添加加油枪、流量计价器、油罐等将货车、洒水车等机动车改装成加油车的信息。

【调查和督促履职】

北京市人民检察院于2022年10月21日将上述案件线索交由北京铁路运输检察院（以下简称北京铁检院）办理。北京铁检院于2022年10月26日决定立案调查。该院对位于北京市的互联网平台进行大数据筛查，发现位于北京市某区的8家互联网平台上存在“改装加油车”“改装加油车出售”“伪装加油车”等相关视频、图片、文字累计985条。经审查认为，伪装改装加油车需在原车辆内添加加油枪、流量计价器以及油罐等部件，属于《中华人民共和国道路交通安全法》第十六条第一项规定的禁止性行为以及《机动车登记规定》中不予变更登记的行为，故在互联网上发布的上述涉及伪装改装加油车的视频、图片、文字等信息属于法律、行政法规禁止的内容。上述有害信息通过公共网络传播，受众面广，为伪装改装加油车的违法行为提供了不良引导和实现渠道，增加了伪装改装加油车上路、非法提供流动加油服务的风险，具有传播违法信息、危害安全生产，侵害社会公共利益的现实危险。北京铁检院经调查查明，涉案8家平台均取得所在辖区文化行政部门核发的《网络文化经营许可证》，作为互联网文化单位通过互联网生产、传播、流通音视频等互联网文化产品。根据《网络音视频信息服务管理规定》第十八条、《互联网文化管理暂行规定》第二十八条以及《北京市行政处罚权力清单》的相关规定，平台所在地文化行政部门对平台提供含有法律、行政法规禁止的互联网文化产品的违法行为负有监督管理职责。

2022年11月14日，北京铁检院向该区文化行政部门发出检察建议，建议其依法履行监督管理职责，对相关违法行为进行查处，并督促该部门进一步加强对辖区内互联网文化市场信息发布行为的监督管理，督促辖区内互联网平台持续完善信息审核机制，切实消除安全生产隐患。同时，为进一步实现源头治理，对在涉案平台中发布“伪装加油车”“改装加油车”等信息的线下实体改装加油车经营单位，北京铁检院通过相关交易信息进行跟踪，将调查发现的可能涉及改装加油车、使用车载加油机提供流动加油服务的人员、公司，向河南、山东等多地移送线索8件。

2023年1月，北京铁检院收到相关文化行政部门书面回复：已成立工作专班，部署了“改装、伪装加油车”视频专项清理整治工作，对8个互联网平台涉及违法信息问题开展全面清理整治，召开相关平台集体约谈会暨专项清理整治工作部署会，督促各互联网平台从严从速清理，共清理违法视频、文字信息1800条，封禁及处理相关账号37个，关闭贴吧1个；同时，督促平台完善审核机制，优化搜索功能，共添加补充114组屏蔽和送审关键词、敏感词，有效阻断危害安全生产的文化信息在互联网上传播。

【典型意义】

检察机关依托大数据法律监督模型赋能公益诉讼检察工作，对线下发现的安全生产违法行为，溯源到线上违法音视频信息发布的监管，通过督促行政主管部门依法加强对网络音视频领域信息发布的监管，斩断有害信息传播链条，营造清朗网络空间，再将监管视角延伸到线下实体伪装改装加油车经营单位规范发展，实现“线下—线上—线下”违法产业全链条打击，推动行业一体化治理，净化了市场环境，维护了互联网文化市场秩序，从源头上消除安全生产隐患，切实维护社会公共利益。

天津市人民检察院第二分院督促履行水利工程安全监管职责行政公益诉讼案

【关键词】

行政公益诉讼检察建议　安全生产　建设工程安全　水利工程质量安全　一体化履职

【要　旨】

针对水利工程建设质量安全隐患问题，检察机关发挥一体化办案优势，围绕工程建设不同环节查明问题，结合各参建单位责任分析原因，并通过检察建议推动行政主管部门消除隐患、堵塞漏洞、压实责任、系统整改。

【基本案情】

北京排水河作为天津市的一级行洪河道，发挥着重要的行洪、排涝、生态作用。2019年5月28日，北京排水河清淤蓄水工程开工建设，对有关河道进行清淤，并在河道关联区段右堤处打设2.06公里长的水泥搅拌桩防渗墙，以保证堤身安全、防止高水位运行渗漏。次年5月，工程完工并通过验收，结论为工程质量符合设计要求及规范标准。2022年，天津市审计局工作中发现，水泥搅拌桩防渗墙工程实际桩深、抗压强度、渗透系数不满足设计要求，该工程质量存在安全隐患，损害国家利益和社会公共利益。

【调查和督促履职】

2022年10月，天津市审计局根据其与天津市人民检察院签订的《关于建立检察公益诉讼与审计监督协作配合工作机制的意见》，将案件线索移送至天津市人民检察院。同月，天津市人民检察院发挥市院指导、分院主办、属地区院协办的一体化办案优势，将该案线索交天津市人民检察院第二分院（以下简称天津二分院）办理。

2022 年 11 月，天津二分院立案调查。检察机关与水务部门充分沟通，委托具有资质的检测部门进行鉴定，进一步查明涉案水泥搅拌桩防渗墙工程各区段存在的质量问题，为后续科学制定工程质量补救措施打下基础。期间，检察机关通过调取书证、现场勘查、专家咨询、询问等方式，围绕涉案工程立项、招标、分包、建设、验收等环节细致调查，查明施工总承包单位违法分包、分包单位偷工减料、监理单位和发包单位验收环节未尽监管职责等问题，发现招标技术文件、施工合同关于分包事项等重要条款、质量检测规范等方面存在薄弱环节。针对上述问题，天津市水务局（以下简称市水务局）未根据《建设工程质量管理条例》《水利工程质量管理规定》《水利工程施工转包违法分包等违法行为认定查处管理暂行规定》《水利工程建设监理规定》等规定依法充分履行对水利工程质量的监管责任，涉案工程质量安全隐患尚未消除。

2023 年 3 月，天津二分院依法向市水务局发出检察建议，督促其履行对水利工程质量责任单位的监管职责，对施工总承包单位违法分包、分包单位未按要求施工、监理等单位将不合格工程按照合格工程验收等问题调查处置，科学论证工程修复方案并推动责任单位履行修复责任。

2023 年 5 月，市水务局书面回复检察机关，全面采纳检察建议内容进行整改。经检察机关查看现场、跟进核实，市水务局完成调查和责任认定工作，分别明确分包单位、施工总承包单位、监理单位、项目法人单位、设计单位、检测单位的责任并依法进行处罚，责成施工总承包单位对分包单位通过法律途径进行追偿，组织相关单位制定并实施工程补救措施。

2023 年 6 月至 8 月，经检察机关跟进监督，涉案水泥搅拌桩防渗墙工程修复工作已于汛期来临前完成，并安全平稳度过大汛期。结合个案问题，市水务系统开展了水务工程建设领域质量安全检查百日行动，利用 3 个月时间实体检测 38 个点位、检查市区两级项目 27 个，对全市水务工程建设进行全面体检，并对发现的问题建立台账、明确责任，督促完成整改，有效消除隐患。市水务系统出台了系列规范性文件，从规范水利工程质量管理流程、加强质量检测、强化分包管理等方面进一步细化要求，构建科学完备和规范有效的制度体系。

【典型意义】

针对建设工程质量安全方面存在的问题，检察机关充分发挥上下级院一体履职的优势，由市检察院发挥指导作用、明确工作思路，分院具体开展公益诉讼检察办案，全面查清案件事实。通过制发检察建议实现精准监督，督促行政机关在汛期来临前消除水利工程质量安全隐患，有效维护国家利益和社会公共利益。检察机关强化与行政机关沟通联动，共同分析个案反映出的问题成因，助推行政机关开展专项治理、建章立制、廉政风险排查等综合治理工作，及时堵塞监管漏洞，提升质量管理水平。

吉林省通化市东昌区人民检察院督促履行建筑施工安全监管职责行政公益诉讼案

【关键词】

行政公益诉讼检察建议　安全生产　建设工程安全　紧急处置　跟进监督

【要　旨】

针对建设工程施工中存在的安全隐患，检察机关应当在确保办案质量和遵循法定程序的前提下，提高办案效率，督促行政机关采取应急处置措施，防止危险进一步扩大。

【基本案情】

2022 年 4 月，吉林省通化市东昌区某小区建设工程在施工过程中按照工程设计施工方案对附近山体进行了凿挖，但未进行加固处理。由于施工地段处于山的中间位置，且土质疏松，因而造成了山体滑坡，导致该建设工程上方其他小区和单位内的路面出现坍塌、开裂情况。虽然相关单位已对坍塌地区进行了围挡，但是并不能从根本上解决问题，且该地马上进入雨季，一旦遇有强降雨等情况，将会导致山体进一步滑坡，进而危及周边群众的生命财产安全。

【调查和督促履职】

2022 年 4 月 26 日，吉林省通化市东昌区人民检察院（以下简称东昌区院）接到群众举报，通化市东昌区某建设工程在施工过程中存在严重安全隐患。接到举报后，东昌区院第一时间赶到现场进行勘查，经初步勘查，山体已发生滑坡，继续施工会产生极大的安全隐患。因案情重大，东昌区院将线索逐级报上级院，通化市人民检察院审查认为本案事实清楚，行政机关职责明确，直接关系人民群众的生命财产安全，应当依法快速办理，遂指定东昌区院管辖。东昌区院立案后，立即开展走访调查工作。

为缩短办案时间，及时解决安全隐患，4月26日下午，东昌区院与通化市住房和城乡建设局（以下简称市住建局）邀请建设工程领域专家，在施工现场就该建设工程安全隐患整改方案展开研讨。经充分讨论，各方一致认为该建设项目虽然施工过程符合设计方案，但已发生了山体滑坡，产生了安全隐患，设计方案应当重新论证，应当采取应急处置措施，防止危险进一步扩大。为压实整改责任，确定整改时限，保证整改效果，2022年4月27日上午，东昌区院向市住建局发出检察建议，建议其依法对该项目履行监督管理职责，责令施工单位对凿挖的山体采取安全防护措施，对该项目毗邻小区造成的安全隐患进行处理；对该项目设计方案进行审核，确保设计方案符合设计要求，保证施工安全。因情况紧急，为防止公益损害持续扩大，东昌区院要求市住建局十五日内书面回复。

收到检察建议后，市住建局高度重视，立即组织推进整改，组织专家到施工现场进行实地踏访，施工方亦根据专家提出的意见第一时间采取了应急处置措施，对土方滑落区域表层进行清理，防止土方再次滑落。为彻底消除安全隐患，市住建局指导建设单位委托吉林省建设厅专家库成员对项目施工方案进行再次论证，对建设工程中的边坡工程防护措施进行重新设计。目前，完善后的设计方案已经通过论证，施工方已按照修改后的设计方案对边坡进行了加固处理，彻底消除了安全隐患。

【典型意义】

本案中，检察机关通过勘验现场、询问证人、咨询专业人员等方式，查明了因建设工程设计方案不完善导致存在安全隐患的事实，通过“一体化”办案机制的优势大幅提升办案质效，在极短的时间内解决了人民群众的“急难愁盼”问题。通过持续跟进监督，督促行政机关积极履行职责，重新完善工程设计施工方案，防止安全生产事故发生，实现了“三个效果”的统一。

安徽省长丰县人民检察院、合肥铁路运输检察院督促保护高铁运行安全行政公益诉讼案

【关键词】

行政公益诉讼检察建议　安全生产　高铁运行安全　违法铺设管道　“路地”检察协作　府检联动

【要　旨】

针对天然气管线违法下穿多条铁路线危及高铁运行安全问题，“路地”检察机关共同向行政主管机关、属地政府制发检察建议，督促依法履职。

【基本案情】

2010 年 9 月，长丰某天然气有限公司（以下简称某天然气公司）在长丰县水湖镇岗陈村境内淮南线 K24+524 处施工建设直径 400mm 高压（0.3MPa）燃气铸铁管线。该管线为天然气供气管道，下穿高铁线，设计与施工均未向铁路管理单位履行相关审批手续，不符合技术规范要求，未签订安全协议；管道外层钢套管严重锈蚀，对高铁运行造成重大安全隐患。

【调查和督促履职】

2021 年 5 月，合肥铁路运输检察院（以下简称合肥铁检院）在与中国铁路上海局集团有限公司合肥工务段（以下简称上海局公司、合肥工务段）工作对接中发现案件线索，因涉及地方行政监管，遂移送至长丰县人民检察院（以下简称长丰县检察院）。长丰县检察院初步调查后认为，线索核查和整改均涉及铁路管理单位，于 2021 年 5 月 17 日联合合肥铁检院立案调查。

在专业技术人员协助下，检察机关对铁路线外侧和管线实地踏访当地

群众，发现该天然气管线非法占用铁路防洪过水涵洞穿越铁道，涵洞内常有积水，管线无防护措施，缺乏日常检修，钢套管锈蚀严重，对其上方的淮南铁路线、京港高速铁路、合蚌客运专线造成重大安全隐患。《中华人民共和国铁路法》第四十六条规定，在铁路线路上埋置管道设施，穿凿通过铁路路基的地下坑道，须经铁路运输企业同意，并采取安全防护措施。合肥工务段确认该管线建设未征得其同意，未采取安全措施。《城镇燃气管理条例》第五条规定，县级以上地方人民政府燃气管理部门负责本行政区域内燃气管理工作。《铁路安全管理条例》第四条规定，铁路沿线地方各级人民政府应做好保障铁路安全的有关工作。据此，长丰县住房和城乡建设局、水湖镇人民政府（以下分别简称县住建局、水湖镇政府）对燃气安全、铁路安全分别负有监管职责。2021年6月8日，长丰县检察院联合合肥铁检院分别向县住建局、水湖镇政府公开宣告送达检察建议书。建议县住建局依法履行燃气监管职责，督促责任单位尽快落实整改。建议水湖镇政府依法落实护路联防责任制，防范和制止危害铁路安全的行为，协调和处理保障铁路安全及整改落实的相关事项，对安全隐患尽快采取有效的措施予以消除。

收到检察建议后，县住建局立即责令某天然气公司制定整改方案并严格执行，设置警示标识，加大巡查力度和安检频次。水湖镇政府依法履行护路联防职责，与县住建局协同监管某天然气公司的整改，要求其强化安全管理，加大现场自查力度。整改期间，长丰县检察院定期对行政机关及各工务段进行安全巡查提示，督促严格落实安全责任制。

因整改涉及勘察、设计、施工等众多环节，工作量大、周期长，检察机关收到两单位书面回复后对整改全程持续跟进监督。2022年6月，上海局公司审查通过设计方案。施工中，因管线穿越三个工务段管理的三条铁路线，现场环境资料难以收集，各工务段对施工顺序、技术手段、整改标准产生分歧，整改工作遭遇瓶颈。同年7月，长丰县检察院、合肥铁检院与行政机关、某天然气公司、技术专家反复会商，最终促使某天然气公司全面调整整改方案，废弃所有下穿铁路线供气管道，异地重建，从源头上彻底消除安全隐患。2023年3月，某天然气公司以租赁其他土地的方式另行建设天然气管线和降压中转站，全面落实整体迁移方案并通过验收。

办案中，长丰县检察院及时向县委、县政府专题报告，党委政府主要负责人批示肯定，并启动高铁运行安全专项整治，将“推进高铁运行安全维护工作”纳入“府检联动”工作要点，建立检察机关与沿线乡镇政府、相关行政机关协同履职的长效机制，前移守护端口，服务保障铁路运输安全大局。

【典型意义】

高铁运行安全关乎铁路乘客和沿线群众的生命、财产安全，责任重大。天然气管线非法穿越铁路线的情形多源于历史遗留问题，涉及面广、沟通复杂，整改时间长、难度大。“路地”检察机关深入协作，在地方政府、行政主管机关与铁路管理单位之间架起沟通桥梁、凝聚整改合力。遇到整改难题，发挥公益诉讼协同价值，听取地方政府意见和铁路沿线群众需求，协调相关单位会商研判，促成整改方案科学调整，从源头消除安全隐患，节约了行政治理成本。

广西壮族自治区鹿寨县人民检察院督促整治“三无”船舶安全隐患行政公益诉讼案

【关键词】

行政公益诉讼检察建议　安全生产　“三无”船舶　公开听证　综合治理

【要　旨】

针对“三无”船舶监管不到位问题，检察机关通过公开听证、检察建议等方式，督促相关行政机关在厘清职责、明确分工的基础上联合开展专项整治，推动综合治理，消除涉渔涉砂“三无”船舶安全生产隐患。

【基本案情】

广西壮族自治区鹿寨县辖区内的6个乡镇河道中多年来长期无序停泊大量“三无”船舶（无船名船号、无船舶证书、无船籍港），难以溯源监管，常被用于从事非法捕捞、非法采砂等违法活动，严重影响当地渔业生产、客运行船等正常生产经营活动，涉渔涉砂领域存在重大安全隐患，威胁人民群众生命和财产安全。

【调查和督促履职】

广西壮族自治区鹿寨县人民检察院（以下简称鹿寨县检察院）接到群众举报发现案件线索，经走访船舶停靠地、现场勘查、函询相关职能部门等方式，查明鹿寨县鹿寨镇、中渡镇、寨沙镇、黄冕镇、江口乡、导江乡等6个乡镇辖区的河道内无序停放240余艘“三无”船舶，于2022年1月17日立案调查。鹿寨县检察院在与相关行政机关开展磋商中发现，“三无”船舶监管工作存在职能交叉、权责不清问题，致使“三无”船舶长期得不到有效整治。为有效推进问题整治，鹿寨县检察院召集县农业农村局、水利局、科技工贸和信息化局及上述6个乡镇政府举行公开听证，厘清各自监管职责，明确具体分工，督促相关部门联合开展“三无”船舶专项整治工作。

2022年1月26日至1月28日，根据《中华人民共和国渔业法》《中华人民共和国河道管理条例》《中华人民共和国内河交通安全管理条例》等相关法律法规，结合《全区“三无”船舶安全集中整治方案》的工作要求，鹿寨县检察院相继向上述乡镇政府、行政职能部门发出检察建议。建议县农业农村局全面排查全县涉渔“三无”船舶，做好登记造册，开展联合认定，实施差别化监管：对12米以上的大中型涉渔“三无”船舶依法强制拆解，对12米以下的小型涉渔“三无”船舶依法处理；建议县水利局加强对占用河道无序停泊船只的管理整治力度，依法处置违法违规占用河道停泊的船只；建议县科技工贸和信息化局加强对辖区内造船、修船活动的管理和监督检查；建议乡镇政府全面开展“三无”船舶调查登记和信息上报，加快完成“三无”船舶挂牌工作，完善船舶档案，结合实际加强管理，对废弃“三无”船舶依法进行清理。

收到检察建议后，县农业农村局向县政府提请并获批准成立“三无”船舶联合认定小组，对295艘12米以下小型涉渔“三无”船舶统一编号挂牌，完成12米以上大中型涉渔“三无”船舶的复核工作，对4艘涉非法捕捞水产品“三无”船舶依法拆解；县水利局建立“三无”船舶检查整治巡查制度，并纳入水政日常河道巡查检查重点工作，责令5艘采砂船停止水事违法行为，查处14艘违法采砂船的采砂设备，完成对7艘采砂船、18艘运砂船拆解处置工作；县科技工贸和信息化局完成对全县范围内造船厂（点）的巡查工作，依法处理违法造船行为，从源头上防止“三无”船舶的增加；相关乡镇政府完成辖区内“三无”船舶排查、信息上报及协同处置工作，对12米以下小型“三无”船舶逐一登记造册、统一悬挂登记号牌、划定集中停泊点，实施常态监管，并进村入户开展宣传教育，提升人民群众知法、守法意识。

鹿寨县检察院收到行政机关回复后，依照法定程序开展“回头看”，跟进监督调查，全县辖区河道中的船舶停放有序，非法造船点被依法取缔，相关部门接到涉“三无”船舶的举报投诉案件量较上年度下降约30%，涉渔涉砂水上无证作业乱象得到了有效遏制，切实保障了行船安全。

【典型意义】

“三无”船舶常被用于从事非法捕捞、非法采砂等活动，严重危害涉渔涉砂领域安全生产和水上交通安全。检察机关通过发挥行政公益诉讼职能作用，综合运用“公开听证＋检察建议”的监督方式，督促相关行政机关厘清职责，形成监管合力，联合开展专项整治，建立长效管理机制，将“三无”船舶清查整治作为常态化工作纳入日常巡查任务中，及时发现问题并整改落实，从根本上消除水上安全生产隐患。

宁夏回族自治区中卫市人民检察院督促保护中卫沙坡头机场净空安全行政公益诉讼案

【关键词】

行政公益诉讼磋商　安全生产　民用航空安全　综合整治

【要　旨】

检察机关通过召开公开听证会、磋商等形式督促政府及相关职能部门履行对民用机场的保护监管职责，以“我管”促“都管”，推动消除影响民用机场净空和电磁环境保护区的安全隐患。

【基本案情】

宁夏回族自治区中卫沙坡头机场净空保护区和电磁环境保护区域内存在超高树木、鸟类威胁、废弃房屋、电线杆等影响民用航空器飞行安全和机场运行安全的隐患，政府及相关职能部门未依法有效履行监管职责。

【调查和督促履职】

2022 年 4 月初，宁夏回族自治区中卫市人民检察院（以下简称中卫市检察院）在履行职责中发现中卫沙坡头机场（以下简称机场）净空及电磁环境保护区存在安全隐患的线索，遂依法开展调查。检察人员通过实地勘察机场周边环境、询问机场工作人员后查明：机场净空和电磁环境保护区内种植着大量高于 20 米的杨树，部分树木已超出机场净空和电磁环境保护限制高度；机场周边约 9000 亩湖泊、鱼塘、湿地分布在跑道两侧，60 余种活动鸟类反复穿越飞机起降线路，机场周边 5 公里范围内有 50 多家养鸽户，养殖超过 1300 只赛鸽和肉鸽，赛鸽定时进行放飞训练和比赛，鸽群在机场周边活动频繁，威胁到机场的飞行安全；机场飞行区南侧砖围界外 5 米范围内有 1 间废弃房屋和 6 根电线杆，围界东大门旁有水泵房 1

间，机场周边存在放牧情形，严重影响机场运行安全。根据《中华人民共和国民用航空法》《民用机场管理条例》《宁夏回族自治区民用机场保护办法》相关规定，民用航空管理部门、机场所在地县级以上人民政府依法对民用机场实施监督管理。

2022年4月15日，中卫市检察院邀请3名听证员、2名人民监督员以及沙坡头区人民政府、中卫市发改委、应急管理局等8个相关单位代表召开了公开听证会，并邀请参会代表到机场实地察看有关情况。经依法听证，明确了相关责任主体，并于4月24日立案调查。4月27日、29日，中卫市检察院分别向中卫市人民政府送达了磋商函、向沙坡头区人民政府公开宣告送达了检察建议书，督促其立即采取有效措施消除沙坡头机场净空安全隐患；并向国家电网中卫分公司、西部机场集团宁夏机场有限公司中卫分公司、中冶美利西部生态建设有限公司制发社会治理检察建议，要求上述单位堵塞工作漏洞，建立健全长效机制。

收到磋商函、检察建议书后，上述政府及各单位和企业均高度重视。2022年5月6日，市政府组织沙坡头区政府及两级政府17个相关职能部门和企业再次实地查看机场安全隐患，在机场召开了“中卫沙坡头机场净空安全整治现场推进会暨公益诉讼磋商会”，现场提出整治方案，明确单位责任、整改措施及整改期限。中卫市检察院全程参与并提出法律意见。会后，市、区两级政府按照磋商整改方案分别印发沙坡头机场净空安全风险隐患整治工作方案。市政府统筹协调组成沙坡头机场净空安全隐患整治督查专班，建立安全隐患排查治理台账，专人负责督促责任主体每周汇报整改进展情况，全力推动沙坡头机场净空安全隐患按期整治。

经检察机关跟进监督，目前沙坡头机场邻近围界构筑物已经拆除；跑道两侧加密加挂拦鸟网，采购安装驱鸟发射器和驱鸟器等，减少了鸟类进入跑道上空；在小湖、千岛湖安装了水位监测设备，由专人每天对水域水位巡查监测，与机场共享日常信息；VOR导航台以南路两侧超高树已全部依法采伐，清理了1100株枯死树木；当地政府还发布了禁养公告，做好当地群众工作，于2022年12月底退出养鸽，影响民用航空器飞行安全和机场运行安全的隐患已基本消除。

【典型意义】

对于民用机场存在的净空安全隐患，检察机关通过召开公开听证会，综合运用公益诉讼检察建议、磋商、社会治理检察建议的方式，督促行政机关依法履行监管职责，督促相关企业堵塞工作漏洞，建立健全长效机制，增强风险隐患责任意识，推动形成沙坡头机场安全隐患整治，有效保障人民群众生命健康安全。

江苏省宝应县人民检察院督促整治荷藕行业有限空间安全隐患行政公益诉讼案

【关键词】

行政公益诉讼检察建议　安全生产　有限空间安全　荷藕行业生产规范　多元主体协同治理

【要　旨】

针对荷藕行业有限空间生产中存在的重大安全隐患问题，检察机关通过公益诉讼检察履职，督促行政主管机关开展行业专项排查，发挥合作社、行业协会自律作用，推动荷藕企业安全生产标准化整改和分级监管，实现源头治理。

【基本案情】

江苏省宝应县因其独特的荷藕文化和完整的产业链，被誉为“中国荷藕之乡”，县内荷藕种植面积达10万余亩。荷藕生产中的腌制池属于有限空间，作业环境较为封闭，与外界相对隔离，自然通风不良，易产生硫化氢等毒害气体。部分荷藕企业在生产过程中，防护设施配备不齐、警示标志缺失、人员安全意识淡薄，存在缺氧、中毒或坠亡等严重风险隐患。2003年以来，宝应县因荷藕生产有限空间作业中毒、坠池死亡达10人。

【调查和督促履职】

2023年4月，江苏省宝应县人民检察院（以下简称宝应县检察院）在履行职责中发现荷藕行业有限空间生产安全隐患制约地标性产业发展，主要集中于荷藕腌制池作业。宝应县检察院审查认为有限空间生产安全涉及范围广、影响大，遂将线索报请江苏省扬州市人民检察院（以下简称扬州市检察院）。扬州市检察院经梳理调查，认为藕行有限空间作业安全隐患危害后果严重，应以点带面推动区域行业治理，并确定以生产经营规模较大的射阳湖镇风车头荷藕营销专业合作社（以下简称合作社）为试点进行先行治理，决定由市县两级院一体办案。5月8日，宝应县检察院立案。

检察官办案组通过查勘现场、询问生产经营人员、调研安全事故案件、咨询专业人士、向合作社核实及走访省莲藕协会，查明合作社内28家藕行共存在4大类17个共性安全生产隐患问题。一是硬件设施配备不到位，如缺乏气体检测仪器、毒害气体报警仪器等危险预警设备；呼吸器、救护带等配备不齐全；重点高危作业场所缺乏安全警示标志。二是有限空间操作不规范，如未严格执行“先通风、再检测、后作业”等规范操作流程。三是应急救援能力不足，如作业人员不会穿戴、使用防毒设施等。四是安全生产管理制度不健全，如常态化安全教育培训制度不完善，从业人员安全防范意识不强，缺乏有效安全监管机制。

依据《中华人民共和国安全生产法》第九条、第十条、第三十五条、第三十六条、第四十五条等法律规定，应急管理部门和乡镇人民政府对本区域内安全生产工作负有监督管理职责。5月8日，宝应县检察院依法向宝应县应急管理局和宝应县射阳湖镇人民政府发出检察建议，督促其依法履行各自监管职责，查处问题荷藕企业，消除安全生产隐患，细化有限空间安全生产操作规程，加大执法巡查力度。

两家职责单位对检察建议指出藕行存在的安全隐患问题和应履职内容予以认可，立即启动对合作社28家藕行进行全面检查。5月10日，检察机关邀请专业人士、企业家代表、合作社负责人、省莲藕协会负责人及行政机关负责人召开圆桌会议，督促行政机关、荷藕企业进一步明确各自责任，细化整改要求及联动协作需求，形成专项整治方案，确定安全生产规范要点及安全隐患整改示范样板。

经检察机关跟进督促，行政机关监管指导，行业协会、合作社共同发力，28家藕行已完成专项整改，配齐通风检测仪器装备、防毒害气体器具等安全防护设施；张贴重点场所警示标识牌、有限空间安全风险告知牌等；组织开展从业人员有限空间安全作业培训；完成制定产权人和承租人责任划分等十条安全管理措施。建立健全安全风险辨识管控和隐患排查治理安全管理制度，严格“作业审批”“先培训后入职”及“先通风、再检测、后作业”的安全生产要求，实行安全风险分级管控，作出22家藕行A级评定和6家藕行B级评定。规范荷藕行业有限空间生产安全经验做法被全市应急管理机关学习推广。

【典型意义】

有限空间安全，重在预防。本案中，检察机关针对荷藕企业有限空间安全隐患，以公益诉讼履职护航地方特色产业发展为立足点，通过上下两级院一体办案，制发检察建议，督促开展荷藕企业安全生产隐患专项治理，邀请专业人士召开圆桌会议，发挥合作社、行业协会自律作用，以点带面，实现源头治理，为地方标志性特色农业产业发展提供有力保障。

安徽省安庆市大观区人民检察院诉区消防大队等不依法履行整治群租自建房消防安全隐患职责行政公益诉讼案

【关键词】

行政公益诉讼　安全生产　消防安全　群租自建房　重大安全隐患　终结诉讼

【要　旨】

针对群租自建房存在的重大消防安全隐患问题，检察机关可以通过检察建议、提起行政公益诉讼等方式督促职能部门、属地政府共同履行监管职责，及时全面消除安全隐患，保障人民群众生命财产安全。

【基本案情】

安徽省安庆市大观区海口镇河港村有群租自建房 21 栋，租住人员 800 余人。该自建房存在应急疏散通道单一、消防设施器材缺配等系列消防安全隐患。

【调查和督促履职】

安徽省安庆市大观区人民检察院（以下简称大观区检察院）在履行职责中获悉本案线索后，于 2022 年 5 月 18 日立案调查。经走访调查、现场勘查等方式查明，涉案 21 栋群租自建房住宿 50 人以上 3 栋、40—50 人 3 栋、30—40 人 4 栋、20—30 人 6 栋、10—20 人 5 栋；住宿人员均为某重点项目施工人员，安全意识淡薄，常有卧床吸烟、随地乱扔烟头、使用蚊香和大功率电器，拉线入户给电动自行车充电等行为；大部分自建房仅有一个安全出口；门窗安装防盗网，未留有可开启外窗和逃生出口；未配备干粉灭火器等器材；电气线路私拉乱接，使用没有外保护的花线和随意铰接的电线，且电线敷设在易燃可燃构件上；使用易燃可燃泡沫夹芯板、木板和装饰板分割成若干小房间。依据《重大火灾隐患判定方法》（GB 35181—2017），上述群租自建房安全问题属于重大火灾隐患。根据《中华人民共和国消防法》等规定，安庆市大观区消防救援大队、安庆市大观区海口镇人民政府（以下分别简称区消防大队、海口镇政府）均对火灾隐患负有监管职责。

2022 年 5 月 18 日，大观区检察院分别向区消防大队、海口镇政府制发检察建议，建议区消防大队联合属地海口镇政府，在各自职权范围内依法督促房屋所有权人逐项消除消防安全隐患，指导安装火灾探测报警器或者智能火灾预警装置等消防设施；对房屋所有权人和租赁企业员工开展消防宣传教育。区消防大队、海口镇政府联合对建议内容进行整改并书面回复。检察机关跟进调查发现仍有 17 栋自建房缺少疏散楼梯、10 栋电气线路未进行穿管保护，不符合安徽省安全生产委员会、安徽省消防安全委员会《全省生产经营租住自建房重大火灾风险综合治理实施方案》、住建部《建筑设计防火规范》（GB 50016—2014）要求，即生产、经营、租住自建房每层面积超过 200 平方米或建筑层数超过四层或住宿人员超过 10 人，应分散设置 2 个安全出口、2 部逃生楼梯，楼梯应为不燃材料制作；线路明敷时应穿金属导管或采用封闭式金属槽盒保护，金属导管或槽盒应采取防火保护措施。

【诉讼过程】

2022 年 7 月 25 日，大观区检察院依法向安庆市大观区人民法院（以下简称大观区法院）提起行政公益诉讼，诉请判令：区消防大队、海口镇政府依法履行职责，督促对住宿人员超过 10 人的群租自建房设置 2 个安全出口、2 部逃生楼梯，或将住宿人员降至 10 人以下；对部分群租自建房电气线路未穿管保护问题进行整改；对群租自建房用火用电安全开展常态化监管。案件审理过程中，被诉两单位积极履职。

2022 年 8 月 25 日，大观区检察院邀请大观区法院、区消防大队、海口镇政府、“益心为公”平台志愿者现场验收，涉案消防安全隐患全部整改，其中有 5 栋住宿人员分流降至 10 人以下，12 栋设置两个逃生出口并加装户外逃生楼梯，10 栋电气线路全部进行穿管保护。

鉴于行政公益诉讼请求全部实现，2022 年 8 月 30 日，大观区法院裁定终结本案诉讼。

【典型意义】

群租自建房消防安全隐患突出，一旦发生安全事故，可能造成群死群伤。消防安全监管主体涉及多个行政机关，检察机关可以分别发出检察建议督促依法履职。对行政机关未依法全面履职的，应当依法提起行政公益诉讼。办案过程中，可以邀请“益心为公”平台志愿者参与案件办理，发挥其专业、监督优势。

贵州省盘州市人民检察院督促整治磷化工生产安全隐患行政公益诉讼案

【关键词】

行政公益诉讼检察建议　安全生产　危险化学品监管　磷化工生产安全　协同共治

【要　旨】

针对磷化工生产企业停产后，残存黄磷未能妥善处置，存在着重大安全隐患的问题，检察机关通过制发检察建议、公开听证等方式，推动协同共治，消除安全隐患，堵塞监管漏洞。

【基本案情】

贵州某磷化有限公司位于贵州省盘州市胜境街道办，于2006年建成投产，主要从事黄磷生产、销售、仓储，周边有农户400余户1300余人，附近建有戒毒所、看守所。2014年该公司因环保问题被责令停产后，生产设备中残存的30余吨黄磷残留物未及时清理转运处置，曾多次发生过黄磷泄漏自燃事件，造成人员中毒受伤。黄磷属重点监管危险化学品，生产设备中残存的黄磷存在重大安全隐患。

【调查和督促履职】

2022年10月6日，贵州省六盘水市人民检察院（以下简称六盘水市检察院）在履行职责中发现该案线索后，即成立由六盘水市检察院、盘州市人民检察院（以下简称盘州市检察院）组成的一体化办案组开展初步调查。

2022年10月19日，盘州市检察院对盘州市应急管理局、盘州市工业和信息化局依法立案，通过现场勘验、无人机航拍、走访询问等方式查明该磷化公司存在重大安全生产隐患，根据《中华人民共和国安全生产法》相关规定，该磷化公司生产、储存废弃危险物，必须按国家标准进行处置。盘州市应急局负有安全生产综合监管职责，盘州市工信局负有安全生产行业监管职责，却怠于履职，导致国家利益和社会公共利益受到损害。

2022 年 10 月 28 日，为厘清职责、促成共治，盘州市检察院邀请人大代表、政协委员、人民监督员为听证员，举行公开听证会，通过听证，一致认为该磷化公司存在的安全隐患已经严重威胁人民群众生命财产安全，相关行政部门应加强协同配合，共同督促企业整改。会后，盘州市检察院向盘州市应急局、盘州市工信局宣告送达检察建议，建议两行政机关依法履职，对该磷化公司存在的重大安全隐患及时排查处置，督促其采取有效措施消除重大安全隐患。盘州市应急局、盘州市工信局收到检察建议后，督促该磷化公司委托专业机构编制拆除方案，并报经审核通过。

2022 年 11 月 27 日，盘州市委、市政府制定了《关于消除某磷化公司重大风险隐患处置工作方案》，成立处置工作领导小组，明确应急局负责督促指导企业拆除生产设备，清除残存黄磷及磷渣水；工信局负责督促企业消除重大安全环境风险隐患；生态环境、消防、卫健、公安等部门分别负责环保、消防、应急医疗保障、现场管控；该磷化公司负责整个拆除过程的安全环保。次日，该磷化公司即按整改方案启动厂房设备拆除、危化品清理转运等安全隐患整改工作，应急、工信、环保、卫健、消防、街道等相关部门按职责分工依法履职，协同配合。经多方协调，促成该磷化公司闲置的 1.5 万吨产能进行异地产能置换，盘活闲置产能。

盘州市应急局、工信局分别书面回复盘州市检察院，称已督促、指导该磷化公司清理、转运黄磷残留物 30 余吨，处理含磷废渣水 3000 立方米，拆除了全部破损、闲置的生产设备、管道，该磷化公司安全隐患已全面消除。2023 年 5 月 1 日，盘州市检察院邀请危化品处置专家就该磷化公司安全隐患整改情况参与实地监督“回头看”，查看了生产设备、管道拆除现场，黄磷残留物、废水、含磷废渣的处置记录，认为该磷化公司已按照要求完成了整改，安全隐患已经消除。

【典型意义】

磷化工安全生产具有易燃、易爆、易中毒等特点，安全隐患更为突出。检察机关针对磷化工企业停产后，残留黄磷长期未依法处置，存在重大安全隐患，严重影响人民生命财产安全的“老大难”问题，坚持人民至上办案理念，充分发挥公益诉讼职能作用，通过上级院检察长下沉领办案件，推动行政机关消除分歧、协同共治，督促安全隐患得以消除。

浙江省温州市洞头区人民检察院督促整治违规使用翻新轮胎行政公益诉讼案

【关键词】

行政公益诉讼检察建议　道路交通安全　公路客车翻新轮胎　一体化办案

【要　旨】

针对新闻媒体披露的公路客车运营单位违规使用翻新轮胎造成重大道路交通安全隐患问题，检察机关上下一体、联动履职，督促行政机关依法履职，及时开展专项整治消除交通安全隐患。

【基本案情】

2020年开始，温州某交通运输集团洞头有限公司（以下简称洞头交运公司）为节约机动车轮胎购买成本，陆续将使用过的旧胎提供给衢州市某轮胎有限公司（以下简称某轮胎公司）加工成翻新轮胎，并将翻新轮胎用于该公司名下的客运车辆中，存在重大交通安全隐患。

【调查和督促履职】

2023年1月，浙江省温州市人民检察院（以下简称温州市检察院）从新闻媒体上了解到多地一些大型车辆因使用劣质翻新轮胎引发交通事故，影响道路交通安全。而温州多山地丘陵，大型车辆若使用劣质翻新轮胎则具有重大安全隐患，温州市检察院遂在全市范围内摸排相关线索。经摸排，温州市检察院发现洞头交运公司部分客运车辆长期违规使用翻新轮胎，存在安全隐患。2023年2月，温州市检察院将该案线索交由温州市洞头区人民检察院（以下简称洞头区检察院）办理，并将该案作为重点督办案件。

洞头区检察院于2023年3月立案调查。该院通过向洞头交运公司调取客运车辆清单、轮胎购买单据、机动车安全技术检验报告等材料以及询问该公司汽车维修员及相关部门负责人等方式调查发现，洞头交运公司自2020年始，持续违规将翻新轮胎用于该公司名下的客运车辆中。仅2022年一年就将419只翻新轮胎用于该公司名下98辆客运车辆中，其中公路客车62辆，涉及线路13条，覆盖洞头区所有乡镇街道，年客运量约52万人次。根据《中华人民共和国道路运输条例》第三十条及《机动车运行安全技术条件》（GB 7258—2017）9.1.2等规定，公路客车、旅游客车和校车的所有车轮及其他机动车的转向轮不应装用翻新的轮胎。洞头交运公司长期将翻新轮胎用于公路客车的行为，违反了上述规定。洞头区检察院办案人员还对相关客运路线进行了现场勘查，发现上述使用翻新轮胎的公路客运车辆线路大部分途经山区地段，线路中存在较多的陡坡、急弯，存在重大安全隐患。

针对办案中遇到的公路客车认定及公路客车使用翻新轮胎的危害等问题，洞头区检察院报经温州市检察院积极借助专家“外脑”，向温州市公安局交通管理局车管所、温州市交通局政务服务处及客运公交处进行专家咨询。专家意见明确，公路客车主要承担城乡、乡间客运线路，行驶的道路主要为三级、四级公路，该类公路的道路设施相对简陋，路面质量较低，部分路段坡陡弯急，公路客车使用不符合国家标准的轮胎，可能引发爆胎、侧翻以及刹车失灵等安全事故，存在重大交通安全隐患。

2023年3月24日，洞头区检察院向洞头区交通运输局发出检察建议，建议对洞头交运公司违规使用翻新轮胎的行为依法查处。收到检察建议后，该主管部门立即组织人员进入洞头交运公司开展车辆及台账检查，并责令该公司马上整改。该公司积极配合，迅速将在用的118只翻新轮胎全部更换处置。交通运输主管部门以此为契机，在全区开展道路运输“两客一危”、城市公交运营安全大检查，截至目前，累计查处违规使用翻新轮胎等违法案件17件，罚款6.2万元。期间，洞头区交通运输局进一步健全完善客运车辆联网联控，确保运营车辆主动防御系统调用监测和农村客运班车联网联控互联高接入率，从源头上加强问题排查，及时消除道路交通安全隐患。

此外，温州市检察院围绕“前端”的加工、销售环节开展翻了新轮胎的溯源调查，发现某轮胎公司经营范围含橡胶轮胎翻新、轮胎销售等，曾

7 次参与招投标项目，涉及省内外多地公交集团的客车轮胎翻新。鉴于这些地区存在公路客车违法使用翻新轮胎的可能，温州市检察院将调查发现的线索移送相关检察院，同时就翻新轮胎可能存在的质量问题线索移送市场监督管理部门。

【典型意义】

近年来，一些交通运输公司为降低生产经营成本，大量使用翻新轮胎，造成道路交通安全隐患。检察机关重点针对直接影响人民群众人身、财产安全的公路客车违规使用翻新轮胎依法履职，充分发挥检察一体制度优势，对翻新轮胎加工、销售、使用各环节开展全链条排查监督。通过检察建议推动行政机关开展专项整治，筑牢道路安全第一道防线。

山西省晋城市人民检察院督促整治煤矿人员定位系统设备安全隐患行政公益诉讼案

【关键词】

行政公益诉讼检察建议　煤矿安全生产　假冒人员定位系统设备专项整治

【要　旨】

检察机关针对煤矿企业使用假冒人员定位系统设备，存在重大安全隐患的情形，通过制发检察建议，督促行政机关依法履行监管职责，推动对辖区同类问题开展专项整治，取得“办理一案，治理一片”的效果。

【基本案情】

2020年9月14日，晋城市某股份有限公司通过山西某科贸有限公司为其所属煤矿分公司购入一批假冒A注册商标、盗用A自动化股份有限公司《矿用产品安全标志证书》《防爆合格证》的人员定位系统设备，该批设备包括无线接收器10台、无线编码发射器420台，其中，除1台无线接收器备用外，其余设备均用于煤矿日常生产。上述假冒设备均为手工组装，一旦定位功能失灵，将影响事故救援，危及矿工生命安全，存在重大安全隐患。

【调查和督促履职】

2022年2月，山西省晋城市人民检察院（以下简称晋城市院）在履职中发现该线索，办案人员实地走访案涉企业并询问采购人员，同步与A自动化股份有限公司取得联系，调取设备采购计划、报价单、买卖合同及《产品鉴定报告》等证据材料，查明：2020年9月14日，晋城市某股份有限公司委托山西某科贸有限公司为其所属煤矿分公司采购一批人员定位系统设备，该批设备于同年 10 月 19 日到矿并投入煤矿生产，用于矿工日常工作井下定位，但该批设备系盗用 A 自动化股份有限公司《矿用产品安全标志证书》《防爆合格证》，经鉴定确认为假冒伪劣产品。2022 年 2 月，案涉企业在收到相关部门制发的安全风险提示函后，仍未停止使用该批设备，对煤矿生产及矿工人身安全造成重大安全隐患。同时，晋城市院查询了晋城市煤矿安全生产分级监管基本信息，确认案涉煤矿企业的监管层级为市级，于 2022 年 4 月 12 日以行政公益诉讼立案。

2022 年 4 月 25 日，晋城市院根据《中华人民共和国安全生产法》《中华人民共和国矿山安全法》《煤矿安全规程》《晋城市应急管理局职能设置、内设机构和人员编制规定》等相关规定，向晋城市应急管理局制发检察建议，建议其依法履行安全生产监督管理职责，对案涉企业使用假冒人员定位系统设备的违法行为进行查处，同时建议对全市煤矿生产企业开展全面排查整治。

收到检察建议后，晋城市应急管理局高度重视，第一时间组织人员对案涉企业进行突击核查，并对其处以 5 万元罚款，责令企业将假冒设备全部从井下回收并停止使用。2022 年 6 月 21 日，晋城市院对整改情况跟进调查，确认涉案假冒设备全部更换到位。在此基础上，晋城市应急管理局对全市 115 座正常生产建设煤矿开展为期 4 个月的专项检查，将本案作为警示案例写入专项检查方案印发各县（市、区）应急管理局及市直、驻市中央、省属相关煤矿企业；重点就 2019 年以来在用各类矿用电气设备及线缆是否存在假冒等问题，对井下人员定位系统、监测监控系统、紧急避险系统、压风自救系统、供水施救系统等 5 大类 10 个系统开展排查，对发现问题的 2 家煤矿进行行政处罚，责令停止使用所有假冒矿用电器设备；印发《假冒伪劣矿用电器设备监督检查责任落实及黑名单制度》，构建全流程管控、全方面检查、全覆盖监管工作机制，建立煤矿企业矿用电器设备黑名单制度，有效防范了煤炭行业安全生产隐患。

【典型意义】

煤矿生产过程中使用假冒矿用人员定位系统设备，严重危及职工人身安全和健康，给煤矿生产带来极大安全隐患。检察机关充分发挥公益诉讼检察职能，紧盯煤矿安全生产领域治理盲区，以整治矿用人员定位系统设备安全隐患为切入点，以点带面推动行政机关开展矿用电气设备及线缆专项检查，为防控重大安全风险、创造安全稳定的社会环境贡献了公益诉讼检察力量。

十八、无障碍环境建设检察公益诉讼典型案例

（2023年11月13日）

让爱无“碍” 共享美好生活

——最高检、住建部、中国残联有关负责人就无障碍环境建设检察公益诉讼典型案例答记者问

2023 年 9 月 1 日正式施行的《中华人民共和国无障碍环境建设法》增设了检察公益诉讼条款，这是公益司法保护制度创新在人权保障领域生动实践的标志性成果。

近年来，各级检察机关、住房和城乡建设部门、残联组织坚持以习近平新时代中国特色社会主义思想为指导，全面落实习近平总书记关于无障碍设施建设的重要指示精神，积极探索建立行政执法与检察公益诉讼协作机制，合力推动无障碍环境建设检察公益诉讼取得积极成效，办理了一批优秀案例。此次联合发布的典型案例共计 12 件，涉及无障碍设施建设、无障碍信息交流和无障碍社会服务等方面。

问：近年来，中国残联一直致力于协同推进无障碍环境建设、维护残疾人权益，特别是与最高人民检察院联合出台政策文件、联合发布典型案例，指导各地残联组织与检察机关密切协作，取得初步成效。请介绍一下可复制推广的协作经验和下一步协作方向和重点。

中国残疾人联合会副主席李东梅：残联是残疾人的代表服务组织。无障碍是残疾人最迫切、最现实、最直接的需求之一，无障碍环境建得好不好、能不能用，残疾人最有发言权，所以长期以来中国残联积极配合各职能部门推进无障碍环境建设工作。2019 年以来，中国残联积极配合检察机关将无障碍环境建设纳入公益诉讼，并配合做好相关工作。

一是通过试点探索积累经验。2020 年初，针对《无障碍环境建设条例》实施中的执法不严、违法不究问题，浙江省杭州市残联积极配合杭州市检察机关在杭州市人大的支持下，向负有监管职责的行政机关发出无障

碍环境建设行政公益诉讼检察建议，督促他们履职尽责，通过协同协作，各方主体积极整改，积累了经验。二是多方协同建立机制。2020 年 8 月至 9 月，中国残联相关负责同志与最高检公益诉讼检察厅先后赴浙江省检察院、杭州市检察院调研无障碍环境建设公益诉讼专项监督工作。及时总结推广杭州经验，同时请浙江省检察院将专项监督拓展到全省范围，指导将监督重点向信息无障碍等新领域延伸。中国残联还协同最高检采取联合调研、共同交办督办案件等方式，推动无障碍环境建设公益诉讼在全国全面推开。三是以案释法显现成效。2021 年 5 月 14 日，在第 31 个全国助残日来临之际，中国残联会同最高检在京共同召开“有爱无碍，检察公益诉讼助推无障碍环境建设”新闻发布会，联合发布 10 件无障碍环境建设检察公益诉讼典型案例，涉及无障碍信息交流、交通运输、金融服务、养老及出行服务等领域，指导各地准确把握无障碍环境建设公益诉讼特有的办案方式、流程、诉求等，推进整改无障碍环境建设中存在的问题，为推进无障碍环境建设提供有力法治保障。2022 年 5 月 13 日，在第 32 个全国助残日之际，中国残联会同最高检联合发布 10 件残疾人权益保障检察公益诉讼典型案例，其中有 3 件无障碍环境建设领域案件，主要涉及出行无障碍和信息无障碍。四是纳入法律保障实施。中国残联指导地方残联积极推进各地无障碍环境建设地方立法时将检察公益诉讼作为无障碍环境建设司法保障重要手段写入地方立法，并与最高检共同努力推进公益诉讼纳入《无障碍环境建设法》。2023 年 9 月 1 日，《无障碍环境建设法》正式施行，该法第 63 条规定：“对违反本法规定损害社会公共利益的行为，人民检察院可以提出检察建议或者提起公益诉讼。”总的来说，通过公益诉讼促进无障碍环境建设发展，也为其他行业推进无障碍建设树立了示范，对于推进提升我国无障碍环境建设整体水平，保障残疾人、老年人及全社会成员参与社会生活权益都具有重要意义。同时通过开展无障碍环境建设公益诉讼，又进一步扩大了无障碍环境建设影响、凝聚了共识，充分展现了破解国家治理难题的制度优势，取得了良好的社会效益。

前不久，中国残疾人联合会第八次全国代表大会胜利闭幕。当前，全国残联系统正在学习贯彻习近平总书记和党中央关于“在中国式现代化进程中共同创造残疾人更加幸福美好的生活”的部署，加快推进残疾人事业全面发展。下一步，中国残联将配合最高检在无障碍环境建设公益诉讼领域做好以下工作：一是加强普法宣传，做好《无障碍环境建设法》宣传贯彻工作，努力营造全社会扶残助残、保障人权的文明社会氛围。二是通过公益诉讼监督、媒体监督、残疾人无障碍督导员监督等多形式多渠道继续加大监督管理力度，以法治的力量提升无障碍环境建设效能。三是在联合住房和城乡建设部开展创建全国无障碍建设示范城市（县）工作过程中，注意总结无障碍环境建设公益诉讼典型经验。四是联合相关部门，进一步推动无障碍环境建设公益诉讼范围向无障碍信息交流等领域深化和拓展。

问：无障碍环境建设法对无障碍设施建设、适老化改造等作出了一系列规定，进一步明确和强化了住房和城乡建设部门的法定职责。请问住房和城乡建设部将采取哪些措施，指导各地住房和城乡建设部门依法履职，来推动法律有效贯彻实施？

住房和城乡建设部城市建设司一级巡视员邢海峰：党的十八大以来，以习近平同志为核心的党中央高度重视无障碍环境建设工作，作出一系列重大决策部署。2020 年 9 月，习近平总书记在湖南考察并主持召开基层代表座谈会时指出："无障碍设施建设问题，是一个国家和社会文明的标志，我们要高度重视。"全国人大推动出台《无障碍环境建设法》，国务院将无障碍环境建设作为重点工作任务，《政府工作报告》连续 6 年作出部署。

近年来，住房和城乡建设部认真落实党中央、国务院决策部署，会同有关部门明确目标、完善政策、细化标准、加强统筹协调，督促指导各地在城乡建设各个方面全面落实无障碍建设要求，积极打造连续贯通、安全便捷、健康舒适的无障碍环境，努力让人民群众的出行生活更加便捷。《无障碍环境建设法》出台后，我部组织召开专题研讨会，研究贯彻落实措施，下一步，将重点做好以下几方面工作：

一是加大无障碍设施建设和改造力度。继续大力推进无障碍环境建设，指导各地通过城市专项体检，精准查找无障碍设施建设存在的问题、短板。同时，结合城镇老旧小区改造、完整社区建设等工作，加快推进无障碍环境建设和适老化改造，指导各地制定无障碍设施改造计划并组织实施，支持既有住宅加装电梯，因地制宜加快补齐这些短板和弱项，让人民群众生活更舒心、更安心、更放心。二是加快完善配套政策法规。自 2012 年国务院颁布实施《无障碍环境建设条例》以来，全国已有 761 个省、市、县制定了相应的地方性法规规章。我部将会同相关部门，督促指导各地全面落实《无障碍环境建设法》要求，加快修订地方性法规规章，完善实施细则和配套政策，确保《无障碍环境建设法》全面落实、落地。三是抓好标准实施监督。加强《建筑与市政工程无障碍通用规范》（GB 55019—2021）等标准规范的宣传培训和实施监督，督促工程建设各方责任主体在新建、改建、扩建中，严格按照《无障碍环境建设法》规定进行设计、施工、监理，把好施工图审查、竣工验收关。同时，积极回应社会关切和群众需求，不断完善无障碍设施工程建设标准体系，建设人性化、系统化、智能化并与周边环境相协调的无障碍设施。四是依法严肃查处违法违规行为。加大行政执法力度，指导督促各地住房和城乡建设主管部门将未依法进行建设、设计、施工、监理的，以及不履行无障碍设施维护和管理职责、擅自改变用途或非法占用等相关行政处罚事项纳入权责清单或行政执法事项目录，制定完善相应行政处罚裁量基准；建立健全日常监管和行政处罚衔接机制，提高行政执法效率和公信力；全面落实行政执法“三项制度”，推进严格规范公正文明执法。五是加强宣传引导。积极开展普法宣传活动，总结推广地方在城乡建设中落实无障碍环境建设要求的经验做法、典型案例，提高社会各方参与无障碍环境建设的意识，激发更多主体参与无障碍环境建设、管理、维护，推动形成全社会关心支持无障碍环境建设的良好氛围。

问：在无障碍环境建设法刚刚施行之际联合发布本批典型案例，有哪些特别的考虑？

最高检公益诉讼检察厅副厅长邱景辉：您刚才在提问中用到了“特别”两个字。党和国家对残疾人特别关心、特别关爱。检察机关对残疾人、老年人等特定群体合法权益特别保护，结合无障碍环境建设进行重点部署。今天联合发布案例，主要考虑到三个特别之处：首先，特别强调透过这批案例向全社会宣示，无障碍环境是共同福利更是基本权益。无障碍环境建设不仅为保障残疾人权益创造条件，也为老年人和其他社会成员共享美好生活提供便利，这一过程有法治作为保障。2021年、2022年发布的两批典型案例，主要集中在残疾人权益保障方面。这次发布的典型案例，突出了适老化与无障碍有机结合。例如，江苏省连云港市检察机关督促推动药品说明书适老化改造公益诉讼案例中，既涉及适老化改造，又涉及无障碍改造；既涉及信息无障碍，又涉及服务无障碍，这是对《无障碍环境建设法》普遍适用的鲜活解读。其次，我们特别会同住房和城乡建设部联合发布此次案例，前两次都是最高检和中国残联联合发布。在这次发布的12个案例中，无障碍设施建设是重中之重，有5个案例涉及住房和城乡建设部门的职能。承担主要职责的牵头部门参与，具有一定的示范效应。将来，最高检还将与其他相关职能部门，陆续推出典型案例。最后，特别注重发挥典型案例的指导作用，推动各级检察机关、住房和城乡建设部门的执法司法规范化、精准化。评选过程中，住房和城乡建设部的专家也给我们提供了很多专业化的意见建议，对一些案例的违法性、可诉性都做了很好的诠释，有利于贯彻执行好《无障碍环境建设法》、准确适用相关条款，并将典型案例的指导作用传递到基层检察机关和行政执法机关。

《无障碍环境建设法》正式施行已有两个多月，需要加大宣传贯彻力度。有了科学立法，有了住房和城乡建设部门等相关职能部门的严格执法，有了检察院等司法机关的公正司法，最终要靠全体社会成员的全民守法，共同推动这部法律真正落地落实。我们希望通过此次典型案例的发布，以及后续对相关案例的专家解读，在全社会形成共建共治共享无障碍环境的良好氛围。

问：这次发布的典型案例中，有5个无障碍设施建设相关的案例，请问这些案例有哪些警示教育和示范作用？

住房和城乡建设部城市建设司一级巡视员邢海峰：本次发布的无障碍设施建设案例，涉及房屋建筑、城市道路、公园、公交车站、卫生间等不同建筑、场所的无障碍设施，既有新建工程，又有改造工程，有的还涉及既有设施的维护管理。这些案例紧扣《无障碍环境建设法》的最新要求，与残疾人、老年人生活密切相关，是各地在无障碍环境建设中，需要关注的重点。比如，贵州省贵阳市黔灵山公园无障碍轮椅坡道不符合无障碍标准要求的案例，反映了我国部分城市公共场所无障碍设施存在历史欠账，长期以来只解决了“有没有”，但还没有实现“好不好”。对此，《无障碍环境建设法》第18条对既有设施无障碍改造作出规定，明确了无障碍设施改造的范围，强调了地方政府及相关部门，以及无障碍设施所有权人或管理人的改造责任，明确要求县级以上人民政府应当根据实际情况，制定有针对性的无障碍设施改造计划并组织实施。下一步，我部将指导各地依法推进无障碍设施改造，让无障碍设施建设符合高质量发展要求。再比如，山东省青岛市崂山区部分在建工程未能落实无障碍设施建设要求问题的案例，反映了部分新建工程在设计和施工过程中，与周边既有设施不协调、不衔接的问题。对此，《无障碍环境建设法》第12条在《无障碍环境建设条例》基础上进一步规定，由“同步设计、同步施工、同步验收投入使用”进一步完善为“同步规划、同步设计、同步施工、同步验收、同步交付使用”。各地住房和城乡建设部门在无障碍设施建设监管中，要增强工作的系统性、协调性，指导监督工程建设、设计、施工、监理单位认真贯彻执行《无障碍环境建设法》的要求，依法严肃查处违法违规行为，确保新建工程“不欠账”。

下一步，我部将配合最高人民检察院、中国残联等单位，指导各地畅通投诉举报、舆论监督和公益诉讼渠道，不断提高无障碍设施建设水平，为人民群众提供高质量的无障碍环境，切实保障残疾人、老年人等特定群体合法权益。

问：无障碍环境建设法将检察公益诉讼作为监督管理的兜底保障措施。请问下一步检察机关如何精准、规范开展无障碍环境建设检察公益诉讼？

最高检副检察长张雪樵：《无障碍环境建设法》增设了公益诉讼条款，对检察机关提出了新的更高要求。下一步，检察机关将立足法律监督职能，优先、重点办理行政公益诉讼案件。行政机关是国家治理的责任主体，也是公共利益的第一顺位代表。检察机关通过办理行政公益诉讼案件，可以有效推动无障碍环境建设领域国家治理体系和治理能力现代化。一是拓宽监督领域，整体推进无障碍设施、信息、服务环境建设。对照《无障碍环境建设法》的强制性规定，突出监督重点，在助推无障碍设施规范建设的基础上，向无障碍信息交流和无障碍社会服务领域拓展延伸。在无障碍设施建设方面，加大监督力度。监督事关出行安全便利且广泛受益的公共无障碍设施是否符合国家强制标准，积极改善残疾人集中就业就读无障碍环境，并持续整治无障碍设施被改变用途、非法占用、损坏问题。在无障碍信息交流方面，加快弥合“数字鸿沟”。聚焦出行、办事、文化等公共场所信息无障碍建设活动中存在的违反法律法规、不符合国家标准等问题；助力应急救援调度系统完善，畅通语言、听力障碍群体生命呼救渠道，保障信息双向交流无障碍；将无障碍环境建设与适老化改造相结合，督促消除智能手机带来的“数字鸿沟”，督促解决药品说明书“字小如蚁”等涉及生命健康的用药安全问题。在无障碍社会服务方面，实现共享公共服务。督促行政机关对与社会生活密切相关的公共服务、公共交通、教育考试、医疗卫生等进行无障碍服务改造，消除社会服务等各领域的障碍，保障残疾人、老年人能够平等充分参与社会生产生活。二是厘清监管责任，精准选择最优监督路径。无障碍环境建设领域不同，对应的监管责任主体就不同。检察公益诉讼精准、规范监督，需要厘清不同的监管职责。检察机关发现无障碍环境建设中损害社会公共利益的违法行为，督促负有监督管理职责的行政机关依法履职尽责。行政机关拒不纠正违法行为或不履行法定职责，社会公共利益仍处于受侵害状态的，可以依法提起行政公益诉讼。对于行政机关穷尽法定监管职能，仍然无法修复受损害的公共利益的，特别是人民群众反映强烈的一些涉及无障碍环境建设的违法行为，检察机关可以依法对民事违法主体提起民事公益诉讼，以鲜活的案例发挥司法引导功能，从而树立全民尊法、守法的良好法治氛围。三是加强多方协同，探索源头治理。一方面，通过磋商、圆桌会议、公开听证等方式，加强与行政机关的沟通联系，健全协作配合机制，形成监管合力。加强与社会组织协作配合，广泛动员社会力量参与。深化与残联的协作配合机制，充分发挥双方的专业优势，共同保护残疾人群体合法权益。同时，广泛听取各方意见，强化各方参与和社会监督，如邀请人大代表、政协委员、“益心为公”志愿者、残疾人、老年人代表等参与整改验收。另一方面，加强预防性公益诉讼，将监督重点前移，重点对新建无障碍环境工程的设计和施工开展前端监督，预防无障碍设施违规建设并投入使用，督促落实无障碍设施与主体工程同步规划、同步设计、同步施工、同步验收、同步交付使用，并与周边的无障碍设施有效衔接、实现贯通，防止补做、返工、重建造成国有财产浪费，从源头消除公益遭受侵害的风险。

贵州省贵阳市人民检察院督促规范公共场所无障碍环境建设行政公益诉讼案

【关键词】

行政公益诉讼检察建议　公共场所无障碍　既有设施改造　公开听证

【要　旨】

针对志愿者反映的公共场所无障碍设施不符合工程建设标准，影响老年人、残疾人等特定群体出行的问题，检察机关通过磋商、公开听证、制发检察建议等方式督促行政机关履职整改，并邀请残疾人、老年人代表参加公开听证和整改验收，以类案监督推动综合治理。

【基本案情】

位于贵州省贵阳市区的黔灵山公园，是集自然生态、野生动物、文物古迹、民俗风情和娱乐休闲为一体的综合性公园。公园内的三岭湾广场始建于 1956 年，2013 年完成环境整治提升，成为广大市民游客通行及活动的重要场所。随着经济社会发展，三岭湾广场步行隧道前的无障碍轮椅坡道坡度较陡，且未在通道两侧设立扶手，严重影响残疾人、老年人出行。近年来，多名残疾人、老年人代表及热心群众通过相关媒体反映和呼吁，天眼新闻、贵州电视台等先后报道，但问题始终未得到有效解决。

【调查和督促履职】

2022 年 7 月，贵州省贵阳市人民检察院（以下简称贵阳市院）收到“益心为公”检察云平台志愿者提供的线索后决定立案办理。为提升办案质效，办案人员从“益心为公”志愿者人才库中邀请具备建筑工程、市政公用工程二级建造师执业资格的志愿者参与辅助案件办理。通过现场实地勘测，实测无障碍轮椅坡道纵向坡度比例为 1∶4.76，换算坡度为 11.9°，不符合《无障碍设计规范》（GB 50763—2012）无障碍轮椅坡道纵向坡度比不得小于 1∶8 的要求，以及《中华人民共和国老年人权益保障法》《中华人民共和国残疾人保障法》对特定群体权益保障的相关规定。贵阳市综合行政执法局“三定”方案及权责清单明确，该局负责全市公园管理工作的指导、监督、管理和检查，指导公园按照行业规范和标准实施建设和管理。

贵阳市院将相关办案情况同步向贵州省老龄工作委员会（以下简称省老龄委）、贵州省残疾人联合会（以下简称省残联）进行了通报，并组织省老龄委、省残联代表、“益心为公”志愿者与贵阳市综合行政执法局相关人员到现场查看，围绕整改必要性及整改方案等事项与贵阳市综合行政执法局进行磋商。贵阳市综合行政执法局遂委托专业机构制定整改方案，并送贵阳市院及省老龄委、省残联征求意见。贵阳市院委托专家对整改方案进行评估后认为，方案基本符合无障碍设施规范要求。

此后因建设方、施工方对整改方案的实施还存在不同意见，工程未有实质性整改进展。2022 年 11 月 24 日，贵阳市院组织召开公开听证会，邀请省老龄委、省残联，老年人、残疾人代表，“益心为公”志愿者，人民监督员，贵阳市综合行政执法局及施工方代表对整改方案和专家意见进行听证。听证员一致认为，整改方案切实可行，相关行政机关应按方案整改，根据工程周期预估可以于 2023 年 2 月底前整改完毕。

2023 年 3 月，贵阳市院通过跟进调查发现，三岭湾广场无障碍轮椅坡道仍未按方案完成整改，遂向贵阳市综合行政执法局制发检察建议，建议该局依法全面履职，督促完成涉案轮椅坡道的改造工程，加强对公园无障碍设施的管理和维护工作。贵阳市综合行政执法局收到检察建议后，遂启动了招投标工作，公园管理处积极配合，按照整改方案倒排工期、责任到人，于 2023 年 5 月底完成了三岭湾广场无障碍轮椅坡道的整改工程。

2023 年 6 月 13 日，贵阳市院与省残联邀请“益心为公”志愿者、相关行业专家和老年人、残疾人代表实地跟进整改情况。经现场勘验，整改后的三岭湾广场无障碍轮椅坡道坡度为 1∶12，符合国家规范要求。同时，在通道两侧安装了上层高度为 850 毫米、下层高度为 650 毫米的双层扶手，在通道的两端均设置了明显的无障碍设施标识和提示牌。参加验收的残疾人、老年人代表对整改后的无障碍轮椅坡道进行体验，确认可以顺利通行。

办案过程中，贵阳市院以个案办理推动类案监督，在全市部署开展无障碍环境建设公益诉讼专项行动。目前已发现占用或阻挡盲道、无障碍轮椅坡道坡度过陡等问题线索27条，立案21件，制发检察建议6件，促成114处无障碍设施完成整改。

【典型意义】

公共场所服务设施的无障碍改造有利于实现好、维护好老年人、残疾人根本权益。本案中，检察机关充分发挥公益诉讼检察职能作用，强化与老龄委、残联等协作配合，借助“益心为公”志愿者、相关行业专家等“外脑”优势，提升精准监督水平，督促相关单位依法全面履职，并以点带面开展专项监督，推动提升本地区无障碍环境建设和管理水平。

江苏省苏州市虎丘区人民检察院督促保障残疾人出行无障碍行政公益诉讼案

【关键词】

行政公益诉讼检察建议　出行无障碍　无障碍地图 App　大数据赋能

【要　旨】

针对公共场所无障碍设施建设不规范等影响残疾人出行问题，检察机关通过磋商、检察建议等形式，督促多个行政机关协同履职，探索科技赋能，实现检察大数据与无障碍地图 App 双向互联，提升监督精准性。

【基本案情】

2021 年 3 月，江苏省苏州市虎丘区人民检察院（以下简称虎丘区院）在开展“守护无碍，让‘碍’有爱”专项监督中发现，辖区内热门生活商圈、重要景区的部分盲道长期被非机动车、保安岗亭、减速带等障碍物阻断；多个公交站、地铁站外无障碍通道被停车位、路缘等阻挡，上述情况严重阻碍残疾人等特定群体出行，损害社会公共利益。

【调查和督促履职】

2021 年 3 月 30 日，虎丘区院对上述线索开展评估和初步调查，发现辖区主干道路、交通站点等区域的十余处无障碍设施存在建设不规范、非法占用及损坏情况，遂于同年 4 月 14 日立案。为进一步厘清不同部门监管环节的具体职责，虎丘区院通过磋商、实地调研、联合走访区盲人协会和肢体残疾协会等形式，加强与行政机关沟通，邀请残障人士代表、残联组织工作人员成为“益心为公”志愿者，为办案提供专业支持。明确虎丘区住房和建设局在无障碍设施建设和使用环节的监管职责，虎丘区城市管理局（以下简称区城管局）在无障碍设施维护环节的监管职责。

2021 年 4 月 22 日，根据《无障碍环境建设条例》《苏州市无障碍设施管理办法》等相关规定，虎丘区院分别向区住房和建设局、区城管局制发检察建议，建议区住房和建设局加强规划，在人行道、交通站点增设无障碍设施及标志，对缺少提示盲道、未设置无障碍通道等不符合《无障碍设计规范》（GB 50763—2012）的情况进行改造；建议区城管局强化无障碍设施维护，对破损盲道进行维修，采取合理措施防止盲道等被占用。

收到检察建议书后，区住房和建设局组织召开整改专题协调会，规范辖区内重点路段人行道提示盲道铺设、增设无障碍通道及无障碍标志等 30 余处，完善居民区、热门商圈、大运河等重点景区无障碍环境。区城管局多次召开现场办公会，对辖区内 96 处破损盲道道板进行维修，查处侵占、损毁盲道设施等违法行为 21 起，并在地铁站周边重新划定非机动车停车点位 24 处。2021 年 9 月 3 日，虎丘区院组织召开公开听证会，邀请残疾人等担任“无碍体验员”，全面评估履职效果，现场验收整改成效。

办案过程中，虎丘区院将检察履职融入苏州市无障碍地图 App 开发建设，在地图中嵌入“公益投诉”模块，方便群众及时向检察机关反映线索；点击地图上的检徽可随时查看评估无障碍设施整改情况，实现地图大数据与检察大数据的双向互联。目前，虎丘区院通过“益心为公”志愿者和无障碍地图 App 已受理线索 10 余件，立案 8 件，推动改造辖区地铁站无障碍通道 23 处，规范商业、文化、医疗康复等公共建筑内无障碍电梯、无障碍洗手间、无障碍车位数十处。

【典型意义】

完备的无障碍环境是残疾人平等、充分、便捷融入社会生活的必要条件。检察机关聚焦残疾人出行权益保障，通过公益诉讼推动行政机关、残联组织、“益心为公”志愿者等多方协作，形成无障碍设施建设工作合力。同时，通过大数据赋能，搭建集线索转接、处置整改、效果监督于一体的无障碍地图 App 平台，持续推动完善辖区无障碍环境建设。

山东省青岛市崂山区人民检察院督促规范在建工程无障碍设施建设行政公益诉讼案

【关键词】

行政公益诉讼检察建议　无障碍设施建设　在建工程预防性公益诉讼　特邀检察官助理

【要　旨】

针对在建工程未落实无障碍设施工程与主体工程同步设计、同步施工、同步验收“三同步”规定的情形，检察机关充分发挥公益诉讼的预防性功能，通过检察建议督促行政机关依法全面履职，推动在建项目按照无障碍设施工程“三同步”要求整改落实，切实保障残疾人等特定群体无障碍出行安全。

【基本案情】

近年来，山东省青岛市崂山区部分在建工程未完全落实无障碍设施工程应与主体工程同步设计、同步施工、同步验收投入使用的“三同步”要求，且因不同行政机关之间缺乏沟通机制，导致无障碍设施未能同步与周边设施有效对接，给老年人、残疾人等特定群体出行安全带来风险隐患。

【调查和督促履职】

2022 年 10 月 12 日，山东省青岛市崂山区人民检察院（以下简称崂山区院）收到群众举报，反映辖区内一处在建工程即将完工，该建筑与主干道相连的两个车辆出入口两侧垂直方向的人行道的路缘石与车行道地面存在超过 15cm 的高度差，但该处既未设置缘石坡道，也未设置提示盲道，影响残疾人通行安全。崂山区院遂于 2022 年 10 月 14 日立案调查，在崂山区残疾人联合会（以下简称区残联）工作人员的协助下，就该线索及相关区域的在建工程项目开展深入调查，发现存在建筑材料堆放挤占盲道；未严格按照设计施工，未铺设缘石坡道、提示盲道，或未同步建设无障碍通道，存在安全隐患；未设置无障碍机动车停车位，出入口安装的挡车柱间距仅有45厘米，无法通行轮椅；无障碍卫生间轮椅回转空间直径小于国家标准的1.5米，缺少救助呼叫装置等问题。崂山区院根据《无障碍环境建设条例》、《建筑与市政工程无障碍通用规范》（GB 55019—2021）、《青岛市城市无障碍设施建设与管理规定》等相关规定，探索开展在建工程无障碍设施预防性公益诉讼监督，先后邀请项目立项审批、施工监理、项目验收等环节的11名相关单位工作人员担任特邀检察官助理，对辖区17处在建楼宇、4条在建道路的无障碍设施建设情况进行重点调查。

2022年10月20日，崂山区院根据相关行政机关职能分工，向崂山区城市管理局发出检察建议，督促其履行在建道路以及在建楼宇周边盲道等无障碍设施与市政道路无障碍设施对接的监管责任；向崂山区住房和城乡建设局发出检察建议，督促其履行在建楼宇内部无障碍设施建设的监管责任。

两家行政机关收到检察建议后，高度重视并依法全面履职，共督促完善设计方案2处，清理占用盲道堆放建筑材料23件次，补建、整改缘石坡道、提示盲道47处、无障碍通道17处；设置无障碍机动车停车位49个，挡车柱间距按照国家标准扩大到不小于90厘米；督促3处无障碍卫生间配备救助呼叫装置，并对内部空间进行调整，确保轮椅回转空间直径不小于国家标准的1.5米。

2023年4月，崂山区院邀请辖区残联工作人员对整改成效现场评估，并邀请3名残疾人代表现场体验整改效果，最终确认全部问题均已整改到位。

【典型意义】

无障碍设施项目在正式投入使用前，要经历规划、设计、立项、施工和验收等多个环节。检察机关针对在建工程开展无障碍设施建设预防性公益诉讼监督，并邀请行业专家担任特邀检察官助理，督促相关行政机关协同履职，在各自职责内落实无障碍设施工程“三同步”要求，以更小的司法成本有效避免了项目竣工后因不符合无障碍设施相关规定可能造成的更大经济损失，为残疾人等特定群体无障碍出行提供有力法治保障。

新疆维吾尔自治区人民检察院乌鲁木齐铁路运输分院督促规范车站无障碍设施建设行政公益诉讼案

【关键词】

行政公益诉讼检察建议　车站无障碍设施建设　公共交通无障碍　公开听证

【要　旨】

针对车站无障碍设施损坏致使残障人士、老年人等特定群体出行困难的突出问题，铁路运输检察机关充分发挥专门检察机关和跨行政区划管辖优势，通过检察建议、公开听证等方式督促行政机关依法全面履职，推动铁路企业依法维修保养，维护特定群体平等参与社会活动的合法权益。

【基本案情】

乌鲁木齐高铁站、乌鲁木齐高铁国际汽车客运站及其周边无障碍设施不规范、损毁严重、部分设施缺失，给老年人、残疾人等特定群体出行安全带来一定的风险隐患，损害了特定群体平等参与社会生活的权利和社会公共利益。

【调查和督促履职】

2021 年 3 月，新疆维吾尔自治区人民检察院乌鲁木齐铁路运输分院（以下简称乌鲁木齐铁检分院）在高铁站普法活动中发现上述线索，遂于同年 4 月 22 日立案调查。通过查看现场，调查车站设计图纸，走访残联组织、客运站、行政机关等部门，发现乌鲁木齐高铁站、乌鲁木齐高铁国际汽车客运站及其周边存在盲道被侵占、无障碍卫生间损坏、无障碍停车位未设置标识等问题，违反《无障碍环境建设条例》《新疆维吾尔自治区实施〈中华人民共和国残疾人保障法〉办法》等相关规定。

2021年4月至6月，乌鲁木齐铁检分院先后向当地城市管理、住房和城乡建设、交通运输部门发出检察建议，建议严格在各自职责范围内履行无障碍环境建设监管职责，督促相关单位依照国家标准和自治区规定改造乌鲁木齐高铁站、乌鲁木齐高铁国际汽车客运站、公共停车场及其周边无障碍设施，设置无障碍标识、修建盲道，保证无障碍设施正常使用，保障特定群体安全出行。

上述单位收到检察建议书后，及时制定相应整改方案，并督促相关单位进行整改。改造过程中，乌鲁木齐铁检分院组织召开公开听证会，邀请自治区人大代表、政协委员、人民监督员、自治区残疾人联合会（以下简称自治区残联）、自治区无障碍协会代表担任听证员，邀请涉案无障碍设施维护、使用单位负责人以及社会各界群众代表现场观摩，并在听证会后组织座谈交流，参会人员一致同意整改方案，并提出了进一步完善的意见建议。

2021年12月8日，检察机关对整改效果进行了实地踏勘。中国铁路乌鲁木齐局集团有限公司投入140余万元对乌鲁木齐高铁站无障碍设施进行整体改造，对7处无障碍卫生间进行修理、为28部无障碍电梯安装语音提示；乌鲁木齐高铁国际汽车客运站清理占用盲道3处，一楼售票厅到二楼无障碍电梯口盲道全部畅通，更新升级2座公共停车场，更换、维修44个无障碍停车位，安排现场巡查并劝阻占用无障碍车位的车辆。随后，乌鲁木齐铁检分院邀请自治区残联、乌鲁木齐市盲协等单位及人员对无障碍设施整改情况进行现场查看，整改工作得到各方一致认可。

【典型意义】

高铁站、汽车客运站是重要的综合交通枢纽中心、客运集散地。铁路运输检察机关以改善旅客车站无障碍环境作为服务残疾人、老年人等特定群体的切入点和着力点，通过邀请特定群体代表参与公开听证、现场体验等方式，督促协同相关职能部门依法全面履职，促成铁路进出站和城市出行无障碍“无缝对接”，以检察公益诉讼服务保障新疆丝绸之路经济带核心区建设。

广东省深圳市人民检察院督促完善过街音响提示装置无障碍功能行政公益诉讼案

【关键词】

行政公益诉讼磋商　公共交通无障碍　过街音响提示　公开听证

【要　旨】

针对人行横道未设置过街音响提示装置及装置维护管理不当等问题，检察机关充分发挥公益诉讼检察职能作用，通过磋商、公开听证等方式与相关职能部门形成治理共识，切实保障视障人士等特定群体出行安全。

【基本案情】

广东省深圳市众多干道、商业区和居住区周边人行道的红绿灯路口过街音响提示装置未设置或不能正常使用，影响视障群体独立、安全出行，对其日常生活造成障碍，存在一定的交通安全隐患。相关职能部门未依法履行监督管理职责，侵害了视障群体出行权益，损害了社会公共利益。

【调查和督促履职】

2022年6月，广东省深圳市人民检察院（以下简称深圳市院）收到深圳市残疾人联合会（以下简称深圳市残联）线索，反映深圳市众多人行道红绿灯路口过街音响提示装置缺失或不能正常使用，遂于同年12月5日决定立案。经实地调查101处市区主要干道、主要商业区和居住区周边的人行道红绿灯路口，发现有77处路口未设置过街音响提示装置，设置率仅为23.76%；已设置相关装置的24处路口中，大多数存在未启用或发声小、未设置开关功能、发声朝向有偏差等诸多问题。深圳市院认为，未依法设置人行道红绿灯路口过街音响提示装置或相关装置不能正常使用的情况，违反了《无障碍环境建设条例》《深圳经济特区无障碍城市建设条例》等法律法规以及《建筑与市政工程无障碍通用规范》（GB 55019—2021）、《道路交通信号灯设置与安装规范》等国家标准的有关规定。

2022年12月8日，深圳市院召集深圳市交通运输局、深圳市公安局交通警察局（以下简称深圳市交警局）召开磋商会，邀请深圳市残联代表及人民监督员参会，与会各方就完善安装过街音响提示装置、加大现有设备维护、推动智能化过街音响提示装置试点等整改事宜达成共识。

会后，深圳市交警局等职能部门积极采取措施落实整改。截至2023年4月底，全市新增安装324个路口过街音响提示设备，518个急需安装过街音响提示设备的A类路口和2067个需要安装过街音响提示设备的B类路口已制定规划建设方案，正向发改部门申请立项；排查修复52个路口503套设备，对183套因市民投诉而关停的过街音响提示设备，采取分时段优化音量等级等措施恢复正常使用；全市235个路口1964套现有设备均已处于正常运行状态。同时，深圳市交警局为实现节能环保，减少噪音问题，积极探索安装新型智能过街音响提示装置，经试点已规划在深圳市南山区、龙岗区的所有符合条件的新建、改建路口进行安装，逐步在全市全面推开。

2023年5月17日，深圳市院召开公开听证会，邀请听证员、人大代表、人民监督员、残联代表、行政机关代表参与整改验收，参会代表对整改效果予以肯定认可。

【典型意义】

创造无障碍通行环境，是保障残疾人等特定群体平等参与社会生活的重要条件，能够彰显社会文明进步和公平正义。本案中，检察机关立足困扰视障群体安全出行的痛点难点问题，开展全面调查以求精准监督，通过组织磋商、公开听证引入公众参与，推动制定包括智能过街音响提示装置试点方案在内的近远期整改规划并督促落实落地，为视障群体的独立、安全出行提供了坚实的法治保障。

浙江省宁波市人民检察院督促完善“119”消防报警紧急呼叫系统无障碍功能行政公益诉讼案

【关键词】

行政公益诉讼磋商　无障碍信息交流　消防报警无障碍　文字报警功能　公开听证

【要　旨】

针对消防报警紧急呼叫系统未开通文字报警功能、影响听力、言语障碍人士自主呼救的情形，检察机关通过公开听证、磋商等方式，督促相关职能部门完善消防报警系统无障碍功能，切实保障听力、言语障碍人士的生命财产安全。

【基本案情】

浙江省宁波市消防报警紧急呼叫系统（以下简称消防报警系统）仅具备“119”普通语音报警功能，未开通短信、微信小程序等可以编辑文字的报警功能，无法满足听力、言语障碍人士自主呼救需求，存在潜在的安全隐患，难以全面保障残疾人等特定群体的生命健康和财产安全。

【调查和督促履职】

浙江省慈溪市人民检察院（以下简称慈溪市院）与慈溪市残疾人联合会日常联络工作时，残联反映听力、言语障碍人士无法通过拨打“119”消防报警电话进行报警的问题。经初步核实，慈溪市院发现宁波市消防报警系统仅具备普通语音报警功能，遂将相关线索提交浙江省宁波市人民检察院（以下简称宁波市院），宁波市院于 2023 年 5 月 10 日决定立案办理。检察人员赴宁波市消防救援支队（以下简称市消防支队）调查核实，查明当前宁波市消防报警电话尚未开通文字信息报送和文字呼叫功能，违反了

《无障碍环境建设条例》《浙江省实施〈无障碍环境建设条例〉办法》等规定。经走访宁波市残疾人联合会（以下简称宁波市残联），宁波市残联表示宁波市约有90万名听力、言语障碍人士，亟需消防报警系统开通文字报警功能，保障特定群体生命财产安全。

2023年5月19日，为提升监督的精准度，宁波市院组织召开公开听证会，邀请市残联、市消防支队以及人大代表、政协委员、人民监督员、“益心为公”志愿者代表参会，与会人员一致认为，确有必要设立针对听力、言语障碍人士的报警渠道。5月23日，宁波市院向市消防支队发送磋商意见函，并建议采用手机短信加推送网址链接方式对消防报警系统予以改进。

2023年7月10日，市消防支队函复表示，经技术升级已实现短信文字报警功能。7月18日，宁波市院牵头组织特定群体代表进行文字报警平台功能体验，确认可以实现相关功能。7月26日，宁波消防短信报警功能模块正式上线，全市听力、言语障碍人士可直接发送手机短信至指定号码进行报警求助，报警人通过点击推送的网址链接，自动获取实时定位，上传现场视频、图片，有效缩短接警时间，提高了报警的准确性和便捷性。

【典型意义】

紧急呼叫系统是重要的生命救援通道，消防报警紧急呼叫系统的文字报警功能是听力、言语障碍人士自主呼救的重要保障。本案中，检察机关加强与残联组织联动，通过公开听证凝聚各方共识、强化精准监督，充分发挥公益诉讼的预防性功能，推动消防报警系统增设文字报警功能，提升地方无障碍社会服务水平。

江苏省连云港市检察机关督促推动药品说明书适老化改造行政公益诉讼案

【关键词】

行政公益诉讼检察建议　无障碍信息交流　药品说明书　适老化改造

【要　旨】

针对药品说明书文字设置缺乏国家强制性规定及标准，但人民群众普遍反映不符合清晰易辨标准、影响用药安全的问题，检察机关通过召开圆桌会议、制发检察建议等方式，督促行政机关推进药品说明书适老化改造，切实保障老年人等特定群体生命健康安全。

【基本案情】

江苏省连云港市部分药品生产企业（以下简称药企）的药品包装和使用说明书字号普遍过小，给老年人等特定群体造成阅读障碍，导致看不清药品说明书中用法用量等关键信息，存在一定的用药安全隐患。

【调查和督促履职】

2022 年 2 月 18 日，江苏省连云港市海州区人民检察院（以下简称海州区院）在相关媒体报道中发现该线索。围绕药品说明书“字小如蚁”的问题，海州区院走进社区、药企和零售药店，通过召开公益诉讼问需会、开展问卷调查、随机访谈等方式进行线索研判，并在药品零售药店随机抽样 20 种老年群体常用药的药品说明书后发现，20 份药品说明书的字号均小于 5.5 磅，最小的字号只有 3 磅，参与问卷调查和访谈的群众普遍表示药品说明书字体过小，易增加老年人阅读障碍。

因案涉面较广，江苏省连云港市人民检察院（以下简称连云港市院）对该线索提级办理，于 2022 年 4 月 2 日立案。连云港市院经审查认为，

《中华人民共和国药品管理法》《药品说明书和标签管理规定》中虽未对药品说明书的字体字号有明确规定，但明文规定药品说明书和标签中的文字应当“清晰易辨”。《药品经营质量管理规范》要求零售药店提供用药咨询、指导合理用药等药学服务。根据《药品管理法》《消费者权益保护法》及行政机关职能配置，江苏省药品监督管理局连云港检查分局（以下简称省药监局连云港分局）和连云港市、区市场监督管理局分别对药品生产环节、销售环节负有监管职责。

2022年4月12日，连云港市两级检察机关召开药品说明书适老化改造公益诉讼圆桌会议，邀请市、区人大代表、政协委员、人民监督员及本地三家药企相关负责人围绕开展药品说明书适老化改造、提升药品零售药店药事服务水平等展开讨论。会议认为，药品说明书的主要作用是指导患者安全用药，在全面专业载明法律法规要求的药品信息外，更应考虑内容的可读性、可视性。2022年4月20日，连云港市院、海州区院决定分别向省药监局连云港分局、连云港市、区市场监督管理局制发检察建议，建议省药监局连云港分局在现有法律规定和不大幅增加印刷成本的前提下，推动本地药企开展药品说明书适老化改造工作；建议市、区市场监督管理局优化零售药店服务，推出提供药品说明书放大版复印件、用法用量便笺等便民措施。

各行政机关收到检察建议后高度重视，结合各自职能积极推动整改。省药监局连云港分局专门召开座谈会，确定当地三家药企各选取一种非处方药的药品说明书，采取放大字号、加粗字体或加下划线等方式开展信息无障碍改造试点；连云港市、区市场监督管理部门在辖区内39家药品零售药店设立药事服务台，通过制定药学服务公约、设立专门服务台，配置打印机提供放大版药品说明书、老花镜、过期药品回收箱等措施，开展药事服务台试点。

2022年6月，连云港市检察机关邀请市、区人大代表、政协委员、人民监督员及“益心为公”志愿者对整改情况进行“回头看”，发现部分药品说明书已进行修订，群众对药品说明书适老化改造整改反响较好，相关试点工作正有序推进。目前，辖区内四家药企主动将药品说明书适老化改造纳入年度工作计划，已完成5份药品说明书的适老化改造工作。在纸张大小不变的前提下，药企通过调整排版布局、单面变双面印刷等方式，对字体进行全面放大，不断满足老年人等特定群体的无障碍阅读需求。

【典型意义】

药品说明书是否“清晰易辨”，关系广大人民群众的用药安全，但在无障碍环境建设中缺乏国家强制性标准及规定。本案中，检察机关针对人民群众反映强烈的药品说明书“字小如蚁”导致看不清、看不懂等问题，探索通过行政公益诉讼监督方式，督促相关行政机关积极履职，推进药品说明书适老化改造，促进无障碍环境建设相关规定的倡导性条款落地落实，取得良好的办案效果、社会效果。

湖北省红安县人民检察院督促完善“120”医疗急救呼叫系统无障碍功能行政公益诉讼案

【关键词】

行政公益诉讼检察建议　无障碍信息交流　医疗急救无障碍　文字报警功能

【要　旨】

针对“120”医疗急救呼叫系统缺乏文字报警功能，导致听力、言语障碍人士自主呼救权益难以保障的问题，检察机关发挥公益诉讼职能，督促相关行政机关依法履职，完善“120”医疗急救呼叫系统文字报警功能，推动无障碍环境建设，切实保障残疾人等特定群体合法权益。

【基本案情】

湖北省红安县急救中心是县域内负责处理“120”急救电话报警、咨询和救治的唯一机构，其使用的“120”急救电话仅具备普通来电呼救功能，不具备文字信息报送和文字呼救功能，无法满足听力、言语障碍人士在紧急情况下的自主呼救需求，给特定群体生命健康权益带来安全隐患，损害了社会公共利益。

【调查和督促履职】

2023年5月，湖北省红安县人民检察院（以下简称红安县院）在开展无障碍环境建设公益诉讼专项监督活动中发现本案线索，遂于2023年5月18日决定立案调查。根据《无障碍环境建设条例》《湖北省无障碍环境建设管理办法》等相关规定，红安县卫生健康局（以下简称县卫健局）系辖区内医疗卫生服务行业监督管理部门，负有相应监管职责。

2023年5月22日，红安县院组织召开公开听证会，邀请县卫健局、县残疾人联合会（以下简称县残联）以及人大代表、人民监督员等参加，就完善“120”医疗急救呼叫系统无障碍功能研究整改方案，最终形成一致结论意见，由县卫健局督促县急救中心健全“120”文字报警功能，县残联协助推广新应用。红安县院根据公开听证会形成的结论意见向县卫健局发出检察建议，要求其督促县急救中心完善“120”医疗急救呼叫系统的文字信息报送和文字呼救功能，保障特定群体合法权益。

收到检察建议书后，红安县卫健局向县急救中心下达《转办函》，提出了明确整改措施，要求其健全“120”文字报警功能。2023 年 7 月，红安县急救中心开通了短信文字报警求救功能和“微信信息 + 定位”报警求救功能，听力、言语障碍人士可以发送求救短信至指定号码或者添加指定微信号发送求救信息，“120”调度员接到文字报警信息后及时调度进行救护。县急救中心通过公众号和官方网站公布了文字报警操作方法，县残联也在听力、言语障碍人士群体中积极推广应用。红安县院全程跟进监督，确认“120”医疗急救呼叫系统的文字报警功能已能正常使用，为听力、言语障碍等特定群体提供文字信息报送和文字呼救功能。

【典型意义】

健全“120”医疗急救呼叫系统文字报警功能，是满足听力、言语障碍人士自主呼救需求，保障特定群体生命健康安全的重要基础条件。检察机关通过公开听证、检察建议等方式，督促相关职能部门完善并推广“120”医疗急救呼叫系统的文字报警功能，以公益诉讼助力推动无障碍环境建设，保障特定群体合法权益。

安徽省合肥市蜀山区人民检察院督促规范视觉无障碍环境建设行政公益诉讼案

【关键词】

行政公益诉讼检察建议　无障碍信息交流　视觉无障碍　公共文化服务

【要　旨】

针对视障人士阅读需求难以满足、平等获取文化信息权益未得到有效保障等问题，检察机关通过上下一体、内外联动，灵活运用磋商、检察建议等方式，督促协同行政机关推进问题整改，全程跟进监督，保障残疾人等特定群体平等享受社会生活权益，为提高全社会文明程度贡献检察智慧。

【基本案情】

安徽省合肥市蜀山区在视觉无障碍环境建设方面普遍存在盲人阅览室无法正常使用、无障碍信息交流设备配置不完善等问题，给视障人士平等、便利地获取文化服务、信息带来一定影响，损害了社会公共利益。

【调查和督促履职】

2022 年 4 月，安徽省合肥市残疾人联合会（以下简称市残联）依据协作机制，向合肥市人民检察院（以下简称合肥市院）移送该案线索。合肥市院将该线索指定合肥市蜀山区人民检察院（以下简称蜀山区院）管辖，蜀山区院于 2022 年 4 月 12 日以行政公益诉讼立案调查。通过查阅资料，咨询专家，听取残联、视障人士、无障碍环境建设督导团代表意见并陪同现场体验等方式查明，合肥市图书馆及蜀山区部分图书馆的盲人阅览室无法正常使用盲文读物、有声读物；语音录屏等无障碍信息交流设备配置不完善；借阅流程不通畅，文化主管部门未依法履职。

2022 年 4 月 15 日，蜀山区院根据《中华人民共和国公共图书馆法》《无障碍环境建设条例》《安徽省残疾人保障条例》的相关规定，向合肥市文化和旅游局（以下简称市文旅局）制发检察建议，督促其监督全市图书馆配置盲文图书及有关阅读设备，完善视觉无障碍环境建设。2022 年 5 月 5 日，保障视障人士平等接受文化和教育的《马拉喀什条约》在我国正式生效，检察机关以此为契机，持续推动后续整改。

2022 年 5 月 13 日，市文旅局书面回复称已进行专项整治，督促 30 余家图书馆完成信息无障碍环境改造，保障盲人阅览室的相关设备正常使用。蜀山区院邀请视障人士代表、无障碍环境建设督导员等参与"回头看"，联合残疾人保护公益组织在合肥市图书馆开展"文化助残，阅光同行"主题座谈会，现场翻阅该图书馆新购的 200 余册盲文图书，体验"网络 + 邮寄"借阅流程和新增的无障碍信息交流设备，参会人员对视觉无障碍环境建设整改效果均表示充分认可。

【典型意义】

让视障人士实现无障碍阅读、平等便利共享公共文化服务，是无障碍环境建设的一项重要内容。本案中，检察机关聚焦视障人士日常生活的高频事项和服务场景，通过磋商、检察建议等方式，督促行政机关依法全面履职，推动视觉无障碍环境系统治理，保障视障人士平等参与文化生活，共享社会公共服务、文明发展成果。

天津市人民检察院督促保障视障人士公交出行无障碍行政公益诉讼案

【关键词】

行政公益诉讼磋商　无障碍信息交流　公共交通无障碍　“益心为公”志愿者

【要　旨】

针对视障人士普遍反映的公共交通出行无障碍“老大难”问题，检察机关通过公益诉讼办案，督促行政机关推动完善公共交通无障碍功能，并邀请视障人士代表、公益诉讼观察员参与辅助办案，化解视障人士和相关人群的差异化认识，充分保障视障人士平等参与社会生活权益。

【基本案情】

天津市辖区内部分公交车存在没有车外语音报站、报站不及时、提示音偏小等问题，严重影响3万余名视障人士日常出行。该问题由来已久，天津市交通运输委员会（以下简称市交委）作为行政主管机关亦多次进行整改，但相关问题始终未能彻底解决，视障人士平等参与社会生活权益长期难以得到有效保障。

【调查和督促履职】

2022年3月，天津市人民检察院（以下简称天津市院）受理群众提报的案件线索后开展调查。经查，本市部分公交线路存在车外语音报站缺失、报站不及时等问题，严重影响视障人士日常公交出行。视障人士虽多次反映，但因公交线路周边居民投诉车外语音报站噪音扰民，与视障人士现实需求之间存在差异化认识，相关问题始终未能有效解决。

2022年10月8日，天津市院以行政公益诉讼立案后，根据《天津市无障碍环境建设管理办法》《天津市客运公共交通管理条例》《天津市无障碍设计标准》相关规定，与市交委开展磋商，并组织天津市公交集团（以下简称市公交集团）、天津市残疾人联合会（以下简称市残联）参与，就视障人士权益受损事实、问题整改方案等充分讨论，邀请“益心为公”检察云平台志愿者全程参与，积极探索解决方案。经磋商，确定了兼顾公交线路周边群众与视障人士两方权益的整改思路，升级现有“天津公交”App 增加语音报站功能，以信息化手段破解信息无障碍“老大难”问题的整改方案。市交委指导市公交集团成立专门团队负责软件升级，邀请同为视障人士的“益心为公”志愿者全程参与软件升级，并多次组织视障人士代表测试改进软件功能。

2023 年 5 月 21 日是“全国助残日”，天津市院联合市交委、市残联、市公交集团和视障人士代表，开展“天津公交”App 语音报站功能实地测试体验活动，办案检察官和各单位工作人员全程佩戴眼罩，与视障人士代表一起沉浸式测试体验。经体验，参与测试人员普遍反映“天津公交”App 语音报站功能非常便利，公交车进站时系统会震动并循环语音播报，能够帮助他们准确、便捷乘坐公交车。目前，具备语音报站功能的安卓版、苹果版“天津公交”App 已正式在应用商店上线并提供免费下载，广大视障人士对“天津公交”App 语音报站功能表示认可，不少老年人也通过该软件获益。

【典型意义】

视障人士只能借助听觉获知公交车进站信息，公交车外语音报站是视障人士日常公交出行的必备条件。检察机关通过与行政机关磋商，主动邀请同为视障人士的“益心为公”志愿者全程参与办案，以信息化手段推动解决信息无障碍“老大难”问题，为视障人士权益保护提供了高效便捷的解决方案，兼顾了普通人群基本诉求，在“助残”的同时实现了“适老”，实现了“三个效果”的有机统一。

重庆市渝北区人民检察院督促整治餐饮服务场所强制扫码点餐行政公益诉讼案

【关键词】

行政公益诉讼检察建议　无障碍社会服务　餐饮服务场所　个人信息保护　适老化改造

【要　旨】

针对部分餐饮商家强制推行扫码点餐服务，致使老年人等特定群体无法享受人工点餐等传统服务方式且面临个人信息被过度收集等问题，检察机关通过公开听证、检察建议等方式，督促行政机关依法开展专项整治，助推餐饮服务场所完善无障碍环境建设，切实维护老年人等特定群体合法权益。

【基本案情】

重庆市渝北区部分餐饮商家强制推行扫码点餐，不提供人工点餐服务，致使老年人等特定群体因使用智能手机不便而无法正常消费用餐。同时，部分经营者利用扫码程序收集消费者的手机号码、位置信息、微信昵称等个人信息，侵害众多消费者个人信息安全，损害了社会公共利益。

【调查和督促履职】

2023 年 2 月，重庆市渝北区人民检察院（以下简称渝北区院）收到“益心为公”志愿者提供的上述线索后，决定以行政公益诉讼立案调查。检察人员组织部分“益心为公”志愿者同步检索可能存在强制扫码点餐情形的商家信息，经汇总定位后逐一走访调查，共发现 12 家餐饮商家存在不提供人工点餐、点餐前须关注商家微信公众号、注册时收集手机号码等情形。

2023年5月23日，渝北区院组织召开公开听证会，邀请从事消费者权益保护法、个人信息保护法领域研究的3名西南政法大学资深教授作为听证员。听证员一致表示，强制扫码点餐问题侵害老年人等特定群体的合法权益，同时危及众多消费者的个人信息安全，消费者自身维权难度大，应督促行政机关推动整改。

2023年5月29日，渝北区院根据《个人信息保护法》《消费者权益保护法》《重庆市无障碍环境建设与管理规定》的相关规定，向区市场监督管理部门发出检察建议，督促其对商家强制推行扫码点餐、侵害消费者权益和过度收集个人信息的行为进行查处。同时，渝北区院结合查证事实，与渝北区酒店餐饮行业协会进行座谈交流，建议开展餐饮行业自律规范工作。

渝北区市场监督管理部门收到检察建议后，对涉案的12个餐饮商家立案查处，责令商家规范使用扫码点餐，保留纸质菜单并提供人工点餐服务；针对强制扫码点餐和不提供纸质菜单等共性问题开展专项排查整治，对全区餐饮单位进行排查，发出责令改正通知书20份，约谈企业10家。渝北区酒店餐饮行业协会通过微信公众号、电子宣传屏等载体开展系列宣传活动，进一步推动餐饮行业内部形成规范共识。

2023年6月28日，渝北区院组织“益心为公”志愿者开展公益诉讼“回头看”，确认涉案老年人等特定群体信息交流无障碍问题已得到有效治理。同时，渝北区院多次与区市场监管部门、酒店餐饮行业协会座谈交流，推动出台《餐饮行业“扫码点餐”规范倡议》，规范餐饮行业扫码点餐服务，实现源头治理。

【典型意义】

扫码点餐是餐饮行业推动消费升级、降低经营成本的创新举措，但可能影响老年人等特定群体合法权益。本案中，检察机关借助“益心为公”志愿者，有效融合专业力量和社会力量，做实调查取证工作，提高检察监督的精准性，督促行政机关积极履职整改，为老年人跨越“数字鸿沟”和个人信息安全保驾护航。

广东省广州市海珠区人民检察院督促保障老年人医疗服务无障碍行政公益诉讼案

【关键词】

行政公益诉讼检察建议　无障碍社会服务　医疗服务无障碍

【要　旨】

针对因医疗机构信息化智能化技术运用给老年人等特定群体带来的挂号难、缴费难等就医障碍，检察机关通过公益诉讼督促行政职能部门依法全面履职，推动医疗机构完善无障碍环境建设，提升友老型医疗健康服务水平，切实保障老年人及时平等享受医疗健康服务的合法权益。

【基本案情】

广东省广州市海珠区部分医疗机构在提升自身信息化建设过程中，明示取消现场挂号，仅保留网上预约挂号，未提供现场预约号源及电话预约挂号途径，亦未设置老年人优先通道等，相关行政机关未及时全面履行监管职责，致使存在上网和使用智能手机困难的不特定多数老年人，无法独立挂号以正常就医享受平等便捷的公共医疗服务，损害了社会公共利益。

【调查和督促履职】

2021年10月，广东省广州市海珠区人民检察院（以下简称海珠区院）接到群众举报后决定立案调查。通过对辖区内医疗机构进行走访调查，现场勘验、询问医疗机构工作人员等方式，查明部分医疗机构存在全面取消现场挂号，仅能通过微信公众号、自助机、网站等线上方式预约挂号的问题，违反了《老年人权益保障法》《广东省老年人权益保障条例》《广东省养老服务条例》等有关规定。2021年10月27日，海珠区院根据前述调查情况，向海珠区卫生健康局发出检察建议，建议其对相关医疗机构责令整改，并对辖区医疗机构开展全面排查，督促落实涉老年人信息化无障碍改造，提供线上线下并行的医疗服务便利。

海珠区卫生健康局收到检察建议后，迅速组织落实整改，制定区级创建老年友善医疗机构的工作方案，组织辖区内23家医疗卫生机构开展创建工作，推动辖区内老年人就医环境优化。印发《关于落实推进老年人运用智能技术困难个案排查工作的通知》，结合排查情况在各医疗机构开设老年人专窗；开通老年人就医绿色通道、开展多渠道挂号通道，为老年人保留充足现场号源，保留诊间预约功能和电话预约功能。加强服务指引，组建友老爱老志愿服务团队，对使用智能技术困难老年人，采取医务人员或志愿者协助就医等措施，保障老年人得到及时便利就医。

收到行政机关回复后，海珠区院组织特邀检察官助理、人大代表、政协委员、人民监督员等随机走访海珠区内医疗机构，现场参与整改成效“回头看”，发现各医疗机构均在显著位置提供通过微信公众号、电话挂号、现场挂号等各种挂号渠道的推介指引，明示老年人绿色通道或优先窗口、现场有友老爱老志愿服务者，亦可见老年人通过老年人绿色通道挂号和现金缴费等情形。

【典型意义】

老年人等特定群体是医疗服务需求的重要群体，但因在使用互联网、智能手机方面存在“数字鸿沟”而难以享受信息化带来的便利。本案中，检察机关发挥公益诉讼检察职能，通过检察建议督促推动相关单位完善老年人就医无障碍服务，为助力社会治理“适老化”改造、共建老年友好型社会贡献了检察力量。

十九、最高人民法院、最高人民检察院联合发布行政公益诉讼典型案例

（2023 年 11 月 24 日）

“两高”相关部门负责人就行政公益诉讼典型案例答记者问

2023 年 12 月 13 日，最高人民法院、最高人民检察院行政公益诉讼典型案例新闻发布会在最高人民法院举行。最高人民法院行政审判庭庭长耿宝建、最高人民检察院公益诉讼检察厅厅长徐向春出席发布会，发布 2023 年 11 月 24 日印发的行政公益诉讼典型案例并回答记者提问，发布会由最高人民法院新闻局副局长王斌主持。

问：自检察公益诉讼制度建立以来，行政公益诉讼检察工作呈现出哪些特点？

徐向春：自检察公益诉讼制度建立以来，行政公益诉讼始终是重中之重，各级公益诉讼检察部门坚持把行政公益诉讼作为主责主业，6 年来共立案办理行政公益诉讼案件 78 万余件，占全部公益诉讼案件的 90%，发出检察建议 65 万余件，依法向人民法院提起行政公益诉讼 4000 余件。行政公益诉讼检察工作取得快速发展，业务领域稳步拓展，案件规模持续增长，办案模式日趋完善，展现了独特的制度价值，取得了显著的实践成效。

一是“4+N”的基本业务框架初步确立。6 年来，随着安全生产法、个人信息保护法等一系列单行法的制定修订，行政公益诉讼法定领域“版图”进一步扩大，由制度建立之初的生态环境和资源保护、食品药品安全、国有财产保护、国有土地使用权出让四个领域，扩展到英烈权益保护、安全生产、个人信息保护、反电信网络诈骗、农产品质量安全、妇女权益保障、无障碍环境建设等领域，初步建立起“4+N”的基本业务格局。

二是层层递进的办案模式基本定型。通过几年的实践探索，行政公益诉讼检察形成了依次磋商、制发检察建议、提起诉讼的分步递进式办案模式。办案中，坚持审前实现公益保护目的是最优解的理念，力求通过磋商和制发检察建议等方式在审前解决公益受损问题，以最小司法成本实现公益保护。同时，对一些检察建议解决不了的问题，坚持以“诉”的确认体现司法价值引领，保障监督刚性。

三是协同保护的工作格局逐步形成。公益保护是一个系统工程，行政公益诉讼为各类公益保护主体协作保护公益提供了制度平台。一方面，行政公益诉讼中检察机关与行政机关虽然是监督与被监督的关系，但最终目的都是保护公益。检察机关始终坚持公益诉讼“督促之诉”“协同之诉”的功能定位，与行政机关同向而行、同向发力，积极构建既依法监督又协同配合的新型监督关系，共同致力于公共利益的有效保护。另一方面，审判机关、检察机关在办理行政公益诉讼案件过程中立足司法审判和法律监督职能，互相协作配合，实现国家利益和社会公共利益司法保障的共同职责使命。近年来，“两高”联合出台《关于检察公益诉讼案件适用法律若干问题的解释》《关于办理海洋自然资源与生态环境公益诉讼案件若干问题的规定》等司法解释和规范性文件，为办理、审理行政公益诉讼提供基本规范依据。

四是推动依法行政的独特价值日益彰显。习近平总书记在党的十八届四中全会上指出，“对一些行政机关违法行使职权或者不作为造成国家和社会公共利益侵害或者有侵害危险的案件，由检察机关提起公益诉讼，有利于优化司法职权配置，也有利于推进法治政府建设”。检察机关始终牢牢把握行政公益诉讼这一制度定位，一方面通过磋商、检察建议，提醒敦促行政机关自行纠错，另一方面以“诉”的确认监督行政机关依法履职。6年来通过办理的70多万件行政公益诉讼案件，纠正了一大批不作为、乱作为问题，为行政机关依法行政提供了司法引领。

五是促进社会治理的制度效能充分释放。检察机关在实践中探索形成了从个案办理到系统治理的源头治理模式，即从个案办理中发现社会治理中的普遍性问题，通过专项监督推动行政机关堵塞监管漏洞，完善制度机制，从根源上解决问题。近年来，最高检先后开展了“保障千家万户舌尖上的安全”“公益诉讼守护美好生活”“为民办实事 破解老大难”等专项监督活动，办理了万峰湖、南四湖、长江船舶污染等有重大影响的案件，为促进社会治理提供了强有力的司法保障，为国家治理体系和治理能力现代化做出了积极贡献。

问：请介绍一下人民法院近年来开展行政公益诉讼审判工作情况、具体经验和做法。

耿宝建：行政公益诉讼案件是近年来人民法院审理的一种新类型案件。主要集中于生态环境和资源保护、食品药品安全、国有财产保护、国有土地使用权出让以及英烈权益保护、安全生产、反电信网络诈骗、妇女权益保障等领域（“4+N”业务格局）。与民事公益诉讼表现形式不同，行政公益诉讼目前起诉主体只能是检察机关，被告为行使公权力的各类行政主体，属于“官”告“官”案件，很大程度上直接关乎行政执法机关形象，反映国家治理水平，影响社会公共利益。自行政诉讼法 2017 年 7 月 1 日实施正式确立这项制度以来，全国各级法院与检察机关积极响应，不断拓宽受案范围，有效发挥典型案件示范效应，依法纠正大量用权不当损害公益的行政违法行为，有力督促了行政机关依法履职。

首先，这类案件的特点：一是成讼案件数量差异大。对比检察机关大量提出检察建议的现状，各地法院最终成讼案件总量较少，地域差异大。二是案件类型较为集中。国有财产保护领域、国有土地使用权出让领域案件相对多发，分别占比 32.45%、16.41%，食品药品安全、英烈权益保护、未成年人保护领域案件占比持中，违法建筑查处、文物保护、妇女权益保护、反垄断领域等其他领域案件较少。三是行政机关败诉率高。在所有审结的一审案件中，准予撤诉的占比为 41.91%，行政机关败诉率达 52.73%。上述两种方式结案占全部案件的 94.64%，远高于其他行政诉讼案件结案方式。由此反映出检察机关切实履行了“公益诉讼起诉人”的法定职责，人民法院较好地化解了相关行政争议，并依法监督执法机关行使职权。

其次，各地法院也创设出一些好的经验和做法。突出表现在：一是加强法检协同合作。如太原中院与市检察院共同制定《关于办理行政公益诉讼案件相关问题的意见》，广东法院打造富有“广铁特色”的行政公益诉讼法检定向对接机制。二是深化多方联动机制。如北京法院办案中主动与属地政府、职能部门、街道沟通，多措并举促进问题解决；宿州法院对确有造成国有资产流失的情况，快速启动行政争议协调机制，召集多方参与的联席会，协调整改；宝鸡中院与市监委、检察院、公安局联合发布《关于建立公益诉讼协作配合机制的意见》，从案件管辖、起诉受理、诉讼请求和证据完善等多方面强化沟通，督促整改，为挽回国家经济损失提供有利条件。三是加强判后司法监督职能。如马鞍山法院在判决生效后，与检察机关加强沟通交流，通过实时监督促使行政机关依法履职；福州法院在跨区划管辖背景下及时将生效裁判通报行政机关所在地检察机关，配合启动执行监督，通过司法建议双向备案机制、行政赔偿案件协作机制指导行政机关有错必纠。四是加强宣传教育工作。如广东法院在审理涉食品安全、涉耕地资源保护领域行政公益诉讼案件时，组织执法部门和基层组织旁听庭审并当庭宣判；重庆法院主动邀请人大代表、政协委员、人民监督员和行政机关负责人观摩庭审，以点带面发挥行政公益诉讼示范效应。人民法院通过用好普法平台，强化宣传，促进实现双赢多赢共赢。

问："两高"联合发布行政公益诉讼典型案例，有什么考虑？

徐向春：在检察公益诉讼制度全面推开6周年之际，"两高"联合发布行政公益诉讼典型案例，主要是基于以下几方面的考虑：

一是公益诉讼检察工作进入高质量发展的新阶段。6年来，检察公益诉讼案件范围稳步拓展、制度规范不断健全、制度效能充分释放，公益诉讼检察工作进入转型升级、迈向高质量发展的新时期。人民法院和人民检察院在办理行政公益诉讼案件方面积累了不少经验，办理了一些有影响、效果好的案件，"两高"前期经过共同调研，一致认为在当前节点上发布典型案例，正逢其时。

二是贯彻落实"精准性""规范性"工作要求。最高检新一届院党组精准研判公益诉讼检察工作所处的新阶段、面临的新形势，提出了突出精准性、规范性的新要求。此次发布的行政公益诉讼起诉案例，是"两高"共同筛选、一致认可的，充分体现了"精准性""规范性"的要求，对各级检、法两院办案具有较强的规范指引作用。

三是为完善公益诉讼制度凝聚司法合力。新的形势之下，"两高"面临着许多新任务新挑战，如何维护好公共利益，切实保障社会公平正义，需要"两高"同题共答。2023年6月，"两高"领导举行首次工作交流会商会，并建立工作交流会商机制，旨在最大限度凝聚司法合力。此次"两高"共同发布行政公益诉讼典型案例，是落实交流会商机制的具体举措，目的是透过案例，进一步增进更深层次的法律共识、制度共识，以上率下为完善公益诉讼制度汇聚更大合力。

四是为检察公益诉讼专门立法提供实践经验和案例样本。检察公益诉讼是习近平法治思想在公益保护领域的生动实践和原创性成果。党的二十大报告专门强调“完善公益诉讼制度”，2023年两会期间，许多人大代表、政协委员提出相关立法建议，“两高”也在着力推进并初见成效。目前，检察公益诉讼法（公益诉讼法，一并考虑）已被列入十四届全国人大常委会第一类项目的立法规划。检察公益诉讼专门立法是习近平法治思想在公益保护领域原创性成果的法治化、制度化、规范化体现，是贯彻落实党的二十大精神、落实中央部署的具体要求。此次筛选发布典型案例，一方面，可以将各方共识、典型经验和成熟机制吸收到立法当中；另一方面，也可以指导、引领各级检察机关深化司法实践，为专门立法积累更多实践样本和案例支撑。

问：请介绍一下这批典型案例的主要特点。

耿宝建：我们两家这次共同发布的8个典型案例，有以下鲜明特点：第一，保护的公共利益多样。本次案例有的涉及追缴土地出让金，有的涉及保障饮用水水源地和销售瓶装水安全，有的涉及维护抗日英烈纪念设施和公共场所消防设施安全，有的涉及制止乱占基本农田和落实农民工工资保证金等，这些案件既关乎社会治理层面重大公共利益的保护，也与老百姓最直接最现实的利益息息相关，折射出行政公益诉讼保护公益的重要价值。第二，诉判类型丰富。本次案例被诉行政机关涵盖了自然资源、市场监督、文化旅游、应急管理、人力资源和社会保障等职能部门和基层政府，案件类型既有诉请履责的行政不作为之诉，也有诉请撤销行政处罚决定的撤销之诉。在裁判方式上，有的判决履责，有的判决确认违法，有的因行政机关依法履职，以裁定准予撤诉方式结案，反映出法院诉判对应、解纷手段的多样性。第三，法检联动配合到位。本次案例突出体现了检察机关、人民法院在诉讼过程中围绕公益保护的共同目标各司其职，精准发力，相互配合，在坚持严格公正司法的同时，全链条发力，用相对较少的司法成本促进了公共利益保护的最大化，强化了被诉行政机关的责任意识、担当意识，实现了双赢多赢共赢，促进了办案的“三效统一”。第四，编排格式新颖。本次是“两高”首次以行政公益诉讼为主题联合发布案例，与以往联合发布其他案例多以“审前程序”“裁判结果”表现检法工作内容不同，本次案例列出“检察监督”“法院裁判”模块，不仅形式上更能准确反映两院职能，内容表述侧重点上也作了系统化改进，突出不同诉讼环节法检作用的发挥，便于社会公众全面清晰解读案例。

问：请谈谈今后工作打算。

徐向春：行政公益诉讼制度自诞生以来，始终坚持为大局服务、为人民司法、为法治担当，充分发挥行政公益诉讼独特功能和制度优势，依法保护国家利益和社会公共利益。

一方面，坚持高质效办好每一个案件，以“诉”的确认体现司法价值引领。提起行政公益诉讼对于增强检察建议的刚性、促进依法行政、有效保护公益和完善公益诉讼制度都具有重要意义，各级公益诉讼检察部门要牢固树立“敢于以‘诉’的确认体现司法价值引领”理念，针对行政机关因法定职责、履职标准、法律适用等认识争议没有依法履职或履职不到位的情形，对检察建议不能有效解决公益保护问题的，检察机关坚持当诉则诉，通过“诉”的确认推动依法行政。同时，秉持“持续跟进监督”理念，不仅是“一诉了之”，而是从审前程序到提起诉讼，再到判决执行，一个环节一个环节持续跟进，确保案件取得实效。

另一方面，注重检法协同发力，共同推动公益司法保护制度不断完善。从保护公益的角度而言，检察机关、人民法院目标是一致的。行政公益诉讼实践中，检察机关与人民法院既分工负责又相互配合，在促进依法行政、保护公益方面形成司法合力。接下来，我们将继续落实“两高”工作交流会商会的要求，坚持问题导向，共同研究解决行政公益诉讼制度的重点难点堵点问题，提升审判和检察工作质效；立足公益诉讼检察、审判司法实践，梳理总结检察公益诉讼的特点规律，共同推动检察公益诉讼专门立法。牢固树立双赢多赢共赢理念，把“监督就是支持、支持就是监督”贯穿到行政公益诉讼检察和审判全过程各方面，强化源头治理，共同推动国家治理体系和治理能力现代化。

耿宝建：行政公益诉讼是司法改革创设的新制度，是一项利国利民的制度创新，随着公益诉讼立法和实践的加速推进，今后一定会有越来越大的发展空间。下一步，我们将在以下方面重点发力：

1. 加强与检察机关的联动。建立健全法检联动机制，配合立法进程，完善专题研讨、试点设立、联席会议、信息共享等机制，共同提升全社会对行政公益诉讼的关注度、支持度，共同发文加强系统指导，共同推进立法和司法解释的修改完善。在这次共同发布典型案例基础上，今后多出精品，多创亮点。

2. 加强与行政机关的沟通。行政公益诉讼涵盖面广，涉及的行政部门多，在检察机关通过检察建议取得成效基础上，对人民法院而言，今后着力点宜放在针对提起诉讼的案件，要注重与行政机关在立案前、审理中和判决后的全过程协调，加大司法建议力度。对行政执法中执法程序、法律适用、裁量标准等类型化问题，要适时提出司法建议，辅之以座谈、培训等手段，与检察机关一道，共同督促行政机关及时整改，以点带面，推进法治政府建设。

3. 加强上下级法院的监督指导。目前，人民法院环资、民事、行政审判庭等多部门涉及公益诉讼业务。今后，我们要进一步强化行政审判条线的业务指导，增进内部各部门配合协调，及时通报交流工作进展，学习借鉴环资公益诉讼已有的成熟经验和做法，加强对下级法院相关行政公益诉讼受案范围、审理方式、裁判规则的统一，监督纠正各种不当做法，与检察机关共同促进行政公益诉讼制度的完善。各级人民法院要从积极参与国家治理社会治理、切实维护好公共利益的高度，从政治上看、从法治上办，依法公正审理好每一起行政公益诉讼案件，厚植党的执政根基，以审判工作现代化助力实现中国式现代化。

湖南省花垣县人民检察院诉龙山县自然资源局不履行收缴土地出让违约金职责公益诉讼案

【关键词】

行政公益诉讼　土地出让金　移送起诉　准予撤诉

【基本案情】

2017年12月18日，某房地产公司竞拍到龙山县一宗68670平方米的国有建设用地使用权。该公司与龙山县自然资源局于2018年1月15日签订土地使用权出让合同，约定出让金共计2.3亿元，分别在2018年2月、2019年1月前缴纳1.3亿元、1亿元，未按时缴纳的违约金标准为日均1‰。某房地产公司按期足额缴纳第一笔款后，第二笔款到期仅缴纳4500万元，之后分五次陆续缴清欠缴的本金5500万元，由此产生违约金341.6万元未缴。龙山县自然资源局遂于2020年12月21日向某房地产公司下达《催缴告知书》，要求该公司15日内缴齐上述违约金，逾期将申请人民法院强制执行。其后，该公司仍未缴纳，该局亦未向法院提出申请。该局存在怠于履行收缴土地出让违约金职责的情形，损害了国家利益。

【检察监督】

湖南省龙山县人民检察院对龙山县自然资源局立案调查，于2021年8月31日向该局发出检察建议，建议依法履行职责，将违约金收缴到位，并告知两个月履职期限。该局逾期未书面回复亦未收缴。按照湖南省高级人民法院《关于开展全省基层人民法院一审行政案件集中管辖工作的实施方案》，花垣县人民法院集中管辖龙山县、吉首市、保靖县、永顺县一审行政案件。根据《人民检察院公益诉讼办案规则》相关规定，需要提起诉讼的，应当将案件移送有管辖权人民法院对应的同级人民检察院。龙山县人民检察院遂将案件移送花垣县人民检察院起诉。同年11月17日花垣县人民检察院以龙山县自然资源局为被告，向花垣县人民法院提起行政公益诉讼，请求判令被告履行收缴涉案违约金341.6万元的职责。

【法院裁判】

花垣县人民法院立案后，及时与龙山县自然资源局和花垣县人民检察院沟通，努力做督促协调工作，促使该局于2021年11月18日收齐了某房地产公司欠缴的涉案违约金，并提交了收款凭证。花垣县人民检察院遂以行政公益诉求已全部实现为由，决定撤回起诉。花垣县人民法院经审查，最终裁定准予撤诉。

【典型意义】

土地出让金是国家财政收入重要来源之一。企业欠缴会严重影响国家对收入的管理支配，损害市场和社会诚信体系。针对该领域的突出问题，如何以较少成本实现最大效益，检察公益诉讼发挥着重要作用。本案土地出让违约金得以足额收取，国家利益得以充分保障，离不开法院和检察院相互配合。对某房地产公司拖欠的巨额违约金，作为合同相对人和履责机关的自然资源部门，经检察机关提出检察建议、提起公益诉讼和人民法院积极协调、释法说理等，最终认清问题并切实履责，维护了社会诚信体系和行政协议的严肃性。同时，将多元协调机制融入行政公益诉讼活动全过程，也是各参与机关明晰职责、保护公益、正确引导社会主义核心价值观的生动实践，是中国特色社会主义司法制度优越性的有力体现。

重庆市石柱土家族自治县人民检察院诉龙沙镇人民政府不履行供水工程监管职责公益诉讼案

【关键词】

行政公益诉讼　供水安全　判令履责

【基本案情】

2021年1月，重庆市石柱土家族自治县（以下简称石柱县）人民检察院在对当地农村集中供水工程的水质情况履行检察监督职责时，发现该县龙沙镇大沙社区外口组（以下简称大沙社区外口组）的“外口人畜饮水”水质可能不符合国家生活饮用水卫生要求，遂于2021年1月8日委托重庆市华测检测技术有限公司对该处供水水质进行检测，检测结果表明“总大肠菌群、耐热大肠菌群、大肠埃希氏菌”等微生物指标不符合国家《生活饮用水卫生标准》（GB 5749—2006）规定的限值要求。检察机关认为龙沙镇人民政府（以下称龙沙镇政府）存在怠于履行农村生活饮用水集中供水工程监管职责的情形，危害不特定多数人身体健康，侵害社会公共利益。

【检察监督】

石柱县人民检察院对龙沙镇政府立案调查，于2021年2月24日向其发出检察建议，建议立即采取有效措施保证其供水水质符合国家规定，保护人民群众生命健康安全。同年4月，龙沙镇政府回复称，通过新建水源池，其水质不达标问题已得到整改。此后至当年9月，石柱县人民检察院两次委托检测技术公司检测均显示微生物指标仍超标，当年10月组织勘察现场亦无改观。石柱县人民检察院遂以龙沙镇政府为被告，于同年10月13日向石柱县人民法院提起行政公益诉讼，请求判令被告对大沙社区外口组供水工程履行监督管理职责，采取有效措施保证其水质符合国家

《生活饮用水卫生标准》（GB 5749—2006）。

【法院裁判】

石柱县人民法院审理期间，龙沙镇政府于 2021 年 11 月 11 日向行政主管部门申请为大沙社区外口组提供供水工程配套消毒设施，组织清洗水池，委托石柱县疾病预防控制中心对水质进行检测，但显示水质仍未达标。法院认为尽管镇政府屡称水质问题已获整改，但检测结果均不符合国家标准。从保护大沙社区外口组 700 余人的生活饮用水安全考量，镇政府应当在发现问题时积极作为，即使不能解决也应及时呈报上级政府协调解决，确保当地群众喝上达标水，而非找理由不作为、慢作为，放任损害持续存在。故判决责令龙沙镇政府于判决生效之日起两个月内履行职责，支持了石柱县人民检察院的全部诉求。判决生效后，龙沙镇政府购买了净水和消毒设备对蓄水池出水进行过滤净化和消毒，安排专人定期对蓄水池内部进行全面清洗，对蓄水池外围环境进行全面整治，并在取水点和蓄水池处安装防护设施，避免人畜活动污染水源。经石柱县疾病预防控制中心检测，涉案集中供水工程饮用水中大肠埃希氏菌、总大肠菌群、耐热大肠菌群检测值均为“未检出”，符合《生活饮用水卫生标准》（GB 5749—2006）。

【典型意义】

水是生命之源，获得安全饮用水是人类生存的最基本需要，关乎百姓生活健康，涉及最基础、最根本的公共利益。本案中，针对龙沙镇政府怠于履行对供水水质的监管职责，当地群众健康权益持续受损的情形，检察机关先后采取向镇政府发出检察建议、提起行政公益诉讼等方式，督促行政机关对饮用水水质履行监督管理职责。人民法院在案件审理中，针对龙沙镇政府一系列自行纠错未果的情形，最终以判决方式确定了责任与要求，依法督促行政机关及时转变观念，纠正持续已久的对饮用水水质监管缺位、不作为、慢作为问题，倒逼其强化民本意识，重视公共卫生安全。检察机关积极发挥行政公益诉讼制度优势，强化司法监督，为今后处理类似问题探索出新路径。

吉林省敦化市人民检察院诉敦化市文化广播电视和旅游局不履行文物保护监管职责公益诉讼案

【关键词】

行政公益诉讼　革命文物保护　判令履责

【基本案情】

义勇英灵塔坐落于敦化市翰章乡翰章村，系1946年由当地民众集资为抗日英烈于宪睿建立的纪念塔，2007年被定为延边朝鲜族自治州文物保护单位。保护范围为遗址外延30米，建设控制地带为保护范围外延100米。2021年9月26日，吉林省敦化市人民检察院经现场勘查发现，义勇英灵塔周边2米左右建有彩钢房临时建筑物，导致该塔所在地块被非法侵占，遗址存在被破坏的风险。检察机关认为敦化市文化广播电视和旅游局（以下简称敦化市文旅局）存在怠于履行文物保护监管职责的情形，致使国家利益和社会公共利益受到侵害。

【检察监督】

敦化市人民检察院对敦化市文旅局立案调查，鉴于彩钢房临时建筑物离义勇英灵塔仅2米左右，迫近塔本体，且存在继续扩建影响塔本体安全的现实紧迫风险，遂于2021年10月20日向其发出检察建议，建议其在十五日内履行法定职责，对义勇英灵塔设立界桩，划定保护范围。两日后，敦化市文旅局组织工作人员对义勇英灵塔保护情况进行了核查，反馈检察建议反映的问题属实，承诺整改问题，认真开展自查，切实做好文物保护工作。但回复期限届满后，敦化市文旅局仍未履行法定职责，对义勇英灵塔设立界桩，划定保护范围，敦化市人民检察院遂以敦化市文旅局为被告，于2021年11月25日向延吉市人民法院提起行政公益诉讼，请求判令被告继续履行职责，依法对义勇英灵塔设立界桩，划定保护范围。

【法院裁判】

延吉市人民法院审理认为，义勇英灵塔作为具有重要革命教育意义的代表性建筑，已被列为自治州级重点文物保护单位，不得在其保护范围内添建任何建筑物。由于主管行政机关履责不力，致使义勇英灵塔的地块被侵占，文物存在被破坏的风险，社会公共利益受到侵害，据此判决责令敦化市文旅局继续履行职责，对义勇英灵塔划定保护范围，设立界桩。判决生效后，敦化市文旅局迅速依法清除了涉案彩钢房临时建筑，对义勇英灵塔周边环境进行了整治，并划定了保护范围，设立了界桩。

【典型意义】

革命文物承载党和人民英勇奋斗的光荣历史，是党和国家的宝贵财富，是弘扬革命传统和革命文化、激发爱国热情、振奋民族精神的生动教材。习近平总书记多次强调，加强革命文物保护利用，弘扬革命文化，传承红色基因，是全党全社会的共同责任。文物保护部门对已列入重点文物保护名录的具有革命教育意义的建筑，应尽到监督管理职责，设立标志碑、界桩，明确保护区域，划定保护范围。本案中，检察机关对怠于监管的行政机关发出检察建议，在其作出承诺后紧盯不放，在整改未果后适时提起行政公益诉讼；人民法院本着尊重英烈、弘扬传统的原则依法裁判，督促文物保护部门依法履责，及时抢救濒临灭失的文物，切实保护了义勇英灵塔这一革命建筑。法检两院以特有方式宣扬了爱国主义与革命传统，具有重要的现实和长远意义。

湖北省赤壁市人民检察院诉赤壁市文化和旅游局不履行文物保护监管职责公益诉讼案

【关键词】

行政公益诉讼　文物保护　判令履责

【基本案情】

毕家畈塔位于赤壁市神山镇毕家畈村，是一座清代修建的通高十八米的五层石塔，对研究清代民间石塔的建筑工艺和宗教文化具有重要意义。该塔于 2014 年 6 月被湖北省人民政府公布为第六批省级文物保护单位。2021 年 6 月 4 日，湖北省赤壁市人民检察院经现场调查发现，该塔塔身生长有多株小型树木，植物根系膨胀造成石块开裂，同时塔基底座青石被不法人员撬松散落一旁，塔顶和两个卷曲上翘的塔角已风化脱落去向不明，整座塔身存在严重破损及安全隐患。检察机关认为赤壁市文化和旅游局（以下简称赤壁市文旅局）存在怠于履行文物保护监管职责的情形，致使国家利益和社会公共利益受到侵害。

【检察监督】

赤壁市人民检察院对赤壁市文旅局立案调查，于 2021 年 6 月 16 日向该局提出检察建议，建议加强对毕家畈塔的监管和修复工作，保护文物安全。该局于同年 8 月书面回复，已通过立项、委托具有文物保护资质的勘探设计公司编制该塔修缮工程设计方案，待省文旅厅批复方可实施该工程。同年 10 月，检察机关跟进检察建议落实情况时，发现该塔修缮工程既未开工，也未进行日常保养维护或采取临时性抢险加固、防护等措施，损毁风险持续加剧。检察机关委托技术公司又对该塔进行安全性检测，结论为该塔严重损坏。为此，赤壁市人民检察院以赤壁市文旅局为被告，于 2022 年 2 月 21 日向赤壁市人民法院提起行政公益诉讼，请求判令被告继续履行文物保护监督管理职责。

【法院裁判】

赤壁市人民法院审理期间，赤壁市文旅局于2022年3月对毕家畈塔塔顶植被树枝进行了清理，并在塔基四周安装了围挡，设立了安全提示牌。法院认为该局作为文物保护行政部门，应对毕家畈塔的安全负责监督管理，将该塔的日常保养维护和岁修工作作为一项重要职责，保持整洁、安全、稳定的良好状态，通过定期巡视检查及时掌握排查安全隐患，妥善处理整治。结合检察院起诉和法院查明事实，赤壁市文旅局在发现塔身石头松动、石缝长有植被，存有安全隐患后，并未及时处理整治。在赤壁市人民检察院向其送达检察建议书后仅清理了塔基底座植被，鉴于该塔修缮工程项目已于2021年12月获批，据此判决责令赤壁市文旅局应继续履行职责，支持了赤壁市人民检察院的全部诉求。判决生效后，赤壁市文旅局组织对塔基进行了加固等保护性维修，并进一步编制完善了毕家畈塔维修工作设计方案，争取了专项维修资金全面消除安全隐患；与毕家畈村签订了文物保护责任书，建立了市、镇、村三级文物管护网络；组织应急、消防、宗教等常态化开展联合执法，强化毕家畈塔安全及周边环境监管。

【典型意义】

文物是文明的载体，是中华灿烂历史的记忆与传承，是全民族的财富。重要的文物资源是一个地域或某类文化的集中展现。文物保护部门针对历史悠久、急需修缮的文物要尽到日常监管职责，否则文物损毁难以挽救。本案中，检察机关主动监督，通过发出检察建议、对检察建议落实“回头看”、再督促以及提起公益诉讼等方式，对行政机关未及时采取全面有效措施保护毕家畈塔的情形适时“亮剑”；人民法院依法审判，倒逼行政机关加速安排抢救文物、履行监管主体责任。强有力的司法监督形成合力，压紧压实职能部门的责任，确保法律法规严格实施，从总体上促进了城市建设和文物保护利用的协调发展。

广东省化州市人民检察院诉化州市市场监督管理局食品安全行政处罚公益诉讼案

【关键词】

行政公益诉讼　食品安全　撤销行政处罚

【基本案情】

广东某食品公司生产、销售的2批次包装饮用水，在当地市场监督部门于2019年5月23日、2020年3月14日组织的两次抽检中，被发现存在铜绿假单胞菌项目不符合《食品安全国家标准 包装饮用水》标准要求，有损人体健康，检验结论为不合格。据此，化州市市场监督管理局（以下简称化州市市监局）对该公司的2批次违法情形分别于2019年9月20日、2020年7月13日作出化市监处字（2019）157号、（2020）136号行政处罚决定，均为没收违法所得和罚款，罚没款项共计51770.5元（其中后一处罚决定为31020.5元）。因后一次违法行为发生在前一次违法行为被行政处罚之日起1年内，依据食品安全法相关规定，应处吊销许可证处罚，化州市市监局存在未严格适用法律的情形。

【检察监督】

广东省化州市人民检察院对化州市市监局立案调查，于2020年9月15日向该局发出检察建议，建议针对上述情形依法全面正确履行监管职责，作出相应行政处罚。该局书面回复处罚得当，未采纳检察建议。其后，按当地管辖权分工，化州市人民检察院以化州市市监局为被告，于2021年5月6日向茂名市茂南区人民法院提起行政公益诉讼，请求判决撤销上述化市监处字（2020）136号行政处罚决定并责令被告重新作出行政行为。

【法院裁判】

茂南区人民法院审理认为，化州市市监局未能查清涉案公司是否存在受到行政处罚后 1 年内又实施同一性质的食品安全违法行为的情形即作出被诉处罚决定存在错误，且在检察机关发出检察建议后不依法履责，导致涉案公司仍然具备生产、销售包装饮用水的资格，并出现饮用水再次被检验为不合格情况，危及了不特定消费者的身体健康和生命安全，社会公共利益持续处于受侵害状态，遂判决支持化州市人民检察院的全部诉求。一审判决生效后，法院立即就案件执行情况召开圆桌会议，督促化州市市监局及时履行生效判决，该局于 2021 年 11 月重新作出包含吊销营业执照、从业禁止等内容的行政处罚决定。

【典型意义】

民以食为天，食以安为先。食品安全领域必须牢固坚持习近平总书记“四个最严”的要求，在法律框架内严格执法与司法。《中华人民共和国食品安全法实施条例》第六十七条第五项明确规定了“因违反食品安全法律、法规受到行政处罚后 1 年内又实施同一性质的食品安全违法行为”属于应当从重从严处罚的“情节严重”情形，本案中，检察机关和人民法院在对此取得共识的情形下，对于市监部门的被诉行政处罚决定作出严格审查，体现了司法的精准度与力度，对提升行政机关食品安全监管责任意识、规范执法标准具有重要意义。且人民法院在执行阶段召开圆桌会议，督促行政机关及时履行判决的做法，产生了多赢共赢的积极成效。本案诉求类型体现为不同于一般不作为之诉的撤销之诉，这对法检两院进一步拓展行政公益诉讼类型与方式，具有探索和示范作用。

贵州省关岭县人民检察院诉关岭县人力资源和社会保障局不履行农民工劳动报酬权益监管职责公益诉讼案

【关键词】

行政公益诉讼　农民工劳动报酬　确认违法

【基本案情】

贵州省安顺市关岭县西南旺府建设项目的两家施工单位自2019年6月开工以来，一直未依法存储农民工工资保证金，亦未提供保函，长期拖欠农民工工资，人数达200余名。2020年8月、2021年1月，关岭县人力资源和社会保障局（以下简称关岭县人社局）对两家施工单位多次作出劳动保障监察责令改正指令书，责令其限期存储工资保证金，支付拖欠的农民工工资，逾期不履行将予以处罚，但迟迟未罚。关岭县人社局作为法定监管部门，具有保护工程建设领域农民工劳动报酬权益的职责，该局在涉案项目上存在怠于履职的情形，致使众多农民工合法权益受到侵害，损害了社会公共利益。

【检察监督】

贵州省关岭县人民检察院对关岭县人社局立案调查，于2021年3月29日向该局发出检察建议，建议对涉案建设项目未存储农民工工资保证金的违法行为履行监管职责。同年5月，该局书面回复已向施工单位下达责令改正指令，要求于同年6月前存储农民工工资保证金或者提供保函。后关岭县人民检察院对整改情况全程监督并组织“回头看”，发现施工单位直至同年9月仍未存储保证金，且尚有100余名农民工在工地务工，其合法权益处于持续受侵害状态。其后，按当地管辖权分工，关岭县人民检察院以关岭县人社局为被告，于 2021 年 9 月 27 日向镇宁县人民法院提起行政公益诉讼，请求判决责令该局依法履行监管职责。

【法院裁判】

镇宁县人民法院审理期间，关岭县人民检察院主动召集关岭县人社局、住建局施工单位负责人、劳务总包责任人共同磋商解纷方案。关岭县人社局于 2022 年 3 月督促施工单位提供担保公司保函。其后，鉴于该局已依法履职且诉求目的基本实现，关岭县人民检察院于同年 3 月 16 日决定变更诉讼请求为确认违法。人民法院认为行政机关在诉讼期间已采取切实有效的措施履行法定职责，遂当庭宣判支持检察机关的诉讼请求。关岭县人社局当庭表示服判息诉。

【典型意义】

中国目前有近 3 亿农民工，依法保障其劳动报酬权益事关社会和谐稳定大局。习近平总书记多次强调，“全社会都要关心关爱农民工，要坚决杜绝拖欠、克扣农民工工资现象”。本案中，检察机关通过发出检察建议、提起诉讼，特别是在诉讼期间主动组织多主体磋商，使农民工工资保证金得以落实；人民法院通过全程协调，释法明理，促成了当庭宣判并使当事人明确表示服判息诉。法检两院协同发力，运用法治思维和法治方式为根治农民工欠薪顽疾提供了司法智慧和司法方案，共同营造尊重劳动者权益、守法诚信的法治营商环境。同时，根据行政诉讼法和公益诉讼司法解释相关规定，对在公益诉讼过程中，被告纠正违法行为或者依法履责，人民检察院可变更诉求为确认违法。

山东省济南市槐荫区人民检察院诉槐荫区应急管理局、区消防救援大队不履行消防监管职责公益诉讼案

【关键词】

行政公益诉讼　消防安全　准予撤诉

【基本案情】

泰山国际大厦是位于济南市槐荫区的一幢24层建筑，产权人为某物业管理公司，有多家酒店、教育培训机构、娱乐场所等在此经营，其中多层建有儿童活动场所。2016年3月，槐荫区消防救援大队在执法检查中指出该建筑存在火灾隐患。同年11月，某科技公司承包了该建筑的消防水系统改造工程，改造工程完工后未经竣工验收。此后，该建筑陆续出现消防水泵出水管路漏水和自动喷水灭火系统、消火栓系统未设置稳压泵等质量问题，消防设备无法正常使用，存在重大安全事故隐患。2019年之后，槐荫区消防救援大队对该建筑进行多次消防监督检查，认定某物业管理公司存在影响消防安全违法行为，责令其限期改正，但该公司长期未予改正。槐荫区应急管理局、区消防救援大队存在怠于履行消防监管职责的情形。

【检察监督】

山东省济南市槐荫区人民检察院对槐荫区应急管理局、区消防救援大队立案调查，于2021年5月11日分别向两单位发出检察建议，建议前者依法履行消防监督管理职责，建议后者依法对相关违法责任主体进行查处等。后经跟进调查，两单位均未按检察建议履责，公益侵害仍在持续。槐荫区人民检察院遂以槐荫区应急管理局、区消防救援大队为被告，于

2022年1月21日向槐荫区人民法院提起行政公益诉讼，请求判令区应急管理局依法履行对泰山国际大厦消防安全隐患的监督管理职责，判令区消防救援大队依法履行对该大厦消防安全隐患的监督检查及违法行为查处职责，确保将消防安全隐患整改到位。

【法院裁判】

槐荫区人民法院审理期间，两被告均明确表示将尽快整改。法院与检察院、两被告保持持续沟通，了解整改进展情况。槐荫区应急管理局于2022年4月通过向区消防救援大队发出督办单，要求其立即采取措施，消除安全隐患。区消防救援大队对某物业管理公司进行立案调查并罚款6000元。该公司通过租用应急发电车解决消防用电设备供电负荷问题，组织对消防给水设施进行维修等，后委托第三方机构进行安全检测结论为合格。法院与检察院就整改标准充分交流，共同赴现场实地查看，并组织召开消防安全隐患整改效果公开听证会。后槐荫区人民检察院以安全隐患已全部消除为由，决定撤回起诉。槐荫区人民法院审查认为，被告已整改到位，公益诉求已实现，故裁定准予撤诉。

【典型意义】

消防工作事关社会安定和人民群众生命财产安全，酒店、商店、娱乐设施等公共场所的防范更是重中之重。未按国家消防技术标准设置灭火系统或火灾自动报警系统会埋下重大隐患。对此，应急管理部门和消防救援机构应各司其职，发挥好督促与监管职能。本案中，针对上述单位履责不到位问题，检察机关通过依法提出检察建议、跟进调查和提起诉讼等方式，发挥了有力监督作用；人民法院在审理过程中积极介入，把握时机适时协调，避免就案办案，与检察机关共同查看现场、组织听证会，最终促成隐患消除，公益保障到位。

河南省兰考县人民检察院诉三义寨乡人民政府不履行基本农田保护职责公益诉讼案

【关键词】

行政公益诉讼　违法占用基本农田　责令复垦

【基本案情】

2021年4月，兰考县三义寨乡赵楼村将该村一处面积为17313.4平方米的土地承包给某文化传媒公司经营游乐园。该公司先后建造旋转小火车、海盗船等游乐设施项目20余个，临时营业房2间，并硬化部分地面。所占土地全部为基本农田。2022年2月，检察机关发现此线索后，认为该公司的行为破坏了基本农田种植条件，危害国家粮食安全，侵害社会公共利益，三义寨乡人民政府（以下简称三义寨乡政府）存在履行保护基本农田职责不到位的情形。

【检察监督】

河南省兰考县人民检察院对三义寨乡政府立案调查，于2022年2月14日发出检察建议，建议及时拆除某文化传媒公司建设的所有设施，复耕复垦。三义寨乡政府于同年3月回复称已按照检察建议整改完毕。检察机关于同年5月组织“回头看”时，发现涉案娱乐设施未全部拆除，经进一步督促被当场拆除；但同年11月再次跟进监督时，又发现部分设施恢复投入使用，公共利益持续被侵害。兰考县人民检察院遂以三义寨乡政府为被告，于同年11月22日向兰考县人民法院提起行政公益诉讼，请求判令其依法履职，督促该公司及时拆除所有娱乐设施，完成基本农田复垦。

【法院裁判】

兰考县人民法院由三名法官、四名人民陪审员组成合议庭审理本案。

针对诉辩双方争议的现场所剩设施是否影响耕种、三义寨乡政府是否完全履职问题，法院、检察院和行政机关于 2022 年 12 月庭审后共同派人勘验现场，发现涉案基本农田里种植绿化树木，树木之间仍有娱乐设施。法院最终支持了检察机关有关基本农田只能种粮食，而绿化树木、非农设施不能占用的主张，同时，考虑到深冬不利于复垦，判决责令三义寨政府在判决生效后三个月内督促某文化传媒公司完成复垦。其后，三义寨乡政府于 2023 年 3 月向法院报告剩余设施已拆除，所占基本农田已完成复垦，经法检两院再次联合勘察现场，情况属实。

【典型意义】

全方位夯实粮食安全根基，牢牢守住十八亿亩耕地红线是当前基本国策。近年来，党中央、国务院三令五申持续加大耕地保护力度，但非法占地情形仍时有发生。本案中，检察机关以钉钉子精神狠抓不放，从发现问题，到提出检察建议、组织“回头看”和跟进监督，防范了虚假整改、反弹回潮；人民法院辨法析理，针对争议问题组织了多环节现场勘验，充分考虑了诉求本身和判决可执行因素，确保整改到位、恢复到位，有助于扩大社会影响，对有关单位、非法占地者起到教育、警示和震慑作用。耕地资源保护事关千家万户，司法机关通过公益诉讼发挥监督作用永远在路上。

二十、文物和文化遗产保护检察公益诉讼典型案例

（2023 年 12 月 21 日）

用法治思维解决文物和文化遗产保护难题

——最高检公益诉讼检察厅负责人就文物和文化遗产保护检察公益诉讼典型案例答记者问

2023 年 12 月 21 日，最高人民检察院发布了一批文物和文化遗产保护检察公益诉讼典型案例，佛教寺庙、海防遗址、传统村落、人文故居等如何保护？文物和文化遗产领域公益诉讼办案如何体现精准性、规范性？最高检公益诉讼检察厅负责人就此回答了记者提问。

问：最高检发布这一批文物和文化遗产保护检察公益诉讼典型案例的主要考虑是什么？

答：一是深入贯彻落实习近平法治思想和习近平文化思想。党的二十大报告提出“加大文物和文化遗产保护力度”。习近平总书记强调，要像爱惜自己的生命一样保护历史文化遗产，加强文物保护利用和文化遗产保护传承，守护好中华文脉。应勇检察长在青海调研时强调，文物和文化遗产是民族团结的重要精神纽带，检察机关要深入学习贯彻习近平法治思想、习近平文化思想，加强文物和文化遗产保护公益诉讼。此批典型案例，旨在引导各级检察机关贯彻落实习近平法治思想和习近平文化思想，充分发挥公益诉讼检察职能，以高质效司法办案助力文物和文化遗产保护。

二是推动文物和文化遗产保护领域办案提质增效。应勇检察长在大检察官研讨班上强调“要让高质效办好每一个案件成为新时代新征程检察履职办案的基本价值追求”，要求“公益诉讼检察重在突出精准性、规范性”。此次筛选的 8 件案例从不同侧面体现了高质效办案的基本要求，为各地高质效办理文物和文化遗产保护案件提供了模板和示范，有利于进一步提升办案精准化、规范化水平。

三是为修订文物保护法提供案例支撑。文物是传承人类文明的重要载体，其所蕴含的物质价值和文化价值具有天然的公益属性。文物和文化遗产保护领域虽未成为检察公益诉讼的法定领域，但全国已有22个省级人大常委会出台专项决定明确将文物和文化遗产保护纳入公益诉讼新领域案件范围。2023年10月20日，文物保护法（修订草案）首次提请审议，明确人民检察院可以对有关违法行为提起公益诉讼，此时发布典型案例，可为文物保护法（修订草案）中的检察公益诉讼条款提供司法实践支撑。

问：此次发布的文物和文化遗产保护检察公益诉讼典型案例主要有哪些特点？

答：一是从保护对象上看，覆盖类型广泛、文物价值较高。此次发布的8件案例中，保护对象类型丰富、意义重大，主要包括藏传佛教寺庙、海防遗址、农业文化和灌溉工程遗址、传统村落、人文故居等，具有较高的社会价值、文化价值、科研价值。比如，青海省西宁市城中区检察院督促保护的宏觉寺，是1951年习仲勋同志代表党中央送十世班禅首次入藏的送行地，是汉藏文化交流互动的桥梁纽带，是民族团结的历史见证。

二是从监督事项上看，涉及多种违法类型。这批案例基本涵盖了文物和文化遗产保护中的常见问题。比如，贵州省贞丰县检察院督促保护马二元帅府案，针对的是修缮过程中破坏文物风貌的问题；江西省崇义县检察院督促保护上堡梯田农业文化和灌溉工程遗产案，针对的是应该保护但未纳入保护范围的问题；安徽省歙县检察院督促保护传统村落案等6件案例，针对的是文物保护不到位问题。

三是从监督手段上看，坚持以“诉”的确认彰显监督刚性。办案中准确把握审前程序与诉讼程序的有效衔接，对于制发检察建议后，行政机关到期未整改或整改不彻底，导致文物持续处于受损状态的情形，坚决依法启动诉讼程序，确保受损文物得到及时有效保护。比如，贵州省贞丰县人民检察院针对发出检察建议后行政机关既未回复也未整改的情况，依法提起诉讼得到法院支持，确保了监督刚性。

四是从价值功能上看，体现了检察公益诉讼补位行政执法的兜底作用。检察机关办理文物和文化遗产保护领域的案件，始终坚持行政机关维护公益的第一顺位，在行政机关穷尽行政手段仍不能有效保护文物时，检察机关可通过提起民事公益诉讼，追究违法行为人责任，进一步实现对文物的有效保护。比如，浙江省宁波市检察院诉某隧道工程有限公司损害吴杰故居等文物民事公益诉讼案中，在涉案企业拒不支付修复费用、文物部门也没有执法依据的情况下，检察机关及时启动民事公益诉讼推动企业承担赔偿责任，凸显了检察公益诉讼独特的制度价值和功能。

问：检察机关在开展文物和文化遗产保护领域公益诉讼工作中有哪些好的经验做法？

答：一是坚持同向而行、协同发力。检察机关与行政机关保护公益的最终目标高度一致。办案过程中，对行政机关既依法监督又强化协同配合。2023 年以来，最高检与国家文物局、住房和城乡建设部先后赴江苏、福建、北京等地开展联合调研，在明确文物和文化遗产公益诉讼保护重点协作范围等方面深化共识。辽宁、山西等省级检察院与省文物局会签协作意见。安徽省检察院与省住建部门就城乡历史文化保护建立协作机制。甘肃省检察机关与文物部门联合开展国有文物保护检察公益诉讼专项监督活动。

二是坚持因地制宜、突出特色。立足文物和文化遗产丰富性、地域性特点，指导地方检察机关结合本地特色以小专项形式开展文物和文化遗产保护工作。最高检部署沿大运河 8 省（市）检察机关开展大运河保护公益诉讼检察专项办案活动。河北、内蒙古、甘肃等地检察机关积极开展长城保护。黄河流域检察机关强化黄河文化遗产保护。山西、贵州等地组织开展非物质文化遗产公益诉讼保护专项行动，办理了保护莜面栲栳栳制作技艺、苗族银饰锻制技艺等行政公益诉讼案。

三是坚持科技支撑、借智借力。办案过程中，一方面，注重运用大数据技术发现案件线索，借助卫星遥感、无人机等方式调查取证，提升办案质效。另一方面，借助“外脑”支持，邀请文物保护专家、高校科研人员、文化遗产传承人等组成专家人才库，为办理文物保护案件提供专业指导意见。浙江、福建等地通过构建、运用法律监督模型进行大数据碰撞，发现了大量违法线索。陕西多地检察机关组建文物保护专家库，为高质效办案提供专业支撑。

问：下一步，检察机关将采取哪些措施推动文物和文化遗产保护领域公益诉讼工作走深走实？

答：下一步，检察机关将深入贯彻落实习近平法治思想和习近平文化思想，将文物和文化遗产保护检察监督置于经济社会发展大局中统筹谋划和系统推进，不断加强文物和文化遗产保护力度，以法治力量服务文化强国建设。

一是进一步加大办案力度。加大"历史文化街区和历史建筑保护利用""农业文化遗产、世界灌溉工程遗产保护"等领域办案力度，助力城乡历史文化保护传承。开展长城保护公益诉讼行动，集中解决长城保护中的突出问题。指导各地结合本地特色，围绕大运河、长征、黄河、长江、红色资源、传统村落、石窟寺、非物质文化遗产等地方特色文物加大办案力度，重点解决文物和文化遗产损坏、应保未纳保、过度开发利用、私有产权文物保护不到位等突出问题。

二是强化执法司法协作。最高检将加强与文化和旅游部、国家文物局、住房和城乡建设部、中国社会科学院考古研究所等相关单位协同配合，深化线索移送、会商研判、调查取证、联合调研、信息共享等协作机制，适时研究制定文物和文化遗产保护领域执法司法协作意见。

三是加强规范引领。针对一些基层检察院线索发现难等问题，总结梳理文物和文化遗产保护领域具有普遍性和苗头性的违法问题，分门别类制作常见问题索引；就文物和文化遗产保护公益诉讼的立案标准、证据规则、诉讼请求、损害鉴定等出台办案指引，为各地规范统一办案提供操作指南；继续发挥典型案例的示范引领作用，适时对外发布办案质效好、社会影响大的典型案例。

四是注重宣传引导。在高质效办好文物和文化遗产保护检察公益诉讼案件的同时，加大以案释法、普法宣传力度，通过讲好文物和文化遗产保护检察故事，提升社会公众保护文物和文化遗产的法治意识。

青海省西宁市城中区人民检察院督促保护宏觉寺行政公益诉讼案

【关键词】

行政公益诉讼检察建议　藏传佛教寺庙保护　抢救性修复　协同履职

【要　旨】

针对使用人不履行修缮义务导致具有特殊历史意义的重点保护文物出现损毁甚至面临灭失风险的情况，检察机关可通过公开听证、检察建议、协同治理等方式，督促行政主管部门依法履行监督管理和保护修缮职责，确保文物得到及时有效保护。

【基本案情】

宏觉寺始建于明洪武二十三年（1390 年），历史上属甘肃拉卜楞寺。1929 年青海建省后，班禅驻青办事处、蒙藏招待所设于宏觉寺。1951 年，时任中共中央西北局书记、西北军政委员会副主席习仲勋同志代表党中央在宏觉寺为首次入藏的十世班禅送行，当年习仲勋同志与十世班禅会面的房间依然保留原貌。1967 年西宁某印刷厂迁入宏觉寺并经批准在宏觉寺原地修建车间、职工住宅楼一栋及办公楼两栋。1998 年，青海省将该寺公布为省级文物保护单位。2006 年，西宁某印刷厂将后院车间及一座大殿清腾后交由青海省佛协进行修缮，但前殿香厅等文物主体未得到妥善管理和修缮，面临损毁和灭失风险。

【调查和督促履职】

2020 年 6 月，青海省西宁市城中区人民检察院（以下简称城中区院）在开展文物保护公益诉讼检察专项行动中发现本案线索。2021 年 1 月 7 日，经青海省人民检察院批准，城中区院立案进行调查，通过调取文物档案，询问相关人员等，查明宏觉寺过厅、大殿除梁架结构保持原状外，山墙、门窗等部分均已毁损，存在屋面塌陷、个别立柱下沉倾斜等问题，且前殿香厅被印刷厂用于存放印刷物资及印刷设备，未能得到妥善保护和修缮。文物保护部门未依法履行职责。

2021年1月13日，城中区院邀请区人大代表、政协委员、人民监督员、文物专家等担任听证员，对文物修复必要性等问题召开听证会，得到人大代表、政协委员、相关专家一致支持。会后，依据《中华人民共和国文物保护法》第八条、第二十一条等规定，城中区院向城中区文体旅游科技局（以下简称区文体局）公开送达检察建议书，建议其采取有效措施确保宏觉寺得到妥善保护和利用。1月28日，某印刷厂与区文体局举行宏觉寺交接仪式，宏觉寺正式移交区文体局管理。3月2日，区文体局对检察建议进行书面回复，已制定修缮方案，正向省、市文物局申请资金进行保护性修复。

城中区院持续开展跟进监督，针对文物保护中最棘手的印刷厂搬迁问题，城中区院会同区文体局主动向区政府报告情况，推动区政府拨付1100万余元资金用于企业安置补偿及车间、办公楼拆除工作。文体局申请400万余元资金对周边街景进行整治，79.8万元专项资金用于文物主体修缮。目前，所有修缮项目已全部竣工，并经青海省民族宗教委员会批准挂牌成立“铸牢中华民族共同体意识体验馆”。

【典型意义】

宏觉寺是历代汉藏文化交流互动的桥梁纽带，是民族团结的重要历史见证。检察机关充分发挥法律监督职能，通过公开听证、检察建议等方式，督促行政机关及时开展宏觉寺抢救性修复工作，使见证民族团结的珍贵历史文化遗产得到充分保护和利用，展现了检察公益诉讼保护中华优秀传统文化传承的制度价值。

浙江省宁波市人民检察院诉某隧道工程有限公司损害吴杰故居等文物民事公益诉讼案

【关键词】

民事公益诉讼　海防遗址遗存点保护　修缮费用　比例原则

【要　旨】

针对文物遭到破坏但行政机关穷尽手段仍不能有效保护文物的情形，检察机关探索“先行政后民事”两种办案方式的融合运用，分阶段推动行政机关依法履职、违法行为人依法承担赔偿责任，以刚性的公益诉讼检察监督实现对文物的有效保护。

【基本案情】

浙江省宁波市镇海口海防遗址是目前国内保存最为完好的海防体系和海防纪念遗产，是全国重点文物保护单位，吴杰故居是镇海口海防遗址14个遗存点之一。徐宅是镇海区文物保护单位，是近现代重要史迹及代表性建筑。2019 年 2 月 26 日，宁波市轨道交通 2 号线二期工程某地铁站基坑开挖（以下简称 2 号线二期工程），挖掘作业直接导致位于工地附近的吴杰故居、徐宅地基沉降、墙体开裂，并间接加剧了原有自然损坏，对文物造成不可逆的破坏。

【调查和诉讼】

2020 年 8 月 4 日，浙江省宁波市镇海区人民检察院（以下简称镇海区院）立案调查。通过实地踏勘、咨询专家等方式，认定 2 号线二期工程轨道基坑挖掘作业导致文物损坏，影响具有海防纪念遗产价值的历史文化保护传承。根据《中华人民共和国文物保护法》第八条之规定，镇海区文化和广电旅游体育局（以下简称区文广局）应履行文物保护职责。

镇海区院召集区文广局、建设单位某轨道交通集团有限公司（以下简称轨道集团）及施工单位某隧道工程有限公司（以下简称隧道工程公司）进行磋商，形成“先加固，后修缮”整改思路，并明确工程竣工后轨道集团、隧道工程公司及时启动文物修缮工程。2020 年 8 月 20 日，镇海区院向区文广局制发检察建议，建议其依法对案涉文物采取必要保护措施。10 月 20 日，区文广局书面回复，隧道工程公司暂停工程施工，对文物进行抢救性加固，并由专业技术单位在文物周边设置观测点实时监测地基沉降情况。2021 年 5 月，文物抢救性加固工程验收合格，轨道工程恢复施工。2022 年 12 月 1 日，2 号线二期工程某地铁站正式投入运营。

2023 年 5 月，镇海区院“回头看”发现，因隧道工程公司并未启动修缮工程，且地铁 2 号线二期工程位于吴杰故居、徐宅两处文物建设控制地带之外并经合法审批程序。根据《中华人民共和国文物保护法》相关规定，区文广局没有进一步履职依据。

2023 年 5 月 29 日，镇海区院启动民事公益诉讼立案程序，并于同日进行民事公益诉讼公告。6 月 30 日，镇海区院将案件移送宁波市人民检察院（以下简称宁波市院）审查起诉。经多次实地勘查、走访调查，宁波市院查明两处文物均为国有产权，2 号线二期工程对两处文物建筑本体及围墙影响程度超过现行规范限值要求，隧道工程公司应为本案的侵权责任主体，轨道集团作为建设单位与本案有利害关系，应列为第三人。经评估，两处文物修缮工程总费用为 939.87 万元。鉴于文物损坏是自然损坏与工程施工共同作用的结果，宁波市院结合古建筑修复专家与区文广局意见，认定隧道工程公司按比例应承担 511.39 万元，其余修缮费用由文保经费、文物管理单位承担。2023 年 7 月 3 日，宁波市院向宁波市中级人民法院（以下简称宁波市中院）提起民事公益诉讼，诉请判令被告隧道工程公司承担吴杰故居、徐宅文物修缮工程费用共计人民币 511.39 万元。

2023 年 7 月 11 日，宁波市中院受理本案。8 月 21 日，宁波市中院组织庭前会议，确认事实及证据、厘清双方争议焦点。在宁波市中院主持下，宁波市院综合古建筑修复专家意见和修缮工程进度计划，与被告隧道工程公司达成调解协议。隧道工程公司承担两处文物修缮工程费用共计人民币 511.39 万元，于调解协议生效之日起 30 日、6 个月、1 年时分三期支付全部修缮费用，第三人轨道集团配合协助隧道工程公司履行调解协议。

2023 年 8 月 22 日，宁波市中院在浙江法治报公告调解协议，9 月 25 日作出（2023）浙 02 民初 490 号民事调解书确认调解协议。10 月 27 日，隧道工程公司将第一期 300 万元修缮费支付至宁波市院公益损害赔偿资金专户，文物修缮工作正在有序推进。

【典型意义】

检察机关通过行政公益诉讼审前程序高效督促行政机关落实文物损毁抢救性保护责任，在行政机关已全面依法履职但执法效能明显不足，文物仍处于受损害的状态下，及时启动民事公益诉讼，以“诉”的确认补位行政公益诉讼形成公益保护闭环，凸显了检察公益诉讼独特的制度价值和功能。在文物损害原因力混同的情况下，充分权衡各原因力及影响程度，结合专家意见综合认定各方责任比例，体现了精准化、规范化的办案要求，具有较强的指引和借鉴意义。

贵州省贞丰县人民检察院督促保护马二元帅府行政公益诉讼案

【关键词】

行政公益诉讼　历史文化建筑保护　改变文物原貌　终结诉讼

【要　旨】

针对文物修缮过程中违规添加新建筑设施导致文物原貌被破坏的情形，检察机关制发检察建议督促整改未果的，应依法提起诉讼，在诉讼请求全部实现后，可建议人民法院终结诉讼。

【基本案情】

贵州省贞丰县马二元帅府始建于清朝雍正年间（1731年），是贞丰古城历史文化中的重要象征性建筑，1982年被列为贵州省级文物保护单位。2016年，贞丰古城进行旧城改造，相关单位在对马二元帅府修缮过程中，违规添建玻璃房、假山及水池等新建筑设施，导致文物原貌被破坏。

【调查和督促履职】

贵州省黔西南州贞丰县人民检察院（以下简称贞丰县院）在开展文物保护专项工作中发现该线索，初查后于2021年8月16日立案。贞丰县院通过无人机航拍取证，调取文物档案，询问相关证人，查明，2013年5月，贞丰县文体广电旅游局（以下简称贞丰县文广局）按要求委托第三方设计《贞丰县马二元帅府修缮工程设计方案》，并获贵州省文物局批准同意，但未按方案要求进行修缮。2016年贞丰古城进行旧城改造，在对马二元帅府修缮过程中，违规修建玻璃房、假山及水池等新建筑设施，破坏文物原貌，违反《中华人民共和国文物保护法》第二十一条第四款“对不可移动文物修缮、保养、迁移，必须遵守不改变文物原状的原则”的规定，根据《中华人民共和国文物保护法》第八条之规定，贞丰县文广局对本辖区文物保护工作负有监督管理职责。

2021年8月19日，贞丰县院向贞丰县文广局发出检察建议，建议该局依法履行文物保护监督管理职责，及时采取有效措施，拆除违规建筑，恢复文物原貌。贞丰县文广局在收到检察建议两个月后，未向贞丰县院回复，贞丰县院跟进监督发现，马二元帅府内违规建筑未拆除，文物风貌仍处于受侵害状态。

【诉讼过程】

2021年11月18日，贞丰县院按行政案件集中管辖相关规定，向安龙县人民法院提起行政公益诉讼，诉请责令贞丰县文广局督促拆除马二元帅府内违规建筑，确保该文物保护单位得到有效修复。在法院审理期间，贞丰县文广局严格按照《贞丰县马二元帅府修缮工程设计方案》，对违规修建的玻璃房、假山及水池等新建筑设施进行拆除，对破损的设施进行了修复，恢复了文物原貌；申请整改资金17万元，对马二元帅府内地面杂草、杂物进行深度清理，并安装消防设施。

2022年4月22日，贞丰县院经委托4名专家到现场进行评估确认，马二元帅府内违规增设的玻璃房、假山及水池已全部拆除，文物得到有效修复，文物风貌得到恢复，检察机关诉讼请求已全部实现。2022年5月9日，贞丰县院向安龙县人民法院提交终结诉讼建议书，建议安龙县人民法院终结诉讼。5月20日，安龙县人民法院作出终结诉讼的裁定。

【典型意义】

马二元帅府是贵州省级重点文物保护单位，拥有悠久的历史和深厚的文化底蕴，承载着地方历史文化积淀。检察机关针对在马二元帅府违规添加新建筑设施，严重破坏文物风貌的情形，依法提起诉讼促进整改，推动将文物纳入重点旅游项目，实现“文商旅”融合发展。

安徽省歙县人民检察院督促保护滩培村等中国传统村落行政公益诉讼案

【关键词】

行政公益诉讼检察建议　传统村落保护　大数据模型　源头治理

【要　旨】

针对传统村落保护监管难题，检察机关运用大数据法律监督模型全面排查线索，通过公开听证、制发检察建议等方式，督促行政主管部门和属地政府落实监管职责，并依托“府检联动”机制协调多部门建立长效机制，促进地方纳入立法规划，助力破解传统村落保护和发展困境。

【基本案情】

安徽省歙县是徽文化的主要发祥地、重要承载地和集中展示地，具有中国传统村落167个，县级占有量位居全国第一，以儒韵典雅的徽派建筑闻名世界。歙县杞梓里镇滩培村是第四批中国传统村落，近年来出现部分古民居濒临倒塌、新建房屋破坏村落整体风貌等问题，社会公共利益受到侵害。

【调查和督促履职】

安徽省歙县人民检察院（以下简称歙县院）在“公益诉讼守护美好生活”专项监督活动中发现该案线索，经初步调查后于2023年8月29日立案，通过运用无人机航拍、联合“益心为公”志愿者实地调查等形式查明，滩培村内存在濒临倒塌的古民居23处、破坏村落整体风貌的新建房屋3处、构筑物5处，以及消防设施不足、卫生环境不佳等问题。在此基础上对46个传统村落开展实地调查，发现上述问题普遍存在，其中古民居倒塌和整体风貌破坏严重的村落分别占调查总量的69.57%和78.26%，部分传统村落还存在新房建设审批不严、涂污乱刻等问题。因歙县传统村落众多，歙县院通过对比不同时期村落卫星遥感图片，借助数字算法筛查出徽派建筑屋顶的颜色变化情况，形成传统村落整体风貌受破坏的案件线索，进一步对县域内167个传统村落建立了数字检察监督模型。

2023年9月8日，歙县院邀请人大代表、政协委员、“益心为公”志愿者等，围绕各相关部门监管职责、监管必要性等方面进行公开听证。结合听证评议意见，依据《中华人民共和国消防法》第八条、《安徽省皖南古民居保护条例》第五条第二款、第十二条等规定，城乡建设规划部门与乡镇人民政府对传统村落的环境风貌保护和消防设施完善等方面负有监管职责。2023年9月11日、13日，歙县院分别向歙县住房和城乡建设局（以下简称县住建局）、歙县杞梓里镇人民政府（以下简称杞梓里镇政府）制发检察建议，建议县住建局履行对滩培村等传统村落风貌统一的整改监管职责，加强古民居危房修缮工作；建议杞梓里镇政府对传统村落风貌保护、危房修缮与警示、卫生整治、消防安全等问题及时监管。

2023年11月9日，县住建局回复称，已争取传统村落保护专项资金1.45亿元，对包括滩培村在内的全县120余栋传统村落古民居进行了修缮和风貌整治，向住建部报送159个传统村落的修缮提升项目；出台规定加强对传统村落内部新建、改建房屋风貌统一性的审批管控；修订完善送审中的《歙县传统村落保护利用近中期纲要（2023—2035）》，科学规划了传统村落的保护利用工作。同年11月10日，杞梓里镇政府回复称，已向该村补充了消防器材、监控设备，设立了古民居危房警示标志，并将该村纳入环境卫生整治项目长期监管。歙县院于11月13日开展“回头看”，发现除3栋古民居因产权问题还在商谈修缮细节外，其他问题均已整改到位。

以此为契机，歙县院通过大数据检察监督模型对全县传统村落的风貌变化、固体废弃物排放、土地违规占用情况进行对比监测，形成《歙县传统村落疑似风貌变化等线索报告》，推送县住建局和27个乡镇政府进行“清单＋闭环式”监管。2023年11月7日，歙县院牵头与县住建局、县文旅体局等7家单位签订《歙县传统村落保护利用工作协作机制》，形成齐抓共管长效机制；同时，该院以“检察建议＋调研报告”形式，向歙县县委、县政府提交专题调研报告，助推解决传统村落保护“资金来源难”“产权复杂”等问题，推动源头治理、综合治理；向黄山市人大常委会提交《关于制定〈黄山市传统村落保护利用条例〉的立法建议》，已被纳入 2024 年度市人大立法计划。

【典型意义】

传统村落是中华优秀传统文化遗产物质载体之一，对于传承民族文化、助力乡村振兴具有重要意义。检察机关运用现代化检察技术和大数据检察监督模型，精准查找本地传统村落保护中存在的突出问题，通过公开听证、检察建议、提供线索清单等方式，推动多部门凝聚共识、协同共治。在促成个案问题解决的同时，注重挖掘传统村落保护中存在的根本性、源头性问题，通过“检察建议 + 调研报告”、提交立法建议等形式，加强对传统村落总体保护，为当地走出一条符合本地实际的传统村落保护与利用之路贡献检察智慧。

江西省崇义县人民检察院督促保护上堡梯田农业文化和灌溉工程遗产行政公益诉讼案

【关键词】

行政公益诉讼检察建议　农业文化遗产保护　灌溉工程遗产保护　长效保护

【要　旨】

针对农业文化遗产、灌溉工程遗产保护中存在的主体职责交叉、保护标准不明确等问题，检察机关发挥公益诉讼职能，推动多部门厘清职责、协同治理、健全机制，促进文化遗产整体和长效保护。

【基本案情】

上堡梯田位于江西省赣州市崇义县，是国内三大梯田奇观之一，2018年4月被联合国粮农组织授予“全球重要农业文化遗产”，并入选2022年10月（第九批）世界灌溉工程遗产名录。梯田核心区位于上堡乡水南村、赤水村等地，在上堡梯田水利系统中形成了大量的历史文化遗址遗存，既包括工程遗存，也包括与工程有直接关系的非工程遗存。水南干渠是上堡灌溉工程遗产中最具典型代表性的灌排渠系工程遗存，但由于自然荒芜、管理不善等原因，水渠内杂草丛生、部分水渠泥沙淤积。赤水村的盘瓠遗存是梯田悠久历史的直接证据，是与灌溉工程和农业文化有直接关系的非工程遗存，因未设置保护设施长期暴露在外、风化严重。

【调查和督促履职】

2023年9月，江西省崇义县人民检察院（以下简称崇义县院）根据最高人民检察院工作部署，组织开展农业文化遗产、灌溉工程遗产（以下简称双遗产）保护线索摸排，发现案涉问题后于9月25日立案调查。经查，水南干渠严重堵塞导致水流不畅、污染水质，影响梯田灌溉系统灌溉、防洪、排涝、生态涵养等功能作用。而盘瓠遗存因未被评定文物等级导致保护标准不明，行政机关未采取保护措施，已严重风化，存在灭失风险。

根据《中华人民共和国水法》《农田水利条例》以及参照县政府关于“双遗产”保护相关文件等规定，农业文化遗产由崇义县农业农村局牵头保护，灌溉工程遗产由崇义县水利局（以下简称县水利局）牵头负责。水南干渠为使用中的农田水利工程，县水利局对灌溉水渠农田水利工程负有主要监管职责。根据《中华人民共和国文物保护法》及参考“三定”方案等规定，崇义县文化广电新闻出版旅游局（以下简称县文广新旅局）对具有历史价值的古文化遗址负有监管职责。

2023年10月7日，崇义县院向县水利局制发检察建议，建议其对案涉水渠进行集中清理，同时开展全面核查与整改，建立常态化管护机制。10月13日，崇义县院向县文广新旅局制发检察建议，建议其立即对盘瓠遗存通过搭建围栏、设置保护标志等，积极推动将盘瓠申报纳入文物保护单位。

发出检察建议后，县水利局认为崇义县农业农村局对灌溉水渠保护也负有相应职责，县文广新旅局在起草保护标志文字说明时，与县水利局对盘瓠遗存的起源等问题产生分歧，导致保护标志说明迟迟未能定稿。2023年10月24日，崇义县院组织水利、农业、文化等部门召开联席会议，厘清了各方法定职责，并就整改方式与整改时限达成一致意见。

2023年11月3日、11月8日，县水利局、县文广新旅局分别书面回复。县水利局对案涉水渠进行了集中清理，对规划区内灌溉水渠开展全面检查，清理水渠10余公里，并安排人员定期巡查、清理。县文广新旅局对盘瓠遗存采取搭建围栏、设置保护标志等抢救性保护措施，启动申报县级文物保护单位程序并获县政府批准，制定了长期保护计划。县政府出台《崇义县关于对上堡梯田建立行政与司法保护协作机制的方案》，成立由县领导任组长的保护协作领导小组。针对县文广新旅局因缺乏资金导致整改工作陷入停滞的情况，崇义县院主动与县财政局协调沟通，争取项目资金。目前，案涉问题已得到有效整改。

【典型意义】

上堡梯田作为全球重要农业文化遗产、世界灌溉工程遗产，是中国历史文化遗产体系的重要组成部分，对中国古代农业生产生活、自然环境、文化传承等研究具有重要的历史人文价值。检察机关针对“双遗产”重点保护区内的灌排渠系淤塞、“非工程”遗存保护不力、保护标准不明等问题，督促水利、文旅部门依法全面履职，建立行政执法与司法保护协作机制，推动将“双遗产”纳入文物保护单位管理，明确保护标准，强化日常管护，有效促进文物和文化遗产保护传承。

北京市东城区人民检察院督促保护禄米仓胡同 73 号文物行政公益诉讼案

【关键词】

行政公益诉讼检察建议　历史文化建筑保护　军地协作　协同多部门履职　活化利用

【要　旨】

检察机关主动服务首都核心区文物和文化遗产保护，依托军地检察机关协作机制，督促相关部门协同履职，促成文物使用单位依法履行修缮职责，推动军队营区内不可移动文物保护，持续跟进监督，确保文物活化利用取得实效。

【基本案情】

“禄米仓”系明、清两代储存京官俸米的粮仓，为北京市级文物保护单位，是研究古代仓储制度和仓房建筑的宝贵实物资料，位于东城区禄米仓胡同 71 号、73 号。其中，73 号院内现存 3 个仓廒，占地面积约为 1045 平方米，因年久失修，文物外观严重破损，存在危害文物安全和损坏文物历史风貌的问题，损害国家利益和社会公共利益。

【调查和督促履职】

2022 年 7 月，北京市东城区人民检察院（以下简称东城区院）接到北京市人民检察院（以下简称北京市院）交办的军队营区不可移动文物保护公益诉讼案件线索。东城区院与中国人民解放军北京军事检察院（以下简称北京军检院）联合开展线索初步调查工作，经北京市院同意，于 2022 年 9 月 5 日以行政公益诉讼立案调查。

东城区院通过实地勘查、询问相关人员、走访有关单位发现：仓廒堆放杂物，仓内后期增设隔墙及吊顶，地面改为瓷砖及水泥地面；屋面、瓦件、木构件、墙体等破损严重，墙体被掩埋，亟需进行修缮与保护。

根据《中华人民共和国文物保护法》第八条、第二十六条，《北京市实施〈中华人民共和国文物保护法〉办法》第三条、《北京历史文化名城保护条例》第五条、第十四条等相关规定，文物行政部门对文物保护实施监督管理；街道办事处负责辖区内文物保护工作。2022 年 10 月 8 日，东城区院与北京军检院联合向北京市东城区文化和旅游局（以下简称区文旅局）和北京市东城区建国门街道办事处（以下简称建国门街道办）发出检察建议，建议两家单位尽快启动对涉案文物保护单位的保护和修缮工作。

2022 年 11 月 23 日、12 月 7 日，建国门街道办、区文旅局分别进行了书面回复，两家单位均表示积极整改，区文旅局向上级单位申请文物修缮专项资金，组织人员配合市文物局、建国门街道办开展现场考察、修缮工程筹备等工作；建国门街道办组织开展文物调研，委托具有文物修缮资质的设计单位编制完成修缮工程设计等。同时提出了开展文物保护中遇到的现实困难，如进出营区不便，文物使用单位没有专项资金修缮文物等。

为了确保后续整改效果，东城区院依法履职，协调北京军事院负责与军队营区进行沟通，保障行政机关畅通进入营区，开展保护工作，并协调区文旅局、属地街道办协同向上级文物保护部门申请文物修缮专项资金。促成文物使用单位将修缮后的 2 个仓廒交由地方政府作为博物馆使用，保障文物的活化利用。

2023 年 2 月，东城区院组织召开工作推进会，由各单位共同签署《工作备忘录》和《保护协议书》，建立军地协同合作长效工作机制，并正式启动文物修缮工作。截至目前，1040 余万元专项资金拨付到位，仓廒已完成腾退，拆除增设的隔墙及吊顶，剔除现代地面，更换糟朽严重的望板、椽子，更换破损、缺失严重的合瓦屋面等；并对风化酥碱严重的砖进行局部剔补、对墙身的孔洞进行补砌、对木构件进行嵌补修整和更换、对重点部位进行加固等，其他后续工作正在有序推进。

【典型意义】

东城区是首都文物古迹最为集中的区域，检察机关发挥军地协作机制作用，开展协同保护，为行政机关开展涉军文物保护提供法治保障。办案中检察机关积极协调地方行政机关多方履职，推动解决修缮资金问题，促进文物的活化利用，有效促进了核心区城市建设和文物保护利用协调发展。

云南省普洱市检察机关督促保护景迈山世界文化遗产行政公益诉讼案

【关键词】

行政公益诉讼检察建议　世界文化遗产保护　一体化办案　综合治理

【要　旨】

针对景迈山古茶林保护存在的监管部门多、协调难度大、层级不统一等问题，检察机关充分发挥一体化办案优势，以检察建议督促相关行政单位依法履职，促进源头治理、综合治理，助力景迈山古茶林文化景观申报世界文化遗产。

【基本案情】

2012 年 11 月，普洱景迈山古茶园成功入选《中国世界文化遗产预备名单》。2013 年 5 月，景迈古茶园被国务院公布为第七批全国重点文物保护单位，但申遗核心区存在违法建筑影响传统民居整体风貌，传统民居建筑风格、特色风貌日渐丧失，缺乏文物保护保护措施，人居环境整治不到位，消防设施配备不齐全等问题，影响申报世界文化遗产。

【调查和督促履职】

2020 年 10 月，云南省普洱市人民检察院（以下简称普洱市院）在履行职责中发现本线索，成立由普洱市院、澜沧县人民检察院（以下简称澜沧县院）两级检察长、公益诉讼检察官组成的“普洱景迈山综合整治与历史文化遗产保护公益诉讼办案组”（以下简称办案组）。办案组对传统村落整体建筑风貌管控、消防安全、人居环境整治、古茶树古茶林遭受病虫害等情况进行现场调查、走访，并于 2020 年 12 月、2021 年 1 月、2021 年 4 月对景迈山管理局等 7 家行政单位分别立案调查。查明景迈山古茶林存在以下损害公共利益的情形：一是民族建筑风貌改变。部分传统干栏式建筑被现代砖混洋房取代，影响整体风貌，布朗族、傣族民居建筑风格、特色风貌日渐丧失。二是文物保护措施不力。遗产地内芒洪八角塔等文物保护单位保护范围、建设控制地带划定不明确，缺少保护标志，传统民居修缮工作滞后。三是传统村落内消防设施配备不齐全，电线穿管改造不规范，私拉乱接电线，存在消防安全隐患。四是对古茶树、古树名木挂牌保护措施不到位，缺乏科学有效的病虫害防治措施，古茶树非正常死亡。五是外来物种如薇甘菊等入侵，破坏生物多样性。

依据《中华人民共和国文物保护法》《中华人民共和国农业法》《普洱市古茶树资源保护条例》《云南省澜沧拉祜族自治县景迈山保护条例》《云南省澜沧拉祜族自治县景迈山保护条例实施办法》等相关规定，景迈山管理局对文物和文化遗产保护、生态环境保护工作负有综合监督管理职责；当地文物保护主管部门、农业农村主管部门、林业主管部门、自然资源主管部门、住房和城乡建设主管部门分别对文物和文化遗产保护、古茶林生态系统和古茶树资源保护、土地行政执法和地质灾害防治、村庄基础设施建设、环境治理等负有监督管理职责；当地乡（镇）级人民政府作为一级人民政府，对本区域内生态环境以及文物和文化遗产保护工作负有监督管理职责。普洱市院、澜沧县院于2020年12月10日、2021年1月20日及5月28日，分三批次向景迈山古茶林保护管理局、澜沧县林草局、农科局、自然资源局、文旅局、住建局、惠民镇政府等7家行政单位制发检察建议，分别建议上述行政单位：落实对古茶树资源的保护和管理职责；全面清理遗产区的违法用地、违法建筑，做好建房手续审批完善工作；做好景迈山村庄规划编制工作并监督实施；严格履行村镇规划实施、村容镇貌整治、文物普查保护主体责任，加大消防基础设施建设和消防安全隐患整改，共同开展遗产地环境综合整治工作。

2020年12月24日至2021年7月28日，景迈山管理局、澜沧县住建局、自然资源局、林草局、农科局、文旅局、惠民镇政府陆续作出书面回复。因整改问题多，资金投入大，周期长，检察机关在收到回复后作出中止审查案件决定，并持续跟进监督。为推进整体保护，普洱市院督促景迈山管理局协同县林草、农科、自然资源、文旅、住建等单位先后编制出台《普洱景迈山古茶林文化景观遗产地管理公告》《景迈山村庄规划》等管理制度，参与修订并助推《普洱市景迈山古茶林文化景观保护条例》发布。建立景迈山古树名木资源管理档案库，聘请植物专家审核鉴定古树名木；对申遗核心区内违法建筑按照“尊重历史、照顾现实”原则，投入 2000 余万元进行整改；投入 5000 余万元资金用于消防安全和传统村落整体风貌改造提升，完成电气线路规范改造，消除传统村落消防安全隐患。2023 年，基于检察建议提出的问题已全部整改到位，普洱市检察机关陆续终结案件。

2023 年 9 月 17 日，“普洱景迈山古茶林文化景观”申遗项目在联合国教科文组织第 45 届世界遗产委员会会议上通过审议，列入《世界遗产名录》。

【典型意义】

景迈山古茶林文化景观是全球首个茶主题世界文化遗产。检察机关充分发挥一体化办案职能优势，以沟通磋商、邀请代表委员参与、召开协同推进会、持续跟进监督等方式，协同推进景迈山古茶林生态资源环境、文物和文化遗产保护等工作，守护了当地群众的美丽乡愁，为景迈山成功申遗贡献检察智慧和力量。

广西壮族自治区永福县人民检察院督促保护永宁州城行政公益诉讼案

【关键词】

行政公益诉讼检察建议　明代古城保护　古城人居环境　系统治理

【要　旨】

针对古城墙文物因缺乏有效监管导致雨水侵蚀、植物根系生长造成物理性破坏及人为破坏等情形，检察机关通过行政磋商、检察建议等形式，督促行政机关依法全面履行文物保护职责，并与行政机关同向发力，推动古城保护和周边人居环境系统治理。

【基本案情】

位于广西壮族自治区桂林市永福县百寿镇北端的永宁州城，始建于明成化十三年（1477），原为土城，成化十八年改砌石城，距今已有546年的历史，是长江以南地区保存最完整的明代古城之一，古城内现有居民2000余人，2013年3月公布为全国重点文物保护单位。近年来，古城受周边居民焚烧垃圾、植物大面积生长根系张力等自然、人为因素影响，使永宁州城墙体受损、周边环境脏乱，严重影响古城整体风貌和文物安全。

【调查和督促履职】

2022年4月，广西壮族自治区永福县人民检察院（以下简称永福县院）开展乡村振兴工作中发现案件线索。同年4月26日，永福县院立案调查。通过现场勘查、走访群众、调取资料等方式，查明永宁州城存在古城墙被居民堆放垃圾、集中焚烧熏黑，城墙四周墙体大量植物生长根系张力松动墙体砖石，卫生环境脏乱以及公共区域照明配套设施不完善等情形。根据《中华人民共和国文物保护法》第五条、第八条，《广西壮族自治区文物保护条例》第三条等规定，永福县文化广电体育和旅游局（以下简称永福县文体局）对永宁州城负有监督管理职责，永福县百寿镇人民政府（以下简称百寿镇政府）对永宁州城具有保护职责。

2022 年 8 月 24 日，永福县院分别向永福县文体局、百寿镇政府制发检察建议，建议永福县文体局加强对永宁州城的管理和保护，及时对城墙附着植物进行清除，消除文物安全隐患，完善周边配套设施建设，优化人居环境；建议百寿镇政府对城墙周边垃圾进行清理，共同做好永宁州城城墙保护和周边环境系统治理工作。

2022 年 9 月 27 日，百寿镇政府书面回复，清理垃圾堆 3 处，增设可移动垃圾桶 5 个，其他环卫设施建设纳入古城墙周边环境整治项目，出台有奖举报制度，引导人民群众积极参与文物保护。同年 10 月 17 日，永福县文体局书面回复，已对城墙附着植物进行清除，并争取中央资金 1600 万元、自筹资金 391 万元，用于永宁州城内部道路修缮及改造、城外环参观步道恢复、古城墙周边的环境整治及绿化改造等，项目已进入施工阶段。

2022 年 12 月 18 日，永福县院通过跟进监督，永宁州城周边环境升级改造工程已启动，城墙附着植物及周边竹林、墙角堆放的垃圾均已清理，城内主街道硬化工程已基本完工；排水改造、环卫设施、灯光亮化、天网摄像头铺设等工作在有序推进。

【典型意义】

永宁州城历史悠久，历经战乱而幸存，对研究古代建筑和当地民族文化具有极为珍贵的价值。检察机关充分发挥公益诉讼检察监督职能，督促行政机关依法全面履职，不仅使受损的文物得到有效保护和修缮，还与行政机关同向发力，推动文物周边环境系统治理，优化当地的人居环境，形成人与文物和合共生的宜居宜游、利民便民的新格局。

二十一、生物多样性保护检察公益诉讼典型案例

（2023 年 12 月 28 日）

以高质效检察公益诉讼办案深入推进生物多样性保护

——最高检公益诉讼检察厅负责人就生物多样性保护检察公益诉讼典型案例答记者问

2023 年 12 月 28 日，最高人民检察院发布生物多样性保护公益诉讼典型案例，最高检公益诉讼检察厅厅长徐向春就该批案例相关情况回答了记者提问。

问：近年来，伴随生态保护越来越受到关注，“生物多样性”一词也进入公众视野。这次最高检发布 11 件生物多样性保护检察公益诉讼典型案例，其背景和主要考虑因素是什么？

答：党的十八大以来，以习近平同志为核心的党中央高度重视生态文明建设和生物多样性保护。党的二十大报告明确提出“中国式现代化是人与自然和谐共生的现代化”，强调“实施生物多样性保护重大工程”。

“生态兴则文明兴”，生物多样性是人类生存和发展的基础，保护生物多样性是全人类共同的责任。2021 年 10 月 12 日，习近平主席在《生物多样性公约》第十五次缔约方大会（COP15）领导人峰会上发表主旨讲话，强调了生物多样性保护对维护地球家园，促进人类可持续发展的重要意义，充分彰显了我国作为全球生态文明建设参与者、贡献者、引领者的积极作为和历史担当；在近期召开的《联合国气候变化框架公约》第 28 次缔约方大会（COP28）上，习近平主席特别代表、中共中央政治局常委、国务院副总理丁薛祥发表致辞，强调我国坚持《联合国气候变化框架公约》及其《巴黎协定》确定的目标和原则，体现了我国高度重视应对气候变化和生物多样性保护。

检察公益诉讼是习近平法治思想在公益诉讼领域原创性成果。近年来，全国检察机关以习近平生态文明思想和习近平法治思想为指导，充分发挥检察公益诉讼职能，开展了案件类型丰富、保护对象多样的生物多样性保护公益诉讼实践，在保护公共利益，推进美丽中国建设中发挥着独特的治理效能。这批典型案例发布，旨在通过发挥典型案例示范引领作用，推广优秀经验做法，展现检察机关以公益诉讼履职深化生物多样性保护工作的成效。

问：这批典型案例有什么特点？近年来，检察公益诉讼在开展生物多样性保护中积累了哪些经验做法？

答：本批共发布11起典型案例，其中9起以审前程序实现公益保护，2起为诉讼案件。发布的本批典型案例呈现保护对象多样、案件类型全面、参与主体广泛的特点，也展现出检察公益诉讼在开展生物多样性保护中不断延伸保护范围、充分运用审前、诉讼手段、加强协同凝聚保护合力的经验做法：

一是突出“多样性”，延伸保护范围。本次发布案例的保护对象既有对黑叶猴、中华鲟、中华秋沙鸭、猪血木等珍贵濒危动植物，“明月山野豌豆”等新发现物种，“罗沙贡米”等我国特有种质资源，古银杏、野生黑壳楠等珍贵古树名木、种群的保护，又有对国家级自然保护区、陆生野生动物重要栖息地的保护，兼有通过防治豹纹脂身鲶、三裂叶豚草、鳄雀鳝等外来入侵物种，对我国本土物种与生态系统平衡加以保护。近年来，检察公益诉讼不断延伸保护范围，加强自然保护区、栖息地保护；推动以国家公园为主体的自然保护地体系建立；细化保护对象类型，开展种质资源、基因遗传多样性保护；加强对新发现物种的保护，降低灭绝风险，发掘其科研、经济价值，推动保护利用；加强外来入侵物种防控，开展源头治理，前端防控，有效保护生态平衡；督促落实野生动物致害补偿政策，缓解人兽冲突矛盾；打击非法动物贸易，在追究非法捕捞、非法捕猎、出售珍贵濒危野生动物违法行为刑事责任的同时向违法行为人追偿民事赔偿；践行恢复性司法理念，探索生态恢复与修复治理，推动补植复绿、增殖放流、劳务代偿、认购碳汇等替代性生态修复工作开展，实现对物种多样性、遗传多样性和生态系统多样性的全方位保护。

二是发挥“督促性”，把握“可诉性”。本次发布案件的类型全面涵盖行政公益诉讼、民事公益诉讼和刑事附带民事公益诉讼，充分体现了检察机关综合运用多种手段加强生物多样性保护。立足“公益之诉、督促之诉、协同之诉”定位，积极运用磋商、检察建议等手段，充分发挥审前程序作用，督促行政机关依法打击危害生物多样性违法行为、加强栖息地保护、争取专项经费、制定专门保护计划。如广东省人民检察院督促保护世界极危物种猪血木行政公益诉讼案，检察机关妥善运用磋商程序厘清监管职责，形成保护方案，推动地方立法；对未依法履行监管职责，造成公共利益未得到妥善保护的行政机关，依法提起行政公益诉讼；对实施破坏生物多样性犯罪的违法行为人，要求其承担刑事责任的同时依法提起民事公益诉讼，通过“诉”的确认发挥监督刚性，推动类案治理、源头治理。如贵州省沿河土家族自治县人民检察院督促保护国家自然保护区野生动物栖息地行政公益诉讼案，针对行政机关未依法履职且检察建议到期未回复情形，以“诉”的确认督促行政机关加强对国家级自然保护区自然资源违法行为的监管；针对行为人违法行为破坏生物多样性，造成公共利益损失的行为，检察机关充分运用民事公益诉讼和刑事附带民事公益诉讼手段，要求违法行为人赔偿损失。如江苏省南通市崇川区人民检察院保护长江口中华鲟等洄游物种民事公益诉讼案，检察机关通过提起民事公益诉讼、刑事附带民事公益诉讼，要求违法主体承担水生生物资源损失的赔偿责任，修补受损公益。

三是加强“协同性”，凝聚保护合力。生物多样性保护问题类型广泛、专业性强，公益损害问题比较隐蔽，不易发现，在线索发现、鉴定评估、专业化治理中都需要多方力量协同参与。检察机关用好“益心为公”云平台，加强公众参与，及时发现公益受损线索，提升全社会保护意识。如河南省西峡县人民检察院督促保护野生黑壳楠树群行政公益诉讼案，实现“益心为公”志愿者在线索发现、鉴定评估、整改效果“回头看”中的全过程参与；发挥行政机关、科研机构、专家学者“外脑”作用，以专业智慧提升案件办理质效。如江西省宜春市袁州区人民检察院督促保护新发现极危物种“明月山野豌豆”行政公益诉讼案，依托与科研机构建立的协作机制，为案件办理提供了专业技术支撑；加强与人大、政协沟通联络，推动代表建议、政协提案同公益诉讼检察建议的双向衔接、双向转化工作，健全社会支持体系。如四川省泸州市龙马潭区人民检察院督促保护罗沙贡米特有种质资源行政公益诉讼案，依托代表建议与公益诉讼检察建议衔接转化机制，主动向人大报告工作、争取支持，以人大立法建议的方式促进政府系统解决保护难题。

问：下一步，检察机关将如何继续以检察公益诉讼助力生物多样性保护？

答：检察机关将贯彻落实习近平生态文明思想，积极延伸保护范围，充分发挥社会治理效能，拓展公益保护“朋友圈”，为构建人与自然和谐共生的美丽中国建设贡献检察力量。

一是加大办案力度，提高办案质效。关注动植物资源保护、种质资源保护、外来物种入侵等生物多样性保护突出问题，总结实践经验，以案件办理为抓手，充分发挥公益诉讼督促、协同、追责效能，积极探索替代性修复等恢复性司法措施，立足各地生物多样性保护特点与突出问题，开展专项监督、加强区域协作，提升保护质效。

二是深化协同配合，鼓励公众参与。积极运用“益心为公”检察云平台，发挥科研机构、行业专家“外脑”智慧；实现检察监督、人大监督、政协民主监督深度融合；加强与行政机关之间协同机制构建，深入开展专项行动；加强与法院沟通交流，推动生物多样性保护领域生效裁判执行与生态环境修复治理，筑牢生物多样性司法保护屏障。

三是强化数字赋能，加强宣传推广。加强大数据和信息技术应用，以科技力量强化监督实效；强化案例示范引领效用，深入开展多形式生物多样性保护宣传工作，提升公众生物安全意识，营造全社会关心参与生物多样性保护的浓厚氛围。

广东省人民检察院督促保护世界极危物种猪血木行政公益诉讼案

【关键词】

行政公益诉讼磋商　源头治理　地方立法　人民监督员　公开听证

【要　旨】

针对珍稀树种长期管护不当、行政机关职能不清的问题，省市县检察院分别立案，一体化办案，联合开展公开听证，邀请人民监督员参与办案，合力督促省级行政机关进行源头治理、厘清职责，推动市区级行政机关依法行政、修复生态。对案件中发现的立法空白问题，推动省人大完善地方立法，助推生物多样性保护长效机制建立。

【基本案情】

猪血木是国家一级保护珍稀植物，世界自然保护联盟（IUCN）“极危”等级，全球范围内仅在广东阳江阳春地区残存少量野生植株。因多生长于人类居住处，孕育了非物质文化遗产八甲猪血木生态文化习俗。野生猪血木种群（包括 5 株已定级古树、1 株目前发现的最古老的猪血木）遭受自然和人为侵害，存在树体受损、生境恶劣、无保护范围、保护措施不足的情况。因野生猪血木成熟植株少、本体繁殖难度大，可能发生物种灭绝风险，破坏生物多样性。

【调查和督促履职】

2022 年 3 月，广东省阳春市人民检察院（以下简称阳春市院）在专项巡查中发现本案线索。根据《中华人民共和国野生植物保护条例》等规定，经实地勘查、询问证人、咨询专家意见，4 月 29 日，阳春市院对具有直接管护职责的阳春市林业局和镇政府依法立案，同时逐级上报涉及省市两级行政机关的线索。

广东省人民检察院在开展详尽调查后，于5月18日依法立案，查明当地野生猪血木种群长期由无法定管护职能的某省级自然保护区代管，法定职责部门则怠于履职，存在管理保护制度不健全、管护工作职责不清的问题，造成保护工作混乱停滞、保护效果不佳，违反了《中华人民共和国森林法》及广东省级自然保护区管理体制和机构编制的相关规定。广东省院邀请人民监督员全程参与办案，监督履职。针对因行政机关职能不清导致管护不善的根源性问题，广东省院与主管全省野生植物管理工作并直管该省级自然保护区的广东省林业局进行两轮磋商，对厘清管护责任、落实专项资金、落细管护措施、完善制度建设等达成共识并形成《磋商意见书》。

根据磋商意见，广东省林业局迅速厘清了林业部门、镇政府、省级自然保护区三方的职责，制发整改方案，明确县级林业部门按照属地原则落实管护责任，包括定期调查种群数量、设立保护点检测生长环境、完善日常巡查养护工作、解决土地租用、监督采集行为等，省林业部门对野生猪血木专项资金使用管理予以监督，对申报采集手续严格审批。检察机关督促整改后，行政机关权责明确，履职更加主动顺畅，积极采取措施恢复植物生境，推进人工培育野化回归工作，并重新普查，新增上百株幼株和2株三级古树。

2023年1月13日，为确保监督质效，广东省院、阳江市院和阳春市院举行“线上＋线下”公开听证。7月27日，组织听证参加人员实地“回头看”，对整改结果进行验收。

案件办结后，省林业部门主动联系广东省院，共同出台广东省“林长＋检察长”协作机制。对办案中发现的立法空白问题，广东省院积极向省人大常委会进行汇报，人大对案件质效予以肯定，采纳了检察机关的立法建议，在2023年7月1日施行的《广东省森林保护管理条例》中增设检察公益诉讼条款，这是广东首次在生态环境保护领域地方立法中强调检察公益诉讼职能。

【典型意义】

仅存于中国的极度濒危野生猪血木，一旦灭绝将永难再生。本案以解决珍稀植物保护不力的根源问题为导向，由前端管养树木问题深挖根源厘清职责，由融入社会治理延伸完善机制推动立法。既恢复了珍稀古树物种百年风貌，又督促系统施治、齐抓共管，为全省生物多样化保护树立了示范性样本。本案涉及三级行政机关各自职责职能，检察机关以一体化办案机制为依托，分别依法立案，灵活运用审前程序，融合式高效、系统精准监督。以“线上+线下”云端联结两地会场举行公开听证，不仅提升了司法公信力，更探索了检察公益诉讼保护生物多样性的宣传模式，为构建特色生态文化传播体系，讲好人与自然和谐共生的检察故事贡献力量。

江西省宜春市袁州区人民检察院督促保护新发现极危物种“明月山野豌豆”行政公益诉讼案

【关键词】

行政公益诉讼检察建议　野生植物　新发现物种　保护方案

【要　旨】

针对新发现的尚未纳入重点保护野生植物名录以及《中华人民共和国植物新品种保护条例》保护物种名录的野生植物遭受破坏的情况，检察机关可通过行政公益诉讼督促行政机关履行法定监管职责；通过与科研机构建立协作机制、召开磋商座谈会，协同多部门形成新发现野生植物保护方案，促进生物多样性保护工作。

【基本案情】

“明月山野豌豆”为多年生宿根草本植物，系江西省宜春市科学院研究人员于2017年在宜春市明月山风景区发现的新物种，该新物种研究成果于2021年在国际权威期刊*Phytokeys*上刊登并得到认可。按照世界自然保护联盟（IUCN）对濒危物种等级划分的标准，根据其现存活数量，暂定其为极危物种级别。该新物种的发现具有重要的科学意义，其种群分布、伴生群落和未知的药用、食用价值等方面，均有待开展科学研究和深入发掘。2022年7月，宜春市明月山风景名胜区出现人为破坏野生植物的情况，其中被破坏的野生植物包括新物种“明月山野豌豆”。

【调查和督促履职】

宜春市科学院按照与宜春市袁州区人民检察院（以下简称袁州区院）建立的日常沟通联络机制，向检察机关反映“明月山野豌豆”居群生态环境遭到破坏问题，经初步调查发现，“明月山野豌豆”不足200株，仅分布在明月山风景区内，因旅客及居民在周边活动密集，极易被破坏，且当地村民未经审批许可，在其生长区域擅自施工，导致部分“明月山野豌豆”居群遭覆土碾压，该新物种未得到妥善保护，存在灭绝的风险隐患。检察机关认为，“明月山野豌豆”虽作为新发现物种，但尚未纳入重点保护野生植物名录，也不属于《中华人民共和国植物新品种保护条例》中所保护的物种，保护力度有限。缺乏专门保护，明月山风景区作为旅游景点，人口流动密集，机械式地对“明月山野豌豆”进行“围栏”“竖牌”等方法保护，可能引起游客、村民的猎奇心理，使得保护工作适得其反，仅依靠林业主管部门单方力量难以推进，需加强协同保护。袁州区院多次组织宜春市科学院、明月山风景区林业主管部门、乡镇政府以及当地村委召开联席会议，共同协商后续保护方案。为推进加快制定并完善保护方案，提高行政机关的重视程度，袁州区院于2022年12月23日对本案立案，以召开磋商座谈会等方式进一步调查，明确由林业部门牵头保护工作，宜春市科学院、乡镇政府以及当地村委会全力配合，从普及新物种保护科学知识、打击破坏野生植物违法行为、开展人工引种等方面落实保护举措。

2022年12月26日，袁州区院向林业主管部门制发检察建议，督促其加强对新发现物种“明月山野豌豆”的保护力度，依法惩治未经批准擅自进行建设而毁坏野生植物行为，并采取措施预防此类情况发生。

检察建议发出后，林业主管部门按照联席会议初步确定的保护方案积极整改，并联合宜春市科学院、乡镇政府、当地村委会不断完善保护方案：邀请专家进行科普教育，开展普法宣传；对“明月山野豌豆”居群区域进行放牧管控，严格审批施工程序；加强巡查工作，及时反映、依法处置破坏野生动植物资源的违法行为；推动科学保护，做好“明月山野豌豆”的人工引种培育工作，扩大“明月山野豌豆”种群；加快推进“明月山野豌豆”申报纳入保护名录工作等。

经协同治理，“明月山野豌豆”居群生态环境得到良好改善，新物种人工培育工作取得初步成效，目前已通过人工培育新增200株，有效降低了物种灭绝风险。

【典型意义】

新发现野生植物物种的保护，对维护生物多样性和生态安全起着重要作用。检察机关充分发挥公益诉讼监督职能，积极主动作为，对接科研机构，畅通信息渠道，强化执法部门监管责任，压紧压实地方政府、村委属地责任，联合开展多元保护。推进新物种的人工育种与立法保护，多措并举，各司其职，共同发力，有效降低新发现物种灭绝风险，有效保护地区生物多样性。

河南省西峡县人民检察院督促保护野生黑壳楠树群行政公益诉讼案

【关键词】

行政公益诉讼检察建议　野生植物资源　秦岭保护　益心为公检察云平台　系统治理

【要　旨】

针对“益心为公”志愿者云平台提供的黑壳楠种群受到严重破坏的案件线索，检察机关启动行政公益诉讼审前程序，邀请“益心为公”志愿者专家全流程参与办案，充分借助“外脑”智慧，形成办案合力，在保护生物资源多样性的同时进行系统治理，实现督促行政机关依法履职、科学有效保护野生植物资源、群众共治共享生态保护红利的办案质效。

【基本案情】

河南省西峡县位于秦岭东段支脉伏牛山南麓，南北气候分界上，拥有过渡带综合性森林生态系统。2014年，西峡县林业局在开展第二次全国重点保护野生植物资源调查中，发现西峡县回车镇存在数量达1000余株的野生黑壳楠树群，其中有4株树龄在200年以上的古树和300余株树径在20厘米以上的大树。该野生黑壳楠树群落形成了完整的自然生态植物群落，在河南省内极为罕见，是南北气候过渡带树种过渡和兼有的重要标志，具有极高的保护、科研价值。近年来，该处野生黑壳楠树群落遭受破坏，威胁树种群落生存繁衍。

【调查和督促履职】

2023年5月初，河南省西峡县人民检察院（以下简称西峡县院）通过“益心为公”志愿者检察云平台提供的黑壳楠树群落遭受破坏的案件线索，启动公益诉讼办案程序，同时邀请具有林业专业知识背景的“益心为公”志愿者通过参与线索研判、现场勘查取证、提供专业支持、全程协助案件办理。

经依法查明，回车镇野生黑壳楠树群落生存现状堪忧，4株树龄在200年以上的野生黑壳楠古树长势濒危，胸径在20厘米以上的野生黑壳楠从300余株锐减至100余株，幼树被偷挖现象严重，野生黑壳楠树群落生存繁育缺乏基础性保护措施、群众保护意识欠缺。西峡县林业局作为林业主管部门未依法履行保护职责，致使植物资源受到破坏，损害国家利益和社会公共利益。

2023年5月17日，西峡县院以行政公益诉讼立案，并会同林业部门召开座谈会，邀请“益心为公”志愿者、自然资源管理、植物学专家开展交流。林业专家指出，野生黑壳楠种群具有极高的遗传基因研究、观赏、医药、经济价值，对秦岭生态系统保护意义重大。在“益心为公”志愿者和林业专家的协助下，承办检察官与林业部门合作形成《野生黑壳楠资源分布及其保护价值》调研报告，获得了县委、县政府的肯定和支持，并积极开展普法宣传和知识推广，向村民介绍宣传了黑壳楠推广种植的经济效益和非法采挖野生黑壳楠的法律责任。

2023年6月8日，在“益心为公”志愿者的见证下，西峡县院向县林业局公开送达检察建议，建议该局对县域内野生黑壳楠树分布情况组织专项调查，摸清资源底数；开展育苗实验，推广种植，促进珍稀资源价值变现；加强宣传，提升居民保护意识，打击破坏偷挖行为，切实保护好野生黑壳楠树种群。

检察建议发出后，行政机关高度重视，积极整改。检察机关持续跟进整改情况，于2023年7月12日、2023年10月18日邀请“益心为公”志愿者、林业专家开展“回头看”行动。经“回头看”发现，野生黑壳楠古树生存条件显著改善，长势较好；入山路口安装监控设施，非法采挖幼树情况得到遏制；当地村委会把野生黑壳楠树群落保护列为日常工作。经县林业局对黑壳楠树种群情况开展全面普查，认定回车镇野生黑壳楠树群落为西峡境内唯一的小种群，胸径在20厘米以上的大树120余株，分布面积约17000平方米，并根据普查结果建立保护档案，指导相关种植专业合作社开展育苗实验，制定了《西峡县野生黑壳楠植物资源保护方案》。近期，西峡县政府批复同意设立野生黑壳楠植物资源保护点，划定保护点范围 17000 平方米，划拨专项保护经费用于野生黑壳楠树种群专门保护。

【典型意义】

回车镇野生黑壳楠树群落作为西峡境内南北气候过渡带重要植物种群，对“中华命脉”秦岭生态系统保护具有重要价值。本案中，检察机关依法履职，践行“绿水青山就是金山银山”的理念，发挥公益诉讼检察智慧，借助“益心为公”检察云平台“外脑”智慧，激发党委政府、社会组织、人民群众的集体智慧，形成生物多样性保护共建、共治、共享三重合力，开展系统、源头治理，深入调研引起政府重视，充分挖掘生物资源经济价值，促使群众保护意识提高，实现生物多样性保护政治效果、法律效果、社会效果的有机统一。

湖南省双牌县人民检察院督促治理古银杏树群病虫害行政公益诉讼案

【关键词】

行政公益诉讼检察建议　古银杏树群　病虫害　乡村振兴

【要　旨】

针对银杏等大量古树名木长期遭受病虫害侵袭的情形，检察机关发挥预防性公益诉讼职能，通过“益心为公”志愿者提供的线索、特邀检察官助理提供专业支持等方式，督促行政机关依法全面履职，采取有效救治措施消除病虫害，做好防治排查，保护古银杏树群及其他古树名木生态安全，以保障生物多样性服务乡村经济建设和旅游事业发展。

【基本案情】

银杏是国家一级重点保护野生植物，被誉为植物界的“活化石”，古银杏树群具有重要的生态、景观、文化、经济和社会价值。湖南省双牌县茶林镇桐子坳村于2020年入选全国乡村旅游重点村，该村桐子坳风景区为国家4A级景区，核心景点是3000多株银杏树组成的古银杏树群，树群中100年以上树龄的银杏树有217株，300年到500年树龄的银杏树有108株，树龄最长的银杏树已达1600多年，胸径达1米有余，该树群已于2016年入选全国农业文化遗产目录。近年来，因病虫害导致景区内部分古银杏树出现长枝枯断、树叶大片枯萎脱落等现象，古银杏树群生态资源持续遭受侵害。

【调查和督促履职】

2022年3月，“益心为公”志愿者向湖南省双牌县人民检察院（以下简称双牌县院）反映称桐子坳风景区大片古银杏树遭病虫害，出现枝叶枯萎、脱落的情况，亟需得到保护。接到线索后，双牌县院邀请担任林业高级工程师的特邀检察官助理协助开展实地调查，发现古银杏树枝叶枯萎、脱落系银杏超小卷叶蛾危害所致，如不及时治理，将会导致枝叶内全部空心，短枝上叶片枯死脱落，长枝枯断，同时还会伴有红蜘蛛、叶斑病等一系列病虫危害等，古银杏树群的生长、存活将面临更大的生态风险。

2022年4月26日，双牌县院决定立案，随后通过无人机航拍取证、走访当地群众、咨询林业专家，并与相关职能部门进行磋商等方式全面开展调查核实，发现共有767株银杏树遭受病虫害侵袭，面积达300亩。2022年4月29日，双牌县院向双牌县林业局发出检察建议，建议其依法全面履行职责，对遭病虫害的银杏树采取有效措施加以保护，并做好其他银杏树病虫害防治排查工作。

双牌县林业局收到检察建议书后，对古树名木保护启动专项行动，在采取多种手段杀灭病虫害后，于2022年6月15日对检察建议书作出书面回复，称已全面落实整改。双牌县院对整改情况跟进监督，发现古银杏树群经过病虫害防治和复壮后，虫口减退率达92%，杀菌率达100%，防治效果达到了预期目的。据最新统计，2023年桐子坳风景区游客量约50万人次，同比上年增长57%。案件办结后，双牌县院继续延伸履职，督促双牌县林业局全面展开县域内古树名木的排查工作，并出台了《双牌县濒危衰弱古树名木抢救复壮实施方案》，先后共计投入专项保护资金50余万元，对辖区内22棵亟须保护的香樟、黄连木、枫香等一级古树进行了救助保护。

【典型意义】

古树名木是具有生命力的“绿色文物”，古树群是不可再生和复制的珍贵资源。湖南双牌古银杏树自然原生态群落作为国家一级重点保护植物群和全国农业文化遗产，是生物多样性保护成果的集中展示，检察机关以预防性司法理念为指导，主动发现线索，依法运用多重监督手段，督促行政机关全面加大古银杏树群和其他古树名木的全面保护，有力维护生物多样性的同时，也有效促进了当地旅游经济发展，推进了乡村振兴战略的深入实施。

湖北省远安县人民检察院督促保护濒危物种中华秋沙鸭行政公益诉讼案

【关键词】

行政公益诉讼检察建议　生物多样性旗舰物种　湿地保护　“专题报告 + 检察建议”

【要　旨】

针对珍贵、濒危野生动物栖息地生态环境保护问题，检察机关充分发挥检察公益诉讼督促协同效能，在审前阶段采取“专题报告 + 检察建议”的方式引起党委政府高度重视，有力地督促了行政机关依法履职，加强中华秋沙鸭栖息地的建设和管理，从而保护珍稀物种和维护生物多样性。

【基本案情】

中华秋沙鸭属雁鸭科，为IUCN濒危物种，国家一级重点保护野生动物。作为生物多样性旗舰物种和区域性生态环境的指示物种，它对栖息地生态环境要求极为苛刻，喜欢在水质清澈、巢址丰富、食物充沛且人为活动干扰少的环境栖息繁殖，有“生态环境风向标”和“水域生态环境的生态试纸”之称。据湖北远安沮河国家湿地公园监测记录显示中华秋沙鸭连续九年在该地区越冬栖息。但近年来，沮河国家湿地公园周边垂钓、水面生活垃圾随处可见、人员随意进出等现象突出，严重影响中华秋沙鸭越冬栖息期间的安全。

【调查和督促履职】

2023年2月，湖北省远安县人民检察院（以下简称远安县院）在检察履职中发现该线索，通过查阅相关法律法规，走访行政主管部门，实地查看等调查核实工作，发现湖北远安沮河国家湿地公园存在以下问题和隐患：一是以中华秋沙鸭为代表的珍稀濒危动物栖息地，没有完全纳入湖北远安沮河国家湿地公园保护范围，栖息地也未按照野生动物保护法的规定纳入专门保护，管理机制不健全，尚未形成一套完整的保护工作措施；二是行政主管部门在珍稀濒危动物保护上，专业知识缺乏，无专项资金长效保障；三是栖息地水域边无防护措施，核心区域人员出入随意，生活垃圾乱扔、放牧、垂钓等现象较为突出，违反了《长江保护法》《野生动物保护法》《湿地保护法》，以及《湖北省实施〈野生动物保护法〉办法》等法律法规规定。2023 年 4 月 12 日，远安县院依法立案。根据调查核实情况，远安县院向远安县党委政府提交了《关于加强珍贵濒危水鸟栖息地保护的报告》，专题报告得到县政府高度关注，并召集县水利局、县林业局等相关行政部门进行专题研究，就相关保护措施达成共识。为了加快推进栖息地保护，2023 年 4 月 14 日，远安县院依法向负有监督职责的远安县林业局发出检察建议，督促该局依法全面履行监管职责，对中华秋沙鸭越冬栖息地实行全面保护。

检察建议发出后，远安县林业局高度重视，采取多项有力措施，积极落实：一是争取项目资金 1630 万元，用于增植树木 7000 余株，6.22 万平方米湿地水域营造、巡护道路等项目建设；二是通过“微介入、轻干预”方式，明确划定“琵琶州”“安鹿五组”等 5 处地点为中华秋沙鸭栖息地保护范围，采取季节性封闭措施，并同步建设集视频监控、观鸟、观景为一体的保护站点；三是建立“县 + 镇 + 村 + 管护员”四级日常巡护机制，并投入 30 余万元建立“电子围栏”，实时电信提醒进入保护区人员，降低人员活动影响；四是通过土地流转，退耕还湿 200 余亩，拓展湿地面积；五是成立“中华秋沙鸭专项保护基金”，在栖息地周边环境治理、科研监测、科普宣教、人工投喂上持续加大资金投入。2023 年 6 月 6 日，远安县院邀请县人大代表、政协委员、人民监督员到中华秋沙鸭栖息地开展公开听证，听取整改情况介绍，现场感受整治成效，获得了一致认可。

【典型意义】

中华秋沙鸭是地域生态环境的“见证者”。检察机关立足本地实际，以中华秋沙鸭栖息地保护为切入点，推进更深层次、更广领域、更高要求的珍稀动物物种保护和湿地保护，是对“绿水青山就是金山银山”理念的忠实践行，是“专业化法律监督 + 社会化综合治理”生态检察模式的具体运用。

贵州省沿河土家族自治县人民检察院诉县自然资源局怠于履行野生动物栖息地保护监管职责行政公益诉讼案

【关键词】

行政公益诉讼　国家级自然保护区　黑叶猴栖息地

【要　旨】

针对国家级自然保护区野生动物栖息地内违法建设破坏生态环境及生物多样性的问题，检察机关依法提起行政公益诉讼，督促行政机关彻底整改，促进国家级自然保护区生态环境及生物多样性的综合保护。

【基本案情】

黑叶猴是世界自然保护联盟（IUCN）濒危物种、国家一级保护动物。位于贵州省沿河土家族自治县的贵州麻阳河国家级自然保护区是全国最大的野生黑叶猴栖息地。2019年6月至2020年4月，有村民在保护区违法占用土地修建养殖场，破坏自然保护区生态环境，对黑叶猴等野生动物栖息和繁殖产生不利影响，不利于生物多样性保护。

【调查和督促履职】

2021年2月，贵州麻阳河国家级自然保护区管理局（以下简称麻保局）发现保护区内违规建设养殖场后，因不具备查处土地违法行为的执法权限，遂将线索移送沿河土家族自治县人民检察院（以下简称沿河县院）依法监督。沿河县院经初步核实，于2021年3月4日立案办理。

沿河县院通过现场勘查、实地走访、查阅书证等方式开展调查，查明当地村民杨某等人违法在自然保护区核心区内修建养殖场并排污的行为，违反了《中华人民共和国畜牧法》第四十条“禁止在自然保护区的核心区和缓冲区修建养殖场”与《中华人民共和国自然保护区条例》第二十八条“禁止在自然保护区的缓冲区开展旅游和生产经营活动”等相关规定，破坏了自然保护区生态环境，影响了野生动物的栖息和繁殖。根据《自然保护区土地管理办法》第三条“县级以上人民政府土地管理行政主管部门统一管理自然保护区的土地”规定，沿河土家族自治县自然资源局对在国家级自然保护区违法建造的行为负有法定监管职责，但怠于履职，导致公共利益持续受到侵害。

沿河县院在查清违法事实后，依法向县自然资源局发出检察建议，建议该局依法调查处理保护区内违法占地建设行为，与相关部门联合开展专项整治活动，促进保护区范围内生物多样性保护。

因检察建议到期未回复，沿河县院经跟进监督，发现保护区内违法建设依然存在，社会公共利益持续受到侵害。

【诉讼过程】

2021年9月2日，沿河县院按照集中管辖相关规定，依法向德江县人民法院提起诉讼，要求县自然资源局依法履行监管职责，督促违法占地建设的责任主体开展修复治理，加强野生黑叶猴栖息地生态环境及生物多样性保护。

2021年11月22日，德江县人民法院判决被告县自然资源局对案涉违法占用土地修建养殖场和附属便道的行为依法履行监管职责，加强野生黑叶猴栖息地生态环境及生物多样性保护。其间，县自然资源局对杨某等人依法作出行政处罚决定，责令限期拆除违法占用土地上建筑物及附属通道等设施，对违法占用、破坏的土地及周边环境开展恢复治理。因法定期限届满，当事人既不执行行政处罚又不申请复议、提起诉讼，县自然资源局于2022年7月5日向人民法院申请强制执行。

沿河县院持续跟进监督，发现杨某等人违法修建的养殖场和附属便道设施虽已拆除，但被破坏的生态环境尚未修复，遂督促县自然资源局委托专业机构编制生态环境修复方案，于2023年3月完成生态修复。2023年4月，沿河县院现场跟进监督，发现被破坏的生态环境已修复完毕。

2023年5月，以本案办理为契机，县自然资源局联合麻保局、农业农村局、生态环境局、公安局等部门开展了麻阳河国家级自然保护区自然资源违法行为整治专项行动，查处违法行为8起，开展宣传50余场次，有效提升了野生黑叶猴栖息地生态环境及生物多样性保护水平。

【典型意义】

国家级自然保护区野生动物栖息地保护是生态文明建设的重要内容，也是促进生物多样性平衡的重要载体。检察机关针对保护区内违法占地建设，破坏保护区生态环境，影响野生动物栖息繁殖的问题，通过提起诉讼督促行政机关履职整改到位，以个案办理推动专项整治，推动加强国家级自然保护区生态环境及生物多样性保护。

江苏省南通市崇川区人民检察院保护长江口中华鲟等洄游物种民事公益诉讼案

【关键词】

民事公益诉讼　中华鲟等洄游物种保护　跨区域整治　“绝户网”法治协同

【要　旨】

针对非法捕捞江海洄游珍稀物种的行为，检察机关在刑事打击的同时，应当通过专业评估确定生态资源损失，依法提起民事公益诉讼，要求违法主体承担水生生物资源损失的赔偿责任，修补受损公益。因异地行政机关疏于监管，导致威胁洄游物种栖息地安全的，通过一体化办案在法律监督中促进法治协同，既“治已病”又“防未病”。

【基本案情】

2020 年、2021 年的 1 月至 4 月鳗鱼苗捕捞季期间，鳗鱼苗收购商沈某、王某某分别伙同渔民李某义、李某武等数十人，在未取得捕捞鳗鱼苗专项许可证的情况下，沿江苏省启东市（隶属南通市）恒大威尼斯附近至启东市塘芦港长江入海口水域，通过违法设置“绝户网”的方式，非法捕捞鳗鱼苗 33 万余尾。其中，李某义、潘某某等人在捕捞鳗鱼苗过程中捕获疑似中华鲟一尾。

【调查和诉讼】

2021 年 3 月 11 日，江苏省南通市崇川区人民检察院（以下简称崇川区院）在提前介入李某义等 9 人危害珍贵、濒危野生动物刑事案件时发现该线索，初查认为该非法捕捞的行为破坏了国家野生动物资源，损害了社会公共利益，遂于 2021 年 3 月 30 日以刑事附带民事公益诉讼立案并开展调查。经委托鉴定机构进行DNA基因测序，确定所捕获的疑似中华鲟实为5—6龄的中华鲟幼鱼，是一级重点保护水生野生动物、极危物种，幼鱼整体价格为192308元至375000元。为确定非法捕捞中华鲟造成的生态损害价值，崇川区院结合物种鉴定和价格认定意见，委托水产专家进行生态损害评估。江苏省淡水水产研究所专家出具评估意见，认为非法捕捞幼龄中华鲟导致生长发育受阻和繁殖终止，根据《非法捕捞案件涉案物品认（鉴）定和水生生物资源损害评估及修复办法（试行）》第十五条、第十六条、第十七条规定，其损害量应当为中华鲟价值的4倍。

崇川区院经履行公告程序，根据刑事案件办案时效要求和江苏省环境资源案件集中管辖规定，于2021年10月将李某义等9人危害珍贵、濒危野生动物、非法捕捞水产品一案移送南京市人民检察院审查起诉，南京市检察院于同年11月26日向南京市中级人民法院提起民事公益诉讼，请求判令被告承担生态损害赔偿金等费用914588元。2023年2月26日，法院判决支持了检察机关全部诉讼请求。

崇川区院在办理上述案件中发现，案涉鳗鱼于2014年被世界自然保护联盟列为濒危物种，自然捕获的鳗鱼苗极为稀有，至今无法人工繁育。在每年1月至4月鳗鱼苗捕捞季期间，大量无证捕捞者在长江口鳗鱼洄游区域非法设置“绝户网”，大肆捕捞鳗鱼苗并进行贩卖，导致鳗鱼苗数量锐减，同样破坏了生物多样性。和李某义等人同时为沈某、王某某提供鳗鱼苗的无证捕捞者还有29人。2022年4月22日和5月6日，崇川区院根据刑事案件的进度，对王某某、郭某某等29人分别以刑事附带民事公益诉讼立案并履行公告程序。崇川区院于2023年2月15日和2月22日，分两案提起刑事附带民事公益诉讼，请求判令各被告承担生态损害赔偿金等费用，共计2398842元，法院判决支持全部诉讼请求。

针对案发时仍非法设置在长江口的2000余口“绝户网”，经南通市人民检察院交办，崇川区院同步对公益损害发生地农业农村部门以行政公益诉讼案件立案，并建议其组织拆解涉案水域未被起获的“绝户网”，消除现实危险，防止长江口生态资源继续遭遇破坏。农业农村部门积极履职，共清理各类“绝户网”具2800余口，并建立网具合法性溯源管理机制，加强鳗鱼苗等专项捕捞执法监管。另，与市场监管、公安、海警建立协同机制，强化渔具生产经营各环节管理，开展重点港口、海域联合普法宣传。非法捕捞案件和查获违规网具数量同比分别下降84%和95%。

【典型意义】

长江口禁捕管理区及周边重点水域、敏感水域是“水中大熊猫”中华鲟和“软黄金”鳗鱼苗等多种洄游珍稀物种的重要栖息地。在该区域通过非法密置“绝户网”竭泽而渔的行为，破坏了生物多样性和生态平衡，检察机关综合运用检察履职手段，依法追究其法律责任，有利于增强公众对水生野生动物及生态环境的保护意识。通过一体化办案，推动行政机关整治“绝户网”，源头排除栖息地的现实危险，为保护长江口洄游珍稀物种做出检察贡献。

四川省泸州市龙马潭区人民检察院督促保护罗沙贡米特有种质资源行政公益诉讼案

【关键词】

行政公益诉讼检察建议　特有种质资源　遗传多样性　粮食生物多样性

【要　旨】

检察机关针对种质资源保护行政监管责任不清、主体不明，导致地方特色农产品品牌灭失风险加大、保护利用不足等问题，开展专项监督活动，厘清相应行政机关法定职责，依法督促相关部门联合履职。办案过程中，积极邀请相关行政机关负责人、专业机构、农业专家等开展走访调查核实、参与听证会，明晰特色农产品发展与保护现状，科学研究并制发检察建议，督促及时整改。依托代表建议与公益诉讼检察建议衔接转化机制，主动向人大报告工作、争取支持，以人大立法建议的方式促进政府系统解决保护难题。

【基本案情】

罗沙贡米作为泸州地方特色原生水稻，已有400多年历史，系四川省特种米、四川第一个获中国名牌大米产品，并入选首批国家生态原产地保护目录的水稻。检察机关结合人大代表建议，发现罗沙贡米田间株高不齐整，稻谷香味基因混杂率达82%；二十年间含有的微量元素大幅度下降，钙含量下降96.14%，锌含量下降96.85%，铁含量下降99.81%。种植面积缩小99.2%，致使罗沙贡米遗传多样性受损，出现逐渐退出农业生产、资源灭失的风险。

【调查和督促履职】

2023 年 3 月，四川省泸州市人民检察院（以下简称泸州市院）在全市开展种质资源保护专项行动，泸州市龙马潭区人民检察院（以下简称龙马潭区院）结合区人大代表建议，发现罗沙贡米保护不到位线索，于 5 月 24 日立案开展调查。

通过勘验厘清现有种植面积情况，委托省农业科学院对土壤成分鉴定，咨询四川农业大学、省农业科学院专家并向相关部门核实，查明罗沙贡米种植面积下降，品质下滑，收集保存、研究利用与繁育推广工作存在怠于履职的情形，种质资源的遗传稳定性、完整性得不到科学保障。

同年 6 月 28 日，龙马潭区院邀请省农科院专家、省人大代表、相关部门召开听证会，专家阐述种质资源保护价值体现在物种、品种灭绝时从种质库中重新获取战略储备；在农业科技原始创新、育种水平持续提高过程中提供物质基础。同时，研究具体保护措施为检察建议提供专业支撑。7 月 13 日，龙马潭区院根据《中华人民共和国种子法》《四川省乡村振兴促进条例》等法律法规，向依法负有监管职责的行政机关公开送达检察建议，督促加强研究利用与繁育推广，做好种子繁殖和品种提纯复壮工作；把种质资源开发利用与品牌培育、产业发展、乡村产业振兴结合起来，创新罗沙贡米种质资源开发保护模式。

行政机关收到检察建议后，整合省市资金，与四川农业大学合作在海南省陵水县椰林镇四川农业大学水稻研究所建立罗沙贡米品种繁育基地，开展提纯复壮工作。建立罗沙贡米种质资源圃 1 个，罗沙贡米高标准农田示范区 140 亩，投资 100 万元用于有效改善交通生产条件，促进罗沙贡米高质量增产，打造地方特色品牌，促进产业持续发展壮大，助力乡村振兴。

泸州市院针对种质资源保护行政监管责任不清、主体不明的问题，向市人大提出立法建议。龙马潭区院与农业农村局建立“田长 + 检察长”协作机制，明确形成种质资源保护合力，建立罗沙贡米种质资源示范区，设立教育实践基地，不断提升公众对种质资源和生物多样性的保护意识。

【典型意义】

农业种质资源是携带农业生物遗传信息的载体，是推动现代种业创新的物质基础、推进农业高质量发展的芯片。中央一号文件明确提出农业种质资源是保障国家粮食安全和农产品供给的战略性资源，是农业科技创新与现代种业发展的物质基础。检察机关对办案中发现的农业种质资源保护不力问题，通过行政公益诉讼积极落实中央一号文件精神。同时以个案为契机，推动完善地方立法对种质资源规范化保护，建立长效保护机制，深度助力保护地方特有种质资源，在促进国家粮食安全、建设生态文明、维护生物多样性中发挥积极作用。

浙江省淳安县人民检察院督促整治外来入侵物种豹纹脂身鲶行政公益诉讼案

【关键词】

行政公益诉讼检察建议　豹纹脂身鲶　外来入侵物种　应急处置

【要　旨】

针对外来入侵物种豹纹脂身鲶非法养殖发生外逸，威胁特别生态功能区鱼类生物资源多样性的情形，检察机关通过行政公益诉讼磋商和检察建议的方式，督促相关行政主管部门和属地政府及时采取应急处置措施，防止外来物种入侵危害性扩散，有效保护生物多样性安全。

【基本案情】

豹纹脂身鲶，又名豹纹翼甲鲇、清道夫鱼，原产于南美洲，于 2014 年被列入第三批外来入侵物种名单。2019 年 9 月至 2022 年 10 月，余某某擅自在淳安县多地自建池塘，并养殖未经批准的外来入侵水生物种豹纹脂身鲶共计 130 余万尾。期间，余某某自建的位于千岛湖镇求坑源水库上方的池塘发生破裂、坍塌，大量豹纹脂身鲶外逸至连接千岛湖水域的求坑源水库，严重威胁千岛湖鱼类生物资源多样性，损害社会公共利益。

【调查和督促履职】

2022 年 10 月，“益心为公”志愿者将案涉线索反映到浙江省淳安县人民检察院（以下简称淳安县院）。淳安县院经初步调查后于 2022 年 10 月 18 日对案涉线索立案审查。

经查，余某某在未经相关部门批准的情况下，擅自在千岛湖镇求坑源水库上方、威坪镇青联村码头等地违法养殖大量外来水生物种豹纹脂身鲶，并发生逃逸事件，余某某因涉嫌非法引进、释放外来入侵物种罪被淳安县公安局立案侦查并移送淳安县院审查起诉。淳安县院经查阅有关资料、咨询水产专家和县农业农村局意见后，认为外逸事件已对千岛湖水域生物安全造成现实、紧迫的危险：一是该物种繁殖速度快、食量巨大，除了青苔、藻类植物，还以其他鱼类的鱼卵、鱼苗为食，被称为淡水鱼类杀手；二是千岛湖作为浙江省唯一的特别生态功能区，拥有 61 万亩优质渔业面积，湖区鱼类品种已达 114 种，渔业资源蕴藏量达 15 万吨，不仅是浙江省重要的战略饮用水水源地，也是华东地区不可或缺的生态屏障；三是千岛湖镇求坑源水库面积 10000 平方米，汛期水库的水经溢洪隧道流入千岛湖，将导致豹纹脂身鲶进一步外逸至整个千岛湖水域。而该类物种能够耐受的最低温度是 8.8—11℃，根据千岛湖水温记载数据，不能排除其在千岛湖继续繁衍扩散的风险。

为预防外来水生物种入侵隐患，确保千岛湖水域生态安全，淳安县院于 2022 年 10 月 18 日与淳安县农业农村局进行磋商，确定该局作为外来物种主管部门，负责对千岛湖镇求坑源水库提出清库方案并指导落实。根据属地管辖原则，淳安县院于 2023 年 1 月 3 日与属地政府进行磋商，督促落实清库方案。但受疫情、天气、工程施工等客观原因影响，清库作业一直未能顺利推进。截至 2023 年 4 月，涉案水域生物安全仍然遭受豹纹脂身鲶侵害，而本地汛期即将到来，淳安县院根据《环境保护法》《生物安全法》等相关规定，于 4 月 4 日向水库属地政府制发检察建议书，进一步督促其依法履行职责，及时采取有效措施对千岛湖镇求坑源水库豹纹脂身鲶危害进行除治，防止豹纹脂身鲶扩散。

收到检察建议后，属地政府在县渔业产业技术人员和上海海洋大学教授指导下，于 2023 年 4 月 5 日至 4 月 15 日期间在县农业农村局指导下开展水库清理工作，通过在溢洪道分段设置 4 道定制拦网拦截，启动启闭机排水，后用 1500 斤漂白粉进行清库查杀。清库作业期间，淳安县院经持续跟进监督，确保水库中豹纹脂身鲶已被全部清理，汛期水库溢洪致豹纹脂身鲶外逸至千岛湖水域的安全隐患得以消除。

【典型意义】

淳安千岛湖作为浙江省唯一一个特别生态功能区，加强生物安全管理，防治外来物种入侵势在必行。检察机关对豹纹脂身鲶外逸至千岛湖水域的危害性、危险性作出全面评估后，灵活运用磋商、检察建议等监督手段，持续督促行政主管部门和属地政府依法履行防治职责，在专家指导下协同开展，应急处置，及时防止外来入侵物种外逸扩散，有效保护本土生物多样性安全。

辽宁省铁岭市人民检察院督促整治外来入侵物种三裂叶豚草行政公益诉讼案

【关键词】

行政公益诉讼检察建议　三裂叶豚草　外来入侵物种

【要　旨】

针对外来物种三裂叶豚草入侵威胁本地生物多样性的情形，检察机关通过实地走访、无人机调查取证方式，精准掌握入侵物种分布生长实际情况，及时制发检察建议，督促有关行政主管部门采取有效措施，提早防治整治，同时在全域部署开展专项检察监督，扩大生态环境“保护圈”。

【基本案情】

三裂叶豚草，原产于北美洲，目前分布于吉林、辽宁、河北、北京、天津等省市，于2010年被列入第二批外来入侵物种名单。2023年5月，辽宁省铁岭市人民检察院（以下简称铁岭市院）在调查中发现，在铁岭市凡河新区客运枢纽站以南、以东地区以及琴桥附近地块有三裂叶豚草成片或零散生长，对周边生态平衡以及生物多样性造成破坏。

【调查和督促履职】

2023年5月，铁岭市院收到群众举报，称疑似外来物种三裂叶豚草破坏铁岭地区生态环境，经咨询农业农村部门专家，确认涉案物种为三裂叶豚草。该物种生命力、繁殖能力强，危害小麦、大麦、大豆及各种园艺作物，遮盖和压制作物生长、阻碍农业生产，影响作物产量。其散播的花粉易引起人体过敏，产生哮喘，严重时可致人死亡。2023年6月初，铁岭市院决定立案后，通过实地踏查、无人机拍摄、走访询问等方式开展调查取证，对豚草生长点位、分布区域以及对当地生态环境、农作物耕种、人体健康造成的不良影响进行摸排，发现三裂叶豚草主要集中生长在铁岭市凡河新区客运枢纽站以南、以东地区以及琴桥附近共计3处地块，分布面积达200余亩，而上述地块周边耕地面积多达150余万亩，且附近道路、广场等公共场所人流量密集，三裂叶豚草生长不仅会严重危害农作物生长，破坏生物多样性，还会对人体健康造成紧迫的威胁。

为尽快清除豚草，防止其在开花期通过花粉蔓延扩散，铁岭市院组织召开磋商会议，在明确各相关单位监管职责以及整治方案后，依据《中华人民共和国生物安全法》《外来入侵物种管理办法》《铁岭市城市园林绿化管理办法》等规定，于2023年6月12日向铁岭市凡河新区管理委员会发出检察建议，建议其依法履行法定监管职责，采取切实措施，及时对涉案外来入侵物种予以处理，有效消除公益危害。同时加大普查和日常监管力度，对辖区内三裂叶豚草入侵情况进行摸排、踏查，并采取技术手段进行科学防治。

收到检察建议书后，铁岭市凡河新区管理委员会召开专题部署会，研究制定工作方案，开展排查普查豚草工作，出动人员600余人次，车辆300余台班，并聘请专业苗木公司对涉案200余亩豚草开展清除工作，为避免其种子落地生根，持续蔓延，对拔除后的豚草进行了集中处理。

2023年7月18日，铁岭市院邀请"益心为公"志愿者对豚草整治情况进行回访调查，经无人机高空巡视，涉案3个地块、200余亩三裂叶豚草已被全部清除。

为扩大保护范围，铁岭市院于2023年7月5日制定下发了《关于开展外来物种（豚草）防治公益诉讼专项检察监督活动方案》，在铁岭全域范围内部署开展豚草防治检察监督专项行动，督促县（市）区检察院对各自辖区内的三裂叶豚草入侵情况开展集中整治。经专项监督推动，铁岭全市检察机关共立案11件，督促清除三裂叶豚草共计500余亩。

【典型意义】

三裂叶豚草入侵可能导致生物多样性丧失和生态系统退化，对当地的生物安全和人体生命健康造成"双重危害"。检察机关积极践行预防性公益诉讼办案理念，以磋商会议、检察建议等手段，督促行政机关及时全面履行生物安全防控监管职责的同时，积极从个案办理中归纳类案规律，通过在全域部署开展三裂叶豚草防治专项监督，进一步延伸治理成效，使当地生物安全得到最大化保护。

北京铁路运输检察院督促整治违法运输外来入侵物种行政公益诉讼案

【关键词】

行政公益诉讼检察建议　外来入侵物种　动物运输　网络监管检察听证

【要　旨】

针对物流运输公司利用互联网违法违规为外来入侵物种提供运输服务的情形，检察机关通过制发检察建议督促行政机关加强检疫监管，组织召开检察听证明确整改方案，充分调动“益心为公”志愿者等多方公益力量，共同推动动物运输行业规范发展，合力阻断外来入侵物种通过网络、物流运输传播扩散链条，精准、高效提升防治外来物种入侵防治工作水平。

【基本案情】

注册地位于北京市顺义区的多家动物运输公司在互联网上发布动物承运广告和宣传信息，承诺无需《动物免疫合格证明》即可提供动物运输服务。后经查明，上述公司近年来多次为未经检疫的动物提供承运服务，其中包括鳄雀鳝、清道夫鱼等被国家明确列入《中国外来入侵物种名单》《重点管理外来入侵物种名录》的动物，加剧外来入侵生物流入本地生态环境的风险，严重威胁生物多样性，损害国家利益和社会公共利益。

【调查和督促履职】

2022年8月，北京铁路运输检察院（以下简称北京铁检院）经查阅多家媒体报道，发现国内多地自然水域出现外来物种鳄雀鳝破坏当地水体生态环境，且该外来入侵物种可通过网络平台购买、运输。北京铁检院结合本地航空运输资源丰富、运输企业众多等因素，对全市互联网平台、从事动物运输公司同步开展线上筛查和线下核实，发现注册地位于北京市顺义区的5家动物运输公司存在为未经检疫的外来入侵物种提供运输服务的违法违规行为。

2023年2月28日，北京铁检院决定立案。经与北京市顺义区农业农村局开展磋商，明确监管职能后，北京铁检院于2023年3月9日向顺义区农业农村局发出检察建议，督促其依法履行监督管理职责，对涉案违法从事动物运输的行为进行查处，同时进一步加强对辖区内动物运输公司的监督管理，切实保障动物运输行业规范健康发展。

收到检察建议书后，顺义区农业农村局立即启动整改，但因涉互联网外来入侵物种防控牵涉因素复杂，整改过程中存在执法难点。为确保整改落实到位，北京铁检院于2023年4月21日召开检察听证会，与会的市、区两级农业农村局代表、专家学者、人大代表、“益心为公”志愿者以及涉案动物运输公司所在的互联网平台负责人对整改方案中存在的争议进行充分研讨，对执法主体、责任主体等问题达成统一意见。

会后，顺义区农业农村局对涉案5家动物运输公司全面开展执法活动，依据违法情形的严重程度分别采取责令下架、警示教育等必要处置措施，同时制发《网络销售、托运动物及农资产品专项整治行动方案》，在全区范围内部署开展专项整治行动，在普法宣传活动中，先后向辖区内动物运输公司、广大市民群众发放《中国外来入侵物种名单》《动物及动物产品调运宣传告知书》等各类外来入侵物种防控宣传资料3000余份。

为推动源头治理，北京铁检院督促行政机关加大对互联网平台的监管力度，引导平台加强内部管理，完善外来入侵物种等相关关键词筛查拦截机制，定期检查平台内信息发布或经营者行为，并与行业主管部门建立通报、联系机制，配合行政机关对涉网络销售、运输外来入侵物种的各类违法情形共同开展督查整改，在公益保护及长效治理方面形成内外合力。

【典型意义】

生物多样性是衡量生态文明程度的重要标志，是人与自然和谐共生的集中体现。部分外来入侵物种严重损害入侵地区农林牧渔业生产，对入侵地生物多样性和生态系统具有重大威胁。检察机关通过规范互联网动物运输行业发展，防止违法对未经检疫的外来入侵物种进行运输，阻截控制外来入侵物种进入国内自然生态，避免引发人畜共患传染病，助力提升生物多样性治理能力和保护成效。

二十二、最高人民法院、最高人民检察院联合发布海洋自然资源与生态环境检察公益诉讼典型案例

（2023 年 12 月 29 日）

海洋自然资源与生态环境检察公益诉讼典型案例发布说明

2023 年 12 月 29 日，最高人民法院、最高人民检察院联合发布海洋自然资源与生态环境检察公益诉讼典型案例，展示司法机关坚持以习近平新时代中国特色社会主义思想为指导，充分发挥检察、审判职能作用，加大海洋自然资源与生态环境司法保护力度，依法办理海洋自然资源与生态环境检察公益诉讼案件，为构建新时代生态文明制度体系、建设人与自然和谐共生的现代化提供法治保障的成效。

我国是海洋大国，海洋是经济社会可持续发展的重要资源和战略空间。党的十八大以来，以习近平同志为核心的党中央高度重视海洋事业发展和海洋生态环境保护，作出发展海洋事业，加快建设海洋强国的重大部署。党的二十大报告中提出“发展海洋经济，保护海洋生态环境，加快建设海洋强国”。《中华人民共和国国民经济和社会发展第十四个五年规划和 2035 年远景目标纲要》提出，“坚持陆海统筹、人海和谐、合作共赢，协同推进海洋生态保护、海洋经济发展和海洋权益维护，加快建设海洋强国”。

在海洋经济快速发展、海上活动日益频繁的同时，海洋自然资源与生态环境保护面临的压力也与日俱增，对构建全方位、立体化的海洋司法保护体系提出了迫切要求。检察公益诉讼作为独具特色的公益司法保护“中国方案”，在海洋自然资源与生态环境保护领域发挥着督促、协同、追责的独特治理价值。2022 年 5 月 11 日，“两高”联合发布《关于办理海洋自然资源与生态环境公益诉讼案件若干问题的规定》，进一步明确了人民检察院在海洋自然资源与生态环境公益诉讼中的职能定位，实现海洋环境监督管理部门与人民检察院提起公益诉讼的有效衔接，明确了海事法院对海洋环境民事公益诉讼、行政公益诉讼的专门管辖，对统一规范海洋环境公益诉讼案件裁判尺度、加大海洋环境保护力度、维护国家海洋权益，构建具有中国特色的海洋环境公益诉讼制度，具有重要现实意义。人民法院、人民检察院各司其职，依法公正高效办理了一批有影响力的海洋自然资源与生态环境检察公益诉讼案件，不断丰富和完善司法实践。海洋自然资源与生态环境检察公益诉讼司法影响力和认同度不断提升。

本次“两高”联合发布的 9 件案例，涉及沉船造成重大海洋污染风险，非法捕捞、非法收购珍贵濒危野生动物，非法占用海域，非法采矿，非法占用红树林林地等，具有较强的代表性和典型性。人民检察院坚持以“诉”的确认体现司法价值引领，通过提起行政公益诉讼、民事公益诉讼、刑事附带民事公益诉讼形式督促行政机关依法履职、对损害海洋生态环境与自然资源的违法行为人追责，切实维护国家利益和社会公共利益。海事法院与地方法院发挥审判职能作用，对破坏海洋生态环境违法行为予以严惩和打击，让破坏环境者付出应有代价，警示和震慑非法捕捞等行为，引导社会公众增强海洋环境保护意识，彰显以最严格司法守护海洋自然资源与生态环境的鲜明态度和坚定决心。法、检两院深入践行恢复性司法理念，探索并丰富海洋环境侵权损害赔偿方式，依托机制建设、协同治理，推动生态环境保护民事公益诉讼判决实质生效，搭建了海洋自然资源与生态环境保护司法治理的完整链条，实现政治效果、社会效果和法律效果的统一。

2023 年 10 月 24 日，十四届全国人大常委会第六次会议修订通过了《中华人民共和国海洋环境保护法》，于 2024 年 1 月 1 日起实施。值此之际，“两高”联合发布海洋自然资源与生态环境检察公益诉讼典型案例，有利于彰显海洋环境检察公益诉讼制度优势，有效推动新修订海洋环境保护法贯彻落实，促进海洋环境检察公益诉讼理论与实践创新发展。

海洋环境公益诉讼制度是中国特色社会主义法律体系的重要组成部分。人民法院和人民检察院作为国家司法机关，充分发挥职能作用，坚定维护国家利益和社会利益，彰显了公益保护法治化的制度优势。下一步，人民法院、人民检察院将继续坚持以习近平新时代中国特色社会主义思想为指导，深入贯彻党的二十大精神和习近平总书记关于保护海洋一系列重要指示精神，依法履职，不断丰富和完善海洋环境公益诉讼制度，以更大的决心、更明确的思路、更精准的举措，全面加强和创新海洋环境保护各项工作，以最严格制度最严密法治守住海洋环境安全边界和底线，实现海洋资源有序开发利用，高扬海洋生态文明建设旗帜，凝聚司法保护合力，服务海洋强国建设。

河北省唐山市人民检察院
诉某航运公司沉船打捞民事公益诉讼案

【关键词】

民事公益诉讼　海洋生态环境保护　沉船打捞　消除危险

【基本案情】

2016 年 7 月 2 日，广东某航运公司所属“某某 61”钢制散货船在唐山市曹妃甸海域东锚地北侧发生自沉事故，未予以打捞。沉船长 84 米，总重 2263 吨，船尾触底，船头涨潮时高于海面近 2 米。沉没时船中存有轻油约 2.6 吨、机油约 200 公斤，均属危险废物，一旦泄漏将严重污染海洋环境，且沉船位置临近海洋牧场，附近常有作业渔船经过，威胁船舶航行安全，有再次发生接触事故、引发次生污染损害的风险隐患。

【检察履职】

2020 年 7 月，河北省唐山市人民检察院接到群众举报线索后随即展开调查，经现场勘查并向有关部门核实情况、委托出具专家意见，查明“某某 61”货船沉没原因为自沉，该船负自沉事故全部责任，但案涉航运公司一直怠于完成沉船打捞作业。因船舶在海洋非主航道沉没，海事部门无权强制责任主体打捞，2020 年 10 月，唐山市人民检察院向天津海事法院提起民事公益诉讼，请求判令航运公司打捞沉船，恢复相关海域原状，并消除环境损害风险。

【法院裁判】

本案由天津海事法院一审，天津市高级人民法院二审。法院经审理认为，某航运公司怠于打捞所属沉船，致使曹妃甸周边海洋生态环境安全以及航行安全均存在重大风险。行政执法与提起民事公益诉讼是为实现海洋环境保护目的而设定的不同方式和路径，两者并不存在冲突。在法律规定的有关部门不提起诉讼的情况下，检察机关基于案涉船舶沉没的现状，可能造成海洋生态环境损害风险、航行安全风险及其次生风险，有权提起民事公益诉讼。该沉船长期未打捞，违反了我国法律和行政法规的规定，给周边海域的海洋生态环境和航行安全带来了重大安全隐患和风险，依法应当消除危险、恢复原状，判决某航运公司于判决生效之日起九十日内完成打捞案涉沉船的全部作业。

【典型意义】

本案是因船舶沉没引发的海洋环境保护预防性民事公益诉讼案件。检察机关针对造成海洋生态环境重大损害风险的违法行为提起民事公益诉讼，要求船舶所有人承担消除危险、恢复原状的责任。人民法院准确适用“两高”《关于办理海洋自然资源与生态环境公益诉讼案件若干问题的规定》，依法确认检察机关有权向有管辖权的海事法院提起诉讼，针对船舶沉没可能发生的环境污染及航行安全风险，判决船舶所有人在合理期限内打捞沉船，消除环境污染风险。本案的办理充分体现了司法机关坚持“保护优先、预防为主”的原则，及时阻止和消除破坏海洋生态环境的重大风险，为保护海洋生态环境筑牢了蓝色司法屏障。

上海市人民检察院第三分院诉王某某等非法捕捞民事公益诉讼案

【关键词】

民事公益诉讼　海洋生态资源保护　海洋伏季休渔期　非法捕捞水产品　共同侵权

【基本案情】

2020 年 7 月 9 日，在东海海域伏季休渔期期间，王某某为牟取利益，组织沈某等共九人，驾驶悬挂“2020 伏季休渔资源调查船”横幅的船只，假借科考任务的名义至东海水域，使用桁杆拖网捕捞水产品，并故意关闭北斗系统以躲避渔政检查。至 2020 年 7 月 15 日上午，船满载停靠码头时，执法部门当场查获梭子蟹、杂鱼、虾等渔获物共计 17289 公斤。刑事判决认定，王某某等九人均构成非法捕捞水产品罪，被判处有期徒刑八个月至一年不等，缓刑一年；扣押在案的网具一顶、渔获物 17289 公斤被没收。因案涉渔获物长期扣押已经变质，在刑事判决作出后，公安机关对案涉渔获物作了无害化处理。

【检察履职】

上海市人民检察院第三分院经审查，认为王某某等九人非法捕捞水产品的行为，破坏了东海天然渔业资源和水生生态环境，损害了社会公共利益。经上海市价格认证中心认定，基准日 2020 年 7 月 15 日案涉捕捞的梭子蟹市场批发价格为 1689500 元。三分院委托司法鉴定科学研究院对本案进行资源损害鉴定评估，认定在东海水域禁渔期采用桁杆拖网进行非法捕捞，破坏水生生态系统食物链，影响水生生态系统的稳定，造成渔业资源直接损失额 1689500 元、恢复费用 5068500 元。

上海市人民检察院第三分院于 2021 年 9 月 2 日向上海海事法院提起

民事公益诉讼，请求判令王某某等九人公开向社会赔礼道歉，连带赔偿生态环境损害费用 6758000 元，连带支付生态环境损失鉴定费用 4000 元。

【法院裁判】

上海海事法院生效判决认为，王某某等九人在明知东海伏季休渔制度的情况下，依旧共同实施非法捕捞水产品行为，对东海海洋水产资源和海洋生态造成严重破坏，构成共同侵权。判令：王某某等九人应在省级以上媒体上公开向社会赔礼道歉，于判决生效之日起十日内连带赔偿生态环境损害费用 6758000 元、生态环境损失鉴定费用 4000 元，支持了检察机关全部诉讼请求。

【典型意义】

海洋伏季休渔期制度对保护海洋生物多样性、确保海洋渔业资源永续利用意义重大。本案王某某等九人被追究刑事责任后，检察机关依法履职，向海事法院提起民事公益诉讼，要求其承担生态环境损害费用。海事法院依法认定非法捕捞组织人和行为人对破坏海洋生态环境的后果承担共同侵权的赔偿责任，是对违反禁渔期规定非法捕捞行为的严厉打击，既增加了侵权人的违法成本，也对潜在违法者起到警戒作用。本案中，海事法院依法支持检察机关提起的海洋自然资源与生态环境公益诉讼请求，形成多元共治格局，体现了司法机关以最严格制度最严密法治保护海洋生态环境的鲜明态度和坚定决心，是对“以时禁发”“取予有节”的海洋生态资源保护意识的生动阐释，彰显了检察公益诉讼制度在服务保障海洋生态文明建设中发挥的重要作用。

江苏省南京市人民检察院诉周某等非法捕捞民事公益诉讼案

【关键词】

民事公益诉讼　海洋生态损害系统性评估　跨省异地劳务代偿

【基本案情】

2020 年禁渔期间，周某鼓动朱某甲、朱某乙等人出海捕捞生产作业，并承诺所有捕获渔获物由其收购。朱某甲、朱某乙在周某的鼓动和组织下，为牟取非法利益，使用“三无”船只以及发电机、电缆线等禁用工具，采用拖网作业方式，在江苏省盐城市射阳新洋港近海区域，4 次非法电捕捞大黄鱼、大鲳鱼、马鲛鱼等水产品，并将非法捕捞的水产品以 2.062 万元的价格出售给周某，周某贩卖至农贸市场。

【检察履职】

江苏省滨海县人民检察院以民事公益诉讼立案后，于 2022 年 8 月 12 日将案件移送南京市人民检察院审查起诉。南京市人民检察院审查认为，朱某甲、朱某乙在禁渔期使用禁用工具非法捕捞水产品，严重破坏海洋生态环境，应当承担侵权责任。周某明知禁渔期禁止捕捞，仍鼓动和组织朱某甲、朱某乙进行非法捕捞，并对两人非法捕捞的水产品予以收购。上述三人侵权行为共同造成了海洋生态环境损害后果，应当承担连带赔偿责任。检察机关经综合审查，建议评估机构考虑禁渔期带电拖网作业对海洋生态系统稳定性、安全性等不利影响，分层次从禁渔期、电捕捞、拖网捕捞对海洋生态环境的破坏进行系统、全面评价。

2022 年 11 月 23 日，南京市人民检察院向南京海事法院提起民事公益诉讼，诉请周某等三人连带承担生态环境损害修复费用。检察机关同步开展被告生活、工作情况调查，发现周某三人生活较为困难，且已充分认识到其行为的社会危害性，建议可以环境公益劳动折抵部分赔偿。

【法院裁判】

南京海事法院生效判决认为，三被告的非法捕捞行为影响了鱼类、虾类等海洋水生生物的生长发育和繁殖，破坏了海底生物群落和生态环境的稳定，已经造成海洋生态环境的严重损害，应当承担生态环境损害修复费用和生态环境损害鉴定评估费用等环境侵权责任。三被告对海洋生态环境侵权行为具有共同故意，构成共同侵权。因三被告家庭经济困难，请求以劳务代偿的方式替代履行部分生态修复责任，检察机关表示同意。后法院判令：周某、朱某甲、朱某乙共同承担生态环境损害修复费用247440元。其中，103410元用于修复被损害的海洋生态环境，剩余部分以劳务代偿的方式履行，在江苏省盐城市滨海县公安局、浙江省温州市海洋与渔业执法支队的监督下实施。周某、朱某甲、朱某乙支付评估费用2500元。支持了检察机关全部诉讼请求。

【典型意义】

禁渔期带电拖网捕捞对海洋生态环境造成严重破坏，司法机关在公益诉讼中要进行全面审查，推动评估鉴定不仅对“看得见”的损失进行评价，也对“看不见”的损失进行评价，助力海洋生态系统全面保护。司法机关坚持生态优先理念，创新“海上枫桥经验”，与行政执法多元协作、跨区域协调，判令被告在当地海洋行政部门监管下“家门口”劳务代偿，兼顾了生态环境保护与被告生存发展权利之间的平衡，在“一案一修复”中凸显惩治与教育相结合的司法作用，实践长三角海洋生态环境区域协同治理新模式。

海南省海口市人民检察院诉周某某非法收购珍贵、濒危野生动物民事公益诉讼案

【关键词】

民事公益诉讼　海洋生态修复　生态损害赔偿金

【基本案情】

2013 年前后，周某某通过“以物易物”方式从他人手中收购国家重点保护野生动物玳瑁和绿海龟，并在没有取得主管部门许可的情况下进行养殖。公安机关在其养殖场内查扣活体绿海龟 10 只、活体玳瑁 5 只、绿海龟遗骨 1 副。后公安机关将前述活体绿海龟和玳瑁移交海南热带海洋学院海南省两栖爬行动物研究重点实验室“海龟保育中心”寄养，以进行放生前的野化训练。刑事判决认定周某某向他人收购玳瑁的行为构成非法收购珍贵、濒危野生动物罪，判处其有期徒刑 8 个月、罚金 3 万元；对查获的绿海龟等认为现有证据不足以证明构成犯罪，未予定罪量刑。

【检察履职】

就寄养救助在“海龟保育中心”的海龟救助、野化、放生的相关问题及海洋生态损害及其如何修复问题，海南省海口市人民检察院向“海龟保育中心”函询了专业意见，并委托江苏省海洋水产研究所进行了生态损害评估。2021 年 11 月 2 日，海南省海口市人民检察院向海口海事法院提起诉讼，主张周某某赔偿生物物种资源损失，并承担案涉海龟寄养、放生费用，在省级媒体向社会公开赔礼道歉。

【法院裁判】

本案由海口海事法院一审，海南省高级人民法院二审。法院经审理认为，周某某违法收购玳瑁，违法养殖绿海龟行为，对海洋生态环境造成

了损害，应当承担生物资源和生态环境修复费用。判令周某某自判决生效之日起十日内支付海洋生态环境损害赔偿金 210595 元，该款项上交国库用于支付案涉 15 只活体海龟的寄养、放生费用或用于其他海洋生态环境修复；周某某应在判决生效之日起十日内在海南省级以上媒体公开赔礼道歉；周某某自判决生效之日起十日内支付评估费用 6400 元。

【典型意义】

本案系由非法收购国家重点保护野生动物引发的生态破坏民事公益诉讼案件。案涉玳瑁、绿海龟是有地球上“活化石”之称的海洋旗舰物种，因数量稀少，也是《濒危野生动植物种国际贸易公约》附录 I 中的保护物种，对维护海洋生物种群多样性和海洋生态系统的平衡具有重要作用。被告的非法收购及养殖行为破坏了野生动物资源和海洋生态环境，应当承担生态损害赔偿责任。在活体野生动物具有放生条件的情况下，司法机关秉持生态恢复优先理念，坚持将野化放归、生态修复作为首要选择，起诉和判决周某某承担野化训练及放归费用，充分彰显了保护海洋的传统生态意识和生态养护智慧，以全方位、立体化的司法保护体系构筑守护碧海蓝天的有力司法防线。

浙江省宁波市人民检察院诉宁波市自然资源和规划局行政公益诉讼案

【关键词】

行政公益诉讼　非法占用海域　职责交叉重叠　监管责任确定

【基本案情】

2011 年至 2017 年，刘某某、柯某某未经依法批准擅自在浙江省宁波市某海域设立建筑垃圾消纳场所，以营利为目的，长期向海域倾倒渣土、泥浆等建筑垃圾。自 2011 年以来非法倾倒垃圾侵占海域面积逐年扩大，至案发时，海域侵占面积达 7.8964 公顷，遗留在海域的垃圾逾 70 万方。其间，行政机关于 2014 年向第三人核发上述海域使用权证，但刘某某、柯某某非法圈占海域行为造成合法使用权人一直未能实际使用该海域，影响政府工程整体开发。

【检察履职】

2020 年 3 月，浙江省宁波市鄞州区人民检察院在办理刑事案件中发现刘某某、柯某某擅自圈占海域用作垃圾消纳场所向海洋倾倒大量建筑垃圾，涉嫌未经批准非法占用海域，海域监管部门未及时发现并制止非法侵占海域行为，损害国家利益和社会公共利益。

2020 年 10 月 16 日，鄞州区人民检察院向资规部门制发检察建议，督促履行海域监管职责，及时追究刘某某、柯某某破坏海洋资源行政责任，责令退还侵占海域、恢复海域原状并没收违法所得。资规部门回复称，向海洋倾倒废弃物属于污染海洋环境行为，应由行使海洋环境监督管理权的部门负责，拒绝履行海域监管职责。

检察机关跟进监督，经反复论证认为，刘某某、柯某某非法设立垃圾消纳场所向海洋倾倒建筑垃圾，并派驻人员进行现场管理，事实上已经形成对海域的长期侵占，属于侵害国家海域资源。资规部门作为海域监管部门应当依法对所有侵害海域资源的行为履行海域监管职责。资规部门不依法履行职责，致使国家利益和社会公共利益损害持续存在。2021 年 10 月 8 日，浙江省宁波市人民检察院就宁波市自然资源和规划局怠于履行海域侵占监管职责的行为向宁波海事法院提起行政公益诉讼。

【法院裁判】

宁波海事法院受理案件后，于 2021 年 11 月 16 日就海域被违法侵占的事实进行了现场勘查。2022 年 5 月 19 日，宁波海事法院开庭进行了审理。审理期间，宁波市自然资源和规划局于 2022 年 7 月 22 日作出行政处罚决定书，对刘某某、柯某某进行行政处罚。

2022 年 8 月 3 日，宁波市人民检察院申请撤回起诉。宁波海事法院认为，行政机关已经履行海域使用监管职责，检察机关申请撤回起诉，依法应予准许，故裁定准许公益诉讼起诉人撤回起诉。

【典型意义】

行政诉讼法规定检察机关可以通过行政公益诉讼促进依法行政、严格执法。检察机关在履行职责中发现对破坏海洋生态、海洋水产资源、海洋保护区的行为负有监督管理职责的行政主管部门违法行使职权或者怠于履职，致使国家利益或社会公共利益受到侵害的，应当通过提出检察建议督促其依法履行职责。行政主管部门仍然不依法履行职责的，检察机关可以向被诉行政机关所在地的海事法院提起海事行政公益诉讼。检察机关对于持续十余年的严重侵害海域资源破坏海洋环境的违法行为，敢于监督、善于监督，通过依法制发检察建议，依法提起行政公益诉讼。本案进入诉讼程序，有效督促了行政机关积极履行海域监管职责，对侵害海域资源、破坏海洋环境的违法行为进行处罚，体现了行政公益诉讼制度补足行政执法短板，实现督促海洋环境监督管理部门依法履职，保护海洋自然资源和生态环境的重要作用。

山东省无棣县人民检察院诉何某等非法采矿刑事附带民事公益诉讼案

【关键词】

刑事附带民事公益诉讼　海洋自然资源与生态环境　非法采砂　替代性修复

【基本案情】

渤海北部辽东湾某海域海底沉积物以沙、砾砂、砂砾为主，是优质海砂资源地。何某、梁某雇佣朱某改装船舶，在未取得海砂开采海域使用权证和采矿许可证的情况下在该海域进行非法采砂，后至滨州港海域出售时被海警当场查获。海砂经鉴定测量称重为 7821.51 吨，另有过驳的 2000 吨去向不明，盗采行为造成矿产资源和生态环境破坏，损害了社会公共利益。

【检察履职】

山东省无棣县人民检察院在办理何某、梁某、朱某非法采矿刑事案件过程中发现该公益诉讼案件线索后于 2021 年 3 月 1 日立案。该院委托山东海洋资源环境司法鉴定中心对海洋矿产资源和生态环境受损情况进行鉴定。2022 年 5 月 9 日，无棣县人民检察院以非法采矿罪对何某、梁某、朱某提起公诉。经依法公告后，该院提起刑事附带民事公益诉讼，诉讼请求为:（1）判令被告何某、梁某、朱某采取增殖放流等替代性方式修复受损的海洋资源与生态环境；如不能修复，应赔偿矿产资源损失 108.0366 万元，修复海洋生态环境费用 12.4352 万元;（2）判令被告何某、梁某、朱某支付鉴定费用 8 万元。

一审判决作出后，无棣县人民检察院认为法院未认定 2000 吨去向不明海砂属于事实认定不清，依法启动二审程序，并与山东省滨州市人民检察院共同派员出席二审庭审。二审法院作出的民事调解书生效后，无棣县人民检察院通过召开联席会议、提供咨询等方式支持相关部门开展生态环境替代性修复工作。

【法院裁判】

山东省无棣县人民法院作出刑事附带民事判决认为，何某、梁某、朱某违反矿产资源法的规定，未取得采矿许可证擅自采矿，其非法采矿的行为致使海洋资源和生态环境遭受损失，依法应予赔偿，判决被告人何某、梁某、朱某犯非法采矿罪并判处相应刑罚，没收违法所得；何某、梁某、朱某赔偿矿产资源损失费和生态环境损害修复费及鉴定费 106.4718 万元。

二审由山东省滨州市中级人民法院开庭调查并主持调解，由何某、梁某、朱某赔偿案涉矿产资源和生态环境损失费、鉴定费共计 1284718.1 元，除一审期间已缴纳的 106.4718 万元之外，剩余款项分期缴纳。二审法院经公告出具民事调解书确认了调解协议的效力。截至 2023 年 12 月，已执行到位 118 万元。

【典型意义】

非法开采海砂不仅破坏国家矿产资源，更对海底生态系统造成不可逆转的损害。检察机关在依法打击犯罪的同时，充分发挥职能作用，通过提起刑事附带民事公益诉讼依法追究行为人责任。法院在认定被告人刑事责任的同时，判令其对生态环境损害修复费用承担民事赔偿责任，让破坏生态环境者付出代价。本案判决后，在充分征求专家意见并研究论证的基础上，因不适宜在原地直接修复受损海洋生态环境，案涉法院、检察院依托建立的涉海洋保护联动机制，启动在渤海近海海域生态系统服务功能区用已执行到位的相关案款补植复绿、增殖放流等环境替代修复方式，使受损的海洋生态环境得到有效修复，有助于维护渤海海域生物多样性。

辽宁省盖州市人民检察院诉王某某等非法捕捞刑事附带民事公益诉讼案

【关键词】

刑事附带民事公益诉讼　非法捕捞　海洋水产资源　增殖放流

【基本案情】

王某某、韩某在禁渔期期间，驾驶渔船至辽宁省盖州市渤海海域禁渔区域，使用陷阱类网具非法捕捞八爪鱼11000斤，经盖州市发展和改革局认定八爪鱼价值150300元。

【检察履职】

2022年8月，辽宁省盖州市人民检察院在办理刑事案件中发现王某某、韩某于禁渔期擅自在渤海禁渔区内使用陷阱类网具非法捕捞八爪鱼，破坏海洋水产资源，损害了国家利益。2022年8月24日，盖州市人民检察院以刑事附带民事公益诉讼案件立案，并以案件在辖区内具有重大影响向营口市人民检察院请示报告。经营口市人民检察院委托，中国海洋大学山东海事司法鉴定中心对本案公益损害情况开展鉴定，认定王某某、韩某非法捕捞行为损害渤海海域海洋渔业资源，并对增殖放流方案提出建议。

2022年10月10日，盖州市人民检察院向鲅鱼圈区人民法院提起刑事附带民事公益诉讼，依法追究王某某、韩某非法捕捞水产品刑事责任；请求判令二被告共同承担渔业资源损害赔偿金61.6万元、鉴定费2万元。

【法院裁判】

营口市鲅鱼圈区人民法院生效刑事附带民事判决认为，王某某、韩某违反保护水产资源法规，在禁渔期捕捞水产品，情节严重，构成非法捕捞罪。其行为还造成了渔业资源和海洋生态环境损害，应承担相应的民事侵权责任。判决二被告人犯非法捕捞水产品罪并判处相应刑罚，追缴违法所得；二被告赔偿渔业资源损害赔偿金61.6万元和鉴定费2万元。宣判后，案涉渔业资源损害赔偿金61.6万元已缴纳至辽宁省非税收入代解缴账户，用于修复海洋生态和资源损害。

【典型意义】

近年来，由于过度捕捞，渤海海域海洋生态环境及渔业资源受到极大损害，严重影响渤海海域渔业生物正常生长繁殖和生殖群体补充。针对破坏海洋水产资源，给国家造成重大损失的违法犯罪行为，检察机关充分发挥“刑事打击＋公益诉讼＋海洋生态环境修复”检察职能作用，通过综合运用上下级院一体化办案，全流程监督模式，追究违法行为人责任。人民法院在依法判处被告人刑事责任的同时，判令其赔偿渔业资源损害，对非法捕捞行为人具有震慑作用。本案判决后，为了促进生态环境及渔业资源及时有效修复，人民法院、人民检察院联合海警、当地人民政府及其职能部门开展增殖放流活动，根据鉴定机构出具的报告建议，将渔业资源损害赔偿金购买符合当地海洋生态系统和物种种群繁衍的褐牙鲆放入渤海海域，以增殖放流的方式修复海洋自然资源，展示恢复性司法理念的实践成果。

广东省台山市人民检察院诉廖某某等非法捕捞刑事附带民事公益诉讼案

【关键词】

刑事附带民事公益诉讼　非法捕捞　生态损害计算标准　增殖放流

【基本案情】

广东省台山市位于珠江三角洲西南部，南临南海，海洋资源丰富，拥有中华白海豚省级自然保护区。每逢休渔期，中华白海豚活动更为活跃。在南海海域禁渔期内，廖某某、林某某合谋联系吴某某等多名渔船主至台山市川岛周边海域使用捕蟹笼非法捕捞共计 37.1292 万斤，价值 1191.6656 万元的水产品。

【检察履职】

2021 年 1 月，广东省台山市人民检察院在办理廖某某、林某某等五人非法捕捞水产品刑事案件时发现破坏海洋生态环境，危害中华白海豚等重要物种繁衍及生存环境，损害社会公共利益的线索。2021 年 1 月 14 日，台山市人民检察院以刑事附带民事公益诉讼立案。根据价格认定书、鉴定机构意见，结合全案材料，台山市人民检察院确定了本案的生态环境损害额为 48091608 元。为切实修复海洋生态环境，鉴定期间，台山市人民检察院与鉴定机构多次就修复方案进行沟通，明确增殖放流品种和投放数量，最终确定采用在案涉海域增殖放流 54649.55 万尾虾苗方式，可以及时增加水域种群数量、改善水域生态环境、保持水域生态平衡，快速优化中华白海豚的生存环境，修复因五被告本次非法捕捞造成的海洋生态环境损害。

2021 年 4 月 23 日，台山市人民检察院向台山市人民法院提起刑事附带民事公益诉讼。因水生生物增殖放流具有良好的生态效益、经济效益和社会效益，为及时有效修复海洋生态环境，综合廖某某等人的实际履行能力，台山市人民检察院请求法院判决被告林某某、廖某某、李某某三人共同承担 54649.55 万尾虾苗增殖放流到台山市川岛附近海域的生态环境修复责任，唐某某、吴某某对上述修复责任中 2158.936 万尾、454.55 万尾承担连带责任；五被告对 6 万元鉴定费用承担连带赔偿责任，并在国家级以上媒体公开赔礼道歉。

【法院裁判】

本案由广东省台山市人民法院一审，江门市中级人民法院二审。法院经审理作出刑事附带民事判决认为，五被告违反水产资源法律法规，在禁渔区、禁渔期使用禁用的工具捕捞水产品，情节严重，其行为均已构成非法捕捞水产品罪；五被告共同实施损害海洋生态环境与资源保护的行为，损害社会公共利益，依法应当对生态环境损害承担修复责任。判决五被告犯非法捕捞水产品罪并判处相应刑罚；判令廖某某、李某某、林某某三个月内购买 54649.55 万尾虾苗在案涉非法捕捞地增殖放流。唐某某、吴某某对其中 2158.936 万尾、454.55 万尾承担连带责任。若无法履行完毕，则廖某某、李某某、林某某支付 601.1451 万元到台山市财政局指定账户，专门用于修复生态环境，唐某某对其中 23.7483 万元、吴某某对其中 5 万元承担连带责任。判决生效后，法院、检察院联合开展释法说理，促使五被告自愿履行完毕。

【典型意义】

我国已实施二十多年海洋伏季休渔制度。对处于近岸海域食物链顶端的中华白海豚来说，休渔期对保障其生存具有十分重要的意义。针对休渔期非法捕捞行为危害海洋生态环境与生物多样性，检察机关提起刑事附带民事公益诉讼，要求违法行为人以增殖放流方式承担破坏海洋生态环境责任。人民法院坚持恢复性司法理念，在依法作出刑事判决的基础上，依法认定附带民事公益诉讼中的生态环境修复责任。水产品是中华白海豚的重要食物来源，针对非法捕捞数量大，可能会影响中华白海豚食物来源的情况下，人民法院灵活运用增殖放流修复方式，在判决生效后委托台山市农业农村局对被告就虾苗选购、提高虾苗成活率等问题进行专业技术指导，根据生态环境特点在合理时间开展放流活动，及时修复被破坏的海洋生态，有效实现了惩治违法犯罪与修复海洋生物多样性的双重效果。

广西壮族自治区防城港市港口区人民检察院诉许某等非法占用红树林林地刑事附带民事公益诉讼案

【关键词】

刑事附带民事公益诉讼　红树林湿地　非法填海

【基本案情】

2016 年始，防城港某置业公司法定代表人许某虚构其合作开发码头项目，骗取他人钱款用于个人消费。杨某某经人介绍认识许某，许某告知其码头项目需要大量土石方填海。杨某某和许某签订协议。后杨某某经人介绍认识广西某建筑公司法定代表人邓某某，当时其承包港口区某安置房工程弃土运输。杨某某以防城港某置业公司名义与广西某建筑公司邓某某签订《土石方工程合作协议书》。签订协议后，在明知占用红树林地需要办理林地审批手续而未办理的情况下，杨某某、邓某某雇佣工程车从某安置房工程处装运弃土到许某指定的所谓码头项目海域填放，造成沿海湿地 13.15 亩红树林林地被毁。

【检察履职】

2021 年 10 月 21 日，广西壮族自治区防城港市港口区人民检察院就上级院移送的防城港市某村存在工程土石方非法填海造成沿海湿地红树林死亡的案件线索进行立案调查。案件办理过程中，港口区人民检察院发挥刑事检察职能作用，在提前介入阶段引导收集公益损害证据。针对红树林具体被损坏株数无法调查清楚的问题，向广西红树林研究中心、中国生态学学会红树林生态专业委员会、广西红树林资源保护评审委员会征询专家意见，明确案涉区域属于红树林林地，破坏红树林周围生态环境也要一并纳入修复。

2022年4月1日，港口区人民检察院依法向港口区人民法院提起刑事附带民事公益诉讼。因本案中存在案涉区域红树林植被及生长环境遭受到严重破坏急需修复，但因案件侦办、审查、诉讼导致无法及时修复的现实冲突，港口区自然资源局积极履职进行统一修复并已逐渐恢复案涉区域红树林生态环境。港口区人民检察院根据修复红树林地支付的资金请求判令侵权人依法连带承担清除污染产生的清运土石方费用、修复生态产生的补种红树林费用，并进行公开赔礼道歉。

【法院裁判】

本案由广西壮族自治区防城港市港口区人民法院一审，防城港市中级人民法院二审。法院经审理作出刑事附带民事公益诉讼判决认为，三被告在无林地、用海审批手续情况下，非法占用林地，导致大量红树林林地毁坏，构成非法占用农用地罪，并应承担共同侵权的连带赔偿责任。判令附带民事公益诉讼被告许某、杨某某、邓某某连带赔偿清除被毁红树林林地污染产生的清运土方费用、补种红树林费用1735048.2元，并在防城港市新闻媒体上进行公开赔礼道歉。

【典型意义】

近年来，随着南方沿海地区经济建设发展，土石方工程施工填埋红树林湿地造成红树林大面积死亡情形时有发生。人民法院从修复受损红树林湿地环境的根本目的出发，采纳检察机关提交的证据材料和专家意见，合理认定补种株数，充分考虑红树林生态环境有效修复，合理确定修复范围和修复内容，明确生态环境损害赔偿金，既契合红树林湿地保护的特殊性，又考虑到刑事被告人实际情况。在执行过程中，人民法院、检察机关、行政机关共同督促实施，促进红树林及时有效修复。

二十三、其他涉公益诉讼典型案例

李某某等人生产、销售假药、假冒注册商标、销售假冒注册商标的商品刑事附带民事公益诉讼案

（入选2023年4月6日检察机关依法惩治医疗美容领域违法犯罪典型案例）

【关键词】

生产、销售假药　假冒注册商标　销售假冒注册商标的商品　医疗美容产品　检察建议

【基本案情】

2016年6月至2020年9月，被告人李某某为非法获利，违反国家药品、商标管理法律法规，通过微信、支付宝账户购进假冒肉毒毒素、玻尿酸等美容产品，在朋友圈宣传、招揽客户。从钟某某（另案处理）、被告人张某某等处购进大量裸瓶大紫盖、小粉盖等冻干粉，从被告人杜某某处购进假冒保妥适、衡力等注册商标的包材。将裸瓶大紫盖冻干粉假冒保妥适牌美容药品，小粉盖冻干粉假冒衡力牌美容药品，白盖冻干粉假冒韩国白肉、粉肉美容药品，共计销售带包装和不带包装的各类美容药品200余万元。经对从李某某、张某某处扣押的假冒肉毒毒素进行检验，未检出肉毒毒素成分，与国家药品标准规定的成分不符，河北省邢台市市场监督管理局认定系假药，该部分假冒肉毒毒素销售金额40余万元。另，李某某从被告人邢某某等人处购进假冒瑞蓝牌玻尿酸等产品销往全国各地，销售金额10万余元。李某某无法提供商标授权许可，相关商标权利人分别出具情况说明，涉案保妥适牌、衡力牌肉毒毒素、瑞蓝牌玻尿酸等未经授权许可，为假冒注册商标的商品。

2021年3月18日，河北省邢台市信都区人民检察院以生产、销售假药罪、非法经营罪、销售假冒注册商标的商品罪对被告人李某某等人提起

刑事附带民事公益诉讼。2021年11月30日，邢台市信都区人民法院以生产、销售假药罪、非法经营罪、销售假冒注册商标的商品罪数罪并罚，判处李某某有期徒刑十五年，罚金人民币二百二十万元；判处其他被告人有期徒刑六年六个月至一年六个月缓刑两年不等；判令附带民事公益诉讼被告李某某、张某某等人召回已出售的假药，进行无害化处理，消除危害，在省级以上公开发行的媒体上公开道歉，支付惩罚性赔偿金。一审判决后，李某某等提出上诉。2022年5月16日，邢台市中级人民法院作出二审判决，根据2022年3月“两高”出台的《关于办理危害药品安全刑事案件适用法律若干问题的解释》精神，依法将判处非法经营罪的原审被告人罪名变更为假冒注册商标罪、销售假冒注册商标的商品罪，其余维持一审判决。

【检察机关履职情况】

侦查阶段。公安机关将本案线索及侦办情况向检察机关通报后，检察机关第一时间抽调刑事检察、公益诉讼检察部门精干力量组成专案组参与案件沟通，围绕案件定性、侦查方向、证据固定和保全等问题提出有针对性的意见，公安机关及时深挖犯罪，全面收集和固定相关证据，为下一步审查起诉的顺利进行奠定坚实基础。检察机关还从邢台市市场监督管理局药品检查支队邀请专业人员作为特邀检察官助理参与案件讨论，就肉毒毒素、玻尿酸等医疗美容产品成分、分类、假药认定等专业性问题进行研讨，根据专业性意见准确界定涉案产品属性，及时引导公安机关调整取证方向。同时，检察机关与公安机关、市场监管局共同协作，聘请专门机构对查扣物品进行检验鉴定，准确认定案件性质。

审查起诉阶段。案件移送审查起诉后，检察机关依法开展认罪认罚从宽制度适用工作，针对不同罪名情况，在准确认定销售金额从而确定基准刑的基础上，充分考虑各被告人所处产供销链条上的不同环节、假冒产品类别、销售数量、扩散范围等情节，分别提出确定刑量刑建议。同时，刑事检察、公益诉讼检察部门合力解决公共利益保护和社会治理问题，根据涉案人员行为制作违法行为责任表，在厘清责任的基础上，依法提起刑事附带民事公益诉讼，提出量刑建议，被法院采纳。

法庭审理阶段。一审、二审过程中，李某某对自己犯罪行为所产生的危害性不予认可。在庭审进行释法说理的基础上，检察官与辩护律师充分沟通，再次提审李某某，对其不理解的法律规定进行解释，详细说明制售假冒美容产品导致的危害后果。李某某最终认识到自己行为的危害性，真诚表示认罪悔罪，主动退缴了部分违法所得。

【典型意义】

1. 充分发挥特邀检察官助理作用，提升检察履职专业化水平。本案涉及医疗美容注射剂美容产品，案件类型新且专业性强。检察机关在办案过程中，充分借助“外脑”，邀请特邀检察官助理与办案人员一起研究案件证据。特邀检察官助理从专业视角出发，依托自身药品专业知识和行政执法实践，当好检察办案的“参谋”，为检察机关审查起诉工作提供了有力支持。同时充分发挥特邀检察官助理的“联络员”作用，深化检察机关与行政执法部门的协作配合，统筹“行政 + 检察”力量，切实有效提升办案专业化水平。

2. 全链条打击医疗美容领域违法犯罪，充分保障权利人和消费者合法权益。为有效打击涉医疗美容行业违法犯罪，切实加强知识产权保护，检察机关一方面以打源头、斩链条为目标，推进部门融合履职，提起刑事附带民事公益诉讼，在追究行为人刑事责任的同时要求其承担惩罚性赔偿金，并向社会公众公开赔礼道歉、消除危害，提高违法成本，将“四个最严”要求落到实处。另一方面，着力强化与市场监管部门、公安机关之间的沟通协调，健全完善个案协作、信息交流、案件通报、联席会议等机制，确保实现从生产源头到销售终端全链条打击，从药品安全到知识产权全方位保护。

3. 依法制发检察建议，积极参与社会综合治理。医疗美容领域涉及化妆品、药品和医疗器械等多种产品，事关人民群众身体健康和生命安全。在办案过程中，检察机关以对人民高度负责的态度，依法履职，针对发现的监管漏洞及时制发检察建议，推动市场监管部门加强对医疗美容行业的规范管理。市场监管部门收到检察建议后高度重视，迅即在全市范围内组织开展涉医疗美容服务专项整治工作，对 90 余家医疗美容机构进行全面检查，并联合相关部门开展法治宣传，提升医疗美容机构依法执业意识，引导人民群众增强对医疗美容产品和服务的辨识能力，有效促进了当地医疗美容行业规范有序发展，取得了良好的法律效果和社会效果。

浙江省杭州市余杭区人民检察院督促整治医疗美容行业违法经营行政公益诉讼案

（入选2023年4月6日检察机关依法惩治医疗美容领域违法犯罪典型案例）

【关键词】

行政公益诉讼检察建议　医疗美容　电商平台准入　检察建议与代表议案衔接转化

【基本案情】

浙江省杭州市余杭区人民检察院（以下简称余杭区院）在履职中发现，辖区内多家医疗美容服务经营者存在未取得医疗机构执业许可证擅自营业、超范围经营医疗美容项目、从业人员无医师执业证书或超范围执业、医疗器械采购来源不明、违法违规发布医疗广告等行为，部分经营者还在电商平台上推销，招揽消费者到线下接受医疗美容服务；而相关电商平台未依法核验、登记平台内医疗美容服务经营者行政许可信息，未在首页显著位置持续公示行政许可信息等，侵犯了不特定消费者合法权益，损害社会公共利益。

【检察机关履职情况】

2022年8月，余杭区院根据群众反映，发现医疗美容领域乱象频发、监管缺失，公益损害现象突出，立即成立办案组开展医疗美容公益诉讼专项监督活动，经初步调查，于8月12日立案。余杭区院通过实地调查核实，调取相关书证，及时固定收集相关证据，发现辖区4家经营者主要存在以下违法违规情形：一是生活美容机构未取得医疗机构执业许可擅自提供医疗美容服务，或未取得卫生许可擅自从事生活美容服务；二是医疗机构超出核准登记的诊疗科目范围经营美容皮肤科项目；三是雇佣未取得医师执业资格人员或取得医师执业资格人员超范围开展美容皮肤科项目；四是使用无法提供医疗器械采购证明、进货查验记录台账的医疗美容仪器；五是未取得医疗机构执业许可证发布医疗广告，或未经审查发布医疗广告。9 月 15 日，余杭区院向区卫生健康局发出检察建议，同步移送相关证据，督促对涉案医疗美容机构及时查处，加强行业规范管理。区卫生健康局收到检察建议后，立即开展专项行动，依法立案查处 11 起非法医疗美容案件，没收违法所得 2.5 万余元，罚款 19.35 万元，没收或暂扣医疗美容仪器 23 台。

针对调查中发现的部分美容服务机构在线上推销医疗美容服务，招揽消费者到线下接受服务的情形，余杭区院以“医疗美容”“光子嫩肤”等为关键词，通过对 4 家电商平台上医疗美容服务经营情况进行调查，发现部分医疗美容机构、生活美容机构存在未依法在平台首页显著位置持续公示行政许可信息、未取得卫生许可证擅自营业、无医疗机构执业许可证或超范围开展医疗美容项目、从业人员无医师执业证书或超范围执业、虚假宣传、违法直播宣传等违法违规情形。经咨询具有医疗卫生和市场监管专业背景知识的特邀检察官助理，分析出违法情形。2022 年 9 月 5 日，余杭区院对上述线索立案调查。9 月 15 日，余杭区院向区市场监督管理局发出检察建议，建议依法查处辖区内医疗美容广告违法行为。因电商平台并非在余杭区范围内注册经营，余杭区院与区市场监督管理局经磋商，达成督促平台及时采取必要处置措施的共识。收到检察建议后，区市场监督管理局立案查处医疗美容广告违法行为 4 起，罚款 1.5 万余元，4 家电商平台清退生活美容机构 2 家，下架医疗美容服务项目 29 个。

2023 年 1 月，余杭区人大代表在检察机关抄送的检察建议中发现医疗美容机构相关问题，于 2 月 1 日向区两会提交议案《关于加强我区医疗美容行业监管的建议》。2023 年 1 月 12 日，余杭区院将调查中发现的杭州市其他区、县（市）医疗美容机构、生活美容机构在电商平台上存在的违法违规问题报送浙江省杭州市人民检察院（以下简称杭州市院），杭州市院运用数字化办案思维开展类案线索摸排，向杭州市数据管理局调取相关数据并指导余杭区院与相关平台进行信息碰撞、对比，通过大数据分析并结合人工查验，筛选出多条案件线索。杭州市院已将 21 条线索交给相关区县院开展监督，并与相关市场监管部门开展磋商，推动全市范围内医疗美容行业电商平台准入规范管理。

【典型意义】

医疗美容行业无证经营、非法行医、虚假宣传等违法违规问题突出，存在较大风险隐患，引发纠纷日益增多，严重侵害消费者身体健康和生命财产安全。电商平台未依法核验资质，未督促公示行政许可，进一步加大了消费者辨识医疗美容机构正规与否的难度，增加了医疗美容行业安全风险。

检察机关积极履行公益诉讼职能，聚焦线上线下医疗美容领域损害公益突出问题，发挥有专业知识背景的特邀检察官助理的作用，通过“检察建议 + 磋商”“区域治理 + 市域推进”“个案办理 + 类案监督”等形式，形成“打击一域违法行为—把好线上准入关—推动全域线下处置”的办案路径，力促行政机关加强监管力度，促使电商平台承担法定责任和义务，构建司法、行政、市场主体齐抓共管的综合治理格局，把好医疗美容机构平台准入关。此外，检察机关还加强人大监督与法律监督工作衔接，将检察建议转化为代表议案，凝聚监督合力，提升监督质效，切实维护消费者合法权益，筑牢医疗美容安全堤坝。

“白蕉海鲈”地理标志保护行政公益诉讼案

（入选 2023 年 4 月 26 日检察机关
知识产权保护典型案例）

【关键词】

行政公益诉讼检察建议　地理标志　检察建议　公开听证

【要　旨】

针对地理标志知识产权保护不到位的问题，检察机关以行政公益诉讼监督为切入口，通过磋商、制发检察建议、举行公开听证、召开产业发展联席会、形成调研报告等方式，构建多重保护路径，促进行政机关依法履职，协助地方政府制定规范性文件，推动地方立法，为地理标志保护提供全方位法治保障。

【基本案情】

珠海斗门地处珠江出海口，优越的气候条件、丰富的咸淡水资源培育出享誉全国的精品水产——白蕉海鲈。2009 年“白蕉海鲈”成为广东省水产业首个全国地理标志保护产品，并入选第一批全国名特优新农产品名录。广东省珠海市斗门区人民检察院（以下简称斗门区检察院）经调研走访发现，作为全国地理标志产品和地方特色支柱产业的“白蕉海鲈”，存在地理标志使用混乱、规范性文件失效、管理不到位、品牌建设滞后等问题，影响品牌信誉和可持续发展，致使产业发展面临危机，公共利益受到侵害。

【检察机关履职情况】

2022 年 5 月，斗门区检察院对“白蕉海鲈”地理标志保护利用等情况进行深度调研。经走访调研发现，多家生产企业和销售商户存在违规或者错误使用“白蕉海鲈”地理标志等情况。斗门区检察院聘请相关行业专家就本案专门性问题进行咨询，并与区相关职能部门、海鲈协会等进行磋商，就共同促进“白蕉海鲈”这一特色产业发展达成共识。

斗门区检察院于2022年7月6日以行政公益诉讼立案后，组织召开公开听证会，邀请市、区两级相关行政机关代表、专家学者以及人大代表、政协委员、人民监督员参加。经听证，与会代表一致同意检察机关向行政部门制发检察建议，并就各职能部门凝聚保护合力、搭建长效机制达成一致意见。2022年8月24日，斗门区检察院结合已查明的案件事实和公开听证评议意见，向广东省珠海市斗门区市场监督管理局（以下简称斗门区市场监督管理局）制发《检察建议书》，建议行政机关依法全面履职，引导“白蕉海鲈”地理标志规范使用，加大侵权打击力度，修订完善有关“白蕉海鲈”地理标志的管理办法和质量标准体系，建立健全长效监管机制，加强对“白蕉海鲈”地理标志的综合保护。

收到检察建议后，斗门区市场监督管理局高度重视，成立地理标志保护工作小组，制定工作实施方案和若干措施，开展线上线下一体化专项整治行动，完成海鲈鱼相关食品抽检28批次，针对冒用地理标志发布虚假广告、擅自使用和错误使用地理标志等行为依法查处企业5家，督促整改企业4家，立案查处4宗，发出《行政提示书》1份，现场指导企业16家，并动员4家生产企业成为广东省预制菜地方标准参编单位。

同时，斗门区检察院邀请斗门区人民政府（以下简称区政府）相关职能部门召开“白蕉海鲈”地理标志知识产权保护暨产业发展工作联席会议，就地理标志保护与促进产业发展达成共识。会后，区政府下发会议纪要明晰工作责任，为多部门建立协同工作机制奠定基础。斗门区检察院持续跟进监督，积极协助区政府制定《“白蕉海鲈”地理标志产品保护管理办法》等规范性文件，并向珠海市司法局递交《立法项目建议申报表》，协调推动将“白蕉海鲈”地理标志单独立法列入2023年地方立法项目。斗门区检察院还向有关部门报送《关于“白蕉海鲈”地理标志知识产权保护工作的调研报告》，多维度为“白蕉海鲈”地理标志产业链综合保护提出建议。

【典型意义】

1. 聚焦源头预防，依法保护地理标志。地理标志蕴含着区域特有的自然生态环境和历史人文因素，是对产品质量和信誉的保障。地理标志的保护不仅涉及知识产权权利人和消费者的利益，也涉及地方特色品牌建设和地方区域经济发展。对于地理标志的保护，检察机关应充分发挥知识产权检察集中统一履职的优势，积极探索行政公益诉讼，聚焦地理标志保护源头，做好综合保护。

2. 坚持精准监督，构建多重保护路径。检察机关针对“白蕉海鲈”地理标志保护存在的问题，发挥行政公益诉讼审前程序功能，通过公开听证、专家咨询等方式共商良策，督促行政机关依法履职。通过召开产业发展工作联席会议，多部门磋商促进协同共治，有针对性地提出进行源头治理方案。通过积极协助地方政府制定规范性文件、推动地方立法、形成调研报告等方式实现标本兼治，为地理标志保护提供全方位法治保障。

林某某、高某某非法采矿案

（入选2023年5月30日
办理海上非法采砂相关犯罪典型案例）

【关键词】

非法采矿罪　受雇提供劳务的人员　共同犯罪　民事公益诉讼　连带赔偿责任　替代性修复

【要　旨】

对受雇为非法采矿犯罪提供劳务的人员是否以犯罪论处，不能仅考虑其是否参与利润分成或者领取高额固定工资，应当结合其在整个犯罪中发挥的作用、参与犯罪的程度、次数等进行综合判断。对受雇为非法采矿犯罪长期、多次提供劳务的人，应当以共犯论处。雇员与雇主共同破坏海洋自然资源和生态环境的，人民检察院在提起民事公益诉讼时，可以请求法院判令雇员与雇主对海洋生态环境修复承担连带赔偿责任。

民事公益诉讼被告不能直接修复受损生态环境且一次性承担全部海洋生态损害修复费用确有困难的，可以通过分期认购碳汇、劳务代偿等方式开展替代性修复。

【基本案情】

2019年9月间，林某某在未取得海域使用权证和采矿许可证的情况下，指使高某某驾驶船舶，到福建省福安市湾坞镇、下白石镇“半屿”等海域非法采挖海砂，并运输至福建省宁德金蛇头工地、六都等码头，以每立方米12.5元至18元不等的价格出售给他人。林某某、高某某共盗采海砂17次，累计11295.33立方米，销售价值合计167659元。经评估认定，林某某、高某某非法开采海砂致海洋生态资源环境损害整体影响价值共计680298.19元。

【案件办理过程】

（一）刑事案件办理过程

诉讼过程和结果。本案由宁德海警局于 2019 年 10 月 9 日立案侦查，2020 年 1 月 2 日移送宁德市人民检察院（以下简称宁德市检察院）审查起诉。宁德市检察院经审查认为，本案不足以判处无期徒刑以上刑罚，依照刑事诉讼法关于级别管辖的规定，将本案交由犯罪行为地的基层人民检察院福安市人民检察院（以下简称福安市检察院）审查起诉。同年 8 月 24 日，福安市检察院以被告人林某某、高某某犯非法采矿罪提起公诉。2021 年 1 月 11 日，福安市人民法院作出一审判决，认定林某某、高某某违反矿产资源法规，未取得海砂开采海域使用权证和采矿许可证，结伙擅自采挖海砂，情节严重，其行为均构成非法采矿罪。鉴于林某某具有自首、退出违法所得、缴纳部分生态修复费用等情节，综合考量其犯罪情节且悔罪表现明显，适用缓刑对其居住社区没有重大不良影响，符合适用缓刑条件，以非法采矿罪判处林某某有期徒刑一年三个月，缓刑二年，并处罚金 20000 元；鉴于高某某受雇采挖海砂，在共同犯罪中罪责相对较轻，酌情从轻处罚，根据其犯罪情节和悔罪表现，适用缓刑对其居住社区没有重大不良影响，符合适用缓刑条件，判处有期徒刑十个月，缓刑二年，并处罚金 15000 元。判决将宁德海警局扣押的被告人林某某违法所得和海砂予以没收，对船舶上的采砂、卸砂设备予以拆除没收；其他设备及船体由扣押机关依法处理。

（二）公益诉讼案件办理过程

线索发现和立案调查。福安市人民法院一审判决发生法律效力后，宁德市检察院通过审阅林某某、高某某非法采矿案的刑事判决书，认为二被告人非法盗采海砂可能存在破坏海洋自然资源和生态环境、损害社会公共利益的情形，福安市检察院未提起刑事附带民事公益诉讼。根据福建省人民检察院、福建省自然资源厅等七部门联合印发的《关于在涉海洋公益诉讼和生态检察工作中加强协作配合的意见》，宁德市检察院协调宁德海警局委托自然资源部海岛研究中心对海洋生态损害价值进行评估，认定林某某、高某某非法盗采海砂致海洋生态资源环境损害整体影响价值 680298.19 元。宁德市检察院认为，有必要对林某某、高某某另行提起民事公益诉讼，遂于 2021 年 6 月 25 日进行民事公益诉讼立案并进行民事公益诉讼公告。

提起诉讼。经民事公益诉讼公告，公告期届满没有法律规定的机关和社会组织向人民法院提起民事公益诉讼，宁德市检察院于2021年9月29日向宁德市中级人民法院（以下简称宁德中级法院）提起诉讼，请求判令被告林某某、高某某连带赔偿生态环境损害修复费用共计680298.19元。宁德中级法院认为本案虽系宁德市检察院提起的民事公益诉讼，但诉请及目的是赔偿生态环境修复费用，属于海洋自然资源与生态环境损害赔偿诉讼，应当优先适用《最高人民法院关于审理海洋自然资源与生态环境损害赔偿纠纷案件若干问题的规定》，本案应由厦门海事法院管辖。2021年12月22日，宁德中级法院将本案移送厦门海事法院。厦门海事法院于2022年1月6日作出受理决定。

审理过程。2022年6月16日，厦门海事法院公开开庭审理了本案。宁德市检察院通过多媒体示证的方式就被告违法行为、损害后果、因果关系、诉讼请求逐项进行举证、质证，并安排自然资源部海岛研究中心专家出庭，就本案海域生态损失、海岸生态损失、滨海旅游损失、海滩修复成本等海洋生态环境损害价值发表专家意见。二被告对检察机关主张的违法事实、提出的诉讼请求基本无异议。但被告高某某认为，其系被雇佣参与非法采矿，应由雇主对雇员造成的损害后果承担侵权责任。检察机关认为，高某某虽为雇员，其知道或者应当知道雇主所作的指示违反法律规定且会导致海洋生态环境资源损害后果，仍然按照雇主指示实施违法行为，对海洋自然资源和生态环境资源造成破坏，其违法行为与实际损害之间具有直接的因果关系，符合侵权行为的构成要件，因此，高某某与林某某构成共同侵权，应承担连带赔偿责任。

审理结果。诉讼过程中，综合考虑本案生态修复需要、二被告的财务状态、预期收入、赔偿意愿等，宁德市检察院与二被告在厦门海事法院主持下达成以下调解协议：二被告连带赔偿海洋生态环境损害修复费用680298.19元，其中180000元由二被告以自愿认购海洋碳汇的方式分3年履行，每年10月需委托海峡资源环境交易中心一次性认购60000元的海洋碳汇；剩余赔偿款由二被告通过公益性劳务代偿方式履行，签订履约协议，承担宁德三都澳海域海洋环境治理辅助工作，包括但不限于海洋垃圾打捞、海岸维护、海洋环境保护宣传等，期限酌定为三年，期满后劳务不足以抵偿的，仍需承担赔偿责任。厦门海事法院对上述调解协议进行了为期三十日的公告，公告期满后未收到不同意见，遂于2022年10月19日作出民事调解书，对调解协议内容依法予以确认。目前，二被告正在履行调解协议过程中。

【典型意义】

1. 准确认定受雇为非法采矿犯罪提供劳务人员的法律责任。《最高人民法院、最高人民检察院关于办理非法采矿、破坏性采矿刑事案件适用法律若干问题的解释》第十一条规定："对受雇为非法采矿、破坏性采矿犯罪提供劳务的人员，除参与利润分成或者领取高额固定工资外，一般不以犯罪论处，但曾因非法采矿、破坏性采矿受过处罚的除外。"上述规定是贯彻宽严相济刑事政策的体现，"一般不以犯罪论处"不是"一律不以犯罪论处"，不能仅以是否参与利润分成或者领取高额固定工资作为是否追究受雇提供劳务人员刑事责任的唯一考虑因素。对于虽然系受雇佣人员，但并非单纯提供劳务，而是在犯罪过程中发挥较大作用的，不适用"一般不以犯罪论处"的规定。例如，明知他人实施非法采挖、收购海砂犯罪，仍多次为其提供开采、装卸、运输、销售等实质性帮助行为，情节较重的；在相关犯罪活动中，承担发起、策划、操纵、管理、协调职责的；多次逃避检查或者采取通风报信等方式为非法采挖海砂犯罪活动规避监管或者为犯罪分子逃避处罚提供帮助的。本案中，被告人高某某虽为雇员，但其明知林某某未取得海域使用权证和采矿许可证，仍接受指使，长期、数十余次驾驶船舶至指定海域、负责操作实施采砂作业、运输过驳海砂等，是实施非法采矿犯罪过程中不可或缺的环节，不符合司法解释中"一般不以犯罪论处"的情形，应当以非法采矿罪共犯追究刑事责任。雇员知道或者应当知道雇主所作的指示违反法律规定且会导致海洋生态环境资源损害后果，仍然按照雇主指示实施相关行为并造成海洋生态环境资源损害的，人民检察院在提起民事公益诉讼时，可以请求人民法院判令雇员与雇主按照《中华人民共和国民法典》第一千一百六十八条的规定对海洋生态环境修复承担连带赔偿责任。

2. 探索以分期给付碳汇、劳务代偿等方式承担生态环境替代性修复责任。《最高人民法院关于审理环境民事公益诉讼案件适用法律若干问题的解释》第二十条第一款规定："原告请求恢复原状的，人民法院可以依法判决被告将生态环境修复到损害发生之前的状态和功能。无法完全修复的，可以准许采用替代性修复方式。”办理海洋自然资源与生态环境民事公益诉讼案件，应当综合考量生态环境破坏造成的损失、修复成本和被告的经济状况、修复能力等，对由于侵权地现实条件不能进行原位同质直接修复，且被告没有能力一次性承担全部海洋生态损害修复费用的，公益诉讼起诉人可以与被告协商通过分期给付海洋碳汇、提供公益性劳务代替金钱赔偿等方式开展替代性修复。海洋碳汇，又称“蓝碳”，是指利用海洋活动及海洋生物来吸收大气中的二氧化碳，并将其固定、储存在海洋的过程、活动和机制。通过购买碳汇抵消生态损失，在一定程度上可实现碳平衡的目的，是实现碳中和最经济的方式之一。通过劳务代偿，不仅可以修复海洋生态环境，还可以让被告亲身参与到受损生态环境修复工作中，增强保护海洋自然资源和生态环境的意识。

【相关规定】

《中华人民共和国刑法》第二十五条第一款、第三百四十三条第一款

《中华人民共和国民法典》第一千一百六十八条、第一千二百三十四条、第一千二百三十五条

《中华人民共和国民事诉讼法》（2021 年修订）第五十八条第二款

《最高人民法院、最高人民检察院关于办理非法采矿、破坏性采矿刑事案件适用法律若干问题的解释》（法释〔2016〕25 号）第十一条

《最高人民法院关于审理环境民事公益诉讼案件适用法律若干问题的解释》（法释〔2015〕1 号）第二十条第一款

广东省清远市陈某华等 30 人非法捕捞水产品，掩饰、隐瞒犯罪所得案

（入选 2023 年 6 月 10 日依法惩治非法捕捞水产品犯罪典型案例）

【关键词】

非法捕捞水产品　掩饰、隐瞒犯罪所得　珠江流域　行刑衔接　刑事附带民事公益诉讼

【要　旨】

检察机关通过“行刑衔接”工作机制，主动加强部门间沟通协作，形成打击非法捕捞水产品犯罪的执法司法合力；在依法惩治破坏渔业资源犯罪的同时，通过刑事附带民事公益诉讼等方式，让犯罪分子承担恢复生态、赔偿损失的民事责任，提高犯罪成本。

【基本案情】

2019 年 4 月至 2021 年 1 月，被告人陈某华、陈某明等 24 人以家庭成员或亲戚朋友关系为组合纽带，在佛山市三水区大塘镇至清远市清城区石角镇禁渔河段，长期采用电拖网船电鱼的方式，大肆非法捕捞草鱼、鲢鱼、鲫鱼等河鱼后销售得款 195 万余元。被告人林某华、王某志等 6 人明知陈某华等人售卖的水产品系非法捕捞所得，仍予以收购。经鉴定，本案造成水生生物资源损失 3260 余万元。

【检察履职情况】

本案为跨区域、大规模非法捕捞水产品犯罪，涉案人员长期在禁渔河段大肆非法捕捞，甚至以冲撞执法船只等方式暴力抗法，不但严重破坏珠

江流域渔业资源和生态环境，而且造成恶劣的社会影响，群众反映强烈。2020年7月，广东省清远市清城区人民检察院（以下简称清城区检察院）通过行刑衔接工作机制，联合清远市公安局清城分局（以下简称清城公安分局）和区渔政部门部署专项打击行动，先后三次召开联席会议，重点针对犯罪分子熟悉水路、装备好、船速快以及深夜作案、流窜作案带来的抓捕难、取证难、执法风险大等突出困难，提出以"收鱼人"为切入点，逆向查找"捕鱼人"的引导侦查意见。清城公安分局采纳了清城区检察院的意见，于2021年1月组织收网行动，抓获犯罪嫌疑人28人，扣押大型电鱼船9艘，冻结涉案资金756万元。为进一步夯实证据，清城区检察院在清远市人民检察院（以下简称清远市检察院）的指导下，就案件管辖、共犯人数、犯罪数额、违法所得、赔偿损失的计算等问题，向清城公安分局进一步提出引导取证意见。

为准确认定生态损害赔偿数额，清城区检察院公益诉讼检察部门同步介入，引导公安机关查实作案时间段（区分禁渔期和非禁渔期）、渔获种类、作案渔船马达的功率、作案区域、实际交易金额等证据后提交鉴定机构，作为鉴定生态损害赔偿数额的重要依据。清城公安分局按照清城区检察院的意见，进一步完善了全案证据。2021年2月，清城公安分局提请清城区检察院对28名犯罪嫌疑人批准逮捕。清城区检察院在审查逮捕过程中，敦促另外2名犯罪嫌疑人投案自首。

2021年5月，公安机关将该批案件分成13个案件陆续移送清城区检察院审查起诉。清城区检察院受理案件后，积极开展认罪认罚工作，促使部分犯罪嫌疑人主动退出赃款合计72万余元。经审查，2021年6月至8月，清城区检察院以被告人陈某华等22人涉嫌非法捕捞水产品罪，被告人林某华等6人涉嫌掩饰、隐瞒犯罪所得罪，向清城区人民法院（以下简称清城区法院）提起公诉；对涉嫌非法捕捞水产品罪的陈某华等22人提起刑事附带民事公益诉讼，要求22名被告承担水生生物资源损失及鉴定评估等费用3322万余元；对犯罪情节轻微的陈某妹、陈某娣2人依法作相对不起诉处理，并督促被不起诉人以增殖放流方式，投放1.2万尾鱼苗用以修复受损生态环境。

2021年11月至12月，清城区法院先后对上述案件作出一审判决，判决陈某华等22人犯非法捕捞水产品罪，分别判处有期徒刑二年四个月至七个月不等，支持检察机关全部民事公益诉讼请求，判处陈某华等22

人赔偿水生生物资源损失及鉴定评估等费用合计3322万余元；判决林某华等6人犯掩饰、隐瞒犯罪所得罪，分别判处有期徒刑五年六个月至有期徒刑三年不等，并处罚金合计21万元。一审判决后，林某志、何某杰以量刑过重为由提出上诉，林某智、陈某权以刑事附带民事公益诉讼部分判决赔偿数额过高为由提出上诉，清远市中级人民法院二审裁定维持了对林某志和何某杰的量刑，对林某智、陈某权的民事公益诉讼赔偿数额做了少许下调。

针对本案暴露出北江河段非法捕捞猖獗、监管不力的问题，清城区检察院依法向区农业农村部门发出行政公益诉讼检察建议，督促其依法履职，堵塞执法监管漏洞。清城区农业农村局采纳了检察建议，对全体执法人员开展专题培训，对执法装备进行了升级，进一步加大了执法巡查力度和宣传教育力度。为进一步养护当地水生生物资源，清远市农业农村部门在6月6日全国“放鱼日”开展了大型增殖放流活动，邀请清远市检察机关到场共同开展生态环境保护科普和普法宣传活动，取得了良好社会效果。

【典型意义】

北江是珠江的第二大水系，渔业资源丰富，生态功能突出。为保护北江流域渔业生态资源，检察机关刑事检察、公益诉讼检察部门加强横向联动，努力打破在生态环境资源保护领域融合发展的壁垒。刑事检察部门在提前介入公安机关侦查，提出取证意见的同时，与公益诉讼检察部门共享案件线索，为全方位、大力度追究犯罪分子刑事责任和民事赔偿责任，全面修复被损害的渔业资源奠定了基础。为推动区域生态安全防护能力不断提高，检察机关注重与行政主管部门协同履职。通过个案办理挖掘案件背后的社会治理问题，以检察建议的方式促进源头治理，提升珠江流域渔业资源保护综合治理水平。

浙江省杭州市张某等44人非法捕捞水产品案

（入选2023年6月10日
依法惩治非法捕捞水产品犯罪典型案例）

【关键词】

非法捕捞水产品　钱塘江水域　宽严相济　检察协同履职　行刑衔接

【要　旨】

检察机关办理非法捕捞水产品犯罪案件，既依法严厉打击，又区分不同情形分类处理，注重与相关职能部门协同履职，以有力办案促有效治理，达到“办一案，治一方”的办案效果。

【基本案情】

2022年3月至5月，被告人张某等人明知钱塘江干流处于禁渔期，仍在钱塘江水域使用直径为3.8mm的渔网非法捕捞鳗鱼苗3900余尾。经鉴定，张某等人使用的渔网直径均小于国家规定最小网目尺寸，属于国家禁止使用的渔具。

被不起诉人王某某等明知他人实施前述行为，仍提供作案工具并从中获利1700余元。

【检察履职情况】

2022年3月至5月，浙江省杭州市公安局钱塘区分局（以下简称钱塘公安分局）陆续抓获涉嫌非法捕捞鳗鱼苗的犯罪嫌疑人张某等38人。杭州市钱塘区人民检察院（以下简称钱塘区院）应钱塘公安分局邀请介入侦查，对案件的证据固定、人员分类处理和上下游犯罪的查处提出意见；建议公安机关准确适用宽严相济刑事政策，除涉及累犯等特殊情形外，可对犯罪嫌疑人采用数字化非羁押措施。按照检察机关的引导取证意见，公安机关又陆续抓获6名犯罪嫌疑人，并对7名情节显著轻微，行为尚未构成犯罪的犯罪嫌疑人作了撤案处理。

2022年5月至7月，钱塘公安分局将涉嫌非法捕捞水产品罪的张某等37人陆续移送钱塘区院审查起诉。钱塘区院审查认为，张某等3人曾因非法捕捞水产品有犯罪前科或曾受行政处罚，主观恶性较大，应予提起公诉；犯罪嫌疑人孙某某涉嫌犯罪事实不清、证据不足，应作存疑不起诉处理；犯罪嫌疑人王某某等33人均系初犯、偶犯，自愿认罪认罚并积极履行生态环境修复义务，可作相对不起诉处理。

2022年8月12日至15日，钱塘区院先后对张某等3人以非法捕捞水产品罪提起公诉。8月31日，钱塘区人民法院以非法捕捞水产品罪判处张某等3人拘役四个月至二个月不等。为加强警示教育，钱塘区院在对被不起诉人进行不起诉公开宣告的同时，向周边群众进行现场普法教育；并邀请钱塘区综合行政执法局到场，通过现场送达检察意见书的方式，建议对不起诉人予以行政处罚。钱塘区综合行政执法局采纳了检察意见，对被不起诉人作出没收违法所得并处罚款的处罚。

考虑到本案对钱塘江生态环境的损害，钱塘区院按照浙江省检察院关于融合运用检察审查、调查、侦查权的工作规定，将本案公益诉讼线索同步移送杭州市人民检察院（以下简称杭州市院）审查办理。目前，杭州市院已向杭州市中级人民法院提起民事公益诉讼4件，涉案人员已依法缴纳了生态环境修复赔偿款合计29000元。

针对本案暴露出的问题，钱塘区院深入钱塘江干流沿岸村社、企业园区开展普法宣传，通过制作宣传册，拍摄普法短视频，组建法治宣讲团，向群众宣讲非法捕捞水产品的危害。杭州市检察机关以本系列案件办理为切入点，联合市公安、农业农村、市场监管等部门常态化开展钱塘江干流水域非法捕捞专项治理，推动钱塘江干流渔业资源和生态环境保护。

【典型意义】

鳗鱼，因经济价值、营养价值高、无法进行人工繁殖，是珍贵的鱼类资源，素有“水中软黄金”之称。钱塘江干流因水域宽阔、水质优良等地理因素，成为鳗鱼栖息繁殖的主要水域之一。近年来，一些人为追逐经济利益，违反法律法规，单独或结伙在禁渔区、禁渔期或使用禁用的工具、方法捕捞鳗鱼苗，对钱塘江的渔业资源和生态环境造成了损害。针对此类涉众犯罪多发态势，检察机关以宽严相济刑事政策为指引，准确区分罪责，分类处理，对于需要追诉的，及时以典型案例等形式做好社会面宣传教育警示工作，以案释法提升民众法治意识，从源头上减少相关违法犯罪行为的发生。

江苏省常州市陈某龙等 16 人非法捕捞水产品，掩饰、隐瞒犯罪所得案

（入选 2023 年 6 月 10 日依法惩治非法捕捞水产品犯罪典型案例）

【关键词】

非法捕捞水产品　掩饰、隐瞒犯罪所得　长江流域　刑事附带民事公益诉讼　源头治理

【要　旨】

为有效打击非法捕捞犯罪，检察机关紧盯非法捕捞“捕、运、销”全链条，在依法追究刑事责任的同时，可依法提起刑事附带民事公益诉讼，诉请法院要求上下游犯罪被告人承担连带赔偿的民事责任，并分别承担惩罚性赔偿责任。通过建立政协委员提案与检察建议衔接转化机制，形成政协民主监督与检察法律监督工作合力，有效提升检察机关参与生态环境治理与保护效能。

【基本案情】

2021 年 5 月至 9 月，被告人陈某龙、王某等 11 人组成 4 个团伙，在常州市金坛区长荡湖水域，使用由电瓶、逆变器、抄网等组成的“电捕鱼”工具，多次非法捕捞白条鱼等水产品。被告人张某康、王某华等 5 人明知陈某龙、王某等人所售水产品系非法捕捞所得，仍然予以收购。经评估，陈某龙等团伙非法捕捞的白条鱼等水产品价值 50 余万元。

【检察履职情况】

本案为公安部督办的“长江禁渔 2021 行动”案件。2021 年 9 月 28 日，江苏省常州市公安局金坛分局（以下简称金坛公安分局）邀请金坛区

人民检察院（以下简称金坛区检察院）介入侦查。金坛区检察院就行为人主观故意，非法捕捞时间、数量，销赃数额等问题，向金坛公安分局提出引导取证意见。金坛公安分局按照意见进一步夯实了全案证据。同年 10 月 25 日，金坛公安分局提请金坛区检察院对犯罪嫌疑人批准逮捕。金坛区检察院在审查批准逮捕的同时，立足食药环资专业化办案团队“四检融合”优势，同步开展刑事附带民事公益诉讼立案审查。

2021 年 11 月 25 日，金坛公安分局将本案移送金坛区检察院审查起诉。金坛区检察院积极对犯罪嫌疑人开展认罪认罚教育和释法说理，促使全部犯罪嫌疑人签订认罪认罚具结书，并主动缴纳渔业资源损害赔偿款合计 45 万余元。经审查，金坛区检察院对其中 1 名情节较轻的收赃人员龚某福作出不起诉决定，同时向公安机关发出检察意见，后公安机关对龚某福依法进行了治安处罚。

2021 年 12 月，金坛区检察院根据江苏省环境资源审判集中管辖的规定，以陈某龙等 11 人涉嫌非法捕捞水产品罪，张某康等 4 人涉嫌掩饰、隐瞒犯罪所得罪向江阴市人民法院（以下简称江阴市法院）提起公诉和刑事附带民事公益诉讼，要求 15 名被告人和已作相对不起诉处理的龚某福共同承担渔业资源损失费 156 万余元。鉴于 15 名被告人和被不起诉人龚某福的行为给公共利益造成了损害，金坛区检察院向法院提出，对该 16 人判处额外承担 5000 元至 10000 元不等惩罚性赔偿的请求。

2022 年 7 月 5 日，江阴市法院一审判决认定陈某龙等 11 人犯非法捕捞水产品罪，张某康等 4 人犯掩饰、隐瞒犯罪所得罪，分别判处有期徒刑一年十一个月至拘役三个月不等；对实施掩饰、隐瞒犯罪所得罪的 4 名被告人判处罚金共计 24000 元；责令退出违法所得共计 46 万余元；支持检察机关全部民事公益诉讼请求。宣判后，所有被告人均未提出上诉。

针对本案暴露出长荡湖渔业资源被破坏的问题，金坛区检察院牵头长荡湖管理办公室、农业农村局等单位召开辖区重点水域生态资源保护联席会议，结合近年来的办案情况，向与会单位通报了全区生态资源保护状况、渔业执法中存在的问题，建议与会单位在辖区重点水域加强“机防 + 人防”建设，确保监管“全覆盖、无死角”。2023 年 1 月，金坛区检察院依托本案办理中发现的涉渔犯罪频发、资源受损修复力度不够、职能单位联动不多等问题，推动政协委员在区“两会”上提出政协提案，加强全域生态环境和生物多样性保护。2023 年 4 月，金坛区检察院与长荡湖管理办公室达成协议，合作建成长荡湖生态修复基地 1 个，生物多样性监测点 2 个，推动出台长荡湖渔业资源管理相关规定，切实增强了区域内渔业资源司法保护。

【典型意义】

长荡湖地处太湖流域上游，属于长江流域重要水域所在湖泊，为保护长江主动脉的“小血管”。检察机关对非法“捕、运、销”等破坏长江流域生态环境违法犯罪实施全链条打击。在依法追究刑事责任的同时，可依据民法典的规定诉请法院判处掩饰、隐瞒犯罪所得者和非法捕捞者共同承担连带赔偿责任并承担惩罚性赔偿，加大违法成本，实现有效震慑。检察机关健全刑事司法和行政执法衔接机制，做实不起诉“后半篇文章”。对办案中发现的问题，深入调查研究，从个案办理到类案监督，推动生态资源保护转化为政协委员提案，促使形成多部门打防管控常态化保护格局，以更大力度共抓长江流域生态环境大保护、大治理。

江某某侵害英雄烈士名誉、荣誉案

（入选 2023 年 7 月 28 日依法惩治危害国防利益、侵犯军人军属合法权益犯罪典型案例）

【基本案情】

被告人江某某，女，无业。

2021 年 3 月 24 日至 25 日，江某某使用其新浪微博账户（粉丝数 24.8 万余），先后发布 2 条包含侮辱英雄烈士董存瑞内容的微博，歪曲、丑化、亵渎英雄烈士的事迹和精神。微博发布后迅速、广泛传播，阅读次数分别达 39506 次和 50744 次，引发广大人民群众强烈愤慨，造成恶劣社会影响，严重侵害了英雄烈士的名誉、荣誉和社会公共利益。

2021 年 6 月 30 日，检察机关以侵害英雄烈士名誉、荣誉罪对江某某提起公诉，同时提起刑事附带民事公益诉讼。同年 10 月 12 日，法院以江某某犯侵害英雄烈士名誉、荣誉罪，判处有期徒刑七个月，并要求于判决生效之日起十日内在国内主要门户网站及全国性媒体公开赔礼道歉、消除影响。后江某某在全国性媒体发表致歉信。

【检察履职情况】

（一）提前介入

江某某被立案侦查后，经公安机关商请，检察机关依法提前介入、引导侦查取证。检察机关两次就侦查方向、取证要求提出意见：一是向互联网服务供应商依法调取江某某微博账户信息、微博发布内容及点击、浏览、转发次数等涉及定罪关键信息的电子证据；二是对江某某发布微博使用的移动终端依法开展鉴定；三是进一步加强对江某某犯罪主观动机的讯问。

（二）审查起诉

审查起诉阶段，检察机关在全面审查事实证据基础上，积极开展自行补充侦查和认罪认罚教育工作。一是就董存瑞英雄烈士事迹开展自行补充侦查。与退役军人事务管理部门联系沟通后，检察机关赴河北省怀来县董存瑞烈士纪念馆依法调取关于董存瑞英烈事迹的证据材料，还原了董存瑞烈士光荣牺牲的伟大壮举。二是依法开展认罪认罚教育工作。检察机关经审查，发现江某某犯罪成因之一系其自小远赴国外留学生活，个人价值观未能正确建立。检察机关以此为切入点对江某某开展释法说理，指出其犯罪行为损害了英烈名誉、荣誉及其亲属的情感，更损害了社会公众的民族和历史情感。同时，向其解释认罪认罚从宽制度及其法律后果，耐心细致开展教育引导，并结合党史、国史和军史进行思想教育。江某某真诚认罪悔罪，并手写悔过书，在辩护律师见证下自愿签署认罪认罚具结书。检察机关的指控意见和量刑建议获得法院判决采纳。

（三）附带民事公益诉讼

办案过程中，检察机关发现民事公益诉讼线索并立案。按照法律规定，只有在英烈没有近亲属或近亲属均不提起民事诉讼时，检察机关才可以提起公益诉讼。经过大量走访调查，检察机关寻找到董存瑞唯一在世近亲属并征询其意见。董存瑞亲属向检察机关出具声明，明确表示不自行提起诉讼，同时坚决支持检察机关提起刑事附带民事公益诉讼。检察机关作为英烈保护提起公益诉讼的适格主体，在正义网进行了民事公益诉讼公告程序，并适时依法提起附带民事公益诉讼。法院判决要求江某某在国内主要门户网站及全国性媒体公开赔礼道歉、消除影响。后江某某在全国性媒体发表致歉信。

【典型意义】

一是依法惩治侵害英雄烈士名誉、荣誉违法犯罪行为，坚决维护英烈荣光。英雄烈士是中华民族的脊梁，英雄烈士的事迹是中华民族的共同历史记忆，是社会主义核心价值观的重要体现，是社会公共利益的重要组成部分。英雄烈士的名誉、荣誉不容任何亵渎和诋毁。《刑法修正案（十一）》增设侵害英雄烈士名誉、荣誉罪，对侮辱、诽谤或者以其他方式侵害英雄烈士名誉、荣誉，情节严重的行为作出专门规定。本案中，江某某在微博上发表侮辱英烈董存瑞的言论，歪曲英烈事迹，严重伤害民族情感，经网络发酵社会传播范围广泛，影响极其恶劣。江某某的行为已经构成侵害英雄烈士名誉、荣誉罪，应当依法予以严惩。

二是准确把握侵害英雄烈士名誉、荣誉罪“情节严重”的认定标准，确保案件公正处理。侵害英雄烈士名誉、荣誉“情节严重”的认定应当结合行为方式、相关信息数量、传播方式、传播范围、传播持续时间，相关信息实际被点击、浏览、转发次数，引发的社会影响、危害后果等综合判断。利用信息网络侵害英雄烈士名誉、荣誉的，可以参照适用“两高”《关于办理利用信息网络实施诽谤等刑事案件适用法律若干问题的解释》。本案中江某某两条微博阅读量高达9万次之多，远远超过信息实际被点击、浏览次数5000次的立案标准，应当被认定为“情节严重”。

三是刑事检察与公益诉讼检察融合履职，更加有力维护军人军属合法权益。英烈精神得到尊崇、军属权益得到保障是事关国防利益的重要内容。针对严重侵犯英烈名誉、荣誉的违法犯罪行为，检察机关在履职过程中应当将融合履职观念贯穿始终，以“刑事检察+公益诉讼检察”一体化保护模式有力维护军人军属合法权益，增强全社会国防意识和法治意识。

江苏省常熟市神某针织有限公司、被告人周某兴等2人稀释污水干扰自动监测设施污染环境刑事附带民事公益诉讼案

（入选2023年10月19日依法严惩重点排污单位自动监测数据弄虚作假犯罪典型案例）

【关键词】

污染环境罪　稀释污水　干扰自动监测设施　源头治理

【基本案情】

被告单位常熟神某针织有限公司（以下简称神某公司），系苏州市重点排污单位，成立于2001年9月27日。

被告人周某兴，系神某公司厂长。

被告人顾某玉，系神某公司法定代表人。

被告单位神某公司系苏州市生态环境局确定的2019年、2020年、2021年重点排污单位，主要从事经编毛巾生产加工，使用河水作为生产用水，生产废水经自建污水处理设施处理后排放至附近水域。被告人周某兴作为该公司厂长，考虑到公司污水处理设施已运行数十年，无法保证水质稳定达标排放，自2019年6月起，安排工人将河水引入厂区排污管道，对处理后的污水进行稀释以干扰自动监测设施，向外环境排放化学需氧量等污染物。2020年5月中旬，为解决因订单量激增导致污水处理设备超负荷运行而造成的气浮池满溢问题，周某兴安排工人在气浮池的出水处私接埋入地下的管道，将部分未处理的超标污水直接通过水泵抽排至厂外窨井内，最终流入附近水域。被告人顾某玉作为该公司法定代表人，明知周某兴组织实施上述行为仍予以默许。

【行政调查和刑事诉讼情况】

根据群众举报，江苏省苏州市常熟生态环境局于2021年5月31日对神某公司进行突击执法检查，发现该公司有私设暗管、超标排放有毒物质的行为，涉嫌污染环境犯罪，遂立即会同常熟市公安局、常熟市人民检察院召开行刑衔接联席会，通报执法检查情况、会商案情。根据共同研判确定的侦查方向，综合神某公司长期持有河水使用许可证的情况，6月7日，生态环境部门和公安机关对神某公司开展联合执法，通过逐一排查污水管道，又发现该公司存在引入河水稀释待排放污水干扰自动监测设施的行为。

6月17日，苏州市常熟生态环境局将案件移送常熟市公安局。常熟市公安局于次日立案侦查，查明神某公司人为干扰自动监测设施非法超标排放污染物，并进一步追查污水去向，明确被污染河道附近的土地性质，深入调查固定证据，为开展生态环境损害评估，提起公益诉讼提供有效支撑。6月22日，被告人周某兴、顾某玉主动投案，如实供述了犯罪事实。

2021年7月19日，公安机关将案件移送常熟市人民检察院审查起诉。检察机关审查后认为，神某公司已构成污染环境罪且系单位犯罪，委托鉴定机构进行生态环境损害鉴定，督促被告单位预缴了100万元生态环境损害赔偿金。2021年11月18日，常熟市人民检察院以被告单位神某公司和被告人顾某玉、周某兴涉嫌污染环境罪，依法向江阴市人民法院提起公诉，并提起附带民事公益诉讼。检察机关对被告人周某兴提出“在一审宣判前全额缴纳生态环境损害费用，可以在自首等从轻情节的基础上进一步进行量刑减让”的附条件量刑建议，同时建议不适用缓刑。被告单位在法庭审理期间全额履行了生态环境损害赔偿费用、鉴定费等事务性费用共计153.69万元。2022年7月8日，江阴市人民法院采纳检察机关全部指控意见和量刑建议，判决被告单位及2名被告人构成污染环境罪，判处被告单位罚金八十万元、赔偿生态环境损害费用133.89万元、鉴定费等事务性费用19.8万元；判处被告人周某兴有期徒刑一年，并处罚金三万元；判处被告人顾某玉有期徒刑十个月，缓刑一年，并处罚金二万元，禁止被告人顾某玉在缓刑考验期内从事污水处理及排污有关的经营活动。被告单位、被告人均未上诉。判决生效后，常熟市人民检察院向市政府报送专题报告，推动开展专项检查32次。

【典型意义】

1. 多措并举，加强对违法线索的研判。该案线索来源于信访举报。来自企业周边或企业内部的信访举报往往是“送上门”的违法线索，可以提供执法、司法部门未能掌握的违法排污信息。生态环境部门通过安排专人网上巡查，对各类生态环境信息系统开展大数据分析，加强关联性、逻辑性、合理性的综合研判，同时结合无人机、用电监控、视频监控等技术手段，不断拓宽了违法线索的发现渠道。

2. 充分运用认罪认罚从宽制度，促使行为人履行生态修复义务。该案中行为人实施的干扰自动监测设施、私设暗管排污、超标排污等多个污染环境行为均构成犯罪，属于同一犯罪构成下实施的不同行为。在办案时应当将数个行为一并进行考量，并可根据案件情况作出严格限制缓刑适用等量刑建议。对于认罪认罚案件，在审查起诉阶段，应查明被告人是否具有履行环境修复义务的意愿和能力，充分考虑提起公诉后可能出现的退赃退赔、修复损害等量刑情节变化，可以视情况提出附条件量刑建议，积极落实恢复性司法的要求。

3. 依法履职，从个案办理拓展类案源头治理。检察机关在办理该案时，充分运用“类案剖析＋专题报告＋跟进监督”机制，延伸剖析行业领域存在的普遍性问题，推动政府开展专项整治行动，有效实现治罪治理并重。检察机关通过跟进监督，在案件调查、司法鉴定、证据保全、行政强制等维度进一步强化部门协作，共同提升专项整治质效，更好推动特定行业领域的源头治理。

李某某、胡某倒卖文物案

——依法严惩通过变造文物骗取拍卖许可后以拍卖“合法”手段倒卖文物的违法犯罪行为

［入选2023年10月30日依法惩治涉文物犯罪典型案例（第一批）］

【要　旨】

对通过变造文物的方式骗取文物拍卖许可，企图用正规拍卖手段实现倒卖文物非法目的的，应依法追究行为人的刑事责任。对损害社会公共利益的，检察机关应当提起刑事附带民事公益诉讼，要求被告人履行修复被损害文物的民事责任，切实保护文物资源。

【基本案情】

青铜器是我国重要的文物类别之一，部分青铜器上镌刻有内容丰富的铭文，多可与古文献相互印证，具有重要的历史、艺术和科学价值。如西周郑羌伯作青铜鬲，口沿铸“郑羌伯作季姜尊鬲其永宝用”，根据铭文可知此鬲由郑羌伯为迎娶季姜而制作，史料价值丰富。

被告人李某某，男，1978年9月出生，北京某国际拍卖有限公司法定代表人。

被告人胡某，男，1968年4月出生，文物修复自由职业者。

2021年，被告人李某某为将自己持有的来路不明的青铜器拍卖变现，以北京某国际拍卖有限公司为掩护，按照有关青铜器著录中所记载的相同器形青铜器上的铭文、族徽，指使被告人胡某将上述铭文、族徽錾刻到涉案青铜器上，将来路不明的青铜器伪造成符合法律规定有传承的青铜器，后以伪造的海外购买记录发票到北京市文物行政部门骗取拍卖许可，意图以拍卖的方式倒卖文物。经鉴定，涉案文物属于西周文物，为三级文物。

2022 年 3 月 23 日，北京市公安局朝阳分局以李某某、胡某涉嫌倒卖文物罪移送检察机关审查起诉。4 月 22 日，北京市朝阳区人民检察院以李某某、胡某涉嫌倒卖文物罪提起公诉，后于 7 月 19 日提起刑事附带民事公益诉讼，建议判处两名被告共同承担文物修复费用、鉴定费用等民事责任。10 月 27 日，北京市朝阳区人民法院以李某某犯倒卖文物罪判处有期徒刑二年，并处罚金人民币二万元，以胡某犯倒卖文物罪判处有期徒刑一年，并处罚金人民币一万元，并支持了公益诉讼起诉人全部诉讼请求。李某某提出上诉。2023 年 2 月 23 日，北京市第三中级人民法院裁定驳回上诉，维持原判。判决已生效。

【履职情况】

1. 揭开文物拍卖资质及拍卖许可的“合法”面纱，认定拍卖文物属于国家禁止经营的文物。本案为首例公安部督办以拍卖方式倒卖青铜器的倒卖文物刑事案件。检察机关经与文物行政部门专家座谈，了解到新中国成立前的出土文物，文物行政部门一般依据公开出版著录及国有文物商店出具的发票等购买记录，认定文物属于有传承的文物，进而准许拍卖。本案在委托拍卖合同中，拍品清单显示伯鱼作青铜鼎、郑羌伯作青铜鬲均为“有 1949 年前著录”。伯鱼作青铜鼎、郑羌伯作青铜鬲分别刻有《三代吉金文存》《小校经阁金文》上记录的铭文。经鉴定，涉案青铜器上的铭文均是新錾刻，并非著录中记载的青铜器。从表面上看，本案中拍卖公司已取得从事文物拍卖的行政许可，李某某已向文物行政部门提供海外拍卖票据，文物行政部门已对涉案文物准许拍卖。但实际上涉案文物的来源不符合《中华人民共和国文物保护法》相关规定，属于国家禁止经营的文物。

2. 以錾刻铭文的方式变造文物、破坏文物本体应当认定为着手实施犯罪的时间节点，从而准确认定犯罪形态。检察机关引导侦查机关重点围绕电子数据开展调查取证。经查，李某某曾向胡某提供《三代吉金文存》和《小校经阁金文》两本著录上的青铜器铭文、族徽式样，说明錾刻的大小及位置，并支付手工费，后由胡某将上述铭文、族徽錾刻在两件备拍的青铜器上，再邮寄给李某某，从而将来路不明的文物伪造成传世文物，进而骗取文物主管单位的拍卖许可，意图通过拍卖等合法手段达到非法倒卖文物目的。虽然涉案文物在预展前已经撤拍，没有具体的出售、购买行为，但是两名被告人破坏文物本体的錾刻行为已经对我国文物管理制度产生了现实、紧迫的危险，应当认定其已着手实施犯罪，因意志以外原因未能得逞，系犯罪未遂。

3. 强化执法与约谈措施，切实保护文物安全。北京市文物行政部门接到公安机关反馈的涉案拍卖公司 2021 年秋季拍卖会有关违法线索后，立即协调文化执法部门一同到现场核实，及时为办案人员提供文物鉴定专业意见，并多次组织专家进行涉案文物鉴定，全力配合案件侦办工作。同时，文化市场综合执法队伍及时启动约谈机制，对涉事公司提出严肃警告，并敦促其开展整改，后续对该公司给予相应行政处罚。

4. 破坏文物本体损害社会公共利益，检察机关依法提起刑事附带民事公益诉讼。本案为北京市检察机关提起的首例可移动文物保护民事公益诉讼案。錾刻铭文的行为不仅对文物本体造成实际损害，同时也破坏了文物的历史价值、科研价值和艺术价值，损害了社会公共利益。检察机关刑事检察部门及时向本院公益诉讼检察部门移送线索。为进一步明确公益诉讼民事责任的承担方式，检察机关委托具有文物鉴定资质的鉴定机构和价格评估机构，分别就文物现状、损坏情况、修复方法、修复所需费用等进行评估鉴定。

【典型意义】

1. 依法审查拍卖文件的合法性和有效性，认定文物性质是否属于国家禁止经营的文物。在审查以合法拍卖会的形式贩卖文物案件时，检察机关应当与文物行政部门及时沟通，准确认定涉案文物准拍文件的合法性和有效性，重点围绕国家禁止经营文物的审查要点，结合犯罪手段判断涉案文物是否真正符合准许经营条件，并根据文物保护的法律规定，明确涉案文物的买卖来源是否合法。

2. 建立“刑事检察＋公益诉讼检察”一案双查办案模式，充分履职全方位保护历史文物。检察机关应当充分运用“检察一体化”工作机制，综合运用刑事追诉、民事公益诉讼、行政公益诉讼等手段追究违法被告人的刑事责任、文物修复的民事责任及拍卖企业、人员的行政责任，实现文物资源的全方位保护。同时，进一步加大警示力度，促进提升全社会文物保护意识，预防潜在的违法犯罪行为。

3. 准确把握立法原意，切实维护国家文物管理制度。国家文物管理制度适用于文物的考古发掘、收藏流转及出入境管理等各个方面，上述任何环节的犯罪行为均会对文物管理造成损害。检察机关在司法办案中，不能仅仅以被告人的犯罪目的是否实现作为犯罪形态的判断标准，应以犯罪手段是否对文物本体和文物管理制度已经产生现实的、紧迫的、具体的侵害，进而判断被告人着手实施犯罪的时间节点，从而认定案件的犯罪形态。

安徽省芜湖市两级检察机关共同邀请人民监督员监督公益诉讼办案活动

（入选2023年11月17日
第二批人民监督员工作典型案例）

【关键词】

公益诉讼　长江船舶整治　通航安全　持续跟进监督

【要　旨】

芜湖市两级检察机关深入贯彻全过程人民民主，将人民监督员工作与服务大局有机结合，主动邀请人民监督员监督行政公益诉讼办案全过程，积极为人民监督员创造实质化履职条件，主动邀请人民监督员亲历案涉现场，深入了解案情，依法采纳人民监督员的监督意见，在公益保护目的已经实现的基础上作出撤回起诉决定并得到法院支持，真正实现双赢多赢共赢。

【基本案情】

2020年5月，安徽省芜湖市湾沚区人民检察院（以下简称湾沚区院）发现多条“三无”船舶为躲避长江水域执法查处，擅自驶入长江下游重要支流青弋江的湾沚区段停泊，从事维修、改装和拆解等作业活动。

2020年5月21日，芜湖市湾沚区院经立案调查，认为芜湖市交通运输综合执法支队存在怠于履行内河海事监管职责、损害社会公共利益的情形。2020年5月27日，该院向芜湖市交通运输局发出检察建议，督促其依法履行内河海事监管职责，严厉打击上述违法活动，维护内河水上交通安全，保护生态环境。

整改期满后合理期限内，芜湖市交通运输局未能整改到位。2020年

11月25日，湾沚区院依法对其提起行政公益诉讼，诉请：确认该局未在青弋江水域履行内河海事监管职责违法；责令该局依法履行内河海事监管职责。2021年6月10日，芜湖市湾沚区人民法院一审判决，支持湾沚区院全部诉请。该局不服一审判决，提出上诉。上诉期间，该局以其已经履职到位，公益保护目的已经实现为由，申请检察机关撤回起诉，并主动撤回上诉。

【监督过程】

为公开公正认定市交通运输局履职情况，芜湖市人民检察院指令湾沚区院公开审查芜湖市交通运输局撤回起诉的申请，同时邀请人民监督员监督。湾沚区院依法组织了公开听证，邀请人民监督员共同乘船亲历青弋江水域进行查看，并前往芜湖市交通运输综合执法大队查阅执法资料，深入了解水域船舶治理现状。

通过全面了解内河海事执法情况，并听取水务、环保等部门意见，人民监督员对芜湖市两级检察机关通过公益诉讼推动内河海事执法，助力长江大保护给予充分肯定。人民监督员认为，经检察公益诉讼的推动，芜湖市交通运输局强化了职责履行，特别是在二审审理期间，查处多起内河海事违法行为，形成有力震慑，青弋江水域“三无”船舶违法乱象得到根本性扭转，检察机关如撤回起诉，将是对被诉行政机关积极整改的回应和鼓励，更符合以“我管”促“都管”的检察监督内在要求。芜湖市两级检察机关认真研究，采纳了人民监督员的监督意见，报经安徽省人民检察院批准，决定撤回诉请。2022年5月23日，芜湖市中级人民法院裁定准予上诉人撤回上诉、公益诉讼起诉人撤回起诉，一审判决视为撤销。

【监督结果】

湾沚区院及时向人民监督员通报了案件后续的处理情况，人民监督员建议，检察机关仍要跟进监督，持续巩固“三无”船舶治理成效。目前，芜湖市检察机关正在推动建立内河海事执法与检察公益诉讼联动协作机制，进一步强化“府检联动”，携手助力长江大保护。

【典型意义】

1. 高度重视人民监督员工作，主动接受人民监督员监督。本案中，芜湖市两级检察机关深入贯彻全过程人民民主，将主动接受人民监督员监督贯穿检察办案全过程，紧紧围绕中央、省委、最高检的重大决策部署和检察重点工作，将人民监督员工作与服务大局有机结合，进一步推动检察机关依法履职，不断凸显检察办案“三个效果”。

2. 认真听取人民监督员的监督意见，发挥人民监督员实质监督作用。本案中，芜湖市两级检察机关认真对待、综合研判、依法采纳人民监督员的监督意见，作出撤回起诉决定并得到法院支持，并及时向人民监督员反馈相关情况，真正实现双赢多赢共赢，充分彰显了人民监督员制度在提升公益诉讼办案质效、实现检察公益诉讼“守护群众美好生活”价值追求中的实质监督作用。

3. 积极为人民监督员创造监督条件，促进检察公益诉讼依法履职。芜湖市两级检察机关密切配合，拓展思路，通过通报工作进展、介绍办案情况、组织公开听证等，为人民监督员创造更多履职条件，激发了人民监督员制度生命力，进一步提升执法规范化水平、增强检察工作的透明度和公信力。

王某某等人诈骗、侵犯公民个人信息案
——利用物流公司“内鬼”出售的公民个人信息“盲发快递”，实施电信网络诈骗
（入选 2023 年 11 月 30 日检察机关依法惩治电信网络诈骗及其关联犯罪典型案例）

【基本案情】

2020 年至 2021 年间，A 物流公司销售人员孙某某介绍该公司快递员张某向王某某出售公民个人信息，张某先后两次从同公司快递员李某处购买含有姓名、手机号码、快递地址等内容的公民寄递信息共计 10 万余条，并出售给王某某。张某非法销售公民寄递信息获利 8900 元，李某获利 5600 元。

2021 年五六月间，王某某与孙某某共谋，利用非法购买的大量公民寄递信息，通过 A 物流公司以货到付款形式，向全国 17 万余人寄递价值 2 元的足浴包，虚构存在商品购销关系，要求收件人支付每单 69 元的到付货款，通过上述方式实际骗取高某某等人 30 余万元。

【检察履职】

2021 年 7 月 21 日，北京市公安局海淀分局以被告人王某某涉嫌侵犯公民个人信息罪移送北京市海淀区检察院审查逮捕。检察机关引导公安机关追查为王某某提供快递信息的同案犯孙某某等人，并围绕王某某、孙某某寄送快递诈骗案展开深入调查。2021 年 9 月 27 日、12 月 1 日，北京市公安局海淀分局先后以被告人王某某、孙某某、张某、李某涉嫌侵犯公民个人信息罪、诈骗罪移送海淀区检察院审查起诉。2021 年 12 月 30 日，海淀区检察院以王某某、孙某某犯侵犯公民个人信息罪、诈骗罪，张某、李某犯侵犯公民个人信息罪向海淀区法院提起公诉，同时提起附带民事公

益诉讼。

2022年11月30日，海淀区法院作出一审判决，以侵犯公民个人信息罪、诈骗罪分别判处王某某、孙某某有期徒刑七年、五年，并处罚金九万元、六万元；以侵犯公民个人信息罪判处张某、李某有期徒刑三年，并处罚金三万元；责令王某某退赔三十万元发还各被害人；判处附带民事公益诉讼被告王某某、孙某某、张某、李某赔偿公民个人信息损失一万四千五百元，在国家级新闻媒体就侵犯公民个人信息行为向社会公众公开赔礼道歉，删除非法获取的个人信息并注销涉案微信账号。王某某、张某、李某对刑事部分判决提出上诉。2023年3月23日，北京市第一中级法院驳回上诉，维持刑事部分原判。

检察机关结合案件，向孙某某等人所在的A物流公司制发检察建议，督促物流企业完善公民个人信息保护措施，消除信息泄露安全隐患。A物流公司根据检察建议，对个人信息等敏感数据查询予以实时监测与管控，规范员工账号权限，通过提升技术识别能力和处置效率、引入客户黑名单制度等加强对“盲发快递”的风险防控，切实履行物流公司保护公民个人信息的社会责任。

【典型意义】

1. 依法严惩新型电信网络诈骗犯罪。近年来，电信网络诈骗手段快速翻新，迷惑性不断增加，防骗难度不断加大。对于各类新型电信网络诈骗犯罪，要加大办案力度，揭露诈骗本质，依法予以严惩，切实维护人民群众合法权益。

2. 依法严惩寄递行业“内鬼”。寄递公司内部人员利用职务便利，非法出售在工作中获取的公民个人信息，在多种电信网络诈骗犯罪中起到关键作用，应予依法严惩。同时构成诈骗罪和侵犯公民个人信息罪的，应当数罪并罚。

3. 公益诉讼与检察建议相结合，拓宽综合治理路径。检察机关对涉及不特定多数人个人信息泄露案件提起附带民事公益诉讼，并制发检察建议，督促相关企业完善公民个人信息保护措施，以依法履职提升检察综合治理效能。

【检察官提醒】

近年来，“盲发快递”类诈骗犯罪时有发生。犯罪分子非法获取大量有货到付款习惯的电商用户个人信息，再将显著低价商品标以高价，向不特定人员寄递，在用户没有实际购买商品的情况下骗取到付货款。广大消费者要对来路不明的快递保持警惕，尤其对于“货到付款”快递，务必认真查验核实。

江苏省南通市人民检察院督促规范固话批量申请业务防范电信网络诈骗行政公益诉讼案

——利用“空壳公司”营业执照批量申请固话帮助实施电信网络诈骗

（入选 2023 年 11 月 30 日检察机关依法惩治电信网络诈骗及其关联犯罪典型案例）

【基本案情】

2022 年以来，江苏省南通市检察机关共受理利用公司营业执照批量申请固话进行电信网络诈骗刑事案件 5 件 9 人，部分案件被告人利用“空壳公司”实施违法犯罪活动，造成受骗群众财产损失 560 余万元。其中涂某等 3 人帮助信息网络犯罪活动案，通过经营的“崇川区某包子店”执照办理电信固定电话线路 16 条、利用“贵州某有限公司”营业执照办理联通固定电话线路 60 条；高某帮助信息网络犯罪活动案，利用“南通某信息科技有限公司”营业执照办理联通固定电话线路 40 条；唐某等 3 人帮助信息网络犯罪活动案，利用“海口秀英区某科技工作室”营业执照办理联通固定电话线路 60 条。诈骗分子通过 VoIP 设备远程操控上述线路，拨打诈骗电话，更容易取得被害人的信任。涉案“空壳公司”在实际控制人被判处刑罚后仍然存续经营。

【检察履职】

2023 年 6 月，江苏省南通市崇川区检察院刑事检察部门在办理唐某等 3 人帮助信息网络犯罪活动案中发现案件线索，移送至公益诉讼检察部门，该院依据级别管辖规定向南通市人民检察院（以下简称南通市检察院）移送线索。南通市检察院审查发现，全市其他县区还存在同类案件，遂于 2023 年 7 月 31 日决定立案，由市、县两级检察院成立一体化办案组开展初步调查。

办案组先后赴相关运营商调取涉案公司申领固定电话的基础资料，证实营业厅工作人员未按照反诈机制规定对批量安装固话严格审批和现场核查，对异常开办申请仍予以办理，对安装地址与申请地址不一致、明显不合理的安装现场未严格核查；对已装固话异常呼出情形未及时采取措施。在此基础上，办案组通过查阅涉案营业执照的申请材料，查明部分公司属于“空壳公司”，刑事判决后仍处于正常经营状态，存在被电信诈骗团伙继续利用的风险。

2023 年 9 月 1 日，南通市检察院召集市场监管局、工信局、通信行业管理办公室等部门以及相关运营商进行磋商，对各行政机关监管责任和企业的主体责任等进行确认，并听取人大代表、政协委员、人民监督员、“益心为公”志愿者意见。相关部门均认可查明的案件事实，就整改方向达成共识。9 月 13 日，南通市检察院依法向市场监管局制发行政公益诉讼检察建议，建议依据《公司法》《市场主体登记管理条例》等规定，对“空壳公司”及借用营业执照的行为予以查处，落实公示企业信息、经营异常名录、严重违法企业名单等制度，建立常态化行刑数据移送机制，堵塞监管漏洞。9 月 14 日，南通市检察院依法向江苏省通信管理局制发行政公益诉讼检察建议，并根据《人民检察院检察建议工作规定》，由江苏省检察院转送江苏省通信管理局，建议其对涉案电信经营者相关行为进行处理，完善批量申请固话的审批程序、现场核查及异常监控。

收到检察建议书后，南通市市场监管局迅速将相关营业执照移交所在地进行撤销登记，组织全市开展“空壳公司”排查。江苏省通信管理局约谈了相关运营商负责人，责令对相关人员进行问责，同时督促各运营商对相关工作机制查漏补缺，强化固话开户审核业务，堵塞行业漏洞。

【典型意义】

1. 强化刑事检察和公益诉讼检察衔接协作，从前端强化对电信行业的监督治理。境外诈骗分子指挥境内不法人员注册“空壳公司”申办批量固定电话，实施电信网络诈骗，更具迷惑性。电信业务经营者应当落实《反电信网络诈骗法》，强化固话开户审核。检察机关在依法刑事打击的同时，对未落实上述反诈义务的经营者，可以发挥公益诉讼检察职能，监督其依法整改。

2. 推动多部门协同履职，构筑防诈反诈协作长效机制。防范电信网络诈骗需要强化执法司法协同联动。检察机关督促市场监管部门及时查处涉案“空壳公司”，并以个案办理为契机，推动建立常态化行刑数据移送机制，在追究犯罪分子刑事责任的同时，消除涉案“空壳公司”再次被用于电信网络诈骗的风险。

【检察官提醒】

利用“空壳公司”批量申领固定电话并出租出售的行为，社会危害性大，情节严重的，构成诈骗罪或帮助信息网络犯罪活动罪。行政机关办理营业执照申请业务、通信行业从业人员办理批量固话申请业务时，要严格把关，认真落实《反电信网络诈骗法》，避免犯罪分子利用监管漏洞实施诈骗。广大民众接到陌生电话时需审慎交流，“不轻信、不透露、不转账”，守护好个人信息和“钱袋子”。

贵州省贵阳市南明区人民检察院督促规范涉诈企业营业执照监管行政公益诉讼案

——出售“空壳公司”营业执照、对公账户帮助电信网络诈骗犯罪“洗钱”

（入选 2023 年 11 月 30 日检察机关依法惩治电信网络诈骗及其关联犯罪典型案例）

【基本案情】

2019 年 6 月至 7 月间，周某某注册成立贵州优某电子商务有限公司、贵州然某电子商务有限公司、贵州阅某电子商务有限公司，在办理对公账户后，将三家公司营业执照、对公账户以 4000 元的价格贩卖给他人，后该对公账户被用于实施电信网络诈骗，受害人将被骗资金转入对公账户中。2022 年 7 月 25 日，周某某因买卖国家机关证件罪被判刑后，其注册成立的三家公司仍未撤销登记，存在着继续被用于犯罪活动的风险。

【检察履职】

贵州省贵阳市南明区人民检察院（以下简称南明区检察院）刑事检察部门在审查周某某刑事犯罪案中发现该案线索后，移送公益诉讼部门立案审查。公益诉讼部门调查查明：周某某为获取非法利益，注册并非法转让上述三家公司营业执照及对公账户。周某某被判处刑罚后，上述三家公司仍处于存续状态。依照《反电信网络诈骗法》第六条、第十七条第二款之规定，南明区市场监管局作为市场登记主管部门，应当依法履行反电信网络诈骗职责，及时对涉诈企业营业执照撤销登记，并依照规定与金融、电信等部门共享信息。但该局并未依法履行上述职责，导致涉诈风险持续存在。

2023 年 8 月 10 日，南明区检察院根据《反电信网络诈骗法》《市场主体登记管理条例》等相关规定，向南明区市场监管局制发行政公益诉讼检察建议，建议该局对周某某非法转让营业执照的行为予以查处，依法启动撤销登记程序，将涉诈企业列入严重违法高风险提示，将相关信息移送金融机构、电信部门。

2023 年 10 月 10 日，南明区市场监管局书面回复称，已对周某某擅自转让营业执照的违规行为予以立案调查，并根据检察建议加强反诈宣传和风险防控。南明区检察院还与区法院、公安局、市场监管局、金融业代表召开联席会，围绕非法转让营业执照用于电信网络诈骗这一问题进行会商，要求加强各部门执法信息的衔接和移送，避免产生监管盲区，形成打击治理合力。

2023 年 10 月 31 日，南明区检察院对案件效果进行跟踪监督，三家涉案公司已被列入严重违法高风险提示，另有九家公司被撤销登记。

【典型意义】

1. 融合履职，与市场监管部门联动治理“空壳公司”。随着电信网络诈骗犯罪打击治理力度不断加大，社会公众对向私人账户转账的警惕性越来越高，但是向对公账户转账警惕性较低。检察机关强化刑事检察与公益诉讼检察一体履职，在严厉打击犯罪的同时，针对涉案营业执照和对公账户存在监管盲区的问题，通过制发检察建议等方式，督促市场主体登记机关落实监管责任，依法撤销登记，降低再次被利用的风险。

2. 协同发力，共同构建电信网络诈骗源头治理防范共同体。检察机关与法院、公安、行政主管部门、金融机构协同联动，一方面，畅通信息共享渠道，常态化开展涉诈企业营业执照、对公账户监管；另一方面，加强法治宣传，将反诈宣传充分融入各部门日常履职工作，开展新设市场主体涉电信网络诈骗违法犯罪警示教育。

【检察官提醒】

当前，一些犯罪分子盯上对公账户黑色交易，专门注册“空壳公司”并非法转让对公账户，为电信网络诈骗提供帮助。对此，行政机关需落实监管责任，依法及时对涉案企业撤销登记。广大经营者需增强法律意识，切勿贪图小利出租、出借、出售对公账户，触碰法律红线。广大民众和企业财务人员需增强识诈防诈意识，对公账户大额转账更需审慎核对，不给犯罪分子可乘之机。

周某某贪污、受贿、非法经营同类营业案

（入选 2023 年 12 月 8 日
粮食购销领域职务犯罪典型案例）

【关键词】

非法经营同类营业罪　监检衔接　行政公益诉讼　检察一体化履职

【要　旨】

国有粮库主任、粮管所所长等企业负责人，实质上行使董事、经理职权，属于刑法第一百六十五条规定的“国有公司、企业的董事、经理”。行为人利用职务便利，安排自己经营的企业借用其任职单位的资质从事粮食收储等经营活动，属于非法经营同类营业行为。检察机关办理粮食购销领域职务犯罪案件，应加强与监察机关协作配合，注重检察一体化履职，通过公益诉讼等方式助力粮食领域综合治理，守护国家粮食安全。

【基本案情】

被告人周某某，男，1963 年 4 月出生。2010 年 7 月至 2021 年 8 月任江苏省响水县某粮库法定代表人、主任（2014 年 9 月兼任某粮油管理所所长）；2021 年 8 月至 10 月，响水县某粮库、某粮油管理所先后改制为响水县某粮食公司、某粮食公司分公司，周某某任法定代表人、执行董事。

1. 贪污罪。2020 年 1 月至 2021 年 9 月，周某某利用担任响水县某粮库主任、响水县某粮食公司执行董事的职务便利，通过私自销售“升溢粮”、虚构虚增工程设备款、“力资费”等方式，侵吞单位公款合计人民币 108.4 万余元（币种下同）。

2. 受贿罪。2014 年春节前至 2021 年中秋节前，周某某利用担任响水县某粮库主任、响水县某粮食公司执行董事的职务便利，为粮食经销商陈

某甲、陈某乙、陈某丙等人在租赁粮食烘干房、粮食收储、申报国家稻谷风险补贴等方面谋取利益，索取、非法收受陈某甲、陈某乙、陈某丙等人贿送的财物合计71.2万元。

3. 非法经营同类营业罪。2016年9月，周某某与马某某、张某某等人计议通过从事“托市粮”收储业务获利，在响水县双港镇某社区建设私人粮库（以下简称双港粮库），其中周某某出资220万元，占股20%。2016年11月至2021年11月，周某某利用担任响水县某粮库主任、某粮油管理所所长的职务便利，安排不具备“托市粮”收购资格的双港粮库，借用某粮油管理所的资质申报“托市粮”收储业务。双港粮库先后收储“托市粮”4.5万余吨，获取国家支付的保管费共计826万余元，周某某从中获取非法利益148.6万余元。

2022年4月12日，响水县监察委员会将周某某贪污、受贿、非法经营同类营业案移送审查起诉。同年8月10日，响水县人民检察院对周某某以贪污罪、受贿罪、非法经营同类营业罪向响水县人民法院提起公诉。同年12月8日，响水县人民法院以周某某犯贪污罪、受贿罪、非法经营同类营业罪数罪并罚，决定合并执行有期徒刑五年九个月，并处罚金43万元。该案判决已生效。

【检察机关履职情况】

1. 加强协作，构建完善证据体系。本案案情较为复杂，周某某长期担任粮食企业负责人，犯罪手段较为隐蔽，检察机关与监察机关加强沟通配合，共同研究完善证据体系，从三个方面梳理审查证据。在主体身份方面，周某某任职文件、任职企业工商登记资料及其本人的供述等证据，证实周某某担任粮库主任、法定代表人期间，主持响水县某粮库、某粮油管理所的全面工作，对内掌管企业经营、对外代表企业决策。在双港粮库经营管理方面，合伙协议、经营合同等书证和马某某、孙某某等证人证言，证实双港粮库系由周某某等人发起并由其主导经营，业务范围包括粮食收购、加工、仓储等，周某某占股20%。在“托市粮”收储资质方面，历年最低收购价委托收储库点申报文件及相关规定等证据，证实双港粮库不符合“托市粮”收购点申报条件，亦不符合成为出租仓储企业的条件。

2. 充分论证，依法认定非法经营同类营业行为。本案中，周某某贪污、受贿犯罪事实清楚，证据确实、充分，争议焦点在于其行为是否构成非法经营同类营业罪。检察机关充分听取周某某及其辩护人的意见，全面审查后认为，一是周某某具有国有企业经理的身份。响水县某粮库、某粮油管理所改制前系全民所有制企业，改制后为国有独资公司，均为国有企业。周某某是响水县粮食局聘任的粮库主任并兼任粮油管理所所长，对粮库及粮油管理所工作具有经营决策、财务审批、合同签订、管理监督等职权，与《中华人民共和国公司法》第四十九条规定的“经理”的职权范围一致，可以认定为国有企业的经理。二是周某某实施了非法经营同类营业行为。本案中，周某某利用其担任响水县某粮库主任、某粮油管理所所长的职务便利，与他人合伙投资建设双港粮库，借用某粮油管理所资质，经营与其任职的国有粮库同样的“托市粮”收储业务，与国有粮库形成竞争关系，致使周某某个人利益与国有粮库利益存在冲突，损害国有粮库利益及正常管理秩序，属于经营“与其所任职公司、企业同类的营业”。此外，周某某等人通过双港粮库获取国家支付的保管费共计 826 万余元，扣除经营成本，其个人非法获利达 148 万余元。综上，周某某身为“国有公司、企业的董事、经理”，其利用职务便利实施非法经营同类营业行为，并从中获取非法利益，构成非法经营同类营业罪。

3. 监检协作，推进粮食领域腐败问题专项治理。针对案件中暴露出的国有粮食企业在内部监督制约、人员管理等方面存在的问题，监察机关拟向主管部门制发监察建议，并专门致函检察机关征求意见，检察机关从涉案国有粮食企业存在集体决策机制不完善、财务管理不规范等方面进行了反馈。后监察机关制发监察建议，提出履行主体责任、抓好排查整治、规范权力运行、延伸监管触角四个方面意见。对此，当地发展和改革委员会及相关单位专门制定整改落实方案，采取 22 项整改措施。检察机关配合监察机关督促监察建议落实，共同走访涉案国有粮食企业、查看整改落实台账资料、开展座谈交流，推动相关问题整改到位。

4. 一体化履职，聚焦粮食流通领域公共利益。检察机关职务犯罪检察部门发现部分粮食经销商存在经营不规范问题，可能侵害社会公共利益，根据相关规定向公益诉讼检察部门移送线索，后公益诉讼检察部门以行政公益诉讼案件立案。检察机关通过对全县范围内粮食经营企业进行实地走访、谈话了解、现场取证，发现 13 家粮食经营企业存在仓储设施不符合储存技术要求、未规范公示收购信息等问题，违反《江苏省粮食流通条例》等相关规定，影响粮食收储质量安全，侵害社会公共利益，遂依法向当地发展和改革委员会制发行政公益诉讼检察建议，建议对涉案粮食经营企业不规范行为依法进行检查处理、建立粮食企业经营信用档案、加强粮食储备环节精细化管理。当地发展和改革委员会收到检察建议后，召开专门会议研究整改措施，对全县50余家粮食经营企业进行粮食流通政策宣讲，开展粮食收购专项监督检查工作，8家企业被要求立行立改，5家企业被书面责令整改。收到回函后，检察机关通过实地核查、座谈交流等方式进行跟进监督，有效排除粮食安全风险隐患，筑牢粮食流通领域安全屏障。

【典型意义】

1. 行为人利用职务之便，通过贪污、受贿等手段“靠粮吃粮”的，应当依法严厉惩治。国有粮食企业是国家粮食安全的“守门人”，企业管理人员常利用粮食系统封闭性、专业性以及垂直性等特点，在粮食领域购、销、储等重点环节，采用隐蔽手段实施违法犯罪行为，如对内通过侵吞“升溢粮”销售款、虚增虚报“力资费”等方式，贪污公共财物的；对外通过权钱交易进行“权力寻租”，甘于被“围猎”，为粮食经销商在粮食收储、申报国家补贴等方面提供便利，扰乱粮食购销秩序的，依法追究刑事责任。

2. 国有粮食企业负责人利用职务便利，安排自己经营的企业借用其任职单位的资质从事粮食收储等经营行为，属于“同类营业”。国有粮食公司、企业的董事、经理等负责人利用职务便利，帮助自己经营的公司、企业借用其任职国有公司、企业的资质，从事与其任职国有公司、企业相同的营业行为，违反竞业禁止义务，抢占、排除任职国有公司、企业的交易机会，具有竞争和利益冲突关系，侵害了国有公司、企业的正常管理秩序，损害了国有公司、企业的利益，应当认定为非法经营同类营业行为。

3. 注重监检协同配合，加强一体化履职工作，提升粮食领域综合治理质效。监察机关就拟制发的监察建议向检察机关征求意见的，检察机关可结合发案原因和特点，提出意见建议，并配合做好督促整改工作。检察机关要通过内部横向协作加强一体化履职，对粮食流通领域可能存在的危害公共利益问题，通过公益诉讼等方式，消除安全隐患，履行好守护国家粮食安全的政治责任、法治责任。

【相关规定】

《中华人民共和国刑法》第三百八十二条、第三百八十三条、第三百八十五条、第三百八十六条、第一百六十五条

《最高人民法院、最高人民检察院关于办理贪污贿赂刑事案件适用法律若干问题的解释》第二条、第十九条